四川歷史
名人叢書

文獻系列

LITERATURE SERIES

揚雄歷史文獻彙編

沈相輝　編著

巴蜀書社

圖書在版編目(CIP)數據

揚雄歷史文獻彙編/沈相輝編著. —成都:巴蜀書社,
2023.3

ISBN 978—7—5531—1932—8

Ⅰ.①揚… Ⅱ.①沈… Ⅲ.①揚雄(前 53—18)—人
物研究—文獻—彙編 Ⅳ.①B234.995

中國國家版本館 CIP 數據核字(2023)第 042912 號

YANGXIONG LISHI WENXIAN HUIBIAN

揚雄歷史文獻彙編 沈相輝 編著

責任編輯 陳 禮
出 版 巴蜀書社
成都市錦江區三色路 238 號新華之星 A 座 36 層
郵編 610023 總編室電話:(028)86361843
網 址 www.bsbook.com
發 行 巴蜀書社
發行科電話:(028)86361852
經 銷 新華書店
照 排 成都完美科技有限責任公司
印 刷 成都新恒川印務有限公司
電話:(028)85412411
版 次 2023 年 3 月第 1 版
印 次 2023 年 3 月第 1 次印刷
成品尺寸 240mm×170mm
印 張 39.25
字 數 600 千
書 號 ISBN 978—7—5531—1932—8
定 價 180.00 圓

本書爲
國家社科基金重大項目“中國早期經典文本的形成、
流變及其學術體系建構研究”（21&ZD252）
國家社科基金青年項目“《太玄》文獻整理與研究”
（22CZW015）階段性成果

“四川歷史名人叢書”總序

——傳承巴蜀文脉，讓歷史名人“活”起來

文化是民族的血脉，是哺育民族成長壯大的乳汁，是一個國家、一個民族的靈魂，文化興國運興，文化强民族强。從十八大到十九大，習近平總書記以政治家的戰略眼光，以唯物主義的科學態度，從中華文化的思想内涵、道德精髓、現代價值和傳承理念等方面多維度、系統化地闡述了對待中華文化的根本態度和思想觀點。他將中華優秀傳統文化提升到“中華民族的基因”“民族文化血脉”“中華民族的根和魂”和“中華民族的精神命脉”的嶄新高度，指出“一個國家、一個民族不能没有靈魂”，“優秀傳統文化是一個國家、一個民族傳承和發展的根本，如果丢掉了，就割斷了精神命脉”，要“加强對中華優秀傳統文化的挖掘和闡發”，從傳統文化中提取民族復興的“精神之鈣”，“對歷史文化特别是先人傳承下來的道德規範，要堅持古爲今用、推陳出新，有鑒别地加以對待，有揚棄地予以繼承”，努力實現傳統文化的“創造性轉化、創新性發展”。總書記的一系列著名論斷，從中華民族最深沉精神追求的深度、國家戰略資源的高度、推動中華民族現代化進程的角度，把中華文化的發展提升到一個新高度，升華到一個新境界，推向了一個新階段。

中華文化源遠流長，積澱着中華民族最深層的精神追求，是中華民族獨特的精神標識，爲中華民族生生不息、發展壯大提供了豐厚滋養。滄海桑田，古印度、古埃及、古巴比倫文明早已成爲陽光下無言的石柱，而中華文明至今仍然噴湧着蓬勃的生機。四川作爲中華文明的重要發源地之

一，歷史文化源通流暢、悠久深厚。舊石器時代，巴蜀大地便有了巫山人和資陽人的活動。新石器時代，巴蜀創造了獨特的灰陶文化、玉器文化和青銅文明。以寶墩文化爲代表的古城遺址，昭示着城市文明的誕生；三星堆和金沙遺址，展示了古蜀文明的不同凡響；秦并巴蜀，開啓了與中原文化的融通。漢文翁守蜀，興學成都，蜀地人才濟濟，文章之風大盛。此後，四川具有影響力的文人學者，代不乏人。文學方面，漢司馬相如、王褒、揚雄，唐陳子昂、李白，宋蘇洵、蘇軾、蘇轍，元虞集，明楊慎，清李調元、張問陶，現當代巴金、郭沫若等，堪稱巨擘；史學方面，晉陳壽、常璩，宋范祖禹、張唐英、李燾、李心傳、王稱、李攸等，名史俱傳。此外，經過一代代巴蜀人的篳路藍縷、薪火相傳，還創造了道教文化、三國文化、武術文化、川酒文化、川菜文化、川劇文化、蜀錦文化、藏羌彝民族風情文化等，都玄妙神奇、浩博精深。瑰麗多姿的巴蜀文化，是中華文化的重要組成部分，有着鮮明的地域特徵和獨特的文化品格，是四川人的根脉，是推動四川文化走向輝煌未來的重要基礎。記得來路，不忘初心，我們要以“爲往聖繼絶學”的使命擔當，擔負起傳承歷史的使命和繼往開來的重任，大力推動巴蜀文化的傳承、接續與轉生，讓巴蜀文化的優秀基因代代相傳，“子子孫孫無窮匱也”。

四川歷史文化異彩獨放，民族文化絢麗多姿，紅色文化影響深廣，歷史名人燦若星辰，這是四川建設文化强省重要的文化資源。四川省委、省政府秉持高度的文化自覺和文化自信，藉助四川文化資源富集的優勢，持續深入推進文化强省建設，先後出臺《四川省“十三五”文化發展規劃》《關於傳承發展中華優秀傳統文化的實施意見》《建設文化强省中長期規劃綱要》等一系列戰略規劃及措施，大力推進古蜀文明保護傳承、三國蜀漢文化研究傳承、四川歷史名人傳承創新、藏羌彝文化保護發展等十七項優秀傳統文化傳承發展工程，着力構建研究闡發、保護傳承、國民教育、宣傳普及、創新發展、交流合作等協同推進的文化發展傳承體系，不斷探索傳承守護中華文脉的四川路徑。

“四川歷史名人文化傳承創新工程”是四川啓動最早、影響最廣的一項文化工程。自 2016 年 10 月提出方案，經過八個多月的論證調研、市（州）申報、專家評審，最終確定大禹、李冰、落下閎、揚雄、諸葛亮、武則天、李白、杜甫、蘇軾、楊慎爲首批十位四川歷史名人。這十位歷史名人，來自政治、文化、科技、藝術等多個領域，他們是四川歷史上名人巨匠的首批傑出代表，各自在自己專業領域造詣很高，貢獻傑出：李冰興建都江堰，功在千秋；落下閎創製《太初曆》，名垂宇宙。李白詩無敵，東坡才難雙；諸葛相蜀安西南，杜甫留詩注千家。大禹開啓中華文明，則天續唱貞觀長歌。揚雄著述稱百科全書，千古景仰；升庵文采光輝耀南國，萬世流芳。

十大名人之所以值得傳頌，不僅在於他們具有雄才大略、功勛卓著、地位崇高、聲名顯赫，更在於他們身上所承載的思想理念、人文精神、氣質風範、文化品格等，是中華民族和巴蜀文化的集中表達。大禹公而忘私、爲民造福的奉獻精神，李冰尊崇自然、求真務實的科學態度，落下閎潛心研究、孜孜不倦的探求意志，揚雄悉心著述、明辨篤行的學術追求，諸葛亮寧静淡泊、廉潔奉公的自律品格，武則天巾幗不讓鬚眉的豪邁氣概，李白“直掛雲帆濟滄海”的博大胸懷，杜甫心繫蒼生、直陳時弊的憂患意識，蘇軾寵辱不驚、澄明曠達的坦蕩胸襟，楊慎公忠體國、堅守正義的愛國情懷，都是中華民族優秀文化的濃縮和凝聚，是四川人民獨特氣質風範的體現，是社會主義核心價值觀的本源和本質，是四川發展的寶貴資源和突出優勢。

歷史名人要有現實意義才能活在當下。今天我們宣傳歷史名人，不能停留在斯土有斯人的空洞炫耀，而要用歷史的、發展的、辯證的思維去深入挖掘、揚棄傳承、轉化創新，不斷賦予時代内涵，不斷呈現當代表達，讓歷史名人及其文化“站起來”“活起來”“動起來”“響起來”“火起來”，真正走出歷史、走出書齋、走進社會，走向世界、走向未來。“四川歷史名人文化傳承創新工程”實施三年多來，全社會認知、傳承、傳播歷史名人文化的熱潮蓬勃興起，成效顯著：十大名人研究中心全面建立，一批中長期規劃先後出臺，一批優秀成果陸續推出；十大名人故居、博物館、紀念館加快保護修復，展陳品質迅速提升；十大名人宣傳片全部上綫，主題突出，畫面精美；名人大講堂、東坡藝術節、人日游草堂、都江堰放水節、廣元女兒節等品牌文化活動多地開花，萬紫千紅；以名人爲元素打造的儲蓄罐、筆記本、手機殼、冰箱貼等文創産品源源上市，深受民衆喜愛；話劇《蘇東坡》《揚雄》，川劇《詩酒太白》《落下閎》，歌劇《李冰父子》，曲藝《升庵吟》，音樂劇《武侯》，交響樂《少陵草堂》等一大批舞臺藝術作品好戲連臺，深入人心……

“四川歷史名人叢書”的編纂出版，是實施振興四川出版戰略、實現文化强省目標的重要舉措，其目的是深入挖掘提煉歷史名人的思想精髓和道德精華，凝練時代所需的精神價值，增强川人的歷史記憶、文化記憶，延續中華文化的巴蜀脉絡，推動中華文化傳承創新，彰顯巴蜀文化的生命力和影響力。

“四川歷史名人叢書”的編纂出版，始終堅持正確的政治方向、出版導向、價值取向，深入挖掘名人的精神品質、道德風範，正面闡釋名人著述的核心思想，藉以增强川人的文化自信，激發川人瞭解家鄉、熱愛家鄉、建設家鄉的澎湃力量；始終堅守中華文化立場，着力傳承中華文化的經典元素和優秀因子，促進人民在理想信念、價值理念、道德觀念上團結一致；始終秉承辯證和歷史唯物主義觀點，用客觀、公正、多維的眼光去觀察歷史名人，還原全面、真實、立體的歷史人物，塑造歷史名人的優秀形象，展示四川文化的獨特魅力，讓歷史名人文化爲今天的社會發展提供精神動能。

“四川歷史名人叢書”的編纂出版，注重在創新上下功夫，遵循出版規律，把握時代脉搏，用國際視野、百姓視角、現代意識、文化思維，將思想性、知識性、藝術性、可讀性有機結合，找到與讀者的共振點，打造有文化高度、歷史厚度、現代熱度的文化精品，經得起讀者檢驗，經得起學者檢驗，經得起社會檢驗，經得起歷史檢驗；注重在品質和水準上下功夫，立足原創、新創、精創，努力打造史實精准、思想精深、内容精彩、語言精妙、製作精美的文化精品，全面提升四川出版的知名度和美譽度，爲建設文化强省、助推治蜀興川再上新臺階提供思想引領、輿論推動、精神鼓勵和文化支撑，爲增强中華文化影響力貢獻四川力量。

“四川歷史名人叢書”編委會

2019年10月30日

前 言

《漢書》七十列傳中，獨立列傳，唯有《司馬相如傳》和《揚雄傳》，因篇幅較長，故顔師古作注時各分爲上下兩卷。巧合的是，這兩位歷史人物都來自蜀地。常璩云："蜀自漢興，至乎哀平。皇德隆熙，牧守仁明，宣德立教，風雅英偉之士，命世挺生。"（《華陽國志》卷三）此誠非虚言。而在諸多"風雅英偉之士"中，揚雄又是最爲傑出者之一，故常氏以"齊聖廣淵"四字譽之。2017 年，四川省歷史名人文化傳承創新工程領導小組公佈了首批四川十大歷史名人，揚雄赫然在列，而司馬相如却落選，可見無論是古代還是現代，揚雄都具有重要的歷史地位，甚至超過了司馬相如。不過，任何一位歷史人物都不可避免地存在著歷史争議，而揚雄又尤爲突出。因此，要想對揚雄做出較爲公允客觀的評價，就不得不對其生平有一個較爲全面的認識和瞭解。

西漢宣帝甘露元年（前 53）三月戊寅，揚雄出生於蜀郡郫縣。據《漢書·揚雄傳》的記載，揚雄五世祖揚季曾官至廬江太守，武帝元鼎年間，因躲避仇人追殺，沿江而上，遂定居於郫縣。揚家人丁單薄，自揚季至揚雄，"五世而傳一子"，故"雄亡它揚於蜀"。在《法言》中，揚雄曾悲嘆其子揚烏的早卒，而桓譚《新論》亦記載揚雄生前曾連喪二子，而他是否有其他子嗣則未可知，因此後世學者如蘇軾等認爲揚家到了揚雄這一代便絶後了。不過，時至今日，我國仍有揚姓人口八十多萬，其中或許就有揚雄的後代。揚雄在蜀地生活了四十多年，至漢成帝時纔離蜀入京，最後在新莽天鳳五年（18）四月癸丑去世，活了七十一歲。揚雄卒後，其弟子侯芭、好友桓譚等一起聚資修墳，將他葬於安陵坂上，號曰“玄冢”，即在今陝西省咸陽市渭城區，其具体地點則已無從考證了。今郫縣的揚雄墓，衹不過是揚雄的衣冠冢而已。揚雄的七十一年人生，先後經歷了漢代宣、元、成、哀、平五世，最後又仕於王莽新朝。後世史家論西漢衰亡，多認爲“漢業之衰，兆於宣帝”（蔡戡《定齋集》卷十一），及元、成、哀、平則每況愈下，積重難返，遂有王莽之篡。個人命運總是和時代命運密切聯繫的，揚雄身處大漢王朝由盛而衰、而亡的過程之中，故其人生選擇及遭遇自然也會留下鮮明的時代烙印。

揚雄成長於宣帝時期，彼時在文學領域，尚沿襲武、昭以來的好賦風氣，故揚雄少而好賦。《漢書·揚雄傳》載：“先是時，蜀有司馬相如，作賦甚弘麗温雅，雄心壯之，每作賦，常擬之以爲式。又怪屈原文過相如，至不容，作《離騷》，自投江而死，悲其文，讀之未嘗不流涕也。以爲君子得時則大行，不得時則龍蛇，遇不遇命也，何必湛身哉！乃作書，往往摭《離騷》文而反之，自岷山投諸江流以吊屈原，名曰《反離騷》；又旁《離騷》作重一篇，名曰《廣騷》；又旁《惜誦》以下至《懷沙》一卷，名曰《畔牢愁》。”在模擬司馬相如的階段，揚雄的見識可能還主要局限於蜀地和漢代；而當他開始模擬屈原時，説明他的視野逐漸變得開闊，地域上由蜀地拓展到楚地，時代則從當代上溯到先秦。揚雄在蜀地的作品，《漢書》中提及的有《廣騷》《畔牢愁》《反騷》三篇，揚雄《答劉歆書》中提及的有《縣邸銘》《玉佴頌》《階闥銘》《成都城四隅銘》四篇，《古文苑》又録有《蜀都賦》一篇，李周翰《文選·甘泉賦》注又説揚雄“慕相如之文，嘗作《綿竹頌》”一篇。九篇之中，僅有《蜀都賦》和《反騷》流存了下來，餘皆亡佚。《蜀都賦》極盡鋪張之能事，使用大量瑋字來描繪蜀地山川形勢之壯美、物產之豐饒、百業之發達、風俗娱樂之精彩等，從中可以非常明顯地感受到青年揚雄對於蜀地的熱愛，全賦洋溢著一股蓬勃向上的激情，所以很可能是揚雄二十來歲的作品。《反離騷》

則作於漢成帝陽朔年間，此時揚雄正處於而立之年，其人生觀、價值觀也差不多在這個時候開始定型。蜀地有兩位對揚雄影響很大的老師，一是嚴遵，曾著《老子指歸》，二是林閭，精通小學。或許是受到了嚴遵的影響，揚雄在三十歲左右，便有了明哲保身的思想意識。《反騷》中所説"君子得時則大行，不得時則龍蛇，遇不遇命也，何必湛身哉"，其中便既有孔子"用之則行，舍之則藏"的思想，又隱約表現出老子清静自守的傾向，而這恰反映了揚雄對於人生的基本認識，也預示了其日後的清静與寂寞。

大致在漢成帝永始、元延年間，經人推薦，揚雄的辭賦引起了成帝的注意，所以他便離開蜀地，到達長安，開始了他旅食京華的生涯。剛剛到達長安的揚雄或許認爲自己正處於"得時則大行"的時候，所以相繼創作了一系列作品獻給成帝。元延二年獻《甘泉賦》《河東賦》《羽獵賦》，被任命爲黄門侍郎，又受命作《趙充國頌》；元延三年，獻《長楊賦》，又作《繡補》《靈節》《龍骨》之銘詩三章。這些作品深受成帝喜愛，故揚雄在《答劉歆書》中説"成帝好之"，後來王充的《論衡》也説"孝成玩弄衆書之多，善揚子雲，出入遊獵，子雲乘從"。同時，這些作品很可能開始從宫廷流向民間，所以王充引當時俗語云："玩揚子雲之篇，樂於居千石之官。"不過，儘管辭賦作品讓揚雄得到了成帝的青睞，並爲他獲得了廣泛的聲譽，但他似乎並不急於做官。因此，在元延二年被任命爲黄門郎之後，他出人意外地向成帝提出了一個特殊的請求，《答劉歆書》中説："雄爲郎之歲，自奏少不得學，而心好沈博絶麗之文，願不受三歲之奉，且休脱直事之繇，得肆心廣意，以自克就。"本來，黄門郎的級别雖不高，但却靠近權力中樞，能够經常有機會見到皇帝，所以即使像劉歆、王莽這樣的皇親國戚，也都曾擔任過此職，並以此爲跳板，獲得了更高的職位。可是，揚雄却在爲郎之後，立即上書請求辭俸讀書，這多少讓人有些意外。同樣令人意外的是，成帝不僅允許揚雄進入石渠閣讀書，而且還保留了他的俸禄，並賜給他讀書寫作時所需要的筆墨錢六萬。於是，揚雄得償所願，獲得了在石渠閣肆心廣意讀書的機會。

讀書石室的經歷，對揚雄的創作產生了巨大的影響。由於保留了俸禄，所以其生活有了物質保障；不用值班，則意味著他有了更爲自由的閑暇時間。王充曾說："著作者，思慮閑也，未必材知出異人也。居不幽，思不至。使著作之人，總衆事之凡，典國境之職，汲汲忙忙，或暇著作?"（《論衡·書解篇》）可見對作家而言，有閑是創作出好作品必須的條件之一。因此之故，王充又說："使長卿、桓君山、子雲作吏，書所不能盈牘，文所不能成句，則武帝何貪？成帝何欲?"（《論衡·佚文篇》）王充之意，如果揚雄等人爲吏事纏身，就很難有時間與精力來進行創作了。就此角度來説，觀書石室使揚雄獲得了充分的創作自由。同時，觀書石室更使揚雄的創作水準獲得巨大提升。劉勰曾說："夫以子雲之才，而自奏不學，及觀書石室，乃成鴻采。表裏相資，古今一也。"（《文心雕龍·事類篇》）劉勰認爲揚雄在石室讀書之後，學識獲得了巨大的增益，故而更加有助於發揮其天賦之文才。揚雄創作水平提升的表現之一，是在寫作中頻繁引用、化用經傳典故，所以劉勰又說："相如《上林》，撮引李斯之書，此萬分之一會也。及揚雄《百官箴》，頗酌於《詩》《書》。"揚雄天才不及相如，但學識勝過相如，所以司馬相如《上林賦》用典不過撮引李斯之書，揚雄則能取法於《詩》《書》。班固説"相如《封禪》，靡而不典；揚雄《美新》，典而無實"（《典引》），雖是各打五十大板，但却也表明揚雄之文較之相如更爲典雅。而揚雄典雅風格的形成，主要是得益於其深厚的學識積累。《文心雕龍·才略》篇云："自卿、淵已前，多俊才而不課學；雄、向已後，頗引書以助文。"可見在劉勰看來，揚雄、劉向之文與司馬相如、王褒之文的一大分水嶺即在於"學"。而揚雄、劉向之學，實際上主要得益於讀書和校書。

除了創作水準的提高外，觀書石室更讓揚雄的思想認識發生了質的轉變。在此之前，對於揚雄而言，辭賦佔據了其創作生活的大部分乃至全部，成爲像司馬相如那樣的辭賦大家是他從小的夢想。但是，隨著讀書的增多，揚雄逐漸意識到，在辭賦之上，還有更高價值的東西值得追求，那便是聖人之道。再加上在這一時期，儘管成帝對揚雄的作品表示喜歡，任命他爲黄門郎，但揚雄的勸諫並未達到預期的效果。因此，揚雄在獻上《長楊賦》後不久，便産生了悔賦的想法，並逐漸轉向擬經。揚雄認爲“經莫大於《易》，故作《太玄》；傳莫大於《論語》，作《法言》；史篇莫善於《倉頡》，作《訓纂》；箴莫善於《虞箴》，作《州箴》”（《漢書・揚雄傳》）。此一創作傾向的轉變，標志著揚雄的視野開始跳出辭賦的範圍，其主體身份也開始由賦家轉變爲儒家。促使揚雄發生此一重大轉變的原因，據《揚雄傳》的説法，主要是因爲揚雄覺得辭賦勸百諷一，缺乏諷諫功能，同時賦家地位卑微，常被視爲俳優。揚雄在《法言》中稱辭賦爲童子雕蟲篆刻，壯夫不爲，顯然已經是將辭賦視爲小道了。與此相反，揚雄將孔子學説視爲大道，用以衡量世間萬事萬物，所以他説“萬物紛錯則懸諸天，衆言淆亂則折諸聖”。我們認爲，無論是對辭賦弊端的認識，還是對於孔子學説的皈依，都與揚雄觀書石室的經歷分不開。

同時我們也要意識到，揚雄悔賦之後，選擇了孔子而非其他諸子百家，應與漢代儒學的發展有著密切的關係。結合漢代文學史、思想史來看，揚雄的轉變恰是時代思潮轉變的一個縮影。就漢代文學而言，最爲重要的文體便是辭賦，而無論是漢初的枚乘、陸賈，還是中期的司馬相如、王褒等，都曾受到楚辭的深刻影響。因此，揚雄少而好賦，並且逐漸上溯到楚辭，這都是自然而然的事情。而當我們再結合漢代思想史來看，也可發現其由好賦轉向擬經，同樣也是應時變化的表現。就漢代思想史而言，武帝雖有罷黜百家獨尊儒術之舉，但至宣帝時仍“霸王道雜之”（《漢書・元帝紀》）而不純任德教。不過，其後的元帝“柔仁好儒”（《元帝紀》），成帝則“壯好經書”（《漢書・成帝紀》），故經學在元、成時期迎來了鼎盛。皮錫瑞《經學歷史》云："經學自漢元、成至後漢，爲極盛時代。其所以極盛者，漢初不任儒者，武帝始以公孫弘爲丞相，封侯，天下學士靡然鄉風。元帝尤好儒生，韋、匡、貢、薛並致輔相。自後公卿之位，未有不從經術進者。"對於公卿皆由經術進的局面，揚雄居蜀時期或許還未意識到，但當他抵達長安，並多次獻賦，又在石室閲讀了大量典籍之後，必然會恍然大悟。因此，從思想文化的角度來説，揚雄由好賦到擬經的轉變，或許也是其與時俱進的體現。

揚雄努力地試圖跟上時代的步伐，所以當辭賦盛行時，他模仿司馬相如作賦、獻賦；當儒學興盛時，他又轉而擬經徵聖。儘管如此，他在政治上始終未能得到施展抱負的機會。揚雄在成帝時便開始入仕，但其後歷哀、平兩帝，都未獲升遷，即《漢書》所説的三世不徙。那麽，是不是揚雄缺乏政治才能呢？畢竟歷史上能文而不懂政治者比比皆是，揚雄是不是其中之一呢？對此，我們認爲答案是否定的。比如在哀帝建平四年，匈奴單于上書想要於次年朝見，當時大臣多以"虚費府帑"爲由，建議應拒絶單于的請求，唯獨揚雄認爲這是一個建立漢匈和平友好關係的大好機會，不應錯過，因此建議哀帝應許匈奴的請求。在《上書諫勿許單于朝》一文中，揚雄詳細列舉了秦以來漢匈關係的歷史，並深入分析了其中的利弊得失，足見他對於民族關係問題是非常瞭解的，而其政治才能也由此可見一斑。在《法言》中，揚雄又曾多次論及軍事、邊疆、民族、教育等方面的問題，多有獨到之見，這都表明他具有一定的政治見識和才能。但是，揚雄從政也有兩個重要的不足。一是他患有口吃，故難以做到應對敏捷。二是揚雄爲人内向清高，不願巴結别人，所以雖然曾與劉歆、王莽等共事，却未曾借助他們的關係而獲得升遷。在赴長安之前，揚雄就確立了"君子得時則大行，不得時則龍蛇"的價值觀，所以在努力一番無果之後，揚雄對於政治便也逐漸冷了心。

《法言·學行》開篇便説："學，行之，上也；言之，次也；教人，又其次也。咸無焉，爲衆人。”既然不能在政治上“行”其所學，揚雄便退而求其次，效仿孔子立言，也就是擬經，以求成名於後世。揚雄最早的擬經作品是《方言》，不過《漢書》没有著録此書，所以宋代學者洪邁認爲這是“漢、魏之際好事者爲之”（《容齋三筆》卷十五），而非揚雄所作。但根據戴震等人的考證，我們認爲洪説不能成立，此書當爲揚雄所作無疑。目前文獻中最早指出《方言》擬經的，是常璩的《華陽國志》，其《先賢士女總贊論》中説揚雄以“典莫正於《爾雅》，故作《方言》”。不過，《爾雅》是小學之書，《漢書·藝文志》衹是將其附於《六藝略》之後，其成爲“經”是在唐宋時期，所以《方言》尚不能算是嚴格的擬經著作。同樣的，由於《論語》在漢代也衹是“傳”而非“經”，所以揚雄模擬《論語》而作的《法言》在嚴格意義上來説也非擬經之作。但是，揚雄的《太玄》，確是模擬《易經》之作。由於“經”在漢代已經具有了神聖不可侵犯的地位，所以揚雄擬《易》作《玄》的行爲引起了當時儒者强烈的批判。同時，《太玄》的晦澀艱深也引起了讀者的不滿，所以揚雄相繼寫了《解嘲》和《解難》兩篇文章，用以解釋自己爲何要作《太玄》，以及爲何《太玄》文辭艱深。不過，實際的效果可能並不理想，所以《漢書》有載：“諸儒或譏以爲雄非聖人而作經，猶春秋吴楚之君僭號稱王，蓋誅絶之罪也。”擬經既然受挫，揚雄便改成擬傳，即擬《論語》而作《法言》。據《法言序》所説，揚雄作《法言》的目的有二，一是要辭闢諸子學説，二是要批判司馬遷《史記》中“不與聖人同，是非頗謬於經”的地方。比較而言，《太玄》可以説是據天道以言人事，而《法言》則是就人事以言天道。

揚雄的晚年，除了擬經徵聖之外，還發生了幾件對其人生産生巨大影響的事情。第一件是投閣事件。王莽始建國三年，原本安安分分在天禄閣校書的揚雄，受到曾經的學生劉棻（劉歆之子，曾從揚雄學作奇字）的牽連，面臨著被逮捕的危險。爲了避免刑上大夫的屈辱，揚雄選擇了從天禄閣一躍而下，想以此自盡。天禄閣據説高百餘尺，但揚雄跳下來之後雖傷得很嚴重，却没有喪命，不得不説是個奇跡，以至於後來宋代學者趙湘説這是天不欲喪斯文的表現（《南陽集》卷五《投閣辨》）。但是，更多的人將揚雄投閣視爲其畏死怕事的體現，以至於當時京師流傳著這樣一句諺語來嘲笑他："惟寂寞，自投閣；爰清静，作符命。"第二件是仕莽。《漢書》載："雄以病免，復召爲大夫。"所謂"病免"，大概就是指揚雄投閣後受傷，居家養病。而"復爲大夫"的時間，大概在始建國四年，也就是投閣事件發生後一年。王莽篡國之後，爲獲得士大夫支持，或威逼，或利誘，迫使士大夫如龔勝等出仕，揚雄出仕新莽，其中大概也有不得已的苦衷。但無論如何，揚雄原本是漢臣，如今又仕於新朝，所以在事實上就變成了貳臣。此事遭到後來許多士大夫的批評，其中批評最嚴厲而又影響最大的是南宋的朱熹，他在《通鑑綱目》中用《春秋》筆法寫下"莽大夫揚雄死"六個大字，遂使得揚雄被永遠地釘在了歷史的恥辱柱上。第三件是寫作《劇秦美新》和《元后誄》。二者都是揚雄復爲大夫之後所作，前者大概作於始建國四年，通過批判嬴秦的無道來突出莽新的有道，後世或認爲揚雄是真的"美新"，或認爲是明褒而實貶。《元后誄》則寫於始建國五年，是爲漢元帝皇后，也就是爲王莽的姑姑王政君寫的誄文。文中除了哀悼元后外，也有稱讚王莽之語，如云"博選大智，新都宰衡。明聖作佐，與圖國艱"，又云"皇天眷命，黄虞之孫。歷世運移，屬在聖新。代於漢劉，受祚於天"等。同樣的，對於這些美新之語，後人或認爲是揚雄的真心歌頌，或認爲是其避禍的遜詞。自揚雄卒後至今兩千多年，一直争論不休，却又始終没有定論。

揚雄去世後五年，王莽自盡，新朝滅亡（23）。再過了兩年，劉秀即天子位，東漢王朝開始，漢室中興。其後班固作《漢書》，專門爲揚雄立傳，從而確立了揚雄在漢代歷史上的重要地位。至宋神宗元豐七年（1084），詔封揚雄爲成都伯，從祀孔廟。然至明太祖洪武二十九年

(1396)，又詔罷揚雄從祀，增祀董仲舒。至清雍正二年（1724），禮部又承旨討論恢復揚雄從祀一事，結果未能通過。至 2022 年，揚雄去世已兩千零四年。中國人歷來講究蓋棺定論，但後世對於揚雄的評價，至今仍争議不斷。産生争論的根本原因，當然是揚雄本身確實存在較多的争議，但也有些争論是由於對揚雄的瞭解不足所致。無論是哪一種情況，都要求我們不僅要進一步深入地研究揚雄其人其事，同時也要全面地瞭解後世對揚雄的基本評價。有鑒於此，我們編纂了這本《揚雄歷史文獻彙編》，以求能够呈現出不同時代的揚雄接受史。

筆者在攻讀博士學位期間，曾編纂過《揚雄研究史料彙編》（以下簡稱“《史料彙編》”），也是在巴蜀書社出版。此書出版之後，恰逢巴蜀書社要編纂一套《四川歷史名人叢書》，在陳禮編輯的推薦下，出版社委託我負責其中的揚雄卷。於是，我便在前書的基礎上，重新編纂了這本《揚雄歷史文獻彙編》（以下簡稱“《文獻彙編》”）。概括而言，兩書的區别主要有五。其一，收録範圍方面，《文獻彙編》嚴格以 1912 年爲斷限，凡作者卒於 1912 年之後，其相關論述一概不收。而《史料彙編》則斟酌收録了部分民國時期較爲重要的史料，致使斷限不明。其二，在篇幅方面，《文獻彙編》約爲《史料彙編》的一半。故從某種程度來説，《史料彙編》爲長編，而《文獻彙編》則有精選的意味。《史料彙編》希望盡可能全面的網羅有關揚雄研究的史料，故巨細靡遺；《文獻彙編》則多擇其大而不及其小，且側重於通過史料呈現出揚雄在後世的形象，故所收集的文獻多與後世對揚雄的評價有關。其三，就形式而言，《史料彙編》在史料前附有作者小傳，在史料之後有時也加上編者的按語，而《文獻彙編》爲求與全套叢書體例相統一，便將作者小傳和編者按語一概予以删除了。其四，《史料彙編》書稿交付出版之後，我復加校閲，發現其中仍存在不少謬誤疏漏，如訛字、句讀錯誤等，令我汗顔不已。但書已付印，來不及更改，祇能貽笑於大方。此次既有機會編纂《文獻彙編》，便將此前發現的一些訛誤予以了更正。其五，《文獻彙編》雖主要是在《史料彙編》的基礎上删減而成，但在删減的同時，編者也另外補充了部分《史料彙編》未曾收録的文獻。因此，在一定程度上，《文獻彙編》也有補《史料彙編》之不足的地方。當然，《文獻彙編》雖後出，但是否能够做到轉精，還有待學界的批評和指正。

最後需要説明的是，本書編訂過程中，有幸得到了國家社科基金重大項目“中國早期經典文本的形成、流變及其學術體系建構研究”（21&ZD252）及國家社科基金青年項目“《太玄》文獻整理與研究”（22CZW015）的資助，在此特別表示感謝！

二〇二二年十月十日
作於北京大學中國古文獻研究中心

凡 例

1. 本書是在《揚雄研究史料彙編》基礎上增、刪、改、補而成，修改幅度較大，爲區别於前書，改題作“揚雄歷史文獻彙編”。

2. 本書旨在收集清代（含）之前學人論及揚雄及其作品之相關史料，爲揚學研究者及一般讀者提供一較爲扼要之資料彙編。範圍涵蓋經、史、子、集四部，涉及學者五百餘人。

3. 部分學者相關著述雖已亡佚，然據史傳、墓志銘等記載可知其在揚雄學史上有一席之地者，仍獨列條目，而將相關史料録入其名下。若此之類，純屬權宜，非謂所録史料文字乃其所作也。

4. 相關史料主要按作者生年先後進行編排，生年不可考而卒年可考者，則依卒年編排，卒年不可考而創作時間可考者，則據創作時間編排。三者皆不可考而作者中舉時間可考，則據中舉時間編排；以上皆不可考，則酌情處理。

5. 易代之際，作者朝代歸屬往往模糊。如明末清初之遺老，雖卒於清，而其自稱爲明人。又有人雖歸屬新朝，而其文則作於前朝者。有鑒於此，本編綜合考慮時代、人數、篇幅等進行分卷，而不獨以朝代興亡之絶對時間强作劃分。卷首特製《歷史紀年簡表》一份，以便讀者隨時查檢。

6. 揚雄之姓，或作“揚”，或作“楊”，古今争論頗多，莫衷一是。部分文獻之不同版本之間，乃至同一篇文字之中，亦“揚”“楊”並見，令人無所適從。爲求統一，本編除討論揚雄姓氏之文獻外，皆作“揚”。

7. 凡避諱字，皆直接改正，不復出注説明。所輯史料，遇有明顯訛、脱、衍、倒者，輯録時略爲校正。已有整理本之文獻，若整理本標點或文字確有訛誤者，亦視情況予以改正。

8. 本編所録正史文字，皆據中華書局點校本“二十四史”，故相關史料後僅注明書名、卷數及頁碼，其餘信息從略。

9. 本編使用頻率較高的叢書版本信息如下：《景印文淵閣四庫全書》，臺灣商務印書館，簡稱“《四庫》”；《續修四庫全書》，上海古籍出版社，簡稱“《續修》”；《四庫全書存目叢書》，齊魯書社，簡稱“《存目》”；《四庫禁毀書叢刊》，北京出版社，簡稱“《禁毀》”；《四庫未收書輯刊》，北京出版社，簡稱“《未收》”；《清代詩文集彙編》，上海古籍出版社，簡稱“《彙編》”。相關史料之後，僅注明書名、卷數、所在叢書册數及頁碼，其餘從略。

歷史紀年簡表

朝代	具體時間
西漢（前206—8）	高祖（前206—前195）；惠帝（前194—前188）；高后（前187—前180）；文帝（前179—前157）；景帝（前156—前141）；武帝（前140—前87）；昭帝（前86—前74）；宣帝（前73—前49）；元帝（前48—前33）；成帝（前32—前7）；哀帝（前6—前1）；平帝（1—5）；孺子嬰（6—8）；
莽新（9—23）及更始（23—24）	始建國（9—13）；天鳳（14—19）；地皇（20—23）；更始（23—24）
東漢（25—220）	光武（25—57）；明帝（58—75）；章帝（76—88）；和帝（89—105）；殤帝（106）；安帝（107—125）；順帝（126—144）；沖帝（145）；質帝（146）；桓帝（147—167）；靈帝（168—189）；少帝（189）；獻帝（189—220）
三國（220—280）	魏：文帝（220—226）；明帝（227—239）；齊王（240—254）；高貴鄉公（254—260）；元帝（260—265）
	蜀：昭烈帝（221—223）；後主（223—263）
	吴：大帝（222—252）；會稽王（252—258）；景帝（258—264）；末帝（264—280）
西晉（265—316）	武帝（265—290）；惠帝（290—306）；懷帝（307—313）；愍帝（313—316）
東晉（317—420）	元帝（317—322）；明帝（323—325）；成帝（326—342）；康帝（343—344）；穆帝（345—361）；哀帝（362—365）；廢帝（366—371）；簡文帝（371—372）；孝武帝（373—396）；安帝（397—418）；恭帝（419—420）
南北朝（420—589）	南朝：宋（420—479）；齊（479—502）；梁（502—557）；陳（557—589）
	北朝：北魏（386—534）；東魏（534—550）；西魏（535—556）；北齊（550—577）；北周（557—581）

续表

朝代	具體時間
隋 (581—618)	文帝(581—604);煬帝(605—617);恭帝(617—618);越王(618)
唐 (618—907)	高祖(618—626);太宗(627—649);高宗(650—683);中宗(684);睿宗(684);武則天(684—704);中宗(705—710);殤帝(710);睿宗(710—712);玄宗(712—756);肅宗(756—761);代宗(762—779);德宗(780—805);順宗(805);憲宗(806—820);穆宗(821—824);敬宗(825—827);文宗(827—840);武宗(841—846);宣宗(847—860);懿宗(860—874);僖宗(874—888);昭宗(889—904);哀帝(904—907)
五代 (907—960)	五代:後梁(907—923);後唐(923—936);後晉(936—947);後漢(947—950);後周(951—960)
北宋 (960—1127)	太祖(960—975);太宗(976—997);真宗(998—1022);仁宗(1023—1063);英宗(1064—1067);神宗(1068—1085);哲宗(1086—1100);徽宗(1101—1125);欽宗(1126—1127)
南宋 (1127—1279)	高宗(1127—1162);孝宗(1163—1189);光宗(1190—1194);寧宗(1195—1224);理宗(1225—1264);度宗(1265—1274);恭帝(1275—1276);端宗(1276—1278);帝昺(1278—1279)
元 (1279—1368)	世祖(1279—1294);成宗(1295—1307);武宗(1308—1311);仁宗(1312—1320);英宗(1321—1323);泰定帝(1324—1328);天順帝(1328);文宗(1328—1329);明宗(1329);文宗(1329—1331);寧宗(1332);順帝(1333—1368)
明 (1368—1644)	太祖(1368—1398);惠帝(1399—1402);成祖(1403—1424);仁宗(1425);宣宗(1426—1435);英宗(1436—1449);代宗(1450—1456);英宗(1457—1464);憲宗(1465—1487);孝宗(1488—1505);武宗(1506—1521);世宗(1522—1566);穆宗(1567—1572);神宗(1573—1620);光宗(1620);熹宗(1621—1627);思宗(1628—1644)
清 (1644—1912)	世祖(1644—1661);聖祖(1662—1722);世宗(1722—1735);高宗(1736—1795);仁宗(1796—1820);宣宗(1821—1850);文宗(1851—1861);穆宗(1862—1874);德宗(1875—1908);宣統(1909—1912)

目 録

一、漢魏六朝卷

桓　譚

【本造篇（節録）】　賈誼不左遷失志，則文彩不發；淮南不貴盛富饒，則不能廣聘駿士，使著文作書；太史公不典掌書記，則不能條悉古今；揚雄不貧，則不能作《玄》《言》。（朱謙之校輯：《新輯本桓譚新論》，中華書局2009年版，第2頁）

【啓寤篇（節録）】　揚子雲好天文，問之於洛下黄閎以渾天之説，閎曰："我少能作其事，但隨尺寸法度，殊不曉達其意。後稍稍益愈，到今七十，乃甫適知已，又老且死矣。今我兒子受學作之，亦當復年如我，乃曉知已，又且復死焉。"其言可悲可笑也。（同上，第28頁）

【啓寤篇（節録）】　通人揚子雲，因衆儒之説天，以天爲如蓋轉，常左旋，日月星辰，隨而東西。乃圖畫形體行度，參以四時曆數昏明晝夜，欲爲世人立紀律，以垂法後嗣。余難之曰："春秋晝夜欲等平，旦日出於卯，正東方；暮日入於酉，正西方。今以天下之占視之；此乃人之卯酉，非天卯酉。天之卯酉，當北斗極，北斗極天樞，樞天軸也，猶蓋有保斗矣。蓋雖轉而保斗不移，天亦轉周匝，斗極常在，知爲天之中也。仰視之，又在北，不正在人上，而春秋分時，日出入乃在斗南。如蓋轉，則北道近，南道遠，彼晝夜刻漏之數，何從等平?"子雲無以解也。後與子雲奏事待報，坐白虎殿廊廡下，以寒故，背日曝背。有頃，日光去背，不復曝焉，因以示子雲曰："天即蓋轉而日西行，其光影當照此廊下而稍東耳，無乃是反應渾天家法焉。"子雲立壞其所作，則儒家以爲天左轉非也。

（同上，第 29—30 頁）

【正經篇（節録）】　揚雄作《玄書》，以爲玄者天也，道也，言聖賢制法作事，皆引天道以爲本統，而因附續萬類、王政、人事、法度。故宓羲氏謂之易，老子謂之道，孔子謂之元，而揚雄謂之玄。《玄經》三篇，以紀天地人之道，立三體，有上中下，如《禹貢》之陳三品。三三而九，因以九九八十一，故爲八十一卦。以四爲數，數從一至四，重累變易，竟八十一而遍，不可損益，以三十五蓍揲之。《玄經》五千餘言，而傳十二篇也。（同上，第 40—41 頁）

【正經篇（節録）】　王公子問："揚子雲何人耶?"答曰："才智開通，能入聖道，卓絶於衆，漢興以來未有此人也。"國師子駿曰："何以言之?"答曰："通才著書以百數，惟太史公爲廣大，餘皆叢殘小論，不能比之，子雲所造《法言》《太玄經》也，《玄經》數百年外，其書必傳，顧譚不及見也。世咸尊古卑今，貴所聞，賤所見。見揚子雲禄位容貌不能動人，故輕易之。老子其心玄遠，而與道合。若遇上好事，必以《太玄》次《五經》也。（同上，第 41 頁）

【識通篇（節録）】　揚子雲在長安，素貧約，比歲已甚，亡其兩男，哀痛不已，皆歸葬於蜀，遂至困乏。子雲達聖道，明於死生，宜不下季札，然而慕戀死子，不能以義割恩，自令多費。爲中散大夫，病卒，貧無以辦喪事，以貧困故葬長安，妻子棄其墳墓，西歸於蜀，此罪在輕財，通人之蔽也。（同上，第 44 頁）

【離事篇（節録）】　譚謂揚子曰："君之爲黄門郎，居殿中，數見輿輦、玉瑵、華芝及鳳凰、三蓋之屬，皆玄黄五色，飾以金玉翠羽珠絡錦繡茵席者也。"（同上，第 50 頁）

【道賦篇（節録）】　揚子雲工於賦，王君大曉習萬劍之名，凡器遥觀而知，不須手持熟察。余欲從二子學。子雲曰："能讀千賦，則善賦。"君大曰："能觀千劍，則曉劍。"諺曰："伏習象神，巧者不過習者之門。"（同

上，第 52 頁）

【道賦篇（節録）】　余少時見揚子雲麗文高論，不自量年少新進，猥欲逮及，嘗激一事而作小賦，用精思太劇，而立感動致疾病。子雲亦言：成帝時，趙昭儀方大幸，每上甘泉，詔使作賦，一首始成，卒暴倦卧，夢五藏出地，以手收内之，及覺，大少氣，病一年。由此言之，盡思慮，傷精神也。（同上，第 52 頁）

【閔友篇（節録）】　揚子雲大才而不曉音，余頗離雅操而更爲新弄。子雲曰："事淺易喜，深者難識，卿不好雅頌而悦鄭聲，宜也。"（同上，第 61 頁）

【閔友篇（節録）】　張子侯曰："揚子雲，西道孔子也，乃貧如此?"吾應曰："子雲亦東道孔子也。昔仲尼豈獨是魯孔子，亦齊、楚聖人也。"（同上，第 62 頁）

【閔友篇（節録）】　謂揚子雲曰："如後世復有聖人，徒知其才能之勝己，多不能知其聖與非聖也。"子雲曰："誠然。"（同上，第 62 頁）

王　充

【本性篇（節録）】　余固以孟軻言人性善者，中人以上者也；孫卿言人性惡者，中人以下者也；揚雄言人性善惡混者，中人也。若反經合道，則可以爲教；盡性之理，則未也。（黄暉撰：《論衡校釋》卷三，中華書局 1990 年版，第 142—143 頁）

【效力篇（節録）】　人有知學，則有力矣。文吏以理事爲力，而儒生以學問爲力。或問揚子雲曰："力能扛鴻鼎、揭華旗，知德亦有之乎?"答曰："百人矣。"夫知德百人者，與彼扛鴻鼎、揭華旗者爲料敵也。夫壯士力多者，扛鼎揭旗；儒生力多者，博達疏通。故博達疏通，儒生之力也；舉重拔堅，壯士之力也。《梓材》曰："强人有王開賢，厥率化民。"此言賢人亦壯强於禮義，故能開賢，其率化民。化民須禮義，禮義須文章。

“行有餘力，則以學文。”能學文，有力之驗也。……世稱力者，常褒烏獲，然則董仲舒、揚子雲，文之烏獲也。（《論衡校釋》卷十三，第579—583頁）

【超奇篇（節録）】　揚子雲作《太玄經》，造於眇思，極窅冥之深，非庶幾之才，不能成也。孔子作《春秋》，二子作兩經，所謂卓爾蹈孔子之跡，鴻茂參貳聖之才者也。（《論衡校釋》卷十三，第608頁）

【譴告篇（節録）】　孝武皇帝好仙，司馬長卿獻《大人賦》，上乃仙仙有凌雲之氣。孝成皇帝好廣宫室，揚子雲上《甘泉頌》，妙稱神怪，若曰非人力所能爲，鬼神力乃可成。皇帝不覺，爲之不止。長卿之賦，如言仙無實效；子雲之頌，言奢有害，孝武豈有仙仙之氣者，孝成豈有不覺之惑哉？然即天之不爲他氣以譴告人君，反順人心以非應之，猶二子爲賦頌，令兩帝惑而不悟也。（《論衡校釋》卷十四，第641—642頁）

【講瑞篇（節録）】　桓君山謂揚子雲曰：“如後世復有聖人，徒知其才能之勝己，多不能知其聖與非聖人也。”子雲曰：“誠然。”夫聖人難知，知能之美若桓、揚者，尚復不能知，世儒懷庸庸之知，齎無異之議，見聖不能知，可保必也。（《論衡校釋》卷十六，第723頁）

【齊世篇（節録）】　畫工好畫上代之人，秦、漢之士，功行譎奇，不肯圖今世之士者，尊古卑今也。貴鵠賤雞，鵠遠而雞近也。使當今說道深於孔、墨，名不得與之同；立行崇於曾、顔，聲不得與之鈞。何則？世俗之性，賤所見，貴所聞也。有人於此，立義建節，實核其操，古無以過，爲文書者，肯載於篇籍，表以爲行事乎？作奇論，造新文，不損於前人，好事者肯舍久遠之書，而垂意觀讀之乎？揚子雲作《太玄》，造《法言》，張伯松不肯壹觀。與之併肩，故賤其言。使子雲在伯松前，伯松以爲《金匱》矣。（《論衡校釋》卷十八，第810—811頁）

【佚文篇（節録）】　孝武善《子虚》之賦，徵司馬長卿。孝成玩弄衆書之多，善揚子雲，出入遊獵，子雲乘從。使長卿、桓君山、子雲作吏，書所不能盈牘，文所不能成句，則武帝何貪？成帝何欲？故曰：“玩揚子雲之篇，樂於居千石之官；挾桓君山之書，富於積猗頓之財。”

……

文人之筆，勸善懲惡也。謚法所以章善，即以著惡也。加一字之謚，人猶勸懲。聞知之者，莫不自勉。況極筆墨之力，定善惡之實。言行畢載，文以千數。傳流於世，成爲丹青。故可尊也。揚子雲作《法言》，蜀富人賫錢千萬，願載於書。子雲不聽，曰：“夫富無仁義之行，猶圈中之鹿，欄中之牛也。安得妄載?”班叔皮續《太史公書》，載鄉里人，以爲惡戒。邪人枉道，繩墨所彈，安得避諱。是故子雲不爲財勸，叔皮不爲恩撓。文人之筆，獨已公矣。（《論衡校釋》卷二十，第864—869頁）

【定賢篇（節録）】　以敏於賦頌，爲弘麗之文爲賢乎？則夫司馬長卿、揚子雲是也。文麗而務巨，言眇而趨深，然而不能處定是非，辯然否之實。雖文如錦繡，深如河、漢，民不覺知是非之分，無益於彌爲崇實之化。（《論衡校釋》卷二十七，第1117頁）

【書解篇（節録）】　著作者爲文儒，説經者爲世儒。二儒在世，未知何者爲優。或曰：文儒不若世儒。世儒説聖人之經，解賢者之傳，義理廣博，無不實見，故在官常位；位最尊者爲博士，門徒聚衆，招會千里，身雖死亡，學傳於後。文儒爲華淫之説，於世無補，故無常官，弟子門徒不見一人，身死之後，莫有紹傳。此其所以不如世儒者也。

答曰：不然。夫世儒説聖情，□□□□□[①]，共起並驗，俱追聖人。事殊而務同，言異而義鈞。何以謂之文儒之説無補於世？世儒業易爲，故世人學之多，非事可析第，故官廷設其位。文儒之業，卓絶不循，人寡其書，業雖不講，門雖無人，書文奇偉，世人亦傳。彼虚説，此實篇，折累二者，孰者爲賢？案古俊乂著作辭説，自用其業，自明於世。世儒當時雖尊，不遭文儒之書，其跡不傳。周公制禮樂，名垂而不滅；孔子作《春

① 凡“□”，即表示原本有脱文，或所據版本漫漶不清，難以辨識。下同，不復贅注。

秋》，聞傳而不絶。周公、孔子，難以論言。漢世文章之徒，陸賈、司馬遷、劉子政、揚子雲，其材能若奇，其稱不由人。世傳《詩》家魯申公、《書》家千乘歐陽、公孫，不遭太史公，世人不聞。夫以業自顯，孰與須人乃顯？夫能紀百人，孰與廑能顯其名？

或曰：著作者，思慮間也，未必材知出異人也。居不幽，思不至。使著作之人，總衆事之凡，典國境之職，汲汲忙忙，或暇著作？試使庸人積閑暇之思，亦能成篇八十數。文王日昃不暇食，周公一沐三握髮，何暇優遊爲麗美之文於筆札？孔子作《春秋》，不用於周也；司馬長卿不預公卿之事，故能作《子虛之賦》；揚子雲存中郎之官，故能成《太玄經》，就《法言》。使孔子得王，《春秋》不作；長卿、子雲爲相，《賦》《玄》不工籍。

答曰：文王日昃不暇食，此謂演《易》而益卦。周公一沐三握髮，爲周改法而制。周道不弊，孔子不作，休思慮間也，周法闊疎，不可因也。夫稟天地之文，發於胸臆，豈爲間作不暇日哉？感僞起妄，源流氣烝。管仲相桓公，致於九合；商鞅相孝公，爲秦開帝業，然而二子之書，篇章數十。長卿、子雲，二子之倫也。俱感，故才并；才同，故業鈞。皆士而各著，不以思慮間也。問事彌多而見彌博，官彌劇而識彌泥。居不幽則思不至，思不至則筆不利。嚚頑之人有幽室之思，雖無憂，不能著一字。蓋人材有能，無有不暇。有無材而不能思，無有知而不能著；有鴻材欲作而無起，無細知以問而能記。蓋奇有無所因，無有不能言；兩有無所覩，無不暇造作。（《論衡校釋》卷二十八，第1150—1154頁）

【案書篇（節録）】　韓非著書，李斯采以言事；揚子雲作《太玄》，侯鋪子隨而宣之。非、斯同門，雲、鋪共朝，覩奇見益，不爲古今變心易意；實事貪善，不遠爲術併肩以跡相輕，好奇無已，故奇名無窮。揚子雲反《離騷》之經。非能盡反，一篇文往往見非，反而奪之。（《論衡校釋》卷二十九，第1174—1175頁）

【對作篇（節録）】　晉之《乘》，而楚之《檮杌》，魯之《春秋》，人事各不同也。《易》之乾坤，《春秋》之元，揚氏之玄，卜氣號不均也。由此言之，唐林之奏，谷永之章，《論衡》《政務》，同一趨也。漢家極筆墨之林，書論之造，漢家尤多。陽成子張作《樂》，揚子雲造《玄》，二經發於臺下，讀於闕掖，卓絶驚耳，不述而作，材疑聖人，而漢朝不譏。（《論衡校釋》卷二十九，第1182—1183頁）

【自紀篇（節録）】　充書既成，或稽合於古，不類前人。或曰："謂之飾文偶辭，或徑或迂，或屈或舒。謂之論道，實事委瑣，文給甘酸，諧於經不驗，集於傳不合，稽之子長不當，内之子雲不入。文不與前相似，安得名佳好，稱工巧？"答曰：飾貌以强類者失形，調辭以務似者失情。百夫之子，不同父母，殊類而生，不必相似，各以所稟，自爲佳好。文必有與合然後稱善，是則代匠斵不傷手，然後稱工巧也。文士之務，各有所從，或調辭以巧文，或辯僞以實事。必謀慮有合，文辭相襲，是則五帝不異事，三王不殊業也。美色不同面，皆佳於目；悲音不共聲，皆快於耳。酒醴異氣，飲之皆醉；百穀殊味，食之皆飽。謂文當與前合，是謂舜眉當復八采，禹目當復重瞳。

……

充仕數不耦，而徒著書自紀。或戲曰："所貴鴻材者，仕宦耦合，身容説納，事得功立，故爲高也。今吾子涉世落魄，仕數黜斥，材未練於事，力未盡於職，故徒幽思屬文，著記美言，何補於身？衆多欲以何趍乎？"答曰：材鴻莫過孔子。孔子才不容，斥逐，伐樹，接淅，見圍，削跡，困餓陳、蔡，門徒菜色。今吾材不逮孔子，不偶之厄，未與之等，偏可輕乎？且達者未必知，窮者未必愚。遇者則得，不遇失之。故夫命厚禄善，庸人尊顯；命薄禄惡，奇俊落魄。必以偶合稱材量德，則夫專城食土者，材賢孔、墨。身貴而名賤，則居潔而行墨，食千鍾之禄，無一長之德，乃可戲也。若夫德高而名白，官卑而禄泊，非才能之過，未足以爲累也。士願與憲共廬，不慕與賜同衡；樂與夷俱旅，不貪與蹠比跡。高士所貴，不與俗均，故其名稱不與世同。身與草木俱朽，聲與日月並彰，行與孔子比窮，文與揚雄爲雙，吾榮之。身通而知困，官大而德細，於彼爲榮，於我爲累。偶合容説，身尊體佚，百載之後，與物俱歿，名不流於一嗣，文不遺於一札，官雖傾倉，文德不豐，非吾所臧。德汪濊而淵懿，知滂沛而盈溢，筆瀧漉而雨集，言潏淈而泉出，富材羡知，貴行尊志，體列於一世，名傳於千載，乃吾所謂異也。

充細族孤門。或啁之曰："宗祖無淑懿之基，文墨無篇籍之遺，雖著鴻麗之論，無所稟階，終不爲高。夫氣無漸而卒至曰變，物無類而妄生曰異，不常有而忽見曰妖，詭於衆而突出曰怪。吾子何祖？其先不載。況未嘗履墨塗，出儒門，吐論數千萬言，宜爲妖變，安得寶斯文而多賢？"答曰：鳥無世鳳皇，獸無種麒麟，人無祖聖賢，物無常嘉珍。才高見屈，遭時而然。士貴故孤興，物貴故獨産。文孰常在有以放賢，是則醴泉有故源，而嘉禾有舊根也。屈奇之士見，倜儻之辭生，度不與俗協，庸甬不能程。是故罕發之跡，記於牒籍；希出之物，勒於鼎銘。五帝不一世而起，伊、望不同家而出。千里殊跡，百載異發。士貴雅材而慎興，不因高據以顯達。母驪犢騂，無害犧牲；祖濁裔清，不牓奇人。鯀惡禹聖，叟頑舜神。伯牛寢疾，仲弓潔全。顔路庸固，回傑超倫。孔、墨祖愚，丘、翟聖賢。揚家不通，卓有子雲；桓氏稽可，遹出君山。更稟於元，故能著文。（《論衡校釋》卷三十，第 1200—1207 頁）

許　慎

【説文解字序】　古者庖羲氏之王天下也，仰則觀象於天，俯則觀法於地，視鳥獸之文與地之宜，近取諸身，遠取諸物；於是始作《易》八卦，以垂憲象。及神農氏，結繩爲治，而統其事。庶業其繁，飾僞萌生。黄帝之史倉頡，見鳥獸蹏迒之跡，知分理之可相別異也，初造書契。百工以乂，萬品以察，蓋取諸夬。“夬，揚於王庭”，言文者，宣教明化於王者朝庭，“君子所以施禄及下，居德則忌”也。

倉頡之初作書，蓋依類象形，故謂之文。其後形聲相益，即謂之字。文者，物象之本；字者，言孳乳而浸多也。著於竹帛謂之書。書者，如也。以迄五帝三王之世，改易殊體，封於泰山者七十有二代，靡有同焉。

《周禮》：八歲入小學，保氏教國子，先以六書。一曰指事。指事者，視而可識，察而見意，上、下是也。二曰象形。象形者，畫成其物，隨體詰詘，日、月是也。三曰形聲。形聲者，以事爲名，取譬相成，江、河是也。四曰會意。會意者，比類合誼，以見指撝，武、信是也。五曰轉注。轉注者，建類一首，同意相受，考、老是也。六曰假借。假借者，本無其字，依聲託事，令、長是也。

及宣王太史籀，著《大篆》十五篇，與古文或異。至孔子書六經，左丘明述《春秋傳》，皆以古文，厥意可得而説。其後諸侯力政，不統於王。惡禮樂之害己，而皆去其典籍。分爲七國，田疇異畝，車塗異軌，律令異法，衣冠異制，言語異聲，文字異形。秦始皇帝初兼天下，丞相李斯乃奏同之，罷其不與秦文合者。斯作《倉頡篇》，中車府令趙高作《爰歷篇》，大史令胡毋敬作《博學篇》。皆取史籀《大篆》，或頗省改，所謂小篆也。是時，秦燒滅經書，滌除舊典。大發吏卒，興戍役。官獄職務繁，初有隸書，以趣約易，而古文由此絶矣。自爾秦書有八體：一曰大篆，二曰小篆，三曰刻符，四曰蟲書，五曰摹印，六曰署書，七曰殳書，八曰隸書。

漢興有草書。《尉律》：學僮十七已上始試。諷籒書九千字，乃得爲史。又以八體試之。郡移太史並課。最者，以爲尚書史。書或不正，輒舉劾之。今雖有《尉律》，不課，小學不修，莫達其説久矣。孝宣皇帝時，召通《倉頡》讀者，張敞從受之。凉州刺史杜業，沛人爰禮，講學大夫秦近，亦能言之。孝平皇帝時，徵禮等百餘人，令説文字未央廷中，以禮爲小學元士。黄門侍郎揚雄，采以作《訓纂篇》。凡《倉頡》以下十四篇，凡五千三百四十字，群書所載，略存之矣。及亡新居攝，使大司空甄豐等校文書之部。自以爲應製作，頗改定古文。時有六書：一曰古文，孔子壁中書也。二曰奇字，即古文而異者也。三曰篆書，即小篆，秦始皇帝使下杜人程邈所作也。四曰佐書，即秦隸書。五曰繆篆，所以摹印也。六曰鳥蟲書，所以書幡信也。壁中書者，魯恭王壞孔子宅，而得《禮記》《尚書》《春秋》《論語》《孝經》。又北平侯張蒼獻《春秋左氏傳》。郡國亦往往於山川得鼎彝，其銘即前代之古文，皆自相似。雖叵複見遠流，其詳可得略説也。

而世人大共非訾，以爲好奇者也，故詭更正文，鄉壁虚造不可知之書，變亂常行，以耀於世。諸生競逐説字解經誼，稱秦之隸書爲倉頡時書，云："父子相傳，何得改易！"乃猥曰："馬頭人爲長，人持十爲斗，蟲者，屈中也。"廷尉説律，至以字斷法："苛人受錢，苛之字止句也。"若此者甚衆，皆不合孔氏古文，謬於《史籀》。俗儒啚夫，玩其所習，蔽所希聞，不見通學，未嘗覩字例之條。怪舊藝而善野言，以其所知爲秘妙，究洞聖人之微恉。又見《倉頡篇》中"幼子承詔"，因曰："古帝之所作也，其辭有神仙之術焉。"其迷誤不諭，豈不悖哉！

《書》曰："予欲觀古人之象。"言必遵修舊文而不穿鑿。孔子曰："吾猶及史之闕文，今亡也夫。"蓋非其不知而不問。人用己私，是非無正，巧説邪辭，使天下學者疑。

蓋文字者，經藝之本，王政之始。前人所以垂後，後人所以識古。故曰："本立而道生。"知天下之至賾而不可亂也。今叙篆文，合以古籀；博采通人，至於小大；信而有證，稽撰其説。將以理群類，解謬誤，曉學者，達神恉。分别部居，不相雜厠。萬物咸覩，靡不兼載。厥誼不昭，爰明以諭。其稱《易》孟氏、《書》孔氏、《詩》毛氏、《禮》周官、《春秋》左氏、《論語》《孝經》，皆古文也。其於所不知，蓋闕如也。（許慎撰，段玉

裁注：《説文解字注》卷十五，上海古籍出版社1981年版，第753—765頁）

班　固

【揚雄傳（節録）】　揚雄字子雲，蜀郡成都人也。其先出自有周伯僑者，以支庶初食采於晉之揚，因氏焉，不知伯僑周何别也。揚在河、汾之間，周衰而揚氏或稱侯，號曰揚侯。會晉六卿争權，韓、魏、趙興而范、中行、知伯弊。當是時，偪揚侯，揚侯逃於楚巫山，因家焉。楚漢之興也，揚氏遡江上，處巴江州。而揚季官至廬江太守。漢元鼎間避仇復遡江上，處岷山之陽曰郫，有田一壥，有宅一區，世世以農桑爲業。自季至雄，五世而傳一子，故雄亡它揚於蜀。雄少而好學，不爲章句，訓詁通而已，博覽無所不見。爲人簡易佚蕩，口吃不能劇談，默而好深湛之思，清静亡爲，少耆欲，不汲汲於富貴，不戚戚於貧賤，不修廉隅以徼名當世。家産不過十金，乏無儋石之儲，晏如也。自有大度，非聖哲之書不好也；非其意，雖富貴不事也。顧嘗好辭賦。

先是時，蜀有司馬相如，作賦甚弘麗温雅，雄心壯之，每作賦，常擬之以爲式。又怪屈原文過相如，至不容，作《離騷》，自投江而死，悲其文，讀之未嘗不流涕也。以爲君子得時則大行，不得時則龍蛇，遇不遇命也，何必湛身哉！乃作書，往往摭《離騷》文而反之，自岷山投諸江流以吊屈原，名曰《反離騷》；又旁《離騷》作重一篇，名曰《廣騷》；又旁《惜誦》以下至《懷沙》一卷，名曰《畔牢愁》。《畔牢愁》《廣騷》文多不載，獨載《反離騷》。

……孝成帝時，客有薦雄文似相如者，上方郊祠甘泉泰畤、汾陰后土，以求繼嗣，召雄待詔承明之庭。正月，從上甘泉，還奏《甘泉賦》以風。……

甘泉本因秦離宫，既奢泰，而武帝復增通天、高光、迎風。宫外近則洪厓、旁皇、儲胥、弩陆，遠則石關、封巒、枝鵲、露寒、棠梨、師得，遊觀屈奇瑰瑋，非木摩而不雕，墻塗而不畫，周宣所考，般庚所遷，夏卑宮室，唐虞棌椽三等之制也。且爲其已久矣，非成帝所造，欲諫則非時，欲默則不能已，故遂推而隆之，乃上比於帝室紫宮，若曰此非人力之所能爲，黨鬼神可也。又是時趙昭儀方大幸，每上甘泉，常法從，在屬車間豹尾中。故雄聊盛言車騎之衆，參麗之駕，非所以感動天地，逆釐三神。又言“屏玉女，却虙妃”，以微戒齊肅之事。賦成奏之，天子異焉。

其三月，將祭后土，上乃帥群臣横大河，湊汾陰。既祭，行遊介山，回安邑，顧龍門，覽鹽池，登歷觀，陟西嶽以望八荒，跡殷周之虚，眇然以思唐虞之風。雄以爲臨川羡魚不如歸而結罔，還，上《河東賦》以勸。……

其十二月羽獵，雄從。以爲昔在二帝三王，宫館臺榭沼池苑囿林麓藪澤財足以奉郊廟，御賓客，充庖廚而已，不奪百姓膏腴谷土桑柘之地。女有餘布，男有餘粟，國家殷富，上下交足，故甘露零其庭，醴泉流其唐，鳳皇巢其樹，黄龍遊其沼，麒麟臻其囿，神爵棲其林。昔者禹任益虞而上下和，中木茂；成湯好田而天下用足；文王囿百里，民以爲尚小；齊宣王囿四十里，民以爲大：裕民之與奪民也。武帝廣開上林，南至宜春、鼎胡、御宿、昆吾，旁南山而西，至長楊、五柞，北繞黄山，瀕渭而東，周袤數百里。穿昆明池象滇河，營建章、鳳闕、神明、馺娑，漸臺、泰液象海水周流方丈、瀛洲、蓬萊。遊觀侈靡，窮妙極麗。雖頗割其三垂以贍齊民，然至羽獵田車戎馬器械儲偫禁禦所營，尚泰奢麗誇詡，非堯、舜、成湯、文王三驅之意也。又恐後世復修前好，不折中以泉臺，故聊因《校獵賦》以風。……

明年，上將大誇胡人以多禽獸，秋，命右扶風發民入南山，西自褒斜，東至弘農，南敺漢中，張羅罔罝罘，捕熊羆豪豬虎豹狖玃狐菟麋鹿，載以檻車，輸長楊射熊館。以罔爲周阹，縱禽獸其中，令胡人手搏之，自取其獲，上親臨觀焉。是時，農民不得收斂。雄從至射熊館，還，上《長楊賦》，聊因筆墨之成文章，故藉翰林以爲主人，子墨爲客卿以風。……

哀帝時丁、傅、董賢用事，諸附離之者或起家至二千石。時雄方草《太玄》，有以自守，泊如也。或謿雄以玄尚白，而雄解之，號曰《解嘲》。……

雄以爲賦者，將以風也，必推類而言，極麗靡之辭，閎侈巨衍，競於使人不能加也，既乃歸之於正，然覽者已過矣。往時武帝好神仙，相如上《大人賦》，欲以風，帝反縹縹有陵雲之志。繇是言之，賦勸而不止，明矣。又頗似俳優淳于髡、優孟之徒，非法度所存，賢人君子詩賦之正也，於是輟不復爲。而大潭思渾天，參摹而四分之，極於八十一。旁則三摹九據，極之七百二十九贊，亦自然之道也。故觀《易》者，見其卦而名之；觀《玄》者，數其畫而定之。《玄》首四重者，非卦也，數也。其用自天元推一晝一夜陰陽數度律曆之紀，九九大運，與天終始。故《玄》三方、九州、二十七部、八十一家、二百四十三表、七百二十九贊，分爲三卷，曰一二三，與《泰初曆》相應，亦有顓頊之曆焉。揲之以三策，關之以休咎，絣之以象類，播之以人事，文之以五行，擬之以道德仁義禮知。無主無名，要合五經，苟非其事，文不虛生。爲其泰曼漶而不可知，故有《首》《衝》《錯》《測》《攡》《瑩》《數》《文》《掜》《圖》《告》十一篇，皆以解剝《玄》體，離散其文，章句尚不存焉。《玄》文多，故不著；觀之者難知，學之者難成。客有難《玄》大深，衆人之不好也，雄解之，號曰《解難》。……

雄見諸子各以其知舛馳，大氐詆訾聖人，即爲怪迂，析辯詭辭，以撓世事，雖小辯，終破大道而或衆，使溺於所聞而不自知其非也。及太史公記六國，歷楚漢，訖麟止，不與聖人同，是非頗謬於經。故人時有問雄者，常用法應之，撰以爲十三卷，象《論語》，號曰《法言》。《法言》文多不著，獨著其目：

天降生民，倥侗顓蒙，恣於情性，聰明不開，訓諸理。撰《學行》第一。

降周迄孔，成於王道，終後誕章乖離，諸子圖微。撰《吾子》第二。

事有本真，陳施於億，動不克咸，本諸身。撰《修身》第三。

芒芒天道，在昔聖考，過則失中，不及則不至，不可奸罔。撰《問道》第四。

神心曶恍，經緯萬方，事繫諸道德仁誼禮。撰《問神》第五。

明哲煌煌，旁燭亡疆，遜於不虞，以保天命。撰《問明》第六。

假言周於天地，贊於神明，幽弘横廣，絶於邇言。撰《寡見》第七。

聖人𢘅明淵懿，繼天測靈，冠於群倫，經諸範。撰《五百》第八。

立政鼓衆，動化天下，莫上於中和，中和之發，在於哲民情。撰《先知》第九。

仲尼以來，國君將相卿士名臣參差不齊，壹概諸聖。撰《重黎》第十。

仲尼之後，訖於漢道，德行顔、閔，股肱蕭、曹，爰及名將尊卑之條，稱述品藻。撰《淵騫》第十一。

君子純終領聞，蠢迪檢押，旁開聖則。撰《君子》第十二。

孝莫大於寧親，寧親莫大於寧神，寧神莫大於四表之驩心。撰《孝至》第十三。

贊曰：雄之自序云爾。初，雄年四十餘，自蜀來至遊京師，大司馬車騎將軍王音奇其文雅，召以爲門下史，薦雄待詔，歲餘，奏《羽獵賦》，除爲郎，給事黄門，與王莽、劉歆並。哀帝之初，又與董賢同官。當成、哀、平間，莽、賢皆爲三公，權傾人主，所薦莫不拔擢，而雄三世不徙官。及莽簒位，談説之士用符命稱功德獲封爵者甚衆，雄復不侯，以耆老久次轉爲大夫，恬於勢利乃如是。實好古而樂道，其意欲求文章成名於後世，以爲經莫大於《易》，故作《太玄》；傳莫大於《論語》，作《法言》；史篇莫善於《倉頡》，作《訓纂》；箴莫善於《虞箴》，作《州箴》；賦莫深於《離騷》，反而廣之；辭莫麗於相如，作四賦：皆斟酌其本，相與放依而馳騁云。用心於内，不求於外，於時人皆曶之；唯劉歆及范逡敬焉，而桓譚以爲絶倫。

王莽時，劉歆、甄豐皆爲上公，莽既以符命自立，即位之後欲絶其原以神前事，而豐子尋、歆子棻復獻之。莽誅豐父子，投棻四裔，辭所連及，便收不請。時雄校書天禄閣上，治獄使者來，欲收雄，雄恐不能自免，乃從閣上自投下，幾死。莽聞之曰："雄素不與事，何故在此？"間請問其故，乃劉棻嘗從雄學作奇字，雄不知情。有詔勿問。然京師爲之語曰："惟寂寞，自投閣；爰清静，作符命。"

雄以病免，復召爲大夫。家素貧，耆酒，人希至其門。時有好事者載酒肴從遊學，而鉅鹿侯芭常從雄居，受其《太玄》《法言》焉。劉歆亦嘗觀之，謂雄曰："空自苦！今學者有禄利，然尚不能明《易》，又如《玄》何？吾恐後人用覆醬瓿也。"雄笑而不應。年七十一，天鳳五年卒，侯芭爲起墳，喪之三年。

時大司空王邑、納言嚴尤聞雄死，謂桓譚曰："子嘗稱揚雄書，豈能傳於後世乎？"譚曰："必傳。顧君與譚不及見也。凡人賤近而貴遠，親見揚子雲禄位容貌不能動人，故輕其書。昔老聃著虚無之言兩篇，薄仁義，非禮學，然後世好之者尚以爲過於《五經》，自漢文景之君及司馬遷皆有是言。今揚子之書文義至深，而論不詭於聖人，若使遭遇時君，更閲賢知，爲所稱善，則必度越諸子矣。"諸儒或譏以爲雄非聖人而作經，猶春秋吴楚之君僭號稱王，蓋誅絶之罪也。自雄之没至今四十餘年，其《法言》大行，而《玄》終不顯，然篇籍具存。（《漢書》卷八十七，第3513—3585頁）

【五行志（節録）】　哀帝建平二年四月乙亥朔，御史大夫朱博爲丞相，少府趙玄爲御史大夫，臨延登受策，有大聲如鍾鳴，殿中郎吏陛者皆聞焉。上以問黄門侍郎揚雄、李尋，尋對曰："《洪範》所謂鼓妖者也。師法以爲人君不聰，爲衆所惑，空名得進，則有聲無形，不知所從生。其傳曰歲月日之中，則正卿受之。今以四月日加辰巳有異，是爲中焉。正卿謂執政大臣也。宜退丞相、御史，以應天變。然雖不退，不出期年，其人自蒙其咎。"揚雄亦以爲鼓妖，聽失之象也。朱博爲人强毅多權謀，宜將不宜相，恐有兇惡亟疾之怒。八月，博、玄坐爲奸謀，博自殺，玄減死論。京房《易傳》曰："令不修本，下不安，金毋故自動，若有音。"（《漢書》卷二十七中之下，第1429頁）

【藝文志·小學類序（節録）】　元始中，徵天下通小學者以百數，各令記字於庭中。揚雄取其有用者以作《訓纂篇》，順續《蒼頡》，又易《蒼頡》中重複之字，凡八十九章。臣復續揚雄作十三章，凡一百二章，無復字，六藝群書所載略備矣。（《漢書》卷三十，第1721頁）

【藝文志·詩賦略序（節録）】　傳曰："不歌而誦謂之賦，登高能賦可以爲大夫。"言感物造端，材知深美，可與圖事，故可以爲列大夫也。古者諸侯卿大夫交接鄰國，以微言相感，當揖讓之時，必稱《詩》以諭其志，蓋以别賢不肖而觀盛衰焉。故孔子曰"不學《詩》，無以言"也。春秋之後，周道寖壞，聘問歌詠不行於列國，學《詩》之士逸在布衣，而賢人失志之賦作矣。大儒孫卿及楚臣屈原離讒憂國，皆作賦以風，咸有惻隱古詩之義。其後宋玉、唐勒，漢興枚乘、司馬相如，下及揚子雲，競爲侈麗閎衍之詞，没其風諭之義。是以揚子悔之，曰："詩人之賦麗以則，辭人之賦麗以淫。如孔氏之門人用賦也，則賈誼登堂，相如入室矣，如其不用何！"自孝武立樂府而采歌謡，於是有代趙之謳，秦楚之風，皆感於哀樂，緣事而發，亦可以觀風俗，知薄厚云。序詩賦爲五種。（《漢書》卷三十，第1755—1756頁）

【楚元王傳贊（節録）】　贊曰：仲尼稱"材難不其然與！"自孔子後，綴文之士衆矣，唯孟軻、孫況，董仲舒、司馬遷、劉向、揚雄。此數公者，皆博物洽聞，通達古今，其言有補於世。傳曰“聖人不出，其間必有命世者焉”，豈近是乎？（《漢書》卷三十六，第1972頁）

【張馮汲鄭傳贊】　贊曰：張釋之之守法，馮唐之論將，汲黯之正直，鄭當時之推士，不如是，亦何以成名哉！揚子以爲孝文親詘帝尊以信亞夫之軍，曷爲不能用頗、牧？彼將有激云爾。（《漢書》卷五十，第2326頁）

【司馬相如傳贊】　贊曰：司馬遷稱“《春秋》推見至隱，《易》本隱以之顯，《大雅》言王公大人，而德逮黎庶，《小雅》譏小己之得失，其流及上。所言雖殊，其合德一也。相如雖多虛辭濫説，然要其歸引之於節儉，此亦《詩》之風諫何異？”揚雄以爲靡麗之賦，勸百而風一，猶騁鄭衛之聲，曲終而奏雅，不已戲乎！（《漢書》卷五十七，第2609頁）

【司馬遷傳贊（節録）】　自劉向、揚雄博極群書，皆稱遷有良史之材，服其善序事理，辨而不華，質而不俚，其文直，其事核，不虛美，不隱惡，故謂之實録。（《漢書》卷六十二，第2738頁）

【趙充國傳（節録）】　初，充國以功德與霍光等列，畫未央宫。成帝時，西羌嘗有警，上思將帥之臣，追美充國，乃召黄門郎揚雄即充國圖畫而頌之，曰：明靈惟宣，戎有先零。先零昌狂，侵漢西疆。漢命虎臣，惟後將軍，整我六師，是討是震。既臨其域，諭以威德，有守矜功，謂之弗克。請奮其旅，于罕之羌，天子命我，從之鮮陽。營平守節，婁奏封章，料敵制勝，威謀靡亢。遂克西戎，還師於京，鬼方賓服，罔有不庭。昔周之宣，有方有虎，詩人歌功，乃列於《雅》。在漢中興，充國作武，赳赳桓桓，亦紹厥後。（《漢書》卷六十九，第2994—2995頁）

【遊俠傳（節録）】　先是黄門郎揚雄作《酒箴》以諷諫成帝，其文爲酒客難法度士，譬之於物，曰：“子猶瓶矣。觀瓶之居，居井之眉，處高臨深，動常近危。酒醪不入口，臧水滿懷，不得左右，牽於纆徽。一旦叀礙，爲甇所轠，身提黄泉，骨肉爲泥。自用如此，不如鴟夷。鴟夷滑稽，腹如大壺，盡日盛酒，人復借酤。常爲國器，託於屬車，出入兩宫，經營公家。繇是言之，酒何過乎!”遵大喜之，常謂張竦:“吾與爾猶是矣。足下諷誦經書，苦身自約，不敢差跌，而我放意自恣，浮湛俗間，官爵功名，不減於子，而差獨樂，顧不優邪!”竦曰:“人各有性，長短自裁。子欲爲我亦不能，吾而效子亦敗矣。雖然，學我者易持，效子者難將，吾常道也。”(《漢書》卷九十二，第3712—3713頁)

【匈奴傳(節録)】　建平四年，單于上書願朝五年。時哀帝被疾，或言匈奴從上游來厭人，自黄龍、竟寧時，單于朝中國輒有大故。上由是難之，以問公卿，亦以爲虚費府帑，可且勿許。單于使辭去，未發，黄門郎揚雄上書諫曰:

臣聞六經之治，貴於未亂；兵家之勝，貴於未戰。二者皆微，然而大事之本，不可不察也。今單于上書求朝，國家不許而辭之，臣愚以爲漢與匈奴從此隙矣。本北地之狄，五帝所不能臣，三王所不能制，其不可使隙甚明。臣不敢遠稱，請引秦以來明之:

以秦始皇之强，蒙恬之威，帶甲四十餘萬，然不敢窺西河，乃築長城以界之。會漢初興，以高祖之威靈，三十萬衆困於平城，士或七日不食。時奇譎之士石畫之臣甚衆，卒其所以脱者，世莫得而言也。又高皇后嘗忿匈奴，群臣庭議，樊噲請以十萬衆横行匈奴中，季布曰:“噲可斬也，妄阿順指!”於是大臣權書遺之，然後匈奴之結解，中國之憂平。及孝文時，匈奴侵暴北邊，候騎至雍甘泉，京師大駭，發三將軍屯細柳、棘門、霸上以備之，數月乃罷。孝武即位，設馬邑之權，欲誘匈奴，使韓安國將三十萬衆徼於便墜，匈奴覺之而去，徒費財勞師，一虜不可得見，况單于之面乎!其後深惟社稷之計，規恢萬載之策，乃大興師數十萬，使衛青、霍去病操兵，前後十餘年。於是浮西河，絶大幕，破寘顔，襲王庭，窮極其地，追奔逐北，封狼居胥山，禪於姑衍，以臨翰海，虜名王貴人以百數。自是之後，匈奴震怖，益求和親，然而未肯稱臣也。

且夫前世豈樂傾無量之費，役無罪之人，快心於狼望之北哉?以爲不壹勞者不久佚，不蹔費者不永寧，是以忍百萬之師以摧餓虎之喙，運府庫之財填盧山之壑而不悔也。至本始之初，匈奴有桀心，欲掠烏孫，侵公主，乃發五將之師十五萬騎獵其南，而長羅侯以烏孫五萬騎震其西，皆至質而還。時鮮有所獲，徒奮揚威武，明漢兵若雷風耳。雖空行空反，尚誅兩將軍。故北狄不服，中國未得高枕安寢也。逮至元康、神爵之間，大化神明，鴻恩溥洽，而匈奴内亂，五單于争立，日逐、呼韓邪攜國歸化，扶伏稱臣，然尚羈縻之，計不顓制。自此之後，欲朝者不距，不欲者不强。何者？外國天性忿鷙，形容魁健，負力怙氣，難化以善，易肆以惡，其强難詘，其和難得。故未服之時，勞師遠攻，傾國殫貨，伏尸流血，破堅拔敵，如彼之難也；既服之後，慰薦撫循，交接賂遺，威儀俯仰，如此之備也。往時嘗屠大宛之城，蹈烏桓之壘，探姑繒之壁，籍蕩姐之場，艾朝鮮之旃，拔兩越之旗，近不過旬月之役，遠不離二時之勞，固已犁其庭，掃其閭，郡縣而置之，雲徹席捲，後無餘災。唯北狄爲不然，真中國之堅敵也，三垂比之懸矣，前世重之兹甚，未易可輕也。

今單于歸義，懷款誠之心，欲離其庭，陳見於前，此乃上世之遺策，神靈之所想望，國家雖費，不得已者也。奈何距以來厭之辭，疏以無日之期，消往昔之恩，開將來之隙！夫款而隙之，使有恨心，負前言，緣往辭，歸怨於漢，因以自絶，終無北面之心，威之不可，諭之不能，焉得不爲大憂乎！夫明者視於無形，聰者聽於無聲，誠先於未然，即蒙恬、樊噲不復施，棘門、細柳不復備，馬邑之策安所設，衛、霍之功何得用，五將之威安所震？不然，壹有隙之後，雖智者勞心於内，辯者轂擊於外，猶不若未然之時也。且往者圖西域，制車師，置城郭都護三十六國，費歲以大萬計者，豈爲康居、烏孫能踰白龍堆而寇西邊哉？乃以制匈奴也。夫百年勞之，一日失之，費十而愛一，臣竊爲國不安也。唯陛下少留意於未亂未戰，以遏邊萌之禍。

書奏，天子寤焉，召還匈奴使者，更報單于書而許之。賜雄帛五十匹，黄金十斤。單于未發，會病，復遣使願朝明年。故事，單于朝，從名王以下及從者二百餘人。單于又上書言："蒙天子神靈，人民盛壯，願從五百人入朝，以明天子盛德。"上皆許之。（《漢書》卷九十四下，第 3812—3817 頁）

【答賓戲（節録）】 永平中爲郎，典校秘書。專篤志於博學，以著述爲業。或譏以無功，又感東方朔、揚雄自喻以不遭蘇、張、范、蔡之時，曾不折之以正道，明君子之所守，故聊復應焉。（《漢書》卷一百，第 4225 頁）

【典引（節録）】 臣固頓首頓首，伏惟相如《封禪》，靡而不典；揚雄《美新》，典而亡實。然皆遊揚後世，垂爲舊式。（《文選》卷四八，中華書局 1977 年版，第 682 頁）

崔　瑗

【叙箴】 昔揚子雲讀《春秋傳·虞人箴》而善之，於是作爲《九州》及《二十五官箴》，規匡救，言君德之所宜，斯乃體國之宗也。（《太平御覽》卷五百八十八，《四庫》第 898 册，第 438 頁）

杜　篤

【論都賦序】 臣聞知而復知，是爲重知。臣所欲言，陛下已知，故略其梗概，不敢具陳。昔般庚去奢，行儉於亳，成周之隆，乃即中洛。遭時制都，不常厥邑。賢聖之慮，蓋有優劣；霸王之姿，明知相絶。守國之藝，同歸異術：或棄去阻阸，務處平易；或據山帶河，并吞六國；或富貴思歸，不顧見襲；或掩空擊虚，自蜀漢出；即日車駕，策由一卒；或知而不從，久都墝埆。臣不敢有所據。竊見司馬相如、揚子雲作辭賦以諷主上，臣誠慕之，伏作書一篇，名曰《論都》，謹並封奏如左。（《後漢書》卷八十上《文苑傳》，第 2595—2596 頁）

張　衡

【與崔瑗書】　乃者以朝駕明日披讀《太玄經》，知子雲特極陰陽之數也。以其滿泛故，故時人不務。此非特傳記之屬，心實與《五經》擬。漢家得二百歲，卒乎，所以作興者之數，其道必顯一代，常然之符也。《玄》四百歲其興乎。竭己精思，以揆其義，更使人難論陰陽之事。足下累世窮道極微，子孫必命世不絕。且幅寫一通藏之，以待能者。（《太玄經》范望注本載陸績《述玄》引，上海古籍出版社 1990 年版，第 1—2 頁）

王　逸

【天問叙】　昔屈原所作，凡二十五篇，世相教傳，而莫能説《天問》，以其文義不次，又多奇怪之事。自太史公口論道之，多所不逮。至於劉向、揚雄，援引傳記。以解説之，亦不能詳悉。所闕者衆，日無聞焉。既有解詞，乃復多連蹇其文，蒙澒其説，故厥義不昭，微指不晢，自遊覽者，靡不苦之，而不能照也。今則稽之舊章，合之經傳，以相發明，爲之符驗，章決句斷，事事可曉，俾後學者永無疑焉。（洪興祖《楚辭補注》卷三，中華書局 1983 年版，第 118—119 頁）

【正部（摘録）】　《淮南》浮僞而多恢，《太玄》幽虚而少效，《法言》雜錯而無主，《新書》繁文而鮮用。（馬總編纂，王天海、王韌校釋：《意林校釋》卷四，中華書局 2014 年版，第 438 頁）

蔡　邕

【釋誨序】　閑居翫古，不交當世。感東方朔《客難》及揚雄、班固、崔駰之徒設疑以自通，乃斟酌群言，韙其是而矯其非，作《釋誨》以戒厲云爾。（《後漢書》卷六十《蔡邕傳》，第 1980 頁）

荀　悦

【孝哀皇帝紀下（節録）】　二年春正月，匈奴烏孫留珠單于、烏孫大昆彌伊秩靡來朝。伊秩靡即公主之外孫也。單于之將朝也，上書自請。時上有疾，左右咸言匈奴來朝，中國輒有大故。上由是難之，以問公卿，亦以爲虚費府庫，可且勿許。單于使辭去，未發，黄門郎揚雄上書諫曰："六經之治，貴於未亂；兵家之勝，貴於未戰。今單于上書求朝，而國家不許，臣以爲匈奴從此隙矣。北地之狄，五帝所不能臣，三王所不能制。以秦始皇之强，蒙恬之威，帶甲四十餘萬，而不敢窺西河。漢以高祖之威靈，三十萬衆困於平城。孝文時侵暴北邊，烽火通於甘泉，京師大駭，發三將軍屯細柳、棘門、霸上以備之。孝武即位，設馬邑之權，欲誘匈奴，覺而去，徒費財勞師。其後深惟社稷之計，規恢萬世之基，乃大興師數十萬，連兵十餘年。於是浮西河，絶大漠，破顛顔，襲單于王庭，窮極其地，封狼居胥山，禪於姑衍，以臨瀚海，虜名王貴人以百數。自是之後，匈奴震怖，遂求和親，然而未肯稱臣。夫前世豈樂傾無量之費，役無罪之人，快心於沙漠之北哉？以爲不一勞者不久逸，不蹔費者不永寧，是以忍百萬之師以投餓虎之口，殫運府庫之財填棄盧山之壑而不悔。至宣皇之初，而虜尚有桀心，欲掠烏孫，侵公主，發五將之師十五萬騎獵其南，長羅侯以烏孫五萬騎震其西，時鮮有所獲，徒奮揚威武，明漢兵若雷風耳。故北狄不伏，中國不得高枕也。其後匈奴内亂，五單于争立，日逐、呼韓攜國歸化，扶服稱臣，然尚羈縻之，不能專制。自此之後，欲朝者不拒，不朝者不强。故未服之時，勞師遠攻，傾國殫貨，伏尸流血，破堅敗敵，如彼之難也；既伏之後，慰籍撫循，交接賂遺，威儀俯仰，如此之備也。往時嘗屠大宛之城，蹈烏桓之壁，探姑繒之壘，藉蕩姐之場，倒鮮卑之旃，推南越之旗，近不過旬月之役，遠不離二時之勞，故已犂其庭，掃其廬，立郡縣處之，雲徹席捲，後無餘災。唯北狄不然，真中國之仇也，三垂比之懸矣。今單于款心歸義，此乃上世之遺莢，神靈之所想望。奈何距以來厭之辭，疏以無日之期，消往日之恩，開將來之隙！使自絶於漢，終無北面之心，威之不可，喻之不能，焉得不憂乎！夫百年勤之，一朝失之，費十而愛一，臣竊爲國不安也。”上乃召還匈奴使而許之。賜雄帛五十疋，黄金十斤。

雄爲人博學有大志，性清净，少嗜欲，簡易倜儻，口不能劇譚，默而沉思。居貧，或無擔石之儲，晏如也。非其義，雖富貴，不事也。給事黄門郎，與王莽、董賢同位。時莽、賢所薦，莫不拔擢，而雄三世不徙官，其淡榮寵如此。時人皆忽之，唯劉歆、范逡以禮敬之，沛國桓譚甚重之，鉅鹿侯芭師事之。雄好賦頌，又似司馬相如，晚節以爲無益而輟止。乃依《易》著《太玄經》，其文五千，説十餘萬言，筮之以三十筴，關之以休咎，播之以人事，義合《五經》，而辭解剥玄體十一篇，復爲章句。又著《法言》十四篇，欲以象《論語》。劉歆嘗問桓譚曰："雄之文能傳乎?"譚曰："必傳。顧君與我不見也。人情貴遠忽近，見雄容貌爵位不能動人，則輕其文。若後世遇明識君子，當度越諸子。"（《漢紀》卷二十九，中華書局2002年版，第513—514頁）

應　劭

【風俗通義序（節録）】　周、秦常以歲八月遣輶軒之使，求異代方言，還奏籍之，藏於秘室。及嬴氏之亡，遺脱漏棄，無見之者。蜀人嚴君平有千餘言，林閭翁孺才有梗概之法，揚雄好之，天下孝廉衛卒交會，周章質問，以次注續，二十七年，爾乃治正，凡九千字，其所發明，猶未若《爾雅》之閎麗也，張竦以爲懸諸日月不刊之書；予實頑闇，無能述演，豈敢比隆於斯人哉！顧惟述作之功，故聊光啓之耳。（王利器校注：《風俗通義校注》，中華書局1981年版，第11頁）

宋　衷

【隋書·經籍志（節録）】　揚子《法言》十三卷，宋衷注；揚子《太玄經》九卷，宋衷注。梁有揚子《太玄經》九卷，揚雄自作章句，亡。揚子《太玄經》十卷，陸績、宋衷注。（《隋書》卷三十四，中華書局1973年，第998頁）

楊　修

【與曹植書（節録）】　今之賦頌，古詩之流，不更孔公，風雅無别耳。修家子雲，老不曉事，强著一書，悔其少作。若此，仲山、周旦之徒，則皆有諐乎！君侯忘聖賢之顯跡，述鄙宗之過言，竊以爲未之思也。若乃不忘經國之大美，流千載之英聲，銘功景鍾，書名竹帛，此自雅量素所蓄也，豈與文章相妨害哉？（裴松之《三國志注》引，第560頁）

陸　績

【述玄】　績昔常見同郡鄒邠，字伯岐，與邑人書，嘆揚子雲所述《太玄》，連推求《玄》本，不能得也。鎮南將軍劉景升遣梁國成奇修好鄙州，奇將《玄經》自隨。時雖幅寫一通，年尚暗稚。甫學《書》《毛詩》，王誼人事，未能深索玄道真，故不爲也。後數年，專精讀之，半歲間，粗覺其意。於是草創注解，未能也。章陵宋仲子爲作《解詁》，後奇復銜命尋盟。仲子以所解付奇與安遠將軍彭城張子布，績得覽焉。仲子之思慮，誠爲深篤。然玄道廣遠，淹廢歷載，師讀斷絶，難可一備，故往往有違本錯誤。績智意豈能弘裕？顧聖人有所不知，匹夫誤有所達。加緣先王詢於芻蕘之誼，故遂卒有所述。就以仲子《解》爲本，其合於道者，因仍其説。其失者，因釋而正之。所以不復爲一解，欲令學者瞻覽彼此，論其曲直，故合聯之爾。夫《玄》之大義，揲蓍之謂，而仲子失其旨歸。休咎之占，靡所取定。雖得文間義説，大體乖矣。《書》曰："若網在綱，有條而弗紊。”今綱不正，欲弗紊，不可得已。績不敢苟好著作以虛譽也，庶合道真，使《玄》不爲後世所尤而已。

昔揚子雲述《玄經》，而劉歆觀之，謂曰：“雄空自苦，今學經者有禄利，然尚不能明《易》，又如《玄》何？吾恐後人用覆醬瓿。”雄笑而不應。雄卒，大司空王邑、納言嚴尤聞雄死，謂桓譚曰：“子嘗稱揚雄書，豈能傳於後世乎？”譚曰：“必傳！顧君與譚，不及見也。”班固贊叙雄事曰：“凡人貴遠賤近，親見揚雄禄位容貌，不能動人，故輕其書。揚子雲之言，文誼至深，論不詭於聖人。若使遭遇時君，更閱賢智，爲所稱善，則必度越諸子矣。自雄之没，至今四十餘年。其《法言》大行，而《玄》終未顯。”又張平子與崔子玉書曰：“乃者以朝駕明日披讀《太玄經》，知子雲特極陰陽之數也。以其滿泛故，故時人不務此，非特傳記之屬，心實與《五經》擬，漢家得二百歲卒乎。所以作興者之數，其道必顯，一代常然之符也。《玄》四百歲其興乎！竭己精思，以揆其義，更使人難論陰陽之事。足下累世窮道極微，子孫必命世不絕。且幅寫一通藏之，以待能者。”

績論數君所云，知揚子雲《太玄》無疆也。歆云經將覆没，猶《法言》而今顯揚，歆之慮尋於是爲漏。固曰“《法言》大行，而《玄》終未顯”，固雖云終不必其廢，有愈於歆。譚云“必傳，顧譚與君不見也”，而《玄》果傳，譚所思過固遠矣。平子云漢之四百其興乎，漢元至今四百年矣，其道大顯，處期甚效，厥跡速，其最復優乎。且以歆《曆譜》之隱奥，班固《漢書》之淵弘，桓譚《新論》之深遠，尚不能鏡照《玄經》廢興之數，况夫王邑、嚴尤之倫乎。覽平子書，令子玉深藏以待能者。子玉爲世大儒，平子嫌不能理，但令深藏，益明《玄經》之爲神妙。雖平子焯亮其道，處其熾興之期。人之材意，相倍如此。雄《解難》曰：“師曠之調鍾，俟知音之在後。孔子作《春秋》，冀君子之將覩。”信哉斯言，於是乎驗。

雄受氣純和，韜真含道，通敏叡達，鉤深致遠，建立《玄經》，與聖人同趣。雖周公繇《大易》，孔子修《春秋》，不能是過。論其所述，終年不能盡其美也。考之古今，宜曰聖人。昔孔子在衰周之時，不見深識，或遭困苦，謂之佞人。列國智士，稱之達者，不曰聖人。唯弟子中言其聖耳。逮至孟軻、孫卿之徒，及漢世賢人君子，咸並服德歸美，謂之聖人。用《春秋》以爲王法，故遂隆崇，莫有非毀。揚子雲亦生衰亂之世，雖不見用，智者識焉。桓譚謂之絕倫，稱曰聖人。其事與孔子相似。又述《玄經》，平子處其將興之期。果如其言，若玄道不應天合神，平子無以知其行數。若平子瞽言，期應不宜效驗如合符契也。作而應天，非聖如何？昔《詩》稱“母氏聖善”，《多方》曰“惟聖罔念作狂，惟狂克念作聖”，《洪範》曰“睿作聖”，孟軻謂柳下惠作聖人。由是言之，人之受性，聰明純淑，無所繫軫。順天道，履仁誼，因可謂之聖人。何常之有乎！世不達聖賢之數，謂聖人如鬼神而非人類，豈不遠哉。凡人賤近而貴遠，聞績所云，其笑必矣。冀值識者，有以察焉。（《太玄經》卷首，上海古籍出版社1990年版，第1—3頁）

范　望

【太玄解贊序】　贊曰：揚子雲處前漢之末，值王莽用事，身縶亂世，遜退無由，是以朝隱，官爵不徙。昔者，文王屈抑而繫《易》，仲尼當衰周而述《春秋》，爲一代之法，以彰聖人之符。子雲志不申顯，於是覃思，偶《易》著《玄》。其道以陰陽爲本，比於庖犧之作，事異道同，福順禍逆，無有主名。桓譚謂之絕倫，張衡以擬《五經》，非諸子之疇也。自侯芭受業之後，希有相傳受者。乃到建安年中，故五業主事章陵宋衷，鬱林太守吴郡陸績，各以淵通之才，窮核道真，爲十篇解釋，足以根其秘奥，無遺滯者已。然本經三卷，雖有章句，辭尚婉妙，並宜訓解。且此書也淹廢歷久，傳寫文字，或有脱謬。宋君創之於前，鬱林釋之於後，二注並集，或相錯雜，或相理致，文字猥重，頗爲繁多。於教者勞，於誦者劬。望以闇固，學不博識。昔在吴朝，校書臺觀。後轉爲郎，讎講歷年。得因二君已成之業，爲作義注四萬餘言。寫在觀閣，亡其本末。今更通率爲注，因陸君爲本，録宋所長，捐除其短。并《首》一卷本經之上，散《測》一卷注文之中。訓理其義，以《測》爲據，合爲十卷，十萬餘言。意思褊淺，猶懼不能發暢揚氏幽微之旨，裨闓後學未覺也。（《太玄經》卷首，上海古籍出版社 1990 年版，第 3—4 頁）

潁　容

【春秋例（節録）】　著述之事，前有司馬遷、揚雄，後有鄭衆、班固，近即馬融、鄭玄。其所著作違義正者，略舉一兩事以言之：遷《史記》不識畢公文王之子，而言與周同姓；揚雄《法言》不識六十四卦，云所從來尚矣。（《太平御覽》卷六百二文部十八著書下，《四庫》第 898 册，第 534 頁）

應　璩

【與侍郎曹長思書（節録）】　德非陳平，門無結駟之跡；學非揚雄，堂無好事之客；才劣仲舒，無下帷之思；家貧孟公，無置酒之樂。（《文選》卷四二，中華書局 1977 年版，第 598 頁）

【與韋仲將書（節録）】　進無顔子不改之志，退無揚雄晏然之情，是以懷戚良不可堪。（《藝文類聚》卷三十五，上海古籍出版社 2013 年影宋本，第 972 頁）

曹　植

【與楊德祖書（節録）】　辭賦小道，固未足以揄揚大義，彰示來世也。昔揚子雲，先朝執戟之臣耳，猶稱“壯夫不爲”也；吾雖薄德，位爲藩侯，猶庶幾戮力上國，流惠下民，建永世之業，流金石之功，豈徒以翰墨爲勳績，辭頌爲君子哉？若吾志不果，吾道不行，亦將采史官之實録，辯時俗之得失，定仁義之衷，成一家之言，雖未能藏之名山，將以傳之同好，此要之白首，豈可以今日論乎！（《三國志》卷十九《陳思王植傳》裴注引《典略》，第559頁）

【酒賦並序】　余覽揚雄《酒賦》，辭甚瓌瑋，頗戲而不雅，聊作《酒賦》，粗究其終始。

嘉儀氏之造思，亮兹美之獨珍。嗟麴蘖之殊味，□□□□□□。仰酒旗之景曜，協嘉號於天辰。繆公酣而興霸，漢祖醉而蛇分。穆生失醴而辭楚，侯嬴感爵而輕身。諒千鍾之可慕，何百觚之足云！其味亮升，久載休名。宜城醪醴，蒼梧縹清。或秋藏冬發，或春醖夏成。或雲沸川涌，或素蟻如萍。

爾乃王孫公子，遊俠翱翔。將承歡以接意，會陵雲之朱堂。獻酬交錯，宴笑無方。於是飲者並醉，縱横讙譁。或揚袂屢舞，或扣劍清歌。或顰蹴辭觴，或奮爵横飛。或嘆驪駒既駕，或稱朝露未晞。於斯時也，質者或文，剛者或仁；卑者忘賤，窶者忘貧。和睚眥之宿憾，雖怨讎其必親。於是矯俗先生聞之而嘆曰："噫，夫言何容易！此乃荒淫之源，非作者之事。若耽於觴酌，流情縱佚，先王所禁，君子所失。"（嚴可均《全三國文》卷十四，中華書局1958年版，第2256頁）

【上元皇后誄表（節録）】　聞之前志，卑不誄尊，少不誄長。揚雄，臣也，而誄漢后；班固，子也，而誄其父。皆以述揚景行，顯之竹帛。豈所謂三代不同禮，隨時而作者乎。（《藝文類聚》卷十五，上海古籍出版社2013年影宋本，第452頁）

秦　宓

【與王商書】　（王）商爲嚴君平、李弘立祠，宓與書曰："疾病伏匿，甫知足下爲嚴、李立祠，可謂厚黨勤類者也。觀嚴文章，冠冒天下，由、夷逸操，山嶽不移，使揚子不嘆，固自昭明。如李仲元不遭《法言》，令名必淪，其無虎豹之文故也，可謂攀龍附鳳者矣。如揚子雲潛心著述，有補於世，泥蟠不滓，行參聖師，於今海内，談詠厥辭。邦有斯人，以耀四遠，怪子替茲，不立祠堂。蜀本無學士，文翁遣相如東受七經，還教吏民，於是蜀學比於齊、魯。故《地里志》曰：'文翁倡其教，相如爲之師。'漢家得士，盛於其世；仲舒之徒，不達封禪，相如制其禮。夫能制禮造樂，移風易俗，非禮所秩有益於世者乎！雖有王孫之累，猶孔子大齊桓之霸，公羊賢叔術之讓。僕亦善長卿之化，宜立祠堂，速定其銘。"（《三國志》卷三十八《秦宓傳》，第973頁）

古　朴

【答夏侯纂】　纂問朴曰："至於貴州養生之具，實絶餘州矣，不知士人何如餘州也？"樸對曰："乃自先漢以來，其爵位者或不如餘州耳，至於著作爲世師式，不負於餘州也。嚴君平見黄、老作《指歸》，揚雄見《易》作《太玄》，見《論語》作《法言》，司馬相如爲武帝制封禪之文，于今天下所共聞也。"（《三國志》卷三十八《秦宓傳》，第975頁）

楊　泉

【物理論（節録）】　揚雄非渾天而作蓋天圖，其蓋左轉，日月星辰隨而東方。桓譚難之，雄不解此蓋天者，誠難知也。元氣浩大則稱皓天。皓天，元氣也，皓然而已，無他物焉。（《太平御覽》卷一《天部一》，《四庫》第893册，第169頁）

王　肅

【王肅傳（節録）】　肅字子雍。年十八，從宋忠讀《太玄》，而更爲之解。……初，肅善賈、馬之學，而不好鄭氏，采會同異，爲《尚書》《詩》

《論語》、三《禮》《左氏解》，及撰定父朗所作《易傳》，皆列於學官。其所論駁朝廷典制、郊祀、宗廟、喪紀、輕重，凡百餘篇。（《三國志》卷十三，第414—419頁）

李　譔

【李譔傳（節録）】　李譔字欽仲，梓潼涪人也。父仁，字德賢，與同縣尹默俱遊荆州，從司馬徽、宋忠等學。譔具傳其業，又從默講論義理，《五經》、諸子，無不該覽，加博好技藝，算術、卜數、醫藥、弓弩、機械之巧，皆致思焉。始爲州書佐、尚書令史。延熙元年，後主立太子，以譔爲庶子，遷爲僕。轉中散大夫、右中郎將，猶侍太子。太子愛其多知，甚悦之。然體輕脱，好戲啁，故世不能重也。著《古文易》《尚書》《毛詩》、三《禮》《左氏傳》《太玄指歸》，皆依準賈、馬，異於鄭玄。與王氏殊隔，初不見其所述，而意歸多同。景耀中卒。（《三國志》卷四十二，第1026—1027頁）

陸　凱

【陸凱傳（節録）】　陸凱字敬風，吴郡吴人，丞相遜族子也。黄武初爲永興、諸暨長，所在有治跡，拜建武都尉，領兵。雖統軍衆，手不釋書。好《太玄》，論演其意，以筮輒驗。……建衡元年，疾病，晧遣中書令董朝問所欲言，凱陳：“何定不可任用，宜授外任，不宜委以國事。奚熙小吏，建起浦里田，欲復嚴密故迹，亦不可聽。姚信、樓玄、賀卲、張悌、郭逴、薛瑩、滕脩及族弟喜、抗，或清白忠勤，或姿才卓茂，皆社稷之楨幹，國家之良輔，願陛下重留神思，訪以時務，各盡其忠，拾遺萬一。”遂卒，時年七十二。（《三國志》卷六十一，第1399—1403頁）

姚　信

【士緯（節録）】　揚子雲有深才潛知，屈伸沉浮，從容玄默，近於柳下惠朝隱之風，智似蘧瑗而高不及也。班固稱之有大度，不孜孜於富貴，不戚戚於貧賤，二者之美，蓋亦良矣。然揚子之書，清貴甚遠，然無廟堂之議，對王公大人之辭，故令其骨鯁不見，節操不顯也。夫孟子之書，將門人所記，非自作也。故其志行多見，非惟教辭而已。或拒萬鍾之禄，或辭兼金之贈。或以周、漢禮殊，二子時異，不可責之於周。或曰帝納異言，而子雲無正論，卒有投閣之累。孟軻昂昂其肯。然子雲保家養智之士，孟軻鳳峙高世之英也。（《太平御覽》卷四百四十七，《四庫》第 897 册，第 198—199 頁）

陸　喜

【陸喜傳（節録）】　喜字恭仲。父瑁，吴吏部尚書。喜仕吴，累遷吏部尚書。少有聲名，好學有才思。嘗爲《自叙》，其略曰："劉向省《新語》而作《新序》，桓譚詠《新序》而作《新論》。余不自量，感子雲之《法言》而作《言道》，覩賈子之美才而作《訪論》，觀子政《洪範》而作《古今曆》，覽蔣子通《萬機》而作《審機》，讀《幽通》《思玄》《四愁》而作《娱賓》《九思》，真所謂忍愧者也。"其書近百篇。（《晉書》卷五十四，第 1486 頁）

范　喬

【范喬傳（節録）】　喬字伯孫。年二歲時，祖馨臨終，撫喬首曰："恨不見汝成人!"因以所用硯與之。至五歲，祖母以告喬，喬便執硯涕泣。九歲請學，在同輩之中，言無媟辭。弱冠，受業於樂安蔣國明。濟陰劉公榮有知人之鑒，見喬，深相器重。友人劉彦秋夙有聲譽，嘗謂人曰："范伯孫體應純和，理思周密，吾每欲錯其一事而終不能。"光禄大夫李銓嘗論揚雄才學優於劉向，喬以爲向定一代之書，正群籍之篇，使雄當之，故非所長，遂著《劉揚優劣論》，文多不載。（《晉書》卷九十四《隱逸傳》，第 2432 頁）

王長文

【王長文傳（節録）】　王長文字德叡，廣漢郪人也。少以才學知名，而放蕩不羈，州府辟命皆不就。州辟别駕，乃微服竊出，舉州莫知所之。後於成都市中蹲踞齧胡餅。刺史知其不屈，禮遣之。閉門自守，不交人事。著書四卷，擬《易》，名曰《通玄經》，有《文言》《卦象》，可用卜筮，時人比之揚雄《太玄》。同郡馬秀曰："揚雄作《太玄》，惟桓譚以爲必傳後世。晚遭陸績，《玄》道遂明。長文《通玄經》，未遭陸績、君山耳。"（《晉書》卷八十二，第 2138—2139 頁）

潘　岳

【西征賦（節録）】　懷夫蕭、曹、魏、邴之相，辛、李、衛、霍之將；銜使則蘇屬國，震遠則張博望；教敷而彝倫叙，兵舉而皇威暢；臨危而智勇奮，投命而高節亮。暨乎秺侯之忠孝淳深，陸賈之優遊宴喜；長卿、淵、雲之文，子長、政、駿之史；趙、張、三王之尹京，定國、釋之之聽理；汲長孺之正直，鄭當時之推士；終童山東之英妙，賈生洛陽之才子。飛翠緌，拖鳴玉，以出入禁門者衆矣。或被髮左衽，奮迅泥滓；或從容傅會，望表知裏。或著顯績而嬰時戮，或有大才而無貴仕。皆揚清風於上烈，垂令聞而不已。想珮聲之遺響，若鏗鏘之在耳。當音、鳳、恭、顯之任勢也，乃熏灼四方，震耀都鄙。而死之日，曾不得與夫十餘公之徒隸齒。才難，不其然乎？（《文選》卷十，中華書局 1997 年版，第 155 頁）

左　思

【三都賦序】　蓋詩有六義焉，其二曰賦。揚雄曰：詩人之賦麗以則。班固曰：賦者古詩之流也。先王采焉以觀土風。見緑竹猗猗，則知衛地淇澳之產。見在其版屋，則知秦野西戎之宅。故能居然而辨八方。然相如賦

《上林》而引盧橘夏熟，揚雄賦《甘泉》而陳玉樹青蔥，班固賦《西都》而嘆以出比目，張衡賦《西京》而述以遊海若。假稱珍怪，以爲潤色。若斯之類，匪啻於兹。考之果木，則生非其壤。校之神物，則出非其所。於辭則易爲藻飾，於義則虚而無徵。且夫玉巵無當，雖寶非用。侈言無驗，雖麗非經。而論者莫不詆訐，其研精作者，大氐舉爲憲章。積習生常，有自來矣。（《文選》卷四，中華書局1997年版，第74頁）

【詠史詩（其一）】　濟濟京城内，赫赫王侯居。冠蓋蔭四術，朱輪竟長衢。朝集金張館，暮宿許史廬。南鄰擊鐘磬，北里吹笙竽。寂寂楊子宅，門無卿相輿。寥寥空宇中，所講在玄虚。言論準宣尼，辭賦擬相如。悠悠百世後，英名擅八區。（《文選》卷二十一，第297頁）

成公簡

【成公簡傳（節録）】　成公簡，字宗舒，東郡人也。家世二千石。性樸素，不求榮利，潛心味道，罔有干其志者。默識過人。張茂先每言："簡清静比揚子雲，默識擬張安世。"後爲中書郎。時馥已爲司隸校尉，遷鎮東將軍。簡自以才高而在馥之下，謂馥曰："揚雄爲郎，三世不徙，而王莽、董賢位列三司，古今一揆耳。"馥甚慚之。官至太子中庶子、散騎常侍。永嘉末，奔苟晞，與晞同没。（《晉書》卷六十一，第1665頁）

郭　璞

【方言序】　蓋聞《方言》之作，出乎輶軒之使，所以巡遊萬國，采覽異言，車軌之所交，人跡之所蹈，靡不畢載，以爲奏籍。周、秦之季，其業隳廢，莫有存者。暨乎揚生，沉淡其志，歷載構綴，乃就斯文。是以三五之篇著，而獨鑒之功顯。故可不出户庭而坐照四表，不勞疇咨而物來能名。考九服之逸言，摽六代之絶語，類離詞之指韻，明乖途而同致；辨章風謡而區分，曲通萬殊而不雜；真洽見之奇書，不刊之碩記也。

余少玩《雅》訓，旁味《方言》，復爲之解，觸事廣之，演其未及，摘其謬漏，庶以燕石之瑜補琬琰之瑕，俾後之瞻涉者可以廣寤多聞爾。（華學誠《揚雄方言校釋匯證》卷首，中華書局2006年版，第1頁）

王　隱

【《世説新語·文學篇》劉孝標注引王隱語】　《玄經》雖妙，非益也。是以古人謂其屋下架屋。（劉義慶著、徐震堮校箋：《世説新語校箋》卷上，中華書局1984年版，第141頁）

葛　洪

【逸民（節録）】　夫仕也者，欲以爲名邪？則修毫可以洩憤懣，篇章可以寄姓字，何假乎良史，何煩乎鑴鼎哉！孟子不以矢石爲功，揚雲不以治民益世，求仁而得，不亦可乎？（楊明照校箋：《抱朴子外篇校箋》卷二，中華書局1991年版，第99頁）

【酒誡（節録）】　揚雲酒不離口，而《太玄》乃就。……揚雲通人，才高思遠，英贍之富，稟之自天，豈藉外物，以助著述？及其數飲，由於偶好；亦或有疾，以宣藥勢耳。（《抱朴子外篇校箋》卷二十四，第589—599頁）

【尚博（節録）】　又世俗率神貴古昔而黷賤同時，雖有追風之駿，猶謂之不及造父之所御也；雖有連城之珍，猶謂之不及楚人之所泣也；雖有疑斷之劍，猶謂之不及歐冶之所鑄也；雖有起死之藥，猶謂之不及和、鵲之所合也；雖有超群之人，猶謂之不及竹帛之所載也；雖有益世之書，猶謂之不及前代之遺文也。是以仲尼不見重於當時，《大玄》見蚩薄於比肩也。（《抱朴子外篇校箋》卷三十二，第118頁）

【吴失（節録）】　孔、墨之道，昔曾不行。孟軻、揚雄，亦居困否。有德無時，有自來耳。（《抱朴子外篇校箋》卷三十四，第166頁）

常　璩

【蜀志（節録）】　蜀自漢興，至乎哀平。皇德隆熙，牧守仁明。宣德立教，風雅英偉之士，命世挺生。感於帝思，於是璽書交馳於斜谷之南，玉帛踐乎梁益之鄉。而西秀彦盛，或龍飛紫闥，允陟璿璣；或盤桓利居，經綸皓素。故司馬相如耀文上京，揚子雲齊聖廣淵，嚴君平經德秉哲，王子淵才高名儁，李仲元湛然岳立，林翁孺訓詁玄遠，何君公謨明弼諧，王延世著勳河平。其次楊壯、何顯得意之徒，恂恂焉。斯蓋華岷之靈標，江漢之精華也。（常璩撰，任乃强校注：《華陽國志校補圖注》卷三，上海古籍出版社1987年版，第146頁）

【先賢士女總贊論（節録）】　莊平恬泊，皓然沉冥。莊遵，字君平，成都人也。雅性澹泊，學業加妙，專精大《易》，耽於《老》《莊》。常卜筮於市，假蓍龜以教。與人子卜，教以孝；與人弟卜，教以悌；與人臣卜，教以忠。於是風移俗易，上下慈和。日閲得百錢，則閉肆下簾。授《老》《莊》，著《指歸》，爲道書之宗。揚雄少師之，稱其德。杜陵李强爲益州刺史，謂雄曰："吾真得君平矣！"雄曰："君但可見，不能屈也。"强以爲不然。至州，修禮交遵。遵見之，强服其清高，而不敢屈也。嘆曰："揚子雲真知人也。"年九十卒。雄稱之曰："不慕夷，則由矣。不作苟見，不治苟得。久幽而不改其操，雖隨和何以加諸。"

仲元抑抑，邦家儀形。李弘，字仲元，成都人。少讀《五經》，不爲章句。處陋巷，淬勵金石之志。威儀容止，邦家師之。以德行爲郡功曹，一月而去。子贇，以見辱殺人。太守曰："賢者之子必不殺人。"放之。贇自以枉，語家人，弘遣亡命。太守怒，讓弘。弘對曰："贇爲殺人之賊，明府私弘枉法，君子不誘而誅也。石碏殺厚，《春秋》譏之。孔子稱父子相隱，直在其中。弘實遣贇。"太守無以詰也。州命從事，常以公正諫争爲志。揚子雲稱之曰："李仲元爲人也，不屈其志，不累其身。不夷不恵，可否之間。見其貌者，肅如也。觀其行者，穆如也。聞其言者，愀如也。非正不言，非正不行，非正不聽。吾先師之所畏。”

子雲玄達，焕乎弘聖。揚雄字子雲，成都人也。少貧，好道。家無擔石之儲，十金之費，而晏如也。好學，不爲章句。初慕司馬相如綺麗之文，多作詞賦。車騎將軍王音，成帝叔舅也，召爲門下史，薦待詔，上《甘泉》《羽獵》賦，遷侍郎，給事黄門。雄既升秘閣，以爲辭賦可尚，則賈誼升堂，相如入室。武帝讀《大人賦》，飄飄然有凌雲之志，不足以諷諫。乃輟其業。以經莫大於《易》，故則而作《太玄》；傳莫大於《論語》，故作《法言》；史莫善於《蒼頡》，故作《訓纂》；箴諫莫美於《虞箴》，故作《州箴》；賦莫弘於《離騷》，故反屈原而廣之；典莫正於《爾雅》，故作《方言》。初，與劉歆、王莽、董賢同官，並至三公。雄歷三帝，獨不易官。年七十一卒。自劉向父子桓譚等深敬服之。其《玄》淵懿，後世大儒張衡、崔子玉、宋仲子、王子雍皆爲注解，吴郡陸公紀尤善於《玄》，稱雄聖人。雄子神童烏，七歲預雄《玄》文，年九歲而卒。

林生清寂，莫得而名。林閭，字公孺，臨邛人也。善古學。古者天子有輶車之使，自漢興以來，劉向之徒，但聞其官，不詳其職，惟閭與莊君平知之，曰：“此使考八方之風雅，通九州之異同，主海内之音韻，使人主居高堂知天下風俗也。”揚雄聞而師之，因此作《方言》。閭隱遁，世莫聞也。（《華陽國志校補圖注》卷十，第 532—533 頁）

【益梁寧三州先漢以來士女目録】　德行，給事黄門侍郎揚雄。文學，神童揚烏。（《華陽國志校補圖注》卷十一，第 667 頁）

王羲之

【尺牘作答周益州（節録）】　省足下别疏，具彼土山川諸奇。揚雄《蜀都》，左太沖《三都》，殊爲不備悉，彼故爲多奇，益令其遊目意足也。可得果，當告卿求迎，少人足耳。至時示意，遲此期，真以日爲歲。想足下鎮彼土，未有動理耳。要欲及卿在彼，登汶嶺、峨眉而旋，實不朽之盛事，但言此心，以馳於彼矣。（《王右軍集》卷一，清光緒己卯信述堂重刻《漢魏六朝百三名家集》本）

劉敏元

【劉敏元傳（節録）】　劉敏元字道光，北海人也。厲己修學，不以險難改心。好星曆陰陽術數，潛心《易》《太玄》，不好讀史，常謂同志曰："誦書當味義根，何爲費功於浮辭之文！《易》者，義之源，《太玄》，理之門，能明此者，即吾師也。"（《晉書》卷八十九《忠義傳》，第2311頁）

陶淵明

【飲酒詩（其一）】　子雲性嗜酒，家貧無由得。時賴好事人，載醪祛所惑。觴來爲之盡，是咨無不塞；有時不肯言，豈不在伐國。仁者用其心，何嘗失顯默。（逯欽立校：《陶淵明集》卷三，中華書局1979年版，第97—98頁）

何承天

【律曆志（節録）】　何承天曰：夫曆數之術，若心所不達，雖復通人前識，無救其爲敝也。是以多歷年歲，未能有定。《四分》於天，出三百年而盈一日。積代不悟，徒雲建曆之本，必先立元，假言讖緯，遂關治亂，此之爲蔽，亦已甚矣。劉歆《三統法》尤復疏闊，方於《四分》，六千餘年又益一日。揚雄心惑其説，采爲《太玄》，班固謂之最密，著於《漢志》；司彪因曰"自太初元年始用《三統曆》，施行百有餘年"。曾不憶劉歆之生，不逮太初，二三君子言曆，幾乎不知而妄言歟。（《宋書》卷十二，第231頁）

謝靈運

【山居賦（節録）】　揚子雲云："詩人之賦麗以則。"文體宜兼，以成其美。今所賦既非京都宫觀遊獵聲色之盛，而叙山野草木水石穀稼之事，才乏昔人，心放俗外，詠於文則可勉而就之，求麗，邈以遠矣。覽者廢張、左之豔辭，尋臺、皓之深意，去飾取素，儻值其心耳。意實言表，而書不盡，遺跡索意，託之有賞。（《宋書》卷六十七《謝靈運傳》，第1754頁）

【北亭與吏民别詩（節録）】　刀筆愧張杜，棄繻慙終軍。貴史寄子長，愛賦託子雲。（逯欽立輯校：《先秦漢魏晉南北朝詩·宋詩》卷三，中華書局1983年版，第1171頁）

宗　欽

【與高允詩其七】　南、董邈矣，史功不申。固傾佞實，雄穢美新。遷以陵腐，邕由卓泯。時無逸勒，路盈摧輪。（《魏書》卷五十二，中華書局1974年版，第1156頁）

范　曄

【後漢書儒林傳論（節録）】　自光武中年以後，干戈稍戢，專事經學，自是其風世篤焉。其服儒衣，稱先王，遊庠序，聚横塾者，蓋布之於邦域矣。若乃經生所處，不遠萬里之路，精廬暫建，嬴糧動有千百，其耆名高義開門受徒者，編牒不下萬人，皆專相傳祖，莫或訛雜。至有分争王庭，樹朋私里，繁其章條，穿求崖穴，以合一家之説。故揚雄曰："今之學者，非獨爲之華藻，又從而繡其鞶帨。"夫書理無二，義歸有宗，而碩學之徒，莫之或徙，故通人鄙其固焉，又雄所謂"譊譊之學，各習其師"也。且觀成名高第，終能遠至者，蓋亦寡焉，而迂滯若是矣。然所談者仁義，所傳者聖法也。故人識君臣父子之綱，家知違邪歸正之路。（《後漢書》卷七十九，第2588—2589頁）

鮑　照

【蜀四賢詠】　渤渚水浴凫，春山玉抵鵲。皇漢方盛明，群龍滿階閣。君平因世閑，得還守寂寞。閉簾注《道德》，門卦述天爵。相如達生旨，能屯復能躍。陵令無人事，毫墨時灑落。褒氣有逸倫，雅績信炳博。如令聖納賢，金瑙易羈絡。良遮神明遊，豈伊覃思作。《玄經》不期賞，蟲篆散憂樂。首路或參差，投駕均遠託。身表既非我，生内任豐薄。（黄節注：《鮑參軍詩注》卷三，中華書局2008年版，第332—333頁）

沈　約

【答陸厥書（節録）】　宫商之聲有五，文字之别累萬，以累萬之繁，配五聲之約，高下低昂，非思力所舉。又非止若斯而已也。十字之文，巔倒相配，字不過十，巧歷已不能盡，何况復過於此者乎？靈均以來，未經用之於懷抱，固無從得其髣髴矣。若斯之妙，而聖人不尚，何邪？此蓋曲折聲韻之巧，無當於訓義，非聖哲立言之所急也。是以子雲譬之"雕蟲篆刻"，云"壯夫不爲"。（《南齊書》卷五十二《文學傳》，第899—900頁）

【注制旨連珠表】　竊聞連珠之作，始自子雲。放《易》象《論》，動模經誥。班固謂之命世，桓譚以爲絶倫。連珠者，蓋謂辭句連續，互相發明，若珠之結排也。雖復金鑣互騁，玉軑並馳，妍蚩優劣，參差相間。翔禽伏獸，易以心威。守株膠瑟，難與適變。水鏡芝蘭，隨其所遇。明珠燕石，貴賤相懸。（《藝文類聚》五十七，上海古籍出版社2013年影宋本，第1570—1571頁）

袁　峻

【袁峻傳（節録）】　袁峻字孝高，陳郡陽夏人，魏郎中令涣之八世孫也。峻早孤，篤志好學，家貧無書，每從人假借，必皆抄寫，自課日五十紙，紙數不登，則不休息。訥言語，工文辭。義師克京邑，鄱陽王恢東鎮破岡，峻隨王知管記事。天監初，鄱陽國建，以峻爲侍郎，從鎮京口。王遷郢州，兼都曹參軍。高祖雅好辭賦，時獻文於南闕者相望焉，其藻麗可觀，或見賞擢。六年，峻乃擬揚雄《官箴》奏之。高祖嘉焉，賜束帛。除員外散騎侍郎，直文德學士省，抄《史記》《漢書》各爲二十卷。又奉敕與陸倕各制新闕銘，辭多不載。（《梁書》卷四十九《文學》上，第688—689頁）

江　淹

【別賦（節録）】　是以別方不定，別理千名。有別必怨，有怨必盈。使人意奪神駭，心折骨驚。雖淵、雲之墨妙，嚴、樂之筆精；金閨之諸彦，蘭臺之群英；賦有凌雲之稱，辯有雕龍之聲，誰能摹暫離之狀，寫永訣之情者乎？（江淹著，胡之驥注：《江文通集匯注》卷一，中華書局2006年版，第40頁）

任　昉

【文章緣起（摘録）】　《反騷》，漢揚雄作。箴，漢揚雄《九州百官箴》。《志録》，揚雄作。記，揚雄作《蜀記》。《解嘲》，揚雄作。連珠，揚雄作。（《文章緣起注》，《叢書集成初編》本，中華書局1985年版）

劉　勰

【詮賦】　《詩》有六義，其二曰賦。賦者，鋪也；鋪采摛文，體物寫志也。昔邵公稱公卿獻詩，師箴賦。傳云：登高能賦，可爲大夫。詩序則同義，傳説則異體。總其歸塗，實相枝幹。劉向云明不歌而頌，班固稱古詩之流也。

至如鄭莊之賦大隧，士蔿之賦狐裘，結言抯韻，詞自己作，雖合賦體，明而未融。及靈均唱《騷》，始廣聲貌。然賦也者，受命於詩人，拓宇於《楚辭》也。於是荀況《禮》《智》，宋玉《風》《釣》，爰錫名號，與詩畫境，六義附庸，蔚成大國。述客主以首引，極聲貌以窮文，斯蓋别詩之原始，命賦之厥初也。

秦世不文，頗有雜賦。漢初詞人，順流而作，陸賈扣其端，賈誼振其緒，枚馬同其風，王揚騁其勢，皋朔已下，品物畢圖。繁積於宣時，校閲於成世，進御之賦，千有餘首，討其源流，信興楚而盛漢矣。

夫京殿苑獵，述行序志，並體國經野，義尚光大。既履端於倡序，亦歸餘於總亂。序以建言，首引情本；亂以理篇，迭致文契。按《那》之卒章，閔馬稱“亂”，故知殷人輯頌，楚人理賦，斯並鴻裁之寰域，雅文之樞轄也。至於草區禽族，庶品雜類，則觸興致情，因變取會，擬諸形容，則言務纖密；象其物宜，則理貴側附；斯又小制之區畛，奇巧之機要也。

觀夫荀結隱語，事數自環；宋發巧談，實始淫麗；枚乘《兔園》，舉要以會新；相如《上林》，繁類以成豔；賈誼《鵩鳥》，致辨於情理；子淵《洞簫》，窮變於聲貌；孟堅《兩都》，明絢以雅贍；張衡《二京》，迅發以宏富；子雲《甘泉》，構深瑋之風；延壽《靈光》，含飛動之勢：凡此十家，並辭賦之英傑也。及仲宣靡密，發端必遒；偉長博通，時逢壯采；太沖安仁，策勳於鴻規；士衡子安，底績於流制；景純綺巧，縟理有餘；彦伯梗概，情韻不匱：亦魏晉之賦首也。

原夫登高之旨，蓋覩物興情。情以物興，故義必明雅；物以情觀，故詞必巧麗。麗詞雅義，符采相勝，如組織之品朱紫，畫繪之著玄黄，文雖新而有質，色雖糅而有本，此立賦之大體也。然逐末之儔，蔑棄其本，雖讀千賦，愈惑體要；遂使繁華損枝，膏腴害骨，無貴風軌，莫益勸戒，此揚子所以追悔於雕蟲，貽誚於霧縠者也。

贊曰：賦自《詩》出，分歧異派。寫物圖貌，蔚似雕畫。枏滯必揚，言庯無隘，風歸麗則，辭翦美稗。（劉勰著，黄叔琳注，李詳補注，楊明照校注拾遺：《增訂文心雕龍校注》卷二，中華書局2012年版，第95—97頁）

【頌贊（節録）】　至於秦政刻文，爰頌其德，漢之惠景，亦有述容，沿世並作，相繼於時矣。若夫子雲之表充國，孟堅之序戴侯，武仲之美顯宗，史岑之述熹后，或擬《清廟》，或範《駉》《那》，雖淺深不同，詳略各異，其褒德顯容，典章一也。（《增訂文心雕龍校注》卷二，第108頁）

【銘箴（節録）】　箴者，所以攻疾防患，喻鍼石也。斯文之興，盛於三代。夏商二箴，餘句頗存。及周之辛甲，《百官箴》一篇，體義備焉。迄至春秋，微而未絶。故魏絳諷君於后羿，楚子訓民於在勤。戰代以來，棄德務功，銘辭代興，箴文委絶。至揚雄稽古，始範《虞箴》，作卿尹州牧二十五篇。及崔胡補綴，總稱《百官》。指事配位，鞶鑒可徵，信所謂追清風於前古，攀辛甲於後代者也。（《增訂文心雕龍校注》卷三，第140頁）

【哀吊（節録）】　揚雄吊屈，思積功寡，意深文略，故辭韻沉膇。（《增訂文心雕龍校注》卷三，第169頁）

【雜文（節録）】　揚雄覃思文闊，業深綜述，碎文瑣語，肇爲連珠，其辭雖小而明潤矣。……揚雄《解嘲》，雜以諧謔，回環自釋，頗亦爲工。（《增訂文心雕龍校注》卷三，第181頁）

【諸子（節録）】　若夫陸賈《新語》，賈誼《新書》，揚雄《法言》，劉向《説苑》，王符《潛夫》，崔實《政論》，仲長《昌言》，杜夷《幽求》，或叙經典，或明政術，雖標“論”名，歸乎諸子。何者？博明萬事爲子，適辨一理爲論，彼皆蔓延雜説，故入諸子之流。（《增訂文心雕龍校注》卷四，第229頁）

【封禪（節録）】　及揚雄《劇秦》，班固《典引》，事非鐫石，而體因紀禪。觀《劇秦》爲文，影寫長卿，詭言遁辭，故兼包神怪；然骨制靡密，辭貫圓通，自稱極思，無遺力矣。《典引》所叙，雅有懿采，歷鑒前作，能執厥中，其致義會文，斐然餘巧；故稱“《封禪》麗而不典，《劇

秦》典而不實”。豈非追觀易爲明，循勢易爲力歟！（《增訂文心雕龍校注》卷五，第 292 頁）

【神思（節録）】　人之禀才，遲速異分，文之制體，大小殊功。相如含筆而腐毫，揚雄輟翰而驚夢，桓譚疾感於苦思，王充氣竭於思慮，張衡研京以十年，左思練都以一紀：雖有巨文，亦思之緩也。淮南崇朝而賦《騷》，枚皋應詔而成賦，子建援牘如口誦，仲宣舉筆似宿構，阮瑀據案而制書，禰衡當食而草奏：雖有短篇，亦思之速也。（《增訂文心雕龍校注》卷六，第 366 頁）

【體性（節録）】　子雲沉寂，故志隱而味深。（《增訂文心雕龍校注》卷六，第 380 頁）

【事類（節録）】　事類者，蓋文章之外，據事以類義，援古以證今者也。昔文王繇《易》，剖判爻位，《既濟》九三，遠引高宗之伐，《明夷》六五，近書箕子之貞：斯略舉人事，以徵義者也。至若胤征羲和，陳《政典》之訓；盤庚誥民，叙遲任之言：此全引成辭以明理者也。然則明理引乎成辭，徵義舉乎人事，乃聖賢之鴻謨，經籍之通矩也。《大畜》之象，“君子以多識前言往行”，亦有包於文矣。

觀夫屈宋屬篇，號依詩人，雖引古事，而莫取舊辭。唯賈誼《鵩賦》，始用鶡冠之説，相如《上林》，撮引李斯之書，此萬分之一會也。及揚雄《百官箴》，頗酌於《詩》《書》，劉歆《遂初賦》，歷叙於紀傳，漸漸綜采矣。至於崔班張蔡，遂捃摭經史，華實布濩，因書立功，皆後人之範式也。

夫薑桂同地，辛在本性；文章由學，能在天資。才自内發，學以外成，有學飽而才餒，有才富而學貧。學貧者迍邅於事義，才餒者劬勞於辭情，此内外之殊分也。是以屬意立文，心與筆謀，才爲盟主，學爲輔佐，主佐合德，文采必霸，才學褊狹，雖美少功。夫以子雲之才，而自奏不學，及觀書石室，乃成鴻采。表裏相資，古今一也。故魏武稱張子之文爲拙，然學問膚淺，所見不博，專拾掇崔杜小文，所作不可悉難，難便不知所出，斯則寡聞之病也。

夫經典沉深，載籍浩瀚，實群言之奥區，而才思之神皋也。揚班以下，莫不取資，任力耕耨，縱意漁獵，操刀能割，必列膏腴；是以將贍才力，務在博見，狐腋非一皮能温，雞蹠必數千而飽矣。是以綜學在博，取事貴約，校練務精，捃理須覈，衆美輻輳，表裏發揮。劉劭《趙都賦》云："公子之客，叱勁楚令歃盟；管庫隸臣，呵强秦使鼓缶。"用事如斯，可謂理得而義要矣。故事得其要，雖小成績，譬寸轄制輪，尺樞運關也。或微言美事，置於閒散，是綴金翠於足脛，靚粉黛於胸臆也。（《增訂文心雕龍校注》卷八，第468—470頁）

【練字（節録）】　漢初草律，明著厥法：太史學童，教試六體；又吏民上書，字謬輒劾。是以馬字缺畫，而石建懼死，雖云性慎，亦時重文也。至孝武之世，則相如撰篇。及宣、成二帝，徵集小學，張敞以正讀傳業，揚雄以奇字纂訓，並貫練《雅》《頌》，總閱音義。鴻筆之徒，莫不洞曉。且多賦京苑，假借形聲；是以前漢小學，率多瑋字，非獨制異，乃共曉難也。暨乎後漢，小學轉疏，複文隱訓，臧否太半。及魏代綴藻，則字有常檢，追觀漢作，翻成阻奥。故陳思稱："揚馬之作，趣幽旨深，讀者非師傳不能析其辭，非博學不能綜其理。"豈直才懸，抑亦字隱。（《增訂文心雕龍校注》卷八，第480—481頁）

【才略（節録）】　漢室陸賈，首發奇采，賦孟春而選典誥，其辯之富矣。賈誼才穎，陵軼飛兔，議愜而賦清，豈虚至哉？枚乘之《七發》，鄒陽之上書，膏潤於筆，氣形於言矣。仲舒專儒，子長純史，而麗縟成文，亦詩人之告哀焉。相如好書，師範屈宋，洞入誇豔，致名辭宗。然覆取精意，理不勝辭，故揚子以爲文麗用寡者長卿，誠哉是言也！王褒構采，以密巧爲致，附聲測貌，泠然可觀。子雲屬意，辭人最深，觀其涯度幽遠，搜選詭麗，而竭才以鑽思，故能理贍而辭堅矣。桓譚著論，富號猗頓，宋弘稱薦，爰比相如，而集靈諸賦，偏淺無才，故知長於諷論，不及麗文也。敬通雅好辭説，而坎壈盛世，顯志自序，亦蚌病成珠矣。二班兩劉，弈葉繼采，舊説以爲固文優彪，歆學精向，然《王命》清辯，《新序》該練，璿璧産於昆岡，亦難得而踰本矣。傅毅崔駰，光采比肩，瑗寔踵武，能世厥風者矣。杜篤賈逵，亦有聲於文，跡其爲才，崔傅之末流也。李尤賦銘，志慕鴻裁，而才力沈膇，垂翼不飛。馬融鴻儒，思洽識高，吐納經範，華實相扶。王逸博識有功，而絢采無力；延壽繼志，瓌穎獨標，其善圖物寫貌，豈枚乘之遺術歟？張衡通贍，蔡邕精雅，文史彬彬，隔世相望。是則竹柏異心而同貞，金玉殊質而皆寶也。劉向之奏議，旨切而調緩；趙壹之辭賦，意繁而體疎；孔融氣盛於爲筆，禰衡思鋭於爲文：有偏美焉。潘勗憑經以騁才，故絶群於錫命；王朗發憤以託志，亦致美於序銘。然自卿淵已前，多俊才而不課學；雄向已後，頗引書以助文：此取與之大際，其分不可亂者也。（《增訂文心雕龍校注》卷十，第571—572頁）

檀道鸞

【續晉陽秋（節録）】　詢有才藻，善屬文。自司馬相如、王褒、揚雄諸賢，世尚賦頌，皆體則《詩》《騷》，傍綜百家之言。及至建安，而詩章大盛。逮乎西朝之末，潘、陸之徒雖時有質文，而宗歸不異也。正始中，王弼、何晏好《莊》《老》玄勝之談，而世遂貴焉。至過江，佛理尤盛。故郭璞五言，始會合道家之言而韻之。詢及太原孫綽轉相祖尚，又加以三世之辭，而《詩》《騷》之體盡矣。詢、綽並爲一時文宗，自此作者悉體之。至義熙中，謝混始改。（《世説新語·文學篇》劉孝標注引，見劉義慶著、徐震堮校箋：《世説新語校箋》卷上，中華書局1984年版，第143頁）

韓顯宗

【韓顯宗傳（節録）】　（高祖）謂顯宗曰："見卿所撰《燕志》及在齊

詩詠，大勝比來之文。然著述之功，我所不見，當更訪之監、令。校卿才能，可居中第。”又謂程靈虬曰：“卿比顯宗復有差降，可居下上。”顯宗對曰：“臣才第短淺，猥聞上天，至乃比於崔光，實爲隆渥。然臣竊謂陛下貴古而賤今，臣學微才短，誠不敢仰希古人，然遭聖明之世，覩惟新之禮，染翰勒素，實録時事，亦未慚於後人。昔揚雄著《太玄經》，當時不免覆盎之談，二百年外，則越諸子。今臣之所撰，雖未足光述帝載，稗暉日月，然萬祀之後，仰觀祖宗巍巍之功，上覩陛下明明之德，亦何謝欽明於《唐典》，慎徽於《虞書》。”（《魏書》卷六十，第1342—1343頁）

鍾　嶸

【詩品序（節録）】　昔《南風》之詞，《卿云》之頌，厥義敻矣。夏歌曰“鬱陶乎予心”，楚謠曰“名余曰正則”，雖詩體未全，然是五言之濫觴也。逮漢李陵，始著五言之目矣。古詩眇邈，人世難詳，推其文體，固是炎漢之制，非衰周之倡也。自王、揚、枚、馬之徒，詞賦競爽，而吟詠靡聞。從李都尉迄班婕妤，將百年間，有婦人焉，一人而已。詩人之風，頓已缺喪。東京二百載中，惟有班固《詠史》，質木無文。（鍾嶸著，周振甫譯注：《詩品譯注》，中華書局1998年版，第16頁）

吴　均

【贈周散騎興嗣詩】　子雲好飲酒，家在成都縣。制賦已百篇，彈琴復千轉。敬通不富豪，相如本貧賤。共作失職人，包山一相見。（《文苑英華》卷二百四十七，《四庫》第1335册，第291頁）

【入蘭臺贈王治書僧孺詩】　故人揚子雲，校書麟閣下。寂寞少交遊，紛綸富文雅。予爲隴西使，寓居洛陽社。相思非不深，行行避驄馬。（《藝文類聚》卷三十一，上海古籍出版社2013年影宋本，第861頁）

張　纘

【南征賦（節録）】　若夫屈平《懷沙》之賦，賈子遊湘之篇，史遷攡文以投吊，揚雄《反騷》而沉川。其風謡雅什，又是詞人之所流連也。（《梁書》卷三十四《張纘傳》，第500頁）

蕭　統

【陶淵明集序（節録）】　余愛嗜其文，不能釋手，尚想其德，恨不同時。故更加搜求，粗爲區目。白璧微瑕者，惟在《閑情》一賦，揚雄所謂勸百而諷一者，卒無諷諫，何必摇其筆端？惜哉！無是可也！並粗點定其傳，編之於録。（陶淵明著，逯欽立校注：《陶淵明集》，中華書局1979年版，第10頁）

常　景

【常景傳（節録）】　常景，字永昌，河内人也。父文通，天水太守。景少聰敏，初讀《論語》《毛詩》，一受便覽。……景淹滯門下積歲，不至顯官，以蜀司馬相如、王褒、嚴君平、揚子雲等四賢，皆有高才而無重位，乃託意以贊之。其贊司馬相如曰："長卿有艷才，直致不群性。鬱若春煙舉，皎如秋月映。遊梁雖好仁，仕漢常稱病。清貞非我事，窮達委天命。"其讚王子淵曰："王子挺秀質，逸氣干青雲。明珠既絶俗，白鵠信驚群。才世苟不合，遇否途自分。空枉碧鷄命，徒獻金馬文。"其讚嚴君平曰："嚴公體沉静，立志明霜雪。味道綜微言，端蓍演妙説。才屈羅仲口，位結李强舌。素尚邁金貞，清標陵玉徹。"其讚揚子雲曰："蜀江導清流，揚子挹餘休。含光絶後彦，覃思邈前修。世輕久不賞，玄談物無求。當途謝權寵，置酒獨閑遊。"（《魏書》卷八十二，第1800—1802頁）

陽　斐

【答陸士佩書（節録）】　相如壯上林之觀，揚雄騁羽獵之辭，雖係以

隤牆填壍，亂以收罝落網，而言無補於風規，祇足昭其愆戾也。（《北齊書》卷四十二《陽斐傳》，第 554 頁）

司馬膺之

【司馬膺之傳（節録）】　膺之字仲慶。少好學，美風儀。天平中，子如貴盛，膺之自尚書郎歷中書、黄門郎。子如别封須昌縣公，回授膺之。膺之家富於財，厚自封殖。王元景、邢子才之流以夙素重之。以其疏簡傲物，竟天保世，淪滯不齒。乾明中，王晞白肅宗，除衛尉少卿。河清末，光禄大夫。患泄利，積年不起，至武平中，猶不堪朝謁，就家拜儀同三司。好讀《太玄經》，注揚雄《蜀都賦》。每云："我欲與揚子雲周旋。"（《北齊書》卷十八，第 241 頁）

徐　陵

【讓左僕射初表（節録）】　臣聞七十之歲，揚雄擬經；六十之年，平津對策。（許逸民校箋：《徐陵集校箋》卷四，中華書局 2008 年版，第 355 頁）

【東陽雙林寺傅大士碑（節録）】　若如本生本行，或示緣起，子長、子雲，自叙元系。（《徐陵集校箋》卷十，第 1226 頁）

蕭　繹

【立言篇（節録）】　顔回希舜，所以早亡；賈誼好學，遂令速殞。揚雄作賦，有夢腸之談；曹植爲文，有反胃之論。生也有涯，智也無涯，以有涯之生，逐無涯之智，余將養性養神，獲麟於《金樓》之制也。

……王仲任言："夫説一經者爲儒生，博古今者爲通人，上書奏事者爲文人，能精思著文連篇章爲鴻儒。"若劉向、揚雄之列是也。蓋儒生轉通人，通人爲文人，文人轉鴻儒也。（蕭繹撰，許逸民校箋：《金樓子校箋》卷四，中華書局 2011 年版，第 857—983 頁）

【自序篇（節録）】　桓譚有《新論》，華譚又有《新論》，揚雄有《太玄經》，楊泉又有《太玄經》，談者多誤，動形言色。或云："桓譚有《新論》，何處復有華譚？揚子有《太玄經》，何處復有《太玄經》？"此皆由不學使之然也。（《金樓子校箋》卷六，第1324頁）

【五楊雄】　按，揚子雲以邑爲氏，與楊不同，後人以楊修嘗稱"修家子雲"，遂多有混作"楊"者，此亦沿其誤也。一字子雲，作《太玄》《法言》。一名熊，秦將，與高祖戰白馬。一隋觀王。一後周華陰人，儻城郡公楊紹子。一魯陽郡公，字略。（《古今同姓名録》卷下，《叢書集成初編》本，中華書局1985年版，第70—71頁）

庾　信

【傷心賦（節録）】　若夫入室生光，非復企及，夾河爲郡，前途逾遠。婕妤有自傷之賦，揚雄有哀祭之文，王正長有北郭之悲，謝安石有東山之恨，斯既然矣。……望隴首而不歸，出都門而長送，對寶碗而痛心，撫《玄經》而流慟。（倪璠注，許逸民點校：《庾子山集注》卷一，中華書局1980年版，第56—63頁）

丘國賓

【丘國賓傳】　丘國賓，吴興人，以才志不遇，著書以譏揚雄。（《南史》卷五十九，第1463頁）

顔之推

【勉學第八（節録）】　校定書籍，亦何容易。自揚雄、劉向，方稱此職耳。觀天下書未徧，不得妄下雌黄。或彼以爲非，此以爲是，或本同末異，或兩文皆欠，不可偏信一隅也。（王利器撰：《顔氏家訓集解》卷三，中華書局1993年版，第235頁）

【文章第九（節録）】 自古文人，多陷輕薄：屈原露才揚己，顯暴君過；宋玉體貌容冶，見遇俳優；東方曼倩，滑稽不雅；司馬長卿，竊貲無操；王褒過章《僮約》；揚雄德敗《美新》；李陵降辱夷虜；劉歆反覆莽世；傅毅黨附權門；班固盜竊父史……

或問揚雄曰："吾子少而好賦？"雄曰："然。童子雕蟲篆刻，壯夫不爲也。"余竊非之曰：虞舜歌《南風》之詩，周公作《鴟鴞》之詠，吉甫、史克《雅》《頌》之美者，未聞皆在幼年累德也。孔子曰："不學《詩》，無以言。""自衛返魯，樂正，《雅》《頌》各得其所。"大明孝道，引《詩》證之。揚雄安敢忽之也？若論"詩人之賦麗以則，辭人之賦麗以淫"，但知變之而已，又未知雄自爲壯夫何如也？著《劇秦美新》，妄投於閣，周章怖慴，不達天命，童子之爲耳。桓譚以勝老子，葛洪以方仲尼，使人嘆息。此人直以曉算術，解陰陽，故著《太玄經》，數子爲所惑耳；其遺言餘行，孫卿、屈原之不及，安敢望大聖之清塵？且《太玄》今竟何用乎？不啻覆醬瓿而已。（《顔氏家訓集解》卷四，第237—260頁）

【音辭篇十八】 夫九州之人，言語不同。生民已來，固常然矣。自《春秋》標齊言之傳，《離騷》目《楚詞》之經，此蓋其較明之初也。後有揚雄著《方言》，其言大備，然皆考名物之同異，不顯聲讀之是非也。（《顔氏家訓集解》卷七，第529頁）

二、隋唐五代卷

辛德源

【辛德源傳】　辛德源字孝基，隴西狄道人也。祖穆，魏平原太守。父子馥，尚書右丞，德源沉静好學，年十四，解屬文。及長，博覽書記，少有重名。齊尚書僕射楊遵彦、殿中尚書辛術皆一時名士，見德源，並虚襟禮敬，因同薦之於文宣帝。起家奉朝請，後爲兼員外散騎侍郎，聘梁使副。後歷馮翊、華山二王記室。中書侍郎劉逖上表薦德源曰："弱齡好古，晚節逾厲，枕藉六經，漁獵百氏。文章綺豔，體調清華，恭慎表於閨門，謙撝著於朋執。實後進之辭人，當今之雅器。必能効節一官，騁足千里。"由是除員外散騎侍郎，累遷比部郎中，復兼通直散騎常侍。聘於陳，及還，待詔文林館，除尚書考功郎中，轉中書舍人。及齊滅，仕周爲宣納上士。因取急詣相州，會尉迥作亂，以爲中郎。德源辭不獲免，遂亡去。

高祖受禪，不得調者久之，隱於林慮山，鬱鬱不得志，著《幽居賦》以自寄，文多不載。德源素與武陽太守盧思道友善，時相往來。魏州刺史崔彦武奏德源潛爲交結，恐其有奸計。由是謫令從軍討南寧，歲餘而還。秘書監牛弘以德源才學顯著，奏與著作郎王劭同修國史。德源每於務隙撰《集注春秋三傳》三十卷，注揚子《法言》二十三卷。蜀王秀聞其名而引之，居數歲，奏以爲掾。後轉咨議參軍，卒官。有集二十卷，又撰《政訓》《内訓》各二十卷。有子素臣、正臣，並學涉有文義。（《隋書》卷五十八，第1422—1423頁）

劉　炫

【自贊（節録）】　通人司馬相如、揚子雲、馬季長、鄭康成等，皆自叙風徽，傳芳來葉。余豈敢仰均先達，貽笑從昆。徒以日迫桑榆，大命將近，故友飄零，門徒雨散，溘死朝露，埋魂朔野，親故莫照其心，後人不見其跡，殆及餘喘，薄言胸臆，貽及行邁，傳示州里，使夫將來俊哲知余鄙志耳。（《隋書》卷七十五《儒林傳》，第1722頁）

孔穎達

【左傳襄公二十四年疏（節録）】　傳：豹聞之，大上有立德，其次有立功，其次有立言。正義曰：大上、其次，以人之才知淺深爲上、次也。大上謂人之最上者，上聖之人也；其次，次聖者謂大賢之人也；其次，又次大賢者也。立德謂創制垂法，博施濟衆，聖德立於上代，惠澤被於無窮，故服以伏羲、神農，杜以黄帝、堯、舜當之，言如此之類，乃是立德也。《禮運》稱禹、湯、文、武、成王、周公，後代人主之選，計成王非聖，但欲言周公不得不言成王耳。禹、湯、文、武、周公與孔子皆可謂立德者也。立功謂拯厄除難，功濟於時，故服、杜皆以禹、稷當之。言如此之類，乃是立功也。《祭法》云："聖王之制祭祀也，法施於民則祀之，以死勤事則祀之，以勞定國則祀之，能禦大災則祀之，能捍大患則祀之。"法施於民乃謂上聖，當是立德之人。其餘勤民定國、禦災捍患，皆是立功者也。立言謂言得其要理，足可傳記。《傳》稱史逸有言，《論語》稱周任有言，及此臧文仲既没，其言存立於世，皆其身既没，其言尚存，故服、杜皆以史佚、周任、臧文仲當之。言如此之類，乃是立言也。老、莊、荀、孟、管、晏、楊、墨、孫、吴之徒，製作子書，屈原、宋玉、賈逵、揚雄、馬遷、班固以後撰集史傳及製作文章，使後世學習，皆是立言者也。此三者雖經世代，當不朽腐，故穆子歷言之。（《春秋左傳注疏》卷三十

五，中華書局2009年影印阮刻《十三經注疏》本，第4297頁）

虞世基

【講武賦序（節録）】　昔上林從幸，相如於是頌德，長楊校獵，子雲退而爲賦。雖則體物緣情，不同年而語矣；英聲茂實，蓋可得而言焉。（《隋書》卷六十七《虞世基傳》，第1570頁）

顔師古

【非一】　揚雄叙甘泉宫云："遊觀屈奇瑰瑋，非木摩而不雕，牆塗而不畫。"此言既甚屈奇瑰瑋，不合於上古之世，摩而不雕，塗而不畫，采椽茅茨儉約之制耳。今之書本好者猶然，而後人輒於"非"字下加"一"字，讀云"瑰瑋非一"，竟不尋下句直云"木摩而不雕"，是何言歟！（顔師古撰，嚴旭疏證：《匡謬正俗疏證》卷五，第199頁）

王　通

【天地篇（節録）】　或問揚雄、張衡。子曰："古之振奇人也。其思苦，其言艱。"曰："其道何如？"子曰："靖矣！"（王通著，張沛校注：《中説校注》卷二，中華書局2013年版，第66頁）

【事君篇（節録）】　尚書召子仕，子使姚義往辭焉，曰："必不得已，署我於蜀。"或曰"僻"，子曰："吾得從嚴、揚游泳以卒世，何患乎僻？"（《中説校注》卷三，第82頁）

王　績

【三月三日賦（節録）】　金門舊學，玉署新賢。修《太玄》於暮齒，擅中黄於早年。（夏連保校注：《王績文集》卷一，三晉出版社2016年版，第52頁）

【病後醮宅】　公幹苦沉綿，居山畏不延。白驢迎蒯子，青牛下葛仙。

度符南灶曲，寫咒北階前。龍行初禁火，鳥步即凌煙。净席三天坐，香爐五帝筵。埋沙禳疫氣，鎮石御凶年。鬼用泥爲壁，神將紙作錢。山精愁鏡厭，野魅怯燈然。今日揚雄宅，應堪草《太玄》。（《王績文集》卷三，第128—129 頁）

岑文本

【擬劇秦美新】　伊太極草昧，元氣氤氲。二儀肇闢，三才乃分。火化之風既往，結繩之政無聞。遐哉邈矣，故靡得而云也。逮乎書契興，爻象辨，皇王著，謚號闡。歷選列聖，逖聽遺篆。犧農崇行道之化，堯舜宏揖讓之風。湯武以干戈而稱盡美，成康以刑厝而表成功。雖步驟殊時，澆淳異世，道有文質，政有隆替。不在天文，因人垂制。規模焕其有章，聲實渺其難繼。

異哉！秦氏之爲政也。恃崤函之作固，因襄文之餘烈，窮起剪之暴兵，納鞅斯之邪説，兼兩州之地，削六雄之轍。先生之道廢，曩聖之德滅。利觜長距，殫蒼生之命。刮語焚書，愚黔首之性。海内訾其凶滅，天下苦其苛政。於是懷道挾術之士，背三秦而遠跡。抱樸養素之夫，竄九夷而自適。趙高、閻樂啓其亂，陳勝、吴廣伺其隙。喪六璽於二代，隳七廟於一擲。永鑒其弊，吁其劇歟。

粤若漢祖之龍飛，踐宸極，居大寶。感素靈之符，行元聖之道。靖大亂以永寧，濟斯人於難老。洎文景之纂歷，乃守文之有聲。逮武宣之繼統，亦王功之有成。然而闕皇王之要道，慚天地之至精。仍踵秦之制度，尚沿秦之章程。既無關於政作，孰與發其聲名。雖時乘於六位，實貽誚於三靈者矣。

我有新之創業也，累功而據帝圖，積德而膺寶命。政化洽於巖廊，惠澤溢於號令。四表荷其亭毒，萬物遂其正性。帝典闕者既補，王綱弛者咸正。其德也彌厚，其道也彌盛。若夫文軌大同，夷狄嚮風，武功也。制禮裁樂，遷風變俗，文教也。肇改正朔，爰變服色，至聖也。盡禮郊禋，致敬鬼神，大孝也。幽人咸洎，奇士畢至，浚哲也。既厝刑書，亦廢囹圄，鴻德也。是以天不愛其道，地不愛其寶。龜威浮洛，飛黄服皂。一角九尾之瑞，朝夕坰牧，並柯共穗之祥。日月畿服，超邃古之芳英，邁前王之簡牘。其天意也如此，其人事也如彼。諒可以披緑圖，詔青史，降齊郊，下嬴里。登介邱以昭德，同梁甫以播美。攡記牒於無窮，播歌誦而盈耳。俾夫千載之上，往聖恧其鴻名。百代之後，下王奉其英聲。固皇極於造化，合至道於神明。豈不美哉，豈不美哉！（《全唐文》卷一百五十，中華書局1983年版，第1528—1529頁）

李世民

【論文史（節録）】　貞觀初，太宗謂監修國史房玄齡曰："比見前、後《漢史》載録揚雄《甘泉》《羽獵》，司馬相如《子虛》《上林》，班固《兩都》等賦。此既文體浮華，無益勸戒，何假書之史策。其有上書論事，詞理切直，可裨於政理者，朕從與不從皆須備載。"（吴兢撰，謝保成集校：《貞觀政要集校》卷七，中華書局2009年版，第387頁）

【著述（節録）】　太宗謂監修國史房玄齡曰："比見前後《漢史》，載揚雄《甘泉》《羽獵》，司馬相如《子虛》《上林》，班固《兩都賦》，此既文體浮華，無益勸戒，何暇書之史策。今有上書論事，詞理可裨於政理者，朕或從或不從，皆須備載。"（《大唐新語》卷九，中華書局1984年版，第134頁）

楊　炯

【登秘書省閣詩序（節録）】　若夫麒麟鳳凰之署，三臺四部之經，周王群玉之山，漢帝蓬萊之室。觀星文而考南北，大象入於璣衡。披帝册而質龍神，負圖出於河洛。司先王之載籍，掌制書之典謨。劉向沈研揚雄寂寞之士，於兹翰墨。馬融該博傅毅文章之才，此焉游處。莫不出言斯善，有道可尊。黼黻其德行，珪璋其事業。（《全唐文》卷一百九十一，中華書局1983年版，第1926頁）

駱賓王

【上吏部侍郎帝京篇（節録）】　已矣哉！歸去來。馬卿辭蜀多文藻，揚雄仕漢乏良媒。三冬自矜誠足用，十年不調幾邅迴。汲黯薪逾積，孫弘閣未開。誰惜長沙傅，獨負洛陽才。（駱賓王撰，陳熙晉箋：《駱賓王集》卷一，浙江古籍出版社2015年版，第21頁）

盧照鄰

【長安古意（節録）】　寂寂寥寥揚子居，年年歲歲一床書。獨有南山桂花發，飛來飛去襲人裾。（盧照鄰著，李雲逸校注：《盧照鄰集校注》卷二，中華書局1998年版，第83—84頁）

李　善

【甘泉賦注（節録）】　《漢書》曰：揚雄字子雲，蜀郡成都人也。雄少好學，年四十餘，自蜀來遊京師，大司馬王音召以爲門下史，薦雄待詔。歲餘，爲郎中，給事黄門，卒。桓譚《新論》曰：雄作《甘泉賦》一首始成，夢腸出，收而内之，明日遂卒。《漢書》曰："永始四年正月行幸甘泉。"《七略》曰："《甘泉賦》，永始三年正月，待詔臣雄上。"《漢書》三年無幸甘泉之文，疑《七略》誤也。（《文選》卷七，中華書局1977年版，第111頁）

【羽獵賦注（節録）】　《七略》曰："《羽獵》，永始三年十二月上。"（《文選》卷八，第131頁）

【長楊賦注（節録）】　"明年，上將大誇胡人以多禽獸。"善曰：明年謂作《羽獵賦》之明年，即校獵之年也。班欲叙作賦之明年，《漢書・成紀》曰：“元延二年冬，幸長楊宫，縱胡客大校獵。”是也。《七略》曰：“《羽獵賦》，永始三年十二月上。”然永始三年去校獵之前首尾四載，謂之明年，疑班固誤也。又《七略》曰：“《長楊賦》，綏和元年上。”綏和在校獵後四歲，無容元延二年校獵，綏和二年賦。又疑《七略》誤。（《文選》卷九，第135頁）

王　勃

【上吏部裴侍郎啓（節録）】　夫文章之道，自古稱難。聖人以開物成務，君子以立言見志。遺雅背訓，孟子不爲；勸百諷一，揚雄所恥。苟非可以甄明大義，矯正末流，俗化資以興衰，家國繇其輕重，古人未嘗留心也。自微言既絶，斯文不振。屈宋道澆源於前，枚馬張淫風於後。談人主者，以宫室苑囿爲雄；叙名流者，以沉酗驕奢爲達。故魏文用之而中國衰，宋武貴之而江東亂。雖沈、謝争騖，適先兆齊梁之危；徐、庾並馳，不能免周陳之禍。於是識其道者，卷舌而不言；明其弊者，拂衣而徑逝。《潛夫》《昌言》之論，作之而有逆於時；周公孔氏之教，存之而不行於代。天下之文，靡不壞矣。國家應千載之期，恢百王之業，天地静默，陰陽順序。方欲激揚正道，大庇生人，黜非聖之書，除不稽之論。牧童頓顙，思進皇謀；樵夫拭目，願談王道。崇大廈者，非一木之材；匡弊俗者，非一日之衛。衆持則力盡，真長則僞銷，自然之數也。（楊曉彩點校：《王勃集》卷八，三晉出版社2017年版，第92頁）

劉知幾

【載文（節録）】　爰洎中葉，文體大變，樹理者多以詭妄爲本，飾辭者務以淫麗爲宗。譬如女工之有綺縠，音樂之有鄭、衛。蓋語曰：“不作無益害有益。”至如史氏所書，固當以正爲主。是以虞帝思理，夏后失御，《尚書》載其《元首》《禽荒》之歌；鄭莊至孝，晉獻不明，《春秋》

録其《大隧》《狐裘》之什。其理讜而切，其文簡而要，足以懲惡勸善，觀風察俗者矣。若馬卿之《子虚》《上林》，揚雄之《甘泉》《羽獵》，班固《兩都》，馬融《廣成》，喻過其體，詞没其義，繁華而失實，流宕而忘返，無裨勸奬，有長奸詐，而前後《史》《漢》皆書諸列傳，不其謬乎！且漢代詞賦，雖云虚矯，自餘它文，大抵猶實。至於魏晉已下，則訛謬雷同。（劉知幾著，浦起龍通釋：《史通通釋》卷五，上海古籍出版社2009年版，第114—115頁）

【自叙（節録）】　昔漢世劉安著書，號曰《淮南子》。其書牢籠天地，博及古今，上自太公，下至商鞅，其錯綜經緯，自謂兼於數家，無遺力矣。然自淮南以後，作者無絶。必商榷而言，則其流又衆。蓋仲尼既没，微言不行。史公著書，是非多謬。由是百家諸子，詭説異辭，務爲小辨，破彼大道。故揚雄《法言》生焉。儒者之書，博而寡要，得其糟粕，失其菁華，而流俗鄙夫，貴遠賤近，傳兹牴牾，自相欺惑，故王充《論衡》生焉。民者冥也，冥然罔覺，率彼愚蒙，牆面而視，或訛音鄙句，莫究本源，或守株膠柱，動多拘忌，故應邵《風俗通》生焉。五常異稟，百行殊軌，能有兼偏，知有長短，苟隨才而任使，則片善不遺，必求備而後用，則舉世莫可，故劉邵《人物志》生焉。夫開國承家，立身立事，一文一武，或出或處，雖賢愚壤隔，善惡區分，苟時無品藻，則理難銓綜，故陸景《典語》生焉。詞人屬文，其體非一，譬甘辛殊味，丹素異彩，後來祖述，識昧圓通，家有詆訶，人相掎摭，故劉勰《文心》生焉。若《史通》之爲書也，蓋傷當時載筆之士，其義不純，思欲辨其指歸，殫其體統。夫其書雖以史爲主，而餘波所及，上窮王道，下掞人倫。總括萬殊，包吞千有。自《法言》以降，迄於《文心》而往，固以納諸胸中，曾不蔕芥者矣。夫其爲義也，有與奪焉，有褒貶焉，有鑒誡焉，有諷刺焉。其爲貫穿者深矣，其爲網羅者密矣，其所商略者遠矣，其所發明者多矣。蓋談經者惡聞服杜之嗤，論史者憎言班馬之失，而此書多譏往哲，喜述前非。獲罪於時，固其宜矣。猶冀知音君子，時有觀焉。尼父有雲，罪我者《春秋》，知我者《春秋》，抑斯之謂也。

昔梁徵士劉孝標作《叙傳》，其自比於馮敬通者有三。而予輒不自揆，亦竊比於揚子雲者有四焉。何者？揚雄嘗好雕蟲小伎，老而悔其少作；予幼喜詩賦，而壯都不爲，恥以文士得名，期以述者自命。其似一也。揚雄草《玄》，累年不就，當時聞者，莫不哂其徒勞；余撰《史通》，亦屢移寒暑，悠悠塵俗，共以爲愚。其似二也。揚雄撰《法言》，時人競尤其妄，故作《解嘲》以酬之；余著《史通》，見者亦互言其短，故作《釋蒙》以拒之。其似三也。揚雄少爲范踆、劉歆所重，及聞其撰《太玄經》，則嘲以恐蓋醬瓿。然劉、范之重雄者，蓋貴其文彩，若《長楊》《羽獵》之流耳。如《太玄》深奥，難以探賾，既絶窺踰，故加譏誚。余初好文筆，頗獲譽於當時。晚談史傳，遂減價於知已。其似四也。夫才唯下劣，而跡類先賢，是用銘之於心，持以自慰。抑猶有遺恨，懼不似揚雄者有一焉。何者？雄之《玄經》始成，雖爲當時所賤，而桓譚以爲數百年外，其書必傳。其後張衡、陸績，果以爲絶倫參聖。夫以《史通》方諸《太玄》，今之君山，即徐、朱等數君是也。後來張、陸，則未之知耳。嗟乎，儻使平子不出，公紀不生，將恐此書與糞土同捐，煙燼俱滅，後之識者，無得而觀。此予所以撫卷漣洏，淚盡而繼之以血也。（《史通》卷十，第270—272頁）

張　説

【齊黄門侍郎盧思道神道碑】　昔仲尼之後，世載文學，魯有遊、夏，楚有屈、宋；漢興，有賈、馬、王、揚；後漢有班、張、崔、蔡，魏有曹、王、徐、陳、應、劉，晉有潘、陸、張、左、孫、郭，宋、齊有顔、謝、江、鮑，梁、陳有任、王、何、劉、沈、謝、徐、庾，而北齊有温、邢、盧、薛，皆應世翰林之秀者也。（熊飛校注：《張説集校注》卷二十

五，中華書局 2013 年版，第 1196 頁）

【季春下旬詔宴薛王山池序】　群公賦詩，俾僕題序，長卿消渴，覺含毫之轉遲；子雲老大，見雕蟲之都廢。（《張説集校注》卷二十八，第 1366 頁）

僧一行

【僧一行傳（節録）】　僧一行，姓張氏，先名遂，魏州昌樂人，襄州都督、郯國公公謹之孫也。父擅，武功令。一行少聰敏，博覽經史，尤精曆象、陰陽、五行之學。時道士尹崇博學先達，素多墳籍。一行詣崇，借揚雄《太玄經》，將歸讀之。數日，復詣崇，還其書。崇曰："此書意指稍深，吾尋之積年，尚不能曉，吾子試更研求，何遽見還也?"一行曰："究其義矣。"因出所撰《大衍玄圖》及《義决》一卷以示崇。崇大驚，因與一行談其奥賾，甚嗟伏之，謂人曰："此後生顔子也。"一行由是大知名。（《舊唐書》卷一百九十一《方伎》，第 5111—5112 頁）

孟浩然

【田園作】　弊廬隔塵喧，惟先養恬素。卜鄰近三徑，植果盈千樹。粤余任推遷，三十猶未遇。書劍時將晚，丘園日已暮。晨興自多懷，晝坐常寡悟。沖天羨鴻鵠，争食羞雞鶩。望斷金馬門，勞歌採樵路。鄉曲無知己，朝端乏親故。誰能爲揚雄，一薦《甘泉賦》。（孟浩然撰，李景白校注：《孟浩然詩集校注》卷一，中華書局 2018 年版，第 120 頁）

李隆基

【褒魏知古進詩手制（節録）】　卿所進獵渭濱十韻，三復研精，良增嘆美。夫詩者志之，所以寫其心懷，實可諷諭君主。是故揚雄陳羽獵，馬卿賦上林。爰自風雅，率由兹道。（《全唐文》卷二十，中華書局 1983 年版，第 235 頁）

李　白

【大獵賦序】　白以爲賦者，古詩之流，辭欲壯麗，義歸博遠。不然，何以光贊盛美，感天動神。而相如、子雲競誇辭賦，歷代以爲文雄，莫敢詆訐。臣謂語其略，竊或褊其用心。《子虛》所言，楚國不過千里，夢澤居其大半，而齊徒吞若八九，三農及禽獸無息肩之地，非諸侯禁淫述職之義也。《上林》云："左蒼梧，右西極。"考其實，地周袤纔經數百。《長楊》誇胡設網，爲周阹，放麋鹿其中，以搏攫充樂。《羽獵》於靈臺之囿，圍經百里，而開殿門。當時以爲窮壯極麗，迨今觀之，何齷齪之甚也。但王者以四海爲家，萬姓爲子，則天下之山林禽獸，豈與衆庶異之？而臣以爲不能以大道匡君，示物周博，平文論苑之小，竊爲微臣之不取也。今聖朝園池遐荒，殫窮六合，以孟冬十月大獵於秦，亦將曜威講武，掃天蕩野，豈荒淫侈靡，非三驅之意耶？臣白作頌，折中厥美。（王琦注：《李太白全集》卷一，中華書局1977年版，第57—59頁）

【古風五十九首（其八）】　咸陽二三月，宫柳黄金枝。緑幘誰家子，賣珠輕薄兒。日暮醉酒歸，白馬驕且馳。意氣人所仰，冶遊方及時。子雲不曉事，晚獻《長楊》辭，賦達身已老，草《玄》鬢若絲。投閣良可嘆，但爲此輩嗤。（《李太白全集》卷二，第99頁）

【温泉侍從歸逢故人】　漢帝長楊苑，誇胡羽獵歸。子雲叨侍從，獻賦有光輝。激賞摇天筆，承恩賜御衣。逢君奏明主，他日共翻飛。（《李太白全集》卷九，第486頁）

【答杜秀才五松山見贈（節録）】　昔獻《長楊賦》，天開雲雨歡。當時待詔承明裏，皆道揚雄才可觀。敕賜飛龍二天馬，黄金絡頭白玉鞍。（《李太白全集》卷十九，第904頁）

杜　甫

【奉贈韋左丞丈二十二韻（節録）】　甫昔少年日，早充觀國賓。讀書破萬卷，下筆如有神。賦料揚雄敵，詩看子建親。李邕求識面，王翰願卜鄰。自謂頗挺出，立登要路津。致君堯舜上，再使風俗淳。（杜甫著，仇兆鼇注：《杜詩詳注》卷一，中華書局1979年版，第74頁）

【贈獻納使起居田舍人澄】　獻納司存雨露邊，地分清切任才賢。舍人退食收封事，宮女開函捧御筵。曉漏追趨青瑣闥，晴窗點檢白雲篇。揚雄更有《河東賦》，唯待吹噓送上天。（《杜詩詳注》卷三，第203頁）

【秋述（節録）】　秋，杜子卧病長安旅次，多雨生魚，青苔及榻，常時車馬之客，舊雨來，今雨不來。昔襄陽龐德公，至老不入州府，而揚子雲草《玄》寂寞，多爲後輩所褻，近似之矣。嗚呼！冠冕之窟，名利卒卒，雖朱門之塗泥，士子不見其泥，矧抱疾窮巷之多泥乎？（《杜詩詳注》卷二十五，第2208頁）

【進雕賦表（節録）】　臣幸賴先臣緒業，自七歲所綴詩筆，向四十載矣，約千有餘篇。今賈馬之徒，得排金門上玉堂者甚衆矣。惟臣衣不蓋體，常寄食於人。奔走不暇，只恐轉死溝壑，安敢望仕進乎。伏惟明主哀憐之，倘使執先祖之故事，拔泥塗之久辱，則臣之述作，雖不足以鼓吹六經，先鳴數子。至於沈鬱頓挫，隨時敏捷，而揚雄、枚臯之流，庶可跂及也。有臣如此，陛下其舍諸。（《全唐文》卷三百五十九，中華書局1983年版，第3650頁）

岑　參

【揚雄草玄】　吾悲子雲居，寂寞人已去。娟娟西江月，猶照草《玄》處。精怪熏無人，睢盱藏古樹。（廖立箋注：《岑嘉州詩箋注》卷一，中華書局2004年版，第230頁）

李　華

【揚州功曹蕭穎士文集序（節録）】　君以爲六經之後，有屈原、宋玉，文甚雄壯，而不能經。厥後有賈誼，文詞最正，近於理體。枚乘、司馬相如亦瓌麗才士，然而不近風雅。揚雄用意頗深，班彪識理，張衡宏曠，曹植豐贍，王粲超逸，嵇康標舉，此外皆金相玉質。所尚或殊，不能備舉。左思詩賦有《雅》《頌》遺風，干寶著論近王化根源。此後敻絶無聞焉。（《全唐文》卷三百十五，中華書局 1983 年版，第 3198 頁）

員　俶

員俶《太玄幽贊》十卷。開元四年，京兆童子員俶進《太玄幽贊》十卷。紫微省召試賦頌，及第。（王應麟撰，武秀成、趙庶洋校證：《玉海藝文校證》卷二，鳳凰出版社 2013 年版，第 106 頁）

魏　顥

【李翰林集序（節録）】　自盤古劃天地，天地之氣，艮於西南。劍門上斷，横江下絶，岷、峨之曲，别爲錦川。蜀之人無聞則已，聞則傑出，是生相如、君平、王褒、揚雄，降有陳子昂、李白，皆五百年矣。（王琦注：《李太白全集》附録一，中華書局 1977 年版，第 1448 頁）

司空曙

【和耿拾遺元日觀早朝】　元日争朝闕，奔流若會溟。路塵和薄霧，騎火接低星。門響雙魚鑰，車喧百子鈴。冕旒當翠殿，幢戟滿彤庭。積歲方編瑞，乘春即省刑。大官陳禹玉，司曆獻堯蓂。壽酒三觴退，簫韶九奏停。太陽開物象，霈澤及生靈。南陌高山碧，東方曉氣青。自憐揚子賤，歸草《太玄經》。（《全唐詩》卷二百九十三，中華書局 1960 年版，第 3336 頁）

柳　冕

【謝杜相公論房杜二相書（節録）】　古之作者，因治亂而感哀樂，因哀樂而爲詠歌，因詠歌而成比興。故《大雅》作，則王道盛矣。《小雅》作，則王道缺矣。《雅》變《風》，則王道衰矣。《詩》不作，則王澤竭矣。至於屈宋，哀而以思，流而不反，皆亡國之音也。至於西漢，揚、馬以降，置其盛明之代，而習亡國之音，所失豈不大哉。然而武帝聞《子虛》之賦，嘆曰：嗟乎，朕不得與此人同時！故武帝好神仙。相如爲《大人賦》以諷之，讀之飄飄然，反有凌雲之志。子雲非之曰：諷則諷矣，吾恐不免於勸也。子雲知之，不能行之。於是風雅之文，變爲形似。比興之體，變爲飛動。禮義之情，變爲物色。《詩》之六義盡矣。（《全唐文》卷五百二十七，中華書局1983年版，第5354頁）

【與徐給事論文書（節録）】　文章本於教化，形於治亂，繫於國風。故在君子之心爲志，形君子之言爲文，論君子之道爲教。《易》云："觀乎人文，以化成天下。"此君子之文也。自屈宋以降，爲文者本於哀豔，務於恢誕，亡於比興，失古義矣。雖揚、馬形似，曹、劉骨氣，潘、陸藻麗。文多用寡，則是一技，君子不爲也。昔武帝好神仙，而相如爲《大人賦》以諷。帝覽之，飄然有凌雲之氣。故揚雄病之曰："諷則諷矣，吾恐不免於勸也。"蓋文有餘而質不足則流，才有餘而雅不足則蕩。流蕩不返，使人有淫麗之心，此文之病也。雄雖知之，不能行之。行之者，惟荀、孟、賈生、董仲舒而已。（《全唐文》卷五百二十七，中華書局1983年版，第5356—5357頁）

梁　肅

【補闕李君前集序（節録）】　文之作，上所以發揚道德，正性命之紀；次所以財成典禮，厚人倫之義；又其次所以昭顯義類，立天下之中。三代之後，其流派别。炎漢制度以霸王道雜之，故其文亦二。賈生、馬遷、劉向、班固，其文博厚，出於王風者也；枚叔、相如、揚雄、張衡，其文雄富，出於霸塗者也。其後作者，理勝則文薄，文勝則理消。理消則言愈繁，繁則亂矣；文薄則意愈巧，巧則弱矣。故文本於道，失道則博之以氣，氣不足則飾之以辭。蓋道能兼氣，氣能兼辭，辭不當則文斯敗矣。（《全唐文》卷五百一十八，中華書局1983年版，第5261頁）

盧　綸

【和王員外冬夜寓直】　高步長裾錦帳郎，居然自是漢賢良。潘岳叙年因鬢髮，揚雄託諫在文章。九天韶樂飄寒月，萬户香塵裛曉霜。坐見重門儼朝騎，可憐雲路獨翱翔。（《全唐詩》卷二百七十七，中華書局，1960年版，第3142頁）

權德輿

【比部郎中崔君元翰集序（節録）】　《易·賁》之《彖》曰："觀乎人文，以化成天下。"故闕里之四教，門人之四科，未有遺文者。荀況、孟軻修道著書，本於仁義，經術之枝派也。迨夫騷人怨思之作，遊士從衡之論，刺譏捭闔，文憲陵夷。至漢廷賈誼、劉向、班固、揚雄、司馬遷、相如之倫，鬱然復興，有古風烈。然則文之用也，横三才之中，經紀事物，章明統類，不可已也。（權德輿撰，蔣寅箋，唐元校，張静注：《權德輿詩文集編年校注》，遼海出版社2013年版，第293頁）

【兵部郎中楊君集序（節録）】　周家忠厚，文章備乎二代，先師有"郁郁"之嘆。故周任、史克、仍叔、吉甫之倫生焉。漢氏剗煩苛，宏利澤，訓辭深厚，議論宏大，故賈誼、揚雄、司馬遷、相如之才出焉。（《權德輿詩文集編年校注》，第450頁）

【策問】　問："言，身之文也，又曰灼於中必文於外。司馬相如、揚雄，籍甚漢廷，其文盛矣。或奏琴心而滌器，或贊符命以投閣，其於溺情敗度，又奚俟於文章耶！至若孔融、禰衡，誇傲於代，禍不旋踵，何可勝言。兩漢亦有質樸敦厚之科，廉清孝順之舉，皆本於行而遺其文。復何如

哉？爲辨其説。”（《權德輿詩文集編年校注》，第506頁）

王　涯

【説玄五篇】　明宗一：《玄》之大旨可知矣。其微顯闡幽，觀象察法，探吉凶之朕，見天地之心，同夫《易》也。是故八十一首，擬乎卦者也。九贊之位，類夫爻者也。《易》以八八爲數，其卦六十有四。《玄》以九九爲數，故其首八十有一。《易》之占也以變，而《玄》之筮也以逢。是故數有陰陽，而時有晝夜。首有經緯，而占有旦夕。參而得之謂之逢，考乎其辭，驗乎其數，則《玄》之情得矣。

或曰：《玄》之辭也有九，《玄》之位也有四，何謂也？曰：觀乎四位，以辯其性也。推以柔剛，贊之辭也。别以否臧，是故四位成列，性在其中矣。九虚旁通，情在其中矣。譬諸天道，寒暑運焉，晦明遷焉，合而連之者《易》也，分而著之者《玄》也。四位之次，曰方、曰州，曰部、曰家。最上爲方，順而數之至於家。家一一而轉，故有八十一家。部三三而轉，故有二十七部。州九九而轉，故有九州。一方二十七首而轉，故有三方。三方之變，歸乎一者也（一謂一玄也）。是故以一生三，以三生九，以九生二十七，以二十七生八十一，三三相生，《玄》之數也。三長者，七八九得一二三（揲法備）。一爲天，二爲地，三爲人。其數周而復始於八十一首，故爲二百四十二表也。一首九贊，故有七百二十九贊。其外《踦》《羸》二贊，以備一儀之月數。立天之道，有始、中、終，因而三之。故有始始、始中、始終，及中始、中中、中終，及終始、終中、終終。立地之道，有下、中、上；立人之道，有思、福、禍。三三相乘，猶終始也。以立九贊之位，以窮天地之數，以配三統之元。故《玄》之首也始於《中》，《中》之始也在乎一。一之所配，自天元甲子朔旦冬至，推一晝一夜，終而復始，每二贊一日，凡七百二十九贊而周爲三百六十五日。節候鐘律，生躔斗指，於五行所配成列著焉，以應休咎之占，配陰陽之數。故不觀於《玄》，不可以知天。不窮渾天之統，不可以知人事之紀。故善言《玄》者，於天人變化之際，其昭昭焉。故倀倀而行者不避川谷，瞶瞶而聽者不聞雷霆。其所不至於顛殞者，幸也，非正命也。

立例二：夫《玄》深矣廣矣，遠矣大矣，而師讀不傳者何耶？義不明而例不立故也。夫言有類而事有宗，有宗故可得而舉也，有類故可得而推也。故不得於文，必求於數。不得於數，必求於象。不得於象，必求於心。夫然，故神理不遺，而賢哲之情可見矣。

自揚子雲研幾㮣數，創制《玄經》，惟鉅鹿侯芭子，常親承雄學。然其精微獨得，章句不傳。當世俗儒，拘守所聞，迷忽道真，莫知其説。遂令斯文幽而不光，鬱而不宣，微言不顯，師法殆絶。道之難行也若是。上下千餘載，其間達者，不過數人。若汝南桓譚君山，南陽張衡平子，皆名世獨立，拔乎群倫，探其精祕，謂其不廢。厥後章陵宋衷，始作《解詁》，吴郡陸績，釋而正之。於是後代學徒，得聞知其旨。而《玄》體散剥，難究其詳。余因暇時，竊所窺覽，常廢書而嘆曰："將使《玄經》之必行世也，在於明其道使不昧，夷其途使不顭。編之貫之，皭若日月。則揚雄之學，其有不興者乎。"始於貞元丙子，終於元和己丑。而發揮注釋，其説備矣。夫極玄微，盡《玄》之道，在於首贊之義。推類取象，彰表吉凶。是故其言隱，其志遠。按之有不測之深，抽之有無窮之緒，引之有極高之旨。至於《瑩》《攡》《錯》《衝》《文》《數》《圖》《告》，此皆互舉以釋經者也。則夫首贊之義，根本所繫。枝葉華藻，散爲諸元。而先儒所釋，詳其末，略其本。後學觀覽，不知其然。殫精竭智，無自而入。故探《玄》進學之多，或中道而廢，誣往哲以自爲切問。學淺道缺，而賢人志士之業不嗣也。故因宋、陸所略，推而行之。其所詳者，則從而不議也。所釋止於首贊，又并《玄測》而列之。庶其象類曉然易知，則《玄》學不勞而自悟矣。

《玄》之贊辭，推本五行，辯明氣類，考陰陽之數，定晝夜之占。是故觀其施辭，而吉凶善否之理見矣。苟非其事，文不虛行。觀其舊注，既以闕而述。雖時言其義，文本其所以然。蓋《易》家大例，有得位、失位、有位、無位之説，以辯吉凶之由。是故《玄》之本數，一晝一夜，剛柔相推。晝辭多休，夜辭多咎。奇數爲陽，耦數爲陰。首有陰陽，贊有奇耦。同則吉，戾則凶。自一至九，五行之數，首之與贊，所遇不同，相生爲體，相克爲咎，此其大較也。至於類變，因時制誼，至道無體，至神無方，亦不可以一理推之。然則審乎其時，察乎其數，雖糾紛萬變，而立言大本，可得而知。又吉凶善否，必有其例（晝休夜咎）。至有文似非吉，而例則不凶。深探其源，必有微旨。此最宜審者。至於“準繩規矩，不同其施”，舊説以爲非吉。然此首爲《戾》，其辭皆始戾而終同，如規矩方圓之相背，而終成其用。若琴瑟之專一，孰聽其聲。方圓之共形，豈適於器。此其以戾而獲吉也。其有察辭似美，而推例則乖者。至如“土中其廬，設其金輿”，居土之中，乘君之乘，吉之大者也。而考於其例（當夜），理則當凶，推其所以然，則廬者小舍也（漢制，宿衛者有直廬在殿庭中），土中正位也。小人而居正位，又乘君子之器，禍其至焉。故下云“厥戒渝”也。凡此之例，略章一事以明之，餘則可以三隅反也。又如《中》之上九，既陽位，又當晝時，例所當吉。而群陽亢極，有“顛靈”之凶，與《易》之“亢龍”，其義同驗。如此之類，又可以例推。所謂玄之又玄，衆所不能知也。又一首之中，五居正位，當爲首主，宜極大之辭。究而觀之，又有美辭去六者。然則陰首以陰數爲主，陽首以陽數爲主，其義可明。《玄》之大體，貴方進，賤已滿，七與八九，皆居禍中，而辭或極美者。窮則變，極則反也。大抵以到遇之首爲天時，所逢贊爲人事。居《戾》之時，則以得戾爲吉。處《中》之時，則以失中爲凶。消息盈虚，可以意得。其餘義例，分見注中。庶將來君子以覽之也。

揲法三：經曰：凡筮有法，不精不筮，不軌不筮。不以其占，不若不筮。一當其致精誠，厥有所疑，然後陰言其事。呵策訖，乃令蓍曰：假

《太玄》，假《太玄》。孚貞，爰質所疑，於神於靈，休則逢陽，星時數辭從，咎則逢陰，星時數辭違（此已上並令蓍辭）。天之策十有八，地之策十有八。地虛其三以扮三（扮，配也），猶大衍之數五十，其用四十有九。故《玄》筮以三十三策，令筮既畢，然後別分一策，以掛於左手之小指。中分其餘，以三揲之，並餘於艻（比餘數欲盡時，餘三及二一也），又三數之（並艻之後，便都數之中不分矣。前餘及艻不在數限）。數欲盡時，至十已下，七爲一畫，餘八爲二畫，餘九爲三畫。凡四度畫之，而一首之位成矣。《玄》之有七八九，猶《易》之有四象也。《易》卦有四象之氣，《玄》首有三表之象。

占法四：首位既成，然後有陰陽晝夜經緯所逢，占之欲識首之陰陽，從《中》至《養》，以次數之。數奇爲陽，數耦爲陰。數晝夜者，九贊之位，於陽家則一三五七九爲晝，二四六八爲夜；於陰家則一三五七九爲夜，二四六八爲晝。經者一二五六七也，旦筮用焉。緯者三四八九也，夕筮用焉。日中夜中，雜用一經一緯。凡旦筮者，其占用經，當九贊之一五七也。遇陽家則一五七並爲晝，是謂一從二從三從，始中終皆吉。遇陰家則一五七並爲夜，是謂一違二違三違，始中終皆凶（旦筮則一五七，爲所逢之贊而占從焉。二六九爲日中，故經云晝夜散者，禍福雜也）。凡夕筮，其占用緯。當九贊之三四八也。遇陽家，始休中終咎。若日中夜中筮者，二經一緯，當九贊之二六九也。遇陰家，始中休終咎。所用贊，下爲始，次爲中，上爲終。故經曰：觀始中，決從終。大抵吉凶休咎，在晝夜從違。若欲消息其文，則當觀首名之義，及所遇贊辭，與所筮之事。察其象，稽其美惡。則《玄》之道備矣。或有晝夜既從，而首性贊辭遇於違戾，則可用也。經云：星時數辭從。星者所配之宿，各以其方，與本五行不相違克也。假如《中》首所配牽牛，北斗水行，與首同德，是星從也。時者所筮之時，與所遇節氣相逆順也。假如冬至筮，遇十月已前首爲逆，冬至已後首爲順也。數者陰陽奇耦之數，以定所遇之晝夜。夜爲咎，晝爲休。辭者九贊之辭，與所筮之意相違否也。凡此四事，並當參而驗之。從多爲休，違多爲咎。

辨首五：天玄二十七首，《中》《周》《礥》《閑》《少》《戾》《上》《干》《狩》《羨》《差》《童》《增》《鋭》《達》《交》《耎》《傒》《從》《進》《釋》《格》《夷》《樂》《争》《務》《事》。

地玄二十七首，《更》《斷》《毅》《裝》《衆》《密》《親》《斂》《彊》《睟》《盛》《居》《法》《應》《迎》《遇》《竈》《大》《廓》《文》《禮》《逃》《唐》《常》《度》《永》《昆》。

人玄二十七首，《減》《唫》《守》《翕》《聚》《積》《飾》《疑》《視》《沉》《内》《去》《晦》《瞢》《窮》《割》《止》《堅》《成》《闕》《失》《劇》《馴》《將》《難》《勤》《養》。

中者萬物之始。且得中（辯首之辭具在經注），九雖當晝，亢極凶。《狩》者，臨也進，萬物扶陽而進，九雖當晝，終亦凶也。《應》者，應時施宜。五七九當晝吉。自此後陰生，故有戒也。《大》者，陽氣盛大，象《豐》卦。九爲大極，雖得晝而微凶。《唫》者，陰陽不通，象《否》卦。二四六八當晝，當《唫》之時，不能無咎，極亦凶也。《窮》者，萬物窮極，思索權謀自濟也。九處窮極，晝亦凶。《親》者，貴以其身下人，則親交之道著。八雖當晝，而極亢，不能下人，故君子去之也。（《全唐文》卷四百四十八，中華書局1983年版，第4584—4587頁）

裴　度

【寄李翺書（節録）】　荀、孟之文，左右周、孔之文也。理身理家理國理天下，一日失之，敗亂至矣。騷人之文，發憤之文也。雅多自賢，頗有狂態。相如、子雲之文，譎諫之文也。别爲一家，不是正氣。賈誼之文，化成之文也。鋪陳帝王之道，昭昭在目。司馬遷之文，財成之文也。馳騁數千載，若有餘力。董仲舒、劉向之文，通儒之文也。發明經術，究極天人。其實擅美一時，流譽千載者多矣，不足爲弟道焉。然皆不詭其詞而詞自麗，不異其理而理自新。(《全唐文》卷五百三十八，中華書局1983年版，第5461頁)

張　籍

【與韓愈書】　頃承論於執事，嘗以爲世俗陵靡，不及古昔，蓋聖人之道廢弛之所爲也。宣尼歿後，楊朱、墨翟恢詭異説，干惑人聽；孟軻作書而正之，聖人之道復存於世。秦氏滅學，漢重以黄老之術教人，使人寖惑；揚雄作《法言》而辯之，聖人之道猶明。及漢衰末，西域浮屠之法入於中國，中國之人世世譯而廣之，黄老之術相沿而熾。天下之言善者，惟二者而已矣！昔者聖人以天下生生之道曠，乃物其金、木、水、火、土、穀、藥之用以厚之；因人資善，乃明乎仁義之德以教之，俾人有常，故治生相存而不殊。今天下資於生者，咸備聖人之器用，至於人情，則溺乎異學，而不由乎聖人之道，使君臣父子夫婦朋友之義沉於世，而邦家繼亂，固仁人之所痛也。

自揚子雲作《法言》，至今近千載，莫有言聖人之道者；言之者惟執事焉耳。習俗者聞之，多怪而不信，徒相爲訾，終無裨於教也。執事聰明，文章與孟軻、揚雄相若，盍爲一書以興存聖人之道，使時之人、後之人知其去絶異學之所爲乎？曷可俯仰於俗，囂囂爲多言之徒哉？然欲舉聖人之道者，其身亦由之也。比見執事多尚駁雜無實之説，使人陳之於前以爲歡，此有以累於令德。又商論之際，或不容人之短如任私尚勝者，亦有所累也。先王存六藝，自有常矣；有德者不爲猶以爲損，况爲博塞之戲與人競財乎？君子固不爲也。今執事爲之，以廢棄時日，竊實不識其然。且執事言論文章不謬於古人，今所爲或有不出於世之守常者，竊未爲得也。願執事絶博塞之好，棄無實之談，弘廣以接天下之士，嗣孟軻、揚雄之作，辯楊、墨、老、釋之説，使聖人之道復見於唐，豈不尚哉！

籍誠知之，以材識頑鈍，不敢竊居作者之位，所以資於執事而爲之爾。若執事守章句之學，因循於時，置不朽之盛業，與夫不知言亦無以異矣。籍再拜。（張籍撰，徐禮節、余恕誠校注：《張籍集繫年校注》卷十，中華書局2011年版，第993—995頁）

【重與韓退之書（節録）】　顔子不著書者，以其從聖人之後，聖人已有定制故也；若顔子獨立於世，必有所云著也。古之學君臣父子之道必資於師，師之賢者，其徒數千，或數百人；是以没則紀其師之説以爲書，若孟軻者是已；傳者猶以孟軻自論集其書，不云没後其徒爲之也。後軻之世，發明其學者揚雄之徒咸自作書。今師友道喪，寖不及揚雄之世，不自論著以興聖人之道，欲待孟軻之門人，必不可冀也。（同上，第1005頁）

韓　愈

【原道（節録）】　曰：斯道也，何道也？曰：斯吾所謂道也，非向所謂老與佛之道也。堯以是傳之舜，舜以是傳之禹，禹以是傳之湯，湯以是傳之文、武、周公，文、武、周公傳之孔子，孔子傳之孟軻。軻之死，不得其傳焉。荀與揚也，擇焉而不精，語焉而不詳。由周公而上，上而爲君，故其事行；由周公而下，下而爲臣，故其説長。（韓愈著，馬其昶校注：《韓昌黎文集校注》卷一，上海古籍出版社2014年版，第20頁）

【讀荀】　始吾讀孟軻書，然後知孔子之道尊，聖人之道易行，王易王，霸易霸也。以爲孔子之徒没，尊聖人者，孟氏而已。晚得揚雄書，益尊信孟氏。因雄書而孟氏益尊，則雄者亦聖人之徒歟。聖人之道不傳於世。周之衰，好事者各以其説干時君，紛紛藉藉相亂，六經與百家之説錯雜。然老師大儒猶在。火於秦，黄老於漢，其存而醇者，孟軻氏而止耳，揚雄氏而止耳。及得荀氏書，於是又知有荀氏者也。考其辭，時若不醇粹；要其歸，與孔子異者鮮矣。抑猶在軻雄之間乎？孔子删《詩》《書》，筆削《春秋》，合於道者著之，離於道者黜之，故《詩》《書》《春秋》無疵。余欲削荀氏之不合者，附於聖人之籍，亦孔子之志歟！孟氏，醇乎醇者也；荀與揚，大醇而小疵。（《韓昌黎文集校注》卷一，第40—41頁）

【重答張籍書（節録）】　自文王没，武王、周公、成、康相與守之，禮樂皆在，及乎夫子，未久也；自夫子而及乎孟子，未久也；自孟子而及乎揚雄，亦未久也。然猶其勤若此，其困若此，而後能有所立，吾其可易而爲之哉？其爲也易，則其傳也不遠，故余所以不敢也。然觀古人，得其時，行其道，則無所爲書。書者，皆所爲不行乎今而行乎後世者也。今吾之得吾志、失吾志未可知，俟五六十爲之未失也。天不欲使兹人有知乎，則吾之命不可期；如使兹人有知乎，非我其誰哉！其行道，其爲書，其化今，其傳後，必有在矣。吾子其何遽戚戚於吾所爲哉！前書謂吾與人商論不能下氣，若好勝者然。雖誠有之，抑非好己勝也，好己之道勝也。非好己之道勝也，己之道乃夫子、孟軻、揚雄所傳之道也。若不勝，則無以爲道，吾豈敢避是名哉！（《韓昌黎文集校注》卷二，第151—152頁）

【答劉正夫書（節録）】　或問：爲文宜何師？必謹對曰：宜師古聖賢人。曰：古聖賢人所爲書具存，辭皆不同。宜何師？必謹對曰：師其意，不師其辭。又問曰：文宜易宜難？必謹對曰：無難易，惟其是而，如是而已。非固開其爲此而禁其爲彼也。夫百物朝夕所見者，人皆不注視也。及覩其異者，則共觀而言之。夫文豈異於是乎？漢朝人莫不能爲文，獨司馬相如、太史公、劉向、揚雄爲之最。然則用功深者其收名也遠，若皆與世沈浮，不自樹立，雖不爲當時所怪，亦必無後世之傳也。足下家中，百物皆賴而用也。然其所珍愛者，必非常物。夫君子之於文，豈異於是乎？今後進之爲文，能深探而力取之，以古聖賢人爲法者，雖未必皆是，要若有司馬相如、太史公、劉向、揚雄之徒出，必自於此，不於循常之徒也。若聖人之道不用文則已，用則必尚其能者。能者非他，能自樹立不因循者是也。有文字來，誰不爲文？然其存於今者，必其能者也。顧

常以此爲説耳。(《韓昌黎文集校注》卷三，第 231—232 頁)

【與馮宿論文書(節録)】　昔揚子雲著《太玄》，人皆笑之。子雲之言曰："世不我知，無害也。後世復有揚子雲，必好之矣。"子雲死近千載，竟未有揚子雲，可嘆也！其時桓譚亦以爲雄書勝老子。老子未足道也，子雲豈止與老子争强而已乎？此不爲知雄者。其弟子侯芭頗知之，以爲其師之書勝《周易》。然侯之他文不見於世，不知其人果如何耳。以此而言，作者不祈人之知也明矣。直百世以俟聖人而不惑，質諸鬼神而不疑耳，足下豈不謂然乎？(《韓昌黎文集校注》卷三，第 220 頁)

【送孟東野序(節録)】　大凡物不得其平則鳴。……漢之時，司馬遷、相如、揚雄，最其善鳴者也。(《韓昌黎文集校注》卷四，第 260—261 頁)

李　翱

【答朱載言書(節録)】　六經之後，百家之言興。老耽、列禦寇、莊周、鶡冠、田穰苴、孫武、屈原、宋玉、孟子、吴起、商鞅、墨翟、鬼谷子、荀况、韓非、李斯、賈誼、枚乘、司馬遷、相如、劉向、揚雄，皆足以自成一家之文，學者之所師歸也。(《全唐文》卷六百三十五，中華書局 1983 年版，第 6412 頁)

劉禹錫

【陋室銘】　山不在高，有仙則名。水不在深，有龍則靈。斯是陋室，惟吾德馨。苔痕上階緑，草色入簾青。談笑有鴻儒，往來無白丁。可以調素琴，閲金經。無絲竹之亂耳，無案牘之勞形。南陽諸葛廬，西蜀子雲亭。孔子云：何陋之有。(《劉禹錫集》補遺，中華書局 1990 年版，第 628 頁)

白居易

【和談校書秋夜感懷呈朝中親友】　遥夜凉風楚客悲，清砧繁漏月高時。秋霜似鬢年空長，春草如袍位尚卑。詞賦擅名來已久，煙霄得路去何遲。漢庭卿相皆知己，不薦揚雄欲薦誰。（《白居易集》卷第十三，中華書局1979版，第251頁）

柳宗元

【貞符（節録）】 宗元久汩振，其爲文，思益深。嘗著書一篇，號《貞符》，曰：臣所貶州流人吴武陵爲臣言："董仲舒對三代受命之符，誠然？非邪？"臣曰："非也。何獨仲舒爾，司馬相如、劉向、揚雄、班彪、彪子固皆沿襲嗤嗤，推古瑞物以配受命，其言類淫巫瞽史，誑亂後代，不足以知聖人立極之本，顯至德，揚大功，甚失厥趣。臣爲尚書郎時，嘗著《貞符》，言唐家正德受命於生人之意、累積厚久宜享無極之義，本末閎闊。會貶逐中輟，不克備究。"（《新唐書》卷一百六十八《柳宗元傳》，第5136—5137頁）

【瓶賦】 昔有智人，善學鴟夷。鴟夷蒙鴻，罍罃相追。諂誘吉士，喜悦依隨。開喙倒腹，斟酌更持。味不苦口，昏至莫知。頹然縱傲，與亂爲期。視白成黑，顛倒妍媸。己雖自售，人或以危。敗衆亡國，流連不歸。誰主斯罪？鴟夷之爲。不如爲瓶，居井之眉。鉤深挹潔，淡泊是師。和齊五味，寧除渴饑。不甘不壞，久而莫遺。清白可鑒，終不媚私。利澤廣大，孰能去之？綆絶身破，何足怨咨。功成事遂，復於土泥。歸根反初，無慮無思。何必巧曲，徼覬一時。子無我愚，我智如斯。（柳宗元撰，尹占華、韓文奇校注：《柳宗元集校注》卷二，中華書局2013年版，第122頁）

【答友人求文章書（節録）】 嗟乎！道之顯晦，幸不幸繫焉；談之辯訥，升降繫焉；鑒之頗正，好惡繫焉；交之廣狹，屈伸繫焉。則彼卓然自得以奮其間者，合乎否乎？是未可知也。而又榮古陋今者，比肩疊跡。大抵生則不遇，死而垂聲者衆焉。揚雄没而《法言》大興，馬遷生而《史記》未振。彼之二才，且猶若是，况乎未甚聞著者哉！（《柳宗元集校注》卷三

十一，第 2080—2081 頁）

【答韋珩示韓愈相推以文墨事書（節録）】　足下所封示退之書，云欲推避僕以文墨事，且以勵足下。若退之之才，過僕數等，尚不宜推避於僕，非其實可知，固相假借爲之辭耳。退之所敬者，司馬遷、揚雄。遷於退之，固相上下。若雄者，如《太玄》《法言》及四賦，退之獨未作耳，決作之，加恢奇，至他文過揚雄遠甚。雄之遣言措意，頗短局滯澀，不若退之猖狂恣睢，肆意有所作。若然者，使雄來尚不宜推避，而況僕耶？彼好獎人善，以爲不屈己，善不可獎，故慊慊云爾也。足下幸勿信之。（《柳宗元集校注》卷三十四，第 2204—2205 頁）

元　稹

【哭吕衡州其六（節録）】　杜預春秋癖，揚雄著述精。在時兼不語，終古定歸名。（元稹撰，冀勤點校：《元稹集》卷八，中華書局 2010 年版，第 105 頁）

皇甫湜

【答李生第二書（節録）】　秦漢以來，至今文學之盛，莫如屈原宋玉李斯司馬遷相如揚雄之徒，其文皆奇，其傳皆遠。（《全唐文》卷六百八十五，中華書局 1983 年版，第 7021 頁）

李　漢

【昌黎先生集序（節録）】　文者，貫道之器也，不深於斯道，有至焉者不也？《易》繇爻象，《春秋》書事，《詩》詠歌，《書》《禮》剔其僞，皆深矣乎！秦、漢已前，其氣渾然。迨乎司馬遷、相如、董生、揚雄、劉向之徒，尤所謂傑然者也。至後漢、曹魏，氣象萎薾。司馬氏已來，規範蕩悉，謂《易》已下爲古文，剽掠僭竊爲工耳。文與道蓁塞，固

然莫知也。（《韓昌黎文集校注》卷首，上海古籍出版社2014年版，第1頁）

杜　牧

【三子言性辯】　孟子言人性善，荀子言人性惡，揚子言人性善惡混。曰喜、曰哀、曰懼、曰惡、曰欲、曰愛、曰怒，夫七者情也，情出於性也。夫七情中，愛、怒二者，生而自能。是二者性之根，惡之端也。乳兒見乳，必挐求，不得即啼，是愛與怒與兒俱生也，夫豈知其五者焉。既壯，而五者隨而生焉。或有或亡，或厚或薄，至於愛、怒，曾不須臾與乳兒相離，而至於壯也。君子之性，愛、怒淡然，不出於道。中人可以上下者，有愛拘於禮，有怒懼於法。世有禮法，其有踰者，不敢恣其情；世無禮法，亦隨而熾焉。至於小人，雖有禮法，而不能制，愛則求之，求不得即怒，怒則亂。故曰愛、怒者，性之本，惡之端，與乳兒俱生，相隨而至於壯也。

凡言性情之善者，多引舜、禹；言不善者，多引丹朱、商均。夫舜、禹二君子，生人已來，如二君子者，凡有幾人？不可引以爲喻。丹朱、商均爲堯、舜子，夫生於堯、舜之世，被其化皆爲善人，况生於其室，親爲父子，蒸不能潤，灼不能熱，是其惡與堯、舜之善等耳。天止一日月耳，言光明者，豈可引以爲喻。人之品類，可與上下者衆，可與上下之性，愛、怒居多。愛、怒者，惡之端也。荀言人之性惡，比於二子，荀得多矣。（杜牧撰，吴在慶校注：《杜牧集繫年校注·樊川文集》卷六，中華書局2008年版，第685—686頁）

【答莊充書】　某白莊先輩足下。凡爲文以意爲主，氣爲輔，以辭彩章句爲之兵衛，未有主强盛而輔不飄逸者，兵衛不華赫而莊整者。四者高下圓折，步驟隨主所指，如鳥隨鳳，魚隨龍，師衆隨湯、武，騰天潛泉，横裂天下，無不如意。苟意不先立，止以文彩辭句，繞前捧後，是言愈多而理愈亂，如入闤闠，紛紛然莫知其誰，暮散而已。是以意全勝者，辭愈樸而文愈高；意不勝者，辭愈華而文愈鄙。是意能遣辭，辭不能成意，大抵爲文之旨如此。

觀足下所爲文百餘篇，實先意氣而後辭句，慕古而尚仁義者，苟爲之不已，資以學問，則古作者不爲難到。今以某無可取，欲命以爲序，承當厚意，愓息不安。復觀自古序其文者，皆後世宗師其人而爲之，《詩》《書》《春秋左氏》以降，百家之説，皆是也。古者其身不遇於世，寄志於言，求言遇於後世也。自兩漢已來，富貴者千百，自今觀之，聲勢光明，孰若馬遷、相如、賈誼、劉向、揚雄之徒，斯人也豈求知於當世哉?故親見揚子雲著書，欲取覆醬瓿，雄當其時，亦未嘗自有誇目。況今與足下並生今世，欲序足下未已之文，此固不可也。苟有志，古人不難到，勉之而已。某再拜。（《杜牧集繫年校注·樊川文集》卷十三，第884—885頁）

裴延翰

【樊川集序（節録）】　嘻！文章與政通，而風俗以文移。在三代之道，以文與忠、敬隨之，是爲理具，與運高下。探采古作者之論，以屈原、宋玉、賈誼、司馬遷、相如、揚雄、劉向、班固爲世魁傑。然騷人之辭，怨刺憤懟，雖援及君臣教化，而不能霑洽持論。相如、子雲，瑰麗詭變，諷多要寡，漫羨無歸，不見治亂。賈、馬、劉、班，乘時君之善否，直豁已臆，奮然以拯世扶物爲任，纂緒造端，必不空言，言之所及，則君臣、禮樂、教化、賞罰，無不包焉。（《杜牧集繫年校注·樊川文集》卷首，中華書局2008年版，第4頁）

陳　黯

【詰鳳】　嘗得揚雄云："君子在理若鳳，在亂亦若鳳。"謂隱、見之得宜也。將欲神之以爲鑒。逮覽其《劇秦美新》，則有異乎是。雄仕漢，遇新室之亂，以不能去之；又懼禍及，乃爲斯文以媚而取容。嗚呼，鳳固若是耶？果若是，則鳳遇矰繳而猶回翔其間邪？夫君子之仕也，所以行其道。道之不行也，則可以明其節。彼莽之不臣，雄時在列，宜以君臣之義，興亡之理，匡救之以行其道。苟畏其威，愛其死，則可投簪高謝，以明其節。詎有苟禄貪生，徇非飾詐，廣引秦過，以譽惡德，是稔其篡逆也。與古之持顛扶危死名節者，背而馳也。則向者所著若鳳之説，得不爲誣鳳也哉。雞，常禽也，晦曉而不昧其候。鳳，靈鳥也，理亂而不知其時耶？噫，言之不思，有如是耶？

或曰："古之人臨危制變，亦有權焉。雄知莽之不可匡也，故矯爲其辭，姑務脱禍，是亦權也。子何過之深歟？"曰：不然。夫權者，聖人有焉，所以不失其道，未見舍其道而從其權。昔仲尼仕魯，以季桓子荒齊樂，知其不可匡也，乃去之，曾不聞矯爲其辭以求容於魯。雖仲尼日月其德，人之不侔。然雄亦慕仲尼之教者，以著書立言爲事，得自易哉？夫立言者，豈不欲人從教耶？且己不能信人，況求信於人乎？《語》曰"君子先行其言而後從之"，豈斯言可欺也哉。（《全唐文》卷七百六十七，中華書局1983年版，第7986頁）

趙　嘏

【送從翁中丞奉使黠戛斯其一】　揚雄詞賦舉天聞，萬里油幢照塞雲。僕射峰西幾千騎，一時迎著漢將軍。（《全唐詩》卷五百五十，中華書局1960年版，第6373頁）

李群玉

【感興四首（其一）】　子雲吞白鳳，遂吐《太玄》書。幽微十萬字，枝葉何扶疏。婉孌猛虎口，甘言累其初。一覩《美新》作，斯瑕安可除。（《全唐詩》卷五百六十八，中華書局1960年版，第6574頁）

貫　休

【擬君子有所思其一】　我愛正考甫，思賢作商頌。我愛揚子雲，理亂皆如鳳。振衣中夜起，露花香旖旎。撲碎驪龍明月珠，敲出鳳凰五色髓。陋巷蕭蕭風析析，緬想斯人勝珪璧。寂寥千載不相逢，無限區區盡虛擲。盡虛擲，君不見沈約道："佳人不在兹，春光爲誰惜"。（貫休著，胡大浚箋注：《貫休歌詩繫年箋注》卷四，中華書局 2011 年版，第 204 頁）

羅　隱

【寄侯博士】　規諫揚雄賦，邅迴賈誼官。久貧還往少，孤立轉遷難。清鏡流年急，高槐旅舍寒。侏儒亦何有，飽食向長安。（《全唐詩》卷六百五十九，中華書局 1960 年版，第 6574 頁）

李商隱

【爲宏農公虢州上後上三相公狀（節録）】　鄒衍文辭，敢逃怪忤。揚雄鉛槧，終取寂寥。（《全唐文》卷七百七十四，中華書局 1983 年版，第 8076 頁）

韓信少時，罕蒙推擇。揚雄終歲，唯有寂寥。向非月旦貽評，陽春獲賞。則孤根易拔，弱羽難飛。答賓戲以那停，草客嘲而莫暇。（《全唐文》卷七百七十五，中華書局 1983 年版，第 8088 頁）

皮日休

【法言後序】　《法言·孝至》之篇曰："周公以來，未有漢公之懿者。"説者以爲揚子遜僞新之美，又以爲稱其居攝之前云。嗚呼，日月豈卒能遜莽乎？未若無阿衡之稱也。噫，既有其文，不能無其論，吾得之矣，在《美新》之文乎。則雄之道，於兹疵也。（《全唐文》卷七百九十六，中華書局 1983 年版，第 8351 頁）

【九諷系述（節録）】　在昔屈平既放，作《離騷經》，正詭俗而爲《九歌》，辨窮愁而爲《九章》。是後詞人摭而爲之，皆所以嗜其麗辭，撢其逸藻者也。至若宋玉之《九辨》，王褒之《九懷》，劉向之《九嘆》，王逸之《九思》，其爲清怨素豔，幽抉古秀，皆得芝蘭之芬芳，鸞鳳之毛羽也。然自屈原以降，繼而作者，皆相去數百祀，足知其文難述，其詞罕繼者矣。大凡有文人不擇難易，皆出於毫端者，乃大作者也。揚雄之文，丘、軻乎，而有《廣騷》也。梁竦之詞，班、馬乎，而有《悼騷》也。又不知王逸奚罪其文，不以二家之述爲《離騷》之兩派也。昔者聖賢不偶命，必著書以見志，况斯文之怨抑歟。噫，吾之道不爲不明，吾之命未爲不偶，而見志於斯文者，吾懼來世任臣之君，因謗而去賢；持禄之士，以猜而遠德。故復嗣數賢之作，以九爲數，命之曰《九諷》焉。嗚乎，百世之下，復有修《離騷章句》者乎？則吾之文未過，不爲乎《廣騷》《悼騷》也。（《全唐文》卷七百九十八，第 8372 頁）

來　鵠

【針子雲時説】　或曰：揚子雲不思堯、舜、成、康之世，而自論以不遭蘇、張、范、蔡之時，豈儒者之爲耶？

曰：雄誠得素臣之事矣。夫居四海之安，處九層之高。上鑒沖漠，下瞰苑囿，既其静息，則必思事云亭追軒穆者矣。列多士之朝，齒無用之秩，才略不用，名表莫聞。既其静息，則必思征虜功效雍邱者矣。斯皆君臣居位之高下，而所思則治亂亦不同。蓋位之極者，思沖漠而欲無爲也。位之下者，思功伐而欲有爲也。無爲誠君之體，有爲誠臣之事。如孔子曰："大道之行也，與三代之英，某未之逮也，而有志焉。"揚雄則自論以不遭蘇、張、范、蔡之時。噫，孔子真素王，揚雄真素臣哉。孔子思三代之英，是猶處尊位而道極，事云亭追軒穆者也。雄之論不遭蘇、張、范、蔡之時，是猶居散秩而才閑，思征虜功效雍邱者也。素王誠得王體，素臣誠得臣事。然臣事何事也？曰：子貢使吴越，孟軻闢楊墨，皆事也。今不知雄思蘇、張、范、蔡之時者，其欲自爲蘇、張、范、蔡之人耶？其欲折以正道，使弭兵擴文，歸吾域耶？苟自爲蘇、張、范、蔡之人，則叛矣，又何臣事哉。（《全唐文》卷八百十一，第 8533 頁）

胡　曾

【射熊館】　漢帝荒唐不解憂，大誇田獵廢農收。子雲徒獻《長楊賦》，肯念高皇沐雨秋。（《唐代湘人詩文集》第三編《胡曾集·胡曾詠史詩》卷三，岳麓書社 2013 年版，第 255 頁）

儲嗣宗

【和茅山高拾遺憶山中雜題五首·小樓】　松杉風外亂山青，曲几焚香對石屏。空憶去年春雨後，燕泥時污《太玄經》。（《全唐詩》卷五百九十四，中華書局 1960 年版，第 6883 頁）

黄　滔

【書懷寄友人】　此生如孤燈，素心挑易盡。不及如頑石，非與磨礱近。常思揚子雲，五藏曾離身。寂寞一生中，千載空清芬。（《全唐詩》卷七百四，中華書局 1960 年版，第 8094—8095 頁）

鄭　谷

【蜀中三首其二】　夜無多雨曉生塵，草色嵐光日日新。蒙頂茶畦千點露，浣花牋紙一溪春。揚雄宅在唯喬木，杜甫臺荒絶舊鄰。却共海棠花有約，數年留滯不歸人。（《全唐詩》卷六百七十六，中華書局 1960 年版，第 7742 頁）

【贈楊夔其二】　時無韓柳道難窮，也覺天公不至公。看取年年金牓上，幾人才氣似揚雄。（《全唐詩》卷六百七十七，中華書局 1960 年版，第 7763 頁）

孫　樵

【與高錫望書（節録）】　文章如面，史才最難。到司馬子長之地，千載獨聞得揚子雲。唐朝以文索士，二百年間，作者數十輩，獨高韓吏部。吏部修《順宗實録》，尚不能當孟堅，其能與子長、子雲相上下乎。（《全唐文》卷七百九十四，中華書局1983年版，第8323頁）

【與賈希逸書（節録）】　所取者廉，其得必多；所取者深，其身必窮。六經作，孔子削跡不粒矣；孟子述，子車坎軻齊魯矣。馬遷以《史記》禍，班固以《西漢》禍。揚雄以《法言》《太玄》窮，元結以《浯溪碣》窮，陳拾遺以《感遇》窮，王勃以《宣尼廟碑》窮，玉川子以《月蝕詩》窮，杜甫、李白、王江寧皆相望於窮者也。（《全唐文》卷七百九十四，第8324頁）

陸龜蒙

【寄友】　敬亭寒夜谿聲裏，同聽先生講《太玄》。上得雲梯不回首，釣竿猶在五湖邊。（何錫光校注：《唐甫里先生文集》卷十二，鳳凰出版社2015年版，第720頁）

【送豆盧處士謁宗丞相序（節録）】　龜蒙讀揚雄所爲書，知《太玄》準《易》，《法言》準《論語》。晚得文中子王先生《中説》，又知其書與《法言》相類。道之始塞而終通，子雲軏軏不足當也。何者？子雲仕於西漢末，屬莽、賢用事時，皆進符命取寵。雄獨默默，以窮愁著書，病不得免。人希至其門，止一侯巴從之受《太玄》《法言》而已。文中子生於隋代，知聖人之道不行，歸河汾間，修先王之業，九年而功就，謂之王氏《六經》，門徒弟子有若鉅鹿魏公、清河房公、京兆杜公、代郡李公，咸北面稱師，受王佐之道。隋亡，文中子没，門人歸於唐，盡發文中子所授之道，左右其治。太宗每嘆曰："魏徵教吾功業如此，恨不使封德彝見之。"

逮今十八聖，舉其君必曰太宗，舉其相必曰房、魏，上下之心，恥不及貞觀。則生人受賜足矣。豈非文中子之道始塞而終通乎？（《唐甫里先生文集》卷十六，第930—931頁）

【復友生論文書（節録）】 辱示近年作者論文書二篇，使僕是非得失於其間。僕雖極頑冥，亦知惴息汗下，見詆訶之甚難，招禍患之甚易也。況僕少不攻文章，止讀古聖人書。誦其言思行其道，而未得者也。每涵咀義味，獨坐日昃。案上有一杯藜羹，如五鼎七牢饋於左右，加之以撞金石，《萬》羽籥也。未嘗干有司對問希品第，未嘗歷王公丐貸飾車馬，故無用文處。江湖間，不過美泉石則記之，聳節概則傳之，觸離會則序之，值巾罍則銘之。簡散澹誕，無所諱避，又安知文之是歟非歟？生過聽，德我太甚，苟默默不應，非朋友切切偲偲之義也。故扶病把筆，一二論之。

曰：我自小讀六經，孟軻、揚雄之書，頗有熟者。求文之指趣規矩，無出於此。及子史則曰：子近經，經語古而微；史近書，書語直而淺。所言子近經，近何經？史近書，近何書？《書》則記言之史也。史近《春秋》，《春秋》則記事之史也。六籍中，獨《詩》《書》《易象》與《魯春秋》經聖人之手耳。《禮》《樂》二記，雖載聖人之法，近出二戴，未能通一純實，故時有齟齬不安者。

……又一篇云：某文也，某辭也。文既與辭異，是文優而辭劣耳。《易》之《繫辭》曰："齊大小者存乎卦，辯吉凶者存乎辭。"故卦有大小，辭有險易。又曰："觀其彖辭，則思過半矣。"《易》之辭，非文耶？《書》載"帝庸作歌"，臯陶賡歌，又歌《五子之歌》，皆辭也。《書》之辭，非文耶？屬辭比事，《春秋》教也。《春秋》之辭，非文耶？《禮》有朝聘之辭，娶夫人之辭，《樂》有登歌薦之辭。《禮》《樂》之辭，非文耶？《法言》曰："楊墨塞路，孟子辭而闢之，廓如也。"孟軻之辭，非文耶？《太玄》之辭也，沈以窮乎下，浮以際乎上。揚雄之辭，非文耶？是知文者辭之總，辭者，文之用。“天之將喪斯文也，天之未喪斯文也”，不當稱辭。古人之辭，多不當稱文。文、辭，一也，但所適有宜耳，何異塗云之哉。（《唐甫里先生文集》卷十八，第1018—1020頁）

徐　鉉

【詠史】　朱雲折檻去，梅福棄官歸。寂寞揚子雲，口吃不能辭。著書述聖道，徒許俗人嗤。漢室已久壞，往事垂于兹。眇然千載下，慷慨有餘悲。（徐鉉著，李振中校注：《徐鉉集校注》卷二一，中華書局2016年版，第635頁）

曹　崧

【贈陳先生】　讀《太玄經》秋醮罷，注《參同契》夜燈微。（陳尚君輯校：《全唐詩補編》外編第三編《全唐詩續補遺》卷十四，中華書局1992年版，第516頁）

三、宋元卷（上）

田　錫

【貽陳季和書（節録）】　夫人之有文，經緯大道，得其道則持政於教化，失其道則忘返於靡漫。孟軻、荀卿，得大道者也，其文雅正，其理淵奥。厥後揚雄秉筆，乃撰《法言》；馬卿同時，徒有麗藻。邇來文士，頌美箴闕，銘功贊圖，皆文之常態也。（羅國威校點：《咸平集》卷二，巴蜀書社2008年版，第33頁）

【先君贈工部郎中墓碣（節録）】　錫弟兄相次云亡，兄亡於鄭，弟終於蜀。錫幼好讀書，慕揚雄、相如爲文，先君曰："觀爾之性，必光大吾門也。當立身揚名，勉副吾望，吾望乎爾也。"（《咸平集》卷三十，第368頁）

柳　開

【應責（節録）】　吾之道，孔子、孟軻、揚雄、韓愈之道；吾之文，孔子、孟軻、揚雄、韓愈之文也。（李可風點校：《柳開集》卷一，中華書局2015年版，第12頁）

【揚子劇秦美新解】　昔人咸謂斯文媚莽之辭也。《法言·孝至篇》曰"周公已來，未有如漢公之懿"者云，稱未篡之前，莽實僞貌而近如是，亦可庶免乎！曰"劇于秦而美於新"，揚子之全德，此焉虧矣。今承往言，亦曰然也。嗚呼！下漢氏幾千年，無一人識雄之旨。蓋君子微言而首比於惡者也。

或曰："子獨異，而將説之，何哉？是必果能直其雄之志者乎？"予曰："吁！揚子之志，譏莽而非媚也。謂美之稱，曰劇之類也。且夫目其辭云是者，其旨悉存於間也。夫秦之爲不道，其惡也，有天地而未有之矣。今引而言之秦劇也，取而比之曰新美也，是新無比於五帝三王，莫有其善也；比於秦而褒貶之，是其有不善與秦上下也。故曰'劇秦美新'矣。大凡褒貶于人，取其善惡類而較其優劣也，善者必以善類比之，惡者必以惡模擬之。如稱堯舜云者，兼而是同其善也；桀紂云者，兼而是同其惡也，類而較之也。如曰善必以惡較之，即一善而千惡，其善自顯矣；惡必以善較之，即一惡而千善，其惡亦自顯矣，何復枉其功乎？未見較其善惡者，有云堯、桀也，舜、紂也，必曰如堯、舜，桀、紂云，故今揚子是云如是也。劇其秦，謂惡甚也，焚《詩》《書》，大宫室，起長城，巡天下，兼滅其宗周也，故曰劇也。美其新，謂其惡少異於秦也。雖其竊漢祚與滅宗周同，且無諸秦之所大惡也，故曰美也。又夫漢德不如周，享國日淺，王道不成；雖周之衰，經日已久，下劣諸侯，然其滅者，秦當其大逆也，故曰秦劇也，新美也。斯又聖賢之深旨，在於周、漢也。孰可識之乎？"

或曰："子言斯即然矣。其何下之辭云云乎？"予曰："吁！'下之辭'云云者，蓋蔽其名，譏之所寓也。若顯而辯之，即君子微旨何在焉？禍且及矣。凡揚子之是言也，遜惠者也。首亦至於斯焉。言苟不隱其志，後苟不晦其前，則不可也。"

或曰："然《詩》三百，譏刺者過半，且其篇曰某篇也，是所怨於時之王者也。下其辭，未有如子稱雄之文將若是也。"

予曰："吁！異乎！時不同，事且殊矣。凡《詩》《書》之作，出自夫子，當時之人，何能有焉？蓋聖人觀前事而繼言之，所以垂炯戒於後世也，非如夫揚子親居於莽之下也。"

或曰："若而言，是終不敢繼其始，晦不敢敵其明，即曷若不言乎？叔孫對於二世也，僞媚其言而免於禍，蓋上之所發問，而不得已而言也。

且雄非有叔孫之召，莽無二世之問，何如是哉？”

予曰：“吁！當莽之時，揚子不得不自言也。凡人仕於世，大小之分各異矣。當大而不爲之大，即事之失矣；當小而不爲之小，即事之僭也。且叔孫無居於揚子之位，揚子有過於叔孫之名，位而拘之，名而累之，揚子須以異於叔孫也，在於分之事使然也。叔孫若昔如揚子，不待問而言之也，則不能免後代而誅其名也；揚子若今如叔孫，必待問而言之也，即不能免當日之害其身也。士之遭於不道也，居其邇者禍切之，處其遠者禍閒之。危行以言遜，能者可避乎患也，尚時有罹其辜者焉。况揚子之懿若是而人乎？與世當不同也，莽固知耳。苟不有言，即莽疑不足於己也必甚矣。子不聞乎？閉門而著書也，尚有投閣之禍，幾死焉。如是，揚子果得不自言之以進耶？嗚呼！知揚子者在於斯，罪揚子者在於斯。昔之所謂後世復有如我者，知我矣。其於餘也，得不盡若此之類者乎？”（《柳開集》卷二，第25—27頁）

【漢史揚雄傳論】　子雲作《太玄》《法言》，本傳稱：“非聖人而作經籍，猶吴、楚之君僭號稱王，蓋天絶之。”嗚呼！且子雲之著書也，非聖人耶？非聖人也，則不能言聖人之辭，明聖人之道；能言聖人之辭，能明聖人之道，則是聖人也。子雲苟非聖人也，則又安能著書而作經籍乎？既能著書而作經籍，是子雲聖人也。聖人豈異於子雲乎？經籍豈異於《太玄》《法言》乎？聖人之貌各相殊，聖人之辭不相同，惟其德與理類焉，在乎道而已矣。若非聖人而作經籍，則其所書也，不若於經籍矣。言無章，行無法，是曰經籍乎？人可誣曰經籍乎？比之吴、楚之君，吴、楚之君，竊位而冒名，悖於道者也，天宜伐而絶之。子雲務教而利時，順於道者也，天豈罪其爲是乎？天能絶吴、楚之君而僭竊，則天甚明矣。天既甚明，固能罪惡而福善，即吴、楚之君可罪，子雲可福也。若反同吴、楚之君而罪子雲，是天明於惡少，而不明於善也多矣。班孟堅稱諸儒之言曰“是”，蓋當時恥不及雄而謗之者也。不可從而書矣。凡爲史之任，在乎正其得失，而後褒貶之。得失此不能正，況其褒貶乎？所謂孟堅有良史之才者，予於此不曰良史也。（《柳開集》卷三，第29—30頁）

【答臧丙第一書（節録）】　嗚呼！聖人之道，傳之以有時矣。三代已前，我得而知之；三代已後，我得而言之，在乎堯、舜、禹、湯、文、武、周公也。執而行之，用化天下，固吾子與我皆知之耳，不足復煩於辭也。昔先師夫子，大聖人也，過於堯、舜、文、武、周公輩。周之德既衰，古之道將絶，天之至仁也，愛其民不堪弊，廢禮亂樂，如禽獸何？生吾先師出於下也。付其德而不付其位，亦天之意，厥有由乎？付其德者，以廣流萬世；不付其位也，忌拘於一時。堯、舜、禹、湯、文、武、周公，皆得其位者也，功德雖被於當時，至於今則有闕焉，是謂以政行之者，不遠矣。先師夫子，獨有其德也，不任於當時之政，功德被乎今日之民，是謂以書存之者，能久矣。先師夫子之書，吾子皆常得而觀之耳。厥後浸微，楊、墨交亂，聖人之道復將墜矣。天之至仁也，婉而必順，不可再生其人若先師夫子耳。將使後人知其德有尊卑，道有次序，故孟軻氏出而佐之，辭而闢之，聖人之道復存焉。孟軻氏之書，吾子又常得而觀之耳。孟軻氏没，聖人之道火於秦，黄老於漢。天知其是也，再生揚雄氏以正之，聖人之道復明焉。揚雄氏之書，吾子又常得而觀之耳。（《柳開集》卷六，第72—73頁）

【答臧丙第三書（節録）】　孟軻得聖人之道，豈在復能删定贊修於六經也？揚雄得聖人之道，豈在復能删定贊修於六經也？韓愈得聖人之道，豈在復能删定贊修於六經也？聖人之道，孔子删定贊修之，天生德於孔子，不可偕也。孟與揚、韓，或厥緒告微，或厥文告晦，則持而明之，開而闢之，從於孔子之後，各率其辭，各成其書，以佐於六經，是曰得聖人之道也。得之也，三子不在於學，況聖人之道，不可學也。得之者，是曰果也。我竊自比於三子之行事言之，爲聖人之道果在於我也，亦不爲過矣，亦不在於删定贊修矣。（《柳開集》卷六，第78—79頁）

【上符興州書（節録）】　僕嘗中夜不寐，自疚其心，滿背盡濕，卒難自禁。非枉乎急於食甘衣鮮，求於官榮譽大，况冬一裘而歲暖，朝一飯而日飽；無親愛離遠之痛，無支體瘠劣之疾。蓋以其學成而不爲人用，道枉而不得時遷；虚勞乎師孔子而友孟軻，齊揚雄而肩韓愈。（《柳開集》卷六，第85頁）

王禹偁

【投宋拾遺書（節録）】　孟軻氏没，揚雄氏作。時哀、平失道，賢、莽用權，子雲以窮愁著書，始務脱禍，故作《太玄》準《周易》，《法言》準《論語》，微機深旨，世人鮮知，能師而受者，止一侯芭而已。方之孟氏，季孟間也。（《宋文選》卷七，《四庫》第1346册，第119—120頁）

【答張知白書（節録）】　某白。校書先輩足下：辱示《籍田賦》《污樽銘》、律賦、歌行凡五章，且以書先，似有所質于僕者，何過聽自損之若是邪？豈所謂"敏而好學""不恥下問"者乎？僕雖不敏，得不爲足下少陳梗概，以叶大《易》"同聲"之義哉？夫賦之作，本乎《詩》者也，自兩漢以來文士，若相如、揚雄、班固輩皆爲之，蓋六義之一也。洎隋唐始以詩賦取進士，而賦之名變而爲律，則與古戾矣。然拘變聲病，以難後學，至使鴻藻碩儒，有不能下筆者。雖壯夫不爲，亦仕進之羽翼，不可無也。（《小畜集》卷十八，《四庫》第1086册，第173頁）

【又答張扶書】　秀才張生足下：僕之前書，欲生之文句易道，義易曉，遠則六經、韓文以爲證。生繼爲書啓，謂揚雄以文比天地而下云云者，甚乎哉，子之篤於道而好於古者也。僕爲子條辨之，庶知僕之用心也。

子之所謂揚雄以文比天地，不當使人易度易測者，僕以爲雄自大之辭也，非格言也，不可取而爲法矣。夫天地，易簡者也。測天者知剛健不息而行四時，測地者知含弘光大而生萬物。天地異矣，何難測度哉？若較其尋尺廣袤，而後謂之盡，則天地一器也，安得言其廣大乎。且雄之《太玄》，準《易》也。《易》之道，聖人演之，賢人注之，列於六經，懸爲學科，其義甚明而可曉也。雄之《太玄》，既不用於當時，又不行於後代，謂雄死已來，世無文王、周、孔，則信然矣；謂雄之文過於伏羲，吾不信也。僕謂雄之《太玄》乃空文爾。今子欲舉進士而以文比《太玄》，僕未之聞也。

子又謂六經之文語艱而義奥者十二三，易道而易曉者十七八。其艱奥者非故爲之，語當然矣。今子之文則不然，凡三十篇，語皆迂而艱也，義皆昧而奥也。豈子之文也過於六籍邪？若猶未也，子其擇焉。子謂韓吏部曰："僕之爲文，意中以爲好者，人必以爲惡焉。或時應事作俗下文字，下筆令人慚，及示人，人即以爲好者。"此蓋唐初之文，有六朝淫風，有四子豔格，至貞元、元和間，吏部首唱古道，人未之從，故吏部意中自是而人能是之者百不一二，下筆自慚而人是之者十有八九，故吏部有是嘆也。今吏部自是者，著之於集矣；自慚者，棄之無遺矣。僕獨意《祭裴少卿文》在焉，其略云"儋石之儲常空於私室，方丈之食每盛於賓筵"，此必吏部自慚而當時人好之者也。今之世亦然也。子著書立言，師吏部之集可矣。應事作俗，取《祭裴文》可矣。夫何惑焉。

又謂漢朝人莫不能文，獨司馬相如、劉向、揚雄爲最，是謂功用深其文名遠者。數子之文，班固取之，列於《漢書》。若相如《上林賦》《喻蜀》《封禪文》，劉向諫山陵，揚雄議邊事，皆子之所見也，曷嘗語艱而義奥乎？謂功用深者，取其理之當爾，非語迂義暗而謂之功用也。生其志之。向有江翊黄者，自謂好古，僕見其文義尚淺，故答之曰："修之不已，則爲聞人。"今子希慕高遠，欲專以絶俗爲主，故僕欲於子之文句易道、義易曉也。孔子曰："由也兼人，故退之；求也不及，故進之。"亦僕之志也。某頓首。（《小畜集》卷十八，第176—177頁）

趙　湘

【揚子三辨】　史言揚子吃不能劇譚，又言揚子投天禄閣，又言揚子無子。讀者疑其故，謂揚子學聖人道而有是者，或問於趙子。於是作《吃辨》《投閣辨》《無子辨》三篇，以答或人云。

或問曰：揚子吃不能劇譚乎？曰：吃亦吃矣，不可謂不能劇譚。曰：是吃也，惡能劇譚？曰：揚子於衆人則吃，於聖人則能劇譚。噫，揚子之道，足以聖，足以賢，足以皇，足以王。劉歆知之，則曰"空自苦"。如是，不知雄者衆矣。雄當是時似不言者，况謂之吃乎，宜也。聖人之道，當懼其吃道德、吃仁義、吃辭、吃志而已，不當懼吃衆也。雄果吃道德，不當演《太玄》；吃仁義，不當作《法言》；吃辭、吃志，不當《反騷》《訓纂》《州箴》而發焉。如是也，不可謂之吃。則衆人吃於道德、仁義、辭、志也，雄吃於衆人也。

王莽自立，將以神前事。於是誅甄豐及子尋，投劉歆之子棻于裔，辭連及者，急收不請。雄校書天禄閣，治獄使者來，及雄。雄恐不免，輒自閣以投地而不至死。莽知雄不與事，有詔弗問。病免弗獲，復爲大夫。或問：雄投閣意，將懼其罪而弗生耶？將畏其法而求死耶？曰：非雄意，雄之道繫天矣，雄之命亦繫天也。天之將喪斯文也，墜地而死矣。天之未喪斯文也，莽其如予何。曰：不能謝病，復爲大夫，如何？曰：用之則行，舍之則藏，雄意如是必矣。

或問：雄無子乎？曰：然。曰：史以雄非聖人而作經，猶春秋吴楚之稱王，故貽誅絶之罪。敢問如何？曰：載此非良史也。諸儒之於雄也，不如雄經，一也；嫉雄賢，二也。經緯百王，仁義禮樂則經矣，若謂雄非聖作經而獲罪，是仁義禮樂非聖人不當言，非聖人而言，是亦獲罪矣。嗚呼，言仁義禮樂者罪止於此，不言者其罪如何。噫，雄之無子也，非雄之無也，實時之無也，非雄不得子而子也，是子不得雄而父也。爲周公者必須伯禽，爲孔子者必須伯魚。伯禽生，爲周也；伯魚生，爲魯也。非周非孔不父也，非禽非魚不子也。爲雄子者，必賢良，非賢良，雄不父也。故生烏而不苗，無復如烏者，非雄之欲有也。賢良之生必有時，非其時不生，故雄無子矣。作經之罪，吾未聞諸聖人。作經有罪，聖人當言，不當使後人言之；聖人不言，而諸儒言之。言之而無據，非嫉雄而何？嫉雄而不書，余敢罪於史。（《南陽集》卷五，《四庫》第1086册，第341—342頁）

丁　謂

【大蒐賦序】　司馬相如、揚雄，以賦名漢朝。後之學者多規範焉，欲其克肖，以至等句讀，襲徵引，言語陳熟，無有己出。觀《子虚》《長楊》之作，皆遠取傍索靈奇瑰怪之物，以壯大其體勢；撮其辭彩筆力，恢然飛動今古而出入天地者無幾。然皆人君敗度之事，又於典正頗遠。今國家大蒐，行曠古之禮，辭人文士不宜無歌詠，故作《大蒐賦》。其事實本之於《周官》，歷代沿革制度參用之，以取其麗則。奇言逸辭，皆得之於心；相如、子雲之語，無一似近者。彼以好樂而諷之，此以勤禮而頌之，宜乎與二子不類。（吕祖謙編：《宋文鑒》卷一，中華書局1992年版，第5—6頁）

釋智圓

【廣皮日休法言後序】　《法言》之爲書也，廣大悉備，二帝、三王、姬公、孔子之道盡在此矣，百王之模範歟！萬世之蓍蔡歟！孟軻以來，力扶聖道者，未有如子雲者也。夫聖以降，言歟行歟，難其無玼乎！是故雄之賢而有媚莽之言也，《孝至篇》曰："周公以來，未有漢公之懿也，勤勞則過於阿衡。"李軌以爲稱莽居攝以前之美。《劇秦美新》云"大新受命上帝"，豈居攝以前邪？柳子厚謂阿衡之事不可過，過則反矣。且孟子美夫子賢於堯舜遠矣，亦應反刺仲尼也；如其不爾，豈其過阿衡爲反邪？是知揚子美莽，比德於周公，故云過阿衡，非反刺明矣。或揚子言遜之爲權也。噫，子雲學何道邪？學他道也，吾不知其遜不遜也；果學仲尼之道也，夫子之遜未聞若《孝至》《美新》之佞者，吾以爲媚莽之言是也。先儒之説，皆爲子雲文過而諱惡耳。意欲大子雲之道，反小之，是昧於子雲之道也。何乎？夫賢人君子雖未免其過，苟有過，必自知，既自知，必自訟，豈同小人過也必文，不能自訟乎？趙盾曰："自貽伊戚，其我之謂乎！"魏武曰："吾小過失，大忿怒，汝勿學也。"嗚呼！子雲之賢於趙盾、魏武遠矣，豈欲文其過耶？是使萬世之下，不肖輩遇其覬覦神器者，不能自正，必曲媚以事之。果成也，則曰"我知天命之有往也"；果不成，則曰"我學子雲之遜也"。千詐萬詐，革面取容，豈不由踵《美新》之弊乎？故曰：意欲大子雲之道而反小之也。吾謂子雲若在，聞吾之議，必能爲國受惡也。

近世柳仲塗復申明《美新》之理，詞亦不出於文過矣，非昧子雲之道如何？惟李唐皮日休以斯言爲非，故撰其《後序》以明之，吾韙之，故廣焉。吁！向使子雲深思道之行喪、人之死生有天命者，於言則無"過阿衡"之佞也，於行則無懼禍投閣之事也，不亦盡善乎？然子雲非不知也，臨事之難也。昔者夫子見衛靈公問陳，則對以俎豆；聞宋司馬欲害，則曰"天生德於予"，斯聖師之言行也。子雲學夫子之道也，有未至耳。向所謂"聖以降，言歟行歟，難其無疵乎"，是也。來者則聖師之言行可矣，"圖王不成，弊猶及霸"，思之！（曾棗莊主編：《宋代序跋全編》卷九七，齊魯書社 2015 年版，第 2696 頁）

孫　復

【辨揚子】　千古諸儒咸稱子雲作《太玄》以準《易》，今考子雲之書，觀子雲之意，因見非準《易》而作也，蓋疾莽而作也。何哉？昔者哀平失道，賊莽亂常，包藏禍心，竊弄神器，違天咈人，莫甚於此。雖火德中否，而天命未改，是以元元之心，猶戴於漢。是時不知天命者，争言符瑞，稱莽功德，以濟其惡，以苟富貴。若劉歆、甄豐之徒，皆位至上公，獨子雲恥從莽命，以聖王之道自守，故其位不過一大夫而已。子雲既能疾莽之篡逆，又懼來者蹈莽之跡，復肆惡於人上，乃上酌天時行運盈縮消長之數，下推人事進退存亡成敗之端，以作《太玄》。有三方、九州、二十七家、八十一部者，三公、九卿、二十七大夫、八十一元士之象也。玄，君象也。總而治之，起於牛宿之一度，終於斗宿之二十二度，而成八十一首，七百二十九贊，二萬六千二百四十四策。大明天人終始順逆之理，君臣上下去就之分。順之者吉，逆之者凶。以戒違天咈人與戕君盜國之輩，此子雲之本意也。孰謂準《易》而作哉！

諸儒咸稱《太玄》準《易》者，蓋以《易緯》言卦起於《中孚》，《震》《離》《兑》《坎》配於四方，其八卦各主六日七分，以周一歲三百六十五日四分日之一，執此而言之也。殊不知《易緯》者，陰陽家説，非聖人格言。若執此以爲《易》，則《易》之道泥矣。且《太玄》之爲《易》，猶四體之一支也。何以謂之準《易》者乎？斯言蓋根於桓譚論《太玄》曰："是書也，與《大易》準。"班固謂雄以經莫大於《易》，故作《太玄》。使子雲被僭《大易》之名於千古，是不知子雲者也。（《孫明復小集》，《四庫》第1090册，第163—164頁）

【上孔給事書】　月日，布衣孫復謹再拜，獻書孔知府龍圖執事。復名晦跡沉，學夫子之道三十年，雖不爲世之所知，未嘗以此揺其心，敢一日而叛去。所謂夫子之道者，治天下、經國家，大中之道也。其道基於伏羲，漸於神農，著於黄帝、堯、舜，章於禹、湯、文、武、周公。然伏羲而下，創制立度，或略或繁。我聖師夫子從而益之、損之，俾協厥中，筆爲六經，由是治天下、經國家，大中之道，焕然而備，此夫子所謂大也。其出乎伏羲、神農、黄帝、堯、舜、禹、湯、文、武、周公也遠矣。噫，自夫子殁，諸儒學其道、得其門而入者鮮矣，惟孟軻氏、荀卿氏、揚雄氏、王通氏、韓愈氏而已。彼五賢者，天俾夾輔於夫子者也。天又以代有空闊誕謾、奇嶮淫麗譎怪之説，亂我夫子之道，故不並生之。一賢殁，一賢出，羽之翼之，垂諸無窮，此天之意也，亦甚明矣。不然，則戰國迨於李唐，空闊誕謾，奇嶮淫麗譎怪之説，亂我夫子之道者數矣，非一賢殁、一賢出，羽之翼之，則晦且墜矣。既晦且墜，則天下夷狄矣，斯民鳥獸矣。由是言之，則五賢之烈大矣，後之人不以夫子之道爲心則已，若以爲心，則五賢之烈，其可忽乎哉。

近得友人石介書，盛稱執事於聖祖家廟中構五賢之堂像而祠之，且曰："孔侯之心至矣，吾輩不是之而將何之也。"復聞之，躍然而起，大呼張洞、李藴曰："昔夫子之道，得五賢而益尊，今五賢之烈，由龍圖而愈明。"龍圖公，聖人之後也，爲宋巨賢，宜乎盡心於此矣。龍圖公其不盡心，則孰盡心哉？國朝自柳仲塗開、王元之禹偁、孫漢公何、種明逸放、張晦之景既往，雖來者紛紛，鮮克有議於斯文者，誠可悲也。斯文之下衰也久矣，俾天下皆如龍圖構五賢之堂像而祠之，則斯文其有不興乎！吾輩得不奔走於牆藩之下，一拜龍圖公之賢哉，又且賀斯文將復也，接之拒之，惟執事之命。（《孫明復小集》，第172—173頁）

【答張洞書（節録）】　復白明遠足下，十月洎正月中，兩辱手書，辭意勤至，道離群外。以僕居今之世，樂古聖賢之道與仁義之文也。遠以尊道扶聖、立言垂範之事問於我，我幸而志於斯也有年矣。重念世之號進士者，率以砥礪辭賦、晞覬科第爲事，獨明遠穎然獨出，不汲汲於彼而孜孜於此者，幾何人哉。然吾懼明遠年少氣勇而欲速成，無以致於斯文也。故道其一二，明遠熟察之而已。

夫文者，道之用也；道者，教之本也。故文之作也，必得之於心而成之於言。得之於心者，明諸内者也。成之於言者，見諸外者也。明諸内者，故可以適其用；見諸外者，故可以張其教。是故《詩》《書》《禮》《樂》《大易》《春秋》之文也，總而謂之經者，以其終於孔子之手，尊而異之爾，斯聖人之文也。後人力薄不克以嗣，但當左右名教，夾輔聖人而已。或則列聖人之微旨，或則擿諸子之異端，或則發千古之未寤，或則正一時之所失，或則陳仁政之大經，或則斥功利之末術，或則揚聖人之聲烈，或則寫下民之憤嘆，或則陳大人之去就，或則述國家之安危。必皆臨事摭實，有感而作。爲論爲議，爲書、疏、歌、詩、贊、頌、箴、辭、銘、説之類，雖其目甚多，同歸於道，皆謂之文也。若肆意構虚，無狀而作，非文也，乃無用之瞽言爾，徒污簡册，何所貴哉。明遠無志於文則已，若有志也，必在潛其心而索其道。潛其心而索其道，則其所得也必深。其所得也既深，則其所言也必遠。既深且遠，則庶乎可望於斯文也。不然，則淺且近矣，曷可望於斯文哉。噫，斯文之難至也久矣！自西漢至李唐，其間鴻生碩儒，摩肩而起，以文章垂世者衆矣，然多楊、墨、佛、老虚無報應之事，沈、謝、徐、庾妖豔邪哆之言，雜乎其中，至有盈編滿集，發而視之，無一言及於教化者，此非無用瞽言徒污簡册者乎。至於始終仁義，不叛不雜者，惟董仲舒、揚雄、王通、韓愈而已。由是言之，則可容易至之哉。若欲容易而至，則非吾之所聞也。明遠熟察之，無以吾言爲忽。不宣。（《孫明復小集》，第 173—174 頁）

【通道堂記】　聖賢之跡，無進也，無退也，無毁也，無譽也，唯道所在而已。用之則行，舍之則藏，孰爲進哉？孰爲退哉？考諸三王而不謬，建諸天地而不悖，質諸鬼神而無疑。百世以俟聖人而不惑，孰爲毁哉！孰爲譽哉！

吾之所謂道者，堯、舜、禹、湯、文、武、周公、孔子之道也，孟軻、荀卿、揚雄、王通、韓愈之道也。吾學堯、舜、禹、湯、文、武、周公、孔子、孟軻、荀卿、揚雄、王通、韓愈之道三十年，處乎今之世，故不知進之所以爲進也，退之所以爲退也，毁之所以爲毁也，譽之所以爲譽也。其進也，以吾堯、舜、禹、湯、文、武、周公、孔子、孟軻、荀卿、揚雄、王通、韓愈之道進也。於吾躬何所進哉？其退也，以吾堯、舜、禹、湯、文、武、周公、孔子、孟軻、荀卿、揚雄、王通、韓愈之道退也，於吾躬何所退哉？其見毁也，以吾堯、舜、禹、湯、文、武、周公、孔子、孟軻、荀卿、揚雄、王通、韓愈之道見毁也，於吾躬何所毁哉？其獲譽也，以吾堯、舜、禹、湯、文、武、周公、孔子、孟軻、荀卿、揚雄、王通、韓愈之道獲譽也，於吾躬何所譽哉？

故曰：聖賢之跡，無進也，無退也，無毁也，無譽也，唯道所存而已！予丁丑歲秋九月作堂於泰山之陽，明年春，堂既成。以是道處是堂，故命之曰"信道堂"云。景祐五年正月三日記。（《孫明復小集》，第175—176頁）

胡　宿

【張侍讀箋注太玄經義】　陳書覆瓿久無憀，天幸名儒釋舊爻。準《易》一時遭客難，賞心千載獲神交。高情要在崇孤學，餘力猶能解衆嘲。誰道鳳凰難得髓，續弦今日見靈膠。（《文恭集》卷三，《四庫》第1088册，第633頁）

宋　咸

【重廣注揚子法言原序】　太儀之體，渾淪無窮者也。非夫周服諸家之論，則度舍之紀，兹或罔焉。欲明緯象，不可得也。群經之文，支離寡要者也。非夫孔傳衆氏之解，則章趣之會，無乃隱焉。欲辨綱常，不可得也。故先儒於聖人之書，所以亹亹而爲己任者，蓋此爾。

惟西京博士毛萇傳《詩》，頗號太略。鄭康成大懼夫泯之弗行，思覺於後，故增之箋言，而三百廓如也。自鳳德云衰，諸子繼作。亞聖之撰，獨揚、孟而已。七篇有趙臺卿爲之題頗詳，真經有范叔明爲之解甚悉，惟《法言》者，蓋時有請問，子雲用聖人之法以應答之也。凡有十三篇。東晉李軌雖爲之注，然愈略於毛公之爲。唐柳宗元删定，雖釋二三，而不能盡補其亡誤。故中有義易決者反疏之，理尚秘者則虚焉，闕文者弗能正，訛字者乃無辯，至於言不詁，而事不屬，議失旨，而舉失類已什其手，是使揚氏之意尚有所晦，學子不能無冗豫也。故康成之志，咸敢竊而取焉。凡裨其闕、糾其失五百餘條，且署“咸曰”以別舊貫。觀夫《詩》《書》小序，並冠諸篇之前，蓋所以見作者之意也。《法言》每篇之序，皆子雲親旨，反列於卷末，甚非聖賢之法。今升之於章首，取合經義第次之由，隨篇具析。其有艱字音切來理，盡譜於後。仍條其舊，以爲十卷。雖不能廣翼賢業，庶充巾笥，爲詒謀之具云。景祐三年二月日著作佐郎知尤溪縣事宋咸序。（《法言》卷首，《四庫》第696册，第271頁）

【進重廣注揚子法言表】　臣咸言：臣聞魯堂諸子，皆宗聖以宣猷；漢室群儒，多注書而顯氏。矧遘會昌之旦，敢忘釋詁之勤？願塵典學之明，庶補傳疑之闕。臣誠惶誠恐，頓首頓首。

臣竊以前聖既没，微言即淪。並行者非先生之流，横議者皆處士之輩。儒綱盡弛，民極都棼。惟鄒國孟軻、蘭陵荀況，下及劉世，復生揚雄。咸能著書，更相樹道。闢王基於絶代，振天爵於群倫。若趙岐之釋孟篇，如楊倞之箋荀旨，大決宧奥，靡留洞疑。惟彼《法言》，準夫《論語》，文高而絶，義秘而淵。雖李郁亭解之於前，柳宗元裁之於後，然多疏略，猶或誤遺。凡坦然易別之條，則五行俱下而詮釋；洎卓爾難明之意，則一辭不措而闕亡。遂使十三篇之旨趣未融，數百年之駕説猶昧。唐陸德明云：“注既釋經，經由注顯。若讀注不曉，則經義難明。”誠此之謂也。

臣爰自効官，未嘗廢學。因念子雲之業，蓋紹仲尼之綱。比緣從政之餘，輒恣討論之究。增加剖理，庶所詳明。然聖人之門，誠難言而是戒。况愚夫之慮，或有得而可收。恭惟景祐體天法道欽文聰武聖神孝德皇帝陛下，道冠先天，業恢長世，若唐虞之稽古，監商周而右文。雖秘藏之多，卑加於采正，在小説之異，罔忽於棄遺。臣是敢前冒邦刑，仰干天聽。終篇稱善，儻垂衡石之觀。以文化成，願廣鴻都之教。臣所重廣注揚子《法言》一十卷，謹繕寫成三策，隨表昧死詣東上閤門投進以聞。臣瀆犯宸嚴，無任跼蹐屏營激切之至。臣誠惶誠恐，頓首頓首謹言。景祐四年十月十六日，給事郎、守秘書著作佐郎宋咸表。（《纂圖分門類題五臣注揚子法言》卷首，宋麻沙劉通判宅仰高堂本）

宋　祁

【揚子雲墨池】　宅廢經池在，人亡墨溜乾。蟾蜍兼滴破，科斗共書殘。蠹罷芸猶翠，蒸餘竹自寒。它揚無可問，撫物費長嘆。（袁説友等編，趙曉蘭整理：《成都文類》卷七，中華書局 2011 年版，第 122 頁）

【揚雄字子雲贊】　卓哉子雲！爲漢儒師。準《易》《論語》，同聖是非。百家灃淫，我獨正聲。譎怪縮藏，孔道光明。歆也致訾，謂抵醬蒙。惟譚有言，必傳無窮。《劇秦》詭辭，恨死新時。曰漢中天，果不吾欺！（《成都文類》卷四十八《府學文翁畫像十贊》，中華書局 2011 年版，第 937 頁）

張　俞

【蜀三賢畫像贊】　益州中興寺有墨池院，院有前漢揚子雲、嚴君平、李仲元三賢畫像，因各贊之。來者觀像讀贊，則知三賢之道至焉。

揚子雲：子雲潛真，與聖合神。龍隱其德，鳳耀其文。撰《法》著《玄》，統貫天人。道德之首，譚稱絶倫。

嚴君平：淵淵蜀莊，至人之貌。心通蓍龜，言必慈孝。推道衍德，窮神入妙。子雲之師，孰洞其照？

李仲元：仲元何如？貌人心天。出方其隱，默喻於言。道兼夷、惠，質妙雲、淵。屈伸猶龍，物無累焉。（袁説友等編，趙曉蘭整理：《成都文類》卷四十八，中華書局 2011 年版，第 940 頁）

梅堯臣

【答鵝湖長老紹元示太玄圖】　鵝湖有鵝吾不問，鵝湖無鵝吾不疑，道士須換《黄庭經》，釋子自明《太玄辭》。噫嘻兮，此意迥與山陰别，我亦曾非逸少爲。（《梅堯臣集編年校注》卷二十六，上海古籍出版社 1980 年版，第 826 頁）

宋惟幹

【譚旨】　揚子欲贊明《易》道，乃大覃思渾天而作《太玄》。蓋《玄》生於一而極於三，天、地、人各有九，重三而變，故有二十七部。天取其一，地取其二，人取其三，自下相重，三位成列。各三其數，成方、州、部、家之道也。因而革之，推而蕩之，故謂之三表。升降於六十四卦，共成於八十一家。由是廣其三材，統成九位。行陰陽進退之氣，窮日星經緯之機。有九州以統二十七部，有二十七部以統八十一家。自家至州，統之於伯，是以三材備而萬物生。乃以三材配屬於一家，乃以三家配屬於一部，乃以三部配屬於一州，乃以三州配屬於一方，乃以三方配屬於一歲。莫不推之以宿度，佐之以五行。首以準卦，贊以類爻，表以會象。《玄》以明《易》，運則通，通則久，久則極，極則變。變也者，周而復始之謂也。觀夫《易》象設位，自下而生；《玄》道位分，自北而運。運則能覆，生則能載。覆載交泰，兩儀象成，動變在中，吉凶休咎見乎外也。故知觀《玄》者，知《易》道之至深；觀《易》者，知《玄》道之至大。《玄》則《易》也，《易》則《玄》也。《玄》則上行乎天地之氣，《易》則下通乎天地之神。其用自《中孚》推六十四卦，陰陽之度數，律曆之紀綱，九九大運之終始也。詳夫聖人觀象於天，觀法於地，知天之氣五日一移，七日一節，地之氣五日一應，七日一易。進退有度，出處有時，所以拱默而經緯乎天下，莫不其防也在乎微，其杜也在乎漸。二分二至，履霜堅冰，戒懼之至也。所謂《太玄》之作，其知幾乎！

若乃天道左行，日月右迎。天象昭列，經緯時成。陰陽相交，晬魄相感。陰陽氣盛，感而下達。地氣右動，山澤相通。陰陽相交，晬魄相感。

陰陽氣盛，感而上通，天地氣交，水火相薄，雷風相蕩，剛柔相摩，寒暑生焉，變化行焉，四時成焉，萬物立焉。精氣爲物，遊魂爲變。變也者，各有所歸，天地以之乎相承，彰往察來，窮微盡變。如谷從響，無有幽遐。非覃思之至精，孰能與於此乎？（晁説之：《景迂生集》卷十，《四庫》第1118册，第187—188頁）

石　介

【怪説中（節録）】　或曰：天下不謂之怪，子謂之怪；今有子不謂怪，而天下謂之怪，請爲子而言之，可乎？曰：奚其爲怪也，昔楊翰林欲以文章爲宗於天下，憂天下未盡信己之道，於是盲天下人目，聾天下人耳，使天下人目盲，不見有周公、孔子、孟軻、揚雄、文中子、韓吏部之道；使天下人耳聾，不聞有周公、孔子、孟軻、揚雄、文中子、韓吏部之道。俟周公、孔子、孟軻、揚雄、文中子、韓吏部之道滅，乃發其盲，開其聾，使天下唯見己之道，唯聞己之道，莫知有他。

今天下有楊億之道四十年矣。今人欲反盲天下人目，聾天下人耳，使天下人目盲，不見有楊億之道；使天下人耳聾，不聞有楊億之道。俟楊億道滅，乃發其盲、開其聾，使目唯見周公、孔子、孟軻、揚雄、文中子、韓吏部之道，耳惟聞周公、孔子、孟軻、揚雄、文中子、韓吏部之道。周公、孔子、孟軻、揚雄、文中子、韓吏部之道，堯、舜、禹、湯、文、武之道也，三才、九疇、五常之道也。反厥常，則爲怪矣。（石介撰，陳植鍔點校：《徂徠石先生文集》卷五，中華書局1984年版，第61—62頁）

【上張兵部書】　介嘗讀《易》至《序卦》曰："剥者，剥也。物不可以終盡，故受之以復斯文也。"剥且三十年矣。剥之將盡，其黨朋進不已者。

堯、舜、禹之道剥於癸，天受之湯，堯、舜、禹之道復；湯之道剥於受，天受之文、武、周公，湯之道復；文、武、周公之道剥於幽、厲，天受之孔子，文、武、周公之道復；孔子之道始剥於楊、墨，中剥於莊、韓，又剥於秦、莽，又剥於晉、宋、齊、梁、陳五代，終剥於佛、老，天受之孟軻、荀卿、揚雄、王通、韓愈，孔子之道復。今斯文也，剥已極矣，而不復，天豈遂喪斯文哉！斯文喪，則堯、舜、禹、湯、周公、孔子之道不可見矣。

嗟夫！小子不肖，然每至於斯，未嘗不流涕橫席，終夜不寐也。顧己無孟軻、荀卿、揚雄、文中子、吏部之力，不能亟復斯文，其心亦不敢須臾忘。此惟執事憐之！不宣。介頓首。（《徂徠石先生文集》卷十二，第141頁）

【上蔡副樞書（節録）】　夫聖賢不徒生也。四凶在朝，堯德不明，舜起佐堯，流共工於幽州，竄三苗於三危，放驩兜於崇山，殛鯀於羽山。洪水方割，下民其咨，禹乘四載，隨山刊木，決九川，距四海。成王幼弱，周公踐祚，制禮作樂。世衰道微，邪説暴行有作，王道失叙，禮壞樂崩，三綱將絶，彝倫攸斁，夫子作《春秋》，明《易》象，删《詩》《書》，定禮、樂，祖述堯、舜，憲章文、武。楊、墨塞路，儒幾滅矣，孟子作十四篇而闢之。新莽篡漢，道斯替矣，揚雄作準《易》五萬言、《法言》十三章而彰之。晉、宋、齊、梁、陳並時而亡，王綱毁矣，人倫棄矣，文中子續經以存之。釋、老之害甚於楊、墨，悖亂聖化，蠹損中國，吏部獨力以排之。故四凶去，堯德明；洪水息，蒸民粒；禮樂作，周太平；六經就，堯、舜、禹、湯、文、武、周公之道存；楊、墨闢，孔子教化行；《法言》修，莽惡顯；《續經》成，王綱舉，釋、老微，中國乂。是知時有弊則聖賢生，聖賢生皆救時之弊也。（《徂徠石先生文集》卷十三，第142—143頁）

【上孔中丞書（節録）】　夫子没，後世有子思焉，安國焉，穎達焉，止於發揚其言而已。有漢相光、唐相緯，雖得位，亦不能盡行其道。夫子之道，其肯鬱然蟠伏於其家！乃躍起奮出，散漫於天下，天下人皆可以得之。漢高祖、唐太宗能得之於上，以之有天下三百年。孟軻、揚雄、文中子、韓愈能得之於下，以之有其名於億萬世。惟孔氏子孫無有得之者，俟四十餘世，僅二千年，閣下乃得之。（《徂徠石先生文集》卷十三，第 147 頁）

【與士建中秀才書（節録）】　孔子既没，微言遂絶，楊、墨之徒，榛塞正路，孟子正人心，息邪説，距詖行，放淫辭，以闢楊、墨，説齊宣、梁惠王七國之君，以行仁義。炎靈中歇，賊莽盗國，衣冠墜地，王道盡矣。揚雄以一枝木扶之，著《太玄》五萬言，以明天、地、人之道，作《法言》十三篇，以闡揚正教。魏、晉迄陳、隋，帝王之道，掃地而無遺矣，生人之命遂絶而不救矣。文中子以太平之策十有二篇，干隋文帝，不遇，退居河、汾之間，續《詩》《書》，正《禮》《樂》，修《玄經》，贊《易》道，九年而六經大就。佛、老之教蠹於中國千百年矣，韓愈憤然於千百年下，孤力排謗，不避其死，論佛骨貶潮州八千里，而志彌慤，守益堅。斯四賢者，亦已勤矣，亦已勞矣，然而卒不憚者，亦以息民患也，行聖道也。（《徂徠石先生文集》卷十四，第 162—163 頁）

【答歐陽永叔書（節録）】　苟必欲取高於人，古之聖人莫如周公、孔子；古之大儒，莫如孟軻、揚雄；古之賢聖，莫如皋陶、伊尹。天下之所尊莫如德，天下之所貴莫如行。今不學乎周公、孔子、孟軻、揚雄、皋陶、伊尹，不修乎德與行，特屑屑致意於數寸枯竹、半握秃毫間，將以取高乎？又何其淺也。（《徂徠石先生文集》卷十五，第 176 頁）

歐陽修

【答吴充秀才書（節録）】　夫學者未始不爲道，而至者鮮焉。非道之於人遠也，學者有所溺焉爾。蓋文之爲言，難工而可喜，易悦而自足。世之學者往往溺之，一有工焉，則曰：“吾學足矣。”甚者至棄百事不關於心，曰：“吾文士也，職於文而已。”此其所以至之鮮也。

昔孔子老而歸魯，六經之作，數年之頃爾。然讀《易》者如無《春秋》，讀《書》者如無《詩》，何其用功少而至於至也！聖人之文雖不可及，然大抵道勝者文不難而自至也。故孟子皇皇不暇著書，荀卿蓋亦晚而有作。若子雲、仲淹，方勉焉以模言語，此道未足而强言者也。後之惑者，徒見前世之文傳，以爲學者文而已，故愈力愈勤而愈不至。此足下所謂終日不出於軒序，不能縱横高下皆如意者，道未足也。若道之充焉，雖行乎天地，入於淵泉，無不之也。（李逸安點校：《歐陽修全集》卷四十七，中華書局2001年版，第663—664頁）

【代人上王樞密求先集序書（節録）】　某月日，具位某謹齋沐獻書樞密相公閣下。某聞《傳》曰："言之無文，行而不遠。"君子之所學也，言以載事，而文以飾言，事信言文，乃能表見於後世。《詩》《書》《易》《春秋》，皆善載事而尤文者，故其傳尤遠。荀卿、孟軻之徒亦善爲言，然其道有至有不至，故其書或傳或不傳，猶繫於時之好惡而興廢之。其次楚有大夫者，善文其謳歌以傳。漢之盛時，有賈誼、董仲舒、司馬相如、揚雄，能文其文辭以傳。由此以來，去聖益遠，世益薄或衰，下迄周、隋，其間亦時時有善文其言以傳者，然皆紛雜滅裂不純信，故百不傳一。幸而一傳，傳亦不顯，不能若前數家之焯然暴見而大行也。甚矣，言之難行也！事信矣，須文；文至矣，又繫其所恃之大小，以見其行遠不遠也。（《歐陽修全集》卷六十八，第984—985頁）

釋契嵩

【四端（節録）】　司馬長卿、揚子雲，其人其文皆世之稱也。及揚子爲《劇秦美新》，長卿爲《封禪書》也，《封禪》之言怪乎淫，徒加其誇大之心者也；《美新》之言，苟言也。《記》曰："國無道，其默足以容。"賢而不默，孰與默邪？是皆不宜爲而爲之也。（釋契高撰，林仲湘、邱小毛校注：《鐔津文集校注》卷七，巴蜀書社2011年版，第126頁）

【西山移文（節録）】　吾嘗謂隱者之道有三焉：有天隱，有名隱，有形隱。形隱也者，密藏深伏，往而不返，非世傲人者之所好也，長沮、桀溺者其人也；名隱也者，不觀治亂，與時浮沉，循禄全生者之所好也，東方曼倩、揚子雲者其人也；天隱也者，心不凝滯拘絶於事，無固無必，可行即行，可止即止，通其變者之所好也，太公望、孔子、顔淵者其人也。（《鐔津文集校注》卷八，第162頁）

范　鎮

【載酒亭群公畫像記】　子雲，右，蜀人，事漢成、哀、平世，歷新室，身詘而道不得行。子雲没，宋興八十九年，上距今千餘歲，其鄉人之學者森然，若林之植於晦。其在太平興國中，有若諫議大夫田公錫之論議，參知政事蘇公易簡之博大。雍熙、淳化中，有若直昭文館陳公充、直史館朱公臺符之文雅。景德、大中祥符中，有若侍御史張公及之介潔，集賢校理王公湜之温恭，職方員郎張公逵之疏達。其在今慶曆，有若虞部員外李公畋之經術，翰林學士彭公乘之恬退，翰林學士孫公抃之厚重，屯田員外陳君希亮、户部員外梅君摯、殿中侍御史何君郯之直方，度支員外郭君輔、屯田員外張公中庸之通敏，直集賢院李君絢之夷曠。是皆子雲之徒，學其道而得其傳者。益州提點刑獄度支高君，既葺子雲之居，鑱其書，又畫其像以及其徒。意者使後來觀之，知賢人之道有塞有通，有詘有伸，塞於晦時而通於昭時，詘於不用而伸於有用云爾。（袁説友等編，趙曉蘭整理：《成都文類》卷四十五，中華書局2011年版，第865—866頁）

韓　琦

【五賢贊之揚子】　余既新夫子之宫，乃繪諸弟子及左氏而下釋經諸儒於東西序。又圖孟、荀、揚、王、韓五賢於書樓之北壁。遣人自國庠得前人所撰孔子弟子暨釋經諸儒之贊，署於其側。獨五賢者無贊焉。諸生欲其速備也，亟請鄙文以補之。余惜其缺，諾焉而不敢讓。既而嘆曰：夫五賢者，聖人之亞，學者之師，諸生姑欲速一時之備，使余不暇求當世能文者爲之辭，而輒易言之。世且譏我，諸生豈愛我哉！雖然，孔孟之道，堯、舜之德，而塗巷之人亦能稱誦之，同推其善而已矣，知我者其恕焉。……書煨秦火，鬱而未光。在漢之武，始焉表章。去聖云邈，微言孰詳。人各名家，尚迷大方。及其季也，篆刻相攘。賢乎子雲，翼然高翔。學通天地，道該帝皇。筆之於書，德音洋洋。周孔之法，弛而再張。鄙哉史堅，而不自量。非聖作經，引爲謗傷。經者伊何，乃道之常。苟能明道，胡用不臧。豈比吴楚，僭號稱王。一時之眥，萬世之長。故嗣孔孟，曰荀曰揚。（《安陽集》卷二十三，《四庫》第 1089 册，第 341—342 頁）

李　覯

【吊揚子】　歲陰在戌兮，其月季春。望前三日兮，是惟壬辰。面書林以齋慓兮，敢行吊於子雲。

嗚呼哀哉！高廟不神兮，借人以權。新都大盗兮，舂國之咽。凶邪得志兮，明哲偷安。天爐熾炭兮，璞玉不燃。斂佐王之刀尺兮，迴智巧乎簡篇。何諸儒之喪明兮，復培塿乎泰山。夫聖者通之謂兮，可名而名之，豈有常人？昔成湯號伊尹曰元聖兮，固《商書》之所不删。夷之清而惠之和兮，孟氏亦以爲聖焉。謂子雲之非聖兮，何啻乎膠柱而操弦。韓退之云“大醇而小疵兮”，所論止于《法言》。兹對問之細碎兮，如入宫始見其堧垣。伊太廟明堂之巨麗兮，則盡在於《太玄》。兼三材而用五行兮，取度數於渾天。日如蟻而右轉兮，斗揭柄而左旋。陰陽晝夜之會合兮，非弄筆之所磨鐫。其指在於三綱兮，尤切切於君臣。君道光而臣道滅兮，尊卑之分以陳。消與息而相乘兮，無盛滿之不疾顛。言行禍福同出於罔兮，貴思慮乎未然。必稱孝而稱忠兮，異乎劇秦而美新。既廣且深兮，浩浩東溟之瀦百川。

自哲人之萎於魯兮，獨子雲之書誰得而及肩？惟視之八曰翡翠於飛離其翼，狐貂之毛躬之賊。蓋小才之足以殺其身兮，俾愚心之愬愬。奉新語以周旋兮，庶全歸於窀穸。彼叔明之爲注兮，間或失而或得。矧科指之不甚明兮，匪後生之能識。今之從事於此書兮，其説溺乎數術。隱怪之士藉以爲己有兮，學者欲求而弗獲。

繄小子之不敏兮，將大爲之解釋。下以行諸講學兮，上以及夫邦國。計其業之勤勞兮，豈一朝而一夕。困於内者疾病兮，迫於外者衣食。念一家之言兮，終成之於何日？天有意於此書兮，使我壽考而强力。不然子雲之道兮，或幾乎息。我思古人兮，涙漣漣而沾臆。（王國軒點校：《李覯集》卷二十九，中華書局2011年版，第329—330頁）

【惜才】　子雲辭賦似相如，自説雕蟲異壯夫。何事犬羊誇質素？患他人愛著貂狐。（《李覯集》卷三十六，第442頁）

蘇　洵

【太玄論上】　蘇子曰：言無有善惡也。苟有得乎吾心而言也，則其辭不索而獲。夫子之於《易》，吾見其思焉而得之者也。於《春秋》，吾見其感焉而得之者也。於《論語》，吾見其觸焉而得之者也。思焉而得，故其言深；感焉而得，故其言切；觸焉而得，故其言易。聖人之言得之天，而不以人參焉。故夫後之學者，可以天遇，而不可以人得也。方其爲書也，猶其爲言也；方其爲言也，猶其爲心也。書有以加乎其言，言有以加乎其心，聖人以爲自欺。後之不得乎其心而爲言，不得乎其言而爲書，吾於揚雄見之矣。

疑而問，問而辯，問辯之道也。揚雄之《法言》，辯乎其不足問也，問乎其不足疑也，求聞於後世而不待其有得，君子無取焉耳。《太玄》者，雄之所以自附於夫子，而無得於心者也。使雄有得於心，吾知《太玄》之不作。何則？瘍醫之不爲疾醫，樂其有得於瘍也；疾醫之不能爲，而喪其所以爲瘍，此瘍醫之所懼也。若夫妄人礪針磨砭，乃欲爲俞跗、扁鵲之事，彼誠無得於心而侈於外也。使雄有孟軻之書，而肯以爲

《太玄》邪？惟其所得之不足樂，故大爲之名以僥倖於聖人而已。

且夫《易》之所爲作者，雄不知也。以爲爲數邪？以爲爲道邪？惟其爲道也，故六十卦而無加，六十四卦而無損。及其以爲數，而後有六日七分之説生焉。聖人之意曰：六十四卦者，《易》也。六日七分者，吾以爲曆也。在曆以數勝，在《易》以道勝。然則《易》之所爲作，其亦可知矣。蓋自漢以來，《六經》始有異論。夫聖人之言無所不通，而其用意固有所在也。惟其求而不可得，於是乃始雜取天下奇怪可喜之説而納諸其中，而天下之工乎曲學小數者，亦欲自附於《六經》以求信於天下。然而君子不取也。

《太玄》者，雄所以擬《易》也。觀其始於一而終於八十一，是即乘之極而不可加也。從三方之算而九之，並夜於晝，爲二百四十有三日；三分其方而一，以爲三州；三分其州而一，以爲三部；三分其部而一，以爲三家。此猶六十之不可加，而六十四之不可損也。雄以爲未也，從而加之曰《踦》，又曰《嬴》，曰：吾以求合乎三百六十有五與夫四分之一者也。曰《踦》也，曰《嬴》也，是何爲者？或曰以象四分之一。四分之一在《嬴》而不在《踦》。《踦》者，斗之二十六也。或曰以象閏。閏之積也，起於難之七，而於此加焉，是强爲之辭也。且其言曰：譬諸人，增則贅，而割則虧。今也，重不足於曆，而輕以其書加焉，是不爲《太玄》也，爲《太初曆》也。聖人之所略，揚雄之所詳；聖人之所重，揚雄之所忽，是其爲道不足取也。

道之不足取也，吾乃今求其數，求合乎三百六十有五與夫四分之一者，固雄意也。贊之七百三十有一，是日之三百六十有五與夫四分之一也。後之學者曰：吾不知夫二十八宿之次，與夫日行之度也，而於《太玄》焉求之。則吾懼夫積日之無以處也。曆者，天下之至微，要之千載而可行者也。四分而加一，是四歲而加一日也，率四歲而加之，千載之後，吾恐大冬之爲大夏也。且夫四分其日而贊得二焉，故贊者可以爲偶，而不可以爲奇，其勢然也。雄之所欲加者四分之三，而所加者四，是其爲數不足考也。

君子之爲書，猶工人之作器也。見其形以知其用，有鼎而加柄焉，是無問其工之材不材，與其金之良苦，而其不可以爲鼎者，固已明矣。況乎加《踦》與《嬴》而不合乎二十八宿之度；是柄而不任操，吾無取也已。

【太玄論中】　四分日之一，或曰一百分日之二十五，在四以爲一，在百以爲二十五，唯其所在而加之。豈有常數哉？六日七分者，以八十言者也。苟有以適於用，吾斯從而加之矣。《坎》《離》《震》《兑》各守其方，而六十卦之爻分散於三百六十日。聖人不以五日四分日之一者，害其爲《易》，而以七分者加焉。此非有所法乎？日月星辰之度，天地五行之數也。以其上之不可以八，而下之不可以六，故以七分者加之，使夫《易》者亦不爲無用於曆而已矣。夫八十分與夫七分者，皆非其所以爲《易》也。上、下而爲卦，九、六而爲爻，此其所以爲《易》也。聖人不於其所以爲《易》者加之，故加焉而不害其爲《易》。若夫四位而爲首，九行而爲贊，此正其所以爲《太玄》者也。而雄於此加焉，故吾不知其爲《太玄》也。始於《中》之一而訖於《養》之九，闕焉而未見者，四分日之三而已矣。以一百八分而爲日，以一分而加之，一首之外盡八十一首，而四分日之三者可以見矣。觀《周》之一，知晝夜之不在乎奇偶，而在其所承；觀《中》之九，知休咎之不在乎晝夜，而在其所處。故積其分至於《養》之九，而可以無患。蓋《易》之本六日以爲卦。《太玄》之初四日有半以爲首，而皆以四百八十七分，求合乎二十八宿之度，加分而其數定，去《踦》《嬴》而其道勝，吾無憾焉耳。

【太玄論下】　《太玄》之策三十有六，虚三而三十有三用焉。曰其説出於《易》。《易》曰“大衍之數五十，其用四十有九”，是雄之所以爲虚三之説也。夫大衍之數，是數之宗，而萬物之所取用也。今夫蓍，亦用者之一而已矣。或用其千萬，或用其一二，唯其所用而蓍也，用其四十有九焉。五者，生之終也；十者，成之極也。生之終，成之極，則天下又何以過之？故曰五十。五十者，五十有五云也，非四十有九而益一云也。天下之數於是宗焉，則《玄》無乃亦將取之。且夫四十有九者，豈有他哉？極其所當用之數而取之於大衍者，衍其所當用之策數，而舉其大略耳。吾將以老陽之九而明之。則夫七八六者，可以從而見焉。今夫一爻而三變，一變而掛一，是三用也。四四揲之，歸奇於扐，是十用也。既扐而數其餘，是三十有六用也。三與十、與三十六，而四十九之數成焉。增之則贏，損之則虧。四十有九足以成爻，而未始有虚一之道，吾不知先儒何從而得之也。聖人之所爲，當然而然耳，區區於天地五行之數而牽合於其間者，亦見其勞而無取矣。聖人觀乎三才之體而取諸其象，故八卦皆以三畫，及其欲推之於六十四也，則從而六之，吾又不知先儒之何以配乎六也。聖人之意，直曰非六無以變。非六無以變是非四十九無以揲也。《太玄》之算極於三，以三而計之，掛其一，再扐其五，而數其餘之二十七，是亦三十三之數，不可以有加也。今其説曰三六，又曰二九，又曰倍天之數，又曰地虚三以扮天三，皆求《易》之過也。

夫卜筮者，聖人所以探吉凶之自然，故爲是不可逆知之數，而寓諸其無心之物，故雖折草毁瓦，而皆有以前禍福之兆。聖人懼無以自神其心，而交於冥莫怳惚之間也，故擇時日，登龜取蓍而廟藏焉。聖人之視蓍蓍也，若或依之以自神其心，而非蓍龜之能靈也。况乎區區牽合於天地五行之數，其説固已迂矣。卜筮者，爲不可逆知者也。旦筮用三經皆奇，夕筮用三緯，日中夜中用二經一緯，皆奇偶雜。則是吉凶之純駁不在其逢，而在其時。使夫旦筮者不爲大休，則爲大咎，而日中、夜中與夫夕筮者，大休大咎終不可得而遇也。《中》之九曰顛，靈氣形反，當晝而凶，蓋有之矣。占從其辭，不從其數。其誰曰不可？吾欲去其《踦》與其《嬴》，加其首之一分，損其蓍之三策。不從其數之可以逆知，而從其辭之不可以前定。庶乎其無罪也。

【太玄總例（並引）】　吾既作《太玄論》，或者讀揚子之書未知其詳，而以意詰吾説，病辭之不給也，爲作此例。凡雄之法與夫先儒之論，其可取者皆在。有未盡傳之己意，曰姑觀是焉。蓋雄者好奇而務深，故辭多誇大，而可觀者鮮。始之以十八策，中之以三十六，終之以七十二，積之以二萬六千二百四十四，張而不已，誰不能然？蓋《總例》之外無觀焉。

四位《玄》首之數，在乎方、州、部、家，初揲而得之爲家，逆而次之極於方。凡所以謂之方、州、部、家者，義不在乎其數也。取天下有別之名而加之耳。夫天下之大，所以略別之者謂之方，方之中分之稍詳者謂之州，舉一類而爲之所者謂之部，舉一人而爲之別者謂之家。蓋方者別之大，而家者其小別者也。故《玄》，家一一而轉，而有八十一家；部三三而轉，而有二十七部；州九九而轉，而有九州；方二十七而轉，而有三方。四者旋相爲配，而無不遇，故有八十一首。

九贊方、州、部、家之於《玄》，一首而加一算，故四位皆及於三，而其算止於八十一，率一算而九贊繫之。贊者，所以爲首之日；而算者，所以爲首之次也，故二者並行，而其用各異。非如《易》之六畫有以應乎六爻之詞也。《玄》之大體以二贊而當一日，贊之奇偶或以爲晝，或以爲夜。奇首之晝在乎贊之奇，偶首之晝在乎贊之偶，率十有八贊而後九日備。一首而九贊，其勢然也。故於九贊之間，三三相附以當天之始、中、終，地之下、中、上，與人之思、禍、福。三者自相變，而皆可以當其一首之贊。故《玄》之所以有九行者，亦以其贊言也。五行之次，水始於一、六，土終五、十，而《玄》數不及十。説者以爲：土，君象也。水、火、木、金四者，當先後於土者也。至於八十一首之間，則亦以九九相從，以當天、地、人三者之變，與夫九行之數。故舉其首之當水，與天之始始、地之下下、人之思内者以爲九天。

八十一首一首而九贊，二贊爲一日，率一首而四日有半。奇首之次九，爲偶首初一之晝，故自奇之一至於偶之一，而後得爲五日。觀范望之注而考之其星度，則奇首之九贊爲五日，而偶首止於四。《玄棿》曰“九日平分”，范説非也。蓋一首之數定，而八十一首之數，從可知矣。日之周天三百六十五度四分度之一，《玄》之八十一首而未增《踦》《嬴》也，當其三百六十四度有半，於天度爲不及，故《踦》與《嬴》者，又加其一度焉。夫方、州、部、家之算，雖無與乎贊之日，然及夫推而求其日也，皆舉算而以九乘焉。故夫算者，亦可以通之於日也。四位皆及於三，而周天之日亦可以概見於其中矣。三方之算，五十有四，九之，半之，爲二百四十三日；三州之算，十有八，九之，半之，爲八十一日；三部之算，六、九之，半之，爲二十七日；三家之算，三、九之，半之，爲十三日有半，而《踦》《嬴》不與焉。故列方、州、部、家之極數，而以所得之日，繫之其下而爲圖。

三方（按，此爲圖表，從略）

揲法三十有六而策視焉。天以三分，終於六成，故十八策。天不施，地不成，因而倍之。地則虚三以扮天，故蓍之數三十有六，而揲用三十三。别一以掛於左手之小指，中分其餘以三數之，並餘於扐。再扐之後而三數其餘，七爲一，八爲二，九爲三。八扐而四位成。雄之説曰：“一扐之後，而數其餘。”夫一掛一扐之多不過乎六，既六，而其餘二十七者可以爲九，而不可以爲八、九，况夫不至於六哉。《太玄》，雄作，其揲法宜不謬，意者傳之失也。王涯之説，一扐之後而三三數之，三七之餘而一一數之，及八以爲二，及九以爲三，不及八，不及九，從三三之數而以三七爲一，是苟以牽合乎一扐之言，而不知夫八者須掛一扐三而後成，而扐終不可以三也。《易》之三揲也，每分輒掛而列乎三指之間。《玄》之再扐也，再扐不掛，而歸於初扐之指。吾於其掛而後分也見焉。《易》分而後掛，故每分輒掛，掛必異處，故列乎三指之間；《玄》掛而後分，故再扐不掛。再扐不掛，故歸於初扐之指。指者，視其掛者也。然則不再扐，吾知雄之不先掛也。

占法占有四，曰星，曰時，曰數，曰辭。星者，二十八宿與五行之從違也。時者，所筮之時，與所遇之首之從遠也。數者，首贊奇偶之從違也。辭者，辭之從違也。

推《玄》算家：一置一，二置二，三置三。部：一勿增，二增三，三增六。州：一勿增，二增九，三增十八。方：一勿增，二增二十七，三增五十四。四位之積算，則是其首去《中》之策數也。

求表之贊置首去《中》策數，減一而九之，增贊，半之則得贊去冬至日數矣。偶爲所得日之夜，奇爲所得日之晝。九之者，爲贊也。減一者，爲增贊也。半之者，爲日也。求星從牽牛始，除算盡，則是其日也。除算盡，則是其日也者，星之度、日之日也。斗振天而進日，違天而退。《玄》日書斗書，而月不書。

曆法十九歲爲一章，二十七章、五百一十三歲爲一會。三會，八十一章、千五百三十九歲爲一統。三統、九會、二百四十三章、四千六百一十七歲爲一元。一章閏分盡，一會月蝕盡，一統朔分盡，一元六甲盡。“自子至辰，自辰至申，自申至子。是爲三方。冠之以甲，而章、會、統、元，與月蝕俱没。”此雄之自述云爾。夫盡者，生於不齊者也。不齊之積而至於齊，是以有盡也。斗與天而東，日違天而西，終日而成度，盡度而成期，故不齊者，非出於斗與日，出於月也。日舒而月速，於是有晦朔、弦望、進退之不齊。惟其不齊，故要之於四千六百一十七歲，而後四者皆盡。又從而三之，萬有三千八百五十一歲，冬至朔旦復得甲子，而十二辰盡也。此五盡者，曆之所以有法也。今《玄告》曰：“《玄》日書斗書，而月不書。”夫七百三十一贊，二贊而爲一日，固其勢不得書月也。苟月而不書，則夫曆法之可見於《玄》者，止於一期。而此五盡也，雄之所强存而已。是故列其一期之法於前，而存其五盡之數於後，蓋不詳云。（蘇洵著，曾棗莊、金成禮箋注：《嘉祐集箋注》卷七，上海古籍出版社 1993 年版，第 169—196 頁）

【上歐陽内翰第二書（節録）】　自孔子没，百有餘年而孟子生；孟子之後，數十年而至荀卿子；荀卿子後乃稍闊遠，二百餘年而揚雄稱於世；揚雄之死，不得其繼千有餘年，而後屬之韓愈氏；韓愈氏没三百年矣，不知天下之將誰與也？且夫以一能稱，以一善書者，皆不可忽，則其多稱而屢書者，其爲人宜尤可貴重。奈何數千年之間，四人而無加，此其人宜何如也？天下病無斯人，天下而有斯人也，宜何以待之？（《嘉祐集箋注》卷十二，第334頁）

阮　逸

【中説序（節録）】　夫道之深者，固當年不能窮；功之遠者，必異代而後顯。方當聖時，人文復古，則周、孔至治大備，得以隆之。昔荀卿、揚雄二書，尚有韓愈、柳宗元删定，李軌、楊倞注釋，況文中子非荀、揚比也，豈學者不能伸之乎？是用覃研藴奥，引質同異，爲之注解，以翼斯文。（王通著，張沛校注：《中説校注》卷首，中華書局2013年版，第2頁）

邵　雍

【太玄準易圖序】　夫《玄》之於《易》，猶地之於天也。天主太極，而地總元氣。元氣轉而爲三統，在《玄》則謂之三玄。三玄轉而爲九州，九州轉而爲二十七部，轉而爲八十一首。首有九贊，贊分晝夜，而剛柔之用見矣。故《玄》之贊七百二十九而有奇，以應三百六旬有六日之度，蓋本出乎元氣而作者也。太極生兩儀，兩儀生四象，四象生八卦，八卦因而重之爲六十四，故《易》有《乾》《坎》《艮》《震》《巽》《離》《坤》《兑》八卦以司八節，又以《坎》《離》《震》《兑》四正之卦二十四爻，以司二十四氣，以《復》《臨》《泰》《大壯》《夬》《乾》《姤》《遁》《否》《觀》《剥》《坤》十有二卦，以司七十二候節也。氣也，候也，既各有統矣，然周天之度未見其所司也，於是又去四正之卦，分取六十卦，引而伸之，爲三百六十爻，各司其日，則周天三百六十度，而寒暑進退之道，陰陽之運備矣，蓋本乎太極而作者也。由是觀之，則天地各有生成之數，而相爲表裏之用，故天數西行，上承而左轉者，在地之元氣也。地數東行，下順而右運者，在天之太極也。太極運三辰五星於上，元氣轉三統五行於下，此所謂成變化而行鬼神者也。所謂《玄》之於《易》，猶地之於天者，如斯而已。準而作之，不亦宜乎！若夫分天度，列次序，舍氣侯，明卦爻，冠首贊，位列八重，先以夜贊布諸外，然後晝贊、首位、爻象、侯卦、氣卦、宫分、度數次諸内，復會於辰極，而《玄》《易》顯仁藏用之道，循乎數者可見矣。是故始於上元甲子天正朔旦日，躔牛宿之初，後四千六百一十七年後復會於太初之上元者，《玄》之贊也。自上元甲寅青龍之首，氣起《未濟》之九四，後三萬一千九百二十年復會於太極之上元者，《易》之爻也。原始要終，究其所窮，則體用雖殊，其歸一而已矣。（晁説之：《景迂生集》卷十，《四庫》第1118册，第185—186頁）

劉　攽

【雕蟲小技壯夫不爲賦】　古人之賦，詞約而旨暢；今人之賦，理弱而文壯。原屈、宋而瀰漫，下卿、雲而流宕。豈所謂言勝則道微，華盛而實喪者哉！觀夫緯白經緑，叩商命宫，以富艷而爲主，以瀏亮而爲工。家自以爲游“二南”之域，人自以爲得三代之風。差之毫釐，譬無異於畫虎；得其糟粕，殆有甚於雕蟲。亦猶樂府之有鄭衛，女工之有紈綺，悦目順意，蕩心駭耳。里人詠嘆其繁聲，婦女咨嗟其絶技，亦何足薦之宗廟，獻之君子哉？若乃託興禽鳥，致情芻蕘，上則恢張乎宫室，下則吟詠其笙簫。且《子虚》《大人》之文，無益於諷諫；《靈光》《景福》之作，不出乎斲雕。故白玉不毁，珪璋安取？六義不散，體物何有？夫殘樸爲器者，匠氏之罪；判詩爲賦者，詞人之咎，亦奚足以計得失、辯能否也？是以子雲以無益而自悔，枚皋以類得而詆諆，故曰：“童子之功，壯夫不爲。”且使孔氏用賦，仲尼删《詩》，則賈誼升堂而不讓，相如入室而不辭，然無益於王道，終見譴於聖師。豈非君子務其廣大，世人競乎微小。故爲學者衆，好真者少，非龍變乎詩書之林，曷蟬蜕乎塵埃之表。必若明敦厚之術，閑淫麗之塗，言必合乎雅頌，道必通乎典謨，亦可謂登高能賦，宜爲天子大夫。（劉攽撰，逯銘昕點校：《彭城集》卷二，齊魯書社 2018 年版，第 21—22 頁）

陳　襄

【上神宗論人君在知道得賢務修法度（節録）】　周衰，禮樂壞，王道陵夷，上無聖賢之君，下無法度之臣，天下蕩然無綱紀制度。漢興，有揚雄者，可謂法度之臣矣，而無可致之君。唐太宗有爲之主也，而房杜之徒不足以言禮樂，此其所以不王也。（《宋名臣奏議》卷二，《四庫》第 431 册，第 29 頁）

劉　敞

【西漢三名儒贊（有序）】　余讀西漢書，愛董仲舒、劉向、揚雄之爲人，慕之。然仲舒好言災異，幾陷大刑；向鑄僞黄金，亦減死論；雄仕王莽，作《劇秦美新》，復投閣求死，皆背於聖人之道，惑於性命之理者也。以彼三子，猶未能盡善，才難，不其然與！然其善可師，其過可警也，爲三贊以自覽焉。

仲舒先覺，承秦絶學，進退規矩，金玉其璞。發明《春秋》，大義以修，旁及《五經》，博哉優優。世莫能庸，黜相諸侯，仁義所漸，易剛以柔。茫茫大道，在昔聖考，蓋有不聞，奚究奚討？主父掎之，仲舒詭之，嗟若先生，有以啓之。懲違告休，不預世憂，著作孔多，後世是遒！嗟爾君子，克遵厥猷。

子政翼翼，簡易正直，博覽百家，以充其德。黄金之僞，智由信惑，鶂甈邪世，身居困阨。不爲俗儒，苟取拘拘，略其威儀，忠質之符。疾邪救危，著論上書，同姓之仁，賢哉已夫！雖不三事，其文實章，以迄於今，日月之光。嗟我後人，庶幾不忘！

子雲清虚，自有大度，非聖不觀，恥爲章句。擬仿六經，其文孔明，隱隱硡硡，實爲雷霆。世世不遷，知命理神；胡爲投閣，劇秦美新？君子之缺，衆儒有言，蓋天絶之，亦何必然。末世之人，以道邀利，或徇耳目，得之弗愧。嗟爾君子，能勿此畏？（《公是集》卷四十九，《四庫》第 1095 册，第 836—837 頁）

曾　鞏

【揚顔】　揚雄纂言準仲尼，顔氏爲身慕虞舜。千里常憂及門止，爲山更欲一簣進。小人君子在所蹈，烈士貪夫不同徇。安得蠢蠢尚自恕，百年過眼猶一瞬。（陳杏珍、晁繼周點校：《曾鞏集》卷一，中華書局 1984 年版，第 7 頁）

【詠史二首（其一）】　子雲無由歸，俯首天禄閣。君平獨西南，抗顔觀寥廓。無猜到沉冥，有故驚寂寞。用心豈必殊，拘肆事終各。（《曾鞏集》卷二，第 16 頁）

【新序目録序（節録）】　漢興，六藝皆得於斷絶殘脱之餘，世復無明先王之道以一之者。諸儒苟見傳記百家之言，皆悦而向之。故先王之道爲衆説之所蔽，暗而不明，鬱而不發。而怪奇可喜之論，各師異見，皆自名家者，誕漫於中國。一切不異於周之末世，其弊至於今尚在也。自斯以來，天下學者知折衷於聖人，而能純於道德之美者，揚雄氏而止耳。如向之徒，皆不免乎爲衆説之所蔽，而不知有所折衷者也。孟子曰：待文王而興者，凡民也。豪傑之士，雖無文王猶興。漢之士豈特無明先王之道以一之者哉？亦其出於是時者，豪傑之士少，故不能特起於流俗之中、絶學之後也。（《曾鞏集》卷十一，第 176—177 頁）

【答王深父論揚雄書】　蒙疏示鞏，謂揚雄處王莽之際，合於箕子之明夷。常夷甫以謂紂爲繼世，箕子乃同姓之臣，事與雄不同。又謂《美新》之文，恐箕子不爲也。又謂雄非有求於莽，特於義命有所未盡。鞏思之恐皆不然。

方紂之亂，微子、箕子、比干三子者，蓋皆諫而不從，則相與謀，以謂去之可也，任其難可也，各以其所守自獻於先王，不必同也，此見於《書》三子之志也。三子之志，或去或任其難，乃人臣不易之大義，非同姓獨然者也。於是微子去之，比干諫而死，箕子諫而不從，至辱於囚奴。夫任其難者，箕子之志也，其諫而不從，至辱於囚奴，蓋盡其志矣，不如比干之死，所謂各以其所守自獻於先王，不必同也。當其辱於囚奴而就之，乃所謂明夷也。然而不去，非懷禄也；不死，非畏死也；辱於囚奴而就之，非無恥也。在我者，固彼之所不能易也。故曰内難而能正其志，又曰箕子之正，明不可息也。此箕子之事，見於《書》《易》《論語》，其説不同，而其終始可考者如此也。雄遭王莽之際，有所不得去，又不必死，辱於仕莽而就之，固所謂明夷也。然雄之言著於書，行著於史者，可得而考。不去非懷禄也，不死非畏死也，辱於仕莽而就之，非無恥也。在我者亦彼之所不能易也，故吾以謂與箕子合。吾之所謂與箕子合者如此，非謂合其事紂之初也。

至於《美新》之文，則非可已而不已者也。若可已而不已，則鄉里自好者不爲也，況若雄者乎？且較其輕重，辱於仕莽爲重矣。雄不得已而已，則於其輕者，其得已哉！箕子者至辱於囚奴而就之，則於《美新》，安知其不爲？而爲之亦豈有累哉？不曰堅乎，磨而不磷；不曰白乎，涅而不淄。顧在我者如何耳。若此者，孔子所不能免。故於南子，非所欲見也；於陽虎，非所欲敬也。見所不見，敬所不敬，此《法言》所謂詘身所以伸道者也。然則非雄所以自見者歟？孟子有言曰：天下有道，小德役大德，小賢役大賢；天下無道，小役大，弱役强。二者皆天也，順天者存，逆天者亡。而孔子之見南子，亦曰："予所否者，天厭之！天厭之!”則雄於義命，豈有不盡哉?

又云：介甫以謂雄之仕合於孔子無不可之義。夷甫以謂無不可者，聖人微妙之處，神而不可知者也。雄德不逮聖人，强學力行，而於義命有所未盡，故於仕莽之際，不能無差。又謂以《美新》考之，則投閣之事，不可謂之無也。夫孔子所謂無不可者，則孟子所謂聖之時也。而孟子歷叙伯夷以降，終曰乃所願則學孔子。雄亦爲《太玄賦》，稱夷齊之徒，而亦曰："我異於是，執《太玄》兮。蕩然肆志，不拘攣兮。"以二子之志，足以自知而任己者如此，則無不可者，非二子之所不可學也。在我者不及二子，則宜有可有不可，以學孔子之無可無不可，然後爲善學孔子。然後爲善學孔子。此言有以寤學者，然不得施於雄也。前世之傳者，以謂伊尹以割烹要湯，孔子主癰疽瘠環，孟子皆斷以爲非伊尹、孔子之事。蓋以理考之，知其不然也。觀雄之所自立，故介甫以謂世傳其投閣者妄，豈不亦猶孟子之意哉?

鞏自度學每有所進，則於雄書每有所得。介甫亦以爲然。則雄之言，不幾於測之而愈深、窮之而愈遠者乎?故於雄之事有所不通，必且求其意。况若雄處莽之際，考之於經而不繆，質之於聖人而無疑，固不待議論而後明者也。爲告夷甫，或以爲未盡，願更疏示。(《曾鞏集》卷十六，第265—266頁)

【筠州學記(節録)】　周衰，先王之跡熄。至漢，六藝出於秦火之餘，士學於百家之後。言道德者，矜高遠而遺世用；語政理者，務卑近而非師古。刑名兵家之術，則狃於暴詐。惟知經者爲善矣，又争爲章句訓詁之學，以其私見，妄穿鑿爲説。故先王之道不明，而學者靡然溺於所習。當是時，能明先王之道者，揚雄而已。而雄之書，世未知好也。然士之出於其時者，皆勇於自立，無苟簡之心，其取予進退去就，必度於禮義。及其已衰，而搢紳之徒，抗志於强暴之間，至於廢錮殺戮，而其操愈厲者，相望於先後。故雖有不軌之臣，猶低佪没世，不敢遂其篡奪。(《曾鞏

集》卷十八，第300－301頁）

司馬光

【乞印行荀子揚子法言狀】　臣等伏以戰國以降，百家蠭午，先王之道，荒塞不通。獨荀卿、揚雄排攘衆流，張大正術，使後世學者坦知去從。國家博采藝文，扶翼聖化，至於莊、列異端，醫方細伎，皆命摹刻，以廣其傳。顧兹二書，猶有所闕。雖民間頗畜私本，文字訛誤，讀不可通，誠恐賢達之言，浸成廢缺。今欲乞降下崇文院，將《荀子》揚子《法言》本精加考校訖，雕版送國子監，依諸書例印賣。臣等愚懵，不達大體，不勝區區，貪陳所見。（李之亮箋注：《司馬温公集編年箋注》卷一六，巴蜀書社2009年版，第11頁）

【讀玄】　余少之時，聞《玄》之名，而不獲見，獨觀雄之自序，稱《玄》盛矣。及班固爲雄傳，則曰："劉歆嘗觀《玄》，謂雄曰：空自苦，今學者有禄利，然尚不能明《易》，又如《玄》何？吾恐後人用覆醬瓿也。雄笑而不應。諸儒或譏，以爲雄非聖人而作經，猶春秋吴、楚之君僭號稱王，蓋誅絶之罪也。"固存此言，則固之意雖愈於歆，亦未謂《玄》之善如雄所云也。余亦私怪雄不贊《易》而别爲《玄》。《易》之道，其於天人之藴備矣，而雄豈有以加之？乃更爲一書，且不知其焉所用之，故亦不謂雄宜爲《玄》也。

及長學《易》，苦其幽奥難知，以爲《玄》者賢人之書，校於《易》，其義必淺，其文必易。夫登喬山者，必踐於坱埤；適滄海者，必沿於江漢。故願先從事於《玄》，以漸而進於《易》，庶幾乎其可跂而望也。於是求之積年，始得觀之。初則溟涬漫漶，略不可入。乃研精易慮，屏人事而讀之數十過，參以首尾，稍得窺其梗概。然後喟然置書嘆曰："嗚呼！揚子雲真大儒者邪！孔子既没，知聖人之道者，非子雲而誰？孟與荀殆不足擬，况其餘乎？觀《玄》之書，明則極於人，幽則盡於神，大則包宇宙，細則入毛髮。合天地人之道以爲一，刮其根本，示人所出，胎育萬物而兼爲之母，若地履之而不可窮也，若海挹之而不可竭也。蓋天下之道雖有善者，蔑以易此矣。考之於渾元之初，而玄已生；察之於當今，而玄非不行；窮之於天地之季，而玄不可亡。叩之以萬物之情而不漏，叩之以萬物之情而不漏，測之以鬼神之狀而不違，概以六經之言而不悖。藉使聖人復生，視《玄》必釋然而笑，以爲得己之心矣。乃知《玄》者所以贊《易》也，非别爲書以與《易》角逐也。何歆、固知之之淺，而過之之深也!”或曰：“《易》之法與《玄》異，雄不遵《易》而自爲之制，安在其贊《易》乎？且如與《易》同道，則既有《易》矣，何以《玄》爲?”曰：“夫畋者，所以爲禽也，網而得之與弋而得之何異？書者所以爲道也。《易》，網也；《玄》，弋也。何害不既設網而使弋者爲之助乎？子之求道，亦膠矣！且揚子作《法言》，所以準《論語》；作《玄》，所以準《易》。子不廢《法言》而欲廢《玄》，不亦惑乎？夫《法言》與《論語》之道，庸有異乎？《玄》之於《易》亦然。大厦將傾，一木扶之，不若衆木扶之之爲固也；大道將晦，一書辨之，不若衆書辨之之爲明也。學者能專精於《易》，誠足矣。然《易》，天也；《玄》者，所以爲之階也。子將升天而廢其階乎？先儒爲《玄》解者，誠已善矣。然子雲爲文既多訓詁，指趣幽邃，而《玄》又其難知者也。故今疑先儒之解，未能盡契子雲之志，世必有能通之者，比老終且學焉!”（《司馬温公集編年箋注》卷六八，第244—246頁）

【説玄】　《易》與《太玄》大抵道同而法異，《易》畫有二，曰陽曰陰；《玄》畫有三，曰一曰二曰三。《易》有六位，《玄》有四重。最上曰方，次曰州，次曰部，次曰家。本傳所謂“參摹而四分之，極於八十一”者也。

《易》以八卦相重爲六十四卦，《玄》以一二三錯於方、州、部、家爲八十一首。凡家每首輒變，三首而復初，如《中》《周》《礥》之類是也。

部三首一變，九首而復初，如《中》《閑》《上》之類是也。州九首一變，二十七首而復初，如《中》《羨》《從》之類是也。方二十七首一變，八十一首而復初，如《中》《更》《減》之類是也。八十一首以上不可復加，故曰“自然之道也”

《易》每卦六爻，合爲三百八十四爻，《玄》每首九贊，合爲七百二十九贊。《圖》曰：“《玄》有二道，一以三起，一以三生。以三起者，方、州、部、家也。以三生者，參分陽氣以爲三重，極爲九營，是爲同本離生，天地之經也。”本傳曰：“雄覃思渾天，參摹而四分之，極於八十一者，謂《玄》首也。”又曰“旁則三摹九據，極於七百二十九贊”者，謂《玄》贊也。首猶卦也，贊猶爻也。又曰：“觀《易》者見其卦而名之，觀《玄》者數其畫而定之。《玄》首四重者，非卦也，數也。”故《易》卦六爻，爻皆有辭；《玄》首四重，而别爲九贊以繫其下。然則首與贊分道而行，不相因者也。

皆當期之日。《易》卦氣起《中孚》，除《震》《離》《兑》《坎》四正卦二十四爻主二十四氣外，其餘六十卦，每卦六日七分，凡得三百六十五日四分日之一。《中孚》初九，冬至之初也。《頤》上九，大雪之末也，周而復始。《玄》八十一首，每首九贊，凡七百二十九贊，每二贊合爲一日，一贊爲晝，一贊爲夜，凡得三百六十四日半，益以《踦》《嬴》二贊，成三百六十五日四分日之一。《中》初一，冬至之初也，《踦》《嬴》二贊，大雪之末也，亦周而復始。凡《玄》首皆以《易》卦氣爲次序，而變其名稱，故《中》者《中孚》也，《周》者《復》也，《礥》《閑》者《屯》也，《少》者《謙》也，《戾》者《睽》也，餘皆仿此。故《玄首》曰：“八十一首，歲事咸貞。”《測》曰：“巡乘六甲，與斗相逢。曆以紀歲，而百穀時雍。”皆謂是也。

《易》有元、亨、利、貞，《玄》有罔、直、蒙、酋、冥。五者，《太玄》之德。罔，北方也，於《易》爲貞。直，東方也，於《易》爲元。

蒙，南方也，於《易》爲亨。酋，西方也，於《易》爲和。冥者未有形也。故《玄文》曰："罔蒙相極，直酋相敕，出冥入冥，新故更代。"《玄》首起冬至，故分貞以爲罔冥。罔者，冬至以後；冥者，大雪以前也。

《易》大衍之數五十，其用四十有九，《玄》天，地之策各十有八合爲三十六策，地則虚三，用三十三策。《易》揲之以四，《玄》揲之以三。《太玄》揲法：卦一而中分其餘，以三揲之，並餘於艻，一艻之後而數其餘，七爲一，八爲二，九爲三。

《易》有七九八六，謂之四象。《玄》有一二三，謂之三摹。皆畫卦首之數也。

《易》有《彖》，《玄》有《首》。《彖》者，卦辭也。《首》者，亦統論一首之義也。

《易》有爻，《玄》有贊。《易》有《象》，《玄》有《測》。測所以解贊也。

《易》有《文言》，《玄》有《文》。《文》解五德並《中》首九贊，《文言》之類也。

《易》有《繫辭》，《玄》有《攡》《瑩》《掜》《圖》《告》。五者皆推贊《太玄》，《繫辭》之類也。

《易》有《説卦》，《玄》有《數》。《數》者，論九贊所象，《説卦》之類也。

《易》有《序卦》，《玄》有《衝》。《衝》者，序八十一首，陰陽相對而解之，《序卦》之類也。

《易》有《雜卦》，《玄》有《錯》。《錯》者，雜八十一首而説之。

殊塗而同歸，百慮而一致。皆本於太極兩儀三才四時五行，而歸於道德仁義禮也。（《太玄集注》卷首，中華書局1998年版，第3—5頁）

【善惡混辯】　孟子以爲人性善，其不善者，外物誘之也。荀子以爲人性惡，其善者，聖人教之也。是皆得其偏而遺其大體也。夫性者，人之所受於天以生者也，善與惡必兼有之。是故雖聖人不能無惡，雖愚人不能無善，其所受多少之間則殊矣。善至多而惡至少，則爲聖人；惡至多而善至少，則爲愚人；善惡相半，則爲中人。聖人之惡不能勝其善，愚人之善不能勝其惡，不勝則從而亡矣，故曰："惟上智與下愚不移。"雖然，不學則善日消而惡日滋，學焉則惡日消而善日滋，故曰："惟聖罔念作狂，惟狂克念作聖。"必曰聖人無惡，則安用學矣？必曰愚人無善，則安用教矣？譬之於田，稻粱藜莠，相與并生，善治田者，耘其藜莠而養其稻粱，不善治田者反之。善治性者，長其善而去其惡，不善治性者反之。孟子以爲仁、義、禮、智皆出乎性者也，是豈可謂之不然乎？然不知暴慢、貪惑亦出乎性也，是知稻粱之生於田，而不知藜莠之亦生於田也！荀子以爲争奪殘賊之心，人之所生而有也，不以師法禮義正之，則悖亂而不治，是豈可謂之不然乎？然殊不知慈愛羞愧之心，亦生而有也。是知藜莠之生於田，而不知稻粱之亦生於田也。故揚子以爲人之性善惡混。混者，善惡雜處於身中之謂也。顧人擇而修之何如耳。修其善則爲善人，修其惡則爲惡人。斯理也，豈不曉然明白哉？如孟子之言，所謂長善者也；荀子之言，所謂去惡者也；揚子則兼之矣。韓文公解揚子之言，以爲始也混而今也善惡，亦非知揚子者也。（《司馬温公集編年箋注》卷七二，第 360—361 頁）

【辨揚】　或曰："揚子之諂也，以王莽爲可以繼周公、軼阿衡。"迂夫曰："得已哉？揚子之爲書也，品藻當世，蜀莊、子真、仲元，靡不及焉。莽宰天下，而自况於伊、周，敢遺諸乎？何、鮑之死，不可不畏也。雖然，莽自况伊、周則與之，况黄、虞，則不與也。其志將曰'爲伊、周而止'斯可矣。不止而至於篡，伊、周豈然哉？"（《司馬温公集編年箋注》卷七四，第 466—467 頁）

【太玄集注序】　漢五業主事宋衷始爲《玄》作《解詁》，吴鬱林太守陸績作《釋失》，晉尚書郎范望作《解贊》，唐門下侍郎平章事王涯注《經》及《首》《測》，宋興都官郎中直昭文館宋惟幹通爲之注，秦州天水尉陳漸作《演玄》，司封員外郎吴祕作《音義》。慶曆中光始得《太玄》而讀之，作《讀玄》。自是求訪此數書皆得之，又作《説玄》。疲精勞神三十餘年，訖不能造其藩籬，以其用心之久，棄之似可惜，乃依《法言》爲之集注，誠不知量，庶幾來者或有取焉。其直云宋者，仲子也。云小宋者，昭文郎中也。元豐五年六月丁丑，司馬光序。（《太玄集注》卷首，中華書局1998年版，第1頁）

【司馬温公注揚子序】　韓文公稱荀子，以爲在軻、雄之間。又曰："孟子醇乎醇者也，荀與揚，大醇而小疵。"三子皆大賢，祖六藝而師孔子。孟子好《詩》《書》，荀子好《禮》，揚子好《易》，古今之人共所宗仰，如光之愚，固不敢議其等差。然揚子之生最後，監於二子而折衷於聖人，潛心以求道之極致，至於白首，然後著書，故其所得爲多，後之立言者，莫能加也。雖未能無小疵，然其所潛最深矣，恐文公所云，亦未可以爲定論也。孟子之文直而顯，荀子之文富而麗，揚子之文簡而奥。唯其簡而奥也，故難知，學者多以爲諸子而忽之。

晉祠部郎中李軌始爲之注，唐柳州刺史柳宗元頗補其闕。景祐四年詔國子監校揚子《法言》，嘉祐二年七月始校畢上之；又詔直秘閣吕夏卿校定，治平元年上之。又詔内外制看詳，二年上之，然後命國子監鏤版印行。故著作郎宋咸，司封員外郎吴祕皆嘗注《法言》。光少好此書，研精竭慮，歷年已多。今老矣，計智識所及，無以復進，竊不自揆，輒采諸家所長，附以己意，名曰《集注》。凡觀書者，當先正其文，辨其音，然後可以求其義。故相宋公庠家有李祠部注本及《音義》，最爲精詳。《音義》多引天復本，不知"天復"何謂也。諸公校《法言》者，皆據以爲正，宋著作、吴司封亦據李本，而其文多異同，《音義》皆非之，以爲俗本。今獨以國子監所行者爲李本，宋著作、吴司封本，各以其姓别之，或參以《漢書》，從其通者，以爲定本。先審其音，乃解其義。然此特愚心所安，未必皆是。冀來者擇焉。元豐四年十一月己丑。涑水司馬光序。（《新

纂門目五臣音注揚子法言》卷首，清嘉慶九年寶慶經綸堂刻本）

王安石

【揚雄】　孔孟如日月，委蛇在蒼旻。光明所照耀，萬物成冬春。揚子出其後，仰攀忘賤貧。衣冠眇塵土，文字爛星辰。歲晚天禄閣，强顔爲《劇秦》。趨舍跡少迕，行藏意終鄰。壤壤外逐物，紛紛輕用身。往者或可返，吾將與斯人。（《宋文鑒》卷十六，中華書局1992年版，第223頁）

【揚雄二首】　子雲遊天禄，華藻鋭初學。覃思晚有得，晦顯無適莫。寥寥鄒魯後，於此歸先覺。豈嘗知符命，何苦自投閣。長安諸愚儒，操行自爲薄。謗嘲出異己，傳載因疏略。孟軻勸伐燕，伊尹干説亳。叩馬觸兵鋒，食牛要禄爵。少知羞不爲，况彼皆卓犖。史官蔽多聞，自古喜穿鑿。

子雲平生人莫知，知者乃獨稱其辭。今尊子雲者皆是，得子雲心亦無幾。聖賢樹立自有師，人知不知無以爲。俗人賤今常貴古，子雲今存誰女數。（王水照主編：《王安石全集》第五册《臨川先生文集》卷九，復旦大學出版社2016年版，第254—255頁）

【揚子二首】　儒者陵夷此道窮，千秋止有一揚雄。當時薦口終虚語，賦擬相如却未工。

道真沉溺九流渾，獨泝頽波討得源。歲晚强顔天禄閣，祇將奇字與人言。（《臨川先生文集》卷三十二，第644頁）

【揚子】　千古雄文造聖真，眇然幽思入無倫。他年未免投天禄，虚爲新都著《劇秦》。（《臨川先生文集》卷三十四，第682頁）

【揚孟】　賢之所以賢，不肖之所以不肖，莫非性也。賢而尊榮壽考，不肖而厄窮死喪，莫非命也。

論者曰："人之性善，不肖之所以不肖者，豈性也哉?"此學乎孟子之言性，而不知孟子之指也。又曰："人爲不爲命也，不肖而厄窮死喪，豈命也哉?"此學乎揚子之言命，而不知揚子之指也。孟子之言性，曰"性善”。揚子之言性，曰“善惡混”。孟子之言命，曰“莫非命也”。揚子之言命，曰“人爲不爲命也”。孟、揚之道未嘗不同，二子之説非有異也，其所以異者，其所指者異耳。此孔子所謂言豈一端而已，各有所當者也。孟子之所謂性者，正性也。揚子之所謂性者，兼性之不正者言之也。揚子之所謂命者，正命也。孟子之所謂命者，兼命之不正者言之也。夫人之生，莫不有羞惡之性，且以羞惡之一端以明之。有人於此，羞善行之不修，惡善名之不立，盡力乎善，以充其羞惡之性，則其爲賢也孰禦哉？此得乎性之正者，而孟子之所謂性也。有人於此，羞利之不厚，惡利之不多，盡力乎利，以充羞惡之性，則其爲不肖也孰禦哉？此得乎性之不正，而揚子之兼所謂性者也。有人於此，才可以賤而賤，罪可以死而死，是人之所自爲也。此得乎命之不正者，而孟子之兼所謂命者也。有人於此，才可以貴而賤，德可以生而死，是非人之所爲也。此得乎命之正者，而揚子之所謂命也。今夫羞利之不厚，惡利之不多，盡力乎利而至乎不肖，則揚子豈以謂人之性而不以罪其人哉？亦必惡其失性之正也。才可以賤而賤，罪可以死而死，則孟子豈以謂人之命而不以罪其人哉？亦必惡其失命之正也。孟子曰：“口之於味也，目之於色也，耳之於聲也，鼻之於臭也，四支之於安逸也，性也。有命焉，君子不謂性也。仁之於父子也，義之於君臣也，禮之於賓主也，知之於賢者也，聖人之於天道也，命也，有性焉，君子不謂命也。”然則孟揚之説，果何異乎？今學者是孟子則非揚子，是揚子則非孟子，蓋知讀其文而不知求其指耳，而曰我知性命之理，誣哉！（《王安石全集》第六册《臨川集先生文集》卷六十四，第1167—1168頁）

【原性】　或曰：“孟、荀、揚、韓四子者，皆古之有道仁人。而性者，有生之大本也。以古之有道仁人而言有生之大本，其爲言也宜無惑。何其説之相戾也。吾願聞子之所安。”

曰：“吾所安者，孔子之言而已。夫太極者，五行之所由生，而五行非太極也。性者，五常之太極也，而五常不可以謂之性。此吾所以異於韓子。且韓子以仁、義、禮、智、信五者謂之性，而曰天下之性惡焉而已矣。五者之謂性而惡焉者，豈五者之謂哉？孟子言人之性善，荀子言人之性惡。夫太極生五行，然後利害生焉，而太極不可以利害言也。性生乎情，有情然後善惡形焉，而性不可以善惡言也。此吾所以異於二子。孟子以惻隱之心人皆有之，因以謂人之性無不仁。就所謂性者如其説，必也怨毒忿戾之心人皆無之，然後可以言人之性無不善，而人果皆無之乎？孟子以惻隱之心爲性者，以其在内也。夫惻隱之心與怨毒忿戾之心，其有感於外而後出乎中者有不同乎？荀子曰：'其爲善者僞也。'就所謂性者如其説，必也惻隱之心人皆無之，然後可以言善者僞也。爲人果皆無之乎？荀子曰：'陶人化土而爲埴，埴豈土之性也哉？'夫陶人不以木爲埴者，惟土有埴之性焉，烏在其爲僞也。且諸子之所言，皆吾所謂情也，習也，非性也。揚子之言爲似矣，猶未出乎以習而言性也。古者有不謂喜、怒、愛、惡、欲情者乎？喜、怒、愛、惡、欲而善，然後從而命之曰仁也、義也。喜、怒、愛、惡、欲而不善，然後從而命之曰不仁也、不義也。故曰：有情然後善惡形焉。然則善惡者，情之成名而已矣。孔子曰：'性相近也，習相遠也。'吾之言如此。""然則'上智與下愚不移'，有説乎？"曰："此之謂智愚，吾所云者，性與善惡也。惡者之於善也，爲之則是；愚者之於智也，或不可强而有也。伏羲作《易》，而後世聖人之言也，非天下之至精至神，其孰能與於此？孔子作《春秋》，則游、夏不能措一辭。蓋伏羲之智，非至精至神不能與，惟孔子之智，雖游、夏不可强而能也。况所謂下愚者哉？其不移明矣。"或曰："四子之云爾，其皆有意於教乎？"曰："是説也，吾不知也。聖人之教，正名而已。"（《臨川先生文集》卷六十八，第1234—1235頁）

【禄隱】　孔子叙逸民，先伯夷、叔齊而後柳下惠，曰"不降其志，不辱其身，伯夷、叔齊也，柳下惠降志辱身矣"。孟子叙三聖人者，亦以伯夷居伊尹之前。而揚子亦曰孔子"高餓顯，下禄隱"。夫聖人之所言高者，是所取於人而所行於己者也。所言下者，是所非於人而所棄於己者也。然而孔孟生於可避之世，而未嘗避也。蓋其不合則去，則可謂不降其志，不辱其身矣。至於揚子，則吾竊有疑焉爾。當王莽之亂，雖鄉里自喜者知遠其辱，而揚子親屈其體，爲其左右之臣，豈君子固多能言而不能行乎？抑亦有以處之，非必出於此言乎？

曰：聖賢之言行有所同，而有所不必同，不可以一端求也。同者，道也。不同者，跡也。知所同而不知所不同，非君子也。夫君子豈固欲爲此不同哉。蓋時不同，則言行不得無不同。唯其不同，是所以同也。如時不同而固欲爲之同，則是所同者跡也，所不同者道也。跡同於聖人而道不同，則其爲小人也孰禦哉？世之士不知道之不可一跡也久矣。聖賢之宗於道，猶水之宗於海也。水之流，一曲焉，一直焉，未嘗同也。至其宗於海，則同矣。聖賢之言行，一伸焉，一屈焉，未嘗同也。至其宗於道，則同矣。故水因地而曲直，故能宗於海。聖賢因時而屈伸，故能宗於道。孟子曰："伯夷、柳下惠，聖人也，百世之師也。"如其高餓顯、下禄隱，而必其出於所高，則柳下惠安擬伯夷哉？揚子曰"塗雖曲而通諸夏則由諸，川雖曲而通諸海則由諸"，蓋言事雖曲而通諸道，則亦君子所當同也。由是而言之，餓顯之高，禄隱之下，皆跡矣。豈足以求聖賢哉？唯其能無係累於跡，是以大過於人也。如聖賢之道皆出於一，而無權時之變，則又何聖賢之足稱乎？聖者，知權之大者也。賢者，知權之小者也。昔紂之時，微子去之，箕子爲之奴，比干諫而死。此三人者，道同也，而其去就若此者，蓋亦所謂跡不必同矣。《易》曰"或出或處，或默或語"，言君子之無可無不可也。使揚子寧不至於耽禄於弊時哉？蓋於時爲不可去，必去，則揚子之所知亦已小矣。（《臨川先生文集》卷六十九，第1239—1240頁）

【答龔深父書】　某得手筆，感慰，尤喜侍奉萬福。所示王深父事甚曉然。不爲小廉曲謹以投衆人耳目，而趣舍必度於仁義，是乃深父所以合於古人，而衆人所以不識深父者也。言之於深父何病？揚雄亦用心於内，不求於外，不修廉隅以徼名當世。故某以謂深父於爲雄，幾可以無悔。揚雄者，自孟軻以來，未有及之者。但後世士大夫，多不能深考之爾。孟軻，聖人也。賢人則其行不皆合於聖人，特其智足以知聖人而已。故某以謂深父其知能知軻，其於爲雄，幾可以無悔。揚雄之仕，合於孔子“無不可”之義，奈何欲非之乎。若以深父不仕爲過於雄，則自雄以來能不仕者多矣，豈皆能過於雄乎？若以深父之不仕爲與雄異，則孟子稱禹、稷、顔回同道，深父之於爲雄，其以强學力行之所至，仕不仕特其所遭義命之不同，未可以議於此。深父，吾友也，言其美，尤不敢略，亦不敢誣，所以致忠信於吾友。然以久廢學，恐所論尚不中，不惜更詳喻及也。

（《臨川先生文集》卷七十二，第1193—1194頁）

吕　陶

【揚雄論】　世之論《太玄》者多矣，是非何其異乎？或曰：雄之爲《玄》也，得自然之數，始於一而三之，故有天地人之體而統之曰玄。四乘之極而至於八十一，故有方、州、部、家之位，而名之曰首。從而三之，故有二百四十三表。又從而三之，故有七百二十九贊。以一首爲四分度之一，而周天之夜。又以《踦》《嬴》爲四分度之一，而周天之度。二十八宿之次，舍一期之日，四時之氣節，盡於此矣。猶六十卦之當夫一歲，而有六日七分也。或曰：《玄》之數可損益也。首爲者四日有半，而爲分者四百八十有七，則所謂周天之度，與夫四分度之一者，亦可以合也。其《踦》與《嬴》者，不必加之也。

嗚呼，雄之爲《玄》，止於是而已乎？曰：未也。昔之作《易》，蓋有憂乎於後世矣。深探天地之本，而得於數之自然。數不可以爲教，乃畫之一卦，擬之以象，重之以爻，繫之以辭，而後見三才之用焉。故曰立天之道，曰陰與陽；立地之道，曰柔與剛；立人之道，曰仁與義。然則《易》之生也，出於數。而其成也，數亦隱矣。聖之所以之濟乎斯民者，曰道也。道之用，在乎教也。彼天地五行之奇偶者，不適夫道之用也。雄之書，其爲數乎，抑爲道乎？觀其覃思於渾天，三摹而九據，索研陰陽晝夜之運，考究節候鐘律之紀，星斗五行既得其詳，然後定之以爲首，叙之以爲贊，以求合乎周天之度。一歲之日則幾乎爲數而已也。至於一首之不同，則言一時之理；一贊之不同，則言一人之事。而又設爲《衝》《錯》《測》《攡》《瑩》《數》《文》《棿》《圖》《告》，以解剥其義而敷繹其教。關之以休咎禍福，播之以進退動静。其微則一身之吉凶悔吝，其聚則天下之安危治亂。以可以推而及之，蓋爲道之用而著以爲教也者，亦有憂患後世之心而不獨爲乎數也。然則説者多惑其數，少言其道，抑有由矣。蓋其説曰與《太初曆》合，而又有《顓頊曆》。夫曆者，以數推天之書也。以數而差於天，不能不差於秒忽。是故千載之後，疎密異端，而其法不可歸一。使雄之書，專爲曆耶？其數雖有小差，尚可成一家之法，未必廢而無取。况雄之所爲者，寓乎數而言乎道哉。然則所謂合《太初》《顓頊》曆者，《玄》之體也。寓乎數而言乎道者，《玄》之用也。説者貴其道之有取，而不議其數之何如，可也。昔王莽用之以筮，旦占而遇《乾》，其贊則一五七，蓋言以逆爲事，而終至於害身。故其贊三違，示其不可動於禍亂也。此與夫南蒯將叛，而子服惠伯謂《易》不可以占險之義同矣。雄爲數乎，爲道乎！（《净德集》卷十五，《四庫》第1098册，第118—120頁）

楊　傑

【荀揚大醇而小疵賦】　周、漢運否，荀、揚教傳。雖曰醇之大者，亦有疵之小焉。皆命世以爲文，言非不粹；與生知而較美，道未能全。嘗聞人異禽魚，性鍾天地，全而禀者曰聖哲，偏而得者曰賢智。聖無不通，賢有未至。是以周公、尼父，率臻大道之醇；荀况、子雲，未免纖瑕之累。蜀國宗匠，齊王老師。雖抱重器，不逢盛時。欲卷道以自處，疾没世而無知。由是簡册其藴，瓊瓌爾辭，立大功於是矣，未盡善者有之。

著書三十二篇，義差而駁；準《易》八十一首，理或而醨。至如論性之淵源，談道之極摯，或曰善惡一而混，或曰禮義皆其僞。以禮義爲僞，則堯、舜之法歸乎詐；以善惡相混，則鮌禹之心何以異？兩賢於道，擇不精而語不詳；三子之間，得其一而失其二。又若對臨武以問兵之術，推子淵以晞聖之徒。遠罪特愚於晁錯，談經私美於童烏。是所謂珠不無纇，瑕無掩瑜。然無傷於大義，寔有累於名儒。非倡道之子思，將何以教？美不臣之新室，幾近於誣。向使親承鄒魯之範模，獲偶淵騫而論討，然則善得以盡，辨無不早。數萬言皆造醇道，千百世以爲至寶。雜乎其雜，當殊太史之書；醇乎其醇，可擬孟軻之道。奈何智有失慮，人無全能。一則晦名於天禄，一則朽骨於蘭陵。俱有篆雕之雜，難全粹美之稱。亦猶務涉獵者賈山，醇儒不足；悦紛華者子夏，具體何曾？噫！荀也倡道於前，揚也和之於後。助詩書禮樂之化，謹父子君臣之守。斯文未喪，大疵則否。何韓愈氏重而過之？蓋責賢人也厚。（楊傑著，曹小雲校箋：《無爲集校箋》卷一，黄山書社 2014 年版，第 26—28 頁）

侯　溥

【郫縣何公祠堂記（節録）】　漢德中缺，而大盜作。方此之時，蜀郡有二仁焉。生焉而仁，其唯揚子雲乎！死焉而仁，其唯何君公乎！子雲於漢，爲給事黄門，三世不徙官。其受禄也輕，其任事也微。一日遭新莽之變，而責子雲以死國，是不知道者也。《詩》曰“既明且哲，以保其身”，其子雲之謂乎！君公起諸生而位三公，爵通侯。主在與在，主亡與亡，固其職矣。奸憝構誣，卒以隕生。《詩》云“之死矢靡它”“之死矢靡慝”，其君公之謂乎！子雲不死，而《大玄》《法言》垂之萬世，猶箕子之有《洪範》也；君公不生，而高名大節千古凜凜，猶比干之諫而死也。使子雲有君公之位，而君公居子雲之地，則亦彼死而此生矣。生者以文傳，而死者以忠傳。文可日見，忠隨世異。是以子雲之祠盛於蜀，而君公

獨未聞焉。（袁説友等編，趙曉蘭整理：《成都文類》卷三十四，中華書局 2011 年版，第 667—668 頁）

程　顥、程　頤

世之議子雲者，多疑其投閣之事。以《法言》觀之，蓋未必有。又天禄閣世傳以爲高百尺，宜不可投。然子雲之罪，特不在此。黽勉於莽、賢之間，畏死而不敢去，是安得爲大丈夫哉！（王孝魚點校：《二程集·遺書》卷四，中華書局 2004 年版，第 73 頁）

《大玄》中首："中，陽氣潛萌於黄宫，信無不在乎中。"養首："一，藏心於淵，美厥靈根。測曰：藏心於淵，神不外也。"揚子雲之學，蓋嘗至此地位也。（《二程集·遺書》卷十一，第 130—131 頁）

荀卿才高學陋，以禮爲僞，以性爲惡，不見聖賢，雖曰尊子弓，然而時相去甚遠。聖人之道，至卿不傳。揚子雲仕莽賊，謂之"旁燭無疆"，可乎？隱可也，仕不可也。（《二程集·外書》卷十，第 403 頁）

蘇　軾

【揚雄論】　昔之爲性論者多矣，而不能定於一。始孟子以爲善，而荀子以爲惡，揚子以爲善惡混。而韓愈者又取夫三子之説，而折之以孔子之論，離性以爲三品，曰："中人可以上下，而上智與下愚不移。"以爲三子者，皆出乎其中，而遺其上下。而天下之所是者，於愈之説爲多焉。嗟夫，是未知乎所謂性者，而以夫才者言之。夫性與才相近而不同，其别不啻若白黑之異也。聖人之所與小人共之，而皆不能逃焉，是真所謂性也。而其才固將有所不同。今夫木，得土而後生，雨露風氣之所養，暢然而遂茂者，是木之所同也，性也。而至於堅者爲轂，柔者爲輪，大者爲楹，小者爲桷。桷之不可以爲楹，輪之不可以爲轂，是豈其性之罪耶？天下之言性者，皆雜乎才而言之，是以紛紛而不能一也。

孔子所謂“中人可以上下”而“上智與下愚不移”者，是論其才也。而至於言性，則未嘗斷其善惡，曰“性相近也，習相遠也”而已。韓愈之説，則又有甚者，離性以爲情，而合才以爲性。是故其論，終莫能通。彼以爲性者，果泊然而無爲耶，則不當復有善惡之説。苟性而有善惡也，則夫所謂情者，乃吾所謂性也。人生而莫不有饑寒之患，牝牡之欲，今告乎人曰：饑而食，渴而飲，男女之欲，不出於人之性也。可乎？是天下知其不可也。聖人無是，無由以爲聖；而小人無是，無由以爲惡。聖人以其喜、怒、哀、懼、愛、惡、欲七者禦之，而之乎善；小人以是七者禦之，而之乎惡。由此觀之，則夫善惡者，性之所能之，而非性之所能有也。且夫言性者，安以其善惡爲哉？

雖然，揚雄之論，則固已近之，曰：“修其善則爲善人，修其惡則爲惡人。”此其所以爲異者，唯其不知性之不能以有夫善惡，而以爲善惡之皆出乎性也而已。夫太古之初，本非有善惡之論，唯天下之所同安者，聖人指以爲善；而一人之所獨樂者，則名以爲惡。天下之人，固將即其所樂而行之，孰知夫聖人唯其一人之獨樂不能勝天下之所同安，是以有善惡之辨？而諸子之意，將以善惡爲聖人之私説，不已疏乎！而韓愈又欲以書傳之所聞昔人之事跡，而折夫三子之論，區區乎以後稷之岐嶷，文王之不勤，瞽、鯀、管、蔡之跡而明之。聖人之論性也，將以盡萬物之天理，與衆人之所共知者，以折天下之疑。而韓愈欲以一人之才，定天下之性，且其言曰：“今之言性者，皆雜乎佛、老。”愈之説，以爲性之無與乎情，而喜怒哀樂皆非性者，是愈流入於佛、老而不自知也。（孔凡禮點校：《蘇軾文集》卷四，第110—111頁）

【晁君成詩集引（節録）】　達賢者有後，張湯是也。張湯宜無後者也。無其實而竊其名者無後，揚雄是也。揚雄宜有後者也。達賢者有後，吾是以知蔽賢者之無後也。無其實而竊其名者無後，吾是以知有其實而辭其名者之有後也。賢者，民之所以生也，而蔽之，是絶民也。名者，古今之達尊也，重於富貴，而竊之，是欺天也。絶民欺天，其無後不亦宜乎！故曰達賢者與有其實而辭其名者皆有後。吾常誦之云爾。（《蘇軾文集》卷十，第319頁）

【與謝民師推官書】　軾啓。近奉違，亟辱問訊，具審起居佳勝，感慰深矣。軾受性剛簡，學迂材下，坐廢累年，不敢復齒縉紳。自還海北，見平生親舊，惘然如隔世人，况與左右無一日之雅，而敢求交乎？數賜見臨，傾蓋如故，幸甚過望，不可言也。

所示書教及詩賦雜文，觀之熟矣。大略如行雲流水，初無定質，但常行於所當行，常止於所不可不止，文理自然，姿態横生。孔子曰："言之不文，行而不遠。"又曰："辭達而已矣。"夫言止於達意，即疑若不文，是大不然。求物之妙，如繫風捕影，能使是物了然於心者，蓋千萬人而不一遇也。而况能使了然於口與手者乎？是之謂辭達。辭至於能達，則文不可勝用矣。揚雄好爲艱深之詞，以文淺易之説，若正言之，則人人知之矣。此正所謂雕蟲篆刻者，其《太玄》《法言》皆是類也。而獨悔於賦，何哉？終身雕蟲，而獨變其音節，便謂之經，可乎？屈原作《離騷經》，蓋風雅之再變者，雖與日月争光可也。可以其似賦而謂之雕蟲乎？使賈誼見孔子，升堂有餘矣，而乃以賦鄙之，至與司馬相如同科！雄之陋，如此比者甚衆。可與知者道，難與俗人言也。因論文偶及之耳。歐陽文忠公言文章如精金美玉，市有定價，非人所能以口舌定貴賤也。紛紛多言，豈能有益於左右。愧悚不已。所須惠力法雨堂字。軾本不善作大字，强作終不佳，又舟中局迫難寫，未能如教。然軾方過臨江，當往遊焉。或僧欲有所記録，當作數句留院中，慰左右念親之意。今日已至峽山寺，少留即去。愈遠。惟萬萬以時自愛。不宣。（《蘇軾文集》卷四十九，第1418—1419頁）

【韓愈優於揚雄】　韓愈亦近世豪傑之士，如《原道》中言語，雖有疵病，然自孟子之後，能將許大見識尋求古人，自亦難得。觀其斷曰：

“孟子醇乎醇；荀、揚擇焉而不精，語焉而不詳。”若不是他有見識，豈千餘年後便斷得如此分明？如揚雄，謂老子之言道德，則有取焉爾；至於搥提仁義，絶滅禮樂爲無取。若以老子剖斗折衡而民不争、聖人不起爲救時反本之言爲無取，尚可恕；如老子言“失道而後德，失德而後仁，失仁而後義，失義而後禮”，則不識道已不成言語，却言其言道德則有取。揚子亦自不見此，其與韓愈相去遠矣。（《蘇軾文集》卷六十五，第 2035 頁）

【書柳文瓶賦後】　漢黄門郎揚雄作《酒箴》，以諷諫成帝。其文爲酒客難法度士。譬之於物，曰子猶瓶矣。觀瓶之居，思井之眉。處高臨深，動常近危。酒醪不入口，臧水滿懷。不得左右，牽於纆徽。一旦叀礙，爲甇所轠。身提黄泉，骨肉爲泥。自用如此，不如鴟夷。鴟夷滑稽，腹如大壺。盡日盛酒，人腹借酤。常爲國器，託於屬車。出入兩宫，經營公家。由是言之，酒何過乎！

或曰：柳子厚《瓶賦》，拾《酒箴》而作。非也。子雲本以諷諫設問以見意耳。當復有答酒客語，而陳孟公不取，故史略之，子厚蓋補亡耳。然子雲論屈原、伍子胥、晁錯之流，皆以不智譏之；而子厚以瓶爲智，幾於信道知命者，子雲不及也。子雲臨憂患，顛倒失據，而子厚尤不足觀，二人當有愧於斯文也耶！元祐六年六月二十七日。（《蘇軾文集》佚文卷五，第 2543 頁）

【偶與客飲，孔常父見訪，方設席延請，忽上馬馳去，已而有詩，戲用其韻答之】　揚雄他文皆不奇，獨稱觀瓶居井眉。酒客法士兩小兒，陳遵張竦何曾知。主人有酒君獨辭，蟹螯何不左手持。豈復見吾衡氣機，遣人追君君絶馳。盡力去花君自癡，醍醐與酒同一巵，請君更問文殊師。（《蘇詩補注》卷二十八，鳳凰出版社 2013 年版，第 835 頁）

龔　原

【進《周易新講義》序（節録）】　揚雄之言《太玄》也，曰謹問其姓而審其家，觀其所遭遇，劘之於事，詳之於數，逢神而天之，觸地而田之，則《玄》之情也得矣。此學《易》之説也。（《周易新講義》卷首，《續修》第1册，第614頁）

黄庭堅

【溪上吟（節録）】　念昔揚子雲，刻意師孟軻。狂夫移九鼎，深巷考四科。亦有好事人，時能載酒過。無疑舉爾酒，定知我爲何。（任淵、史容、史季温注，劉尚榮點校：《黄庭堅詩集注》外集卷一，中華書局2003年版，第747頁）

【次韻奉送公定（節録）】　至今揚子雲，不與俗諧嬉。歲晚草《玄經》，覃思寫天維。脱身天禄閣，危於劍頭炊。卧聞策董賢，閉門甘忍饑。五侯盛賓客，騶轡交横馳。時通問字人，得酒未曾辭。（《黄庭堅詩集注》外集卷四，第856頁）

【送楊瓘雁門省親（節録）】　執戟老翁年七十，人看生理亦無聊。草《玄》事業窺《周易》，作賦聲名動漢朝。（《黄庭堅詩集注》外集卷第六，第929頁）

【寄晁元忠（節録）】　子雲賦《逐貧》，退之文《送窮》。二作雖類俳，頗見壯士胸。（《黄庭堅詩集注》外集卷第十二，第1179頁）

【讀方言】　八月梨棗紅，繞墻風自落。江南風雨餘，未覺衣衾薄。壁蟲憂寒來，催婦織衣著。荒畦杞菊花，猶用充羹臛。連日無酒飲，令人風味惡。頗似揚子雲，家貧官落魄。忽聞輶軒書，澀讀勞輔齶。虚堂漏刻間，九土可領略。願多載酒人，喜我識字博。設心更自笑，欲過屠門嚼。往時抱經綸，待價一丘壑。卜師非熊羆，夢相解縻索。所欲吾未奢，儻使耕可獲。今年美牟麥，廚饌豐餅拓。摩莎腹中書，安知非糟粕。（《黄庭堅詩集注》外集卷十三，第1213—1214頁）

章望之

【書揚雄傳後】　世皆稱揚子雲作《劇秦美新》，以取媚乎妖莽。而

《法言》亦曰："自周公已來，未有如漢公之懿也，勤勞則過阿衡。"噫，誠如是，何以爲子雲哉！

始讀其書，則固疑其爲人。及讀班史列傳，則曰哀、平之世，莽爲三公，權傾人主，所薦莫不拔擢，而雄三世不徙官。及莽篡位，談説之士用符命稱功德獲封爵者甚衆，雄復不侯，以耆老久次，轉爲大夫，其恬於勢利如是，而卒無一語稱雄有《劇秦美新》之作。其後，時人譏之曰"爰清净，作符命"者，蓋是時劉棻以符命被戮，棻嘗學奇字於雄，及索其黨，雄恐禍及，遂有投閣之事，非謂其身作符命也。

以余思，若《美新》之文，乃當時諸儒嫉雄者所欲以隳其名於後世，非雄本作也。既以是文隳雄之名，又懼後世以雄苟避一時之禍，非本意媚莽，則其名未甚隳矣，於是又即其所著《法言》，加之以"漢公之懿"，以表裏其説，欲使後知雄真屈道媚莽者。

夫嫉雄之深，莫如班孟堅。其傳末稱其非聖人而作經，故卒有滅絶之禍。苟有媚新，直而書之，足以累雄於千萬世間，何反默而不傳也。又稱其恬勢利如前之所云哉？固之《典引》曰："揚雄《美新》，典而無實。"余亦謂當時嫉雄者造作《美新》，又恐不得傳於後，故增是辭於《典引》之中，以信其傳。不然，固何弗稱於本傳而反稱於《典引》也？且雄果有媚莽之文，豈不能取封爵、獲富貴於莽朝哉？終莽之朝，位才一大夫，蓋其守正自若，不撓不屈，而至於是也。

夫所謂"法言"者，言而爲後世法也。苟稱妖莽之勤也過於阿衡而繼於周公，則一苟媚之書，何以爲法於後世哉？雄果以是言媚於莽，則其後敢曰"漢興二百一十載而中夫"乎？雄知莽之必滅，漢之必興，潛著是言於言之末，欲以劉氏之復立者，是其懷忠履潔若是之炳炳也，又何以致疑於雄哉？

噫！柳宗元、柳仲塗，大儒也，皆惑於是言而曲爲之説，雖欲釋雄之過，而不知非雄所爲也，又况於不及二柳者，則其致疑之心，果可以釋

乎？余是以書之傳末，以告來者。（《新刊國朝二百家名賢文粹》卷一九四，《續修》第1654册，第96頁）

吕南公

【與楊次公書】　某頃年同諸生録鄉先生王補之文，其中《送行序》一篇，道閣下於三《禮》之學用力敏强，悉能考正崇義舊圖，以成一家書。最後又聞閣下作《極書》，以攟糾《太玄》之所不盡。於是興嘆聲，以爲苟於學事短闕，安能遑暇於斯？沾沾舉人，檢韻商對，偶以臨做進取之文，常若不及，彼於先儒之業，是非乎何有？夫二帝三王之治，嘿滅而復行於世，凡有心識，莫不知之。然則陳跡餘文，存與不存，知與不知，於當今世用何所關礙？况於漢人陰陽星氣，律曆推步之學，而足討論？揚雄在時，笑者頰輔已疼。到今千載，士雖間有讀者，而《玄》之道實無寸刻得行。是以《太玄》、三《禮》之書，其度數是非，不爲進取人貪愛，亦有由自。但博聞多識，先王之所以貴夫窮理，則六合之内外，苟可以爲説者，詎容不知？韓退之稱欲盡讀人間所有之書，蓋非偶然之意。農翁之善蓄稻也，層藏累納，有淹二十年不發售者，紅枯自腐，童子知其不任炊煮，然而莫敢以不富謂翁。則夫閣下之用心，縱不能助功勸於今，然亦足以對舉人稱富。夫富，非家常人有之事也，則補之寧能不以言？補之且不得勿言，則某之區區方闕然，而多識博聞，能無賞嘆？日者會承閣下來掌敝邑之簿書，私懷喜幸，以爲平昔之所聽聞，正遂親見，二書所至，冀將得以借讀而就講之，而不自知疎惰之因，仍謁未及陳，而閣下已赴臺符之選，顧往而莫之前，於邑何盡？自車馬之去邑且半年矣，雖不嘗參奉神鋒，而傳覽閣下之辯論文辭，亦既良多。念二書已足傳世，而士流所説復不止此，皆稱閣下精達老佛之書，有底之論，以備諮諏。嗟乎！閣下之富，其遂不可極耶？何其力之豐也？昔者孔子門弟子，下及孟、荀、揚、王諸公，皆無力於鉤考繼傳數制之異同，與夫掩襲星官曆伯之所失，顧其有以易此，則亦未易言耳。今閣下悉能諸公之所不能，而又收功於老佛，則夫未言者，某知乎哉？知賞嘆不忘而已。自撫去洪，次舍不遠，方以拘滯，不獲亟造譚筵，二書之講求，何時適願？況於老佛之論，而敢蘄於側聆？北望下風，欽悚欽悚。（《灌園集》卷十，《四庫》第1123册，第106—107頁）

蒲　瀛

【揚子雲墨池】　寂寞一區宅，沈冥千載豪。人輕執戟賤，誰識草《玄》高，蝌蚪猶翻墨，提壺欲載醪。著書端有意，不必《反離騷》。（袁説友等編，趙曉蘭整理：《成都文類》卷八，中華書局2011年版，第160頁）

秦　觀

【擬郡學試近世社稷之臣論】　古之所謂社稷之臣者，至矣！忠足以竭才性之分，敏足以應事物之變。苟利社稷，則遂事矯制，雖君有所不從；苟害社稷，則伏節死誼，雖身有所不顧。夫人莫不尊於君，莫不親於身，君與身也猶有時而忘之，知有社稷之事而已，況其他乎！此古之所謂社稷之臣者也。揚子《法言》：“或問近世社稷之臣，曰：‘若張子房之智，陳平之無誤，絳侯勃之果，霍將軍之勇，終之以禮樂，可謂社稷之臣矣。’”夫揚子之所以有取於四子者，豈以運籌帷幄之中，制勝於無形歟？料敵制變、筭無遺策、攻城野戰、前無堅敵歟？出入禁闥二十餘年，小心謹慎，未嘗有過歟？果在乎是，則戰國之末士，一介之庸人，皆可以爲社稷之臣矣，豈揚子之意哉？方高帝之時，天下初定，諸將論功，日夜不決。子房辭齊三萬户，願封於留，又勸先封雍齒，諸將乃服。及欲廢太子，子房乃行少傅事，晏然處於叔孫通之下，招致四老人者以羽翼之，太子以安，此其所以有取於子房者也。高后時，諸吕擅權，欲危劉氏，平、勃用陸賈之謀，深自相結，卒能誅諸吕，迎文帝於代而立之，此其所以有取於陳平、絳侯勃者也。後元、元平之際，漢室多故，子孟擁昭立宣，政由己出，前後二十年，海内厭服，此其有取於霍將軍者也。然光不學無術，闇於大體，死纔三年，宗族誅夷。勃免相就國，不遠嫌疑，陷於吏議，幾致顛覆。平多陰禍，至孫而廢，掌雖親貴，終以不侯。子房雖無三子之過，然不能爲漢制禮作樂，追跡三代之隆，以聖人之道概之，皆未得爲全人也。故曰"終之以禮樂"。雖然，四人者，或氏而字之，或氏而名之，或爵而名之，或氏而官之，何也？此蓋揚子之深意，《春秋》之大法也。《春秋》之法，雖貴賤不嫌同號，美惡不嫌同辭，然而州不若國，國不若氏，氏不若人，人不若名，名不若字，字不若爵，爵不若子，因此等以寄褒貶焉。氏者，别其所自出也，字以言其德，名以言其體，爵以言其功，官以言其業。張子房以智，蓋言其德也，故氏而字之。陳平以無誤，蓋言其體也，故氏而名之。絳侯勃以果，蓋言其功，故爵而名之。霍將軍以勇，蓋言其業，故氏而官之。四人者，子房最優，故獨字之。絳侯勃爲下，故獨不氏焉。嗚呼，不如是，何足以爲法言。（秦觀撰，徐培均箋注：《淮海集箋注》卷二十三，上海古籍出版社2000年版，第778—779頁）

李　復

【又答趙子强書】　某承論，揚子雲，近世學者謂之聖人，此論甚未當。若惟寂惟寞，自投閣；爰清爰静，作符命。皆舊史之妄。班固去雄未遠，其傳與贊皆謂之妄。今去雄千年，緣何而别爲之辭。史若不可信，雄又言"未有如漢公之懿"，此又何如？有道則仕，《劇秦美新》合於理義否？按《雄家牒》，雄以天鳳五年卒，葬於安陵阪上，當時所厚如沛郡桓君山，平陵茹子禮，弟子鉅鹿侯芭，共爲治喪。侯芭作墳，號曰"玄塚"，已湮滅不可見。某又上。（《潏水集》卷四，《四庫》第1121册，第35頁）

【又答趙子强書（節録）】　揚雄之於道，自無所得也。作《法言》，其問者非所疑也，其答者非所不知也。作《太玄》，以《太初曆》之法分四時二十四氣二十八舍之度，太陽所行之數，文之以言，擬乎《易》，特好名而爲之也。使雄若知道，《法言》與《太玄》皆不作矣。夫聖人之道，至於神極矣。揚雄之《法言》曰："神在所潛，潛天而天，潛地而地。天地，神明之所不測。心之潛也，猶將測之，况於人乎？况於事倫乎？"此雄以思索爲神，其意乃謂《太玄》也。觀《太玄》於《易》，果有得乎？《易》曰"神者妙萬物而爲言也"，《孟子》曰"聖而不可知之之謂神"，至於聖而又進矣，然後可以知神。雄果進於聖乎？艱言苦思，贅爲此書，豈非好名者乎？遽中草略奉啓，言無詮次，幸照察，某再啓。（《潏水集》卷四，第36頁）

【雜詩一首】　珍圖出滎河，八卦開奥秘。聖人重因襲，已極露隱細。大衍四十九，周流通一氣。陰陽窮必變，往反無終始。元化密推移，消長先默契。鬼神無遁情，垂詔億萬世。如何揚子雲，求名誇譎詭。藻繪《太初曆》，設畫隨啓閉。盈縮無常運，《踦》《嬴》謾擬議。安得宇宙間，別更有天地。文字但艱苦，白首困心志。侯芭何所知，枝指徒爲贅。（《潏水集》卷九，第89頁）

晁補之

【揚雄論周官左氏司馬遷當否】　問：孔子没，儒者能以其學明天下，莫如揚雄。雄習孔子，後世學焉，以要諸聖，則其爲説宜若考之而無不當者。今雄書論《周官》曰"立事"，《左氏》曰"品藻"，太史遷曰"實録"。夫周公之德，與周之所以王，郁郁乎其文之盛，抑立事而已也？不然，則雄之言何獨取諸此也？富而豔，其失也誣，則《左氏》之"品藻"也何有？甚多疏略，或有抵牾，則太史遷之"實録"也何有？然而曰"品藻"，曰"實録"，辭達如揚雄，豈苟乎哉？

或曰：有所是、有所非，亦品藻也，於此乎長而已，不害其爲誣。無所增、無所損，亦實録也，於此乎長而已，不害其爲抵牾。則雄之意又信若是者，非耶？聞也、見也，無所從考，則君子不論。三者其書固在，非疑且殆，則學者之所講，安得而闕也？（《雞肋集》卷三十八，《四庫》第1118册，第700—701頁）

【太玄】　問：孔子没，聖人之道得孟子而傳。孟子没，後世學者思之微，莫如揚雄。揚雄爲《太玄》，準《易》，數起黄鐘，曆本《太初》，儀用渾天，規摹乎始而盡弊乎終。終故窮，窮故變，變故神。微《六經》與《孟子》，後世立言者莫能加。則《太玄》之爲書，豈諸子而已哉！《易》曰："乾元用九乃見天"，則夫數始於一，成於三，變於九。九，律之首也。其起黄鐘，蓋取諸此。然猶有疑者，言天與律者，從昔數家，參差不齊，而其名察，發斂大較所加亦各有驗。今獨本《太初》而用渾天，何哉？不然，則雄爲思之微，於此不革而因，將必有當也。抑所謂準《易》者，亦準其數，非耶？諸君之學，要以無所不窺。平居立言，采其辭以爲美，繢繡錯然，觀者不厭。雖然，擿我華而不食我實，則可乎？願相與思其義，稽之於大道，效之於氣物，驗之於人事，發蒙振落，以攄未悟者之疑。（《雞肋集》卷三十八，第703頁）

【答劉壯輿書（節録）】　補之啓：示《漫浪翁圖贊》並所以名堂與亭之意，以壯輿志業，豈老且不售、畸乖自放者之比？其所以名者，意不在是，魯直爲贊以反之，此善諭人之意，非反也，合也。揚雄爲《反離騷》，補之嘗謂屈原没後惟雄爲知原者，故其言曰"如玉如瑩，爰變丹青，如其智"，知原之如玉如瑩，不可以丹青變；而傷原之壹其質，不能與丹青變，以異而見尤也。乃聖人之智則異於是，此但如原之智而已矣。然則丹青豈果可以變玉哉？若曰外與之化而内不化，原其免矣。故頗摭騷詞而反之，非反也，合也。（《雞肋集》卷五十二，第831頁）

【北京國子監奉詔封孟荀揚韓告先聖文】　維元豐七年月日，河南府左軍巡判官、充北京國子監教授晁補之，謹以清酌庶羞之奠，敢昭告於至聖文宣王曰：昔周失厥道，紀綱用微。惟時夫子，杲杲出日，披其重祲，爲萬世明。夫子既没，楊墨是肆。爰有孟氏，詞而闢之。荼蓼既薅，嘉苗孔殖，於今其功，人以配禹。俾遇夫子，蓋顔淵徒。自時百家，蠭午並作。承孟氏後，荀况、揚雄。降秦終漢，教用不隕，俾夫子道，炳然復彰。魏晉而還，文事滋落，學不爲己，其舌肆好。猗歟韓愈，始以文顯，廈屋將覆，勇於敢扶。唐三百年，斯人惟偉。天啓我宋，咸秩無文，追求四賢，崇以爵號。從夫子後，不瑕有光，更千萬年，學者咸仰。今有司承詔，封孟軻爲鄒國公，與兖國公同配食；荀况爲蘭陵伯，揚雄爲成都伯，韓愈爲昌黎伯，並從祀。謹撰，吉日以告。尚饗。（《雞肋集》卷六十，第898頁）

楊　時

【語録（節録）】　六經不言無心，惟佛氏言之；亦不言修性，惟揚雄言之。心不可無，性不假修。故《易》止言洗心盡性，《記》言正心尊德性，《孟子》言存心養性。（《龜山集》卷十，《四庫》第1125册，第190頁）

揚雄作《太玄》準《易》，此最爲誑後學。後之人徒見其言艱深，其數汗漫，遂謂雄真有得於《易》，故不敢輕議。其實雄未嘗知《易》。（《龜山集》卷十一，第212頁）

揚雄云："多聞守之以約，多見守之以卓。"其言終有病，不如孟子言"博學而詳説之，將以反説約也"爲無病。蓋博學詳説，所以趨約，至於約則其道得矣。謂之守以約、卓，於多聞多見之中，將何守？見此理分明，然後知孟子之後，其道不傳。知孟子所謂"天下可運於掌"爲不妄。（《龜山集》卷十二，第219頁）

揚雄雲："學所以修性。"夫物有變壞，然後可修。性無變壞，豈可修乎？惟不假修，故《中庸》但言率性尊德性，《孟子》但言養性，孔子但言盡性。（《龜山集》卷十二，第227頁）

揚子雲作《太玄》，只據他立名便不是，既定却三方、九州、二十七部、八十一家，不知如何相錯得？八卦所以可變而爲六十四者，只爲可相錯，故可變耳。惟相錯，則其變出於自然也。（《龜山集》卷十三，第236頁）

言季常曾問揚雄來。應之曰："不知聖人，何足道！"季常駭之。淵因語："後世學道不明爾，被流俗之蔽，只如他取揚雄，亦未能免流俗也。卓乎天下之習不能蔽也，程正叔一人而已。觀正叔所言，未嘗務脱流俗，只是一個是底道理，自然不墜流俗中。"先生曰："然。觀其論婦人不再適人，以爲寧餓死。若不是見得道理分明，如何敢説這樣話。"（《龜山集》卷十三，第241頁）

【策問】　孟子没，聖學失傳，六經之旨晦蝕於異端，諸子之書名家而傳後世者，非一人也。然而論不詭於聖人者無幾焉。揚雄之《太玄》，王通之《續經》，皆擬聖人之作也。二人者亦以斯文爲己任，其爲書宜有異於諸子焉。然當時之論，尚或以雄非聖人而作經，猶吴楚之君僭號而稱王，蓋貶絶之罪也。後之論通者亦然。予以謂爲此論者，是特以名譏之，未究其實也。使其書不謬於聖人，而有補於六經，則二子也奚罪焉？學者審其是而已，又奚以名爲？然觀雄之書，三摹四分九據，極八十一首、七百二十九贊，其用自天元推一晝一夜，陰陽氣候，星日度數，律曆之紀，無不備具，其閎意妙旨，馳騁乎有無之際，可謂至矣。其於《易》也何準焉？通之《續經》，其始終之義，四名五志，策命誥詔，贊議誡諫，斷疑褒貶之法，具載於其書，可考而知。諸君試明其所以準《易》之旨，與夫《續經》之作，是非得失，詳擇而折衷之，以釋論者之疑焉。毋或謂其僭擬而不足道也。（《龜山集》卷十五，第259頁）

【答陳瑩中其四（節録）】　《太玄》之書，昔嘗讀之，雖未竟其義，而其略可識也。子雲覃思渾天，三摹而四分之，極於八十一首，旁則三摹九據，極之七百二十九贊，當期之日，又爲《踦》《嬴》二贊以盡餘分之數，其用自天元推一晝一夜、陰陽數度、星日之紀，與《泰初曆》相應，其取數似與《易》異矣，其爲書則欲自成一家，初無意於贊《易》

也，考諸《解難》之文可見矣。夫《易》之六十四卦，八卦相錯而成也。《玄》之有方、州、部、家，則各有分域矣，不可相錯也。故一而三之，自三而九，又三之爲二十七，終於八十一而《玄》之首畢矣。八十一家又離爲三，以極三玄之數，方、州、部各三之爲九，又三之爲二十七家，此一玄之數也。以次比之，不可相易。贊辭自一至九，配麗五行，而日星節候分佈其間，皆有成數，恐其書特《易》中之一事，與《易經》不盡相涉也。世之治曆者，守成法而已，非知曆也。自漢迄今，曆法之更不知其幾，人未有不知曆理而能創法也。求《玄》於曆理之内，亦恐未足以盡《玄》之妙。更深考之，並以見教。近得温公《太玄論》閱之，皆先儒所共知者，其隱賾不著之事，殆未可窺其藴也。温公之學，篤於自信，雖《論語》亦有未然者，非其深造自得，隱之於心而不疑，不輕以爲信，真善學者，與世之耳濡目染遂以爲得者有間矣。然子雲、温公之學，與《論語》《孟子》書，其遠近淺深，必有能辨之者，不可誣也。温公自孔子而下，獨揚雄爲知道。雄之論孟子曰："知言之要，知德之奥，非苟知之，必允蹈之。"又曰："諸子者，以其異於孔子也。孟子異乎？不異。"夫雄之言，以孟子不異於孔子，則其尊孟子也至矣。温公於孟子乃疑之，則雖以雄爲知道，而於雄書亦未盡信也。夫衆言殽亂折諸聖，自漢田、焦、費氏之學興，而三家之傳不一，後雖名儒繼出，而異説益滋，《易》之微言隱矣，學者將安折衷乎？折諸孔子而已。（《龜山集》卷十九，第296頁）

【哀明道先生（節録）】　嗚呼，道之無傳也久矣！孟子没千有餘歲，更漢歷唐，士之名世，揚雄氏而止耳。雄之自擇所處，於義命猶有未盡。自雄而下，其智足以窺聖學門牆者，蓋不可一二數也。况足與語道而傳之哉？（《龜山集》卷二十八，第368頁）

張　耒

【冬懷】　揚雄老不遇，寂寞玩文史。厠身虎狼間，乃卒脱其死。中

恬遺外慕，獨樂異衆喜。但有載酒人，何用求知己？（《柯山集》卷六，《四庫》第1115册，第49頁）

【次韻淵明飲酒詩（節録）】　吾知李太白，瀟灑本天真。一飲三百杯，不問漓與醇。子雲亦好飲，白髮事亡新。奇窮易投閣，區區賦《劇秦》。兩賢竟誰樂，千載同埃塵。（《坡門酬唱集》卷十五，《四庫》第1346册，第568頁）

陳　瓘

【了齋自警六首（其一）】　本無一字堯夫《易》，八十一篇揚子《玄》。今古是非那復辨，仲尼尤不廢爲編。（《兩宋名賢小集》卷一百，《四庫》第1363册，第51頁）

晁説之

【易玄星紀譜後序】　説之在嵩山，得温公《太玄集解》讀之，益知揚子雲初爲文王《易》而作《玄》，姑託基於《高辛》及《太初》二曆。此二曆之斗分强弱，不可下通於今，亦無足議。温公又本諸《太初曆》而作《玄曆》，其用意加勤矣，然簡略難明。繼而得康節先生《玄圖》，布星辰，辨氣候，分晝夜，而《易》《玄》相參於中，爲極悉矣。復患其傳寫駢委易亂，歲月斯久，莫知其躅。手欲釋而意不置，乃朝讀夜思，取《曆》於《圖》，合而譜之。於是知子雲以首準卦，非出於其私意，蓋有星候爲之機括，不得不然。

古今諸儒之失則多矣。如《羡》準《小過》，而以準《臨》則失之。是時水澤腹堅，已終於《臨》上六，而《小過》初六用事矣。或者以《羡》準《解》，尤非是。《夷》準《豫》而以準《大壯》則失之，是時始電，終於《大壯》上六，而《豫》初六用事矣。《應》準《咸》而非《離》，《沈》準《觀》而非《兑》，惟《震》《離》《兑》《坎》，是謂四正卦，　《易》所不用，則《玄》亦無所準矣。且《玄》既不準《坎》《震》，而乃獨準《離》《兑》邪？《永》準《同人》而非《恒》，先此涼風至，《常》已準《恒》，繼之以白露降，《度》乃準《節》。今《永》當寒蟬鳴，則準《同人》，豈可汨亂後先，乃復準《恒》於後邪？《疑》準《賁》而非《巽》，蓋鴻雁來而《翕》準《巽》，玄鳥歸而《聚》準《萃》，群鳥養羞而《積》準《大畜》，雷乃收聲而《飾》準《賁》矣。《疑》當蟄蟲坯户，則又可汨亂後先，乃復準《巽》邪？或者以《疑》準《震》，尤非是。此難與諸家口舌辯，而案《譜》以視之，則彼自屈矣，此《譜》之所以作也。《睟》準《乾》而在地中，則無當於《乾》。《沈》準《觀》而在人中，則無當於《觀》。《守》再準《否》而無當於《否》。《馴》準《坤》而星窮候盡，則無當於《坤》。《將》準《未濟》而析木之已終，星紀之未建，則火不能降以濟水，水不能升以濟火。此《玄》又以明《易》之陰陽進退盈虚之幾者也。惟《坤》既無當於卦，則無當於爻，以示爲用者八十而一則虚也。虚一者，即虚五也。《易》天地五十五之數，與夫大衍四十九之數，復七日之數，其所以虚而無用者，坤以藏之也。陰虚無用而運行無疆，陽則始終變化而不息，故《彊》準《乾》而爲冬至之終，《睟》又再準《乾》而爲夏至之始，與《馴》之準《坤》者不同也，《易》乾坤之闢闔，乃著《易》以《頤》《中孚》爲一氣，《玄》則始之於《中》，終之於《養》，通而候之，則《養》退乎一日，《中》進乎一日，《易》之歲功乃建。《中》先乎《周》，以明《中孚》之生《復》，《迎》先乎《遇》，以明《咸》之生《姤》，《易》之月紀乃正。《易》三百八十四爻以直日，而夜藏其用，《玄》七百二十九贊，則各分晝夜而用事，《易》之日法乃全。曰《中》、曰《更》、曰《減》，是謂三《玄》，而三《易》之相蕩乃不誣。凡此之類，若《玄》之異乎《易》者，而於《易》則深研幾之功則大矣。如《養》爲陽而《中》不爲陰，《狩》爲金而《羨》不爲土之類，則又若《玄》之自相詭異者。然變化之微於是乎在。學者案《譜》以視之，則皆易了矣。《圖》《曆》所用斗分自有强弱，不能同並。古今諸家異同之説悉以著之，學者可自考焉。顧僕之愚，何足以與此，然用意專而私竊好之，以俟將來之知《易》者。

嗚呼，苟不明乎《易》，則亦無以《玄》爲；而不通乎《玄》者，則又乃徒爲《易》也。可不勉諸！今之學者，知尚其辭耳，而莫知其辭之所自來，寧顧此邪！或曰："歐陽公不讀《玄》，而於《易》何如?"曰："子非歐陽公，奈何!"大觀四年庚寅十有一月庚寅，甬江官舍嵩山晁説之序。（《景迂生集》卷十，《四庫》第 1118 册，第 201—202 頁）

【揚雄别傳】　揚雄字子雲，蜀郡成都人也。周幽王封宣王子尚父於揚，號曰揚侯。其後並於晉河東揚侯子孫，遂以揚爲氏。雄本晉之揚，自其五世祖季徙諸蜀。

雄少而簡易清净，好古學，從同郡嚴君平遊，顧尚好辭賦，宗司馬相如，嘗嘆曰："長卿賦不從人間來，其神所至耶!"初，相如與枚乘孽子皋齊名，皋思敏疾，相如頗淹遲。有以二人問者，雄曰："軍旅之際，戎馬之間，飛書馳檄，用枚皋；廊廟之下，朝廷之中，高文大册，用相如。"然帝於辭賦自俊捷，亦苦相如之艱。嘗謂相如曰："以吾之速，易子之遲可乎?"相如曰："於臣則可，未知陛下何如耳。"蓋相如亦自謂有所短，而雄之論乃如此。雄少多著作，有《王佴頌》《階闥銘》《成都城四隅銘》，蜀人有楊莊者爲郎，誦之於成帝，成帝好之，以爲似相如，雄遂以此得見，待詔承明之庭，時永始四年也，雄年四十矣。

帝方以正月郊祠甘泉，詔雄賦甚遽。雄蒼猝應詔，其賦極瑰瑋，盡諷戒之義。乃三月帝帥群臣横大河，湊汾陰，以祀后土，雄又作《河東賦》。以帝好廣宫室，又作《子虛賦》以諷戒。帝多玩書，善雄賦頌，出入遊獵，雄必從。十二月，帝縱胡人羽獵，雄因作《羽獵賦》。雄既待詔歲餘，給事黄門爲郎。後一歲，帝又命雄作《繡補》《靈節》《龍骨》之銘詩三章，帝得之喜甚。當時之語曰："玩子雲之篇章，樂於居千石之官。"西羌嘗有警，帝思將帥之臣，追美趙充國，詔雄即未央宫充國圖畫爲頌。綏和元年秋，帝大誇胡人多禽獸，復幸長楊，縱胡客大校獵，雄復作《長楊賦》上之，因以諷帝。

雄爲郎時，自奏少不得學，而好沈博絶麗之文，願不受三歲之奉，且休晚直事，庶得肆心廣意，以自克就。有詔可不奪奉，令尚書賜筆墨錢六萬，得觀書於石渠。時京師班嗣者，右曹中郎將遊之子，顯名當世。遊嘗賜秘書之副，而嗣爲人好賢，從雄遊，由是内外之書無不觀矣。然非聖不好也，時人稱雄曰西道孔子。有張子侯者，問沛郡桓譚曰："揚子雲西道孔子，乃貧如此。"譚曰："子雲亦東道孔子也。昔仲尼豈獨爲魯孔子，而不能爲齊楚聖人耶?"王公子亦問子雲於譚，譚曰："漢興以來未有斯人。"雄雖甚貧，而輕財惡利，無所事於世，作《逐貧賦》以自見曰："揚子遁世，離俗獨處。左鄰崇山，右接曠野。鄰垣乞兒，終貧且窶。禮薄義弊，相與群聚。惆悵失志，呼貧與語：'汝在六極，投棄荒遐。好爲庸卒，刑戮是加。匪惟幼稚，嬉戲土沙。居非近鄰，接屋連家。恩輕毛羽，義薄輕羅。進不由德，退不受呵。久爲滯客，其意若何。人皆文繡，余褐不完。人皆稻粱，我獨藜餐。貧無寶玩，何以接歡？宗室之宴，爲樂不盤。徒行負笈，出處易衣。身服百役，手足胼胝。或耘或耔，沾體露肌。朋友道絶，進官凌遲。厥咎安在，職汝爲之。舍汝遠竄，昆侖之顛。爾復我隨，翰飛戾天。舍爾登山，岩穴隱藏。爾復我隨，陟彼高岡。舍爾入海，泛彼栢舟。爾復我隨，載沉載浮。我行爾動，我静爾休。豈無他人，從我何求？今汝去矣，勿復久留。'貧曰：'唯唯。主人見逐，多言益嗤。心有所懷，願得盡辭。昔我乃祖，崇其明德。克佐帝堯，誓爲典則。土階茅茨，匪雕匪飾。爰及季世，縱其昏惑。饕餮之群，貧富苟得。鄙我先人，乃傲乃驕。瑶臺瓊室，華屋崇高。流酒爲池，積肉爲峭。是用鵠逝，不踐其朝。三省吾身，謂予無諐。處君之家，福禄如山。忘我大德，思我小怨。堪寒能暑，少而習焉。寒暑不忒，等壽神仙。桀蹠不顧，貪類不干。人皆重蔽，子獨露居。人皆怵惕，子獨無虞。’言辭既罄，色厲目張。攝齊而興，降級下堂。‘誓將去汝，適彼首陽。孤竹之子，與我連行。’余乃避席，辭謝不直。請不貳過，聞義則服。長與爾居，終無厭極。貧遂不去，與我遊息。”

哀帝時，丁傅、董賢用事，人皆媚之以貴富，雄獨安於郎署，而大覃思渾天。或者信蓋天之學，詆渾天。雄乃發八難難蓋天以通渾天，云："日東行，循黃道，晝夜中規，牽牛距北極南百一十度，東井距北極南七十度，並百八十度。週三徑一，二十八宿，周天當五百四十度，今三百六十度，何也？春秋分之日正出在卯，入在酉，而晝漏五十刻。即天蓋轉，夜當倍晝。今夜亦五十刻，何也？日入而星見，日出而星不見，即斗下見日六月，不見日六月，北斗亦當見六月，不見六月。今夜常見，何也？以蓋圖視天河，起斗而東入狼狐間，曲如輪。今視天河直如繩，何也？周天二十八宿，以蓋圖視天星，見者當少，不見者當多。今見不見等，何出入無冬夏，而兩宿十四星常見，不以日長短故見有多少，何也？天至高，地至卑。日託天而旋，可謂至高。縱人目可奪，水與景不可奪。今從高山上，以水望日，日出水下，影上行，何也？視物，近則大，遠則小。今日與北斗近我而小，遠我而大，何也？視蓋橑與車輻間，近杠轂密，益遠益疏。今北斗爲天杠轂，二十八宿爲天橑輻，以星度天，南方次地星間當數倍，今交密，何也？"

時獨桓譚信雄學，雄與譚嘗同奏事，待報坐西廊廡下，以寒暴背。雄語譚曰："蓋天以天如推磨石轉，而日西行者，其光景當照此廊下稍而東耳，不當拔出去。拔出去是應渾天法，渾爲天之真形於是可知。"雄按渾天，著書曰《太玄》，曰："玄也者，兼天地人之道而天名之。"或曰："述而不作，《玄》何以作？"雄曰："其事則述，其書則作。"或曰："《玄》何爲？"雄曰："爲仁義。"或曰："孰不爲仁，孰不爲義？"雄曰："勿雜而已矣。"雄於《玄》用思甚苦，嘗夢吐白鳳集《玄》上，久之而滅。或曰無爲自苦，故難傳。當時儒士劉歆、張竦輩雖與雄善，獨於《玄》弗好也。雄知時人所好在彼不在此，乃作《太玄賦》曰：

觀大《易》之損益兮，覽老子之倚伏。省憂喜之共門兮，察吉凶之同域。曒曒著乎日月兮，何聖人之暗燭。豈愒寵以冒災兮，將吮臍之不及。若飄風不終朝兮，驟雨不終日。雷隆隱而輒息兮，火猶熾而速滅。且夫物有盛衰兮，况人事之所極。奚貪婪於富貴兮，迄喪躬以危族。豐盈禍所棲兮，名譽怨之所集。熏以芳而致燒兮，膏合肥而見焫。翠羽媺而殃身兮，蚌含珠而擘裂。聖作典以濟時兮，驅蒸民而入甲。張仁義以爲網兮，懷忠貞以矯俗。指尊選以誇世兮，疾身没而名滅。豈若師由聃兮，執玄静於中谷。納儁、禄於江淮兮，揖松、喬於華嶽。升昆侖以散發兮，踞弱水以濯足。朝發軔於流沙兮，夕翱翔乎碣石。忽萬里而一頓兮，過列仙以訖宿。役青要以承戈兮，舞馮夷以作樂。聽素女之清聲兮，觀宓妃之妙曲。茹芝英以禦饑兮，飲玉醴以解渴。排閶闔以窺天庭兮，騎騂騩以踟躕。載羡門與儷遊兮，永周覽於八極。亂曰：甘餌含毒，難數嘗兮。麟而可羈，近犬羊兮。鸞鳳高翔，戾青雲兮。不掛罔羅，固足珍兮。斯錯位極，離大戮兮。屈子慕清，葬魚腹兮。伯姬曜名，炙厥身兮。孤竹二子，餓首山兮。斷跡屬婁，何足云兮。譬斯數子，智若淵兮。我異於是，執《太玄》兮。蕩然肆志，不拘攣兮。

獨巨鹿侯芭授《玄》於雄，爲《玄》章句。桓譚亦好之，然不若好雄賦之甚也。譚嘗問雄曰："何以能賦？"雄曰："能讀千賦則善。"初，雄因成帝嗜酒，作《酒箴》以諷帝，曰：

觀瓶之居，居井之眉。處高臨深，動常近危。酒醪不入口，臧水滿懷，不得左右，牽於纆徽。一旦叀礙，爲甍所轠。身提黄泉，骨肉爲泥。自用如此，不如鴟夷。鴟夷滑稽，復如大壺。盡日盛酒，人復借酤。常爲國器，託於屬車。出入兩宫，經營公家。繇是言之，酒何過乎？

時杜陵陳遵，放縱於酒，見雄賦大喜，謂所友張竦曰："吾與爾猶是矣。”故其因人問賦可以諷乎？雄曰：“諷則已，諷而不已，吾恐不免於勸也。”又有問雄少而好賦者，雄曰：“童子雕蟲篆刻，壯夫不爲也。”因時人問答，著《法言》十三篇，明帝皇之道，而廣大幽微備矣。

建平四年，單于上書願朝。五年，哀帝時被疾。或言匈奴從上游來厭人，自黄龍、竟寧時，單于朝中國，輒有大故。上由是難之，以問公卿。諸公卿亦以爲虚費府帑，可勿許。單于使辭去未發，雄上書諫帝，以爲“六經之治，貴於未亂；兵家之勝，貴於未戰。二者皆微，然而大事之本不可不察也。今單于歸義，懷款誠之心，欲離其庭，陳見於前，此乃上世之遺策，神靈之所想望，國家雖費，不得已者也。奈何距以來厭之辭，疏以無日之期，消往昔之恩，開將來之隙！夫百年勞之，一日失之，費十而愛一，臣竊爲國家不安也。唯陛下少留意於未亂未戰，以遏邊萌之禍。”書奏，天子感寤，召還匈奴使者，更報書而許之。賜雄帛五十疋，黄金五十斤。雄視朝廷綱紀紊亂，知言之不行而不言。然獨見機會之決，弗得弗言也。元始中，徵天下通小學者以百數，各令説字於庭中。雄取其有用者作《訓纂篇》，以續《蒼頡篇》，又易《蒼頡》字之重復者，凡八十九章。

雄善書。在西京時，以書稱者蓋寡，前有司馬相如、張敞、嚴延年，後則史遊、孔光、劉向、雄及陳遵。雄久爲郎，校書麟閣，見天下上計孝廉及内郡衛卒會者，常提三寸弱翰，齎油素四尺，以問異語。歸即以鉛摘次於槧，積二十有七歲，而書成，名曰《輶軒使者絶代語釋别國方言》。《方言》者，蓋《爾雅》之流也。時茂陵郭威好讀書，以謂《爾雅》周公所制，而有“張仲孝友”等語，疑之，以問雄，雄曰：“《記》有孔子教魯哀公學《爾雅》，《爾雅》之來遠矣。自古學者皆云周公作，當有所據。其後孔子弟子遊夏之儔又有所記，以解釋六藝，故有‘張仲孝友’等語。”

劉歆聞雄作《方言》，移書雄曰：

詔問三代周秦軒車遒人使者八月巡路，求代語僮謡歌戲，欲得其最目，因從事郝隆求之。篇中但有其目，無見文者。歆先君數爲孝成皇帝言，當使諸儒共集訓詁。會成帝未以爲意，先君又不能獨集，至於歆身，修軌不暇，何遑更創？屬聞子雲獨採集先代絶言，異國殊詞，以爲十五卷，其所解略多矣，而不知其目。非子雲澹雅之才，沉鬱之思，能經年銳精以成書？良爲勤矣。歆雖不講過庭，亦克識先君雅訓，三代之書，蘊藏於家，直不計耳。今聞此，甚爲子雲嘉之。以今聖朝留心典誥，發精於殊語，欲驗考四方之事，不勞戎馬高車之使，坐知謡俗，適子雲攘意之秋也。不以是時發倉廩以振贍，殊無爲明。上以忠信於上，下以置恩於罷朽，所謂知畜積、善佈施也。蓋蕭何造律，張蒼推曆，皆成之於帷幕，貢之於王門，功列於漢室，名流乎無窮。誠以隆秋之時收藏不怠，饑春之歲散之不疑，故至於此也。今謹使密人奉手書，願頗與其最目，得使入籙，令聖朝留明明之典。

雄報歆曰：

敕以殊言十五卷，君何由知之？謹歸誠底裹，不敢違信。雄少不師章句，亦於《五經》之訓所不解。嘗聞先代輶軒之使奏籍之書，皆藏於周秦之室。及其破也，遺棄無見之者。獨蜀人有嚴君平、臨邛林閭翁孺者，深好訓詁，猶見輶軒之使所奏言。翁孺與雄外家牽連之親，又君平過誤，有以私遇，少而與雄也。君平財有千言耳，翁孺略有梗概。翁孺往數歲死，婦蜀郡掌氏子，無子而去。而雄始能草文，復論思，詳悉集之。張伯松不好雄賦頌之文，然亦奇之，常爲雄言其父及其先君喜典訓，雄以篇目頗示之，伯松曰："是懸諸日月不刊之書也"。又言："恐雄爲《玄經》，由鼠坻之與牛場也。如其用，則實五稼，飽邦民，否則爲抵糞棄之於道矣。"伯松與雄獨何德慧，而君與雄獨何譖隙，而當匿乎哉？其勞戎馬高車，令人君坐幃幕之中，知絶遐異俗之語，典流於昆嗣，言列於漢籍，誠雄心至精之所想遘也，死之日則今之榮也。不敢有貳，不敢有愛。雄少而不以行立於鄉里，長而不以功顯於縣官，著訓於帝籍，但言詞博覽翰墨爲事。試崇而就之，不可以怠。即君必欲脅之以威，陵之以武，此又未定，未可以見。今君又終之，則縊死以從命也。而可且寬假延期，必不敢有愛，唯執事者圖之。常監於規繡之就，死以爲小，雄敢行之。

時歆爲王莽國師，威權可畏，而雄之辭如此，蓋明其心不與歆也。然當其時，士皆言符命，勸莽代漢，唯恐其晚。前後封侯者百數，其不附麗者，莽輒殺之。雄爲朝廷聞人，既不言符命，然不可以默。逮莽既僭，乃奏《劇秦美新》一篇，劇秦之慘酷，而美諸新，待新猶甚秦耳，莽方自聖而弗寤也。先是建國五年，元后崩，莽詔雄作誄，有曰："漢廟黜廢，移定安公。皇皇靈祖，惟若孔臧。"其言亦無阿倚，特以耆老久次爲中散大夫。

雄見莽更易百官，變置郡縣，制度大亂，士皆忘去節義，以從諛取利，乃作《司空》《尚書》《光禄勳》《衛尉》《廷尉》《太僕》《司農》《大鴻臚》《將作大匠》《博士》《城門校尉》《上林苑令》等箴，及《荆》《揚》《兖》《豫》《徐》《青》《幽》《冀》《並》《雍》《益》《交》十二州箴，皆勸人臣執忠守節，可爲萬世戒。先是雄在蜀時，嘗著《蜀王本紀》《蜀都賦》，以極其山川地里人物之實；又嘗録宣帝以至哀平紀傳皆備，其後班固因之。

嚴遵君平，高蹈之士也。雄仕京師顯名，數爲朝廷在位賢者稱君平德。杜陵李辟彊素善雄，久之爲益州牧，喜謂雄曰："吾真得嚴君平爲吏矣。"雄曰："君備禮以待之，彼人可見而不可得詘也。"辟彊心以爲不然，及至蜀，致禮與君平相見，欲屈以爲從事，卒不敢言。乃嘆曰："揚子雲誠知人，可謂哲矣。"雄同郡里中田儀與雄幼稚交，後雄舉之於朝，久爲五官郎中，以私得罪。時舉儀者皆懷赧低眉以自恐恨，劉歆亦爲雄云云，雄曰："儀舉至日，雄之任也。知人之德，堯、舜猶病，雄何慚焉?"議者終多雄之知君平，而不以田儀累之也。孔子元者，孔子十七世孫也，爲郎校書七年，官不益，或譏以不恤進取，獨雄與善。山陰陳囂有義行，名未振，雄上書薦之，於是聲名粲然傳世矣。仕至太中大夫。潞水伶玄好學知音律，善屬文，然無所矜式。雄獨知其才，而病其學之不適正，知之而弗好也。蓋雄之好惡不苟如此。及於《法言》，稱谷口鄭樸子真、蜀人李弘仲元與嚴君平。蜀人聞之，有願載名於《法言》者，雄謝之，雖林翁孺猶不得與也。

甘露元年戊寅雞鳴雄生，天鳳五年四月乙丑晡卒。葬安陵阪上，侯芭、桓譚共爲治喪，朝臣郎吏及諸公遣世子來會送甚盛。譚爲斂賻，起祠置塋，芭負土作墳，號曰“玄塚”，與譚守墳如子禮。雄有子曰童烏，九歲與《玄》文，先雄卒。雄比歲亡二男，竭力歸葬於蜀，雄由是益貧。及雄卒，不能歸葬，而妻子孑還自長安。

嵩山晁説之曰：揚子傳孔子之道，立言明教，宜其行事甚大，昭著無遺。而有不見於本傳者，得之於諸子書傳記，因次第之，爲《别傳》焉。有與本傳異同甚者疏之。雄爲郎，不願受奉，以視無仕進心。幼子卒而必經紀反葬於蜀，以視不終長安。故守一官而閱三世不遷，觀其人，豈諂行在獻賦者？而本傳言奏《甘泉》等賦。蜀人楊莊誦雄文於成帝，帝因徵雄待詔，而肯爲王音門下吏耶？至於投閣事，余亦疑焉，而世已有辯之者。（《景迂生集》卷十九，第 359—366 頁）

【論四子】　或問文中子。曰：“愚。”問荀子。曰：“悖。”問韓愈。曰：“外。”愚、悖、外，皆非學聖人者也。揚雄其幾乎！（《晁氏客語》，《四庫》第 863 册，第 163 頁）

鄒　浩

【策問二首】　問：道德不明，天下之治方術者，各騁其私智而取之以名家而授徒，自以爲莫己若矣。奈何世之君子能折之於聖人而不可欺邪？故墨子蔽於用而不知文，宋子蔽於欲而不知得，慎子蔽於法而不知賢，申子蔽於勢而不知智，惠子蔽於辭而不知實，莊子蔽於天而不知人，荀卿嘗言之。莊、列蕩而不法，墨、晏儉而廢禮，申、韓險而無化，鄒衍迂而不信，揚雄嘗言之。夫諸子之於道德，譬猶紫之於朱，莠之於苗，鄭聲之於雅樂，向非荀、揚力，自比於孟子，而指摘以待後之學者，則讀其書，隨其所喜，淪胥以敗而莫之止者，往往皆是也，其害豈勝計哉。然而太史公猥以名家之學，各有不可廢者，其與荀、揚之論，果可以兩立乎？是非必有在也。荀卿之學，揚雄以爲同門而異户；揚雄之學，韓愈以爲大醇而小疵。又何其明於指摘諸子之失，而昧於自救其失乎？其異户也，其小疵也，無乃有流於諸子之習而不自知者乎？願跡其書，且折之於聖人，並諸子之已事告焉。（《道鄉集》卷二十九，《四庫》第1121册，第421—422頁）

問：揚子雲論當時之名臣多矣。石太僕之對，金將軍之謹，張衛將軍之慎，邴大夫之不伐善，則以爲自得。張子房之智，陳平之無悮，絳侯勃之果，霍將軍之勇，則以爲社稷之臣。張廷尉之平，雋京兆之見，尹扶風之潔，王子真之介，則以爲名卿。夫子雲之言，法言也。其品藻之異，豈無謂而然哉？以漢人物之盛，殆非後世所能擬倫，而其所取者，止於如此而已，無乃太簡乎？諸君必能言之。（《道鄉集》卷二十九，第424頁）

【祭告先聖文】　惟王之道，神明博大，固不可以容聲，而當時之士，親見所爲，猶或咻咻也，況及後世，異端蠭起，汩没本真，以自爲是，則其能不以彼易此，而潛心王之道者，誰乎？力闢楊、墨，乃有孟軻；自成一家，乃有荀況；折衷義理，乃有揚雄；隄障末流，乃有韓愈。先後相望，雖參差不齊，而俾王之道，皜皜乎百世之下，則隨其淺深，咸有力焉。今天子前言往行，罔不灼知。於是追封此四人者，惟爵惟邑，有異有同。公則配食，伯則崇祀，以示褒崇，以爲學者之榮。而維揚鄉校，將以塑繪其像於王之左右，而有司卜吉龜筮，協從命工，飭材繼今，以始樽篚薄薦，敢告其由。（《道鄉集》卷三十八，第501頁）

【祭告先師文】　昔者聖人以四科差群弟子，而公獨以德行冠焉，斯可謂盛矣。後世豪傑之士，如孟軻、荀况、揚雄、韓愈，莫不想餘風而頌譽之。或曰具體而微，或曰智而窮於世，或曰得其所行，或曰確乎不拔。其言雖不同，要之皆爲知公者，此亦潛心聖人之道，與公一趣而然也。今天子以義起禮，咸秩無文，而四人者，皆追封焉。俾列公側，以祠於廟，以爲先儒之報。而有司將塑繪其像，既得令日，何敢不前期以告。（《道鄉集》卷三十八，第 501—502 頁）

【奉安先聖文】 惟王既没，百子紛如。支離大道，顓門多途。響隨業著，淪胥以鋪。誰其援之？卓哉真儒！孟、荀、揚、韓，以時則殊，至言正行，不約而俱。群迷易心，觀感而孚。俾王之道，萬世不渝。天子神明，深所嘆譽。爵命報稱，或塑或圖，翼翼在列。畢工云初，庶幾學者，永言軌模。敢用昭告，王其鑒諸。（《道鄉集》卷三十八，第 502 頁）

【奉安兖國公文】 昔者聖人之門，由公在焉，而攀鱗附翼者以三千計。非公步趨言辨，踵續聖人而能安其立教之旨，使皆智悟而深造焉，何以臻此與？朝廷修明典禮，祓飾太平，而孟、荀、揚、韓咸以道德被服休命，飭工塑繪，儀容肅如，永永廟祠。自兹以始，則所謂門人益親者，豈獨賴公致力於當時哉！公其鑒之。（《道鄉集》卷三十八，第 502 頁）

何　涉

【墨池準易堂記】 道昧於叔世而白於盛時，跡毁於無知而伸於有識，蓋其常爾。揚子雲立漢哀、平、新莽際，號爲名儒，聲光馮馮。雖千百年，亡輒衰貶。有宅一區，在錦官西郭隘巷，著書墨池存焉。後代追思其賢而不得見，立亭池端，歲時來遊，明所以景行向慕。入魏、晉、李唐，其間興衰如蠓薨薨，如蠅營營，侵晦讙譊之聲未窮，而氏姓俄變。獨子雲之宅巋然下據，不被廢徹，亦足以信其材度藝學爲世所仰也。

王德數盡，中原潰喪。王建由草竊進攘蜀土，僭立稱號，用淫虐暴恣以成其一切。因不暇識所謂揚子雲果何人也，宅與墨池垣入官界，爲倉庾地。至知祥、昶世及皇朝，仍而弗革。淳化甲午，李順寇始亂，放兵燒掠。隆隆積廪，化作灰阜。賊平，主者因其地改創營塢，以休養卒徒。環堵儒宫，彌益污辱。慶曆丁亥，今相國集賢文公適爲是都尹，有中興寺僧懷信詣庭言狀。公嘆惋累日，命吏尋遺址，畫疆以還其舊。然屋已名"龍女堂"，池復堙塞澒汊矣。方議疏葺，而公遽追入覲，事用中寢。

明歲戊子，提刑司田郎高侯惟幾乘間獨至，覩荒圮渺莽，咨嗟久之，且言："子雲八十一首、十三篇，逮它箴頌，其辭義奥遠，山生澤浸，上與三代經訓相襮襮。士大夫不通其語，衆指以爲孤陋。用其道反絀其跡，如聳善捄俗之風將墜地弗振何！"退諭賢僚名卿，斂俸餘以圖經構。知尹直樞宥程公，學據壼奥，人推宗師，扶乘飆流，敦尚名流，聞而説，命取良材，凡助其用。都人士逮田衣黄冠師，雖平時叛吾教、詠他説以自誇者，亦欣歡忘劬，來相是役，辨方審曲，率有意思。直北而堂，曰"準易"。繪子雲遺像，正位南向，諸公儀觀列東西序。池心築臺，置亭其上，曰"解嘲"。前距午際，軒楹對起，以須宴會，曰"吐鳳"。奇葩雜樹，移植交帶。垂茗森列，氣象藹藹。三月晦，凡土木黝堊之事畢成。君子謂高侯是舉也，扶既廢，補久闕，其激勸風旨，雖古人不過。矧夫資識端亮，學術雄富，若導積石，引長河，愈久愈洪，無枯涸慮。文章麗密，據法裁詖，若衣藻火，以退胡服，故舉動建置皆可師。小子不文，承命恐悚，謹爲之記。時慶曆八年。（袁説友等編，趙曉蘭整理：《成都文類》卷四十二，中華書局2011年版，第803頁）

高惟幾

【揚子雲宅辨碑記】　《前書》傳：揚子雲之先揚侯逃於楚巫山，因家焉。楚漢之興也，揚氏遡江上，處巴江州。而揚季官至廬江太守。漢元鼎間，避仇復遡江上，處岷山之陽，曰郫，有田一壥，宅一區。《禹貢》曰："岷山之陽，至於衡山。"孔安國曰："岷山，江所出，在梁州南。衡山，江所經，在荆州。”李膺《益州記》曰：“岷山去成都五百里，有岷山縣，江源所起也。”故其西之八十里，江之南，石紐，禹所生處。而班氏謂岷山之陽曰郫，采摭之誤耳。且岷去蜀郡五百里，郫去成都四十里，則郫不在岷山之陽明矣。

蜀都故闕内中興寺，即西漢末揚雄宅。南齊時，有僧建草玄院，以雄於此草《太玄》也。《蜀記》曰：“草玄亭，即揚雄草《太玄》所也，宅在州城西北二里二百八十步。”揚氏《蜀王本紀》云：“蜀之地本治廣都樊鄉，後徙居成都。秦惠王遣張儀定築成都西而縣之。”今州子城，乃龜城也，亦儀所築。縣經曰：“縣在子城西北二里一百步。”今草玄亭廢址乃其宅，去縣僅二百步，與二説符矣。《益州圖經》有揚雄坊，而郫無揚雄宅，郫亦不載揚氏遺事。是知季五世傳一子，世世爲成都人也，宅豈郫乎？矧郫與岷，殊不相涉，史氏務廣載備言，捃掇之舛，固亦有焉。予因辨其誤，意泥古者止以班史岷陽之郫有宅爲然。（袁説友等編，趙曉蘭整理：《成都文類》卷四十二，中華書局 2011 年版，第 804—805 頁）

許　翰

【論配享札子】　伏覩手詔，推原治本，褒王文公，進封王爵。某竊以爲文公既王，則於學宫理不可復居顔、孟之下，謂宜自爲一代之宗師，專居别室，以稱聖上所以錫命寵嘉之意。而建立揚子貌像，使得位次孟子，配食祀典。維揚子起於經術殘缺、衆説紛紊、世故危厲之時，而躬保此道，攘闢塞路，維持正教，開明聖法，蓋與孟子異世而同功。揚子加難焉。今孟子已蒙聖朝褒顯若此，而揚子猶與漢唐章句之儒雜然列於廊廡之間，誠因此時擢之，使得比於孟子，則聖道之傳，昭然有統。入學宫者，望而可知。邪説異端，莫得而間。天下幸甚，萬世幸甚。（《襄陵文集》卷四，《四庫》第 1123 册，第 526 頁）

【跋太玄後】　世不覩《太玄》之真久矣，此書今獨某有，兵興以來，攜持轉側於驚濤烈焰、鋒鏑寇攘之間，幾亡者數矣，而卒得鑱刻以傳世，豈非神明之書有物衛之也哉？猶懼變故難保，故屬長老棲公，附諸百文經藏，以竢亂定，學者虛已焉。（《永樂大典》卷四千九百四十，中華書局 1986 年版，第 8342 頁）

馬大年

【送窮文擬逐貧賦】　僕少時在高郵學，讀《送窮文》至“五鬼相與，張眼吐舌，跳踉偃僕，抵掌頓腳，失笑相顧”，僕不覺大笑。時同舍王抃彦法問曰：“何矧?”僕曰：“豈退之真見鬼乎?”彦法曰：“此乃髑髏之深嚬蹙頞，蓋想當然耳。且古人作文，必有所擬，此擬揚子雲《逐貧賦》也。”僕後以此言問於舅氏張奉議從聖，舅氏曰：“不然，規矩，方員之至也。若與規矩合，則方員自然同也。若學問至古人，自然與古人同，不必擬也。譬如善射，後矢續前矢；善馬，後足及前足。同一理也。昨日讀韓文，忽憶此語。今三十年矣，撫卷驚嘆者久之。（《嬾真子》卷二，《四庫》第 863 册，第 412—413 頁）

【太玄經每首列二十八宿】　僕嘗問元城先生：“先儒注《太玄經》，每首之下必列二十八宿，何也?”先生曰：“周天二十八宿，三百六十五度四分度之一，而《太玄經》凡七百二十九贊，乃此數也。”僕曰：“七百二十九贊分而爲二，合三百六十四度有半，而不相應，何也?”先生曰：“揚氏之意，以謂其半不可合也，故有《踦》贊、《嬴》贊以應周天之數。漢之正統，以象歲也；莽之僭竊，乃閏位也。故先儒於《踦》贊、《嬴》贊之下，注以爲水火之閏。而《王莽傳贊》所稱餘分閏位者，蓋謂是。”噫！子雲之數深矣。（《嬾真子》卷四，第 432 頁）

慕容彦逢

【讀揚子】　子雲不偶時，晏如在空屋。席有玄虛文，門無權幸牘。

《法言》譏異户，《解嘲》懼赤族。忿悱賦《長楊》，羞愧登天禄。立俗思徇道，制行依聖讀。身死名不朽，馨香藹蘭菊。（《攡文堂集》卷一，《四庫》第1123册，第303—304頁）

【謝人書（節録）】　夫三代而上，天下之士去古爲近，離道未遠，君上之所率迪，庠序之所教養，父子兄弟，比閭族黨之相與言，以本勝末，重内輕外，氣完而不挫。是以度量恢廓，志操端潔，見識高明。後世去古益遠，士氣衰弱，能不待文王而興者，謂之豪傑之士。孔孟既殁，微言奥義泯滅幾盡，戰國之風，操捭闔之術，演從衡之説，身委勢權，死而無悔，故士日趨於詐。西漢以奔競相高，朝奏尺牘，暮被召命，天子嘆息，恨相見之晚，故士日趨於矜。東漢以隠居放言爲高，屢聘不就爲廉，刻意矯情，甘足枯槁，故士日趨於僻。兩晉而降，質幹戕盡，枝葉彫零，謂能談諧爲風流，外形骸爲曠達，故士以浮華相耀，譎怪駭俗。唐有天下三百年，士風幾類西漢，然文雅醖藉不及漢遠矣。下及五代，廉恥道消，不足比數。嗚呼！千數百年間，如董仲舒、賈誼、揚雄、王通、韓愈之徒，雖卓然自拔於時，然以古義責備，猶不得爲完人，况夫他哉。（《攡文堂集》卷十三，第449頁）

周行己

【孟荀揚文中四子是非】　問：天下之所難知者，非是非之難知也，似是而非者難知也，似非而是者難知也。孟軻之書七篇，力陳仁義之説，而或者疑其説時君以湯武之事。荀况之書三十二篇，深明大儒之效，而或者疑其有性惡之論。揚雄之作《法言》，采掇孔孟學行之意，或者疑其著《劇秦美新》之書。王通之爲《中説》，規模《論語》答問之義，或者疑其房、杜諸子無所稱述。此四書者，與《五經》諸史並行於世，學者之所習也。考其言與其人，其似是而非耶？其似非而是耶？明以復我，使不陷於邪説，以應朝廷之令，不亦善乎！（《浮沚集》卷三，《四庫》第

1123 册，第 627 頁）

陳 淵

【答陳了翁】 淵承教，以疑之爲道，謹當佩服，銘刻不敢忘也。所謂揚子雲於《玄》，可謂好之篤者，不可謂不知仁。淵竊有疑焉。

淵未嘗學《玄》，固不知其深。然觀其立名，以三方、九州、二十七部、八十一家著爲定法，此固與《易》異。夫《易》以相錯故能變，以能變故不窮。既有定法，則不能以相錯，不能以相錯，則不定變矣，豈《易》之道哉？故來教以堯夫之書爲過於《玄》，而曰雄之發於《玄》者，死法耳，爲是故也。使雄知《易》，則《玄》必不作，其作必不爾。然而曰好之篤者，亦恐雄不得所以好也。雄之言曰好盡其心於聖人之道者，君子也。人亦有好盡其心矣，未必聖人之道也。此真自排耳。

淵雖不學《玄》，然於《法言》十三篇則既熟讀之矣。《法言》論聖人處，無一語是，於是知雄爲不知聖人。夫學者用心如雄，然而不知聖人，則其所學可知也已。故北方之學所以不比數之者，蓋有以辨之也。夫擬人必於其倫，如《法言》以顔子之孝爲過於猗頓，孟子之勇爲過於荆軻，仲尼之聖爲過於范、蔡，此蓋當時流俗之所見，常人足以知之，何足以見於書。其間辨乎其不足問，問乎其不必疑，與夫媚莽從亂之語尚多，又不在是也。至禍福死生之際，尤不足觀。故淵敢以謂雄之於仁，疑有未知者。亦非敢妄疑也，所見然爾。蓋孔子門人所學，莫不求有以知仁，知仁則道可進矣。未有不知仁而知道，未有不知道而知聖人者也。今雄之於孔門弟子，其智曾不逮宰我、子貢、有若之徒，而乃斷然自附於孟子，不知其以孟子又爲何如人也？《法言》有曰仁以人之，此雄依放前哲之語，臆度人之爲道而以爲説也。其陋蓋如此，而謂知而好之，毋乃太恕乎。

淵於左右及楊丈處，每得一語，必謹識之。已而未盡了，則必反復問難，不敢不盡。蓋恐先生長者，故爲疑似不切之説，蔓衍無涯之詞，以觀學者之所向而啓其所疑，使其無所捕捉，而於中流風波之中，忽得一壺以自據也。此自昔聖賢亦然，安知來教不出於此乎。淵讀《論語》，見樊遲學稼圃，宰我欲短喪，告之者未極其説，而問之者已無所疑。及其退也，聖人懼其終莫之悟，爲之悉意而申言之。蓋憫其智有所不入，而不能復發問也。然則聖人之教人，亦豈必待憤悱，然後終其説哉。如前所陳，愚懵之見如此，其是與否，更望裁之。毋惜諄諄垂誨爲幸耳。答吕君誠明之説，前此未有，釋經明白如此，使人可以坐進者。又聞近看《中庸》，計已有成説。楊丈欲爲《中庸義》，尚未有暇也，然意已定矣。淵拜覆。（《默堂集》卷第十五，《四庫》第 1139 册，第 421—423 頁）

朱 震

【太玄準易圖】　律曆之元，始於冬至，卦氣起於《中孚》，其書本於夏后氏之《連山》，而《連山》則首《艮》。所以首《艮》者，八風始於不周，實居西北之方七宿之次，是爲東壁營室。東壁者，辟生氣而東之。營室者，營陽氣而産之。於辰爲亥，於律爲應鐘，於時爲立冬，此顓頊之曆所以首十月也。漢巴郡落下閎運算轉曆，推步晷刻，以太初元年十一月甲子夜半朔冬至而名節會，察寒暑，定清濁，起五部，違氣初分數，然後陰陽離合之道行焉。然落下閎能知曆法而止，揚子雲通敏叡達，極陰陽之數，不唯知其法，而又知其意，故《太玄》之作與《太初》相應，而兼該乎顓頊之曆，發明《連山》之旨，以準《周易》，爲八十一卦。凡九分，共二卦，一五隔一四。細分之，則四分半當一日，準六十卦，一日卦六日七分也。

《中》，《中孚》也。《周》，《復》也。《礥》《閑》，《屯》也。《少》，《謙》也。《戾》，《睽》也。《上》《干》，《升》也。《狩》《羨》，《臨》也。此冬至以至大寒之氣也。

《差》，《小過》也。《童》，《蒙》也。《增》，《益》也。《鋭》，《漸》也。《達》《交》，《泰》也。《耎》《傒》，《需》也。《從》，《隨》也。《進》，《晉》也。《釋》，《解》也。《格》《夷》，《大壯》也。《樂》，《豫》也。《争》，《訟》也。《務》《事》，《蠱》也。《更》，《革》也。《斷》《毅》，《夬》也。此立春以至穀雨之氣也。

《裝》，《旅》也。《衆》，《師》也。《密》《親》，《比》也。《斂》，《小畜》也。《强》《睟》，《乾》也。《盛》，《大有》也。《居》，《家人》也。《法》，《井》也。《應》，《離》也。《迎》，《咸》也。《遇》，《姤》也。《竈》，《鼎》也。《大》《廓》，《豐》也。《文》，《涣》也。《禮》，《履》也。《逃》《唐》，《遁》也。《常》，《恒》也。此立夏以至大暑之氣也。

《度》，《節》也。《永》，《恒》也。《昆》，《同人》也。《減》，《損》也。《唫》《守》，《否》也。《翕》，《巽》也。《聚》，《萃》也。《積》，《大畜》也。《飾》，《賁》也。《疑》，《震》也。《視》，《觀》也。《沈》，《兑》也。《内》，《歸妹》也。《去》，《無妄》也。《晦》《瞢》，《明夷》也。《窮》，《困》也。《割》，《剥》也。此立秋以至霜降之氣也。

《止》《堅》，《艮》也。《成》，《既濟》也。《闞》，《噬嗑》也。《失》《劇》，《大過》也。《馴》，《坤》也。《將》，《未濟》也。《難》，《蹇》也。《勤》，《坎》也。《養》，《頤》也。此立冬以至大雪之氣也。

日月之行有離合，陰陽之數有盈虚。《踦》《嬴》二贊，有其辭而無其卦，而附之於《養》者，以閏爲虚也。《踦》，火也，日也。《嬴》，水也，月也。日月起於天元之初，歸其餘也。蓋定四時成歲者，以其閏月。再扐而後卦者，由於歸奇。六日七分必加算焉，以三百六十五日四分之不齊也。《坎》《離》《震》《兑》，四正之卦也，二十四爻周流四時，《玄》則準之。日右斗左，秉巡六甲，東西南北，經緯交錯，以成八十一首也。一月五卦也，侯也，大夫也，卿也，公也，辟也。辟居於五，謂之君卦，四者雜卦也，《玄》則準之，故一玄象辟，三方象三公，九州象九卿，二十七部象大夫，八十一首象元士。其大要則曆數也，律在其中也。體有所循，而文不虚生也。陸績謂自甲子至甲辰，自甲辰至甲申，自甲申至甲子，凡四千六百一十七歲爲一元，元有三統，統有三會，會有二十七章，九會二百四十十三章，皆無餘分。其鉤深致遠，與神合符，有如此也。善乎！邵康節之言曰："《太玄》其見天地之心乎!"天地之心者，坤極生乾，始於冬至之時也，此之謂律曆之元。（《漢上易傳卦圖》卷中，《四庫》第11册，第325—327頁）

【論太玄】　或曰：太初之曆不作，子雲無以草《玄》乎？曰：不然。《逸周書》曰："維十有一月，既南至，昏昴畢，日短，極其踐長，微陽動於黄泉，降慘於萬物，是月斗柄建子，始昏北指，陽氣虧，草木萌動，日月俱起於牽牛之初，右回而行，月周天起一次，而與日合宿，日行月一次而周天。曆會於十有二辰，終則復始，是謂日月權輿。"又曰："天地之正，四時之極，不易之道。夏數得天，百王所同書。"所謂日月俱起於牽牛之初，即《太初曆》十一月朔旦冬至，日月如合璧，五星如連珠也。昔劉向藏三代之書，其子歆有所不知，以問子雲，子雲之於律曆之元，固已博極群書而知之矣，是以落下閎得其曆之法，而子雲獨得其意云。（《漢上易傳卦圖》卷中，第327頁）

汪　藻

【胡先生言行録序（節録）】　自孔子没，諸儒以學名家，固無世無人，而其間必有卓然名世者，德與言稱，當時師之，後世尊之。以漢四百年所得者揚雄，以唐三百年所得者韓愈。如董仲舒、鄭康成、王通、孔穎達之徒，非無益於後世也。仲舒倡災祥之説，王通襲聖人之跡，康成、穎達守區區訓詁之文，學者疑焉，此二子所以巋然獨爲後世宗也。（《浮溪集》卷十七，《四庫》第1128册，第153頁）

孫　覿

【讀臨川集（節録）】　本朝鴻儒碩學，比比出於慶曆、嘉祐間，而莫盛於熙寧、元豐之際。王荆公自謂知經明道，與南豐曾子固，二王深父、逢原。四人者，發六藝之蘊於千載絶學之後，而自比於孟軻、揚雄，凡前世之列於儒林者，皆不足道也。（《鴻慶居士集》卷三十二，《四庫》第 1135 册，第 320 頁）

周紫芝

【陳去非詩】　揚子雲好著書，固已見誚於當世，後之議者紛紛，往往詞費而意殊不盡。惟陳去非一詩，有譏有評，而不出四十字："揚雄平生書，肝腎間琱鐫。晚於《玄》有得，始悔賦《甘泉》。使雄早大悟，亦何事於《玄》。賴有一言善，《酒箴》真可傳。"後之議雄者，雖累千萬言，必未能出諸此。（《竹坡詩話》，《四庫》第 1480 册，第 680 頁）

【讀司馬長卿傳】　揚雄新著草《玄》書，却笑相如賦《子虚》。借使曲終方奏雅，比君符命復何如？（《太倉稊米集》卷三十八，《四庫》第 1141 册，第 263 頁）

吕本中

【讀司馬公集解太玄】　京城半年圍，道路三月病。輕舟過江來，所向復未定。客房夜涼冷，氣體亦粗勝。月穿窗罅白，風入桐葉勁。挑燈讀《太玄》，愛此頃刻静。物數極三甲，此理本天命。首贊則分行，故未及世應。古曆漢則亡，《易》實更三聖。哀哉揚子雲，上與數子競。雖云耗心力，固自有捷徑。後來司馬公，獨斂衆説盛。錙銖判訛謬，一宗蒙是正。讀《玄》則知《易》，此實公所證。如何少年子，便欲獻譏評。我老未知學，讀此知不稱。掩卷坐搔首，一洗肝肺净。明朝尋故人，此語殊未竟。

（韓酉山校注：《吕本中詩集校注》卷十一，中華書局 2017 年版，第 863—864 頁）

【揚雄】　讀《易》先知未畫前，聖人何事絶韋編。始知揚子多閒暇，更有工夫草《太玄》。（《吕本中詩集校注》卷十九，第 1441 頁）

劉才邵

【論揚子法言中和之説】　揚子《法言》，立政鼓衆，動化天下，莫尚中和。臣聞中也者，天下之大本，和也者，天下之達道。大本之所以立，達道之所以行。天地之高厚，萬物之散殊，舉不能外中和之理。蓋民心所固有者也。將欲立政，其能舍此以有爲乎？所以收動化之功宜，莫若乎此也。是以聖人臨莅天下，其號令之所鼓舞，教化之所薰陶，寬猛以濟剛柔，刑賞以示懲勸。惟此之尚，莫之或易。中焉而無所偏蔽，無往而不得其平；和焉而無所乖戾，無往而不適其宜。故命之而丕應，感之而作孚。非因其固有還以治之，能不勞而成功如此乎？古之人有以立民極變時雍，蓋以此也。（《檆溪居士集》卷十，《四庫》第 1130 册，第 551 頁）

陳與義

【書懷示友（其八）】　揚雄平生學，肝腎困雕鐫。晚於《玄》有得，始悔賦《甘泉》。使雄早大悟，亦何事於《玄》。賴有一言善，《酒箴》真可傳。（吴書蔭、金德厚點校：《陳與義集》卷三，中華書局 2007 年版，第 42—43 頁）

鄧　肅

【書揚雄事】　屈原、伍子胥、晁錯，皆死國之士，不當更訾之。蓋事君以忠爲主，才智不足論也。揚雄一切譏之，謂非智者之事，是知揚雄胸中所藴，欲作《美新》之書久矣，豈迫於不得已而後爲乎？迨莽以符命捕劉棻、甄豐等，雄自投閣，班固便謂棻嘗從雄學，故雄不得不懼。殊不知《美新》、符命，一體也。莽既怒符命，則亦《美新》何有乎？雄身爲叛臣，無所容於天地之間，故忿然捐軀，期速死耳。此揚雄之徒所謂智也。（《栟櫚集》卷十九，《四庫》第 1133 册，第 357 頁）

李　彭

【讀揚雄法言】　子雲老暗事，晚乃著一書。經營極淺易，艱深聊塈塗。終身作雕蟲，出語嗟壯夫。苦笑屈原智，頗憐晁錯愚。丹青果變玉，美新孰非諛？我麟不可羈，投閣將焉如。侯芭痛領略，見謂老易徒。小兒楊德祖，鑒裁自不虚。（《日涉園集》卷三，《四庫》第 1122 册，第 642 頁）

胡　寅

【論揚雄有三大節可指】　子雲，賢者也，而有可議者。《論語》乃孔門弟子記諸善言，誠有是人相與問答也。《法言》則假借問答，以則《論語》，且又淺近特甚，有不必問、不必答、不必言者，此一事也。《易》更四聖人而後備，畫之足矣。恐世之未達也，則有《文言》《大象》《小象》《繫辭》之作，上下千餘年，聖人不得已也。《太玄》則艱深其語，以擬《周易》，而無補於《易》，千有餘年，學者廢而不講，此二事也。雄之言曰：“天收其聲，地藏其熱”“觀雷觀火，爲盈爲實”，蓋以數知事也。先與董賢同官，後又臣事王莽，黽勉遲留，至有《美新》之文，投閣之恥，何其懵然不智耶？是三者，乃雄學行之大節，而可指如此。或者乃疑孟子而尊子雲。孟子蓋如青天白日，無可疑者，而乃疑焉。則其尊子雲者，蓋亦不能識子雲也。其淺近豈不有甚矣夫。（胡寅撰，劉依平校點：《讀史管見》卷三，岳麓書社 2011 年版，第 92—93 頁）

【零陵郡學策問（節録）】　問：文之爲用大矣，堯、舜、禹、文王之聖，咸以文稱，曰“文思”，曰“文命”。説者曰：經天緯地之謂文，其用之大乃如此。仲尼曰：“文王既没，文不在兹乎！”蓋以斯文爲己任矣。自孟子而後，左氏、荀卿、太史公、司馬相如、揚雄、劉向、班固之流，各擅文章之譽，後世莫得班焉。如唐韓愈、柳宗元皆竭力希慕，僅成一家。夫此八九子者，其建立，與古所謂文，同耶？異耶？如其同，則經天緯地之效安在？如不謂之文，則末世執筆綴言之士，皆師法於八九子者，自謂文之至矣，而未嘗知堯、舜、禹、湯、文王、仲尼之大業。有潛心於堯、舜、禹、湯、文王、仲尼之大業，則笑之曰，是古學耳，安得爲文？誇多斗靡，至於支青配白，駢四儷六，極筆煙霞，流連光景，舉世好之，有司亦以是取士，爲日久矣。其得失是非，願從二三子聞之，且觀所志。（胡寅著，尹文漢點校：《斐然集》卷二十九，岳麓書社 2009 年版，第 596 頁）

問：揚子有云：“祭莫重於地，地莫重於天。”古者祭天，其名曰郊，百代之所不變也。未聞祭地之禮，其名何謂也？考之《周官》，祭天於圜丘，祭地於方澤。考之《祭法》，燔柴於泰壇，瘞埋於泰折。考之《郊特牲》，郊所以明天之道也，社所以神地之道也。考之《中庸》，郊社之禮，所以事上帝也。考之《昊天有成命》，郊，祀天地也。然則《周官》《祭法》《郊特牲》分爲二祭，《中庸》及《周頌》舉天地而合祫，而《禮記》《毛詩》所載，則社者祭祀之名耳。欲斷以社爲祭地之名乎，則古者之社，本以祀后土。后土者，共工氏之子也。又有亳社見於《禮》，夏社見於《書》，則社非祭地之名矣。周公成洛邑，用牲於郊，越翼日，社於新邑。舉郊舉社，則又類社以祭地。而天地不合祫者。故凡天地之祭，合歟，不合歟？祭地之名，社歟，非社歟？若其社也，而《周官》《祭法》不言，何也？若非社也，則祭地當何名也？後世以爲北郊者，是耶，非耶？既錯見於群經，而未有折衷。願與諸君論之。（《斐然集》卷二十九，第 597—598 頁）

問：揚子雲，漢儒之賢者也。富貴，人之所欲，彼不汲汲焉。貧賤，人之所惡，彼不戚戚焉。文采，人之所喜，彼悔詞賦之作焉。古道，人之所忽，彼好而樂之，有深沉之思焉。卒之著書立言，以自表見，至於今千有餘歲矣，而名不泯没，可不謂之賢矣乎！以其言行考之，《法言》取模仿之譏，《太玄》有重屋之誚，所以發揮聖學，錯綜易數，必不可缺者，未聞君子與之也。方王莽盜漢時，或潔身去之，或守死不屈，蓋多有其人。雄號爲知數，豈不知死生之有命，奚至於惶怖投閣哉？且作美新之文，謂莽過於伊尹，是何言也？或曰："亦遜言譏之耳。"莽之罪，族誅而不足，何譏之云乎？臨川王文公、温國司馬公議論未嘗同，獨於子云則皆謂孟子之後，一人而已。於雄果何取而云爾也？諸公其深考而詳著之。（《斐然集》卷二十九，第599頁）

四、宋元卷（下）

范　浚

【讀揚子雲傳】　老不曉事揚子雲，綴文譏訶堅逐貧。班生曲筆甚假借，謂不戚戚元非真。草《玄》欲作後人計，投閣自迷身不利。王涯篋中好其書，寧復逆知甘露事。鼃聲紫色欺昏童，義士遠引如冥鴻。胡爲顛眩尚執戟，美新屈首稱臣雄。岷山沃野蹲鴟大，拓落不歸良已過。近危竟似井眉瓶，虚作《反騷》嗤楚些。詭情懷禄遭嘲評，但用筆墨垂聲名。文章要亦千古事，久矣《法言》今正行。（《香溪集》卷二，《四庫》第 1140 册，第 13—14 頁）

喻汝礪

【子雲墨池】　讀書豈不好？憂憤還自兹。書中見古人，隱閔惻余思。遇險理有激，尋分意多隨。娟娟感娉容，戚戚念幽棲。曾是無間然，孰焉愜所宜。覽之不自聊，悵焉起遥悲。不如撥置之，濁酒聊一持。先生頗多事，斯心昧前知。亦復坐奇字，慘戚亡所歸。（袁説友等編，趙曉蘭整理：《成都文類》卷八，中華書局 2011 年版，第 155 頁）

員興宗

【揚雄曰孔子高餓顯下禄隱】　辯曰：雄於義淺矣。鮑焦、接輿能往不能返也，此即雄之所謂餓顯者也。然夫子未嘗高之，豈所謂鳥獸不可與同群者哉！（《辯言》，《四庫》第 863 册，第 854 頁）

【揚雄曰子胥死於吴門卒眼之】　辯曰：所謂《法言》者，吐詞宜法者也。今夫槩耳目手足鼻口之詞，無所不見於傳，皆不若雄之蕪且陋也。傳有曰："耳治也""目治也""手之舞之足之蹈之也""吾爲子口隱也"。凡若是云者，其言耳目手足，皆度於經，其詞婉而章矣。雄於子胥，乃曰"卒眼之"，卒眼之云者，《法言》之"法"，固如是乎？（《辯言》，第855頁）

【析理（節録）】　揚子曰：學行之上，言之次，教人又其次。辯曰：聖人植諸身而爲行，志其行而爲言，敷其言而爲教。吾見其所謂一，未見其所謂三也。《記》曰"言顧行，行顧言"，亦以其一之也。揚子乃分學與行爲二端，是惑於誦數爲學者也。

揚雄曰：聖人則異賢人矣，賢人則異衆人矣。辯曰：人則皆人，猶物則皆物也。物之不齊，人亦如之矣。故金之異乎鐵也，鐵之異乎石也，非特吾知之，行道之人皆知之也。今雄之聖、賢、衆人之辯，何以異於是？

伊川曰：荀卿才高，其過多；揚子才短，其過少。韓子稱其大醇，非若二子者，可謂大駁矣。辯曰：二子過多過少者，非才之病也，識之病也。如孟子，非不才高，常曰我知言，邪詞知其所蔽，淫詞知其所陷，學至於是，才高又何過也。如卿，嘗説性惡，性命我所有也，卿自不知，非識暗獨何歟？揚子動則尊經，伊川既謂之過少，豈可與卿同曰大駁也？予嘗著書别三子曰：荀卿氏辯焉，未法也；揚雄氏法焉，未辯也。言辯而法存焉，言法而辯存焉，孟子也，是故有精理矣。（《辯言》，第859—861頁）

王十朋

【策問一】　問：韓愈論大道，其言有曰，"堯以是傳之舜，舜以是傳之禹，禹傳之湯，湯傳之文、武、周公，文、武、周公傳之孔子，孔子傳之孟軻，軻死不得其傳焉"。夫道在天下，亘萬世常自若也。自堯未傳之前，其道如何？自軻失傳之後，其道又如何？韓愈何以知其自堯而始傳，至軻而失傳也？荀况、揚雄，皆學仁義、皆尊孔子，今其書具存，非無補於名教，又胡爲不能繼軻而傳道也？愈在唐號大儒，其自待良不淺，史氏亦稱過況、雄，又不知能繼軻而傳道否？斯道也，自軻之後以失傳而遂亡耶？雖曰失傳，而固自存耶？諸君學以明道久矣，願詳以教。（《梅溪前集》卷十四，《四庫》第1151册，第236—237頁）

【策問二】　問：戰國之軻、況，西京之雄，隋之通，唐之愈，皆著書立言，羽翼聖道，世以大儒稱之，議者不以爲過。然五君子者果孔氏之徒歟？心無異傳，道無二致，固宜迭相推尊，無或操戈相伐可也。今考其書，乃或不然。況非特不尊軻也，且列於十二子而非之。雄非特不尊況也，且有“同門異户”之斥。通雖以雄爲振古奇人，而不許其道。愈推尊孟氏，醇疵況、雄，至河汾則無一言之及。然愈嘗自比孟軻矣，後世亦不能無異同之論。夫道之所在，人所共尊，道不在焉，人所同抑。今尊之則命世大才，抑之則諸子也；尊之則軻、雄之間，抑之則異户也；尊之則聖人之徒，抑之則張衡數術之伍也；尊之則聖人之修，抑之則没而不説；尊之則泰山北斗，抑之則木强人也。尊之抑之者，其公心歟？其私意歟？豈好己同者，有相黨之心，故私有以尊之歟；好己勝者，有相輕之意，故妄有以抑之歟？尊之者是，則抑之者坐蔽善之罪矣；抑之者是，則尊之者陷虚美之失矣。二者必居一於此也。願考其實而詳辯之。（《梅溪前集》卷十五，第242—243頁）

【策問三】　問：君子之學必先正其心術而不惑於異端邪説，然後聖人之道斯可得而入焉。苟惟心術不正，而異端邪説從而溺之，望其入聖人之道，猶航斷港絶潢而欲求至海，不亦難乎？昔吾夫子既没，而楊朱、墨翟者竊仁義之一偏，而唱爲我、兼愛之説以亂天下，幸而有孟子者出，辟而闢之，楊墨之害息，而人心復歸於正。孟子没，有申韓刑名之學、黄老虚無之説，簧鼓於世，其爲害又甚於楊墨。而世之儒者，往往墮於其間而不悟。以賈誼之美才，猶明申韓；司馬遷之博學，猶尚黄老，況其下者乎！當時不惑其説，毅然而麾之者，一揚雄氏而已。自漢室之東，而西方之教流入於中國。時君世主，尊尚其説，遂與孔、老並立，而王公卿士庶陷溺滋甚。王通，隋大儒也，猶稱其爲聖人。白居易，唐賢人也，猶酷嗜之，晚節用其教以理性，况衆人乎！當時不惑其説，毅然而力排者，一韓愈氏而已。夫異端邪説之移人也，愚者信之可也，而智者惑之，何耶？不肖者信之可也，而賢者惑之，何耶？里巷之人信之可也，而縉紳士大夫惑之，何耶？豈異端之學，亦有以過人，而其道誠可與堯、舜、周、孔抗衡於世耶？豈賈誼、司馬遷、王通、白居易之徒明之、尚之、尊之者是，而孟子、揚雄、韓愈闢之、麾之、排之者非耶？夫以其説爲真可信也，則與吾堯、舜、周、孔之道大不相似，以其説爲妄也，則世之屈己以尊崇之者，又皆吾儒之傑然者焉。孟、揚、韓三君子不世出，無有與之辯者，願與諸君論之。（《梅溪前集》卷十五，第 246 頁）

林之奇

【策問之大衍太玄】　問：《易》之爲書，本於天地生成之數。天之生數二十有五，地之成數三十，合爲五十有五，所以成變化而行鬼神。則其數疑若不可得而增損之也。然大衍之數五十，其用四十有九，則皆不足於天地之數，學者疑焉。故諸儒各以臆見而爲之説，或謂五十者，十日、十二辰、二十八宿，其一不用者，天之生數。或謂《易》有太極，是謂北辰，生兩儀、日月、四時，行十二月、二十四氣，而北辰居位不動，其餘則運而用之。或又以爲八卦各有六爻，爲四十有八，加《乾》《坤》二策凡五十，初九潛龍勿用，故惟用四十有九。或又曰，虚一不用，太極也，無可名之謂太極。有以謂五行氣通於萬物，故減五，而大衍又減一。有以爲減其六以象六畫者。誠如此數説，則聖人所以爲大衍揲蓍之法，其無乃猶有所附會配合，而非出於自然之數歟？抑將自有至當之義，而諸儒或未之思歟？揚子雲之《太玄》，蓋擬於《易》之數也，其泰積之要始於十有八策，終於天地人之數五十有四，共爲七十有二。而其半爲泰中之數，故三十有六策，而虛三以筮焉。此其爲多寡乘除之法，又若有以異於《易》者。《易》於天地之數纔闕其五，而《玄》於終始之策數遂廢其半，《易》虛其一而《玄》虛其三，其亦皆有説歟？幸悉意以陳，毋牽於諸儒已陳之説。（《拙齋文集》卷十四，《四庫》第1140册，第482頁）

【揚子講義序】　著書立言，古人之所難也。自孔子没而微言絶，七十子喪而大義乖，百家諸子各以其所見而著書，出則汗牛馬，居則充棟宇，然皆雜家者流，非吾儒之正道。得吾道之傳者，惟四人焉。孟軻醇乎醇，在所不必論。自孟子而下則有荀卿、揚子雲、王仲淹、韓退之，此皆學者之尊敬以爲仁義禮樂之主也。故荀卿之書則謂之《荀子》，揚子雲之書則謂之《法言》，王仲淹之書則謂之《文中子》，而韓退之之《原道》亦學者之所推尊焉。

夫自孔、孟而後以迄於五代，數千年間，賢人君子不爲不多，而得吾道之傳者惟此四人，固不容輕議矣。然荀子出而譏孟子、子思，固自以爲得吾道之傳矣，至其以性爲惡，以禮爲僞，則不及孟子遠矣。揚子出而譏荀卿同門異户，而自比於孟子，然其言性則爲善惡混，亦不無可議論處。至韓退之則謂荀與揚大醇而小疵，然其《原道》之篇所謂道與德爲虚位，仁與義爲定名，亦大醇而小疵矣。大抵孔子之後，欲如孟子著書無一可議者，蓋難乎其爲人。則荀、揚、韓退之之徒亦不可多得，不可以求之太深也。

友人方德順問龜山先生曰："人君有得致之位，有可致之資，其所爲固甚易，何不做取堯、舜？縱堯、舜不可及，漢文、太宗亦易爲之，何不做取文帝、太宗？"龜山先生曰："老兄儒者，何不做取孔、孟？縱孔、孟聖德高風，何不做取荀、揚、韓退之？"大抵學者惟知論古人之是非，而不知在我者有所未至處也。

雖然，前賢之書固不可輕議，然以孔、孟之道而較之，則不無可疑處。若司馬温公，則但説《揚子》是，十三篇中有不可解者但闕之，至謂

“使揚爲莊言，斯拒矣；莊爲揚言，斯與之矣”，則温公不敢論揚子之非也。而東坡先生則又但譏其非，故謂揚子雲好爲艱深之辭，文淺易之説。然子雲所謂“聖人存神索至，成天下之大順，致天下之大利，和同天人之際，使之無間者也”，竊意東坡道不得。然則一如司馬温公，則待之太重；一如東坡，則待之太輕。

之奇今爲諸公論此書，於其可以爲天下後世之法則者，尊之重之固多矣；至其於理未安者，則引六經、孔孟之文以辨之，不敢以私意斷也。杜甫詩有曰：“庾信文章老更成，凌雲健筆意縱横。後來點檢流傳賦，不覺前賢笑後生。”之奇今議論子雲之是非，若使子雲復生，當笑倒之奇也。大抵諸公於子雲之精義處，當沉浸醲郁，以求其深造自得之學。若乃議論其是非，此乃之奇口過薄德也。（《拙齋文集·拾遺》，第533—535頁）

吴　沆

【太玄論】　《太玄》之作，以數爲之本，而陽爲之主也。陽數九，九九有變，故爲八十一首；首不可以無名，故因六十四卦之名增而配之；卦不可以無序，故因卦氣之説自一陽生而後以《中孚》爲之首也。九九一變不足以成卦，故自一而推之，一變而三，再變而九，三變而二十有七，四變而八十有一。虚有其數而無其號，則不可舉以曉人也，於是以三爲方，九爲州，二十七爲部，八十一爲家，凡四變而數窮，故卦止四位。因其位而爲之贊，則不足以配周天晝夜之數，於是舍其四位而别作九贊。因方、州、部、家多寡之異以擬贊之辭，則理淺而無説，於是又舍方、州、部、家而别配以五行。五行之數僅當九贊之半，故周而復始，一卦之内，土數止一，而水、火、木、金之數皆至二，爲夫九贊之設，所以當期之日也。合七百二十九贊當期之日，猶少一晝一夜，故外爲《踦》《嬴》二贊以足之，如是而《玄》略備矣。然而位無變動，猶未可以占也。是故即九贊之位而三分之爲三表，以俟三時之占。冬取其一，一、五、七爲一表，旦筮逢焉。三、四、八爲一表，夕筮逢焉。二、六、九爲一表，晝夜之中逢焉。三表之分，不可以無説也。於是立爲經緯以别之，以一、二、五、六、七爲經，三、四、八、九爲緯，旦筮以經，夕筮以緯，晝夜之中經緯焉。如是而占略備矣。然猶未可以揲也，是故數始於三而生於六，因而三之爲十有八，又因而配之爲三十有六。乃視策虚三卦一分而爲二，揲之以三而扐其餘，卦扐之外，並而數之，自十而下，得七爲一，得八爲二，得九爲三，凡四揲而卦成。如是而揲略備矣。

數有可揲，辭有可占，然後九行之説可得而詳，九贊之位可得而别也。夫一與六共宗，二與七共明，三與八成友，四與九同道，五與五相守。一、六爲水，二、七爲火，三、八爲木，四、九爲金，五、五爲土，是九行之説也。天曰九天，地曰九地，人曰九人，以至體九體，屬九屬，事九事，序九序，年九年，是九位之説也。夫方本有四而固謂之三方者，《玄》之數始於三也。行本有五而固謂之九行者，首之贊及於九也。事序之間有爲不同而固謂之九事、九序者，贊之位不過於此也。夫《太玄》之作以陽爲之主，以九爲之數，是故首以九變，贊以九成，首之五行，如贊之序，以五配九，而三分之爲上下之等，如《禹貢》之田，於是有一水下下、二火下中之别也。自《中》首而次一二而數之，遇奇爲陽，遇偶爲陰，以八十一首配於三玄之下，而陰陽間列，於是有天玄陰家、地玄陽家之别也。首之奇偶爲晝夜，家之奇偶爲陰陽，贊之五行定於内，家之五行運於外，水、火、木、金迭相推蕩，而生、王、休、廢加乎其間，而吉凶生，是《玄》之辭也。一贊之策三十有六，二贊當一晝一夜，其策七十有二。除《踦》《嬴》之外，當三百六十四日有半，凡二萬六千二百四十有四爲泰積，是《玄》之策也。一首之數當十有九歲，是謂一章，二十七章爲一會，三會千五百三十有九年，當八十一首爲一統，因而三之，以備三才之數。凡四千六百一十有七歲，六甲俱盡，爲一元，是《玄》之數也。夫《玄》，上法於天，下法於地，中法於人。上法於天，故二贊而當一度；下法於地，故三方而入九州；中法於人，故方比公、州比卿、部比大夫、家比元士。天變以數，地變以形，人變以事。自數而言，則有始中終；自形而言，則有下中上；自事而言，則有思禍福。蓋人之行事，必始於思，思極而後福，福極而後禍。上下之理，終始之義，自然之勢也。其道則以中爲貴，故有下中，有上中，有中中。所謂下中，思之中也；所謂上中，禍之中也；所謂中中，福之中也。居福之中，善之善者也。上下之中，不善之中有善焉耳。自三而下爲不及，自七而上爲太過。太過已矣，不及猶有望焉。是故自五而下謂之息，自五而上謂之消，不消不息，唯五而已。故九位之贊，五爲極貴，是《玄》之旨也。

夫《玄》準《易》而作也，是故《易》有六畫，《玄》有四位；《易》有三才，《玄》有九贊；《易》揲以四，《玄》揲以三；《易》有變，《玄》有達；《易》有《象》，《玄》有《測》；《易》有《彖》《繫》《文言》《説卦》十翼之辭，《玄》有《衝》《錯》《攡》《瑩》《數》《文》《圖》《告》《掜》擬之篇；《易》自無而之有，故觀象而作器，《玄》自有而之無，故假物以明數；《易》道貴神，《玄》道貴精；《易》，聖人之事，《玄》，賢人之事。《易》有六畫，故有六爻，有八卦，故有六十四變，每卦之下以元、亨、利、正四者爲德，故《文言》及之，本與末同，名與實稱，則其道自然故也。《玄》有四位，乃作九贊，以方、州、部、家爲首，乃以水、火、木、金爲辭，八十一首之下未嘗言罔、直、蒙、酋、冥，而《玄文》之中乃極言四者之德，本與末殊，名與實異，則其道使然故也。蓋謂之準《易》則不可使一事有闕，亦雄之志而已。

《易》之道深，故人更三聖，世歷三古，然後備。《玄》之道淺，故備於一人之身，然其作則不可謂之無法。所謂《衝》者，對而言之也。所謂《錯》者，雜而言之也。《攡》以張之，《瑩》以明之，《數》以舉其略，《文》以致其祥，《圖》以象天，《告》以盡人。《掜》，擬也，舉萬物之類以擬五行之數也。其道則以陽爲貴，有尊君之象，其位則以五爲美，以其當九贊之中。其辭則本於五行，其占則本於陰陽，其數則本於《太初》，其名則本於《周易》，其序則本於卦氣。蓋卦氣一定，則自《中》首而下，一、二、三、四舉之而足矣。至於方也、州也、部也、家也，乃假虛名以紀虛數，義不在焉，有之可也，無之可也。

我朝邵先生之作《正玄》，正揚子雲之《太玄》也。正者，正救之謂也，實欲以正《太玄》之所未正也。三復《正玄》，而知先生有功於《太玄》深矣。陳漸之《演玄》，所以發《太玄》之旨。吴秘之《音義》，所以發《太玄》之疑。陸績之《釋失》所以辨《太玄》之惑。夫發其旨，祛其疑，固有賴於陳漸、吴秘之功，而正救舛訛，若非陸績以釋其失，則後世之惑滋甚。吁，又孰知陸績之後，而我朝邵先生堯夫之《正玄》乎！夫所謂正者，則正救之謂也。以揚子雲之《太玄》，而邵先生正之，固非短於雄而詡己所長也，實欲以正《太玄》之所未正者也。愚嘗三復《正玄》，而知邵先生有功於《太玄》也深矣。且方、州、部、家名曰四重，《玄》何義也?《正玄》則以方、州、部、家而爲爻之形象，而以上下命名，真足以正《太玄》之四重，亦猶《易》卦之有上下爻也。由初至上，分爲九贊，《玄》何拘也?《正玄》則自一至五而以五行次之，真足以正《太玄》之九贊，亦猶《洪範》之序五行也。《玄》有十二卷，《正玄》則以九天分爲九卷；《玄》有八十一首，《正玄》則以九首各爲一卷；《玄》九首僅一配土，《正玄》則以水、火、木、金、土隨次序而品第之。至於象工、象幾、象示、象止、象器、象亦、象坐、象光、象幽之數，無非正救《太玄》而爲子雲鑽皮出羽也。不然，蓍何以用三十三，首何以依八十一乎？信乎先生之有功於《太玄》也深矣哉！

《太玄》之有方、州、部、家，亦猶《易》卦之有六爻也。其研幾極深，隱微奥妙，蓋有非淺學所能到也，是知子雲之精於數也深矣。不讀《太玄》，無以知方、州、部、家之畫；不究《索隱》，無以辨方、州、部、家之名。夫《太玄》之有方、州、部、家，亦猶《易》卦之有六爻也。

《易》之六爻，亦下畫上；《太玄》之方、州、部、家，則自上畫下也。故一首各有四重，八十一首總有六百四十八畫。方其未畫也，策用三六，儀用二九。蓍虚三而卦一，數起三而再揲，八揲始成四重而定一首之名。及其將畫也，一方分三州，一州分三部，一部分三家，故有三方、九州、二十七部、八十一家之目。迨其既畫也，方取方伯之象，州取州牧之象，部取一同之象，家取一家之象，以上統下，以寡制衆，而八十一首成矣。故以縱而觀之，方則二十七首而一變，州則九首而一變，部則三首而一變，家則一首而一變；以横而觀之，方則九變而州八十一首，州則九周而盡八十一首，部則三變而周八十一首，家則三周而盡八十一首。研幾極深，隱微奥妙，蓋有非淺學之所以能者，愚是以知子揚子之精於數學也深矣。（《永樂大典》卷四千九百三十九，中華書局 1986 年版，第 8324—8327 頁）

傅自得

【四詩類苑序（節録）】　發於性情之真，本乎王道之正，古之詩也。自《風》《雅》變而騷，騷而賦。賦在西京爲盛，而詩蓋鮮，故當時文士咸以賦名，罕以詩著。然賦亦古詩之流，六義之一也。司馬相如賦《上林》，雄深博大，典麗雋偉，若萬間齊建，非不廣袤，而上堂下廡，其有次序，信矣詞賦之祖乎！揚子雲學貫天人，《太玄》《法言》與六經相表裏。若《甘泉》諸賦，雖步趨長卿，而雄渾之氣溢出翰墨外，則子雲無之。他日自悔少心，或出於是。至若王荆公謂賦擬相如爲未工，朱文公又謂雄賦只能填上腔子，其以其文之不工、記之不傳哉，正以追遵模擬，其氣索爾。（《南城縣志》卷三一，清道光六年刻本）

程大昌

【甘泉玉木】　揚雄《甘泉賦》曰："翠玉木之青葱兮，璧馬犀之瞵瑞。"左思譏之曰"果木生非其壤，於義虚而無證"也，李善引《漢武故事》則曰："上起神屋，前庭植玉木，珊瑚爲枝，碧玉爲葉。"若如所言，則是木也，蓋用珊瑚碧玉裝飾爲之，其謂翠而青葱者，皆狀碧玉之色而已，非真有是木根著其地也。至《黄圖》則又有異矣，曰："甘泉谷比岸有槐，今爲玉木，根幹盤峙，三二百年木也。"《十道志》所記亦同。楊震《關輔古語》云："耆老相傳，咸以爲此木即揚雄之謂'玉木青葱'者也。"詳此二説，又直謂木本槐也，而名之以爲玉木焉耳。予即本賦上下文求之，則雄指殆可類推也。曰"璧馬犀之瞵瑞"，則非有真馬、真犀也，直以璧玉刻爲其形焉耳，世固無璧馬、璧犀也。又曰"金人屹以承虡"者，虡，鐘虡也，則比木虡加珍矣，故誇之以見其盛也。於是合三者言之，則玉也、璧也、金也，實非土毛，而皆假物爲之，則《漢武故事》所著大爲可據也。若指其木以爲槐，亦自一時所見，然槐葉望秋先零，不貫四時，其碧不長，恐非雄之所誇也。（程大昌撰，黄永年點校：《雍録》卷十，中華書局2002年版，第216—217頁）

【玉樹】　《甘泉賦》"翠玉樹之青葱"，左思譏以假稱他土珍怪。按《漢武故事》："既得欒大，即甘泉宫造甲乙帳，前庭植玉樹。玉樹之法，葺珊瑚爲枝，以碧玉爲葉，花子或青或赤，悉以珠玉爲之。"故顔師古注云："玉樹者，武帝所作，集衆寶爲之，用供神也，非自然而生，左思失之，蓋爲是也。"《長安記》正以玉樹爲槐也，當是並緣"青葱"之語乎？（許逸民校證：《演繁露校證》卷十二，中華書局2018年版，第836頁）

【鼻祖】　揚雄賦曰："或鼻祖於汾隅。"劉德釋"鼻"爲始，後人特信德語，和附以爲始祖，不知鼻之訓始何義也。《説文》釋"皇"曰："皇，大也。從自，自始也。始皇者，三皇，大君也。自讀若鼻，今俗以始生子爲鼻子。"則鼻之爲始，漢時已然也。《説文》於"辠"又曰："辠，犯法也。以辛從自，言辠人蹙鼻苦辛。秦以辠似皇字，改爲罪。"合"皇""鼻"二字本釋而言之，則鼻之訓始，有以也。（《演繁露校證》卷十五，第1027頁）

洪　邁

【晏子揚雄】　齊莊公之難，晏子不死不亡，而曰："君爲社稷死則死之，爲社稷亡則亡之，若爲己死而爲己亡，非其私昵，誰敢任之！"及崔杼、慶封盟國人曰："所不與崔、慶者。"晏子嘆曰："嬰所不唯忠於君利社稷者是與，有如上帝！"晏子此意正與豫子所言"衆人遇我"之義同，特不以身殉莊公耳。至於毅然據正以社稷爲辭，非豫子可比也。揚雄仕漢，親蹈王莽之變，退託其身於列大夫中，不與高位者同其死，抱道没齒，與晏子同科。世儒或以《劇秦美新》貶之，是不然，此雄不得已而作也。夫誦述新莽之德，止能美於暴秦，其深意固可知矣。序所言配五帝、冠三王，開闢以來未之聞，真以戲莽爾。使雄善爲諛佞，撰符命，稱功德，以邀爵位，當與國師公同列，豈固窮如是哉！（洪邁撰，孔凡禮點校：《容齋隨筆》卷十三，中華書局2005年版，第169—170頁）

【逐貧賦】　韓文公《送窮文》，柳子厚《乞巧文》，皆擬揚子雲《逐貧賦》。韓公《進學解》，擬東方朔《客難》，柳子《晉問篇》擬枚乘《七發》，《貞符》擬《劇秦美新》，黄魯直《跛奚移文》擬王子淵《僮約》，皆極文章之妙。《逐貧》一賦，幾五百言，《文選》不收，《初學記》所載才百餘字，今人蓋有未之見者，輒録于此，云：

"揚子遁世，離俗獨處。左鄰崇山，右接曠野。鄰垣乞兒，終貧且窶。禮薄義弊，相與群聚。惆悵失志，呼貧與語：'汝在六極，投棄荒遐。好爲庸卒，刑戮是加。匪惟幼稚，嬉戲土沙。居非近鄰，接屋連家。恩輕毛羽，義薄輕羅。進不由德，退不受訶。久爲滯客，其意若何。人皆文繡，余褐不全。人皆稻粱，我獨藜飧。貧無寶玩，何以接歡。宗室之宴，爲樂不盤。徒行負賃，出處易衣。身服百役，手足胼胝。或耘或耔，沾體露肌。朋友道絶，進官凌遲。厥咎安在，職汝之爲。舍汝遠竄，昆侖之顛。爾復我隨，翰飛戾天。舍爾登山，岩穴隱藏。爾復我隨，陟彼高岡。舍爾入海，泛彼柏舟。爾復我隨，載沉載浮。我行爾動，我静爾休。豈無他人，從我何求。今汝去矣，勿復久留。’貧曰：‘唯唯，主人見逐。多言益嗤。心有所懷，願得盡辭。昔我乃祖，崇其明德。克佐帝堯，誓爲典則。土階茅茨，匪雕匪飾。爰及季世，縱其昏惑。饕餮之群，貧富苟得。鄙我先人，乃傲乃驕。瑶臺瓊室，華屋崇高。流酒爲池，積肉爲崤。是用鵠逝，不踐其朝。三省吾身，謂予無諐。處君之家，福禄如山。忘我大德，思我小怨。堪寒能暑，少而習焉。寒暑不忒，等壽神仙。桀蹠不顧，貪類不干。人皆重蔽，子獨露居。人皆怵惕，子獨無虞。言辭既罄，色厲目張。攝齊而興，降階下堂。誓將去汝，適彼首陽。孤竹之子，與我連行。’余乃避席，辭謝不直：‘請不貳過，聞義則服。長與爾居，終無厭極。’貧遂不去，與我遊息。”唐宣宗時有文士王振，自稱紫邏山人，有《送窮辭》一篇，引韓吏部爲説，其文意亦工。（《容齋續筆》卷十五，第407—408頁）

【忠言嘉謨】　揚子《法言》：“或問忠言嘉謨。曰：言合稷、契謂之忠，謨合皋陶謂之嘉。”如子雲之説，則言之與謨，忠之與嘉，分而爲二，傳注者皆未嘗爲之辭，然則稷、契不能嘉謨，皋陶不能忠言乎？三聖賢遺語可傳於後世者，唯《虞書》存，五篇之中，皋陶矢謨多矣，稷與契初無一話一言可考，不知子雲何以立此論乎？不若魏鄭公但云“良臣稷、契、皋陶”，乃爲通論。（《容齋三筆》卷十二，第573—574頁）

【别國方言】　今世所傳揚子雲《輶軒使者絶代語釋别國方言》，凡十三卷，郭璞序而解之。其末又有漢成帝時劉子駿與雄書，從取《方言》及雄答書。以予考之，殆非也。雄自序所爲文，《漢史》本傳但云：“經莫大於《易》，故作《太玄》；傳莫大於《論語》，作《法言》；史篇莫善於《倉頡》，作《訓纂》；箴莫善於《虞箴》，作《州箴》；賦莫深於《離騷》，反而廣之；辭莫麗於相如，作四賦。”雄平生所爲文盡於是矣，初無所謂《方言》。《漢・藝文志》小學有《訓纂》一篇。儒家有雄所序三十八篇，注云：“《太玄》十九，《法言》十三，樂四，箴二。”雜賦有雄賦十二篇，亦不載《方言》。觀其答劉子駿書，稱“蜀人嚴君平”，案君平本姓莊，漢顯宗諱莊，始改曰“嚴”。《法言》所稱“蜀莊沈冥”“蜀莊之才之珍”“吾珍莊也”，皆是本字，何獨至此書而曰“嚴”。又子駿只從之求書，而答云：“必欲脅之以威，陵之以武，則縊死以從命也。”何至是哉！既云成帝時子駿與雄書，而其中乃云孝成皇帝，反覆抵牾。又書稱“汝、潁之間”，先漢人無此語也，必漢、魏之際好事者爲之云。（《容齋三筆》卷十五，第608頁）

陸　遊

【二子】　兩楹夢後少真儒，毀譽徒勞豈識渠。孟子無功如管仲，揚雄有賦似相如。敬王事業知誰繼，準《易》工夫故不疏。孤學背時空絶嘆，白頭窮巷抱遺書。（《陸遊集·劍南詩稿》卷二十六，中華書局1976年版，第721頁）

周必大

【金陵堂試策問（其一）】　問：扶衰救弊莫如忠，載道流遠莫如文。周鼎將遷，斯道泯如也。固節義之大間，續《雅》《頌》之遺音，不在屈平乎？二十五篇之作，志切而詞深，雖與日月争光可也。奈何學如揚雄，才如班固，或議其忠，或抑其文？學者疑焉，願與諸君子論之。夫《離騷》賦於懷王之世，其詞固曰“依彭咸之遺則”，然則《懷沙》以感頃襄者，屈平之素志也，忠乎，非與？《反騷》作於元、成之間，斷章固謂“棄由、聃之所珍”，然則撓節以從新莽者，揚雄之本心也，智也，非與？識者觀之，必曰：“沉湘而逝，忠已遂矣。使投閣而莫救，智安在哉？”尚論千載，必有考於斯矣。太史公之傳《離騷》也，謂其好色而不淫，怨誹而不亂，庶幾兼《國風》《雅》《頌》之體。班固則不然，謂羿澆二姚，不合乎《左氏》，昆侖玄圃，不載於經義；及其陳堯舜，稱湯文，譏桀紂，則置而不言。露才之誚，怨懟之誣，惟恐詆之不力也。司馬相如何如人哉？固爲贊曰：要其歸，導之於節儉。此與《詩》之諷諫何異？嗚呼，曾謂屈平不如長卿乎？恭惟仁聖在上，數子固無與乎今之世矣。雖然，判忠邪，别是非，學者所宜盡乎心也，盍索言之？己卯三月。（《文忠集》卷十二，《四庫》第1147册，第115頁）

【張文靖公文集序（節録）】　揚雄，漢儒之傑然者，嘗賦《甘泉》，稱頌人主，搜述索偶，豈無他人？獨曰皋、伊之徒冠倫魁，其深知聖人之意也歟！（《文忠集》卷五十四，第575頁）

【試軍器監丞葉山】　問：古之君子道德積於中，則英華發於外。因事而有言，譬如風行於水，雲行於空，自然成文，豈假雕篆纂組之功也哉？歷觀綴文之士衆矣，顧不必問，姑以聖賢爲質。孔子稱堯曰“焕乎其有文章”，考之載籍，“焕乎”者安在？子貢曰“夫子之文章可得而聞也”，求之經傳，敢問“可聞”者何辭？四科之設，文學預焉，然子遊、子夏曾不能贊一辭於《春秋》，則所謂以文學稱者果何見歟？鄭之四賢相須乃濟，然居則應對賓客不容緩也，出而有事四方不偕行也，則所謂討論潤色者果何待歟？婦人猶能賦詩，何後世老師宿儒反不通其義乎？漢朝人莫不能文，何大臣少文不學猶見譏於史乎？由漢以來，學士大夫所共推尊以爲著書而不失古君子之道意者，揚雄、王通而已。然艱深淺易之譏，摹仿《魯論》之誚有不能免，蓋異乎自然成文者矣。彼知其力不足而强爲之歟？抑爲文者固當用意而準古也？韓愈晚出於唐，獨以六經之文爲諸儒倡，其去取決不苟矣。然推尊揚雄，以爲過於老子，老子豈易過哉？至王通乃無一語評其是非，又何意也？主上發言爲經，肆筆成書，固已追跡帝堯之文思，比隆夫子之將聖，然萬幾之暇，猶有取乎藝文。深惟本朝述作之盛遠過前代，而所謂《文海》者精粗混並，不足傳遠，乃詔館閣之士刊定而繕寫之，使學者有所矜式，德意厚矣。子大夫膺被特召，將接武於書

林，古今文章，諒所熟復，盍極辨數者之疑，以待上問？（《文忠集》卷一百二十，《四庫》第1148册，第335—336頁）

孫　奕

【擬聖作經】　作經以擬聖者，其後儒之僭者乎？自非僭者，則揚雄不作《太玄經》以擬《易》，王長文亦不作《通玄經》以擬《易》；劉向不作《洪範五行傳》以擬《書》，陳黯亦不作《禹誥》以擬《書》，而《虞卿春秋》《吕氏春秋》《楚漢春秋》《吴越春秋》《晉春秋》《唐春秋》之類無聞焉。《漢尚書》《隋尚書》《後漢尚書》《漢魏尚書》《續書》《續尚書》之類無有焉。揚雄不作《法言》以擬《論語》之精微，王通不作《中説》以擬《論語》之緼奥。嗚呼！《孝經》，孔子所論也，孰知郭良輔又變爲《武孝經》，鄭氏又易爲《女孝經》，以至《農孝經》《酒孝經》紛紛而出。《爾雅》，周公所記也，孔鮒又轉爲《小爾雅》，張楫又衍爲《廣雅》，以至《博雅》《埤雅》譊譊而興。配《孝經》者，又有馬融之《忠經》；準《論語》者，又有宋尚宫之《女論語》。皆其僭之尤者乎？（孫奕撰，侯體健、况正兵點校：《履齋示兒編》卷七，中華書局2014年版，第104—106頁）

林　駉

【蜀中人材（節録）】　昔我高宗之論蜀士也，曰當以德行爲先，文章乃其餘事。大哉王言，其品藻人物之高抬貴手歟。愚嘗登岷峨之山，望巴江之水，捫參歷井，縱觀四望，山川蔥欝，氣象宏富。其爲物也有青金丹砂之良，其爲人也皆光明俊傑之習。然世之論者曰，模寫風物，有聲詞壇，是蜀士之長也。馳騁古今，持論文苑，是蜀士之盛也。噫，德行首科，文章末枝。由漢至唐，光映史牒，能文之士固不少，而碩德重望者，抑何寥寥間見耶。黄門奏賦，飄飄凌雲，似也，然失節臨邛，至虧終身之大節。白首草《玄》，甘心寂寞，固也，然《劇秦美新》，爲名教之罪

人。（《源流至論》卷七，《四庫》第942册，第109頁）

【論太玄】　淵哉《太玄》之爲書乎！《易》以八，《玄》以九。《易》之蓍也以七，《玄》之蓍也以六。《易》之八也，八而八之，凡六十四卦。然不易者八，反易者五十六，實以三十六卦而六十四也。《玄》之九也，九而九之，凡八十一家。然不易者九，反易者七十二，實以四十五而八十一也。蓍之七也，七而七之，凡四十九筴，其虚一也，存一而虚之也。蓍之六也，六而六之，凡三十六筴，其虚三者，取其三而虚之也。《易》以當日，《玄》亦以當日。《易》以當曆，《玄》亦以當曆。其闔闢變通，無一而非《易》也。至若《易》有《彖》，《玄》則有《首》。《易》有爻，《玄》則有贊。《易》之爻有《象》，《玄》之贊有《測》。以《玄文》而準《文言》，以《攡》《瑩》《掜》《圖》《告》而準《繫辭》，此又其文之粗耳。

然亦誠有可疑者。《易》之天五配以地十，《玄》也有五而無十，非《易》也。《易》之六畫加以六位，《玄》也有畫而無位，非《易》也。《易》之畫即《易》之爻，《玄》之重爲重（《玄》首四重，方、州、部、家），贊自贊（《玄》首九贊，非以四重爲贊），非《易》也。《玄》以《玄文》擬《文言》，似矣。然《玄文》不加之《睟》（《玄》以《睟》準《乾》）而加之《中》，如其有心於卦氣也，則去《玄文》可也，而何必規規於聖人也？《玄》以首名準卦，似矣。然或以一首當一卦，而或以二首焉。如其有心於曆法也，則自爲之名可也，而何必規規於聖人也？（《經義考》卷二百六十八，《四庫》第680册，第441—442頁）

黄履翁

【論文公褒貶之意（節録）】　揚雄本仕於漢也，而曰莽大夫揚雄，蓋雄之奸心佞舌，曲筆美新，名之曰莽者，正以誅諛臣之心。（《古今源流至論别集》卷一，《四庫》第942册，第510頁）

【太玄（太玄學易之得失）】　《太玄》果有得於《易》乎？然劉歆嘲之，嚴尤誚之，老蘇、東坡又起而譏之，是其書未足論也。《太玄》果無得於《易》乎？然桓譚稱之，張衡喜之，温公、康節又從而推之，是其書未可輕也。

愚嘗平心論之，以一家之書而强合諸家之數，此雄之所以失；以大《易》之理而參決一己之見，此雄之所以得。善則存之，否則去之，則雄將無辭，而諸儒亦無議矣。且《易》有《彖》，《玄》則有《首》。《易》有爻，《玄》則有贊。《易》之爻有《象》，而《玄》之贊有《測》。以《玄文》而準《文言》，以《攡》《瑩》《掜》《圖》《告》而準《繫辭》，《玄》固求合乎《易》也。然《易》之天五配以地十，《玄》也有五而無十。《易》之六畫加以六位，《玄》也有畫而無位，果《易》乎？《玄》以《玄文》擬《文言》，而《玄文》不加之《睟》而加之《中》，《玄》以首名準卦，而或以一首，或以二首，果《易》乎？是《玄》亦不專合乎《易》也。贊之初二以至於上九，則有取於《洪範》九疇之數。一與六共宗，以至於五與五相宗，則有取於《洛書》生成之數。其爲首八十一，則黄鐘之天數寓焉。其爲贊七百二十有九，則十二辰之中數寓焉。泰中之數三十六，其用三十三而虚其三，則太極函三爲一之數。泰積之數始於十八，終於五十四，而合於七十二，此則商徵益一上生之數。此猶可也。六日七分之數，唐一行所深非，而子雲自《中》至《養》則而效之，而未敢亂其叙。牽牛起度之數，蔡邕所力議，而子雲自《中》至《養》求而合之，而欲應其度。疲精竭神於占候步推之末，噫，亦勞矣。

自今論之，夫《復》卦之所謂“七日來復”者，謂自《復》而至於《乾》，自《姤》而至於《坤》，皆六日爾，而有陰陽之辨，極其始終，則至《復》與《姤》皆七日焉。是蓋天道之自然，而《復》卦之所以善言天道者也。而孟喜乃以私意附會之，其説曰：去《坎》《離》《震》《兑》以分主二十四氣，而六十卦之爻乃當三百六旬之數，又自七分推之，則其爲數四百二十分，每以八十分爲一日，則爲五日四分之一，而可以備其周天之數。以《中孚》爲冬至用事之始，故六日七分而復受之。果何者而合於七日來復之義也。至《太玄》之書，始於《中》，終於《養》，凡八十一首，以一首當四日有半，而其所主者乃三百六旬與夫四日之半，又以《踦》《嬴》二贊而足其閏之數，而六日七分之説興焉。是固有取於喜之説也。抑不思六日七分之奇數，果可合於“七日來復”之義乎？借曰《太玄》以虚三起數，而七日之數止於六日七分，則一日八十分之義果何義乎？

近代之曆，冬至在斗二度，其説本於《戴記·月令》仲冬日在斗之數，此亦天道自然，而《月令》之所以爲善言天道也。而洛下閎乃以淺見揣摩之，其説曰：始於十一月冬至夜半甲子，起牽午一度，驗其日月如合壁，五星如連珠，而其數始定。然自太初以迄於今，朔後天三日，氣後天四日，冬至之所在，差天幾三十餘度，果何爲而合於在斗二度之説也？至《太玄》之書，始於《中》而應於冬至之日，以明陽氣之萌，故《中》首入牛一度，《周》首入牛五度，至於《養》則始爲斗宿二十二度，是固有取於閎之説也。抑不思差天於三十度之間，則四分之虧一者，果能免乎？借曰曆久必差，而盈縮進退不能爲千萬世之數，則探端造始者，果能逭其責乎？

雖然，子雲泥於諸家之數，固不能無牽合之謬。子雲参於大《易》之學，亦不可無真實之見。夫子雲當莽、賢之世，不事進取，恬於勢利，獨與嚴遵、李仲元遊，則其學必有據矣。夫以漢之正統而象七百二十九贊之正數，以莽之閏位而取《踦》《嬴》二贊之餘分，此其立論關於天地之常經、古今之大義，數耶？理耶？以《斷》之首而得《夬》卦五陽去一陰之象，以陰陽之象而明君子小人進退之義，此其爲説切於造化之妙用，治道之體，數耶？理耶？昔韓愈讀《荀子》，欲合於理者存之，害於理者去之，有道之士，於《太玄》亦云。（《古今源流至論别集》卷五，第570—573頁）

【擬經】　束晳之《補亡》，欲繼乎《詩》也，君子不之予，而老杜一集本以五言爲體，山谷謂有《三百篇》之旨。《湯征》之續闕，欲續乎《書》也，君子不之取，而孔明《出師》一表本以表而自名，東坡嘆其與《伊訓》《説命》相表裏。大抵得聖人之意則自然暗合於道，泥聖人之言則往往反戾於經，况《國風》《雅》《頌》渾厚醖藉，誦之如奏黄鐘、大吕，《商盤》《周誥》幽深簡古，讀之如登九折峻阪。儒生學士，無聖人萬分之一，而欲效聖人之所爲。噫，亦妄矣！束晳補《詩》，俳優之戲舜耳；居易續《書》，尫巫之步禹耳。此愚切嘆夫後之擬經者，皆侮聖人也。

且六經何爲而作哉？蓋夫子接三代之後，有典、謨、訓、誥之文，有禮樂法度之善，天地陰陽之藴已露而未顯，三綱五常之道幾墜而未振，於是删《詩》定《書》，制《禮》作《樂》，繫《周易》，作《春秋》，聖人蓋爲天地立心，爲生民立極也。彼王通何人哉？既續《詩》矣，而又續《書》，既《元經》矣，而又《易贊》，既《禮論》矣，而《樂論》。然曹、劉、沈、謝之句，安能合《鹿鳴》《四牡》《大明》《關睢》之旨，七制、詔志、策議之文，安能合《堯典》《舜典》《禹謨》《伊訓》之義？達者與幾，守者存義，果《序卦》《雜卦》之藴乎？皇始之帝，晋宋之王，果奬周室、尊中國之筆乎？禮之論，樂之論，果能推明先王政化之意乎？侈然以王氏六經自名，此特效西子之顰耳。通之意猶未也，《中説》一書，酷類《魯論》，以董常比顔子，以公卿大夫比顔曾門弟，而其心則以夫子自尊。通之意，正如歐陽永叔自擬韓昌黎，而以梅聖俞擬孟郊也。嗚呼，安得後人不以六經奴婢誚之哉？

然僭經之罪，不特一王通也。世無君子之論，則蟬噪争鳴，蛙尊自居，皆得侮聖言矣。子雲之《太玄》，蓋準《易》之象數也。《易》有《彖》，《玄》則有《首》，《易》有爻，《玄》則有贊，《易》之爻有《象》，而《玄》之贊則有《測》。然《易》以道勝，而《玄》以數勝，是雄蔽於名而作也。此後世所以有吴楚僭王之譏焉。嗚呼，畫前元有

《易》，何俟雄之贅哉？雄且不能避君子之議，則京房之卦氣，元嵩之《元包》，一行之《大衍》，皆謬也。屈平之《騷經》，蓋倣《詩》之比興也，以香草比君子，以龍鳳比忠正，美人以喻時君，惡鳥以況小人。然《詩》之體尚忠厚，《騷》之體類迫切，是原蔽於怨而作也，此或者所以有異經典之誚焉。嗚呼，删後更無《詩》，何待原之效哉？原且不能逭後世之譏，則王褒《得賢》之頌，宗元《平淮》之雅，皆妄也。吴越之《春秋》。楚漢之《春秋》，非不求合於《春秋》也，然遊、夏高弟且不能措一辭，況諸公乎？三國之《尚書》，記注之《尚書》，非不求合於《書》也，然《秦》《魯》二篇，聖人且不得已繫於帝王之後，況後世乎？世儒論後之學者僭擬聖經，正如兒曹斂容危坐以效老成，拜伏跪起以效賓主言，氣象大不相類也。

雖然，聖經之名固不可擬，而所述之道獨不可學乎？聖經之體固不可襲，而所寓之意獨不可求乎？述性命者存乎《易》，讀《易》而得性命之理，雖未必曰《易》，謂之得於《易》可也。詠性情者存乎《詩》，作《詩》而得性情之旨，雖未必曰《詩》，謂之得於《詩》可也。示直筆者在《春秋》，紀政事者在乎《書》，作史而能成實録、備故事，雖未必曰《書》曰《春秋》，謂之得於《書》《春秋》亦可也，石介之《宋頌》九篇，衆謂《猗那》《清廟》之詩無以加。嗚呼！劉禹錫《三閣》四章，魯直且以《黍離》配之，《宋頌》之無愧《猗那》也宜矣。尹洙之《皇雅》十篇，人謂《堯典》《舜歌》而下所未聞。嗚呼，韓退之《淮西》之碑，孫覺且嘆其叙如《書》，則《皇雅》之可軋《舜歌》也亦宜矣。康節先天之學，濂溪太極之圖，云雖未嘗規規於方、州、部、家之體，而理數暗合於《易》。噫，孟子七篇之書不言《易》，而君子謂其深於《易》者，以其所載者性命也。王元之之《太祖實録》，其事直書；曾子固之《兩朝國史》，必主仁義。雖未嘗屑屑於編年之法，而褒貶實得於《春秋》。噫，子長易編年而爲紀傳表書，君子謂其合於《春秋》者，以其所書者實録也。世之議者且曰："司馬所著《潛虚》之書，毋乃蹈《太玄》之轍乎?"曰："此未必出公之手也。吾觀傳公之行者，不聞一語及於《潛虚》，其意可見矣。"世之議者又曰："朱氏所補《大學》致知格物之章，母乃效補《詩》之尤乎?"曰："此亦知先生之已説者，吾觀章句之序自謂以程氏之説輯之，以俟後之君子，其意亦不敢自專矣。"噫，曾經聖人手，議論安得到，後之學者妄爲僭經之舉，盍以是自訟云。(《古今源流至論别集》卷六，第580—583頁)

楊萬里

【答周子充内翰書(節録)】　某少也賤且貧，亦頗剽聞文墨，足以發身，騃不解事，便欲以身徇文，不遺餘力以學之，竟何所成?雖成，竟何所用?自吾家子雲，苦一生之心於《太玄》《法言》之二物，以待後世之子雲。子雲死近千載，竟未有子雲，此韓子所嘆也。某以爲不然，韓子之嘆過也，子雲之慮亦過也。且何必待後世之子雲也，同時亦自有子雲矣。所謂醬瓿者，非同時之子雲乎?不人之逢，而醬瓿之逢，未爲無逢也。古今文士，每以子雲爲嘲。不知嘲子雲之未既，而其家醬瓿復嘲之在旁矣。(辛更儒箋校：《楊萬里集箋校》卷六五，中華書局2007年版，第2797頁)

【澉溪居士文集後序(節録)】　昔揚子雲作《法言》，蜀之富人載錢五十萬，求書名其間，而子雲不與。彼李仲元鄭子真者，山林野人耳，不持一錢，不求一字，而子雲與之。二子之事，後世無傳焉。而其名至今與日月争光者，以子雲也。東坡非吾宋之子雲乎?彭賀州之啓，其亦有求而不與者乎?道原不求而與之，非遇乎?(《楊萬里集箋校》卷八三，第3335頁)

【庸言七(節録)】　或問："揚雄之《劇秦美新》，有徼歟?"揚子曰："雄而有徼久矣。其獲矣耄而後徼焉，情乎哉!""然則奚而作?"曰："避禍焉而已矣。""禍可避乎?"曰："禍可避則命可避。"(《楊萬里集箋校》卷九二，第3587頁)

【庸言十三】　或問："揚雄謂仲尼見所不見，敬所不敬。聖人亦有詘

也，信乎？”揚子曰：“信斯言也。則見董賢，敬王莽，亦仲尼矣。”（《楊萬里集箋校》卷九三，第3609頁）

張　繽

【太玄索隱序】　昔孔子贊《易》，謂非天下之至精，非天下之至變，非天下之至神，孰能與於此？竊嘗跡是三言者，本末有序，蓋自卦、爻、《彖》《象》推其極，而遂知來物至精之謂也。若夫窮則變，變則通，通則久，如《河圖》之數以五，不必主於卦之八也，此變也。

然自贊《易》以來，未聞通此變者。及《太玄》作，而天下之至變始見焉。所謂神無方而《易》無體，與夫可以佑神者，則又超乎象數之表，冥乎太極之先。此由真積力久之功，可以心悟，而不可以言得也。《易》至於是，夫何體之有！神而明之，存乎其人。嗚呼！是三言之贊《易》，固範天地而揭日月哉！

漢之諸儒若董仲舒、京房之流，其於卦、爻之間，或精其事矣；獨揚子雲之學眇視餘子，既通其變，又幾於神，殆孔子所謂能與於此者也。故八卦變而九天，六爻變而九贊。致用皆九，與《易》異位。其曰：“《衝》《錯》《攡》《瑩》云者，《彖》《繫》之變也；罔、直、蒙、酋、冥者，元、亨、利、貞之變也。方、州、部、家之位，則四營成《易》之體焉。策用三六，儀用二九，則十有八變，成卦之義焉。”以之推天地日月之運，事物休咎之證，妙於易準，會歸有極，信乎其通於變之至者也。故泰柄雲行者謂太極，元氣之統於天也；時監地營者謂時運，品物之括於地也。天地事物之情，兩言而該之。其文有曰：“天以不見爲玄，地以不形爲玄，人以心腹爲玄。”夫天蒼然其見之著也，夫地隤然其形之大也。今乃以不見、不形言之，此豈世之識量所及哉？又曰：“其上也懸天下也，淪淵纖也，入薉廣也。”包畛蓋玄之又玄矣，清净沖漠，潭思鉤深，天人精微，融一無間，聖人以此齋戒，以神明其德者，豈非此之謂耶？著漢興中天之年，特微見其瑩爾。

夫《易》廣矣大矣，形於數者《易》蘊之一也。推數至精，而後知變；然能變而止，亦非君子之所盡其力者。必也與天地相似彌綸，久大德業，以此洗心，窮神知化，然後爲文王、孔子之學也。子雲之《玄》，其亦以之。

古今爲《玄》訓釋者十數家，唐王涯《五論》，頗爲玄學所宗，然特明其事例之可言者與揲蓍之法而已，不足以盡《玄》也。余里中友胡君晉傑抱《玄》遺編，獨究終始，總其數而爲之圖，探其頤而見於論。龍虎鳥龜，純正闔闢，凡《玄》詞之所該，必圖列之。至於天日、律吕、五行、音聲與《玄》應者，悉不遺也。其倫類所通廣且奥，推秒法以合《太初曆》，尤前人之未至者。若《玄》之首贊《踦》《嬴》，雖不一二條析，然顯微闡幽，中涵至理，子雲所以有待於後世者，晉傑其庶矣乎！演不知布預窮數，何能深《玄》之微，因晉傑之學，願問津焉。是用獨著孔子繫《易》之言，以明《太玄》得《易》之變，且序晉傑之學爲有功於《玄》者，以待後之君子。慶元元年歲在乙卯季秋既望，江原張縯序。（《永樂大典》卷四九三六，中華書局 1986 年版，第 8276—8277 頁）

朱　熹

【楚辭後語序（節録）】　至於揚雄，則未有議其罪者，而余獨以爲是其失節，亦蔡琰之儔耳。然琰猶知愧而自訟，若雄則反訕前哲以自文，宜又不得與琰比矣。今皆取之，豈不以夫琰之母子無絶道，而於雄則欲因《反騷》而著蘇氏、洪氏之貶詞，以明天下之大戒也。（朱熹集注，吴廣平校點：《楚辭集注·楚辭後語》卷首，岳麓書社 2013 年版，第 172 頁）

【反離騷解題及跋語】　《反離騷》者，漢給事黄門郎新莽諸吏中散大夫揚雄之所作也。雄少好詞賦，慕司馬相如之作以爲式。又怪屈原文過相如，至不容，作《離騷》自投江而死。悲其文，讀之未嘗不流涕也。以爲君子得時則大行，不得則龍蛇。遇不遇命也，何必湛沈身哉。乃作書，往往摭《離騷》文而反之，自岷山投諸江流以吊原云。始雄好學博覽，恬於勢利，仕漢三世不徙官。然王莽爲安漢公時，雄作《法言》，已稱其美比於伊尹周公。及莽篡漢，竊帝號，雄遂臣之，以耆老久次轉爲大夫。又仿相如《封禪文》獻《劇秦美新》以媚莽意，得校書天禄閣上。會劉、尋等以作符命爲莽所誅，辭連及雄。使者來，欲收之，雄恐，懼從閣上自投下，幾死。先是，雄作《解嘲》，有"爰清爰静，遊神之廷；惟寂惟寞，守德之宅"之語，至是京師爲之語曰："爰清静，作符命；唯寂寞，自投閣。"雄因病免，既復召爲大夫，竟死莽朝。其出處大致本末如此，豈其所謂龍蛇者邪？然則雄固爲屈原之罪人，而此文乃《離騷》之讒賊矣。他尚何説哉。（按，以上爲解題，以下爲跋語）

丹陽洪興祖曰：揚雄所以議屈原者如此，而班固亦譏其露才揚己，顔之推又病其顯暴君過。愚嘗折衷而論之曰：

或問："古人有言，殺其身有益於君則爲之，屈原雖死，何益於懷、襄？"曰："忠臣之用心，自盡其愛君之誠耳，死生毁譽所不顧也。故比干以諫見戮，屈原以放自沈。比干，紂諸父也。屈原，楚同姓也。爲人臣者，三諫不從則去之。同姓無可去之義，有死而已。《離騷》曰：'阽余身而危死兮，覽余初其猶未悔。'則原之自處審矣。"

或又曰："寧武子邦無道則愚，而仲山甫明哲以保其身。今原乃用智於無道之邦，以虧明哲保身之義，亦何足爲賢乎？"曰："愚如武子，全身遠害可也。有官守言責，斯用智矣。山甫明哲，固保身之道。然不曰'夙夜匪解，以事一人'乎？士見危致命，況同姓兼恩與義，而可以不死乎？且比干之死，微子之去，皆是也。屈原其不可去乎？有比干以任責，微子去之可也。楚無人焉，原去則國從而亡。故雖身被放逐，猶徘徊而不忍去。生不得力争而强諫，死猶冀其感發而改行。使百世之下聞其風者，雖流放廢斥，猶知愛其君，眷眷而不忘臣子之義盡矣。非死爲難，處死爲難。屈原雖死，猶不死也。後之讀其文，知其人如賈生者，亦鮮矣。然爲賦以吊之，不過哀其不遇而已。余觀自古忠臣義士，慨然發憤，不顧其死，特立獨行，自信而不回者，其英烈之氣，豈與身俱忘哉。‘仍羽人於丹丘，留不死之舊鄉’，‘超無爲以至清，與太初而爲鄰’，此《遠遊》之所作，而難爲淺見寡聞者道也。仲尼曰‘樂天知命故不憂’，又曰‘樂天知命有憂之大者’。屈原之憂，憂國也。其樂，樂天也。《離騷》二十五篇，多憂世之語，獨《遠遊》曰：‘道可受兮不可傳，其小無内兮其大無垠。無滑而魂兮彼將自然，壹氣孔神兮於中夜。存虚以待之兮，無爲之先。’此老、莊、孟子所以大過人者，而原獨知之。司馬相如作《大人賦》，宏放高妙，讀者有凌雲之意。然其語多出於此，至其妙處，相如莫能識也。太史公作傳，以爲：‘其文約，其辭微，其志潔，其行廉，其稱文小而其指極大，舉類邇而見義遠。其志潔，故其稱物芳，其行廉，故死而不容。自疏濯淖污泥之中，以浮游塵埃之外。推此志也，雖與日月争光可也。’斯可謂深知己者。揚子雲作《反離騷》，以爲‘君子得時則大行，不得時則龍蛇。遇不遇命也，何必沈身哉’。屈子之事，蓋聖賢之變者。使遇孔子，當與三仁同稱。雄未足以與此，班孟堅、顔之推所云，無異妾婦兒童之見，余故具論之。”

嗚呼，余觀洪氏之論，其所以發屈原之心者至矣。然屈原之心，其爲忠清潔白，固無待於辯而自顯。若其爲行之不能無過，則亦非區區辯説所能全也。故君子之於人也，取其大節之純全，而略其細行之不能無弊。則雖三人同行，猶必有可師者。况如屈子，乃千載而一人哉。孔子曰：“人之過也，各於其黨，觀過斯知仁矣。”此觀人之法也。夫屈原之忠，忠而過者也。屈原之過，過於忠者也。故論原者，論其大節，則其他可以一切置之而不問。論其細行，而必其合乎聖賢之榘度，則吾固已言其不能皆合於中庸矣。尚何説哉？且凡洪氏所以爲辯者三，其一以爲忠臣之行，發其心之所不得已者，而不暇顧世俗之毁譽，則幾矣。其一引仲山甫、寧武子事，而不論其所遭之時，所處之位有不同者，則疎矣。其一欲以原比於三仁，則夫父師少師者，皆以諫而見殺、見囚耳，非故捐生以赴死，如原之所爲也。蓋原之所爲雖過，而其忠終非世間偷生幸死者所可及。洪之所言，雖有未至，而其正終非雄、固、之推之徒所可比。余是以取而附之《反騷》之篇。（《楚辭後語》卷二，第194—201頁）

【朱子語類（摘録）】　孟子言性，只説得本然底，論才亦然。荀子只見得不好底，揚子又見得半上半下底，韓子所言却是説得稍近。蓋荀、揚説既不是，韓子看來端的見有如此不同，故有三品之説。然惜其言之不盡，少得一個“氣”字耳。程子曰：“論性不論氣，不備；論氣不論性，不明。”蓋謂此也。（黎靖德編，王星賢點校：《朱子語類》卷四，中華書局1986年版，第70頁）

孟子只論性，不論氣，便不全備。論性不論氣，這性説不盡；論氣不論性，性之本領處又不透徹。荀、揚、韓諸人雖是論性，其實只説得氣。荀子只見得不好人底性，便説做惡。揚子見半善半惡底人，便説善惡混。韓子見天下有許多般人，所以立爲三品之説。就三子中，韓子説又較近。他以仁義禮智爲性，以喜怒哀樂爲情，只是中間過接處少個“氣”字。（《朱子語類》卷四，第78頁）

聖人只是識得性。百家紛紛，只是不識“性”字。揚子鶻鶻突突，荀子又所謂隔靴爬癢。（《朱子語類》卷五，第84頁）

以仁屬陽，以義屬陰。仁主發動而言，義主收斂而言。若揚子云：“於仁也柔，於義也剛。”又自是一義。便是這物事不可一定名之，看他用處如何。（《朱子語類》卷六，第121頁）

凡讀書，須看上下文意是如何，不可泥著一字。如《揚子》：“於仁也柔，於義也剛。”到《易》中，又將剛來配仁，柔來配義。如《論語》：“學不厭，智也；教不倦，仁也。”到《中庸》又謂：“成己，仁也；成物，智也。”此等須是各隨本文意看，便自不相礙。（《朱子語類》卷十一，第

192—193 頁）

問："《克己銘》只説得公底意思?"曰："《克己銘》不曾説著本意。揚子雲曰：'勝己之私之謂克。''克'字本虚，如何專以'勝己之私'爲訓?'鄭伯克段於鄢'，豈亦勝己之私耶!"（《朱子語類》卷四十一，第 1068 頁）

亞夫問："揚子雲謂孔子於陽貨，'敬所不敬'，爲'詘身以通道'，不知渠何以見聖人爲詘身處?"曰："陽貨是惡人，本不可見，孔子乃見之，亦近於詘身。却不知聖人是理合去見他，不爲詘矣。到與他説話時，只把一兩字答他，辭氣温厚而不自失，非聖人斷不能如此也。"（《朱子語類》卷四十七，第 1177 頁）

横渠曰："形而後有氣質之性，善反之，則天地之性存焉。"如稟得氣清明者，這道理只在裏面；稟得氣昏濁者，這道理亦只在裏面，只被這昏濁遮蔽了。譬之水，清底，裏面纖微皆可見；渾底，裏面便見不得。孟子説性善，只見得大本處，未説到氣質之性細碎處。程子謂："論性不論氣，不備；論氣不論性，不明，二之則不是。"孟子只論性，不知論氣，便不全備。若三子雖論性，却不論得性，都只論得氣，性之本領處又不透徹。荀子只見得不好人底性，便説做惡；揚子只見得半善半惡人底性，便説做善惡混；韓子見得天下有許多般人，故立爲三品，説得較近。其言曰："仁義禮智信，性也；喜怒哀樂愛惡欲，情也。"似又知得性善。荀揚皆不及，只是過接處少一個"氣"字。（《朱子語類》卷五十九，第 1389 頁）

問："明道曰：'道即性也。若道外尋性，性外尋道，便不是。'如此，即性是自然之理，不容加工。揚雄言：'學者，所以修性。'故伊川謂揚雄爲不識性。《中庸》却言'修道之謂教'，如何?"曰："性不容修，修是揠苗。道亦是自然之理，聖人於中爲之品節以教人耳，誰能便於道上行!"（《朱子語類》卷六十二，第 1495 頁）

數只有二，只有《易》是。老氏言三，亦是二共生三，三其子也。三生萬物，則自此無窮矣。後人破之者非。揚子雲是三數，邵康節是四

數，皆不及《易》也。（《朱子語類》卷六十五，第1610頁）

揚雄《太玄》全模放《易》。他底用三數，《易》却用四數。他本是模《易》，故就他模底句上看《易》，也可略見得《易》意思。温公《集注》中可見也。”（《朱子語類》卷六十五，第1617頁）

《大傳》説“上下無常，剛柔相易，不可爲典要，惟變所適”，便見得《易》人人可用，不是死法。雖道是二五是中，却其間有位二五而不吉者；有當位而吉，亦有當位而不吉者。若揚雄《太玄》，皆排定了第幾爻便吉，第幾爻便凶。然其規模甚散，其辭又澀，學者驟去理會他文義，已自難曉。又且不曾盡經歷許多事意，都去揍他意不著。（《朱子語類》卷六十七，第1657頁）

仲默問：“《太玄》如何?”曰：“聖人説‘天一地二，天三地四，天五地六，天七地八，天九地十’，甚簡易。今《太玄》説得却支離。《太玄》如它立八十一首，却是分陰陽。中間一首，半是陰，半是陽。若看了《易》後，去看那《玄》，不成物事。”又問：“或云：‘《易》是陰陽不用五。’”曰：“它説‘天一地二，天三地四’時，便也是五了。”又言：“揚雄也是學焦延壽推卦氣。”曰：“焦延壽《易》也不成物事。”又問：“關子明二十七象如何?”曰：“某嘗説，二十七象最亂道。若是關子明有見識，必不做這個。若是它做時，便是無見識。今人説焦延壽卦氣不好，是取《太玄》，不知《太玄》却是學它。”

問《太玄》。曰：“天地間只有陰陽二者而已，便會有消長。今《太玄》有三個了：如冬至是天元，到三月便是地元，十月便是人元。夏至却在地元之中，都不成物事!”

《太玄》甚拙。歲是方底物，他以三數乘之，皆算不着。

《太玄》紀日而不紀月，無弦望晦朔。

《太玄》中高處只是黄老，故其言曰：“老子之言道德，吾有取焉。”

《太玄》之説，只是老莊。康節深取之者，以其書亦挨旁陰陽消長來説道理。必大。

《太玄》亦自莊老來，“惟寂惟寞”可見。

問：“《太玄・中首》：‘陽氣潛藏於黄宫，性無不在於中。’《養首》：‘藏心於淵，美厥靈根。’程先生云云。”曰：“所謂‘藏心於淵’，但是指心之虚静言之也。如此，乃是無用之心，與孟子言仁義之心異。”(以上《朱子語類》卷六十七，第 1674 頁)

《易》“不可爲典要”。《易》不是確定硬本子。揚雄《太玄》却是可爲典要。他排定三百五十四贊當晝，三百五十四贊當夜，晝底吉，夜底凶，吉之中又自分輕重，凶之中又自分輕重。《易》却不然。有陽居陽爻而吉底，又有凶底；有陰居陰爻而吉底，又有凶底；有有應而吉底，有有應而凶底，是“不可爲典要”之書也。是有那許多變，所以如此。(《朱子語類》卷七十六，第 1956 頁)

徐孟寶問：“揚子雲言：‘《酒誥》之篇俄空焉。’”曰：“孔書以巫蠱事不曾傳，漢儒不曾見者多，如鄭康成、晉杜預皆然。想揚子雲亦不曾見。”(《朱子語類》卷七十九，第 2056 頁)

問：“‘必有《關雎》《麟趾》之意，然後可以行《周官》之法度’，只是要得誠意素孚否?”曰：“須是自閨門衽席之微，積累到薰蒸洋溢，天下無一民一物不被其化，然後可以行《周官》之法度。不然，則爲王莽矣！揚雄不曾説到此。後世論治，皆欠此一意。”(《朱子語類》卷九十六，第 2473 頁)

“《遺書》第一卷言韓愈近世豪傑，揚子雲豈得如愈？第六卷則曰：‘揚子之學實，韓子之學華，華則涉道淺。’二説取予，似相抵牾。”曰：“只以言性論之，則揚子‘善惡混’之説，所見僅足以比告子。若退之見得到處，却甚峻絶。性分三品，正是説氣質之性。至程門説破‘氣’字，方有去著。此退之所以不易及，而第二説未得其實也。”(《朱子語類》卷九十六，第 2476 頁)

問：“‘堯夫之學似揚雄’，如何?”曰：“以數言。”

某看康節《易》了，都看別人底不得。他説“太極生兩儀，兩儀生四象”，又都無玄妙，只是從來更無人識。揚子《太玄》一玄、三方、九州、二十七部、八十一家，亦只是這個。他却識，只是他以三爲數，皆無用了。他也只是見得一個粗底道理，後來便都無人識。老氏“道生一，一生二，二生三”，亦剩説了一個道。便如太極生陽，陽生陰，至二生三，又更都無道理。後來五峰又説一個云云，便是“太極函三爲一”意思。

康節之學似揚子雲。《太玄》擬《易》，方、州、部、家，皆自三數推之。玄爲之首，一以生三爲三方，三生九爲九州，九生二十七爲二十七部，九九乘之，斯爲八十一家。首之以八十一，所以準六十四卦；贊之以七百二十有九，所以準三百八十四爻，無非以三數推之。康節之數，則是加倍之法。（以上《朱子語類》卷一百，第 2545—2546 頁）

“諸子百家書，亦有説得好處。如荀子曰：‘君子大心則天而道，小心則畏義而節。’此二句説得好。”曰：“看得荀子資質，也是個剛明底人。”曰：“只是粗。他那物事皆未成個模様，便將來説。”曰：“揚子工夫比之荀子，恐却細膩。”曰：“揚子説到深處，止是走入老莊窠窟裏去，如清静寂寞之説皆是也。又如《玄》中所説‘靈根’之説云云，亦只是莊、老意思，止是説那養生底工夫爾。至於佛徒，其初亦只是以老莊之言駕説爾。如遠法師文字與肇論之類，皆成片用老莊之意。然他只是説，都不行。至達磨來，方始教人自去做，所以後來有禪，其傳亦如是遠。”問：“晋宋時人多説莊老，然恐其亦未足以盡莊老之實説。”曰：“當時諸公只是借他言語來，蓋覆那滅棄禮法之行爾。據其心下污濁紛擾如此，如何理會得莊老底意思！”

《荀子》盡有好處，勝似《揚子》，然亦難看。

不要看揚子，他説話無好處，議論亦無的實處。荀子雖然是有錯，到説得處也自實，不如他説得恁地虚胖。（《朱子語類》卷一百三十七，第 3253—3254 頁）

問："荀、揚、王、韓四子。"曰："凡人著書，須自有個規模，自有個作用處。或流於申韓，或歸於黄老，或有體而無用，或有用而無體，不可一律觀。且如王通這人，於世務變故、人情物態，施爲作用處，極見得分曉，只是於這作用曉得處却有病。韓退之則於大體處見得，而於作用施爲處却不曉。如《原道》一篇，自孟子後無人，似它見得。'郊焉而天神格，廟焉而人鬼享。以之爲人，則愛而公；以之爲心，則和而平；以之爲天下國家，無所處而不當'，説得極無疵。只是空見得個本原如此，下面工夫都空疏，更無物事撑住襯簟，所以於用處不甚可人意。緣他費工夫去作文，所以讀書者，只爲作文用。自朝至暮，自少至老，只是火急去弄文章；而於經綸實務不曾究心，所以作用不得。每日只是招引得幾個詩酒秀才和尚度日。有些工夫，只了得去磨煉文章，所以無工夫來做這邊事。兼他説，我這個便是聖賢事業了，自不知其非。如論文章云：'自屈原、荀卿、孟軻、司馬遷、相如、揚雄之徒'，却把孟軻與數子同論，可見無見識，都不成議論。荀卿則全是申韓，觀《成相》一篇可見。他見當時庸君暗主戰鬬不息，憤悶惻怛，深欲提耳而誨之，故作此篇。然其要，卒歸於明法制，執賞罰而已。他那做處粗，如何望得王通！揚雄則全是黄老。某嘗説，揚雄最無用，真是一腐儒。他到急處，只是投黄老。如《反離騷》並'老子道德'之言，可見這人更無説，自身命也奈何不下，如何理會得别事？如《法言》一卷，議論不明快，不了決，如其爲人。他見識全低，語言極呆，甚好笑！荀、揚二人自不可與王、韓二人同日語。"

問："王通病痛如何？"曰："這人於作用都曉得，急欲見之於用，故便要做周公底事業，便去上書要興太平。及知時勢之不可爲，做周公事業不得，則急退而續《詩》《書》，續《玄經》，又要做孔子底事業。殊不知孔子之時接乎三代，有許多典謨訓誥之文，有許多禮樂法度，名物度數，數聖人之典章皆在於是，取而纘述，方做得這個傢俱成。王通之時，有甚麼典謨訓誥？有甚麼禮樂法度？乃欲取漢魏以下者爲之，《書》

則欲以七制命議之屬爲續書，《詩》則欲取曹、劉、沈、謝者爲續詩。續得這般詩書，發明得個甚麼道理？自漢以來，詔令之稍可觀者，不過數個。如高帝《求賢詔》雖好，又自不純。文帝《勸農》，武帝《薦賢》《制策》《輪臺》之悔，只有此數詔略好，此外盡無那壹篇比得典謨訓誥。便求一篇如《君牙》《冏命》《秦誓》也無。曹劉沈謝之詩，又那得一篇如《鹿鳴》《四牡》《大明》《文王》《關雎》《鵲巢》？亦有學爲四句古詩者，但多稱頌之詞，言皆過實，不足取信。樂如何有《雲》《英》《咸》《韶》《濩》《武》之樂？禮又如何有伯夷周公制作之禮，它只是急要做個孔子，又無佐證，故裝點幾個人來做堯、舜、湯、武，皆經我删述，便顯得我是聖人。如《中説》一書，都是要學孔子。《論語》説泰伯‘三以天下讓’，它便説陳思王善讓；《論語》説‘殷有三仁’，它便説荀氏有二仁。又提幾個公卿大夫來相答問，便比當時門人弟子。正如梅聖俞説：‘歐陽永叔它自要做韓退之，却將我來比孟郊！’王通便是如此。它自要做孔夫子，便胡亂捉别人來爲聖爲賢。殊不知秦漢以下君臣人物，斤兩已定，你如何能加重！《中説》一書，固是後人假託，非王通自著。然畢竟是王通平生好自誇大，續《詩》續《書》，紛紛述作，所以起後人假託之故。後世子孫見它學周公孔子學不成，都冷淡了，故又取一時公卿大夫之顯者，纘緝附會以成之。畢竟是王通有這樣意思在。雖非它之過，亦它有以啓之也。如世人説坑焚之禍起於荀卿。荀卿著書立言，何嘗教人焚書坑儒？只是觀它無所顧藉，敢爲異論，則其末流便有坑焚之理。

然王通比荀、揚又夐别。王通極開爽，説得廣闊。緣它於事上講究得精，故於世變興亡，人情物態，更革沿襲，施爲作用，先後次第，都曉得；識得個仁義禮樂都有用處。若用於世，必有可觀。只可惜不曾向上透一著，於大體處有所欠闕，所以如此！若更曉得高處一著，那裏得來！只細看它書，便見他極有好處，非特荀、揚道不到，雖韓退之也道不到。韓退之只曉得個大綱，下面工夫都空虚，要做更無下手處，其作用處全疏，如何敢望王通！然王通所以如此者，其病亦只在於不曾子細讀書。他只見聖人有個六經，便欲别做一本六經，將聖人腔子填滿裏面。若是子細讀書，知聖人所説義理之無窮，自然無工夫閑做。他死時極後生，只得三十餘歲。它却火急要做許多事。”

或云：“若少假之年，必有可觀。”曰：“不然，它氣象局促，只如此了。他做許多書時，方只二十餘歲。孔子七十歲方繫《易》，作《春秋》，而王通未三十皆做了，聖人許多事業氣象去不得了，宜其死也。”又曰：“《中説》書，如子弟記它言行，也煞有好處。雖云其書是後人假託，不會假得許多，須真有個人坯模如此，方裝點得成。假使懸空白撰得一人如此，則能撰之人亦自大有見識，非凡人矣。”（以上《朱子語類》卷一百三十七，第 3255—3257 頁）

三代之書誥詔令，皆是根源學問，發明義理，所以燦然可爲後世法。如秦漢以下詔令濟得甚事？緣他都不曾將心子細去讀聖人之書，只是要依他個模子。見聖人作六經，我也學他作六經。只是將前人腔子，自做言語填放他腔中，便説我這個可以比並聖人。聖人做個《論語》，我便做《中説》。如揚雄《太玄》《法言》亦然，不知怎生比並！某嘗説，自孔孟滅後，諸儒不子細讀得聖人之書，曉得聖人之旨，只是自説他一副當道理。説得却也好看，只是非聖人之意，硬將聖人經旨説從他道理上來。（《朱子語類》卷一百三十七，第 3258 頁）

問揚雄。曰：“雄之學似出於老子。如《太玄》曰：‘潛心於淵，美厥靈根。’測曰：‘潛心於淵，神不昧也。’乃老氏説話。”問：“《太玄》分贊於三百六十六日下，不足者乃益以《踦》《嬴》，固不是。如《易》中卦氣如何？”曰：“此出於京房，亦難曉。如《太玄》中推之，蓋有氣而無朔矣。”問：“伊川亦取雄《太玄》《中説》，如何？”曰：“不是取他言，他地位至此耳。”（《朱子語類》卷一百三十七，第 3259 頁）

先生令學者評董仲舒、揚子雲、王仲淹、韓退之四子優劣。或取仲舒，或取退之。曰：“董仲舒自是好人，揚子雲不足道，這兩人不須説。只有文中子韓退之這兩人疑似，試更評看。”學者亦多主退之。（《朱子語類》卷一百三十七，第3260頁）

立之問：“揚子與韓文公優劣如何?”曰：“各自有長處。文公見得大意已分明，但不曾去子細理會。如原道之類，不易得也。揚子雲爲人深沈，會去思索。如陰陽消長之妙，他直是去推求。然而如《太玄》之類，亦是拙底工夫，道理不是如此。蓋天地間只有個奇耦，奇是陽，耦是陰。春是少陽，夏是太陽，秋是少陰，冬是太陰。自二而四，自四而八，只恁推去，都走不得。而揚子却添兩作三，謂之天地人，事事要分作三截。又且有氣而無朔，有日星而無月，恐不是道理。亦如孟子既説‘性善’，荀子既説‘性惡’，他無可得説，只得説個‘善惡混’。若有個三底道理，聖人想自説了，不待後人説矣。看他裏面推得辛苦，却就上面説些道理，亦不透徹。看來其學似本於老氏。如‘惟清惟静，惟淵惟默’之語，皆是老子意思。韓文公於仁義道德上看得分明，其剛領已正，却無他這個近於老子底説話。”

又問：“文中子如何?”曰：“文中子之書，恐多是後人添入，真僞難見，然好處甚多。但一一似聖人，恐不應恰限有許多事相湊得好。如見甚荷蕢隱者之類，不知如何得恰限有這人。若道他都是妝點來，又恐妝點不得許多。然就其中惟是論世變因革處，説得極好。”又問：“程子謂‘揚子之學實，韓子之學華’，是如何?”曰：“只緣韓子做閑雜言語多，故謂之華。若揚子雖亦有之，不如韓子之多。”

揚子雲、韓退之二人也難説優劣。但子雲所見處，多得之老氏，在漢末年難得人似它。亦如荀子言語亦多病，但就彼時亦難得一人如此。子雲所見多老氏者。往往蜀人有嚴君平源流。且如《太玄》就三數起，便不是。《易》中只有陰陽奇耦，便有四象：如春爲少陽，夏爲老陽，秋爲少陰，冬爲老陰。揚子雲見一二四都被聖人説了，却杜撰，就三上起數。

夔問：“温公最喜《太玄》。”曰：“温公全無見處。若作《太玄》，何似作曆？老泉嘗非《太玄》之數，亦説得是。”又問：“與康節如何？”曰：“子雲何敢望康節！康節見得高，又超然自得。退之却見得大綱，有七八分見識。如原道中説得仁義道德煞好，但是他不去踐履玩味，故見得不精微細密。伊川謂其學華者，只謂愛作文章。如作詩説許多閑言語，皆是華也。看得來退之勝似子雲。”（以上見《朱子語類》卷一百三十七，第 3260—3262 頁）

揚子雲出處非是。當時善去，亦何不可？

問：“揚子‘避礙通諸理’之説是否？”曰：“大概也似，只是言語有病。”問：“莫不是‘避’字有病否？”曰：“然。少間處事不看道理當如何，便先有個依違閃避之心矣。”（以上見《朱子語類》卷一百三十七，第 3264 頁）

揚子雲謂南北爲經，東西爲緯，故南北爲縱，東西爲横。六國之勢，南北相連則合縱；秦據東西，以横破縱也。蓋南北長，東西短，南北直，東西横，錯綜於其間也。（《朱子語類》卷一百三十七，第 3260 頁）

問《離騷》《卜居》篇内字。曰：“字義從來曉不得，但以意看可見。如‘突梯滑稽’，只是軟熟迎逢，隨人倒，隨人起底意思。如這般文字，更無些小窒礙。想只是信口恁地説，皆自成文。林艾軒嘗云：‘班固揚雄以下，皆是做文字。已前如司馬遷司馬相如等，只是恁地説出。’今看來是如此。古人有取於‘登高能賦’，這也須是敏，須是會説得通暢。如古者或以言揚，説得也是一件事，後世只就紙上做。如就紙上做，則班揚便不如已前文字。當時如蘇秦張儀，都是會説。《史記》所載，想皆是當時説出。”（《朱子語類》卷一百三十九，第 3297—3298 頁）

林艾軒云：“司馬相如賦之聖者。揚子雲班孟堅只填得他腔子，佐録作“腔子滿”。如何得似他自在流出！左太沖張平子竭盡氣力又更不及。”（《朱子語類》卷一百三十九，第 3300 頁）

【論揚子事莽之罪（答尤延之）】　此段謂揚雄畏死貪生，而其跡不免於誅絶之罪。垂論揚雄事，足見君子以恕待物之心。區區鄙意，正以其與王舜之徒所以事莽者雖異，而其爲事莽則同，故竊取趙盾許止之例，而概以莽臣書之，所以著萬世臣子之戒，明雖無臣賊之心，但畏死貪生而有其跡，則亦不免於誅絶之罪。此正《春秋》謹嚴之法，若温公之變例，則不知何所據依。晚學愚昧，實有所不敢從也。（朱熹撰，滕珙輯：《經濟文衡》後集卷十二，《四庫》第704册，第214頁）

【論綱目書揚雄荀彧之法（答尤延之）】　此段專論揚雄、荀彧二事。蒙教，揚雄、荀彧二事，按温公舊例，凡莽臣皆書死，如太師王舜之類，獨於揚雄匿其所受莽朝官稱，而以卒書，似涉曲筆，不免却按本例書之曰“莽大夫揚雄死”，以爲足以警夫畏死失節之流，而初亦未改温公直筆之正例也。荀彧是漢侍中光禄大夫，而參丞相軍事，其死乃是自殺，故但據實書之曰某官某人自殺，而繫於曹操擊孫權至濡須之下，非故以彧爲漢臣也。然悉書其官，亦見其實漢天子近臣，而附賊不忠之罪，非與其爲漢臣也。此等處，當時極費區處，不審竟得免於後世之公論否。胡氏論彧爲操謀臣，而劫遷九錫二事，皆爲董昭先發，故欲少緩九錫之議，以俟他日徐自發之。其不遂而自殺，乃劉穆之之類。而宋齊丘於南唐事亦相似，此論竊謂得彧之情，不審尊意以爲如何。（《經濟文衡》後集卷二十三，第293頁）

陳　造

【答寶應趙秀才書（節録）】　兄所言敬悉，其凡始而自信，已而自疑，繼而自悔，悔而改其圖，似矣。前輩之用力也，獨惜其未善既悔之後也，既悔之後，進道之機也，可不審乎？夫學之進也以疑，業之建也以悔，可信也而不疑也、不悔也，夫何議？不然，害道深矣。告子之不動心，先乎孟子，而義外之惑不能自克。《太玄》《法言》，揚子雲得之深者，乃在不爲雕篆之後。使告子而自致其疑，當不愧孟子。使子雲安於童子之技，是枚乘、相如而止耳。兄能舍其舊而圖新，其必有所得矣。前輩之所用力，恐亦如是。（《江湖長翁集》卷二十六，《四庫》第1166册，第330頁）

【吴門芹宫策問（節録）】　問：曹沫之劫盟，程杵之立趙孤，古傳之，而左氏史官也，爲《春秋》立傳，不聞筆此。揚子雲投閣之事，漢史書之甚著而可信，先儒乃疑其無有。夫信所可信，置其所不當信，學者急務，則左氏不書三子於傳，先儒疑投閣之説，學者孰從？

問：書蕩於秦，漢四百年文物寖盛，而君子之論文章，取西漢而已，至東京不論也。夫自秦而漢，學者伸於久郁，宜其文之盛。文之寖盛，宜見於積久。東京繼西漢而治，宜其愈盛而遽衰，何歟？西漢之文信盛矣，韓退之以孟、荀之學去取千古，其於二百餘年之文，又特取司馬遷、長卿、劉向、揚雄而不及其他。西漢文士未可一二數，載於傳可考也，其文似非後世所及，而退之去彼取此，其意安在？退之之文，其視四子果能伯仲否耶？較之西京多士，其果足傲睨而陵踔乎？班固爲西京之書，其繼史遷似不甚多愧，退之猶不比數，其意非例以東京待之耶？諸君讀班史熟矣，其不及四子者安在？使退之秉西京之筆，將不止如固乎？試商榷之。

問：仲尼化工六經，日月也，古今莫加損焉。去仲尼既遠，孟子乃著書明道，孟子非得已者，使其爲顔子，則書不必作可也。有聖人爲之依歸，有六經爲之講貫，於是焉又爲之書，非贅且僭歟？或勸退之著書，退之辭焉，曰："俟五六十爲之。"然卒不著書也。自今觀之，何害爲退之？揚子《法言》、文中子《中説》，皆擬《論語》而作，議者譏之。然雄既死而《法言》盛傳，通雖死《中説》終不甚顯。世猶以家教嗤之，二子之書傳否顯晦，其優劣竟安在？雄之書，愛者惟侯芭、桓譚，二子非能輕重世者，而王氏之門人皆唐初卿相大臣，其傳否顯晦似不應如今所見也。如何三子之著書與否，得失優劣又如何？並陳之。（《江湖長翁集》卷三十三，第420—423頁）

沈作喆

《易》曰："知幾其神。"此蓋聖人不言之妙。而揚雄言"先知其幾於神”，或問“先知”，曰“不知”。是真不知也，子雲之自欺如此。（《寓簡》卷一，《叢書集成》初編本，中華書局1985年版，第8頁）

楊修《箋》云：“修家子雲，老不曉事，强作一書，悔其少作。”予按，楊震，弘農華陰人，震子秉，秉子賜，賜子彪，皆爲漢三公，彪實生修。而揚子雲自序云：“五世傳一子雄，無它揚於蜀。”而雄又無子，蓋子雲鄉里姓氏，爲蜀之揚，非華陰之楊也。修乃謂其家子雲，何哉？高祖曰：“婁者，劉也。”殆類是夫？（《寓簡》卷三，第18頁）

揚雄無子明白，而王逸少《問蜀都帖》云：“聞譙周有孫，不知嚴君平、司馬相如、揚子雲皆有後否？”似誤問也。意者好賢之心，欲其有後耶？君平、相如，其後亦不復見，可爲之嘆息也。（《寓簡》卷四，第29頁）

揚子雲作符命，顯是隳喪大節，夫復何言？而後之儒者，巧爲曲説，欲以拉拭解免其惡，是教人臣爲不忠也。時人爲之説曰：“爰寂寞，自投閣；爰清净，作符命。”蓋取其語而反之，言寂寞顧投閣，清净顧爲符命耶？譏其反道敗德，身爲亂階，而盗寂净之虚名耳。（《寓簡》卷四，第29頁）

王介甫不以劉子政愛君憂國深切爲忠，而以揚雄《劇秦美新》爲善，是欲使劉氏以天下予莽，而雄之事叛逆爲無罪也。可行乎哉！（《寓簡》卷八，第61頁）

李孟傳

【刻方言後序】　西漢氏古書之全者，如《鹽鐵論》、揚子雲《方言》，其存蓋無幾。《鹽鐵論》，前輩每恨其文章不稱漢氏，唯《方言》之書最奇古。孟傳頃聞之，曾文清公嘗以三詩答吕治先，有云：“傷心昨夜杯中物，不對王郎對影斟。”紫微吕居仁次韻云：“書來肯際銅魚使，記我今年病不斟。”自注云：“出子雲《方言》。”今所在鏤板，輒誤作“病不禁”。此書世所有而無與是正，知好之者少也。山谷詩云“追隨富貴勞牽尾”，乃用《太玄經》語。紹興初，胡少汲、洪玉父、李文若諸人校黄詩刊本，乃誤作“犖牽尾”，自此他本遂承誤。“鬱蒼蒼”三字文人多愛之，亦或鮮記其出於《太玄》。大抵子雲精於小學，且多見先秦古書，故《方言》多識奇字，《太玄》多有奇語，然其用之亦各有宜。子雲諸賦多古字，至《法言》《劇秦》所用則無幾，古人文章蓋莫不然。西漢一書唯相如、子雲等諸賦，韓退之文唯《曹成王碑》，柳子厚自《騷詞》《晉問》等，他皆不用古字。本朝歐文忠、王荆公、蘇長公、曾南豐諸宗工文章，照映今古，亦不多用古字。得非以謂古文奇字聲形之學，雖在所當講，而文律之妙則不專在是，若有意用之，或反累正氣也邪？學者要知所以用之，當其可則盡善耳。

今《方言》自閩本外不多見，每惜其未廣。予來官尋陽，有以大字本見示者，因刊置郡齋而附以所聞一二，蓋惜前輩之言久或不傳也。慶元庚申仲春甲子，會稽李孟傳書。（《方言》卷末，《四庫》第221册，第380頁）

陳　善

【揚雄不知性與心】　揚雄不獨不知性，亦自不知心。誰謂心“潛天而天，潛地而地，天地，神明而不測者也。心之潛也，猶將測”？却不似莊子之言曰：“聖人之心，静乎天地之鑒也，萬物之鏡也。”則是此心大於天地，天地萬物固不逃於鑒照者也。又豈待潛天地而後測天地乎？雄惟不知心，故亦不知天地。以心爲二於天地，此雄之陋也。《楞嚴經》曰：一人發真歸源，十方虚空悉皆銷殞。當知虚空生汝心内，觀諸世界在虚空耶。周之言正與此語合。（《捫蝨新話》卷三，《存目》子部第101册，第278頁）

【揚子法言太玄經】　揚子雲《法言》多致意於真僞之際，曰：“觀人者審其作輟，爲政者核其真僞。”象龍之難於致雨也，尸鵷之不可傳翮也。學仲尼者，比之羊質虎皮；行儀秦者，比之鳳鳴鷙翰。巫步多禹，而醫多盧，則以爲託也。此其志在於譏王莽，然吾恐雄亦未免於託。雄作《太

玄》以擬《周易》，或者比之吴楚僭王，顧非僞乎？此目睫之論也。（《捫蝨新話》卷三，第278—279頁）

【韓退之謂荀揚未純】　韓退之謂荀揚爲未純，以予觀之，愈亦恐未純，蓋有流入異端而不自知者。愈之《原性》，以爲喜怒哀樂皆出乎情而非性，則流入於佛老矣。《原人》曰一視而同仁，篤近而舉遠，則流入於墨氏矣。《原道》非莊周之剖斗折衡，而著論排三器，則與莊周何異？此則愈之未純也可知。愈闢佛老而事大顛，不信方士而服硫黄，未足多怪。（《捫蝨新話》卷三，第279頁）

吴仁傑

【反騷】　《揚雄傳》“摭《離騷》而反之”，顔注：“自圖累以下言譏屈原者五。”似以子雲爲真譏三間。仁傑按，晁無咎有言，《離騷》得反而始明，摭其文而反之，非反其純潔不改此度也，反其不足以死而死也。又《法言》有玉瑩丹青之答，説者亦謂不予之之辭。按，《逸論語》“如玉之瑩”，子雲蓋用其意。則如瑩之如當訓爲而，爰，易也。丹青，非繪事之謂，蓋言丹沙空青。《周官》入玉石丹青於守藏之府是也。子雲以爲三間不肯喔咿嚅唲從俗富貴偷安，寧殺身以全其潔如瑩，而瑩其可變易而爲丹青也哉？故玉可碎，瑩不可奪。子雲之予原，亦孔子予管仲之意歟？《反騷》之作，不以辭害意，則無咎之言爲盡之，顔注非是。（《兩漢刊誤補遺》卷八，《四庫》第253册，第881頁）

【太玄仿易圖】　（圖略）右《太玄》以方州部家爲首，仿《易》六畫而成卦也。以初一至上九爲贊，仿《易》六位而成章也。首之數綦少而四，綦多而十二，而定爲九位焉。老蘇先生所謂二者並行而其用各異者也。今之言《易》者，往往合六位與六畫爲一，聞卦外七爻之説，則爲之嘸然，觀《太玄》而可以知《易》矣。（《易圖説》卷二，《四庫》第15册，第759—760頁）

王　炎

【見張南軒】　炎嘗聞：學聖人之道，若顔子、曾子，則見而知之；若孟子，則聞而知之。孟子之後，道之正統絶而不傳。由漢以來，士非不學，而所以學者，不以章句而以言語文章。章句之學，膠於陳言而不知古。古人之用心，其以言語文章爲重者，亦未能入聖人之門而窺見其奥也。今世論道學，所傳學者往往曰：自孟子之後，漢有揚氏，唐有韓氏。然揚子以言語求道，韓子以文章求道。惟以言語求道，故爲《法言》，曰吾以擬《論語》也。爲《太玄》，曰吾以準《易》也。無西子之美而效其嚬，亦增其醜而已矣。惟以文章求道，故爲之説曰：《易》奇而《詩》葩，《盤誥》聱牙，而《春秋》謹嚴，與《莊》《騷》《太史》一概而論之，而六經之旨晦矣。且言語非不可以求道，而道則非言；文章非不可以求道，而道則非文。何者？不落其華，不探其實也。炎之所謂學者，不過舉子事業云爾。言語之辨也，文章之工也，而其技極矣，道則未之有見也。（《雙溪類稿》卷十九，《四庫》第 1155 册，第 641 頁）

李如篪

【論太玄踦嬴二贊】　《易》六十卦三百六十爻，不可增減。《太玄》八十一家七百二十九贊，亦不可增減。《易》以一爻直一日，三百六十爻當期之日。究期之日數，則《易》爻少五日四分日之一，故分一日爲八十分，五日四分日之一爲四百二十分。六十卦，每卦直六日七分，而週一期矣。《太玄》以兩贊直一晝一夜，而驗期之日數，則《玄》贊亦少四分日之三。當如《易》，不於卦外增爻。計所少之數，分一日爲幾分，均該於七百二十九贊之中足矣。乃於首外增《踦》《嬴》二贊。夫不增二贊，則所少者四分日之三；今增二贊，則多於期之日四分日之一。此蘇先生所謂四歲而加一日，千歲之後，恐大冬之爲大夏者也。蔣永叔《韶音集》進卷中却云：揚雄立兩贊，多於期數四分日之一者。日行遲緩，常至後天，故雄多此分數以足周天之度。曆數家固有此法，然豈有四歲加一日之理。按，曆法至七十五年始加一日也。蘇先生云“恐大冬之爲大夏”，却又不然。曆法七十五年，日退一度而加一日。積至二萬餘年，亦將大冬之爲大夏矣。然自上古至今日之行度，久而必差。故堯時中星，至秦已差半次。自太古至今，其差豈勝計哉。四時不至變亂者，日行自有黄道，其度雖有差，須至加日，四時初不易也。蘇先生是據冬至日在斗度，夏至日在井度，差至於井，則大冬爲大夏矣。不知自有黄道之運故也。（《東園叢説》卷上，《四庫》第864册，第192—193頁）

【諸子言性】　先儒嘗謂：“孔子之言性相近也習相遠也，雖有相近之説，而不言其善惡。自孟子始有性善之説，孟子既以爲善，故荀卿以爲惡。善惡，孟、荀已言之矣，故揚雄以爲善惡混。善惡混，揚雄既言之矣，故韓愈以爲有上中下三等。起諸子紛紛之論者，蓋自孟軻啓之。”是説何其淺也！君子之語道，惟其是而已，豈宜求異而自立其説哉？殊不知孟子性善之説，蓋本於《易》“繼之者善，成之者性”之説，其言當於理，真不易之論也。荀卿之所謂惡者，是以情爲性也。揚雄之所謂善惡混者，是以習爲性也。韓愈之所謂上中下三等，是以才爲性也。皆不明其本。明其本者，惟孟子性善之説爲至當。（《東園叢説》卷中，第213頁）

陸九淵

【與符舜功（節録）】　見諭新工，足見嗜學。吾嘗謂揚子雲、韓退之雖未知道，而識度非常人所及，其言時有所到而不可易者。揚子雲謂：“務學不如務求師。師者，人之模範也，模不模，範不範，爲不少矣。”韓退之謂：“古之學者必有師，師者所以傳道授業解惑也，人非生而知之，孰能無惑？惑而不求師，其爲惑也，終不解矣。”近世諸儒，皆不及此，然後知二公之識不易及也。吾亦謂論學不如論師，侍師而不能虚心委

己，則又不可以罪師。乘便遽甚，遺此不他及。（鍾哲點校：《陸九淵集》卷四，中華書局 1980 年版，第 59 頁）

【與吴斗南（節録）】　今世所傳揲蓍之法，皆襲揚子雲之謬，而千有餘年莫有一人能知之者。子雲之《太玄》，錯亂蓍卦，乖逆陰陽，所謂君不君，臣不臣，父不父，子不子。由漢以來，胡虜强盛，以至於今，尚未反正。而世之儒者猶依《玄》以言《易》，重可嘆也。何時合併，以究此理。（《陸九淵集》卷十五，第 201—202 頁）

【語録（節録）】　揚子雲好論中，實不知中。（《陸九淵集》卷三十五，第 434 頁）

龔頤正

【古人作文皆有依仿】　古人作文皆有依仿，司馬長卿《大人賦》全用屈平《遠遊》中語，退之《送窮文》學《逐貧賦》，老杜《杜鵑詩》模寫鮑照，荆公作《虎圖行》全仿老杜，老杜用元自見來，東坡所以用之。（《芥隱筆記》，《叢書集成》初編本，中華書局 1985 年版，第 23 頁）

【崔駰宗揚雄】　崔駰《達旨》，譬猶衡陽之林，岱陰之麓，伐尋抱不爲之稀，蓺拱把不爲之數。蓋宗揚雄《解嘲》，譬江湖之崖，勃解之島，乘雁集不爲之多，雙鳧飛不爲之少。（《芥隱筆記》，第 24 頁）

趙彦衛

【六十卦準氣候並天度圖序（節録）】　《易緯》有六日七分之説，巫史附會之學，非聖人之意也，而學者惑之。其説以六十卦爲候卦，《坎》《離》《震》《兑》爲四至，居中分四時：《震》主春、《離》主夏、《兑》主秋、《坎》主冬；六十卦分四方，主五日一候。卦有六爻，每月分五卦，主六候；五卦之中三十爻，故主一月之日；而候則每候五日，一月六候，故五卦分主六爻。説者以爲揚子雲之作《太玄》，本《易》者如此。

是何窺聖人之淺也！

子雲首爲卦氣，已非夫子之意；且卦氣起於《中孚》，爲冬至，又當《坎》之初，此説已無理，子雲又配之以《中》；卦氣以《屯》直小寒，又當《坎》之九二，而《太玄》配以《闕》；卦氣以《升》直大寒，又當《坎》之九三，而《太玄》配以《干》；卦氣以《小過》直立春，《玄》亦配以《差》；卦氣以《漸》當驚蟄，而《玄》亦配以《鋭》。其它仿此，皆强爲之説，非理之自然。使直以小寒之卦而直大寒，以大寒之卦而直立春，更相移易，有何不可。殊不知《易》之爲義，豈可專以卦氣求？其間蓋有直可配時、月，確然不可遷易者，如一陽生爲《復》，二陽爲《臨》，三陽爲《泰》，四陽《大壯》，五陽爲《夬》，六陽爲《乾》；一陰爲《姤》，二陰爲《遁》，三陰爲《否》，四陰爲《觀》，五陰爲《剥》，六陰爲《坤》。以此配十二月，是豈可更互移易哉！若因此爲例，而欲以六十四卦每一爻直一日，則非大《易》之旨矣，不可不辨也。今圖於後，以見卦氣之謬。（趙彦衛撰，傅根清點校：《雲麓漫鈔》卷一，中華書局 1996 年版，第 3 頁）

陳　亮

【揚雄度越諸子】　天下不知其幾人也，古今不知其幾書也。人物有細大高下，書有淺深醇疵，所未暇論也。要之，天下不可以無此人，亦不可以無此書，而後足以當君子之論。

伏羲氏始畫八卦，假象以明理。更數聖人，設爻立象，推義陳詞，以發揮《易》象，使之光明盛大而不可掩，而後天下之開物成務者宗焉，言術數者宗焉，著書立言者宗焉。孔孟蓋發揮之大者也。揚雄氏猶懼天下之人不足以通知其變，故因天地自然之數，覃思幽眇，著爲《太玄》，以闡物理無窮之妙，天道人事之極。天下之人知其爲數而已，而烏知其窮理之精一至於此哉！《法言》特其衍爾，宜乎世人之莫知也。桓譚稱其度越諸子，班固取以贊之，則亦不可不極論其故。

自昔聖賢之生於世也，豈以一身之故而求以自見於斯世哉！適會其時，而人道之不可少者待吾而後具，則其責不可得而辭。進而經世，退而著書，亦惟所遇而已矣。六經，待孔子而具者也；七篇之書，待孟子而具者也；荀卿子之書出，而後儒者之事業始發揮於世。彼其時之不可以無此人也，亦不可以無此書也，豈若諸子之譊譊然誦其所聞而求以自見哉！賈生之一書，仲舒之三策，司馬子長之記歷代，劉更生之傳五行，其切於世用而不悖於聖人，固已或異於諸子矣。蓋晚而後揚雄出焉。

雄之書，非擬聖而作也。《玄》之似《易》也，《法言》之似《論語》也，是其跡之病也，而非其用心之本然也。不病其跡而推其用心，則《玄》有功於《易》者也，非《易》之贅也。有太極而後有陰陽，故《易》以陰陽而明理；有陰陽而後有五行，故《洪範》以五行而明治道。陰陽五行之變，可窮而不可盡也，而學者猶有遺思焉。則雄之因數明理也，是其時之不可已，而事之不得不然者也。起於冬至而環一歲，以應事物之方來而未已，是其時之可見者也；始於一而終於八十一，以錯綜無窮之算，是其數之可知者也；從三方之算而九之，並晝於夜，爲二百四十有三日，三分其方而以一爲三州，三分其州而以一爲三部，三分其部而以一爲三家，以該括天地之變，是其事之可究者也。其時之可見者如此，其數之可知者如此，其事之可究者又如此，而雄爲首、爲表、爲贊、爲測，深入黄泉，高出蒼天，大含元氣，纖入無倫，文義繁衍，枝葉扶疎。雖一時、一日、一分、一算之間，莫不有至賾之理，無窮之用，開啓思慮，發揮事業，通此心於天地萬物，而錯綜闔闢無不自我，性命道德之理乃於時日分數而盡得之，此豈爲《太初曆》者之所能知哉。此其爲書必待雄而後具者也。

天下而未明乎《玄》也，則時日分數之理無往而能得其用，將何以應事物之變而通天地之心？是雄之書雖人道之所不可少，而猶有待於後之君子也。當時之不知可也，後世之不知亦可也。桓譚知之可也，班固知之亦可也。天下而可以無此書，則雄實病之；天下果不可以無此書，則千載之下，雄之心猶一日也。《法言》之書，所以講論古今，掇拾人物，以旁通其義者也。《玄》尚不知，雖知《法言》，猶不知也。因數以明理，是雄之所以自通於聖人者也，安得而不度越諸子哉！世無皇極之君以大其用，又無道德之望以發越其旨，則桓譚之言亦姑以致其意而已，豈敢自謂有補於雄哉！

嗚呼，天地萬物之理未嘗不昭然也。更聖越賢，苟可以互明其理者無所不用其極，而天下之人猶未盡賴其用，則諸子之譊譊真可謂候蟲之自鳴自止者也。故曰：天下不可以無此人，亦不可以無此書，而後足以當君子之論。（鄧廣銘點校：《陳亮集》卷九，中華書局 1987 年版，第 98—100 頁）

袁　燮

【太玄】　問：昔揚雄氏覃思《易經》，作《太玄》以準之，分三方、九州、二十七部、八十一首，而繫之以七百二十九贊，亦可謂精微矣。其爲首也，始於《中》，準《易》之《中孚》。次以《周》，準《易》之《復》也。冬至之日，陽氣方萌，歷七日而得《周》之次四，蓋“七日來復”之義。然《易》所謂七日者，猶《豳詩》“一之日”云爾，謂月也，非日也。《玄》以一首當四日有半，則所謂七日者，詎可以爲月乎？日而非月，亦甚戾於《易》之“七日來復”矣，安在其爲準耶？

孟喜六日七分之説，去《坎》《離》《震》《兑》，止六十卦，以當三百六旬之數。復以七分推之，而始得與周天之度合。雄之《太玄》增六十四卦爲八十一首，首當四日有半，凡三百六十四日有半。而八十一首已周，加《踦》《嬴》二贊，而始得與六日七分之説合。所謂得《易》之道，備曆之數者，蓋如此。夫其數即孟氏之六日七分，而其爲首多於《易》卦者凡十有七，何其若是之不同歟？孟氏之《易》，雖自名家，然趙賓以箕子爲萬物荄滋，詭誕不經。自云受諸孟喜，其誣若是。而六日七分之説，《玄》實用焉，何歟？眉山蘇氏亦有疑於《踦》《嬴》二贊，且云四歲而加一分，千歲之後，吾恐大冬之爲大夏也。此其言果足以箴《玄》之失歟？《玄》之九贊，擬《易》之六爻也。爻合金、木、水、火爲一，而土爲二，贊分金、木、水、火爲二，而土爲一，胡爲而不類？《玄》之揲，發於陽家，則一三五七九爲晝，二四六八爲夜。於陰家，則一三五七九爲夜，二四六八爲晝，胡爲而有别？《易》之蓍策，本於大衍而虚其一。《玄》之蓍策，本於天地而虚其三，其不同若是，而謂之準《易》，可乎？六日七分之説，一行非之。牽牛起度之説，劉洪輩又訾之。豈其果有所未盡歟？

司馬温公之《潛虚》，蓋擬《太玄》也。冬至之氣始於元，猶《太玄》之七日來復也。轉而週三百六十四變，變直一日，乃授於餘而終之，猶《太玄》之《踦》《嬴》也。然空虚之學，六經所無有，儒者所不道。今曰皆祖於虚，其信然歟？既自虚而爲氣、爲體、爲質、爲名、爲行、爲命，又自虚而爲形、爲性、爲動、爲情、爲事、爲德、爲家、爲國、爲政、爲功、爲業，何其多端也？餘曷爲而無變，齊曷爲而無位？性之十純，曷爲復以配而列於其間？自哀至散，何以爲先後之序？自王至庶人，何以爲尊卑之象？揚與司馬，皆一世大儒，立言垂訓，宜其坦然易見。今難知若此，其究言之。（《挈齋集》卷六，《四庫》第 1157 册，第 67—68 頁）

葉　適

【揚雄太玄】　《易》曰："復其見天地之心乎！"又曰："聖人之情見乎辭。"《易》之爲道也，有以見天地之心；後世之爲《易》也，有以見聖人之情。天地之間，雜剥解散，更逝迭移，孰能測之哉？其所以相維而不去，不相待而相爲使者，聖人有以見其心也。故聖人之所以得其心也，皆見乎書；後世之人，徒私以其情求之，而不能見聖人之情。夫不見聖人之情，而天地之心尚奚得焉！故其書僅存而道不明。夫模陰陽，測宇宙，綿絡内外，出入萬物，此幾足以求聖人之情與天地之心矣。雖然，未也。

揚雄爲《太玄》以準《易》，世多譏之。《易》準天地而得天地，《玄》準《易》也，幾得《易》也。得《易》而得天地矣，夫何傷，而又奚譏焉？天下患《易》之難知也，庶乎因《玄》而通之。今考其書，以求聖人之意而不得者三焉。非以病《玄》也，求通乎《易》而已矣。

數起乎一，轉入於萬物，其往無窮，分而爲二十四節以應寒暑，其候雜而無差焉。是星官曆師能之，而非聖人之所以爲《易》也。分之，掛之，揲之，扐之，有禍有福，有從有違，是有《易》者之事，而非聖人之所以爲《易》也。《玄》曾足以準之乎？天地之與人也，雜揉衆大，慹然而不相及也。幽而不明，微而不章，渾淪而不能知，是其初也。聖人以爲何以治之，夫是以見其要而執其紀，而名之爲《易》。夫其雜揉衆大、幽微渾淪者，皆《易》也，而後天地之道粲然矣。於是立之卦以告之，重之畫以明之，以爲其所以《易》者如是也。探鬼神之賾而出之，鉤陰陽之動以陳之，以爲是卓然而不可惑也。聚九州四海之珍，藏於一人之耳目而使得兼焉，將以明己也，非以炫己也。然則聖人之所以爲《易》者，明天下而已矣。其義明，其辭微。天下見其辭之微而真以爲不可識也，而不知其所以明之也。今夫《玄》之書，起冬至之首而終於《養》，備一歲之辭，循而索之，若貫珠焉，是未始不明也。而其名曰《玄》何也？其言曰："天以不見爲玄，地以不形爲玄，人以腹心爲玄。"又曰："晦其位而冥其畛，深其阜而渺其根，攘其功而幽其所以然。"嗚呼！得之矣。彼固以爲聖人之《易》者，期於天下之不能明也；則吾之所謂《玄》者，亦期乎天下之不能明而已矣。是以出乎罔，入乎冥，其思瑩瑩，莫見其情。且《易》之明也而天下晦之，《易》之顯也而天下隱之，此聖人之所痛也。今顧而得《玄》焉，是其準《易》也，而微若是乎！噫乎！《易》其愈微乎！然則《易》之不明，《玄》佐之也，是其不得者一也。

卦之有八也，是文字所以從生也，時也，義也，德也。其爲六十四卦也，猶其爲八也。《彖》以實之，《象》以形之，《爻》以備之，所以明其義之必然也。聖人之與愚夫愚婦，上古之與後世，皆用之而不能違者也。六十四合而《易》可見，《易》見而天地可準也。以正以反，以冬以夏，錯出而致其順焉而已耳。今夫《玄》之有八十一也，其所以明名是首者何也？豈將以助天下後世之用，使之若用《易》之六十四者也？抑徒以自記其陰陽之候而已者也？爲曆則無以其義，爲義則無以其曆。且其名也，雜取於文字之餘而非其要，則天下之人有不能用也。其道順，其詞逆，其使天下之人由於其中以至於其養者也。《易》以逆爲順，故天下能從之；《玄》以順而求其不敢逆也，則懼夫天下之不能也；是其不得者二也。

名之爲《易》者，上古之聖人也，道也；卦，伏羲也；重，文王也；彖，孔子也。蓋聖人之始作也，自以爲名；而後世猶患其微，是以聖人更起而名之。至於孔子，以爲足矣，然而不終於《既濟》，而終於《未濟》，所以見《易》之無窮也。後有作者，庸詎知焉！今夫雄之爲《玄》也而已名之，參摹四分而已首之，及表，及贊，及《測》《衝》《錯》《瑩》《攡》《文》《告》，凡《易》之詞無所不具。以一人之思而備群聖人之力，是其所以爲準《易》者耶？雖然，此既濟之《易》耶？此未濟之《易》耶？言既濟者，使之愈明而不愈微；言未濟者，其略可也，而何若是之詳焉！是其不得者三也。

噫！雄之爲書勞矣。（劉公純、王孝魚、李哲夫點校：《葉適集》卷六，中華書局1961年版，第713—715頁）

【揚雄傳】　揚雄《自序》："默而好深沈之思。"庸人之思，病乎浮淺，故雄有此論。然古人論理，至思而止，理之所不至者，非思也，更不計淺深。今於思上更有沈深工用，即是思之所不止者而後爲理。如《太玄》乃理之過，學者所不當法也。

又言"不修廉隅以徼名當世"。雄清静恬淡，不汩没於欲利，則世俗淫誇垢污之賤，豈復有之，固不待修飾矣。然士之厲志操，明好惡，言必信，行必果，皦然以自號於世而爲户庭者，此其所謂廉隅而可以取名者也。雖然，止於是而已矣，故子貢曰："譬之宫牆，賜之牆也及肩。"雄自以爲不止於是，故其言如此。然學者或不解，因雄之言，而以爲小廉小行皆不足修，淫誇垢污無害於道也，則其誤大矣。

文詞之變，始於屈原，衍於相如，文士之所慕效也。至揚雄闢而廣之，將一變至道，故爲《反離騷》。然原之本指，雄或未達也，余既數言之矣。自立於淺而不足以知人之深，固學者之大患；自處於深而不知人之未易以淺量也，則其患蓋有甚矣。

王莽以文章製作成篡，雄居其間，既不爲用，復不見忌，優遊散職，終老其身，著書立言，名垂於後。然世之論雄者多異説，孔子不作，而賢不肖莫知所定，此豈足爲雄重輕哉！如其浮雲富貴，敝屣廢興，以莽賢爲虚舟，視尤歆如土梗，伯夷之不降志，柳下惠之不去，蘧伯玉之愚，顔淵之樂，兼有之矣。（《習學記言序目》卷第二十三，第329—330頁）

【太玄】　《太玄》雖名幽深，然既稱"枝葉扶疏，獨説十餘萬言"，侯芭又受其辭，則是雄所以作之意，固嘗曉然號於人，使皆可識，不爲甚難明也。至宋衷、陸績、范望，乃皆創立注釋，若昔未嘗聞知者。如首名以節氣起止，贊義以五行勝克，最爲此書要會。不知自雄及芭親相傳授已如此耶？或舊語果零落，而衷、績等方以意自爲參測也？以位當卦，以卦當日，出於漢人；若夫節候晷刻，推其五行所寄，而吉凶禍福死生至《玄》而益詳，蓋農工小人所教以避就趨舍者。雄爲孔氏之學，其書將經緯大道，奈何俯首效之？且未有求其小而能得其大也，惜乎其未講矣！

《連山》《歸藏》，雄時固應有完書，然《左氏》已不道，《八索》，《左氏》所記，孔安國亦言之，則漢世猶存也。安國又言"孔子贊《易》道以黜《八索》"，則《八索》義當與孔氏絶異。所謂《十翼》者，獨《彖》

《象》爲孔子之文，其他或先或後皆非也，然皆自附於孔氏。司馬遷固不能辨，而劉向父子與雄尤篤信之；及班固取《七略》以志《藝文》，百世之後，雖有豪傑特出之士，心不能思，智不能慮，滁膠以漆，妄爲清明，而孔氏之學榛棘蔽路矣。嗟夫！雄雖誤後世，而自誤亦豈少哉！古人有作無述，孔氏有述無作；《彖》《象》，述也，非作也。雄不能知，以爲《彖》《象》者作而已，故既首之，復自贊之，又自測之，述作雜而紀法亂，自誤一也。言一而已，有精者無粗也，有深者無淺也，《十翼》非一人之言也，淺深精粗，宜其不同，雄既以爲皆孔氏之書矣，故或《衝》或《錯》，或《攡》或《瑩》，一書而異其言者十數，自誤二也。《易》之始，有義而已，義立而後數從之。今之所謂數者，非《易》之初也，雄見其已成，而謂爲《易》者必先數而後義，故研精殫智於曆而後《玄》始成，不知數既立則義豈復有哉，自誤三也。

《十翼》言大衍"分而爲二以象兩，掛一以象三"，至可與酬酢佑神，蓋贊筮占有此功用，雖已卑淺，然乃筮人所爲，不言《易》當自爲也。雄不悟，遂爲假《太玄》自著揲法。近世司馬氏擬《玄》爲《虛》，專以五行起數，而亦先以揲法示人，其詞義乃類連珠，比《玄》尤狹劣矣。按《易》之始，其義有陽而未有陰，其物有天而未有地；及其陽而陰之，初虛取諸風，中虛取諸火，終虛取諸澤；陰而陽之，初實取諸雷，雷有形。中實取諸水，終實取諸山；畫起於一，物莫先於天，故象天，天尊，陽也；二之則象地，地卑，陰也。及自陽爲陰，自陰爲陽，始有虛實之辨。取物以配義，義立而物隱。《連山》《歸藏》既不存，不知其爲義爲物。今《易》卦及彖象，皆不以物而以義，蓋其簡直易知如此。《十翼》所謂"帝出於《震》，齊於《巽》，相見於《離》"，"天地定位，山澤通氣，雷風相薄"，其詞前後差重蔓衍，皆説《易》者爲之，非《易》之書本然也。况於五行、四時、二十四節，癸甲而計之，晷刻而察之，又遠在《十翼》之下數十等，安得爲義理所歸哉！（《習學記言序目》卷四十

四，第654—656頁）

王　楙

【王涯學太玄】　元城先生論甘露之禍，凡覆十一族，而王涯者自號留心《太玄》，亦罹其禍。且《太玄》惟以進退消息之爲説，涯知其説而不能行故爾。僕謂著《太玄》者，小有非意，且不能自製，投天禄閣爲後世笑，尚何以責學《太玄》者邪。（王楙撰，王文錦點校：《野客叢書》卷四，中華書局1987年版，第41頁）

【玉樹青蔥】　揚子雲《甘泉賦》“玉樹青蔥”，顔師古注：“玉樹，武帝所作，集衆寶爲之。”向注《文選》，亦謂武帝植玉樹於此宫，以碧玉爲葉。僕案《三輔黄圖》云：“甘泉宫北有槐樹，今謂玉樹。根幹盤峙，三二百年木也。”楊震《關輔古語記》曰：“耆老相傳，咸以謂此樹即揚雄《甘泉賦》‘玉樹青蔥’者也。”又觀《隋唐嘉話》《國史纂異》《長安記》《聞見録》等雜書，皆言漢宫以槐爲玉樹。因知晉人所謂芝蘭玉樹者，蓋指此物也。又考《漢武故事》，上起甲帳乙帳，前庭種玉樹，珊瑚爲枝，碧玉爲葉，自在神宫中，只非甘泉宫事。知師古與向之注爲甚謬，而左思之見未審也。古來文士如曹操、曹植、王粲、摯虞、庾儵、傅選、庾信之徒，皆有槐賦，其述種於宫殿之間美致曲盡，獨未有以玉樹爲言者何邪？紀少瑜詩“玉樹起千尋”，曹植詩“緑蘿緣玉樹”，得非即此乎。後漢劉梁《七舉》，亦曰“玉樹青蔥”。（《野客叢書》卷五，第49頁）

【荆公讀蘇文（節録）】　《潘子真詩話》載東坡作《表忠觀碑》，荆公寘坐隅。有客問曰：“相公亦喜斯人之作？”公曰：“斯絶似西漢。”坐客嘆譽不已。公笑曰：“西漢誰文可擬？”坐客或比以司馬相如、揚雄之流。公曰：“相如賦《子虛》《大人》，洎《諭蜀文》《封禪書》耳，雄所著《太玄》《法言》以準《易》，未見其叙事典贍若此，直須與子長馳騁上下，如《楚漢以來諸侯王年表》。”（《野客叢書》卷六，第58頁）

【童烏已巳（節録）】　童烏，舊説謂揚子雲之子小名。有一老先生讀《法言》，謂“吾家之童”爲一句，“烏”連“乎”字作“嗚呼”字讀，謂嘆聲也。似亦理長。僕觀後漢《鄭固碑》曰：“大男有揚烏之才，年七歲而夭。”蘇順賦：“童烏何壽之不將。”是時去子雲未遠，所舉想不謬。於是知童烏爲子雲之子小名。（《野客叢書》卷八，第85頁）

【方言序】　《漢書·揚雄傳》：“孝成帝時，客有薦雄文似相如者。上方郊祠甘泉，召雄待詔承明之庭。正月，奏《甘泉賦》。”僕考《方言·雄答劉歆書》曰：“雄始草文，先作《縣邸銘》《王佴頌》《階闥銘》及《成都城四堣銘》，蜀人有楊莊者爲郎，誦之於成帝。成帝好之，以爲似相如。遂以此得外見。”乃知客者楊莊，薦雄文者《縣邸銘》等。以爲似相如者，帝鶩之語，非客所薦之詞。又《方言序》云：“雄爲郎一歲，作《繡補》《靈節》《龍骨》之銘詩三章。及天下上計孝廉，雄問異語，紀十五卷，積二十七年。漢成帝時，劉子駿與雄書，從取《方言》。”僕以歆、雄二書與傳考之，取《方言》，乃哀帝，非帝鶩也。不然，歆書何以稱帝鶩謚？何以言先君云云？雄書何以及《太玄經》邪？（《野客叢書》卷二十一，第232頁）

陳　藻

【太玄】　《太玄》之書，當時後世有非之者，亦有好之者。諸家訓釋，豈無可觀？而老蘇之論二篇，與夫所謂《總例》者，吾特愛焉。夫《太玄》之大約有二，曰曆與筮而已矣。一扐而加之以再，去其旦夕經緯之占而從，其詞之不可以前定。竊謂子雲復生，當斂衽於此矣，然又不知子雲果爾乎。至於《玄》也，謂增以《踦》《嬴》二贊，則歲羨其四分日之一，於是乎爲一百八分之説。使《玄》於二贊，以其末者不爲半日，而止爲四分日之一，奚獨不可乎？《易》有用九、用六，則三百八十六爻也。《玄》以七百二十九，而爲七百三十一，奚獨不可乎？且老泉三方之算至三家之算皆九之，半之若可也，然自五十有四至十有八，自十有八而至於六，皆以三數也。自六而至於三，則兩之而已矣。是亦出於有心，而非其自然者，安得如《易》數之天成乎？日書斗書而月不書，若可攻也，然一歲之日成，則月在其中矣。五盡之説，恐不足以窮子雲之辨。竊試爲揚子，而諸君爲老泉，以相詰難，奚若？（《樂軒集》卷六，《四庫》第1152册，第89頁）

張　鎡

【雜興（其一）】　子雲閉門學，非願雕蟲稱。於道實有省，爵位豈所營。洙泗嗟已遠，惜不偕群英。《太玄》《法言》書，莫誚徒擬經。（《南湖集》卷一，《四庫》第1164册，第531頁）

張　淏

【讀書所嗜不同】　前輩讀書，所嗜各不同。司馬温公酷好揚子雲《太玄》而作書疑詆孟子，謂揚子真大儒，孟與荀殆不足擬，自云少好其書，研精竭慮，歷年已多，始敢爲注。每閲《太玄》，必屏絶人事，讀必數十過。其嗜之也如是。而老蘇獨不喜揚子，云雄之《法言》，辯乎其不足問也，問乎其不足疑也。求聞於後世，而不待其有得，君子無取焉耳。又曰，雄於《太玄》，好奇而務深，故辭多誇大，而可觀者鮮。又曰，使雄有孟軻之書，而肯爲《太玄》耶？二公所見不侔如此。（張淏撰，張宗祥校録：《雲谷雜記》卷三，中華書局1958年版，第41—42頁）

高似孫

【太玄經】　《易》可準乎？曰："難矣！""何爲其難也？"曰："天地人之理，混淪於未畫之前。二三聖人察天之微，窺地之奥，以神明夫人之用。文王因伏羲，孔子因羲、文，而《易》道極矣。文王非舍伏羲，孔子非舍羲、文而自爲之書也。《易》經三聖，以經天地人之道。是道也，吉凶悔吝，消息盈虚，雖天地鬼神無所藏其藴，而匹夫匹婦可與知者也。揚雄氏欲以一人之力而規三聖所成之功，是爲難乎？子雲豈不知此者，然則子雲亦有得於《易》之學而欲自神其用。其曰‘天以不見爲玄，地以不形爲玄，人以腹心爲玄’，此子雲之所以神者也。子雲之意，其疾莽而作者乎？哀平失道，莽輒亂常。子雲酌天時行運、盈縮消長之數，推人事進退、存亡成敗之端，存之於《玄》。三方象三公，九州象九卿，二十七家象大夫，八十一部象元士，而玄者，君象也，總而治之，起牛宿之一度，終牛宿之二十二度，而成八十一首、七百二十九贊、二萬六千二百四十四策，明天人終始逆順之理，正君臣上下去就之分。順之者吉，逆之者凶，以爲違天咈人、賊臣盜國之戒，子雲之意也。子雲敢以此準《易》，言者蓋以卦氣起於《中孚》，《震》《離》《兑》《坎》分配四方，六十四卦各主六日七分，以週一歲三百六十五日四分日之一。據此言之，窒矣。桓譚曰‘《玄》與大《易》準’，班固曰‘經莫大乎《易》，故作《太玄》’，是知子雲者乎？不知子雲者乎？”（《子略》卷四，《四庫》第674册，第520—521頁）

【太玄經】　先儒注《太玄經》，每首之下必列二十八宿，蓋周天二十八宿三百六十五度四分度之一。《太玄經》凡七百二十九贊，乃此數也。以七百二十九贊分而爲二，合三百六十四度有半，宜若不相應。子雲本意，以爲其半不可合也，故《踦》贊、《嬴》贊以應周天之數。漢之正統以象數也，莽之僭竊乃閏位也，故先儒於《踦》贊、《嬴》贊之下，注以爲水火之閏，《王莽傳贊》所稱餘分閏位者謂此。（《緯略》卷五，《四庫》第852册，第306頁）

【太玄法言】　桓譚《新論》曰：“子雲新造《法言》《太玄》也，人貴所聞，賤所見，故輕易之。若遇上好事，必以《太玄》次《五經》也。”王充《論衡》曰：“揚子雲作《太玄》《法言》，張伯松不肯一觀，以與並肩。若生於周世，則爲金匱也。”二子之論如一。葛稚川曰：“充所著《論衡》，北方未有得之者。蔡伯喈嘗到江東得之，嘆其文高，度越諸子。嗚呼，世安得復見伯喈者乎?”稚川又曰：“盧生問云，‘蔡伯喈、張平子才足著書，正恐年遠旨深，世人不解，故不著也。’余曰：‘若如來言，子雲亦不應作《太玄經》也。’”然穎容《春秋例》曰：“著作之事，前有司馬遷、揚雄，後有鄭衆、班固，近即馬融、鄭玄。遷《史記》不識畢公爲文王之子，而言與周同姓。揚雄《法言》不識六十四卦，而云所從來遠矣。嗚呼難哉。”（《緯略》卷八，第 344—345 頁）

陳　淳

【太玄辨】　《太玄》本爲擬《易》而作也，而又參之《易緯》以序卦氣，準之《太初曆》以考星度。蓋少雜乎《書》，而不純於《易》，密於數，而道則未也。

夫《易》以八爲數，而《玄》以九爲數。《易》數始於一，一重之而爲二，二重之而爲四，四重之而爲八，八重之至於六十四，而八八之數立焉。故曰太極生兩儀，兩儀生四象，四象生八卦，八卦生六十四卦。《玄》數始於一，一轉之而爲三，三轉之而爲九，九轉之而爲二十七，二十七轉之而爲八十一，而九九之數具焉。故自一玄分而爲天地人之三方，方各有三州，三其三方而爲九州，州各有三部，三其九州而爲二十七部，部各有三家，三其二十七部而爲八十一家。

《易》以六畫成卦，而《玄》擬以方、州、部、家之四位，四位立而首成焉。自《中》至《事》爲天玄二十七，自《更》至《昆》爲地玄二十七，自《減》至《養》爲人玄二十七，合三二十七爲八十一首，以擬《易》之六十四卦。首下有辭，以擬卦之《彖》。首爲有九贊，以擬卦之六爻。九其八十一首，則爲七百二十九贊。贊下有測，以擬爻之《象》，爲七百二十九測。測、贊之外，又有《玄沖》，以擬《序卦》；《玄錯》，以擬

《雜卦》；《玄數》，以擬《説卦》；《玄攡》《玄瑩》《玄挩》《玄圖》《玄告》，以擬上、下《繫》。

至於筮策，又以擬《易》之大衍，虚其一而用四十有九，《玄》則虚其三而用三十有三。大衍以乾之策二百一十有六，坤之策百四十有四，合三百六十，以當期之日，積爲萬有一千五百二十，以當萬物之數。而《玄》則以天數十有八，地數十有八，合三十六策，以律七百二十九贊，以當一歲之日，積爲二萬六千二百四十四策，以配萬物之數。大衍揲以四，而《玄》則揲以三。大衍以七八九六定六爻而辨吉凶，《玄》則以七八九六定四位而别休咎。與夫三摹之擬三索，三表之擬四象，一一與《易》相準，而猶以爲未也。

何氏《易緯稽覽》創爲卦氣之説，以爲起於《中孚》而終於《頤》，六十卦别以《坎》《離》《震》《兑》四卦各主一方，卦中二十四爻各主二十四氣，其餘六十卦有三百六十爻，主三百六十日，餘有五日，每日分爲八十分，合四百分又四分日之一爲二十分，是有四百二十分，以六十卦分之，六七四十二卦，各得七分。每卦得六日七分，以當期三百六十五日四分十之一之數。而《玄》則又從而參之，始於《中》首，以配《中孚》，而終於《養》首，以配《頤》。凡八十一首，皆法卦氣之次序。首以二贊當一日，凡七百二十九贊，當三百六十四日有半。又增《踦》《嬴》二贊，（爲閏餘之）數以足之。太初上元十一月甲子朔旦冬至無餘分，後千五百三十九歲甲辰朔旦冬至又無餘分，又千五百三十九歲甲申朔旦冬至又無餘分，又千五百三十九歲復甲子朔旦冬至無餘分。而《玄》則又從而準之，始於《中》首冬至之節初一日，起牽牛一度，而終於《養》首之上九，以週二十八宿之行而爲一歲。十九歲爲一章，二十七章，凡五百一十三歲爲一會，八十一章則三會，凡千五百三十九歲爲一統。自子至辰，自辰至申，自申復子，凡三統、九會、二百四十三章，有四千六百一十七歲爲一玄。一章則閏分盡，一會則月食盡，一統則朔分盡，一元則六甲盡，與《太初曆》相應。是《玄》之爲數密矣，然密於其數，而道則未也。

吾觀其書有如《中》首曰："陽氣潛萌於黄宫，信無不在其中。"而《養》首又曰："藏心於淵，美厥靈根。"則天理始終迴圈無間之義，似亦察矣。然於《玄攡》有曰："其上也垂天，下也淪淵，纖也入薉，廣也包畛。其道遊冥而挹盈。"又曰："虚形萬物所道之謂道，因循無革，天下之理得之謂德。理生昆群，兼愛之謂仁，列敵度宜之謂義。"又未能根極乎理義之大本，而不免乎老墨之指歸，於《易》之宏綱大義，亦何所發明哉？況乎以《周》配《復》，以《戾》配《睽》，以《上》配《升》，以《差》配《小過》，以《童》配《蒙》，以《增》配《益》，以《達》配《泰》，以《從》配《隨》，以《進》配《晉》，以《釋》配《解》，以《樂》配《豫》，以《争》配《訟》，以《更》配《革》，以《斷》配《夬》，以《裝》配《旅》，以《衆》配《師》，以《親》配《比》，以《盛》配《大有》，以《居》配《家人》，以《竈》配《鼎》，以《大》配《豐》，以《逃》配《遁》，以《永》配《常》，以《度》配《節》，以《減》配《損》，以《聚》配《萃》，以《飾》配《賁》，以《視》配《觀》，以《晦》配《明夷》，以《窮》配《困》，以《割》配《剥》，以《止》配《艮》，以《成》配《既濟》，以《失》配《大過》，以《難》配《蹇》，以《養》配《頤》，徒區區爲字訓之模仿，而復拘拘於句法之循襲。

《易》曰"幽贊神明而生蓍"，而《玄》則曰"昆侖天地而産蓍"；《易》曰"雲從龍、風從虎，聖人作而萬物覩"，而《玄》則曰"風識虎、雲知龍，賢人作而萬類同"；《易》曰"闢户謂之乾，闔户謂之坤"，而《玄》則曰"闔天謂之宇，闢宇謂之宙"；《易》曰"乾確然示人易，坤隤然示人簡"，而《玄》則曰"天宙然示人神，地他然示人明"；《易》之元、亨、利、正，萬化之原也，故君子行此四者曰"乾，元、亨、利、正"，而《玄》配之以"君子行此五者，曰罔、直、蒙、酋、冥"。愚不知罔、直、蒙、酋、冥於元、亨、利、正之義何得哉?《易》之陰陽剛柔仁義，三才之本也。故“立天之道曰陰與陽，立地之道曰柔與剛，立人之道曰仁與義”。而《玄》配之以“立天之經曰陰與陽，形地之緯曰縱與横，表人之行曰晦與明”。愚不知縱横晦明於剛柔仁義之旨何有哉?其他效“爲天爲圜”等語，則有“爲雷爲鼓”之辭。效“革去故、鼎取新”等語，則有“更造新、常因故”之説。效十三卦所取，則有衣裳、圭璧、挩擬之論。若此之類，不可勝數。而於《易》道初無一補。前不足以發往聖之心，而後不足以開來哲之耳目。子思氏之《中庸》，孟軻氏之七篇，所以與堯、孔心傳千載，若合符契者，何嘗必爲如是之配仿哉?抑又多爲誇張，自贊之語曰:“知陰知陽，知止知行，知晦知明者，惟《玄》乎。”又曰:“曉天下之瞑瞑，瑩天下之晦晦者，惟《玄》乎?”又曰:“夫《玄》卓然示人遠矣，曠然開人大矣，淵然引人深矣，渺然絶人渺矣。”殊非聖賢氣象，此當時如劉歆者所以有空自苦、覆醬瓿之譏，而近世如東坡、如伊川，所以謂其道不足取，與屋上架屋之誚。是雖侯芭之受，桓譚之傳，張衡比之《五經》，陸績推之爲聖人，宋衷之訓詁，范望之解釋，王涯之纂述，司馬温公之作書，與擬類皆隨已之好，而終不足以厭服千萬世學者同然之見也。(《北溪大全集》卷二十一，《四庫》第1168册，第668頁)

韓　淲

《太玄》其辭準《易》，其數可以起曆而已，蓋得於渾天儀者也。司馬君實爲《潛虚》，得其用意之所在矣。晁以道作《星譜》，可謂善發明矣。二家之書出，而《玄》之學備，欲觀之者當參考也。

老蘇論《太玄》，最中其病:“《太玄》者，揚雄之所以自附於夫子，而無得於心者也，使雄有得於心，吾知《太玄》之不作。又使雄有孟軻之書，而肯以爲《太玄》耶?惟其所得於心之不足樂，故大爲之名，以僥倖於聖人而已。”(《澗泉日記》卷中，《四庫》第864册，第787頁)

【論太玄】　《太玄》，温公得其數，康節得其學，又推之世變，而數則密矣。子雲此數必自君平來，其學則李仲元之學，此學自孔孟後則不偏，此學黄帝之書也。管子、荀子止是此學。孟子説浩然氣、夜氣，便是此學，只爲言集義所生者便别，此孔孟所以爲《中庸》也。温公雖有《潛虚》，又却不與《太玄》之學相似。晁以道又只是渾天儀上工夫，可以推布曆法爾。子雲若不從曆法上推括起天地之數，如何把捉伏羲、文王太衍之數，此所以不可及也。“潛天而天，潛地而地”，子雲也。康節又有些似《老子》似《陰符》處，蓋竊弄闔闢者也，豈非陳希夷之學也，不可不辨也。二程之學，直得孔孟之學，以此觀之，則了然矣。

《太玄》其辭準《易》，其數可以起曆而已，盡得於渾天儀者也。司馬君實爲《潛虚》，得其用意之所在矣。晁以道作《星譜》，可謂善發明矣。二家之書出，而《玄》之學備，欲觀之者當參考也。孫明復辨揚子極是，深有補於世教。其言子雲《太玄》，以爲非準《易》而作也，蓋疾莽而作也。

老蘇論《太玄》，最中其病：“《太玄》者，揚雄之所以自附於夫子，而無得於心者也，使雄有得於心，吾知《太玄》之不作。又使雄有孟軻之書，而肯以爲《太玄》耶？惟其所得於心之不足樂，故大爲之名，以僥倖於聖人而已。”

《太玄》形容氣數盡有工夫，若《易》則理道備盡，非三聖人孰能明之？范望解“心藏神内爲玄”。

昔揚子雲作《太玄》，侯芭嘗受學焉。至後漢初，書猶不顯。班孟堅作史，嘗標其大旨，有意其盛行於世也。夫顯晦不足以論《玄》，而良史猶惓如此，未幾張衡謂其“妙極道數，與《五經》相擬”，孟堅作史，説於建初中，距平子不三十年，其書已爲世所推重，第恨嚴尤輩不及見爾。

（《永樂大典》卷四千九百四十，中華書局 1986 年版，第 8337—8338 頁）

趙秉文

【法言微旨引】　揚子，聖人之徒歟！其《法言》《太玄》，漢二百年之書也。漢興，賈誼明申韓，司馬遷好黄老，董仲舒溺災異，劉向鑄黄金，獨揚子得其正傳，非諸子流也。

予既整緝《太玄》，舊聞《法言》有宋衷注，亡之，今世傳四注，柳、李二注才釋一二，宋、吴二注頗有牴牾，其十二注中，數家大抵祖臨川王氏，無甚發明，又多詆忤而不中其失。獨温公《集解》，編采諸本，微辨四家之得失，斷以己意，十得七八矣。其終篇詳辨揚子得聖人之行藏，爲得其正，實百世之通論也，故今斷以《集解》爲定。然《法言》之作，雖擬《論語》，不同門人問答先後無次，乃揚子自著之書也，不應辭意不相連屬，其命名自序，思過半矣。或先義而後問，或後答以終義，或離章以發微，或終篇以明數，旁鉤遠引，微顯著晦，川屬脈貫，會歸正道。今所謂分章微旨者，非敢有異於先儒也，但使一篇之義自相連屬，穿鑿之罪，余何敢逃？萬一有得微旨於言辭之表者，或有助於發機云。（《滏水集》卷十五，《四庫》第1190册，第237頁）

【箋太玄贊引】　《太玄》何爲者也？將以發明大《易》而羽翼之者也。《易》有八物，而五行萬事在其中，《玄》則列之以三才，本之以五行，表之以陰陽，推之以律曆，而天下萬事之理具。要其中，爲仁義而作也。卦用八，蓍用七，《玄》則首用九，蓍用六，互彰之也。《易》有道義象數，記《易》者言道義則遺象數，言象數則遺道義。《玄》實兼之，其於聖經不爲無助。昔人譏屋下架屋，不猶愈於章句一偏之學乎？後之言數術者，孰與張平子？以平子不敢輕議《太玄》，而後儒非之，恐幾率易。顧僕何足以知《太玄》，姑以范注之小誤，以證本經之不誤。范注以九首次九，陽家陽晝，至十首《羨》之初一又爲陽家陽晝，則晝多於夜，禍福殽亂，故其説時有不通，王氏已辨之矣。

揲法一扐之後而數其餘，王氏依之，注本作兩扐，非經誤也。經曰"旦筮用經，夕筮用緯"，舊注以旦用一五七，夕用三四八，日中夜中用二六。蘇氏攻之，以爲中夕筮吉凶雜至，旦筮非大吉則大凶，是吉凶雜，終不可得而遇也。揚子大賢，擬聖而作，不應筮法尚誤，此殆歲久失其傳也。及考《玄數》“五爲中央”，注：“土行所在，經緯雜用。”且筮有三表，一二三一表也，四五六一表也，七八九一表也。表取其一以爲占，旦筮用一與七，皆取其初遇，至於四爲緯，五則經緯雜，無已則用六矣。一六七吉凶雜，與日中夜中夕筮同，况《睟》首一六七皆吉，而《唫》首一六七皆凶，亦有時而純吉純凶矣。恐旦筮當用一六七，夕筮用三四八，日中夜中用二五九，二爲經，九爲緯，五雜用之也。“筮有四：星、時、數、辭”，注：“星若於一度也，時謂旦中夕也，數謂首數之奇偶，辭若九贊之辭也。”時若旦筮遇陽家，其數自奇，辭自多吉，是時數辭皆同，何以别之？竊意星若二十八宿是也，又有四方之宿，各分配日月五星數，有干支之數，律曆之數，《玄》算之數，與策數雜用之，此揚子所以知漢二百載而中天，平子所以知漢四百載《玄》其興乎之驗也，其然豈其然乎！

《玄》有《文》《告》十一篇，道義象數之學，宋、陸二注及王氏辨之詳矣，兹不復云。獨首贊與晝夜不合，及首贊之辭與首之名義，亦如六十四卦與卦義當相合，如《同人》《睽》六爻皆言同人、睽之類是也，而注間有不悟，輒以他義釋之，恐有未安，理當厘正，使贊與首名義相合，庶幾粗明《玄》經之萬一。僕亦未能審於是非，姑録以備遺忘，以爲學《玄》之階耳，俟得前人之注，改而正諸。（《滏水集》卷十五，第238—239頁）

吴　曾

【揚雄作甘泉賦明日遂卒】　唐李善注揚子雲《甘泉賦》引桓譚《新論》曰：“雄作《甘泉賦》一首，始成，夢腸出，收而内之，明日遂卒。”此説非也。予按，孝成帝行幸甘泉，據《漢紀》及《賦序》，並是正月行幸甘泉。揚雄死於王莽天鳳五年，經歷哀、平兩帝，年代甚遠，安有賦成明日遂卒之説？李善竟不排之，而反以爲證，何耶？（《能改齋漫録》卷五，上海古籍出版社1960年版，第102頁）

程　珌

【送吴進士序（節録）】　揚子雲有言："通天地人曰儒，通天地而不通人曰技。"故天文、地理、曆象、術數、風雲、占候、醫藥、卜筮，古之儒者未嘗不兼通之。先漢去古未遠，子雲之言蓋記古之儒者之事也。司馬子長始裂爲九，使之各爲家爲流，而後道術裂矣。然論司馬季主與夫醫者越人之事，猶有深意，未始不並行而不相悖。後世作史者不以郭景純傳之技術，其源流固有所自也。由唐以來，開裂尤甚，殆不可合矣。而韓昌黎之説，則以謂爲君子者必於是而兼通之，否則不足爲君子焉。然則孰非士之所事邪？（《洺水集》卷八，《四庫》第 1171 册，第 348 頁）

王觀國

【法言】　揚雄《法言》曰："或問甘羅之悟吕不韋，張辟疆之覺平、勃，皆以十二齡。"《前漢・外戚傳》曰："惠帝崩，太后發喪，哭而泣不下。留侯子張辟疆年十五，爲侍中，謂丞相陳平曰：'帝無壯子，太后畏君等，今請拜諸吕居中用事，則太后心安。'"《法言》云十二齡，而《漢書》云年十五者，觀辟疆啓陳平之語，殆非十二齡所能言，當從《漢書》年十五也。

《法言》曰："蔡生欲安項咸陽，項不能移，又烹之。"《前漢・項羽傳》曰："韓生説羽都關中，羽曰：'富貴不歸故鄉，如衣錦夜行。'韓生曰：'人謂楚人沐猴而冠，果然。'羽聞之，斬韓生。"觀國按：《史記・項羽紀》曰："人或説項王都關中，項王烹説者。"《史記》但言人或説項王，而不言其人姓名，蓋以其人不足書也。班固作《漢書》，欲致其詳，故載其姓名曰韓生。然古之作《漢書》者非一家，揚雄、班固，各以其所傳漢史而用之，故在揚雄則言蔡生，在班固則言韓生。揚雄《法言》，乃王莽爲安漢公時所撰。班固在後漢永平間作史，已知《法言》用蔡生之非，而實之以韓生也。

《法言》曰："叔孫通欲制君臣之儀，召先生於齊、魯，所不能致者二人。"觀國按：《史記、漢書·叔孫通傳》，皆曰通使召魯諸生三十餘人，魯有兩生不肯行。此云魯，而《法言》云齊、魯者，《法言》方論齊、魯有大臣，而繼以叔孫通召諸儒，故亦言齊、魯，承上文言之也。

《法言·問神》篇曰："淮南，太史公者其多知歟？曷其雜也。"《重藜》篇曰："或問太史遷，曰：'實録。'"《君子》篇曰："淮南説之用，不如太史公之用也。太史公，聖人將有取焉，多愛不忍。子長也。"觀國按：雄論太史公，始言雜者，不純乎仁義也，中言實録者，不虚美，不隱惡也；末言聖人將有取焉者，亦可取而用之也。又曰："多愛不忍。"則於去取之際，未爲勇決。然則雄論太史公，可否相半，故其設對問者三，意各不同也。班固作《司馬遷傳》，贊曰："自劉向、揚雄博極群書，皆稱遷有良史之材。"而《法言》所論，殆責備於賢者之論也。（王观國撰，田瑞娟點校：《學林》卷二，中華書局1988年版，第68—69頁）

【古賦序】　傅武仲《舞賦》，宋玉《高唐賦》《神女賦》《登徒子好色賦》本皆無序，梁昭明太子編《文選》，各析其賦首一段爲序，此四賦皆託楚襄王答問之語，蓋借意也，故皆有唯唯之文。昭明誤認唯唯之文爲賦序，遂析其辭。

觀國按：司馬長卿《子虚賦》託烏有先生、亡是公爲言，揚子雲《長楊賦》託翰林主人、子墨客卿爲言，二賦皆有唯唯之文，是以知傅武仲、宋玉四賦本皆無序。昭明太子因其賦皆有唯唯之文，遂誤析爲序也。揚子雲《羽獵賦》首有二序，五臣注《文選》曰：賦有兩序，一者史臣，一者雄序。詳其文，第一序乃雄序也，第二序非序，乃雄賦也。賦中用"頌曰"二字，不害於義。昭明析頌曰爲一段，乃見其有二序，蓋誤析之也。馬融《長笛賦》首尾兩處有"辭曰"字，潘安仁《籍田賦》末有"頌曰"字。潘安仁《笙賦》、張平子《思玄賦》、鮑明遠《蕪城賦》、謝希逸《月賦》，其末皆有“歌曰”字。王文考《魯靈光賦》、班孟堅《幽通賦》、王子淵《洞簫賦》、顔延年《赭白馬賦》，其末皆有“亂曰”字。謝惠連《雪賦》、稽叔夜《琴賦》，既有“歌曰”字，又有“亂曰”字。由此觀之，則《羽獵賦》有“頌曰”字，乃賦也，非序也。亦豈有一賦而兩序耶？又《文選》載揚子雲《解嘲》有序，揚子雲《甘泉賦》有序，賈誼《鵩鳥賦》有序，禰正平《鸚鵡賦》有序，司馬長卿《長門賦》有序，漢武帝《秋風辭》有序，劉子駿《移書責太常博士》有序，以上皆非序也，乃史辭也。昭明摘史辭以爲序，誤也。（《學林》卷七，第220—221頁）

【甘泉賦】　《前漢·揚雄傳·甘泉賦》曰：“翠玉樹之青葱兮，壁馬犀之瞵𤥐。”顔師古注曰：“馬犀者，馬腦及犀角也，以此二種飾之壁。”《文選·甘泉賦》曰：“璧馬犀之璘𤥐。”五臣注曰：“武帝植玉木於此宫，以碧爲葉，青葱色，又作碧馬犀牛等物爲飾。”

觀國按：《書》作“壁馬犀”，《文選》作“璧馬犀”，蓋壁、璧二字，其義迥不同，故注釋者亦隨其字之義而訓之，在《漢書》則訓爲殿壁，在《文選》則訓爲璧玉，因以不同也。《前漢·藝文志》有揚雄賦十二篇，雄有文名，當時傳雄之賦者帙不一，故其用字不能無訛。至班固作史，蕭統編《文選》，各以其所得雄賦而集録之，故其賦用字有不同。今讀其賦曰：“仰撟首以高視兮，目冥眴而亡見。正瀏濫以宏敞兮，指東西之漫漫。徒回回以皇皇兮，魂魄眇眇而昏亂。據軨軒而周流兮，忽軮北而亡垠。翠玉樹之青葱兮，璧馬犀之瞵𤥐。金人仡仡其承鐘虡兮，嵌岩岩其龍鱗。”凡此賦句，皆以下句釋上句，則“璧馬犀”爲璧玉之璧，其上下文句通矣。其曰：“據軨軒而周流兮，忽軮丠而亡垠。”然後言玉木金人者，蓋謂依欄檻而四顧，見廣大而無際畔，但見庭中玉木之青葱，金人之岩岩耳。玉木植於殿庭，金人捧露盤，亦在殿庭，此皆言望見殿庭中物，不應反言殿壁也，賦句之義，於此判矣。

按《甘泉賦》字不同者亦多，《漢書》曰“不可乎疆度”。《文選》“不可乎彌度”。《漢書》曰“魂固眇眇”，《文選》曰“魂眇眇。”《漢書》曰“鬼魅不能自還”，《文選》曰“鬼魅不能自逮。”《漢書》曰“薌呹肸以掍根”，《文選》曰“薌呹肸以掍批”。《漢書》曰“惟弸環其拂汨兮”，“王爾投其鉤繩”。《文選》曰“惟首弸環其拂汨兮”，“王爾投其鉤繩”。《漢書》曰“鸞鳳紛其御蕤”，《文選》曰“鸞鳳紛其銜蕤”。《漢書》曰“玉女無所眺其清盧兮”，《文選》曰“玉女亡所眺其清矑兮”。《漢書》曰“隆厥福兮”，《文選》曰“降厥福兮”。此一賦也，而《漢書》《文選》用字不同如此，然他皆可以假意而讀，惟壁、璧不可假意通用，而注釋者又各異，固不可不辨也。（《學林》卷七，第223—224頁）

張行成

【翼玄序】　子雲作《太玄》，用心亦勤矣。後世之士好之者寡，排之者衆，豈非《玄》學深奥，通者難，非之則易乎？自温公集注首贊，而《玄》之義理始焕然明白矣。邵子雖言《玄》數，要而未詳。行成輒拾其遺意，委曲解釋，以明律曆之原，以探用數之旨，並取晁説之《星紀譜》而是正之，命曰《翼玄》。庶幾觀者知《玄》不徒作，於《易》誠有大功，而非贅疣也。蜀臨邛張行成述。（《翼玄》卷首，《續修》第1048册，第101頁）

【太玄準易】　或人問曰：“世言子雲作《太玄》，其數本乎《太初》，其義則準《易》，然《易》六十四卦始於《乾》《坤》，終於《既》《未濟》，《玄》八十一首始於《中》準《中孚》也，終於《養》準《頤》也。卦之先後不同如此，《易》之爻始於甲寅青龍之首，後三萬一千九百二十歲而復初，《玄》之贊始於甲子牛宿之初，後四千六百一十七歲而復初，年之多寡不同如此。《漢志》律曆皆祖於八十一分，子雲之言曰‘七十二策爲一日’，又曰‘以合歲之日而曆律行’，則律曆皆當用七十二而不用八十一也。又曰‘律吕之數七十有八，而黄鐘之數立焉’，則律之數又當用七十八亦不用八十一也，其差互如此，安在本《太初》與準《易》乎？”

曰：“僕亦有疑焉，故嘗思之，思之深而乃有得也。子雲《太玄》，本乎數而作也。天下之數，祖乎《易》，其用通乎曆律。曆律者，天地之用也。推其數可以究天地日月八陰，反復視之，則五十六陽、五十二陰。蓋陽生於陰，故上經多四陰以爲陽之本，陰生於陰，故下經多四陽以爲陰之本也。此以六六之數而均爻也。若《圖》則不然，五卦直一月，六十卦而一期，亥子丑寅之月，得二十四陽三十六陰，已午未申則反之，卯辰之月，得三十二陽二十八陰，酉戌則反之，此以六十之數而均日也。自《復》至《咸》，冬至迄夏至之數也，凡三十卦得八十八陽、九十二陰。自《姤》至《中孚》，夏至迄冬至之數也，凡三十卦得八十八陰、九十二陽，亦陽中存四陰、陰中存四陽，各以爲本之義也。此以六十之數而均氣也。子雲之作《太玄》也，立家於《中首》，以示布氣之始，準《圖》之均氣法也。紀日於牛宿，以推生氣之原，準《圖》之均日法也。其所準者，《卦氣圖》之序，故曰非準《易》之經也。子之數九，一爲一分，九分爲寸，黄鐘之管九寸，則八十一分也。《太初》以律起曆，故八十一分爲日法。世言《太玄》律曆數者，未有不宗此法也。然律數四十二，吕數三十六，並律吕之數，或還或否，凡七十有八，黄鐘之數立焉。則是黄鐘之法於八十一，虚其三也。太中之數三十有六策，以律七百二十九贊，凡二萬六千二百四十四策爲太積，七十二策爲一日，則是一日之法於八十一虚其九也。其曰‘以合歲之日而曆律行’，《玄》之曆律同數，曆既異於《太初》，則律當殊於《漢志》矣。故曰《玄》於九九之數用之不盡也。《易》《玄》二曆皆起於十九年爲一章，從此分道而行。《玄》用奇數，二十七章而一會，八十一章而一統，二百四十三章而一元，故始於上元甲子天正朔旦日，躔牛宿之初，後四千六百一十七歲復會於太初上元者，《玄》之贊也。《易》用偶數，四章而一部，八十章而紀，二百四十章而一元，偶復乎奇，乃七元而一極。故自上元青龍之首，氣起《未濟》九四，後三萬一千九百二十復會於太極之上元者，《易》之爻也。故曰：‘《玄》數，論其一統，則多《易》之一章；究其一極，則少《易》之六元也。’數則然矣，請言其所以然之理。《易》之作也，所以示天下爲君父者也，其數以天包地，容而兼之者，君父之道也。《玄》之作也，所以示天下爲臣子者也，其數以地承天，奉而行之者，臣子之道也。是故《易》用四象而不用五行，用六爻而不用九位，與夫爻用九不用六，而六位以二、五爲中者，皆虚容而不亢，以待續終之事也，此君父之道也。地有四方，《玄》用三方，存北方以爲玄。老陽有三十六策，《玄》用三十三策，虚地三以並天，與夫書斗日不書月而九位以一、五爲中者，皆尊奉而不敵，以推造始之原也，此臣子之道也。《玄》本地道而作，故首之與卦準《易緯》之用而不準《易經》之體也。”

或曰：“緯非經也，子雲雖準之，其可信乎？”

曰：“《卦氣圖》冬至始於《復》者，一陽之生也。先之以《中孚》者，七日來復也。夏至始於《姤》者，一陰之生也。先之以《咸》者，亦七日來姤也。孔子贊《易》，《上繫》者，天道也，其舉七爻而先以《中孚》之九二者，冬至起《中孚》之理也。《下繫》者，地道也，舉十一爻而先以《咸》之九四者，夏至起《咸》之理也。夫《中孚》《咸》者，感應也。《中孚》九二者，無心之感，先天之生陽也；《咸》之九四者，有心之感，後天之生陰也。大抵陰陽皆由感應而生，故《卦氣圖》以《復》繼《中孚》，而以《遇》繼《咸》之義，孔子實言之矣，孰謂非出於子夏、商瞿之所衍述乎？子雲準之，豈妄也哉！若乃黄鐘之數始於子之一，以三而變曆十二辰，得一十七萬七千一百四十七而九之變極矣。《太初曆》以八十一分爲日法，六而乘之，得四百八十有六，則日用六時而六之之法也。凡三百六十四日有半，黄鐘之數盡矣，而天度猶有半度與四分度之一未盡。子雲止以八九爲日法者，用九之八，存九之一爲不盡之數，而《踦》

《羸》二贊居其間以爲變化之資。正如《易》六十卦應三百六十日，存四卦二十四爻以爲五日四分之一與小月之數，此天地變化之機，生生不窮之理。故康節謂子雲知曆之理也。其曰‘以合歲之始終’，自漢以來，論《玄》者皆以爲準《易》，而不知《玄》所準者非《易》之經也。皆以爲本乎《太初》，而不知《玄》於九九之數用之不盡，非若《漢志》曆律之法也。皆以爲《玄》之體本於方、州、部、家，用極於章會統元，而不知《玄》之數，論其一統則多《易》之一章，究其一極則少《易》之六元也。此三者，雖陸績、范望、王涯輩未之或知，而況其下者乎。康節先生實知之，然言之而不究。僕嘗因其言而思之，思之深而乃有得也。請爲子陳其數而推原所以然之理，則《易》《玄》之義焕然明白，而子雲之書不爲贅矣。《易》有經有緯，世所傳《周易》者，經也。經，天數也，文王、孔子之所發明也。世所傳《卦氣圖》者，緯也。緯，地數也，子夏、商瞿之所敷衍也。是故均卦之法，《易》以三十六而均者，陽包陰也，天之一也。《圖》以六十而均者，陰分陽也，地之二也。真數三衍之則一十百，故天地本數極於一百，一百之中以三十六爲天之用者，六六也。以六十四爲地之體者，八八也。六者，爻數也；八者，卦數也。八八之卦，反復視之而三十六者，因天生地，地由天生。揲爻成卦，卦由爻成也。《易》上經三十，反復視之則十八，下經三十四，反復視之亦十八，此以六六之數而均卦也。上經八十六陽、九十四陰，反復視之，則五十二陽、五十六陰。下經一百六陽，九十之日，而曆律行者，非謂其法同，謂其數同也。《太玄》以七十二爲日法，兩贊當一日，則每贊而三十六策。一首九贊，則三百二十有四也。三百二十有四，以曆言之，則三十六之九者，四日半之數也。以律言之，則八十一之四者，聲之數也。夫聲有五而用八十一之四，何也？宫爲君，凡合樂造設則居中爲四聲之綱，而四聲爲之紀。散則分四，合則混一，天地各以一變四。四者有體而一無體，故常存其本也。是故宫聲八十一下生徵聲五十四，徵上生商聲七十二，商下生羽聲四十八，羽上生角聲六十四。凡五聲之數三百十有九，通聲之本各一，則三百二十有四也。是故《玄》曆律同用三百三十四者，以律從曆，爲以地效天。漢儒曆律同用八十一者，以曆從律，反以天法地矣。若乃七十有八而黄鐘數立焉，此則十二管積寸法也。取黄鐘總數析爲八十一分，每分二千一百八十七，去其三分，凡六千五百六十一，則申之數，故仲吕以酉之數一萬九千六百八十有三爲一寸之分，總十二辰數而得九寸，則黄鐘之長也。聲用於虚，則八十有一。數行於顯，則七十有八。所謂地虚三以拼天三正，如蓍三十六用三十三也。夫曆者，天數也。五聲者，地之天也。或用九之八，或用九九之四者，皆虚中存本之理也。律吕積寸者，地也。用七十八者，虚三承天之理也。虚中虚三之法，皆天地自然之理。顓帝因之而造曆，黄帝因之而造律。後世不達，故子雲著書以發明之，而與《漢志》律曆之數不同也。若夫《玄》多三章而終於一元，《易》少三章而終於一極，蓋《易緯》之數體之用也。主歲而言，《玄》之數，用之用也。主日而言，是故《易》以三百六十爻值日而夜藏其用者，天包乎地，天之一也。《玄》以七百二十九贊分值晝夜而用事者，地分乎天，地之二也。所以有地而後有二，有二而後有晝夜，故曰剛柔者，晝夜之象也。《玄》之數起於甲子天正朔旦，非計日乎？《易》之數起於甲寅青龍之首，非計年乎？以其計日也，故以七百二十九贊析其細數，餘分别焉。贊數自甲子日而起，一元比《易》數多三章，凡四千六百一十七歲一十六萬八千六百三十六旬，甲子日復初，而小餘皆盡矣。以其計年也，故以六十卦統其大數，餘分包焉。爻數自甲寅歲而起，一元比《太玄》數少三章，凡四千五百六十年，甲寅歲復初矣。然小餘六十未盡也，及七元三萬一千九百二十歲爲一極，而後群數皆終，萬物復始。以歲論之既得甲寅，以日言之又得甲子，而小餘皆盡也。日析其細者用也，歲統其大者體也。天統乎體，地分乎用，故康節謂《易》《玄》之數爲體用不同也。《易》曰‘雲從龍，風從虎，聖人作而萬物覩’，《玄》曰‘風而識虎，雲而知龍，賢人作而萬類同’。世之學者不察，謂雄此言僅同兒戲，殊不知一二字之易置即有深意存焉。蓋以示《玄》之作也，其數則地之承天，其書則賢人之分而不敢僭聖人作經也。竊謂《玄》之於《易》，其功大矣。如臣之承君，子之承父，所以教天下後世爲人臣子者義也。以疾時言之，王莽之誅，晚矣。謂雄之書爲贅疣者，何不思之甚乎?”

或人矍然曰：“《易》《玄》之義真焕然矣。”（《翼玄》卷十二，第220—224頁）

鄒應龍

【楚辭後語跋】　《楚辭後語》者，我宋文公朱先生之所作也。其述作之本意，先生自序之詳矣。而其編定此書之時，與夫論著之詳略，則又已見於先生之季子通守監簿君之《後序》。應龍生晚，不及侍先生函丈，獨幸與監簿君同朝，及來温陵，又爲僚相好也。暇日因從問先生平日述作大概，以爲它書已行於世，獨此編乃晚年所定，猶未及卒業，故人未及見，而首以示應龍，因得伏而讀之。其微詞奥義，不一而足，獨論漢揚雄，則反復屢致其意，其序《反騷》也，則以爲“屈原之罪人，《離騷》之讒賊”。其序《胡笳》也，則以爲“非恕琰，亦以甚雄之惡”。夫揚雄以好深沉之思作爲雅麗之文，後世讀之，未有以爲非者，而先生待之不少恕如此。抑應龍嘗就監簿君借先生所作《資治通鑑綱目》之書讀之，見其所書雄之死曰“莽大夫揚雄卒”，則知先生之所以貶雄者，其意蓋有在也。嗚呼嚴哉！後之攬者，儻知先生所以去取之意，而明三綱五常之義，如讀《春秋》而亂臣賊子懼者，則庶乎其不蹈騷人之失，而先生此書爲不苟作矣。應龍不敏，何足以識先生之指意，特見而謂之知之謂耳。因以是説諗於監簿君，君曰然，乃敬書其後而歸之。嘉定壬申重九後一日邵武鄒應龍書於温陵郡齋。（《楚辭後語》卷末，岳麓書社2013年版，第249頁）

王若虚

【史記辨惑（節録）】　《司馬相如傳贊》云：“相如雖多虚辭濫説，然其要歸引之節儉，此與《詩》之風諫何異。揚雄以爲靡麗之賦，勸百風一，猶騁鄭衛之聲，曲終而奏雅，不已虧乎?”《前漢書》全引此語，予嘗疑之。按遷傳雖不著其死之歲月，然去遷既死後，其書稍出。宣帝時，遷外孫楊惲祖述其書，遂宣佈焉，則其死不過在昭、宣之間耳。而雄以成帝元延之初始自蜀遊京師，年七十一，卒於王莽天鳳五年，逆而推之，宣帝之二十年，雄乃始生，遷著書時，安得雄之言乎？是必孟堅所續，而後人誤附於《史記》耳。（《王若虚集》卷十七，中華書局2017年版，第185頁）

【文辨（節録）】　揚子雲《解嘲》云：“爲可爲於可爲之時，則從；爲不可爲於不可爲之時，則凶。”此不成義理，但云“爲於可爲之時，爲於不可爲之時”，或云“可爲而爲之，不可爲而爲之”，則可矣。

退之《送窮文》，以鬼爲主名，故可問答往復。揚子雲《逐貧賦》但雲：“呼貧與語，貧曰：‘唯唯。’”恐未妥也。（《王若虚集》卷三十四，第409—410頁）

揚雄之經，宋祁之史，江西諸子之詩，皆斯文之蠹也。散文至宋人，始是真文字，詩則反是矣。（《王若虚集》卷三十七，第459頁）

【揚子法言微旨序】　《法言》之行於世，尚矣。始注釋者四家而已，疏略粗淺，無甚可觀。其後益而爲十二，互有所長，視其舊殊勝，而猶未盡也。今禮部尚書趙公素嗜此書，得其機要，因復爲之訓解，參取衆説，折之以己見，號曰《分章微旨》。論高而意新，蓋奇作也。

予嘗竊怪子雲之《自叙》，以爲《法言》，《論語》之體耳。隨問更端，錯雜無次，而獨取篇首二字以爲名而冠之，無乃失其宜耶？及觀公解，則始終貫穿，通爲一義，燦然有條理而不亂。乃知子雲之意，初非苟然，但學者未之深考也。昔人以杜預、顔師古爲丘明、孟堅忠臣，今公於子雲之書辨明是正，厥功多矣。至於進退隱見之際，尤爲反覆而致意，使千載之疑可以盡釋而無遺恨，兹不亦忠之大者與！古澤陳氏者，將購工板行，以廣其傳。友人張君茂進實贊成之，而屬予爲序。

嗚呼！公一代巨儒，德業文章，皆可師法。自少年名滿四海間，平生著述，殆不可勝紀。而晚年益勤，心醉乎義理之學，六經百子，莫不討論，迄今孜孜，筆不停綴。其所以發揮往聖而啓迪來者，非特一書而止也。如鄙人不肖，曷足爲公重輕？而斯書之傳，豈待予言而後信？雖然，陳氏細民，而能好事如此，其用心固已可喜。且不肖於公，門下士也，辱知爲深，是區區者而敢辭乎？乃書而授之。元光元年九月望日，中議大夫守平涼府判王某序。（《王若虚集》卷四十四，第548—549頁）

錢　時

至於武帝則大不然，雖曰雅向儒術，往往徒爲具文，而其實則所求者跅弛，所尚者功利，一時紛然坌集者，皆貪榮冒險之徒，是以污濁成風，節廉道喪。衛霍以後，趨炎附勢而天下靡然矣。延至賊莽竊國如掇，無一仗節死義之士出而排止其萬分，而上書稱頌者至四十八萬十千餘人，張禹、孔光、劉歆、揚雄諸子，俱號名儒，夷考其行，曾狗彘之不若。無他，熏煮腐爛俗壞而不知耻故也。（《兩漢筆記》卷八，《四庫》第686册，第514頁）

新莽用事，上下靡然，雖揚雄、劉歆之徒，皆入叛黨，舉朝無一人能爲社稷吐氣。（《兩漢筆記》卷十，第542頁）

揚雄、班固，豈特兩漢之文章，千古之文章也。然雄事莽，固事憲，皆不得其死。學不明義，墮喪名節，貪榮冒寵，爲狗彘行，而以區區辭藻著稱，後世真遺臭矣哉。（《兩漢筆記》卷十，第544頁）

真德秀

【荀揚之學】　韓子曰："孟氏醇乎醇者也，荀與揚大醇而小疵。"上文云："始吾讀孟軻書，然後知孔子之道。尊聖人之道易，行王易王，霸易霸也。以爲孔子之徒没，尊聖人者孟氏而已。晚得揚雄書，益尊信孟氏，因雄書而孟氏益尊。則雄者，亦聖人之徒歟。及得荀氏書，又知有荀氏者，考其辭，時若不粹；要其歸，與孔子異者鮮矣，抑猶在軻雄之間乎。"

程子曰："揚子無自得者也，故其言蔓衍而不斷，優柔而不決。其論則曰人之性善惡混。荀子，悖聖人者也，故列孟子於十二子，而謂人之性惡。性果惡邪？聖人何能反其性以至於斯邪？"又曰："荀卿才高，其過多；揚雄才短，其過少。韓子稱其大醇，非也。若二子，可謂大駁矣。"又曰："退之言孟子醇乎醇，此言極好，非見得孟子意，亦道不到。其言荀揚大醇小疵，則非也。荀子極偏駁，只一句性惡，大本已失。揚子雖過少，然已自不識性，更説甚道。"又曰："韓愈云孟子醇乎醇，又曰荀與揚擇不精語不詳，若不是他見得，豈千餘年後更能斷得如此分明。"又曰："荀子云始乎爲士終乎爲聖人，今學者才讀書，便望至聖賢，然中間至之之方更有多少。荀子雖能如此説，却以禮義爲僞，性爲不善。它自情性尚理會不得，怎生到得聖人。"又曰："揚雄規矩窄狹，道即性也。言性已錯，更何所得。"

按，《荀子·性惡篇》曰："人之性惡，其善者僞也。古者聖人以人之性惡，以爲偏險而不至悖亂而不治，是以爲之起禮義，制法度，以矯飾人之情性而正之，以擾化人之情性而道之，使皆出於理，合於道者也。今人化師法，積文學，道禮義者，爲君子；從性情，安恣睢，慢禮義者，爲小人。以此觀之，人之性惡明矣。孟子曰人之性善，是不然。問者曰：'人之性惡，則禮義惡生？'曰：'凡禮義者，生於聖人之僞，非生於人之性也。'"其《非十二子篇》曰："略法先王而不知其統，猶然而材劇志大，聞見雜博，案往舊造説，謂之五行。甚僻違而無類，幽隱而無説，閉約而無解。案飾其辭而祗敬之，曰此真先君子之言也。子思唱之，孟軻和之，世俗之溝猶瞀儒嚾嚾然不知其非也，遂受而傳之，以爲仲尼、子遊爲兹，厚於後世，是則子思、孟軻之罪也。”十二子者，它囂、魏牟也，陳仲、史鰌也，墨翟、宋鈃也，慎到、田駢也，惠施、鄧析也。子思、孟子之道，即堯、舜、禹、湯、文、武、周公、孔子之道也，而以厠於十子之間，其與前章性惡之云，皆其言之甚駁而獲罪於聖人之門者也，故具列於此。

眉山蘇氏曰：“昔者常怪李斯事荀卿，既而焚滅其書，大變古先聖王之法，於其師之道，不啻若寇讎。及今觀荀卿之書，然後知李斯之所以事秦者，皆出於荀卿而不足怪也。荀卿者，喜爲異説而不讓，敢爲高論而不顧者也。子思、孟軻，世之所謂賢人君子也，荀卿獨曰亂天下者子思孟軻也。天下之人如此其衆也，仁人義士如此其多也，荀卿獨曰人性惡，桀紂性也，堯舜僞也。由是觀之，意其爲人必也剛愎不遜，而自許大過。彼李斯者，又特甚者耳。今夫小人之爲不善，猶必有所顧忌，是以夏商之亡，桀紂之殘暴，而先王之法度禮樂刑政猶未至於絶滅而不可考者，桀紂猶有所存而不敢盡廢也。彼李斯者，獨能奮而不顧，焚燒夫子之六經，烹滅三代之諸侯，破壞周公之井田，此亦必有所恃者矣。彼見其師歷詆天下之賢人，自是其愚，以爲古先聖王皆無足法者。不知荀卿特以快一時之論，而荀卿亦不知其禍之至於斯也。”蘇氏之言有可取者，故附見焉。

荀子曰：“真積力久則入。”循其言，可以入道，然荀子初不及此。聖人之言遠如天、近如地，其遠也若不可得，而及其近也亦可得而行。揚子曰：“聖人之言遠如天，賢者之言近如地。”非也。《太玄·中首》曰：“陽氣潛萌於黄宫，信無不在乎中。”《養》初一：“藏心於淵，美厥靈根。”《測》曰：“藏心於淵，神不外也。”揚子雲之學，蓋嘗至此地位也。

朱子曰：“荀子説‘能定而後能應’，又曰‘君子大心則天而道，小心則畏義而節’，皆好語也。”問：“荀子資質，亦是剛明底人?”曰：“然，只是粗。”又問：“揚子比荀子却細?”曰：“揚子説到深處，只是入老莊窠穴中去。如清静寂寞之説，與《太玄》中‘藏心於淵’，亦是莊老意。”問：“揚子避礙之説如何?”曰：“大概也似，只是語言有病。”問：“莫是避字有病否?”曰：“然。少間處事不看道理當如何，便先有個依違閃避之心矣。”“揚子爲人思沈，會去思索，如陰陽消長之妙，它直是去推求。然《太玄》亦拙底工夫。蓋天地間只有一個奇偶，奇陽偶陰，春少陽，夏太陽，秋少陰，冬太陰，自二而四，自四而八，只恁推去都走不得，揚子却添作三，事事要作三截。又且有氣無朔，有日星而無歲月，恐不是道理。其學似本老氏，如清静淵默等語，皆是老氏意思。”以上兼言荀揚之學。

又程子曰：“漢儒之中，愚必以揚子爲賢，然出處之間，不能無過也。其言曰‘明哲煌煌，旁燭無疆，遜於不虞，以保天命’，‘遜於不虞’則有之，‘旁燭無疆’則未也。古之所謂言遜者，迫不得已。如《劇秦美新》之類，非得已者乎?”又曰：“世之議子雲者，多疑其投閣之事。以《法言》觀之，蓋未必有。又天禄閣世傳以爲高百尺，疑不可投。然子雲之罪，特不在此。黽勉於莽賢之間，畏死而不敢去，是安得爲大丈夫哉!”又曰：“揚子出處使人難説，若孟子，斷不肯爲。”

朱子《通鑑綱目》書“莽大夫揚雄死”，有以書來問者，朱子答曰：“雄與王舜之徒，所以事莽者雖異，而其爲事莽則同，故竊取趙盾、許止之例，而概以莽臣書之，所以著萬世臣子之戒。明雖無臣賊之心，但畏死貪生而有其跡，則亦不免於誅絶之罪，此正《春秋》謹嚴之法也。”

愚按：出處，士君子之大節，學之所講，孰先於此。此既失矣，何以學爲哉？程朱之論甚當，使子雲而在，亦當爲法受惡。金陵王氏乃謂其與孔子無可無不可合，金陵之見如此，使其遇莽，亦將事之耶？此邪説之尤，故不可不辨。（《西山讀書記》卷三十，《四庫》第706册，第54—57頁）

劉克莊

【漢儒（其一）】　執戟浮沉亦未迂，無端著頌美新都。白頭所得能多

少？枉被人書莽大夫。（辛更儒箋校：《劉克莊集箋校》卷三，中華書局 2011 年版，第 200 頁）

【揚雄集】　《揚雄集》六卷四十三篇，《劇秦美新》之作在焉。《法言》末云："自周公以來，未有安漢公之懿。"又曰："其勤勞則過於阿衡。"此時莽猶未簒，此語不過如今人稱頌權貴人功德爾。及莽既簒，雄縱不能如許由洗耳、魯連蹈海，然與龔勝同時，莽使使者以印綬强起勝，勝稱病篤臥，以手推去印綬。勝兩子及門人進説云云，勝曰："吾受漢家厚恩，今年老，旦暮入地，豈以一身事二姓下見故君乎？"不食而死。雄亦仕漢者，莽簒不能去，視勝可愧死矣。《美新》之篇，方且盛稱"皇帝陛下，配五帝，冠三王，開闢以來未聞。宜命賢哲作《帝典》一篇，襲舊二爲三，以示罔極。"又自言"有顛眴病，恐先犬馬填溝壑，長恨黄泉"，故作此篇以獻。余謂寧顛眴病死，此文豈可作哉？朱氏書"莽大夫揚雄卒"，書其罪矣。而昌黎公、荆公、涑水公皆推重，或以配孟子，何也？（《劉克莊集箋校》卷一七九，第 6898 頁）

史繩祖

【孟荀揚言性之所本】　孟子性善之説，實本於孔子《繫易》："一陰一陽之謂道，繼之者善也，成之者性也。"朱文公謂"性善之理，至孟子而益明，其源實出於此"是也。蓋聖賢之學，必有所本。繩祖謂孟子學於子思，本於孔子《繫易》及《中庸》《大學》之書，故道性善，得其正也。及荀卿言性惡，揚雄言善惡混，意其亦必有所本。及觀告子問性，然後知荀、揚二子之説，實本於告子也。告子謂："性猶杞柳，義猶桮棬，以人性爲仁義，猶以杞柳爲桮棬。"謂人性本無仁義，若杞柳本非桮棬，必强用力矯揉而後就。荀子得其説，而謂"人之性惡，其善者僞也"。至傳於李斯，遂指天下之人爲惡，嚴刑峻法以待之，極於大亂之道。斯固孟子謂"禍仁義者，必子之言"，明驗矣。告子又謂"性猶湍水也，決諸東方則東流，決諸西方則西流。人性之無分於善不善，猶水之無分於東西。”揚子得其説而謂“人之性也善惡混”，其害至於莽移漢祚，莫知適從，而著《劇秦美新》以贊之，斯又體認不明之甚，則又孟子謂“人無有不善，水無有不下”之明辯哲也。《孟子序》謂有外書四篇，《性善辯》居其一，惜其不傳。若夫荀揚則醇未見其大，而疵豈小耶？當反韓子之言而云：“荀與揚，小醇而大疵也。”（《學齋占畢》卷一，《四庫》第854册，第13—14頁）

樓　昉

【評解嘲】　此又是一樣文字體格，其實陰寓譏時之意，而陽詠嘆之。《進學解》《送窮文》皆出於此。（《崇古文訣》卷三，《四庫》第1354册，第24頁）

【評進學解】　設爲師弟子詰難之詞，以伸其已意，機軸自揚雄《解嘲》、班固《賓戲》來。（《崇古文訣》卷十，第79頁）

林希逸

【太玄】　博書著文，千載而上，有若揚子雲者，吾當斂衽矣。讀書摘疑，千載而下，有若蘇老泉者，子雲當斂衽矣。

子雲之文，固不可以六經論，亦自爲一家之長，勞心苦思，理不足而才誠有餘。皓首之年，羞與賈、馬等列，故搜奇摘異，以盡其筆力之餘健。惜其閉户窮巷，載酒與遊者，獨嚴、李仲光之徒，無可商略，一人獨見，故不能無偏蔽。使其有高見遠識之士相與細論一二，則其成書必不至若是之疏。故嘗因雄書而觀老泉之例，未始不掩卷慨嘆，而重惜其不遇也。老泉之論，大概有二，曰筮曰曆。其於筮法也，曰一扐之多不過乎六，其餘可以爲九而不可爲七八，不若再之，則八扐之餘，四位自成。著書之始，不應有差，必其傳之訛也。吾固不以是疵子雲。而旦夕之用經緯之説，與夫二六、一九之數，虚三於地以扐天之論，是則子雲之蔽也。去其旦夕經緯之法而從，其辭之不可以前定，舍其扐天二九之數，而正以三十三爲不可加損，斯《論例》之至談，惜子雲之不遇老泉者此也。其於曆法也，曰“日書斗書而月不書”，則無以齊其不齊者。定一期之説於前，而存五盡之法於後，似若强存而無與乎其書。然《太玄》以節氣言也，一歲已成，而千歲可致，月視日而進退。日書矣，則月在其中，五盡之説，吾不以是疵子雲。獨七百二十九贊，可以當期之日三百六十四有半，其不盡者四分日之三，加以《踦》《嬴》之贊，而又餘四分日之一，是四歲而加一日也。且《玄》擬《易》作也，重以曆不足而輕加其書，是爲《太初曆》也，是則子雲之蔽也。今以一百八分而爲日，則四分日之三，所得者八十一。加之其首而無嬴，求之於天而相直，不必爲嬴，不必爲踦，而曆自成，斯爲《論例》之巧説，惜子雲之不遇老泉者此也。

蓋自三聖絶筆之後，虚空之間，是數猶有所未盡者，子雲之書，一而三，三而九，九而二十七，二十七而八十一，是或一數也。黄鐘之長八十一分，則是法蓋始於律。《河圖》之數，藏十用九，則是法亦得於《河圖》。故列之成書，散之爲圖，整整而可觀。子雲之文筆，自聖賢不作之後，誠爲獨步當世。研精覃思有得。於是借之以攄其才，雖未免於好名之累，實苦學之用心。獨其考論不精，故有所不必强而强爲者。夫《易》之於筮，特因是以神明其德，於六十四卦初無輕重。六日七分之説不見於《大傳》，是特起於後人。縱出於後人，亦自然之數所配合耳，而非其究心。雄也何必膠擾而用力於是耶？使雄有得於至理，借是以爲書，不爲乎占，不詳乎曆，將不爲《玄》邪？後之人將以求筮也，曷不爲《易》之直且徑，而奚事於《玄》之紛紛？將以爲曆也，曷不爲《易》之流且通，而奚事於《玄》之拘拘？雄之心，將以追蹤古人，而刻畫嫫母，唐突西施，反以取識者之笑。然雄之書亦未易侮，理不勝詞，固其文不能如大《易》之天成，而《莊》《騷》之下，誰可與並驅争駕？今觀其辭，如曰“陽氣潛萌於黄宫，信無不在其中”，又如曰“月闕其摶，不如開明於西”，險古奇異，豈耳目所易到之語？“海水群飛”，誠狀物之至工。“傒㾀㾀，天撲其顙”，寧非措辭之極到？使雄能脱然自爲一書，衹以文鳴，誰敢輕議？凡其自爲牴牾者，皆雄自爲拙也。故嘗謂《太玄》一經，後有子雲者作，復加刊正，真可以抗衡於後世作者之上。請試言之，《説卦》《雜卦》乃聖人紬繹其所未盡者，《玄》何必仿乎？則《衝》可去也，《錯》亦可去也。《文言》《大傳》，乃當時議論之所及者，《玄》何必仿乎？則《攡》可去也，《瑩》亦可去也，《玄文》亦可去也。無《乾》之四德，則何必爲罔、直、酋、蒙、冥？無十三卦創物之義，則何必爲《玄掜》？無八卦自然之象，則何必取五行之常論，而及形色聲味之繁且碎也？故其《數》可存，其《圖》可存，若此則不必存者。惜乎，雄之無所考論而不遇作者也。大抵一人之見，自非大聖大賢，則不能無所蔽。老泉之言著論，將以子雲復生，當無愧乎其言。而方、州、部、家之算，紬繹於《太玄》所未盡者而爲《圖》，自五十四至於三部之算，六皆以三乘也，而三家之算，參則以兩乘之，是豈得爲渾成而非出於有心？况不盡之分歸於《嬴》《踦》者如故，前之論以爲不可加，而又若不可去，殆何爲邪？向使老泉以首加一分而算之，則其餘分難總，九之、半之終不可合。又使老泉以《踦》《嬴》爲一度，如所謂歲羡四分日之三者，而附之三家焉，則三家之算又奇而難乘，推之而又不合，則是《圖》似亦不必作也。一子雲著之於前而不自覺其失，一老泉正之於後而不自覺其非，後之作者，有能刊之、正之而存其餘，不以占，不以曆，不附於《易》，而《玄》自《玄》，則論文之士亦安敢有覆醬瓿之譏？（《竹溪鬳齋十一稿續集》卷八，《四庫》第 1185 册，第 638—640 頁）

【太玄精語序】　子雲作《太玄》以擬《易》，昔人以爲僭，惟韓退之屢稱之，至我朝康節、司馬、老泉却喜其書。康節用其數，老泉論其旨，司馬公爲之注。獨東坡乃謂“以艱深之辭，文淺近之説”。此語固佳，但子雲之辭雖非《易》比，然亦豈易能哉！《潛虚》未必出於温公，其辭亦可觀，視《太玄》則迥異矣。《太玄》有古意，《潛虚》出似後世文字。今取其語之精者表而出之，亦略爲解釋，使讀者易曉，庶有意於古書者，不以坡老一言而忽之也。（《竹溪鬳齋十一稿續集》卷二十五，第799頁）

羅大經

【莽大夫】　司馬温公、王荆公、曾南豐最推尊揚雄，以爲不在孟軻下。至朱文公作《通鑑綱目》，乃始正其附王莽之罪，書“莽大夫揚雄卒”。莽之行如狗彘，三尺童子知惡之，雄肯附之乎？《劇秦美新》，不過言孫以免禍耳。然既受其爵禄，則是甘爲之臣僕矣，獨得辭“莽大夫”之名乎！文公此筆，與《春秋》争光，麟當再出也。劉潛夫詩云：“執戟浮沉計未疎，無端著論美新都。區區所得能多少，枉被人書莽大夫。”余謂名義所在，豈當計所得之多少！若以所得之少，枉被惡名爲恨，則三公之位，萬鍾之禄，所得倘多，可以甘受惡名而爲之乎！此詩頗礙理，余不可以不辨。（羅大經撰，王瑞來點校：《鶴林玉露》卷六丙編，中華書局1983年版，第340—341頁）

釋文珦

【夜讀太玄】　虚室冷雲邊，消閒讀《太玄》。未須求甚解，聊復竟餘篇。夜永殘膏薄，天高列宿懸。有著還懶揲，休咎已俱捐。（《潛山集》卷九，《四庫》第1186册，第368頁）

朱　質

【跋李刻方言】　漢儒訓詁之學惟謹，而揚子雲尤爲洽聞。蓋一物不知，君子所恥，博學詳説，將以反約。凡其辨名物，析度數，研精覃思，毫釐必計，下而五方之音，殊俗之語，莫不推尋其故而旁通其義，非徒猥瑣拘泥而爲是弗憚煩也。

世之學者忽近而慕遠，舍實而徇名，高談性命，過自賢聖，視訓詁諸書往往束之高閣。盍亦思夫《周官》太平之典，其道甚大，百物不廢，雖醫卜方技，纖悉畢載。聖門學《詩》，不獨取其可興、可觀、可群、可怨，而鳥獸草木之名，亦貴多識，本末精粗，並行而不相悖。故漢儒尊經重古，純慤有守之風，類非後人所能企及。子雲博極群書，於小學奇字無不通，且遠采諸國，以爲《方言》，誠足備《爾雅》之遺闕。平時所以用力於此深矣，世之好之者蓋鮮。前太守尚書郎李公一日語余，苦無善本。質偶得諸相識，字畫落落可觀，因以告而鋟之木，輒並附管見云。慶元庚申重午日，東陽朱質書。（《方言》卷末，《四庫》第221册，第381頁）

祝　穆

【草玄臺】　岑參詩："吾悲子雲居，寂寞人已去。娟娟西江月，猶照草《玄》處。精怪熹無人，睢盱藏老樹。"《圖經》云："即今中興寺，有載酒亭及墨池。"郫縣有子雲讀書堂，趙清獻爲記。（祝穆撰，祝洙增訂，施和金點校：《方輿勝覽》卷五十一，中華書局2003年版，第910頁）

【揚雄山】　在府治西。有洞深邃，子雲隱居於此。今爲延祥觀。（《方輿勝覽》卷五十二，第938頁）

黄　震

【揚雄】　雄淡泊而柔弱，富貴既非所好，節義又非所能，故惟欲以文字名世。方其年少氣鋭，識慮未定，歆豔相如之爲文，賦《甘泉》，賦《河東》，賦《校獵》，賦《長楊》，哆然不啻便足。及乎年至慮易，昭若發蒙，幡然自悔前日之爲也。復擬《論語》，擬《易》，竟以預諸儒之列矣！嗚呼，雄於淫辭曼語中，其殆拔足風埃、脱身塵涴者乎？不然，西蜀又一相如矣。然儒非徒文之可名也，必道德深醇而後可以言儒，必出處無愧而後可以言儒。漢世之儒惟董生，其次王陽可耳。雄美新投閣，大節已虧，儒於何有？按：傳中皆雄自序，類多文飾之辭，非信史也。（《黄氏日鈔》卷四十七，《四庫》第708册，第307—308頁）

【揚子】　《揚子》終篇稱王莽之勤勞過於阿衡，是豈可齒善類？猶以知尊孔子得名諸儒。然自漢武以來，孔子之褒顯尊異爲已久，正不待揚雄而後尊，而此時亦非有異端之可闢，如孟、荀不幸生處士横議之時也。跡其言議，况多粗淺。首章謂："倥侗顓蒙，恣於情性。"是既不知有物則秉彝之理矣。如曰："學，行之，上也；言之，次也；教人，又其次也。"亦豈孔門之旨耶？孔門之學，致知思辨爲先，而雄遽以行先之。學不厭，教不倦，仁智兩全之事，而雄反以教人又次爲言，果可爲《法言》之首乎？愚嘗謂，孟子之論於其心，故可以繼孔子之傳；荀子之論止於事，故不能如孟子之醇。揚子當正論已明之後，不過掇拾緒餘以恣説。故雖以温公之淳厚，終身爲其所欺，表而尊之，與曹操預正統等，而世亦終不謂操爲西伯，謂雄爲孟子也。公理昭昭天地間，是豈一人之力可强而易置之耶。（《黄氏日鈔》卷五十五，第402—403頁）

【曾南豐文（節録）】　《答王深甫論揚雄書》。公謂揚雄處王莽之際，合於箕子之明夷，常夷甫以謂紂爲繼世，箕子乃同姓之臣，事與雄不同。又《美新》之文，恐箕子不爲也。公辨之曰："雄之辱於仕莽，非無恥也，在我者亦彼之所不能易也。"愚按，雄本漢臣，既身受賊莽之僞命，而又稱頌其功德，則爲雄者皆易於莽矣。南豐所謂莽所不能易者指何物耶？

又王介甫謂雄之仕合於孔子無不可之義，夷甫謂雄德不逮聖人，於仕莽之際不能無差。公復辨之曰："孔子之無不可，孟子所謂聖之時也。雄亦爲《太玄賦》，稱'蕩然肆志不拘攣兮'。"愚按，孔子"無可無不可"，恐不可獨指其"無不可"，况"蕩然肆志"是直小人之無忌憚，而可謂其似聖人耶？南豐大賢而議論若此，所未諭也。（《黄氏日鈔》卷六十三，第557頁）

【王荆公（節録）】　《揚雄二首》其一以“孟子勸伐燕，伊尹干説亳”爲雄《美新》之比，何哉？其黨奸至辱聖賢耶？其一謂“聖賢樹立自有師”，此荆公師心自用發見之語也。（《黄氏日鈔》卷六十四，第570頁）

《揚子詩》：“千秋止有一揚雄。”荆公每尊之以比孔子而略孟子，此其爲荆公之見識也。（《黄氏日鈔》卷六十四，第571頁）

《禄隱》一篇，專爲揚雄飾事莽之非，然皆泛辭，無説可解。（《黄氏日鈔》卷六十四，第576頁）

《答龔深父書》謂揚雄之仕合於孔子無不可之義，吾斯之未能信也。公山弗擾以費叛，召，子欲往。欲往，非真往也。向使其真往，必有救正之矣。豈至如揚雄，從叛又復而歌頌之耶？（《黄氏日鈔》卷六十四，第577—578頁）

【揚雄太玄】　謂《玄》以準《易》，而不得聖人之意者三。《易》以明天下，而雄名《玄》，一也。卦以八數，而《玄》之八十一首雜取文字之餘，二也。《易》更三聖，《玄》以一人之思，備群聖人之力，三也。（《黄氏日抄》卷六十八，第658頁）

【揚雄】　按，漢習委靡，張禹、孔光，賣國爲奸，餘紛紛附莽者，不可勝數。惟劉歆世爲宗英，揚雄自號儒者，而亦爲之，罪莫大於此。（《古今紀要》卷二，《四庫》第384册，第52頁）

家鉉翁

【直齋記（節録）】　夫《易》，天地自然之《易》也，歷四聖成書，至夫子而後集其大成，一《易》之外，無他《易》也。漢末有揚子雲者，著《太玄》，始僭聖擬經，而爲之《玄》，至衛之平，又從而爲之《包》。其後率皆得一數，成一書，皆僭其號爲《易》。後人以其新奇而學之，而天地自然之《易》隱矣。是故《易》可學也，而僭聖之書不必學矣。學僭聖之書，則四聖人之《易》愈不明矣，此予平日之論也。（《則堂集》卷二，《四庫》

第 1189 册，第 294 頁）

陳仁子

【太玄經序】　《易》者何？變易之書也。或曰非變易也。"易"從日從月，陰陽根本希微凝寂之謂也。是希夷受諸麻衣翁然也。《玄》準《易》者也。源於一，究於九，表裏《河》《洛》之數也。分以陰陽，錯以五行，主以二十四氣三百六十度，倍乘之以八十一首，截乎階所堂陛之序也，亦《易》也。而世之窮《易》者難窮，窮《玄》者易窮，何也？世會無窮，理亦無窮。聖人非不可一蹴抉而泄之也。《易》愈窮而愈不易窮，奇偶畫矣，八卦生矣，三百八十四爻衍矣。麋角之解也，芸草之生也，以至獺祭魚、豺祭獸也，摭卦氣比之，千歲之日，坐致指掌間，《易》以一定而叙無難也。天有先有後，成有小有大，體有正有伏，有互有參。上經首《乾》《坤》而二老對立也，下經首《咸》而二少合體也。《順》與《大過》偶，而在《坎》《離》之前也。《中孚》與《小過》偶，而在《既濟》《未濟》之前也。以至《否》《泰》之相傾也，《剥》《復》之相繼也，一爻之立，各有其意；一卦之設，各有其序。其義深，其例密。聖人悉包藏而雜緯其中，未嘗括而爲一定之説。夫固隨後人之自窮者也。是以言者尚其辭也，動者尚其變也，製作者尚其象也，卜筮者尚其占也。析之而知其同也，合之而知其異也，充之而知其不可窮也。《玄》之爲書也，乾始於子，終於離也；坤始於午，終於坎也。以二測當一晝一夜，以四日五分當一日，固配《月令》卦氣六十之圖，落下閎六日七分之説也。而較諸《易》之窮無窮何如也？

嗚呼，《易》更三聖而後成，韋絶三編而始悟。雄以一人之見，覃數十年之思，欲立擬之，宜世人皆可一覽窮也。眉山翁論雄以艱深之辭文淺近之説，夫世之深淺非辭也，理也。雄之説，亦得《易》之一也。《易》不敢以一定詰，而雄欲一定求之，鄰於淺而近，宜也。雖然，《玄》亦一

家之書也。元貞丙申秋陳某書。（《牧萊脞語》卷七，《續修》第1320册，第305頁）

【諫不受單于朝書解題】　愚曰：甚哉，處夷狄之難也。漢哀帝建平四年，單于請朝。不受之則失其心，受之則費其財。是故公卿所言，與雄不同。姑以宣帝甘露之賜觀之，金珠車馬之費勿論也。當是時，錦繡綺縠雜帛止八千匹，至建平則加至三萬匹；絮止八千斤，至建平則加至三萬斤，又加賜衣三百襲。哀帝之世，力不如宣帝，費則四倍於宣帝。雖獲柔遠之虚名，深費國家之實力。酌而處之，既不却其朝，又從裁其賜，揚雄似欠一言，而漢庭公卿亦無以處此。吾故曰區處之難。（《文選補遺》卷十四，《四庫》第1360册，第254—255頁）

【反離騷解題】　晦菴朱氏曰：《反離騷》者，漢給事黄門郎、新莽諸吏中散大夫揚雄之所作也。雄少好詞賦，慕司馬相如之作以爲式。又怪屈原文過相如，至不容，作《離騷》，自投江而死，悲其文，讀之未嘗不流涕也。以爲君子得時則大行，不得則龍蛇。遇不遇命也，何必湛沈身哉。乃作書，往往摭《離騷》文而反之。自岷山投諸江流，以吊原云。始雄好學博覽，恬於勢利，仕漢三世不徙官。然王莽爲安漢公時，雄作《法言》，已稱其美比於伊尹、周公。及莽篡漢，竊帝號，雄遂臣之，以耆老久次轉爲大夫。又放相如《封禪文》，獻《劇秦美新》以媚莽意。得校書天禄閣上，會劉尋等以作符命爲莽所誅，辭連及雄，使者來，欲收之。雄恐懼，從閣上自投下，幾死。先是，雄作《解嘲》，有“爰清爰静，遊神之廷；惟寂惟寞，守德之宅”之語，至是京師爲之語曰：“爰清静，作符命；唯寂寞，自投閣。”雄因病免。既復召爲大夫，竟死莽朝。其出處大致本末如此，豈其所謂龍蛇者邪？然則雄固爲屈原之罪人，而此文乃《離騷》之讒賊矣，他尚何説哉。（《文選補遺》卷三十，第492頁）

【逐貧賦解題】　《容齋隨筆》曰：韓文公《送窮文》，柳子厚《乞巧文》，皆擬揚子雲《逐貧賦》。韓公《進學解》擬東方朔《客難》，柳子《晉問篇》擬枚乘《七發》，《正符》擬《劇秦美新》，黄魯直《跛奚移文》

擬王子淵《僮約》，皆極文章之妙。《逐貧賦》幾五百言，《文選》不收，《初學記》所載才百餘字，今人蓋有未之見者，輒録於此云。（《文選補遺》卷三十一，第510頁）

【酒箴解題】　愚曰：此箴揚雄本以諷諫成帝，其文爲酒客難法度士，本不足爲諫，無可取者。然其曰“處高臨深，動常近危”，亦足爲爲警。陳遵愛之，特以適投其嗜酒之好耳。至以張竦之自約概諸遵之自恣，劣彼優此，終不如竦之論爲正，猶足自勵也。（《文選補遺》卷三十七，第595頁）

駱天驤

【揚雄墓】　按雄《家牒》曰：“子雲以天鳳五年卒，陪葬安陵阪上，弟子巨鹿侯芭負土作墳，號曰‘玄塚’。”（《類編長安志》卷八，中華書局1990年版，第253頁）

郝　經

【寓興（節録）】　周謗尚赤烏，孔尼猶弦歌。大節窮乃見，首陽高峨峨。白刃義可蹈，之死矢靡它。子雲漢巨擘，問學崇丘軻。投閣遽隕獲，劇秦真婗阿。《玄文》與《法言》，辨口徒增多。與器不與節，天命其如何？（《陵川集》卷二，三晉出版社2006年版，第90頁）

【揚子】　揚雄之學，不知其所自，《傳》稱：好學不爲章句，訓詁通而已，默而好深沉之思，清净無爲，少嗜欲，不汲汲於富貴，不戚戚於貧賤，家無儋石之儲，晏如也。非聖哲之書，不好也。初好辭賦，擬則司馬相如，其後輟不復爲。準《易》作《太玄》，擬《論語》作《法言》。其《太玄》推本《老子》三數，自三而倍加，故三方、九州、二十七部、八十一家、二百四十三表、七百二十九贊，別爲三卷，曰一、二、三，與《泰初曆》《顓頊曆》相應。揲之以三策，夫道祗一數，《洛書》《河圖》元非二也。故曰“河出《圖》，洛出《書》，聖人則之”。八卦九章，非聖人自爲之，所以則道之數也。道之數，只一奇一偶而爲陰陽，以成變化而行鬼神，皆不離乎固有之兩。故自二而四，自四而八，重重因出，以至於六十四。日月星辰，寒暑晝夜，度數時節，皆在其中。宓犧以一奇偶，三加成卦，故爲三畫，其體祇兩。至於六十四卦，不出於一乾坤；三百八十四爻，不離於一奇偶。以一具兩，乃爲《易》之真數，非若老氏之一生二、二生三之説也。一固生兩矣，兩各生兩，則二生四矣，固不生三也。揚子雖名儒學，乃以老氏之説擬《易》，皆本於三而倍加之，則道之數有二矣。乃作爲之私，以數傳理，非造化之本，然以理爲數也。

至其論性，謂“善惡混”。道之在人，成之爲性，具備衆理，無非至善。中而不倚，一而不二，精而不雜，純而無間，私邪僞妄，安得混於其間哉？惡自於人心之危，物欲之私，又安得爲性乎？大本已悖，其餘不足稱也。極其踐履之至，則曰清净寂寞，亦老氏之學也。至於事莽，與聞乎篡，爲《美新》之文，不以爲恥，終之隕獲。至於投閣，則與夫在陋巷，在汶上，采薇而不食其禄，易簀而得正斃焉者異矣！（《續後漢書》卷八十三下，《四庫》第386册，第273—274頁）

王應麟

【困學紀聞（摘録）】　《法言》謂：“《酒誥》之篇俄空焉。”《問神》篇。愚按：《酒誥》，古今文皆有之，豈揚子未之見歟？《藝文志》云：“劉向以中古文校歐陽、大小夏侯三家經文，《酒誥》脱簡一。”而《大傳》引《酒誥》曰：“王曰：封，唯曰若圭璧。”今無此句，豈即脱簡歟？（王應麟著，翁元圻輯注：《困學紀聞注》卷二，中華書局2016年版，第253頁）

【困學紀聞（摘録）】　老泉《太玄論》曰：“疑而問，問而辨，問辨之道也。揚雄之《法言》，辨乎其不足問也，問乎其不足疑也。求聞於後世，而不待其有得，君子無取焉。”東坡（《與謝民師書》）亦謂《太玄》《法

言》"雕蟲而變其音節，謂之經可乎?"(《困學紀聞注》卷十，第1305頁)

【困學紀聞(摘録)】　《法言》末篇稱"漢公"，斯言之玷，過於《美新》矣。司馬公雖曲爲之辨，然不能滌莽大夫之羞也。(《困學紀聞注》卷十，第1306頁)

【困學紀聞(摘録)】　《司馬相如傳贊》："揚雄以爲勸百而風一。"江氏粢曰："雄後於遷甚久，遷得引雄辭何哉?蓋後人以《漢書》贊附益之。"(《困學紀聞注》卷十一，第1495頁)

【困學紀聞(摘録)】　揚雄《河東賦》："羲和司日，顔倫奉輿。"注云："倫，古善御者。"愚嘗考《韓詩外傳》，孔子云："美哉，顔無父之御也。馬知後有輿而輕之，知上有人而愛之。至於顔倫，少衰矣。馬知後有輿而輕之，知上有人而敬之。"此顔倫善御之事也。書此以補《漢注》之闕。(《困學紀聞注》卷十二，第1563頁)

【困學紀聞(摘録)】　揚雄自比孟子，而《校獵賦》乃曰"群公常伯，楊朱、墨翟之徒"。學孟子而尊楊、墨，與《法言》背馳矣。(《困學紀聞注》卷十二，第1582頁)

【困學紀聞(摘録)】　岑文本擬《劇秦美新》，雖不作可也。班孟堅《典引》師其意，南豐説非異師其辭。(《困學紀聞注》卷十七，第2021頁)

鮑雲龍

【玄旨(節録)】　《太玄》數始於三，《太玄》即太極也，以象君位。三方即天地人也，以象三才，曰天玄、地玄、人玄。三方象三公，一方有三州(凡九州，象九卿)，一州有三部(凡七十二部，象大夫)。立天道曰始、中、終，立地道曰上、中、下，立人道曰思、禍、福。《易》占以變，《玄》占以通。《玄》之首贊皆本五行，自《中》而《周》，以至於《養》，《中》爲一水，《周》爲二火，《礥》爲三木，《閑》爲四金，《少》爲五土，《戾》又爲六水(地六成水)，《上》又爲七火，《干》又爲八木，《狩》又爲九金，數止於九。自《羨》而起，又爲一水，此以後皆然。每首九贊，九贊之中，初一亦屬水，次二屬火，次三屬木，次四金，次五土，次六又屬水，次七又屬火，次八又屬木，次九又屬金。諸首中以五爲君，一首之主，亦如《易》卦以五爻爲主也。《玄·中首》一陽生，對《應首》一陰始。八十一首皆相對待，奇首陽，偶首陰，奇對奇，偶對偶，所主不同而相反。

《玄序》曰："廵乘六甲，與斗相逢。"此《玄》起曆之大旨。《玄》有《踦》《嬴》，猶斗有閏月也。八十一首自《中》而起，每首必指月旦日入之度，而皆以斗爲主，蓋時之易正而可見者斗，曆之難明而易差者閏，氣候與斗相迎既無差忒，則閏正而曆正矣。又曰《太玄》晝測之日、夜測之斗而不及於月，謂其常滿以御虚也。《玄》晝日及斗所指者，以其常滿常指故也。月有盈虚大小，疾遲無常，故不書也。《圖》中二十八宿之度，非天盤二十八宿也，乃節候所至，每月旦日日入之度，與《月令》日入之度大略相似。

《玄·圖》曰："自子至辰，自辰至申，自申至子，冠之以甲，而章、會、統、元與月蝕俱没，《玄》之道也。"鬱林吴績釋曰：太初上元正月甲子朔旦冬至無餘分，後千五百三十九歲甲辰朔旦冬至無餘分，又千五百三十九歲甲申朔旦冬至無餘分，十九歲爲一章，二十七章五百一十三歲一會者，日月交會一終也。八十一章千五百三十九歲爲一統，從子至辰、自辰至申，凡四千六百一十七歲爲一元。元有三統，統有三會，會有二十七章，九會二百四十三章没終也。置一元之數，以章會三統，凡九會統數除之終盡焉。一章閏分盡，一會月食盡，一統朔分盡，一元六甲盡。《玄》之道玄起於天元甲子朔旦冬至，始於牽牛之初，自烎及步，運行不息，周乎三百六十五度四分度之一，三十日爲月，十二月爲歲，加閏以定四時，成三百六十五日四分日之一，不周《顓曆》四分日之三，不周《太初曆》日之半。所以不周者，陽數盈，陰數虚，故爲《踦》《嬴》二贊以滿玄數，以合天度，猶歲有閏月以合歲之日，而行律曆也。愚謂康節《經世曆》與此雖不同，亦觸類而進，以造神妙爾。（《天原發微》卷四上，《四庫》第806册，第197—198頁）

方　回

【讀潛虚疑跋】　揚雄《太玄》八十一首，一首九贊，以配乎天之三百六十六晝夜，其《中》首起於冬至。司馬公《潛虚》五十二名，一名七變，始於《元》，終於《餘》，各一變以配乎天之三百六十日，其法亦始於冬至。子雲自謂以《玄》準《易》，而張敦實又以《虚》爲準《玄》，回有所未喻。

夫《易》自一奇一偶而爲兩儀，自一陰一陽加奇偶而爲四象，自老陰、老陽、少陰、少陽，又加奇偶而爲八卦，又加奇偶以至於六十四卦。一卦六爻，爲三百八十四爻，其所以占吉凶悔吝，有千變萬化不可窮之妙，而其實不過一陰一陽而已。陰四卦二十四爻，分配四季爲二十四氣，而以《復》卦"七日來復"爲六日七分之説，以三百六十爻分配一年。聖人作《易》，本不如是之拘也，皆出於漢儒傅會之説。子雲之《玄》，準之曆法，則若可觀矣。以之準《易》，則一首爲四日半，占得某日之贊，或某夜之贊，以定吉凶，則臆説，固未必果驗，徒有其辭，頗若瑰璚可喜耳。

司馬公之《虚》，一名七變，一變爲一日，其吉凶臧否，恐亦無驗，而所謂取法五行，爲宫、商、角、徵、羽，加變徵爲一名七贊者，此杜撰一也。《齊》爲中無位，《元》爲始，《餘》爲終，皆一變不占，它五十二名之初，亦皆不占，不知此何所據，此杜撰二也。五十二名各一變，外三名無一位，兩皆一變，實五十五名。以性動、情事、德家、國政、功業，自柔至隆，五名而分一字。以元、裒、散、餘、齊五名爲形之運，總十一字以括之。雖若每五名皆配五行，合天地五十五之數，然其實意義不通，倫序無理，此杜撰三也。且其五十五名之所以立，惟柔、剛、容、言等字，不事深僻，其他故爲改更，以示難解，如喜、怒、哀、樂，則易曰繇、濟、瞿、湛；如進、退、動、静，則易曰前、却、妥、蠢；如仁、義、禮、智，則易曰詡、宜、喆、戞；如夫、婦、子、父，則易曰特、偶、續、考；如師、衆、君、臣，則易曰範、徒、林、隸，則又皆杜撰之淺近，自謂文以艱深，若足以惑人者，其不爲子雲之床下床，吾不信也。

子雲以《玄》準《易》，不得其奥，更奥字面，如擬《復》，則易之曰《周》。殊不知卦之所復，蓋取夫陽之來復，豈但一歲之運周而復始之復哉？凡此者，類皆可笑。惟吾文公深闢之，他人則鈍者不曉不敢議，聰明者恍其小而不察其大也。且《易》之占，乘承應否，内外正悔，或得全卦，或得一爻，天子庶人，若貴與賤，隨所得而義無窮，不占而玩，亦足進德。若《玄》與《虚》，徒能巧取名數，擬配歲紀，以爲美觀，而於占則甚淺，於義理則拘而不通，學者勿惑，焉可也？文公謂《潛虚》非司馬公全書，好事者僞成之云。（《桐江集》卷三，《續修》第1322册，第401—402頁）

【秋晚雜書三十首（其一）】　子雲性滑稽，寓意頌酒德。鴟夷雖勝瓶，豈終無腐日。子反以此斃，孟公卒自賊。萬物有中道，盍少循軌則。唐用交州督，畏瘴避遠役。抵死坐不飲，如此固爲失。北齊有孫生，執筆老敕勒。一夕醉不起，彼亦豈爲得。（《桐江續集》卷二，《四庫》第1193册，第235頁）

【和陶淵明飲酒二十首（其一）】　子雲草《太玄》，萬言無一是。唯有《鴟夷篇》，千古不可毁。太上立酒德，餘事徒爲爾。酤盡捐我衣，繼縷勝繒綺。（《桐江續集》卷五，第282頁）

【次韻張鵬飛三絶（其一）】　《酒箴》《酒頌》日夜讀，後喜伯倫前子雲。浪説平生三萬卷，一言無用總虚文。（《桐江續集》卷二十，第465頁）

王　惲

【揚雄（封成都伯）】　有漢鴻儒，述作之賢。體《易》之妙，衍夫

《太玄》。抉聖之心，繼成《法言》。大醇小疵，其然豈然。惟寂惟寞，天禄之閣。出處兩間，其何以怍？（《王惲全集匯校》卷六十六，中華書局2013年版，第2826頁）

高斯得

【經筵進講故事（節録）】　上方郊祠甘泉、泰畤，召揚雄待詔承明之庭，正月，從幸甘泉，還奏《甘泉賦》以風，盛言車騎之衆、參麗之駕非所以感動天地、逆釐山神，又言屏玉女、却虙妃以徵戒齋肅之事。（原注：出《前漢書·揚雄傳》）

臣聞人主事天之道，惟質與忱而已矣。蓋質者天地之性，而忱則天地之道也。大路越席，掃地不壇，器用陶匏，牲用繭栗，皆尚質也；立擇聽誓，皮弁聽報，齋明盛服，三宿七戒，皆致忱也。外盡乎質，内盡乎忱，則天之親德饗道也宜矣。秦漢以後，文縟而掩其質，敬心弛而汩其忱，千乘萬騎以爲華，寶鼎天馬以爲飾，而事天之本廢矣；牡荆靈旗以禱兵，方士秘術以求福，而事天之心蕩矣。

若成帝者，則以文滅質、以欲汩忱之尤者也。甘泉、泰畤之祠，正承武帝奢侈之後，丞相匡衡欲少去華就實，乃奏罷鸞路龍鱗黻繡周張之飾，更定其儀與其樂章，帝雖勉從，而終不能改，故雄賦甘泉，極道八神警蹕、星陳天行、萬騎中營、玉車千乘之盛，以致靡麗之譏。是時趙昭儀又大幸，每上幸甘泉，常從，故雄賦復云"想西王母欣然而上壽兮，屏玉女而却虙妃。玉女無所眺其清盧兮，虙妃曾不得施其蛾眉"，以戒齋肅之事。惜乎帝之馳騖於紛華，湛溺於逸欲，而不能用也，欲以感動天地，逆釐三神，不亦難乎？

陛下穆卜季秋中辛以行賜館之祀，今有日矣，咸秩之禮、昭事之忱，所宜蚤戒而豫定者，聖心固已孜孜於此。蓋自乾、淳以來，每遇郊禋，必詔有司，自祭天儀物及諸軍賞給之外，凡車服仗衛、聲明文物之具，莫不裁約而歸於儉，錫賚推恩亦減承平之半或三之一，可謂尚質之至矣。至於前期齋殿，致其精明，以對越在天者尤極其嚴，行事之際，避黄道而不履，虚小次而不御，可謂致忱之極矣。是以神天顧歆，或積雨而頓霽，或微恙而立瘳，以迄成熙事，此陛下之家法也。今四郊多壘，財力單匱，遠不逮乾、淳之時，臣願陛下於阜陵節約之外，損之又損，庶幾曰祀曰戎，二者皆濟。乃若以忱事天，又其大本。《記》曰“齊者防其邪物，訖其嗜慾”，言不敢散其志也。今距齋宿之期雖曰尚賒，然臣願陛下以聖人久禱爲心，兢兢業業，已如上帝臨汝、神在其上之時，則積此真純，用於一日，天人相與，如響應聲，天神之不降，地祇之不格，風雨之不節，寒暑之不時，臣不信也。惟陛下力行之，臣不勝惓惓。（《恥堂存稿》卷二，《叢書集成》初編本，中華書局 1985 年版，第 29—30 頁）

侯克中

【揚子】　訓詁諸儒等蝟毛，子雲一出破喧呶。《法言》取次侔《論語》，《玄》贊分明體《易》爻。獻技長楊嗟躁進，失身天禄笑輕交。區區自取千年誚，枉對時人强《解嘲》。（《艮齋詩集》卷一，《四庫》第 1205 册，第 455 頁）

【太玄】　詞意艱深理亦精，截然圖象似丁寧。遠希經世雖天壤，僅與《潛虚》作户庭。蹤跡本來宗《禹》《範》，規模到底出羲經。以三爲用終無體，有影誰能不具形。（《艮齋詩集》卷一，第 456 頁）

方　夔

【揚子雲】　兩都秦與洛，派自赤帝精。譬如同根木，南枯北猶榮。哀哉千里草，四百終火行。窮新何爲者，欺孤易天明。中間十五載，無汝元城名。誰尸《春秋》筆，恕彼投閣生。當時有凡例，黨中獨垂情。區區考亭叟，再主斯文盟。（《富山遺稿》卷四，《四庫》第 1189 册，第 398—399 頁）

劉 塤

【半山詠揚雄】 王荆公論揚雄云："九流沉溺道真渾，獨泝頽波討得源。"又云："千古雄文造聖真，眇然幽息入無倫。"雄仕漢朝，非止州縣微官而已也。美新投閣，臣節不終，律以名義，蓋有疵焉。而前輩諸賢亟稱之。昌黎公，以雄爲聖人之徒；南豐曾文定公，以雄爲合於箕子之明夷；司馬文正公，親注《法言》，尊雄甚至；水心葉公，著《習學記言》，譏評古今，無全人矣，獨於雄傾心焉。今荆公之詠，又以"聖真"許之，諸老豈許其學問，略其名節耶？

夫學者固將學爲忠與孝也。雄大節若是，雖學洞天人，文貫經史，抑末矣。湘東金管不爲子雲屈也，近世惟馬子才著論，以聲雄之罪。又有陳黯者，亦有是言。予不幸，生非盛世，逢此更遷，目擊叛降，滔滔皆是。故於雄之事跡，蓋三嘆焉。近觀後邨劉潛夫《詩話》，有一論，攻雄之短。劉蓋出於賈似道之門者，其人固非名節士也，乃識大義如此。或者曰：南豐先生合於箕子明夷之言，不爲無見。學者必知人論世，而後可也。當詳參之。（《隱居通議》卷十一，《四庫》第866册，第109頁）

【序晁君成詩】 東坡先生《序晁君成詩集》有曰："達賢者有後，張湯是也。張湯宜無後者也。無其實而竊其名者無後，揚雄是也。揚雄宜有後者也。賢者，民之所以生也，而蔽之，是絶民也。名者，古今之達尊也，重於富貴，而竊之，是欺天也。絶民欺天，其無後，不亦宜乎。故曰達賢者與有其實而辭其名者皆有後。"此論甚新，可以爲世戒。（《隱居通議》卷十五，第138頁）

【答謝民師書】 又《答謝民師書》有曰："揚雄好爲艱深之辭，以文淺易之説。若正言之，則人人知之矣。此正所謂雕蟲篆刻者。其《太玄》《法言》皆是物也，而獨悔於賦，何哉？終身雕蟲，獨變其音節，便謂之經，可乎？屈原作《離騷經》，蓋風雅之再變者，雖與日月争光可也。可以其似賦而謂之雕蟲乎？使賈誼見孔子，升堂有餘矣，而乃以賦鄙之，至與相如同科，雄之陋如此。”先生此論，深中子雲之病。（《隱居通議》卷十五，第138頁）

【朱陸貶揚雄】　揚雄作《太玄經》以準《易》，作《法言》以擬《論語》，前代名賢，皆謂其學貫天人，諸子莫及。至其美新投閣之羞，則略而不責焉。逮象山先生陸文安公，始確然爲之言曰：子雲之《太玄》，錯亂蓍卦，乖逆陰陽。所謂君不君，臣不臣，父不父，子不子。由漢以來，楊墨强盛，以至於今，尚未反正。而世之儒者，猶依《玄》以言《易》，重可嘆也。朱文公作《通鑑綱目》，又特書曰“莽大夫揚雄死”。自二先生决此論，而後雄之所以爲雄者，始昭白於天下後世。然南豐先生之嚴，司馬温公之正，皆於雄有取。其見不同如此。而南豐先生以揚雄處王莽之際，合於箕子之明夷。詳哉，其言之也。朱子極推南豐之文，原本六經，未嘗呰議其論，則朱子亦存其説矣。（《隱居通議》卷十九，第166—167頁）

【揚雄傳】　班孟堅作《揚雄傳》，傳末數語，抑揚有味，而讀者每忽焉。王莽時，劉歆、甄豐皆爲上公，莽既以符命自立，即位之後，欲絶其原，以神前事。而豐子尋、歆子棻，復獻之。莽誅豐父子，投棻四裔，辭所連及，便收不請。時雄校書天禄閣上，治獄使者來，欲收雄。雄恐不能自免，乃從閣上自投下，幾死。莽聞之曰：“雄素不與事，何故在此間?”請問其故，乃劉棻嘗從雄學作奇字。雄不知情，有詔勿問。以病免，復召爲大夫。家素貧，嗜酒。人希至其門，時有好事者，載酒肴從遊學。而鉅鹿侯芭嘗從雄居，受其《太玄》《法言》焉。劉歆亦嘗觀之，謂雄曰：“空自苦，今學者有禄利，尚不明《易》，又如《玄》何？吾恐後人用覆醬瓿也。”雄笑而不應。年七十一卒，侯芭爲起墳，喪之三年。嚴尤聞雄死，謂桓譚曰：“子嘗稱揚雄書，豈能傳於後世乎?”譚曰：“必傳。顧君與譚不及見也。凡人賤近而貴遠，親見揚子雲禄位容貌不能動人，故輕其書。今揚子之書，文義至深，而論不詭於聖人，若使遭遇時君，更閲賢知，爲所稱善，則必度越諸子矣。”諸儒或譏以爲雄非聖人而作經，猶春秋吴楚之君僭號稱王，蓋誅絶之罪也。自雄之没至今四十餘年，其《法言》大行，而《玄》終不顯，然篇籍具存。

以上皆班語，詳傳首言雄少好學，不爲章句，訓詁通而已。博覽無所不見，默而好深沉之思，非聖哲之書不好也。又曰用心於内，不求於外。觀此，則揚之學，豈尋常文墨士哉？至傳末之辭乃如此，則其學亦未足取重當時矣。予昔嘗觀《太玄經》，雖曰準《易》，何敢望《易》？象山先生謂其乖錯陰陽，必有所見而云。

子雲之揚，從手不從木，今《漢書》或作木易，非是。近世建昌守有揚其姓，瑱其名者，居婺州，其姓從手易，豈蜀揚後裔歟。又文章家多用載酒問奇字，不知載酒自一事，問字自一事也。合而用之，誤矣。（《隱居通議》卷二十四，第 212—213 頁）

陳　普

【揚雄二首】　展禽未必非龔勝，孤竹猶將笑薛方。可怪揚雄非桀犬，一生終倚桀門牆。

德宅神庭孰與遊，董賢舜禹莽伊周。餘腥用盡桐江水，重費寒潭九曲流。（《石堂先生遺集》卷二十，《續修》第 1321 册，第 569 頁）

胡一桂

【太玄經（節録）】　《太玄經》者，新莽大夫揚雄之所作，以擬《易》者也。其畫四，以方、州、部、家爲次，自上而下，最上一畫爲方（一長畫爲一方，二短畫爲二方，三短畫爲三方，州、部、家皆然），第二畫爲州，第三畫爲部，最下第四畫爲家。每四畫爲一首，一玄生三方，三方生九州，九州生二十七部，二十七部生八十一家，而成八十一首。首各有名，以擬《易》六十四卦。每首雖四畫，而贊則有九，以初一、次二、次三、次四、次

五、次六、次七、次八、上九爲次，而分水、火、木、金、土，一、六水，二、七火，三、八木，四、九金，五土。每首九贊，八十一首共七百二十九贊。末一首上九後獨增《踦》《嬴》二贊，以擬《易》之三百八十四爻。首之下各有辭（宋政和七年許良肱上《太玄》，每首之下又增《首測》一卷，以擬大《象》，今分附逐首之下），贊亦各有辭，贊下又各有測辭，以擬爻之小《象》。又有《玄文》以擬《文言》，有《玄攡》《玄瑩》《玄棿》《玄圖》《玄告》，以擬《繫辭》，有《玄數》《玄沖》《玄錯》，以擬《説》《序》《雜》。八十一首分天、地、人三玄，七百二十九贊又加《踦》《嬴》，分晝夜日星節候，以直一歲三百六十五日二百三十五分，以擬卦氣。又有揲法筮首贊，以斷事之吉凶。其學不傳，世罕有其書。余得之友人查顔叔，抄首末數、首贊及日星候揲法等於左，以見一書之大概。若其是非得失之論，又具載於後云。……

愚謂《太玄》以八十一首繫之於方、州、部、家四畫之下，於象與義初無所取，特不過以四畫分之有八十一樣，藉以識八十一首之名。又有七百二十九贊，散之於八十一首之下，每首九贊，皆是初一、次二、次三、次四、次五、次六、次七、次八、上九，首首一樣，更無分别。而七百二十九贊，亦與八十一首象與義皆無相關。以八十一首名强附於四畫之下，以七百二十九贊又强附於八十一首之下。然以《中》之初一作冬至第一日，積起至《養》之上九，而一歲節氣三百六十四日半一周，又加《踦》《嬴》二贊，以足日之餘分；而起閏又自冬至一日，繫之以牽牛星之第一度，日一日，躔星一度，至三百六十四日半，而斗星二十五度半亦周，又以《踦》《嬴》二贊繫斗星餘度，而一歲周天之日與星湊合恰好。《太玄》之要法全在於此，而老泉又甚議其增二贊之非，且曰始於《中》之一、訖於《養》之九，闕焉而未見者，四分日之三爾，以一百八分而爲日，以一分而加之，一首之外，盡八十一首而四分日之三可以見矣。又曰《玄》四日半以爲首，而以四百八十七分求合乎二十八宿之度，加分而數

定，去《踦》《嬴》而道勝，吾無憾焉爾。（《周易啓蒙翼傳》外篇，《四庫》第22册，第360—371頁）

劉　因

【和雜詩（其一）】　《太玄》豈無知，不覺世運迫。爲問莽大夫，何如成都陌。扶摇得真《易》，長卧山雲白。中有安樂窩，氣吐宇宙窄。消長粲以密，我主彼爲客。問子居何方，環中有真宅。（《静修集》卷二，《四庫》第1198册，第496頁）

【叙學（節録）】　揚子雲《太玄》《法言》，發孔孟遺意。後世或有異論者，以其有性善惡混之説，《劇秦美新》之論，事莽而篡漢。韓子謂其文頗滯澀，蘇子謂“艱險之辭，文膚淺之理”，而温公甚推重之，以爲在《孟》《荀》之上。或抑或揚，莫適所定。雖然，取其辭而不取其節，可也。（《静修續集》卷三，《四庫》第1198册，第686頁）

吴　澄

【太玄叙録】　揚子雲擬《易》以作《太玄》，《易》自一而二，二而四，四而八，八而十六，十六而三十二，三十二而六十四。《太玄》則自一而三，三而九，九而二十七，二十七而八十一。《易》之數乃天地造化之自然，一豪知力無所與於其間也。異世而同符，惟邵子《皇極經世》一書而已。至若焦延壽《易林》、魏伯陽《參同契》之屬，雖流而入於伎術，尚不能外乎《易》之爲數。子雲《太玄》名爲擬《易》，而實則非《易》矣。其起數之法，既非天地之正，又强求合於曆之日。每首九贊，二贊當一晝夜，合八十一首之贊，凡七百二十九，僅足以當三百六十四日有半，外增一《踦》贊，以當半日，又立一《嬴》贊，以當四分日之一。吁，亦勞且拙矣！

子雲此書未能見重於當時，後世雖有好者，亦未可謂大行也。宋大儒司馬公愛之甚，嘗有集注，晚作《潛虚》以擬之。以邵子範圍天地之學，卓絶古今之識，而亦稱其書。要之，惟朱子所論，可以爲萬世之折衷。本經八十一首，分天玄、地玄、人玄三篇，蓋擬《易》之上下經。經後十一篇，則擬夫子之《十翼》，而爲《太玄》之傳。晉范望始依《周易》《彖傳》《象傳》附經例，升首辭於經贊之前，散測辭於各贊之下。首、測兩篇之總序無從而附，則合爲一，以置經端。其牽綴割裂，無復成文，殆有甚於《易經》者。《易經》有晁氏、吕氏定從古本，而朱子因之。故今於此書亦俾復舊，而第其目如右。兼以讀者病其揲法不明，驟觀未易通曉，復爲之别白其辭，以著於後。雖非願爲後世之揚子雲，亦欲使後之學者，知前人之作，不可以己意妄有易置。

按《法言》序篇，監本共爲一篇，繼十三篇之末。今本亦如書之小序，各冠篇首，並爲考正。於子雲之書，蓋不無小補云。（《吴文正集》卷一，《四庫》第1197册，第18頁）

【太玄準易圖序】　夫《玄》之於《易》，猶地之於天也。天主太極而總元氣，元氣轉而爲三統，在《玄》則謂之三玄。三玄轉而爲九州，九州轉而爲二十七部，二十七部轉而爲八十一首。首有九贊，贊分晝夜，而剛柔之用見矣。故《玄》之贊七百二十九而有奇，以應三百六旬有六日之度，蓋本出乎元氣而作者也。太極生兩儀，兩儀生四象，四象生八卦，八卦因而重之爲六十四。故《易》有《乾》《坎》《艮》《震》《巽》《離》《坤》《兑》八卦以司八節，又以《坎》《離》《震》《兑》四正之卦二十四爻以司二十四氣，以《復》《臨》《泰》《大壯》《夬》《乾》《姤》《遁》《否》《觀》《剥》《坤》十有二卦以司七十二侯節也。氣也，侯也，既各有統矣，然周天之度未見其所司也。於是又去四正之卦，分取六十卦，衍而伸之，爲三百六十爻，各司其日，則周天三百六十度，而寒暑進退之道、陰陽之運備矣，蓋本乎太極而作者也。由是觀之，則天地各有生成之數，而相爲表裏之用。故天數西行，上承而左轉者，在地之元氣也；地數東行，下順而右運者，在天之太極也。太極運三辰五星於上，元氣轉三統五行於下，此所謂成變化而行鬼神者也。所謂《玄》之於《易》，猶地之於天者，如斯而已。準而作之，不亦宜乎？若夫分天度，列次舍，序氣侯，明卦爻，冠首贊，位列八重，先以夜贊布諸外，然後晝贊首位、爻象侯卦、氣宮分度數次諸内，復會於辰極，而《玄》《易》顯仁藏用之道，循乎數者可見矣。是故始於上元甲子天正朔旦，日躔牛宿之初，後四千六百一十七年，復會於太初之上元者，《玄》之贊也。自上元甲寅青龍之首，氣起《未濟》之九四，後三萬一千九百二十年復會於太極之上元者，《易》之爻也。原始要終，究其所窮，則體用雖殊，其歸一而已矣。（《吴文正集》卷二十，第218—219頁）

【感興詩（其一）】　揚雄莽大夫，陶潛晉處士。男兒百歲中，蓋棺事乃已。（《吴文正集》卷九十一，第842頁）

【纂言揚氏太玄】　《太玄》之作，揚氏自以爲擬《易》。《易》以奇偶之畫象陽陰，《玄》一、二、三之畫象天、地、人。《易》之畫自下而上，六畫成卦者，數以二起而倍其法，故二而四，四而八，八而十六，一六而三十二，三十二而六十四。《大玄》之畫自上而下，四畫成首者，數以三起而三其法，故三而九，九而二十七，二十七而八十一。起數之元，蓋取律法，故與《史記·律書》生鐘之數合。至若以八十一首配六十四卦，而其次序則依卦氣。卦氣者，漢世伎術家所傳，僅有十二辟卦，不出本月，義猶可通，其餘五十二卦紛亂無紀，當時京房輩皆信用之。子雲號通儒，然且染溺時習，而不覺其非，今不復論，亦不足論也。（《永樂大典》卷四千九百二十四，中華書局1986年版，第8002—8003頁）

劉將孫

【雜詩（其一）】　大廈亦既顛，一木何能扶。况乃非楝樑，曾不比栭櫨。彼皆無責備，此獨有遺誅。公卿置何地，文字累老儒。寂寞揚子

雲，見稱莽大夫。（《養吾齋集》卷一，《四庫》第1199册，第10頁）

袁 桷

【答高舜元經史疑義十二問（其一）】 問：《易》有辭、象、變、占，《太玄》以方、州、部、家擬辭、象、變、占，其《太玄》方、州、部、家九首之説傳諸世者，請喻其所長？

答：《太玄》以蓋天之法爲之，方、州、部、家在上，此地承天之説也。起於牛宿，隨天而左行也。方、州、部、家者，以玄而生三方，方爲三州，州爲三部，部爲三家，其所謂八十一者，則棄其方、州、部而言之也。先儒多以辭、象、變、占擬《玄》之方、州、部、家，僕獨以爲非。《易》成六十四卦之後，一卦之内必有辭焉，有象焉，有變焉，有占焉，是四者缺一不可也。揚氏之《玄》既棄其方、州、部而獨取家而爲八十一，復取八十一而爲七百二十九以贊，是方、州、部者，緣三以起於家，若無預者焉。先儒嘗言《太玄》與卦氣圖偶合，邵子亦言《易》之卦始於《乾》而終於《未濟》，《玄》之首始於《中》而終於《養》，《中》者法於《中孚》，《養》者法於《頤》，此始終之異。自邵子、温公、荆公尊《玄》之後，如三蘇譏《玄》之説，遂棄不道。然其中十有七卦，分而爲二，義殊不可曉。所謂《卦氣圖》，公辟侯大夫卿之定卦，亦不能通，執事其詳思之。（《清容居士集》卷四十二，《四庫》第1203册，第561頁）

譚景星

【揚雄論】 雄擬《玄》以準《易》，《法言》以準《語》，欲以言覬聖人，去道愈遠。非混其性之過歟？

雄以短才勉爲之，而欲覬乎聖賢之賾，殆不跬步思致萬里，其至幾希矣。夫人性至善，天命之也。乃以爲善惡混，已不知天之所賦予者何若。本然之性，已不識矣。未知立心，强欲立言以名世。此人也，非天也，而道安在？所以聖門學者，非徒得其言，而又可以得其意，以求夫聖賢之心。而聖賢之心，在我而已。觀其擬《太玄》以準《易》，《法言》以準《語》，殆爝火以侔日月之明乎？欲以言至，非以心至之。於是聖人之意，天地懸隔矣。夫《語》之爲義也，靡所不包，無非操存涵養之要。門弟子得一言，終身誦之行之以至於道，猶恐弗及。若雄者不以心至，而强以言至。託聖人馳驟於文辭，以驚世絶俗，度越諸子。然歟？否歟？而《易》之爲道也，有以見天地之心。故聖人之情見乎辭，後世見其辭而知其情，則可以知天地之心，希乎聖賢矣。雄乃設方、州、部、家，爲八十一首，要尤難明。如辭之正大，則人皆知之，夫何取於《玄》，必爲是艱深，使人不可知，不可知而後已。雖復有子雲知之，已非大中常行之道矣。豈復見聖人之情於其辭，天地之心於其心哉？蓋不能盡其性之過也。先儒間以其仿先聖遺言，故其過少。然不以心而觀乎聖人，徒以言而仿乎聖人，本之則無，末如之何也已。不知宓羲一畫，已包乎天地造化之妙。夫子一貫，已極乎聖賢體用之道。今其《玄》也，本以明《易》，却尤晦於《易》；而其《言》也，本以近《語》，却尤遠於《語》。倘此心爛然於《語》者，而後以觀《法言》，《言》爲無益矣；此心渾然於《易》者，而後以觀《玄》，《玄》爲無益矣。由是而觀，其所謂《玄》者，玄而又玄，於《易》晦矣。其所謂《言》者，法而又法，於《語》遠矣。《語》未嘗遠而自遠之，欲其近也，不可得矣；《易》未嘗晦而自晦之，欲其明也，不可得矣。至於蒼茫僕閣，失身事莽，劇秦美新，降志辱身者，混其性也。混其性者，不知性之爲善也。不知性之爲善者，不可以徒言也。雄如知性善而不混，言可謂師，必不至於是。悲夫！（李修生主編：《全元文》卷九九七，鳳凰出版社 2004 年版，第 219—221 頁）

張文伯

【荀揚與韓談經】　荀卿之談經則主於學，故曰：“《禮》之於文，

《樂》之中和，《詩》《書》之博，《春秋》之微。”揚雄之談經則主於下，故曰：“説天者莫辨乎《易》，説事者莫辨乎《書》，説體者莫辨乎《禮》，説志者莫辨乎《詩》，説理者莫辨《春秋》。”韓愈之談經則主於文，故曰：“《周誥》《商盤》，屈曲聱牙。《春秋》謹嚴，《左氏》浮誇。《易》奇而法，《詩》正而葩。”至太史遷，論其所長；班孟堅，明其所本。（《九經疑難》卷一，《續修》第171冊，第410頁）

【揚雄著書擬經】　揚子雲作《太玄》，或有僭王之譏。後世之士見雄如此，若習鑿齒之作《春秋》，白居易之續《湯征》，束晳補亡辭之《詩》，顧况補上古之什，王通修《元經》，而續《詩》《書》紛紛，籍籍相亂六經，皆雄啓之也。僭王罪之，不爲過也。（《九經疑難》卷一，第410頁）

【五經所以簡易】　揚雄《法言》以或問：“天地簡易，而聖人法之，何五經之支離？”曰：“支離所以爲簡易也，已簡已易，焉支焉離？”今以五經考之，説天者莫辨乎《易》，而鬼神象數，陰陽剛柔，無所不在。説事者莫辨乎《書》，而誥誓號令，征伐邢賞訓戒，無所不備。説體者莫辨乎《禮》，而朝覲燕享，冠婚喪祭，無所不具。説志者莫辨乎《詩》，而美刺箴規，安樂哀怨，無所不盡。説理者莫辨乎《春秋》，而是非逆順，進退予奪，無所不載。雖浩浩渾渾數千萬言，而精要歸一，至當無二。君子自其本而求之，若執璿璣以定天運，據全要以知方來，夫何支離之有？然則《易》雖深也，知其明吉凶悔吝而已。《書》雖遠也，知其陳安危治亂而已。《禮》雖煩也，知其定君臣上下而已。《詩》雖多也，知其詠情性風化而已。《春秋》雖微也，知其正善惡功罪而已。故得其道，言可遺也；見其心，書可忘也。然則始學之也，如象緯雖衆，不可闕一宿；宫商雖雜，不可去其一聲。苟損益其一言，則必贅而虧矣，豈遽憚支離而遂非聖人之經乎？漢之儒者，去聖益遠，異論蠭起，論《易》者惑於卦變，習《書》者膠於符命，説《禮》者拘於名數，述《詩》者昵於魚蟲，傳《春秋》者競於日月。當年不能極其變，終身不能究其業，故雖司

馬子長之才，亦曰“五經不如老子之約也”。殊不知綉其鞶悦，是誰之過歟！（《九經疑難》卷一，第 413—414 頁）

【論惟五經爲辨】　揚雄《法言》：“或問：‘五經有辨乎？’曰：‘惟五經爲辨。説天者莫辨乎《易》，説事者莫辨乎《書》，説體者莫辨乎《禮》，説志者莫辨乎《詩》，説理者莫辨乎《春秋》，舍斯，辨亦小矣。’”且五經之作，道之所在也，發性命之微，立仁義之統，幽探議陰陽，顯繫諸政事，大本諸人情，微根諸物理。關百聖而不慚，蔽天地而不恥。能言之類，莫能加也，又豈特辨是非，以正愚衆而已。明終始五德之論，推五行災異之變，則言天者，古非無人也。若夫達變化之玅，通神明之德，其言曲而中，其事肆而隱，則惟《易》爲辨焉。陳治安之策，抗時政之論，則吉事者，古非無人也。若夫記久明遠，舉綱撮要，使帝王之制坦然明白，則惟《書》爲辨焉。約二雍之儀，善内臺之記，則言體者，古非無人也。若夫明尊卑，定貴賤，使小大顯微各得其理，則惟《禮》爲辨焉。遇放絀而作《離騷》之辭，懷感憤而逐長沙之賦，則言志者，古有人也。至於傷不及哀，怨不及怒，是非美刺皆止乎禮義之中，則説志者惟《詩》爲辨矣。發墨守之堅，去予盾之議，則言禮者古有人也。至於名分之嚴，褒貶之功以爲禮義之大宗，則説理者惟《春秋》爲辨矣。（《九經疑難》卷一，第 414 頁）

【揚雄太玄擬易】　子雲之作《太玄》，非本《易》之道，特因《易緯》卦氣六日七分之説，巫史傅會之學，非聖人之意也。使子雲首爲卦氣之説，已非夫子所謂當期之日之旨，矧又襲前人之誤説，架屋於屋上，鑿池於池中，愈不可矣。

卦氣於《中孚》爲冬至之節，又當《坎》之初六，無理也。彼已無理，《太玄》配之以《中》，豈理也哉？卦氣以《屯》直小寒，又屬《坎》之九二，而《玄》配以《閑》，卦氣以《升》直大寒，又當《坎》之九三，而《玄》配之以《干》，豈有理乎？卦氣以《小過》當立春，吾不知何義。《玄》亦配以《差》，卦氣以《漸》當驚蟄，吾又不知何義。《玄》亦配以《鋭》。《玄》之每首非無説也，强且鑿，非理之自然。使以直小寒之卦而直大寒，以直大寒之卦而直立春，更相移易，强以爲説，又何不可？凡《玄》八十一首，皆法卦氣之次序，而推《易》之以名八十一首，不可以當六十四卦，於是又以二首而配一卦。七百二十九贊不可以當一，於是又增以《踦》《嬴》。《易緯》以卦爻當期之日，已牽强不可也。《玄》又以首贊求合卦氣，愈牽强不可也。《太玄》之作，既本《易緯》以當期之日，又本《太初曆》而論星度，此皆非伏羲、文王、周公、孔子之旨。區區以三摹比四象，以《首》比《彖》，以贊比爻，以《測》比《象》，以《玄文》比《文言》，以《攡》《瑩》《掜》《圖》比《繫辭》，以《玄數》比《説卦》，以《玄沖》比《序卦》，以《玄錯》比《雜卦》，凡《易》之所有，《玄》皆有之。凡《易》之語言，《玄》皆仿之。故《玄》之擬《易》似矣，而寔大不似也。

《易》名卦之義，非取於象則取於畫。如頤中有物則曰《噬嗑》，以木巽水而上水則謂之《井》，若是者，皆取名於象。今《玄》則以《狩》配《噬嗑》，以《法》配《井》，不知子雲名《狩》、名《法》，取何義乎？如剛浸長則爲二陽之《臨》，以剛在下臨之也。柔浸長則爲二陰之《遁》，以陰用事陽畏之而遁也。若是者，皆取名於畫。今《玄》則以《狩》配《臨》，以《逃》與《唐》配《遁》，不知名《狩》、名《逃》取何義乎？既無所取義，而推仿象訓釋，强爲之名。《易》名“革”，《玄》即名“更”；《易》名“鼎”，《玄》即名“竈”；使《易》名“奥”，《玄》必名“頣”；《易》名“予”，《玄》必名“賴”；《易》名“極”，《玄》必名“至”。若是，則庸人孺子皆能命《玄》之名，配《易》之義，何必述作者哉？且以《彊》《睟》配《乾》而文在地，以《馴》配《坤》而反在人。《玄》何自戾也。《易》六爻上下無常，錯雜爲六十四卦。凡一爻之動，成一卦其吉凶悔吝，皆自乎爻之動。聖人因其動之當否，而言吉凶，何嘗容心於其間。又六爻之義，或一爻爲之主，或二爻爲之主，或又不然，其變動無窮，吉凶元定，隨卦取義，無非自然而然。今《玄》則其首四重，下列九贊，首與贊異行而不相涉，當晝則吉，當夜則凶，别無異義。嗚呼，子雲之學勤亦至矣，惜其不深於《易》，故爲是附會之書，知道者必不與也。（《九經疑難》卷二，第447—448頁）

徐　鈞

【揚雄】　眼看漢室已新都，天禄讎書尚自愚。聞説草《玄》堪擬《易》，曾將進退一占無？（《史詠詩集》上卷，《續修》第1321册，第97頁）

柳　貫

【小至日獨坐誦太玄首序有感而賦】　泰始十八策，積終用《踦》《嬴》。日星相緯經，律曆乃施行。群餘容《養》受，盛氣自《中》萌。君子乘其運，進退無營營。微陽力雖小，得與重陰争。我時掩關坐，休復觀此生。巔靈尚思反，闔摶以全明。《文》《捝》安用哉，自然《玄》道成。（魏崇武、鍾彦飛點校：《柳貫集》卷一，浙江古籍出版社2014年版，第23頁）

虞　集

【書上京國子監壁】　神京極高寒，幽居了晨夜。雷風無時發，零雨每飄灑。炎光不到地，蕭爽度長夏。大化漠無宰，豈必事陶冶。揚雄不曉事，守道栖栖者。《玄經》百無徵，白髮謾盈把。（顧嗣立編：《元詩選初集》丁集《虞學士集》，中華書局1987年版，第845頁）

吴師道

【讀太玄經】　聖人之作《易》也，果有心乎哉？法象著形，龍馬獻圖，假手於羲皇，一而二，二而四，四而八，又三重而六十四，猶木之有幹，幹之有枝，秩然而成，整然而序，縱横上下，錯綜參伍，無往弗合，殆若極天下之至巧者。而史遷謂伏羲至淳厚，畫八卦，蓋自然而然，巧者固無庸其間，雖以文王、周公、孔子爲之《爻》《象》《彖》《繫》，不過因理以明數，即卦而示道，而其爲道也，變動屢遷，不爲典要，三百八十四爻，不獨三百八十四用而止。故天地鬼神之秘，萬事萬物之理，包攝而無外，貫通而無遺；觸之而值，象之而合，筮之而靈；天下之人神之而莫知其故，信夫天之爲之，而非聖人心思智慮之所爲也。千載而下，豈有加哉！

揚雄作《太玄》，以一生三，三生九，極於八十一，其策揲以三，虚三用三十三，此其法大與《易》異者也。《易》有《彖》，《玄》有《首》；《易》有爻，《玄》有贊；《易》有《象》，《玄》有《測》；《易》有《文言》，《玄》有《文》；《易》有《繫辭》，《玄》有《攡》《瑩》《掜》《圖》《告》；《易》有《説卦》《序卦》《雜卦》，《玄》有《數》、有《衝》、有《錯》；此又同其義例而異名者也。且《玄》以準《易》，實將模放擬議，自比於聖人。漢儒已譏其“非聖人而作經”，後之爲之辭者曰：《玄》所以贊《易》。其大異於《易》者如是，不識何以爲贊也？

蓋雄深沉好思，嘗覃思渾天，三摹而四分之，本有見於曆爾，因曆作《玄》，而巧求其合，其思幽苦，故其詞艱深。《易》以天，《玄》以人；《易》以無心，《玄》以有心；孰謂《玄》足準《易》哉？故其紀日不及月，無弦望、晦朔，以冬至爲天玄，三月地玄，七月人玄，而夏至反在地玄之中。陰陽之爲氣也，二氣之爲物也，方以三數乘之，則皆不可得。四分而加一，率四歲而加一日，則千載之後，大冬爲大夏。旦筮用三經，夕筮用三緯，日中、夜中用二經一緯，吉凶不在其逢而在其時，日中、夜中夕筮無大休咎，而旦筮者不大休則大咎。數者，昔人嘗論之，是皆不得乎自然，而强出於心思智慮之爲，毋怪乎支離舛謬之至此也。

或曰：“折箄毁瓦，可知吉凶，《易》道無往弗存，况《玄》十餘萬言，高者出蒼天，深者入黄泉，其言奥頤，悉寓至理，詎無謂耶?”曰：“折箄毁瓦，將以求卦也。卦者，無心之具，故假之無心之物求之，而後吉凶之理得。今《玄》也，出於有心之爲，殆猶設不平之權衡，而稱物之輕重，烏可信已?”昔者，雄自謂後世復有揚子雲，則知好《玄》。君子立法，爲其當爲而已。《玄》之書，今猶昧昧也。吾誠惜其人而非夭，將自附於《易》而逾遠，卒勞而無所用之。後之才智出雄下，而好爲穿鑿附會以求《易》者，可不戒哉?（《禮部集》卷十，《四庫》第1212册，第108—109頁）

【書揚子後】　右《揚子法言》十三卷，晉李軌注，錢佃用國子監治平中舊本刊之，當時已用宋咸注增入矣。今以四注本考之，李注簡，宋注詳，凡李注本其文詳者，皆所增入也。其明注“咸曰”而誤以爲李注，則佃不考之過也。如正文《淵騫篇》一段，脱三十六字，注字訛誤甚多；“或問”提行處，或然或否，亦有文未斷而復提者，其校定豈得爲精也?司馬公、宋咸、唐仲友《序》附録於後，以見諸公之推尊揚子者如此。至仲友略及出處，而以《易》之“肥遯”當之，義殊不類，蓋亦曲爲之辭者。吾之所信，則有朱子之評在。（《禮部集》卷十八，第265頁）

岑安卿

【懷古】　淵明晉徵士，子雲莽大夫。超然歸去辭，深哉《太玄》書。文詞重金石，軒冕輕錙銖。恬退各有德，終當辨賢愚。焉知千載下，直筆逢董狐。富貴何足云，節義斯良圖。奈何今世士，草間乞爲奴。首鼠倖免是，辱國心何如。嗟嗟白野公，肝腦污泥塗。見道固明白，殺身似模糊。讀我懷古詩，後賢其監諸。（《栲栳山人集》卷上，《四庫》第1215册，第469頁）

黄　玠

【感懷（其一）】　子雲投閣生，緑珠墜樓死。事主心弗移，不若一婢子。哀哀莽大夫，千古穢青史。草《玄》數萬言，焉用識奇字。（《弁山小隱

吟録》卷一，《四庫》第1205册，第3—4頁）

周霆震

【前詩子勤連和七章或病首句秦字難押援筆泛及故事不覺其言之長（其一）】　空自美新更劇秦，子雲竟守一區貧。草《玄》可惜無良友，説與他年蹈海人。（《石初集》卷五，《四庫》第1218册，第501頁）

謝應芳

【絶句】　屈原投江死，揚雄投閣生。一時生死計，千古是非心。（《龜巢稿》卷三，《四庫》第1218册，第60頁）

楊維楨

【麗則遺音序（節録）】　皇朝設科取賦，以古爲名。故求今科文於古者，蓋無出於賦矣。然賦之古者，豈易言哉？揚子雲曰："詩人之賦麗以則，詞人之賦麗以淫。"子雲知古賦矣，至其所自爲賦，又蹈詞人之淫而乖《風》《雅》之則，何也？豈非賦之古者，自景差、唐勒、宋玉、枚乘、司馬相如以來，違則爲已遠，矧其下者乎？（《麗則遺音》卷首，《四庫》第1222册，第146頁）

【莽大夫平反】　容齋洪氏以揚雄比晏子，深以世儒貶其《劇秦美新》爲非，以爲雄不得已之作也。雄頌新莽之德，止能美於暴秦，其深意可知。所言"配五冠三，開闢以來未之有"者，其以之戲莽耳。使雄善諛佞，撰符命，稱功德，以徼爵位，當與國師歸同列，豈固窮如是哉？其論深是。予謂朱子莽大夫之書，亦以雄之大夫非有意於求之，强之者耳。（李修生主編：《全元文》卷一三二四，鳳凰出版社2004年版，第206頁）

吴　當

【讀史】　先漢雄詞後世無，子雲學業冠西都。大醇難掩終身玷，直筆淒涼莽大夫。

草罷《玄經》雪滿頭，《美新》興頌不深謀。千年遺恨曾投閣，金谷何人肯墜樓。（以上《學言稿》卷六，《四庫》第1217册，第311頁）

葉　顒

【讀揚子雲傳】　不耽勢利遠豪權，白髮區區草《太玄》。何事委身臣莽日，甘心投閣污餘年。（《樵雲獨唱詩集》卷五，民國十三年永康胡氏夢選樓刊《續金華叢書》本）

梁　寅

【荀揚王韓】　荀卿名况，趙人。善《詩》《禮》《春秋》《易》。仕齊，三爲祭酒，以讒適楚，爲蘭陵令。孟子道性善，卿爲《性惡》一篇以非孟子。揚雄爲王莽大夫，好古樂道，以爲經莫大於《易》，作《大玄》；傳莫大於《論語》，作《法言》。王通，隋文帝時嘗詣闕獻《大平十二策》，不報。歸，教授河汾，與門人薛收等問答，名曰《中説》，有《續經》。唐韓愈作《原性》《原道》等篇。自孟氏之後，世所其稱者，荀、揚、王、韓四子也。荀卿善《詩》《易》《禮》《春秋》。揚雄好古樂道，有深沉之思。王通教授《五經》，喜論王道。韓愈作《原道》，排釋氏，其志皆卓然自立，非俗儒所及矣。然稽諸先賢之言，以論其生平之學，則不能無蔽。荀以人之性惡，而列孟子於十二子。雄爲《大玄》，以艱深之辭文淺易之説。通之議論詳於世變而略於性情，又續六經以陷於僭竊之罪。愈因學文以求道，知其用之周於萬事，而未知其體之具於吾心；知其可行於天下，而未知其本之當先於吾身。以是觀之，四子於聖賢之道，尚未能深探其本乎？卿仕齊，三爲祭酒，知道之不行而不能去，卒以讒見逐，又仕楚爲蘭陵令，苟禄而不知恥。雄黽勉於莽、賢之間，至爲《劇秦美新》之文，以取媚於莽。通詣闕陳十二策，則又不待其招而往，不待其問而告。

愈伏光範門，而三上宰相書，汲汲富貴利達之求。以是斷之，四子之出處去就，又安能無愧於聖賢哉？噫！四子皆有志於堯、舜、禹、湯、文、武、周公、孔子之傳，而醇疵相半，於道有間。其接孟氏之緒者，卒有待於周、程、朱數君子。是以尚論千載者，不能無責備之意云。（《策要》卷六，清嘉慶宛委別藏本）

【太玄】　《揚雄傳》曰：雄作《太玄》，畫三方、九州、二十七部、八十一家，爲八十一首，每首九贊，合七百二十九贊，外有《踦》《嬴》二贊。每卦曰初一、次二、次三、次四、次五、次六、次七、次八、上九，即九贊。每贊皆有測，卦始於《中》，終於《養》。又曰：《玄》與《太初曆》相應，亦有顓帝之曆焉。爲其大漫漶不可知，故有《首》《衝》《錯》《測》《攡》《瑩》《數》《文》《捝》《圖》《告》十一篇，皆以解剥六體，離散其文。

夫《太玄》之作，以準《易》也。然其九贊自下而上，分下、中、上三體，而又各分之以上、中、下，如《禹貢》之九等，與所畫無干涉。凡兩贊直一日，前贊爲晝，後贊爲夜。通八十一首皆一陰一陽，相間而不易。八十一首通計七百二十九贊，正當三百六十四日半。乃以《踦》贊當半日，《嬴》贊當四分日之一，而後一週期焉。黎元通曰：“《易》之卦氣，陽生於《復》，陰生於《姤》。《玄》以《周》配《復》，而陽始於《中》；以《遇》配《姤》，而陰始於《迎》。《中》者《復》之漸，而《迎》者《姤》之萌也。”又曰：“《易》有六十四卦，主一歲。以《坎》《離》《震》《兑》四正之卦，當二至二分四正之氣。卦有六爻，爻主一日。凡三百六十日，餘五日四分日之一。每日分爲八十分，五日分爲四百分，四分日之一又分爲二十分。以六十卦分之，是一卦主六日七分也。《玄》有八十一首、七百二十九贊，主一歲，凡二首主九日，八十首主三百六十日，而歸餘於《養》。周天之度亦如之。日月之行有離合，陰陽之數有盈虛。《踦》《嬴》二贊有其辭而無其畫，故附之於《養》以象閏焉。”又曰：

“冬至陽始於中，以陽氣潛萌於黄宫，故曰《中》。凡四日有踦，而一變至於《應》，而極陽、極陰上下相應，故曰《應》。夏至陰始於迎，謂陽極而陰生，故曰《迎》。亦四日有踦，而一變至於《養》，而極養者處陽氣將復之會，不可無所養也。陽無間斷之時，亦無驟生之理，故貴乎養。盈天地之間者，一陰陽消長之機，故《玄》曰“陽不極則陰不萌，陰不極則陽不芽”，此《玄》之所以準《易》也。

又按，邵子嘗作《正玄》，所以正《太玄》之未正也。《玄》有十二卷，《正玄》則以九天分爲九卷。《玄》有八十一首，《正玄》則以九首各爲一卷。《玄》九首僅以配土，《正玄》則以水、火、木、金、土隨次序而品第之。至於象工、象兀、象示、象正、象器、象亦、象坐、象光、象幽之類，無非正救《太玄》，而爲子雲鑽皮出羽者也。

又按，《太玄》始於《中》，終於《養》，仿京房卦氣始於《中孚》，終於《頤》。卦氣之説本謬，而法之何爲哉？諸儒好異者，往往推演其説，而實無所用。姑述其大要，以俟稽考焉。（《策要》卷六，清嘉慶宛委别藏本）

王申子

【問揚子雲太玄準易如何】　曰：《太玄》取數以一加二爲三，爲三方。三三而九，爲九州。三九而二十七，爲二十七部。九九而八十一，爲八十一家。純乎取《洛書》數而用奇，其所謂準《易》者，《玄》之家準《易》之卦，《玄》之首準《易》之彖。故八十一家，有八十一首。《玄》之贊準《易》之爻，故有七百二十九贊。《玄》之贊有《測》，準《易》爻之小《象》。《玄》之《文》準《易》之《文言》。《玄》之《攡》《瑩》《捝》《圖》《告》，準《易》之上《繫》、下《繫》。《玄》之《數》，以論九贊所象，準《易》之《説卦》。《玄》有《衝》，以序八十一首陰陽之相對，準《易》之《序卦》。《玄》有《錯》，以《錯》雜八十一首而説之，準《易》之《雜卦》。自首以下爲十一篇。

然以愚觀之，名曰準《易》而大不同者。《易》之彖所以斷，是卦之全體。而《玄》之首四重方、州、部、家，而贊則不以四重爲贊。《易》之爻，所以乘六虚之時用，宜與不宜，當與不當。《玄》則初一、次二、次三、次四、次五、次六、次七、次八、次九而無位，且無剛柔、上下、遠近之分。則何以辨其時用宜不宜、當不當邪？《易·文言》惟《乾》《坤》有之，《睟》，《玄》之《乾》也，而《玄》之《文》不加之《睟》而加之《中》，《中》者，《玄》之《中孚》也。其意專主交成卦氣，以《中孚》爲陽貞，建子之月起於《中孚》，故獨加以文而詳説之也。是以司馬君實《潛虚》擬《太玄》，專以氣候説《易》。

【問易太玄潛虚取數】 曰：《易》兼取河圖洛書之數，故奇偶亭當，體用兼備，其數無欠，亦無餘。《太玄》純取《洛書》之數，一六、二七、三八、四九、五五而無十，自一至九亦無十，故欠而增《踦》《嬴》二贊。《潛虚》純取《河圖》之數而用十爲五十五行，故餘而退。元、齊、餘三者，元，始也；齊，中也；餘，終也。退此三者而無變。愚故曰《太玄》《潛虚》各得《易》之一偏者，此也。

【問易太玄潛虚揲蓍】 曰：《易》之揲蓍也，以天地真元之數，一二三四五，小衍之爲十五，大衍之爲五十。故四營之，以求老少陰陽之策。其五十之中，又虚其一者，天地之數皆生於一，一，太極也。是所虚之一，在七七四十九策之外。是數也，皆倚天地圓奇方偶而用之，故能成變化而行鬼神。《太玄》之數則起於三，而終於九。九者，三其三也。故《玄》之蓍用六，六者，兩其三也。六而六之，故《玄》用三十六策而揲，以數起於三，故又虚其三，而用三十三而揲，是所虚之三，乃在六六三十六之内，與《易》異矣。以三搜之至三，而止得七爲一，得八爲二，得九爲三，是再合餘而以三搜之也。故有旦筮、晝筮、夜筮之不同。奇奇而欠故也。《潛虚》之數起於十，十者，兩其五也。故《潛虚》之蓍用五，五而五之，合用二十五策而揲，乃三倍而用七十五策，以其起於五，故虚五而用七十策。是於五行數内各虚其一也。揲之以十，謂可以得名，而未可以得變。故再揲以七。偶偶而餘故也。

【問易太玄潛虚反對】　曰：《易》之先天八卦，後天重爲六十四卦，以反對反易觀之，止三十六卦，三十六乃自一至八之積也。《太玄》以一加二成三，爲三方。三三而九，爲九州。三九而二十七，爲二十七部。九九而八十一，爲八十一家。其不易者九，《中》《增》《争》《毅》《迎》《度》《唫》《瞢》《勤》。其反易者七十二，合而觀之，止四十五家。四十五，乃自一至九之積也。《潛虚》以十，十而十之，其行當一百，乃退而用五十五行，是專用《河圖》五行之數，故《潛虚》數有正有屈，五十五亦自一至十之積也。

【問太玄潛虚直日之説】　曰：愚嘗謂《太玄》準《易》，《潛虚》擬《玄》，得《易》之餘，而不見《易》道之大，謂此類也，何也？《易》以《乾》《坤》二篇之策三百有六十，當周天之度，以歸餘象閏，正其贏縮，以見《易》道之變化，即天道之流行，初不以是擬其度而推測之也。後之説者，有以一卦直六日七分，而《坎》《離》《震》《兑》四正卦各守其方，至《太玄》則直以一首管九贊，每一首直四日半。以二贊管八策，當一日。以二萬六千二百四十四策，當三百六十四日半。又設《踦》《嬴》二贊，《踦》贊當一日四之二，《嬴》贊當一日四之一，以當周天三百六十五度四分度之一，而無贏縮。至《潛虚》擬《玄》，則遂以冬至之氣起於玄，轉而周天三百六十四變，一變主一日，乃授於《餘》而終之。以一行當七日，《元》《齊》當半，《餘》當餘分，以合周天之度。是四聖人之《易》，止爲曆數之書耳。（以上《大易緝説》卷二，《四庫》第24册，第59—61頁）

李　曄

【古風十四首（其一）】　子雲不曉事，老厭居執戟。《法言》仿《論語》，《太玄》擬《周易》。《美新》無乃佞，意謂伸蠖尺。投閣身致危，於道竟何益。何如淵明翁，弊屣棄彭澤。浩歌歸去來，南山聳秋碧。（《草閣詩集》卷一，《四庫》第1232册，第4頁）

袁　華

【至正乙巳紀興（其一）】　揚雄莽大夫，陶潛晉處士。校書天禄閣，歸耕柴桑里。陶情緑酒傾，準《易》《太玄》擬。文章既雄世，出處多殊軌。直書義自見，珍重子朱子。（《耕學齋詩集》卷三，《四庫》第1232册，第273頁）

祝　堯

【揚子雲】　子雲少而好賦，每慕相如。嘗作《綿竹頌》，成帝時，直郎楊莊頌此，帝曰："此似相如之文。"莊曰："非也，此臣邑人揚子雲。"帝召見。時帝爲趙飛燕無子，往祠甘泉泰畤，子雲奏《甘泉賦》以風帝。又祠后土汾陰，追觀先代遺跡。子雲又以爲今日宜興至治以擬帝皇，上《河東賦》以勸。又帝羽獵，子雲從，以爲泰畤非三驅之意，故因校獵賦以風。帝又將誇胡人以多禽獸，命右扶風發民捕載輸長楊射熊館，令胡人手搏之，自取其獲。子雲又上《長楊賦》以風。

愚謂自楚騷已多用連綿字及雙字，長卿賦用之尤多。至子雲好奇字，人每載酒從問焉。故賦中全喜用奇字，十句而八九矣。厥後《靈光》《江》《海》等賦，旁搜遍索，皆以用此等字爲賦體，讀者苦之。然賦之爲古，亦觀六義所發何如爾。若夫霧縠組麗，雕蟲篆刻，以從事於侈靡之辭，而不本於情，其體固已非古。况乎專尚奇難之字以爲古，吾恐其益趍於辭之末，而益遠於辭之本也。晦翁嘗論今人好用字，如讀《漢書》，便去收拾三兩個字。洪景盧較過人亦然，南豐尚鮮使一二字，歐蘇全不使一個難字，而文字如此好。則作者何必要用奇難字哉。（《古賦辯體》卷四，《四

庫》第1366册，第760—761頁）

【甘泉賦解題】　賦也。全是仿司馬長卿，真所謂同工異曲者歟！蓋自長卿諸人就騷中分出侈麗之一體，以爲辭賦，至於子雲，此體遂盛。不因於情，不止於理，而惟事於辭。雖曰因宫室畋獵等事以起興，然務矜誇而非詠歌，興之義，變甚矣；雖曰取天地百神等物以爲比，然涉奇狂而非博雅，比之義，變甚矣；雖曰陳古者帝王之跡以含諷，然近諛佞而非柔婉，風之義，變甚矣；雖曰稱朝廷功德等美以仿雅頌，然多文飾而非正大，雅頌之義，又變甚矣。但風、比、興、雅、頌之義雖變，而風、比、興、雅、頌之義終未泯。至於三國六朝以降，辭益侈麗，六義變盡而情失，六義泯盡而理失。噫，於此可以觀世變矣！（《古賦辨體》卷四，第761頁）

【羽獵賦解題】　賦也。賦尾有風，與《甘泉》諸賦同。然子雲之所謂“風”，與長卿之所謂“風”，蓋出一律，有非復《詩》《騷》之“風”矣。（《古賦辨體》卷四，第764頁）

【長楊賦解題】　問答賦。如《子虚》《上林》，首尾同是文，而其中猶是賦。至子雲此賦，則自首至尾純是文，賦之體鮮矣。厥後唐末宋時諸公以文爲賦，豈非濫觴於此。蓋賦之爲體，固尚辭。然其於辭也，必本之於情而達之於理。文之爲體每尚理，然其於理也多略乎其辭而昧乎其情。故以賦爲賦，則自然有情有辭而有理；以文爲賦，則有理矣而未必有辭，有辭矣而未必有情。此等之作，雖名曰賦，乃是有韻之文，並與賦之本義失之噫。（《古賦辨體》卷四，第766頁）

【西都賦解題】　此賦兩篇，亦一篇也。前篇極其眩曜，賦中之賦也；後篇折以法度，賦中之雅也。篇末五詩，則又賦中之頌也。昌黎曰：“詩正而葩。”子雲曰：“詩人之賦麗以則。”愚謂先正而後葩，此詩之所以爲詩；先麗而後則，此賦之所以爲賦。自漢以來，賦者多知賦之當麗，而少知賦之當則。苟有善賦者，以詩中之賦而爲賦，先以情而見乎辭，則有正與則之意爲骨；後以辭而達於理，則有葩與麗之辭爲肉。庶幾葩麗而不淫，正則而可尚，發乎情止乎禮義，是獨非詩人之賦歟？何詞人之賦足言也。此賦涉雅頌，猶有正與則之餘風，愚故於此意言之。（《古賦辨體》卷四，第769頁）

【反騷解題】　子雲少好詞賦，怪屈原文過相如，至不容而死，以爲君子得時則大行，不得時則龍蛇。遇不遇命也，何必沈身哉。乃摭騷文而反之，投諸江流，以吊原。晦翁雲雄固爲屈原之罪人，此文乃《離騷》之讒賊，他尚何説。愚謂雄之行，先賢辯之詳矣，然此文亦學者所當知，故録於此。（《古賦辨體》卷九，第842頁）

五、明代卷

宋　濂

【法言】　揚子《法言》十卷，漢揚雄撰，凡十三篇，篇各有序，通録在卷後。景祐初，宋咸引之以冠篇首，或謂始於唐仲友，非也。自秦焚書之後，孔子之學不絶如線，雄獨起而昌之，故韓愈以其與孟、荀並稱，而司馬光好揚雄學，且謂孟子好《詩》《書》，荀子好《禮》，揚子好《易》，孟文直而顯，荀文富而麗，揚文簡而奥。惟簡而奥，故難知。其與雄者，至矣！是《法言》者，爲擬《論語》而作。《論語》出於群弟子之所記，豈孔子自爲哉？雄擬之，僭矣。至其甚者，又撰《太玄》以擬《易》，所謂《首》《衝》《錯》《測》《攡》《瑩》《數》《文》《捝》《圖》《告》之類，皆足以使人怪駭，由其自得者少，故言辭愈似而愈不似也。嗚呼，雄不足責也，光以一代偉人，乃膠固雄學，復述《潛虛》以擬《玄》，抑又何説哉？余因爲之長嘆。雄之事，經考亭朱子論定者，則未遑及也。(《文憲集》卷二十七，《四庫》第1223册，第422頁)

葉子奇

【太玄本旨原序】　揚子作《太玄》以擬《易》，《易》之用二，而《玄》之用三。用二，故二其二以爲四，二其四以爲八，二其八以爲十六，二其十六以爲三十二，二其三十二以爲六十四也。用三，故三其三以爲九，三其九以爲二十七，三其二十七以爲八十一也。《易》凡六重之，故其爻六；《玄》凡四重之，故其位四。《易》畫則自下而上，自前而後，以☰乾一、☱兌二、☲離三、☳震四、☴巽五、☵坎六、☶艮七、☷坤八，八卦一貞八悔而互重之，故其究爲六十四卦。《玄》畫則自上而下，自内而外，以⚌一方一州、⚎一方二州、𝌁一方三州、⚍二方一州、⚏二方二州、𝌂二方三州、𝌃三方一州、𝌄三方二州、𝌅三方三州，九首三部三家而互重之，故其究爲八十一首。此《易》《玄》取用不同之效也。

《易》立天地人之道，曰陰陽、剛柔、仁義，故其畫不過於一奇偶之兩端。《玄》立天地人之道，曰始中終、思福禍、下中上，故其畫遂有𝌆一方一州一部一家、𝌮二方二州二部二家、𝍖三方三州三部三家之三體。蓋《易》以兩之，《玄》以參之也。《易》自《復》至《乾》爲陽，自《姤》至《坤》爲陰，此二至陰始陽生之機也。《玄》自《中》至《法》爲陽，自《應》至《養》爲陰，此亦二至陰始陽生之候也。《復》之初九，《姤》之初六，當二至晝夜子午之半。《中》之次六，《應》之次六，亦當二至晝夜子午之半。此則《易》之與《玄》應天之運也。

《易》則一正一反，對待而爲序；《玄》則跌陰跌陽，交錯而分家。《易》則爻多而卦少，由其畫止偶；《玄》則位少而首多，由其畫至三。至於遡流而窮源，自象而推理，則《易》有太極，《玄》則有玄也。是則用雖不同，而所同者體；數雖不同，而所同者理也。此則《易》之與《玄》可以類推而通者也。

雖然，《易》之儀象卦數，佈置錯綜，與天地造化無不合，由其理出於自然，此所以爲聖人之學。《玄》之方、州、部、家，分綴附會，求律曆節候而强其合，由其智出於臆見，此所以爲賢人之術。《易》之立象命名莫不有義，如《乾》之六陽，健莫如也，故以名《乾》；《坤》之六陰，順莫如也，故以名坤。天地交而爲《泰》，天地隔而爲《否》，一陽來而爲《復》，一陰生而爲《姤》，五陽决一陰而爲《夬》，五陰剥一陽而爲《剥》，以至六十四卦，莫不皆然。我不知《玄》之爲《中》、爲《周》、爲《礥》、爲《閑》，以至八十一首，其於四畫之位，果何所見以取象命名乎？

此求而未通者一也。

夫卦與首既不同爻，與位亦有異，徒擬《中》於《中孚》，擬《周》爲《復》，擬《礥》《閑》爲《屯》，吾不知何中之虛，何陽之復，何剛柔始交而難生，初無其義，此求而未通者二也。

夫《易》爻以立卦，辭以明爻，故爻有六而辭亦六。今《玄》畫有四，而贊辭反九，是上無所明，下無所屬，首自首而贊自贊，本末二致，此求而未通者三也。

《易》畫自下而上，故爻辭亦自下而上；《玄》畫自上而下，而贊辭乃自下而上。上下背馳，此求而未通者四也。

《易》名陽爻以九，陰爻以六。今《玄》雖列九贊，但以次言之，初無指名，此求而未通者五也。

《易》之爻位吉凶，推之以才德時象之變，錯之以中正剛柔之位，故可吉可凶，其法變動而不拘。今《玄》例以陽家一、三、五、七、九爲晝，措辭吉；二、四、六、八爲夜，措辭凶；陰家二、四、六、八爲晝，措辭吉；一三五七九爲夜，措辭凶。自始至終，一定不移，其法膠固而無變，此求而未通者六也。

聖人之於《易》，雖未嘗不致其扶陽抑陰之義，然陰陽者造化之本，不可相無。聖人於其不可相無者，則以健順仁義之屬明之，雖其消息之際，有淑慝之分，固未始以陽全吉而陰全凶也。今《玄》例以晝吉夜凶、陰禍陽福，恐亦未足以盡聖人之微旨。此求而未通者七也。

聖人仰觀俯察，見天地之間不過陰陽兩端而已，因畫一奇以象陽，畫一偶以象陰，奇偶之上，復加一陰一陽，馴而至於六十四卦、三百八十四爻，其於歲數雖不求其盡合，而自無不合。今《玄》首畫既不同，別立九贊，以兩贊當一日，凡七百二十九贊當一歲三百六十四日半，外立《踦》《嬴》二贊以當氣盈朔虛，雖於歲數盡合，蓋亦模仿於曆以附會焉，初未見其必然，恐彌綸天地之經，殆不如此。此求而未通者八也。

故朱子曰："《太玄》亦是拙底工夫。"豈不以此乎！雖然，不究六經之旨，無以見諸子之缺；不觀諸子之缺，無以見六經之全。如《玄》也，劉歆見謂覆瓿，則已甚之毁。桓譚比之聖人，則過情之譽。要之，雄蓋學聖人之作而未至者也。求之兩漢，又豈多得哉！蓋亦自成其一家之學也。今觀宋、陸舊注，尚多舛失，輒不揆而爲之解，雖膚見謏聞不足以窮《玄》之蘊奥，然於文義之近，亦或庶幾焉。然而雄也擬《易》於《玄》，有以傳其學；愚也索《玄》之旨，未免缺其疑。雖其固陋不能有以知《玄》，然亦不可謂後世無揚子雲也。今疏其所疑於卷首，尚俟來哲，以折衷云。洪武元年秋八月己未，栝蒼龍泉静齋葉氏子奇世傑謹序。（《太玄本旨》卷首，《四庫》第803册，第108—110頁）

【原道篇（節録）】　（朱子）書莽大夫揚雄死，所以病揚子也。然爲莽大夫者不知其幾。不書，又所以因貶而見褒也。（《草木子》卷二上，中華書局1959年版，第22頁）

楊　砥

【奏罷揚雄從祀】　（洪武）二十八年以行人司副楊砥言，罷漢揚雄從祀，益以董仲舒。（《明史》卷五十《禮志》，第1297頁）

壬申，行人司副楊砥上疏言："揚雄爲莽大夫，詒譏萬世，董仲舒《天人三策》及正誼明道之言，足以扶翼世教。今孔廟從祀，有雄無仲舒，非是。"上是其言，詔罷揚雄從祀，增祀董仲舒。（夏燮撰，沈仲九點校：《明通鑑》卷十一，中華書局2009年版，第478頁）

陶宗儀

【揚雄】　謂菽爲麥，大愚也；謂鹿爲馬，大奸也。揚雄以《法言》僭《論語》，以《太玄》僭《易》，當時諸儒，引春秋吴越之君比之，引春秋一王之法誅絶之，毋乃太甚。此正如兒曹斂容危坐以效老成，拜揖趨蹌以效賓主，羅㾾列瓦以效俎豆，長者見之，特一笑耳，何足深罪哉！惟符命之作，非大奸則大愚，清净寂寞者爲之乎。（《説郛》卷八下，《四庫》第876册，第406頁）

【崔駰宗揚雄】　崔駰《達旨》："譬猶衡陽之林，岱陰之麓，伐尋抱不爲之稀，蓺拱把不爲之數。"蓋宗揚雄《解嘲》："譬江湖之崖，勃解之島，乘鴈集不爲之多，雙鳧飛不爲之少。"（《説郛》卷十一下，第553頁）

張　適

【書反離騷後】　忠臣宗國豈同常，冠世文章日月光。可笑《法言》諛莽者，如何投閣比投湘。（《甘白先生張子宜詩集》卷四，《存目》集部第25册，第313頁）

方孝孺

【讀法言】　揚雄子雲《法言》十三篇，子雲爲此書，嘗自擬《論語》，而後世大儒或儕諸荀卿，其自儗者僭也。儕以荀卿者，亦非也。《論語》述聖人言行，猶天地之化。子雲方且竊之焉，雕鏤藻繪而蘄類之，其僭甚哉。然自聖人没，明道者莫尚於子思、孟子，彼荀卿者，乃攘袂訐斥，而詆生民之性爲惡，其妄孰甚焉？子雲則不然，措言持論，不敢違乎聖人。至其爲善惡混之説，及以韋玄成與顔子並稱，皆其不智而過言耳，非若卿之妄也。曰：子雲勝卿與？曰：否，卿才高而果於大言，故其過多；子雲才劣而篤於好古，故其過少。其未聞道，則一也。曰：好古曷事莽乎？曰：好古而不能擇義，則將奚所不至，故士貴乎聞道。（《遜志齋集》卷四，《四庫》第1235册，第136頁）

【與鄭叔度八首（節録）】　自漢以來，天下莫不學爲文。若司馬相如、揚雄，亦其特者，而無識爲已甚。夫屈原之《離騷》，憂世憤戚，呼天目鬼神自列之辭，其語長短舒縱，抑揚闔闢，辯説詭異，雜錯而成章，皆出乎至性，忠厚介潔，得風人之義。然務以忠情達志，非拘拘執筆凝思而爲之也。至於其徒，寖失師意，流於淫靡。而相如與雄復慕而效之，窮幽極遠，搜輯艱深之字，積累以成句，其意不過數十言，而衍爲浮漫瑰怪之辭，多至於數千言，以示其博。至求其合乎道者，欲片言而不可得，其至與澤中之夫何異哉？自斯以後，學者轉相襲仿，不特辭賦爲然，而於文皆然。迨夫晉、宋以後，萎弱淺陋，不復可誦矣。人皆以爲六朝之過，而安知實相如之徒首其禍哉？（《遜志齋集》卷十，第299頁）

【雜詩】　好名未知道，古人有揚雄。著書欲傳世，不暇修厥躬。聖言德之餘，屈伸與天同。哀哉大節廢，豈足稱固窮。（《遜志齋集》卷二十三，第683頁）

潘昂霄

【擬箴之始（節録）】　箴者，諫誨之辭。若箴之療疾，故名箴。《文心雕龍》曰：夏商二箴，餘句頗存。夏箴見於《周書・文傳篇》，商箴見於《吕氏春秋・名類篇》。周辛甲爲太史命，命百官官箴王闕，虞人掌獵爲箴。漢揚雄擬其體爲《十二州、二十五官箴》，後之作者，咸依仿焉。（《金石例》卷九，《四庫》第1482册，第360頁）

吴　訥

【甘泉賦解題】　雄仕漢，爲給事黄門郎。新莽纂位，雄遂臣之，以耆老久次轉大夫，獻《劇秦美新》文以媚莽，得校書天禄閣，死於莽朝。此賦乃爲郎時獻成帝者，雄雅好奇字，人或載酒從問，故賦中難字最多。厥後《靈光》《江》《海》等賦，皆以用此等字爲體，然賦之爲古，亦觀六義所發何如耳，豈專尚奇難之字以爲古哉？至其辭則全仿司馬長卿，真所謂同工而異曲者，蓋自長卿諸人就騷中分出侈麗之一體，以爲賦至子雲，此體遂盛，不因於情，不止於理，而惟事於辭，而流於淫矣，先儒謂

雄晚年亦自悔，噫！（《文章辨體》卷三，《續修》第1602册，第199頁）

盛景季

【太玄本旨序】　理之寓乎書者，莫備於《易》。陽奇陰偶，畫而成卦。聖人因其自然之理，見乎辭以成文，非有意於己也。孔子没，孟氏之學不傳，諸子百家各務售其己説。漢興百五十有餘年而後揚雄氏出焉。

雄之爲人也，博學多聞，而能反求乎清静，其心有夫《易》道之大而未可以《易》言，故欲自成一己之書，明其自得之理，以淑於人，以傳於後，《太玄》於是乎作焉。雖然，《太玄》準夫《易》者也，方、州、部、家，固亦陰陽奇偶之理也。以方、州、部、家析而爲一二三四，推而至於八十一首，抑亦理之所寓者乎。其義幽深而不涉於虚無，言奇要而不淪於功利。本之以數以發其微，體之以心以驗其實，其亦隱然有見哉！自孟氏没，能繼理學於久絶，必欲傳世而行遠者，揚氏也。不然，君子之論學，何以曰"孟軻氏云""揚雄氏云"？

栝蒼葉君世傑，注《太玄》之書，闡晦以爲明，析難以爲易，蓋能究夫《玄》之旨矣。世之病夫《玄》者，以其擬夫羲文周孔之《易》而爲僭也。嗚呼，秦漢以來，朝廷之誥命必擬乎《詩》，節文損益必擬乎《禮》，褒貶紀述必擬乎《春秋》，然則爲理數之學者，君子將何所擬耶？有其學則有其言，學有深淺，故言有遠近，其或言之至而行不盡者，知之明守之不固也，故曰"君子不以人廢言"。大明洪武二年春正月望日，新昌盛景季謹序。（《太玄本旨》卷首，清末東海藏書樓抄本）

薛　瑄

【讀書録（節選）】　聖人未嘗有自聖之心。後世儒者，未有所至即高自品置。如揚雄之《法言》，王通之《續經》，皆以孔子自擬也。二子非特不知聖人，亦不自知爲何如人矣。自今觀之，豈能以逃識者之鑒！（《薛文清

公讀書録》卷一，三晉出版社2013年版，第695頁）

揚雄年四十餘，自蜀來遊京師，大司馬車騎將軍王音奇其文，召以爲門下史，薦雄待詔。歲餘，奏賦爲郎，給事黄門，與王莽並。其後卒爲莽臣，而死於其世。是其進也以王氏，終也以王氏，大節之虧，有自來矣。（《薛文清公讀書録》卷三，第740頁）

荀卿之託身黄歇，揚雄之失節莽賊，皆非“知幾”者。子曰：“邦有道，危言危行；邦無道，危行言孫。”其“知幾”乎！（《薛文清公讀書續録》卷一，三晉出版社2013年版，第896頁）

盧　格

【揚雄反騷辯】　或問：“揚雄作《反騷》，何也？”曰：“此雄之愧辭也。雄爲漢室耆老，值王莽篡位而不能死，於是撫騷文而反之，所以□其慚爾。序曰：‘雄怪屈原作《離騷》，自投江而死，讀其文未嘗不流涕，以爲君子得時則大行，不得則龍蛇，遇不遇命也，何必沉身哉。’吾意雄之流涕，豈爲原哉？蓋其北面賊廷，悲慙滿腹，欲隱不可，欲死不能，故因原而流涕爾。其辭曰：‘懿神龍之淵潛兮，竢慶雲而將舉。亡春風之被離兮，孰焉知龍之所處。’夫原溺死之後，楚尋破滅，何有所謂潛居待雲者耶？此雄韜晦隱忍，期漢復興，特借原而寓意爾。是故賈誼之文，傷已志也；揚雄之文，釋已慚也。名曰吊原，皆非爲原也。嗚呼，忠臣事君，有死無二。雄不能死，雖流涕反騷，庸何補其行之虧乎？厥後荀彧飲藥自殺，范質不請謚、不立碑，同一釋慚也。學者察之。”（《荷亭辯論》卷五，《存目》子部第101册，第510頁）

【夢遊清都記——論通鑑綱目春秋傳得失】　弘治庚申七月既望，陽秋子讀《通鑑綱目》，至“莽大夫揚雄死”，撫卷嘆曰：“嗟乎，雄爲漢室耆老，乃北面事賊，向非朱子特書大書，則夫紹孔過孟之稱，後世寧不信乎？”嘆已，復讀三國六朝隋唐諸史，玩味書法，窮究旨歸。

夜闌疲極，方褰帷就寢，忽夢身能輕舉，上游清都，光明奪目，寒氣逼人，金殿嵬峨，祥雲縹緲。中有王者，秉圭南坐，侍從百餘人，皆垂紳正笏，東偏一室，榜曰“聚賢堂”，宋儒程朱冀列坐其内。既而一人，自稱揚子雲，謂陽秋子曰：“彼面有七星者爲誰?”曰：“紫陽朱夫子也。”“其朱熹耶?”曰：“然。”曰：“吾甘心久矣，願一見之於是。”揖而問曰：“子作《綱目》，繼《春秋》，果能盡合《春秋》之旨乎?”朱子曰：“顧學力不逮爾，其義則熹竊取之矣。”揚子曰：“智者千慮，必有一失；愚者千慮，必有一得。請以子之所作，面加評論，可乎?”朱子曰：“唯唯。”曰：“三代而下，惟漢得天下爲正，誅無道秦，討逆賊羽，傳群寬厚，世無失德，王莽欺孤弱寡，酖平帝而奪之，《綱目》一則曰莽，二則曰莽，誠得《春秋》討賊之法矣。顧後如莽者，比肩接踵，子之書法或嚴或恕，何也?”朱子曰：“願聞其略。”曰：“東漢末，天子蒙塵，群雄鼎沸。曹操假削平之功，因行篡奪。厥後司馬懿、劉裕弑君篡國，相望於册。《綱目》一則曰主，二則曰主，豈以三子篡事有成而末減其罪乎?”朱子曰：“不然。王莽起自外戚，赤手而奪之。三子雖畜無君之心，然有大功於天下，徘徊窺伺積數十年，心跡雖同，時事則異。苟一例而書之，則無輕重之别矣。”曰：“姑置是他論，後世楊堅相周，非外戚歟?不期月而奪之，非赤手歟?厥嗣楊廣，不道尤甚，有父之親，有君之尊，躬行弑逆，罪惡滔天，《綱目》一則曰帝，二則曰帝，抑别有説歟?如雄者，恬於勢利，好古樂道，欲以文章成名來世，作《太玄》，作《法言》，用心於内，不求於外，不幸值莽篡立，不能遁跡邱園，亦不過紓一時之禍爾。《綱目》大書‘莽大夫揚雄死’，予實恨焉。然以子非有私仇，特欲爲萬世扶綱常爾。及觀魏之賈充，隋之楊素，倡謀弑君，乘危取寵。唐之李勣、李林甫輩，懷奸稔蠹，誤主喪邦，計其罪惡，百倍於雄。《綱目》例以卒書，豈亦有他故歟?”朱子默然良久，曰：“子言良是，予始慮未及爾。子如别有長識，願終受教，可乎?”曰：“昔夫子作《春秋》，專欲明人倫，正本始，尊君父，討亂賊，貴王賤伯，内夏外夷，經世大法，無所不具。諸傳穿鑿附會，枝詞曲説，使聖人作經之旨湮塞不通，子求其一而法之，則得之矣。今《綱目》中如帝蜀漢，黜曹魏，曹丕廢帝，司馬懿弑君，繫嗣聖之年，黜武氏之號，帝在房州，帝出奔蜀之類，大書其綱，分注其目，褒善貶惡，命德討罪，俱發前賢所未發，深得聖人《春秋》之旨，予復何辭。然有未盡善者，願子幸爲改正，垂法將來，斯其美矣。大抵作史之法，當以君爲首，臣與事爲輔。每帝即位，必當列爲篇名，其下細書諱某字，某某帝第幾子，在位幾年，一如《春秋》十二公之法。及其終也，備載史臣褒貶之辭，以示勸戒，則得《春秋》之旨矣。今子不然，故未盡善。又如正統之君，惟當原其得國之正，不當計其混一之功。唐虞三代無容議矣，降自漢唐宋，雖未能純乎天理之公，而其救民之志不可誣也。附以正統，亦合人心。秦晉及隋，雖能混一，然或以詐力得之，或以篡弑得之，天理不順，人心不服，今當别立變統之法，以示萬世之公義。正統之君，全用天子之例。變統之君，參用僭國之例，則得《春秋》之旨矣。今子不然，亦未盡善。二者，其大略也。若夫枝條節目，開闔變通，惟在隨時損益，吾亦不能瑣瑣。”朱子曰：“願子終《春秋》之教。”曰：“聖人作經，大旨不過如前所云。諸傳各立異説，固非一言可盡。吾欲子别立一書，折衷諸傳，其合於聖經者則取之，背於聖經者則去之，得失相半者則損益之，二三其説者則删定之，名曰《春秋集傳》。使聖人經世大典，炳如日星，學者一覽，具見要領，則子之教化施於無窮，予亦託於不朽。”朱子曰：“熹平生不敢注《春秋》，各經則嘗究心矣。”揚子曰：“不然。各經者，夫子之空言也。《春秋》者，夫子之行事也。空言獨能載其理，行事然後見諸用。故曰‘我欲載諸空言，不若見諸行事之深切著明也’。方今大明當天，萬理畢照，獨《春秋》一經爲諸傳所蔽，以故初學懼焉，讀者益少。吾恐數年之後，將絶學矣。子擅著述之柄，獨不爲世道一慮乎？”朱子曰：“先正胡康侯作傳，宋高宗頒行天下，後世因之。我今雖欲改作，其道無由也。”揚子曰：“不然。天下莫大於理，理之所在，天子亦屈尊以就之。矧胡傳長處甚多，吾惟以理一之爾。子如聽吾言，吾當上啓九重，百拜請命，給爾明經十人，共成此書，嘉惠後學，子宜深潛反復，不可草草也。”於是朱子撫然，曰：“吾初讀《法言》卒章，《劇秦美新》之文，誠有不足於子。今觀子之所藴，深得洙泗真源，熹何敢不敬承明訓。”揚子曰：“子未知我，宜乎罪我。三世不徙官，晏如也，豈假是以希進乎？王莽窮兇極惡，無罪破滅者數百家，竊以文章名世，不得不婉詞以紓禍爾。予謂漢興二百一十載而中天，後光武中興再二百年，予之前知，非卜筮也。子若能知此理，寧目我爲莽大夫哉？”言訖而去，朱子悵望者久之。

已而鐘鳴漏盡，陽秋子覺而異焉，告其友人盧子。盧子曰：“晝之所思，夜之所夢。子終日遊心經史，精神感格，故應之於夢爾。”曰：“不然。事甚分明，言猶在耳，子急爲我記之，否則忘矣。”盧子因命毛穎書之。（《荷亭辯論》卷八，第529—531頁）

丘　濬

【論上書諫勿許單于朝】　臣按，揚雄此書，前漢所以處匈奴者，備於此矣。但其所謂單于歸義，陳見於前，以爲乃上世之遺策，神靈之所想望則過矣。夫荒服之外，禮教所不及者，聖王所不臣。必欲使冠帶以列位，稽顙而來朝，以此爲遺後之策，以此爲足以慰神靈之想望，是乃秦皇漢武誇大喜功之私心，非帝王大中至正之道也。（《大學衍義補》卷一百四十八，《四庫》第713册，第704—705頁）

周　瑛

【揚子雲書院記】　蜀讀書稱揚子雲氏。子雲，鄭夾漈《通志》謂蜀成都人，班固《漢書》謂郫人。按，子雲《自序》謂其先出周伯僑氏，食采於晉河汾，號楊侯。晉六卿争權，逼之，乃去晉逃楚，家於巫山。既而遡江處巴，繼又遡江處岷山之陽曰郫。則子雲固郫人，而成都縣中有洗墨池，意其讀書僑寓之所也。

子雲仕漢，當成、哀、平間，官不過爲郎。其學師承未有所考，或謂參摹四方渾天之事，得諸嚴君平，未知是否。其所著書有《太玄》《法言》《訓纂》《州箴》《解嘲》，及有《反騷》《廣騷》《畔牢愁》《甘泉》《河東》《校獵》《長楊》等賦。子雲没後，《法言》盛行於漢，其《太玄》至宋司馬公始爲之注，外此未有好之者。皇明繼宋而興，以儒術治天下，其教學者以《易》《書》《詩》《春秋》禮樂爲宗，以《語》《孟》《庸》學爲要，以濂洛關閩諸論説爲羽翼，若《太玄經》等皆不列於學官，故揚氏之學益微。子雲於西土，豪傑之士也。漢武帝好辭賦，司馬相如輩挾其所業以進，大見寵倖。子雲初雖有所慕羡，終覺其非是。乃退而自守，寂寞清静，留心《太玄》，以成一家學。可謂高出等夷矣。惜其擇義不精，失身所事。《綱目》以爲貶，君子雖重加愛護，而終不能掩其失也。予每見韓昌黎氏以孟軻、揚雄、荀卿並稱，間又曰孟氏醇乎醇，荀與揚大醇而小疵，則揚氏之學，當在孟氏下，與荀氏並駕。至於司馬相如輩，則非所論也。

子雲没千餘載，郫人張伯明氏爲作書院於郫，書院前爲堂，堂左右爲夾室，夾室之南爲廡，廡南爲門，堂之北爲樓，樓制高亢弘敞，每開軒四望，則岷嶓諸山左右環繞，而汶江前水交流其中，而子雲所著《益州箴》歷歷可考。既又多購書庋置樓上，將使其族與其鄉子弟講習讀誦，遡子雲舊緒，仄諸醇而益大之。其用心良厚矣。張氏在郫爲族最蕃，先自河南徙郫，至伯明委身蜀王府爲承奉正，王以其忠誠，呼曰宋景，故又别稱宋景。平日樂爲義事，雖費巨萬，無靳惜意。如宋潛溪謫死於蜀，乃以其所營壽藏處潛溪。秦李冰鑿離堆引江水内注，其經於郫，雖資灌溉，未免病涉。乃伐石爲梁，極其壯麗。行者稱便，至是復作子雲書院，其表章先賢之心，勸率後學之意，至矣。予在蜀時，嘗識伯明，及奔母喪東歸，伯明遣人來索記。因述予所見，並爲之書。（《翠渠摘稿》卷三，《四庫》第1254册，第780—781頁）

李東陽

【美新嘆】　昭陽禍水噴火滅，賊莽勢熾哀平折。宫中臘日椒酒芳，金縢策秘符命昌。漢家老婦不姓吕，猶握漢符爲漢主。遺民獨有龔勝存，餓死不入新都門。美新大夫那肯死，元是五侯門下史。（周寅賓、錢振民校點：《李東陽集》卷一，岳麓書社2008年版，第29頁）

王廷相

【策問】　問：自孔子《春秋》以還，異端横起：執刑名者，竟二世以亡秦；倡虚無者，卒五胡以亂晉。兹皆邪僻，離畔大道，不待誅罰而知其非者也。其間著書持論，本之仁義禮樂，遡由洙泗者，未有過於荀卿、揚雄、王通、韓愈之流。故儒者之論，於荀則曰，其書羽翼《六經》，增光孔子，非徒諸子之言焉；於揚則曰，折衷聖人，以求道之極致，故其著書，所得爲多；於王則曰，世人以其議論附會成書，其間極有格言，荀揚所不能道；於韓則曰，排斥二家，撥亂反正，功齊孟子而力倍之。由是論之，則四子者，皆有功於孔子之道，而在所取矣。

自今讀其書而究之，則有不然者。人性之善，由天賦之本然也，則曰惡；聖人制禮，本人情之自然也，則曰僞；子思孟子，大賢也，比於十二子而非之；不有叛於聖道乎？以三起數，作《玄》準《易》，非天地之自然也；校書天禄，劇秦美新，非大丈夫之事也；不有背於聖人乎？《中説》問答，竊效《論語》；《六經》續纂，僭擬删述：不幾與孔子之門，並立赤幟乎？佛骨之表，似也，廣大深迴，太顛之説安可信？推尊孔子可也，尚同兼愛，孔墨之道安可同？不幾於宗廟之美，未得其門乎？

夫四子之可疑者如此，而諸儒之論如彼，將何所適從乎？學者誦習古人之書，以爲適道之準，使不明稽詳辯，以求至當而守之，亦非善學道者也。諸生以爲何如？（王孝魚點校：《王廷相集》卷三十，中華書局1989年版，第545頁）

【集義明道並行】　君子平生惟義是集，則於天下之事固無不敢爲者矣。然亦有懾於禍患，惜其生命，而自私之心勝於義者。此在古今之人頗多，豈可謂集義之人便能一一敢爲？此僕所以著其不明諸道而爲鄙吝之心所奪也。揚子雲平生守義，不汲汲於富貴，不戚戚於貧賤，不修廉隅以徼名，家無儋石之儲，晏如也，非其義，雖富貴不事也，是以二十年執戟不遷，謂曾行一不善乎？直以懾於禍患而鄙吝自全之心勝，故俛首於莽賢之間，而終不能死義，豈非道理猶欠明快，而蝕其平生所守之義乎？先儒云："揚子雲明哲煌煌"，彼何曾見得？正謂此也。（《王廷相集》卷三十七，第667頁）

【雅述篇（節録）】　從祀孔庭者，爲其有功於斯道也。七十子不論其功與否，並皆祀之，此開元議禮者之無識也。見於經者，十哲之外猶有議焉，况姓名不著於當時，事跡無聞於方册，而儼然享祀，於義何居？又况公伯僚、叔孫武叔毁仲尼者乎？秉禮者，此當置議可也。七十子之次，歷代推以從祀者，又三十餘人焉，亦取其羽翼聖經之功故耳。雖然，必其道德不叛於仲尼之門而後可。今觀馬融附梁冀，代草以誣忠良之死，雖能傳經，人則邪類矣。揚雄貪生保禄，不恥事莽；吴澄爲宋貢士，忍心事元，此皆干犯名教，戾夫君臣之義，非聖人之徒也。韓愈刻意文詞，戲弄自居，本非有道之士，乃以竊附程、朱之列，不相類合。邵子假四時定局，作《先天圖》以明《易》，皆非《易》中所有之本旨；排甲子死數，作《經世書》，以明天人之究，殊非天道人事之自然，此實異端，竊附儒者。觀二程與之居洛二十餘年，未嘗與之言學，可知矣。今融、雄與澄並皆除黜，而韓、邵尚存，此足以闇道真，尤不可不置議者也。

揚雄《反騷》云："溷漁父之餔歠兮，潔沐浴以振衣；棄由聃之所珍兮，蹠彭咸之所遺。”此以明哲保身責原也。膠柱而不時措於道，其雄之謂乎？在平世君臣之時，或不得行其志，或被讒賊構陷，先幾而退，此義之當也。原之時，何時耶？宗國危阽，義不可去，懷沙雖過，近比干之仁矣。雄不達此，獨以保身爲哲，而不論其時義之可否，是故賊莽篡竊，君臣顛覆，猶强顔於朝列而不恥，與禽獸失其群主，終死而不儷於他類者，不如矣。豈非臣道之大亂乎？猶曰“明哲煌煌，旁燭無疆”，其所旁燭可知矣。（《王廷相集·雅述下篇》，第 871—872 頁）

孫　緒

【論揚雄仕莽】　豫讓曰：“范中行以衆人遇我，我以衆人報之。智伯以國士遇我，我以國士報之。”晏子不死齊莊公之難，曰：“君爲社稷死則死之，若爲己死，非其私暱，誰敢任之。”及崔杼、慶封盟國人於太宫曰“所不與崔、慶者”，晏子曰：“嬰所不唯忠於君利社稷者是與，有如上帝。”其以身殉國有如此，特不以殉莊公耳。晏子之心，即豫子之心也。揚子雲親踏王莽之變，退其身於下位，不與高位者同。抱道没齒，揚子之心即晏子之心也。豫子、晏子，人不以爲非。揚子獨得罪於萬世人，固有幸不幸耳。至於《劇秦美新》之作，頌述新莽功德，是固其避禍不得已而作。然其中亦有深意。所言配五帝、冠三王，開闢以來未之有，然特優於暴秦而已。此特視莽爲兒戲，而姑以謔之。世人遂目爲諛佞，所謂癡人前不得説夢也。使雄果爲諛佞，撰符命以邀爵位，當與國師公同列，豈窮困若此乎？（《沙溪集》卷十一，《四庫》第 1264 册，第 590 頁）

【論伍子胥及揚雄】　伍子胥父兄被囚，逋逃不顧，爲忍心、爲不孝。鞭平王之墓，爲不忠、爲不義、爲狠戾。事楚不終，事吴又不終，寄子於他邦，陰結弑君之賊以自便，諫不行不能去，爲無節，爲乾没不知止跡，其大間無一可人意者，千古稱頌不止。揚子雲三世不徙官，其人沉静恬淡可知，徒以王莽之篡不能死、不能去，及《劇秦美新》之作，足爲一眚。然比之子胥，其失甚尠。自朱子一筆，子雲遂爲名教罪人，無一人爲别白者，其故何也？子胥麄猛武人耳，子雲問學造詣，誇越千古，人人嫉而抑之，理固然也。（《沙溪集》卷十二，第610頁）

【司馬光論太玄】　王通著書，事事欲學孔子，故人以爲僭。王莽在位，制誥之類，事事欲學堯舜，而人不甚非之者，其人不足責也。邵康節最敬程子兄弟，至其子伯温，乃大不然，且謂程《傳》膚淺鄙陋，不足以知《易》。其平生景仰而畏服者，獨揚子雲而已。又曰，康節亦嘗稱《太玄》可與三《易》相軋。今《太玄》固在，誠亦邃於理數，果能與《易》相軋乎？至司馬公論《太玄》曰："孔子既没，知聖人之道者，非子雲而誰？孟與荀殆不足擬，况其餘乎！觀《太玄》之書，明極於人，幽盡於神，大包宇宙，細入毛髮，合天地人之道以爲一。剖其根本，示人所出。胎育萬物，而兼爲之母。若地履之而不可窮，若海挹之而不可竭。考之於渾元之初而已生，察之於當今而非《玄》不行，窮之於天地之季而《玄》不可忘，叩之於萬物之情而不漏，測之以鬼神之狀而不違，槩之以六經之言而不悖。藉使聖賢復生，必將釋然而笑，以爲先得已之心矣。"此全是學皮日休《孔子廟碑》所謂"後天地而生，知天地之始；先天地而没，知天地之終"等語，誇大過之，好尚一偏，許與遂過，當賢者不免也。（《沙溪集》卷十四，第629頁）

唐　錦

【論太玄】　揚子雲作《太玄》以擬《易》，先儒已有屋上架屋之誚。予嘗得而讀之，皆拘拘於句法之蹈襲，字訓之模仿。信乎其不作可也。

《易》以八爲數，推之而爲六十四。《玄》以九爲數，轉之而爲八十一。《易》有元、亨、利、貞，《玄》有罔、直、蒙、酋、冥。《易》有《彖》，《玄》有《首》。《易》有爻，《玄》有贊。《易》有《象》，《玄》有《測》。《易》有《説卦》《序卦》《雜卦》，《玄》有《數》，有《衝》，有

《錯》。《易》曰“雲從龍風從虎”，《玄》則曰“風識虎雲知龍”。《易》曰“闢户之謂乾，闔户之謂坤”，《玄》則曰“闔天之謂宇，闢宇之謂宙”。其他率多模擬，亦何取於《玄》哉。及讀桓譚《新論》，又知一三九之數，亦老子之緒餘也。而張衡謂其與《五經》相擬，陸績、宋衷、范望、王涯之徒，尤酷嗜之。温公至謂叩之以萬物之情而不漏，測之以鬼神之狀而不違，概之以六經之言而不悖。是皆溺於所好，未得爲公論也。（《龍江夢餘録》卷一，《續修》1122 册，第 329 頁）

陸　深

【國學策問五首（其一）】　問：賞善罰惡，天子事也。孔子作《春秋》，借其權以行事，論者謂徒託之空言，不知空言果何補而至今存也？迨宋朱子之作《綱目》，論者謂以繼《春秋》之絶筆。然於漢書莽大夫揚雄死，於晉書徵士陶潛卒，固賞罰之事與？不知於《春秋》之旨同乎？異乎？請著於篇，用觀所藴。（《儼山集》卷三十三，《四庫》第 1268 册，第 208 頁）

崔　銑

【士翼（節録）】　司馬公，大賢也。而明未融焉，是故疑孟子尊揚雄。（《士翼》卷一，《四庫》第 714 册，第 467 頁）

揚雄之《法言》，知尊夫子矣，然無能發夫子之學。徒慕其號之高，豈所謂能言距楊墨者，亦聖人之徒與。（《士翼》卷三，第 500 頁）

劉向事君，可謂反復諫之而不聽，忠之至也。始困於石顯，終困於王氏。其介不易。前人優揚雄而劣向，吾不知其取捨也。（《士翼》卷三，第 505 頁）

孟子言必稱堯舜，學則願孔子。下而揚雄著述必準經，大哉志也。後之人，安於卑陋，言及聖人若神明之不可扳，萬事皆苟就而已矣。（《士翼》卷三，第 508 頁）

劉向之所纂博而雜，揚雄之所摹簡而晦。向以救時，雄欲成名。厥心公私判矣。(《士翼》卷三，第508頁)

徐禎卿

【反反騷賦】　昔揚雄作《反騷》，論者多過之。余閔原之含忠隕鬱，且復獲謗，遂援筆慷慨，賦《反反騷》，詞曰：

稽印氏之攸肇兮，累楚均之遐軆。矦帝頊之流胤兮，承靈澤之汪澈。夙陳力於皇軌兮，歆仁朗之所廬仄。仰吾均之潔修兮，羌引軀以伏義。播昌烈之赫熤兮，集衆芳之菲菲。憤遭世之眊濁兮，雜紛揚於江之汜。在炎漢之微季兮，孰臨岷而悼均。投束藻之欲麗兮，何理屈而誹深。冤志而抑道兮，冀披誦而有明。唯帝監之孔嚴兮，敢黨族而誣貞。爰均幼志於粹清兮，乃中情之獨與。謇厲節以植身兮，憙浩蕩之修譽。進亹亹於中行兮，恐日月之彫邁。準前修以共蹈兮，違先時而逆敗。約性行以赴榘兮，經五常以綴佩。靈修謂其允淑兮，目成歡而棄妃。夫均既沐其昵澤兮，又信言之噲噲。羌中路而遷好兮，寧余心之有介泛。光華之的皪兮，衆睊睊而妒之。何有懼讒與招慝兮，排蛾眉而錯之。揚蕙服之芬鬱兮，遭紛娟而幽毀。寧遭幽以迸斥兮，敢詭污而合穢。鳳凰翔林而掛網兮，龍行陸而困蟻。爲鳳凰龍豈無知兮，亦處身之多虞。所貴賢者之韞玉兮，不迷邦而遐舉。哀宗社之不長兮，比干皇皇而不忍去。世蔑復以相明兮，心耿耿以無從。涉湘波以南遡兮，昭均心之確忠。俗叢蕭而鄣蘭兮，實重華之所醜。効精白以殞軀兮，自先聖之所厚。奉靈氛之玄筵兮，申以巫咸之嘉告。覽九州以求匹兮，寧閨容之有淑。測神占其未然兮，豈均曾好此詭疑。諗從人以辱義兮，不如赴身於淤泥。餐秀芬以介齒兮，竟河清之難俟。違苟生以保譽兮，夫何悔於九死。泛浮雲之翳翳兮，晦沈茫其曷排。陽陵微而渝度兮，晨北風又雨霾。精徘徊而不去兮，憑拙誠其未爽。人情重於捐故兮，冀白日之回光。懷薜蘿與杜蘅兮，時不與其有芳。雜緄拉以揚波兮，馥烈烈其彌章。精氣通於至清兮，神髣髴以憑虚。駕玉虯與雲驂兮，訪太素之舊廬。聞至道其可承兮，欽均誠之匪懈。舍佚遊以自湛兮，夫何以訹其好怪。昔貞士之蒙佞兮，憤伏彜而靡悔。務光沈於淵瀨兮，將惡浮埃之霏霺。忠賢忉切以苦身兮，蓋有隱於隳祚。躔三仁之所裁兮，見嘆譽於孔父。獨耿耿而覯侮兮，曾吾均之所尤。曰印愬之惟詖兮，騈執正於陽侯。（《迪功集》卷五，《四庫》第1268册，第763—764頁）

顧　冶

【再答仲達論二李（節録）】　孔公號至聖，乃其《易繫》《魯論》，了無聱牙處。揚子雲少作《解嘲》《校獵》諸篇，自是妙語。老不曉事，始悔雕蟲末技，壯夫不爲。規《易》以《太玄》，規《論》以《法言》，斤斤孔公咳唾，若編韋再絶而壇杏再花也者。《太玄》僕不解爲何等書，自其時人已覆瓿視之。《法言》持論豈不最善，恐效顰里婦，衹益醜西家無爲也。（《明文海》卷一百五十七，《四庫》第1454册，第645—646頁）

吕　柟

邦儒問："程子曰：'漢儒近似者三人：董仲舒、毛萇、揚雄。'夫萇視仲舒已不敢望矣，子雲何足道？"曰："《法言》《太玄》，其言似亦有可取者耳。但身已失矣，言辭説他怎的！"（吕柟撰，趙瑞民點校：《涇野子内篇》卷十四，中華書局1992年版，第138頁）

漢儒如毛萇、董仲舒最得聖賢之意，然見道不甚分明，下此即至揚雄，規模狹。道即性也，言性已錯，更何所得。

釋：董仲舒似分明矣，然仲舒遇驕王而化，毛萇遇獻王而行。揚雄當王莽而仕，其説性若不錯，亦難與毛、董倫也。（吕柟：《二程子鈔釋》卷一，《四庫》第715册，第112頁）

漢儒近似者三人，董仲舒、大毛公、揚雄。伊川語。

釋：三人仲舒尤近似，毛公次之，雄何足道。（《二程子鈔釋》卷二，第 133 頁）

揚雄去就不足觀。如言明哲煌煌，旁燭無疆，此甚悔恨。不能先知，遜於不虞，以保天命，則是只欲全身也。若聖人先知，必不至於此。必不可奈何，天命亦何足保耶？問《太玄》之作如何？曰：是亦贅矣。必欲撰《玄》，不如明《易》。邵堯夫之數似《玄》而不同，數只是一般，但看人如何用之。雖作十《玄》，亦可況一《玄》乎。

釋：雄未能立德而先立言，故文雖工，無用也。

荀卿才高，其過多；揚雄才短，其過少。韓子稱其大醇，非也。若二子，可謂大駁矣。然韓子責人甚恕。

釋：荀卿之過，言多於行；揚雄之過，行多於言。荀猶優乎？（以上《二程子鈔釋》卷四，第 173 頁）

胡纘宗

【僭經仕莽】　揚雄僭經，謂之不知《易》可也。王通擬經，謂之不知《書》可也。然文中子自是儒者，若雄之仕莽，則學而仕，仕而叛經矣，不可以儒名矣。荀卿言雖有疵，然獨尊孔子，故謂之大醇。若列禦寇，若莊周，言皆出於老子，異端之傑然者歟，然與揚，其文皆不可及，而王更多格言。（《願學編》卷上，《續修》第 938 册，第 413 頁）

【揚雄附莽】　莫不曰揚雄附莽，故曰莽大夫雄。然馬融嘗附冀矣，蔡邕嘗附卓矣。夫融、邕皆工文學，而以儒稱，是皆何心哉。然則殺李固、杜喬者，非融邪？而王允被譏於邕，亦不能無憾焉。但視融小有間爾。（《願學編》卷下，第 444 頁）

周　琦

【揚子書】　天地間無物無理，亦無物無數，其理與數，何嘗外乎陰陽？若羲、文、周、孔以及周、張、程、朱，皆能發理之秘，而數亦無不該。後世子雲之《太玄》、邵堯夫之《皇極經世》、蔡季通之《律吕新書》、蔡仲默之《洪範皇極》，皆祖伏羲之先天、文王之後天，以發乎數之秘，亦理無不該，而天下之事物兆焉。《太玄》則一而三，三而九，九而二十七，二十七而八十一。《洪範皇極》則一而三，三而九，九復九而八十一。《太玄》《洪範》各以九極其法，加三倍也。《易》則自一而二，二而四，四而八，八復八而六十四，其法則爲加一倍焉。《太玄》《洪範》皆擬《易》而作，觀此可見天地間無物無數，無數無理，隨起而隨合也。（《東溪日談録》卷十二，《四庫》第714册，第227—228頁）

鄭　瑗

【評諸子】　仲舒本原處勝賈生，賈生用處却勝似仲舒，揚雄、韓愈體用俱欠，王通有體有用，但粗淺耳。董、賈之言却是從胸中流出，韓子力追古作，雖費力而不甚覺。揚氏《法言》，王氏《中説》，所謂刻木爲鵠者也。（《井觀瑣言》卷一，《四庫》第867册，第236頁）

【論揚雄之説】　揚子雲擬《論語》作《法言》，未須論其意義深淺，但考其辭語，亦足見其故爲險難痕跡，不可掩矣。《論語》無意爲文，而自粲然成文，故不厭語助字之多，如“女得人焉耳乎”六字爲一句，而助字處其半，“夫子之求之也，其諸異乎人之求之與”十五字爲二句，而助字處其九。而《法言》“乖離諸子圖徽”“螽迪檢押”“弸中彪外”“雉噫”等語，至不可屬讀。《論語》云“請問其目”，而《法言》但云“請條”。《論語》或問子産、問子西、問管仲，三問字繁而不殺，自是文理當如此。而《法言》中或問霍光、王翦、竇嬰、灌夫、聶政、荆軻，但曰霍、曰翦、曰竇灌、曰政也軻也，豈復成文理哉？此類不可勝數，識者觀之，不獨《太玄》可覆瓿矣。其言曰“聖人之經不可使易知”，其意以爲聖經亦只是欲使人難知耳，殊不知聖經明白易簡，初豈有意爲艱深之辭

哉？其不易解者，特古今文體有不同耳。雄説陋矣。（《井觀瑣言》卷二，第244—245頁）

張邦奇

【讀法言】　揚子少好賦，已而竊之，曰壯夫不爲也，於是乎撰《法言》。《法言》亦賦也而已矣，蹇淺其意，藻琢其詞。或曰：揚子之慮在後世。曰：聖賢之慮後世也，以其道；揚子之慮後世也，以其名。藻琢其詞，不亦宜乎。（《張文定公環碧堂集》卷十四，《續修》第1337册，第237頁）

【讀孝至篇】　揚雄其知漢氏之復興乎？知王莽之將戮乎？觀於《孝至》之篇可見矣。或曰："曷爲其不去莽也？"曰："惡如莽，懟孰甚焉？當其時，雖得而食之不厭也，而尚奚諷爲？雄之不能去莽也，則有由矣。"曰："不猶愈於劉歆乎？"曰："惡在其愈也。居亂邦，事逆賊，偷以全身，而猶説於人曰：'吾嘗刺之矣！'是奸人之雄也，誅之首也。"（《张文定公環碧堂集》卷十四，第237頁）

【詠懷】　嗟嗟揚子雲，耿秉人莫知。草《玄》譏尚白，作賦徒瑰奇。人生各有懷，自信乃不迷。鵬飛入霄漢，斥鷃紛相嗤。物情固如此，眼底何足疑？知音應有作，千秋以爲期。（《張文定公四友亭集》卷四，第441頁）

季　本

【揚子雲太玄】　揚子雲《太玄》，一玄生三方，三方生九州，九州生二十七部，二十七部生八十一家，以三起數，三三爲九，而窮於九九八十一，爲八十一首。首各有名，以擬《易》六十四卦。每首而繫之方、州、部、家，如《中》之畫爲𝌆，《應》之畫爲𝌮，《失》之畫爲𝌻之數是也。於象於義初無所取，特不過以四畫分之，有八十一樣，藉以識八十一首之名耳。朱子謂《易》中只有陰陽奇偶四象，揚子雲見一二三四都被聖人説了，却杜撰就三上起數，謂之天地人，事事要分作三截。又曰看了《易》

後去看那《玄》，不成個物事。只此數言，可以見《玄》之妄作矣。（《説理會編》卷十五雜術，《續修》第939册，第55頁）

孫承恩

【揚子雲】　揚子好學，研精覃思。《法言》僻澀，《太玄》深奇。著述良勤，擬聖則繆。美新何爲，名節斯疚。（《文簡集》卷四十一，《四庫》第1271册，第511頁）

楊　慎

【法言論屈原相如】　《文選》注引《法言》曰："或問屈原、相如之賦孰愈？曰：原也過以浮，如也過以虚。過浮者，蹈雲天；過虚者，華無根。然原上援稽古，下引鳥獸，其著意於虚，長卿亮不可及。"今《法言》無此條。（楊慎撰，豐家驊校證：《丹鉛總録校證》卷十二，中華書局2019年版，第463頁）

【太玄非擬易】　孫明復曰："揚子雲《太玄》非準《易》，乃明天人始終之理，君臣上下之分，蓋疾莽而作也。"桓譚曰："是書也，可與《大易》準。"班固曰："經莫大於《易》，故作《太玄》。"使子雲被僭經之名，二子之過也。（《升庵集》卷四十六，《四庫》第1270册，第361頁）

【漢文】　漢興，文章有數等。蒯通、隋何、陸賈、酈生遊説之文，宗戰國；賈山、賈誼政事之文，宗管、晏、申、韓；司馬相如、東方朔譎諫之文，宗楚辭；董仲舒、匡衡、劉向、揚雄説理之文，宗經傳；李尋、京房術數之文，宗緯；司馬遷紀事之文，宗《春秋》。嗚呼盛矣！（《升庵集》卷四十七，第369—370頁）

【羊楊揚陽本一姓】　晉有羊舌氏，叔向之子。伯石食邑於揚，曰揚食我。晉既滅羊舌氏，分羊舌氏之田爲三縣，曰平陽，曰楊氏，則羊也，楊也，陽也，同出一姓。揚子雲自以爲蜀無他揚，其揚字不從木，而

楊修云“吾家子雲”，亦同關西之楊。特子雲好奇之過，獨自標異耳。(《升庵集》卷五十，第424頁)

黄省曾

【禮貧賦序】　予讀揚雄《逐貧賦》，末雖揭露反正，而憯戚厭苦，厥心當無釋然。竊希仲尼不去而樂之義，作《禮貧賦》。(《五嶽山人集》卷一，《存目》集部第94册，第552頁)

【自述贊六首並序(節録)】　一夕夢遊入大宅，榜曰四賢堂。升堂之頃，四人冉冉下迎，各通姓字，乃知漢司馬遷、賈誼、揚雄、枚乘也。見予嘘唏流涕，若述其寓世倏忽之意。

踔絶馬揚，佚蕩前古。史憑孔軾，玄躡羲武。賈豪枚儁，宏文爛吐。千載遐邈，一宵逅覯。相對吁嗟，握手如故。(《五嶽山人集》卷三，第568頁)

吴廷翰

【太玄】　温公平生極喜揚雄，以爲知道。其於《太玄》，既爲之説，而復擬之曰，“《玄》以贊《易》”，“使聖人復生，視《玄》必釋然而笑”。其論性，則曰：“揚子以爲人之性善惡混。混者，善惡雜處於身中之謂也。顧人擇而習之何如耳。修其善則爲善人，修其惡則爲惡人，斯理也，豈不曉然明白哉！如孟子言性善，所爲長善者也。揚子兼之矣。”據此，則雄者聖人之徒也。夫雄之言始未暇辨，獨其爲人諂事賊莽，乃名教之罪人。則其爲《玄》也，適足以爲奸謀之資，而其於性，其修其惡而爲惡人者乎！温公而取斯人，誠不知其説也！(容肇祖點校：《吴廷翰集》之《櫝記》卷上，中華書局1984年版，第156頁)

【荀揚】　荀、揚之學不同，而其害道以誤天下，一也。老、莊、列子各立己見，自異於聖人，而其言君子時有取焉。若二子者，名爲聖人之徒，乃一切叛而去之，而使天下不知爲聖人之道之真，蓋亂之也。悲乎！

吾聖人之道不明，而使此二子者得以冒其名以終身，而猶藉藉於後世，賢者不能無過焉！故康節亟稱雄學，而司馬公亦信而好之，不知其何説也？

古人多稱六子。老子言道德雖別，然自是占高，欲與吾聖人争衡。若莊、列則因而放縱，雖不及老，然亦足以成一家言，往往有與吾道合者。若荀、揚二子，則竊聖人之學以自文，而深害於吾道。今人多罪莊、列而恕荀、揚，不知荀、揚之罪浮於莊、列，爲其竊儒之名而人易惑也。（《櫝記》卷上，第158頁）

張　岳

【太玄集注序】　揚子《太玄》，自司馬氏注出，而諸家之説盡廢，然《玄》好者故少，今之學者豈惟不好，縱有好精力，亦無暇及，故歲久而訛脱愈甚。余始得是書，愛其文字奇古，又愛司馬氏以其所自得之義理説《玄》，明暢詳盡，因並讀之。患無善本可以讎校，丙戌冬，使過廣信，郡守張侯景周方圖刻《玄》，乃出余本與張本參校之，得其訛謬可正者數處，而闕其疑，叙曰：

子雲之爲是書，將以擬《易》也。夫《易》於天地萬物之理賾矣，豈待別有一書與之並行而能有所發明哉？自先天之學不傳，吾夫子贊《易》，僅存其辭於《大傳》中，而世之爲丁、何、焦、京學者方蔽於傳注，拘於術數，莫有能察其所由然者也。子雲博極群籍，又好深湛之思，其於天地之運，陰陽二氣之往來，蓋見其機，緘之不容已者，於是考之於律，則十二管相生之氣應；參之於曆，則四時分至之候驗；測之以乾象，則日月五緯之度合。獨反而求之於《易》，不得其説，乃以爲四聖亦有未備，必待己而後明也。於是奮而爲《玄》，其數肇於一，參於三，成於九，而極於八十一。一者，陽之數也，積陽之極，輕清而運於上者爲天，故八十一首以象周天之體。太陰五緯，俱麗乎天者也。遲留伏逆，參差不齊，惟日一日一度，無有餘欠。日法既定，則太陰五緯所纏之度皆可考，故爲七百二十九贊，以象日行一歲周天之度。氣始於冬至，辰始於子，律始於黄鐘，宿度始於牽牛，而疏布其節候分秒於八十一首七百二十九贊之中，終始迭運而不窮，與先天氣運之序，真有相合者。而不知《易》已有之，以爲待己而後明，則是於《易》學之未深矣。

或謂子雲善於模仿，是書仿《太初曆》及京房卦氣。夫《太初》，漢人本曆，自當用之。房之書，惟互换卦序分卦直日，及四正六爻各主一氣爲牽合無取，若其十二辟卦次第，雖羲文未之易也，特房用之異爾。子雲《玄》首顓言陰陽消息，而深致意於盛衰勝負之際，至其贊辭所斷吉凶，又直以義理人事得失爲言，不雜於占驗小數，此其意正與房反。自劉向父子號爲精達陰陽，視子雲不知何如，而豈京氏之所敢擬哉？故余嘗謂子雲是書雖不得先天之數與象，而得其意，其他得失，先儒之論已備，學者擇焉可也。

或曰：象數亦有二乎？曰：有理則有氣，有象則有數，盈天地間皆象也。因象起數，皆可顯造化之體。惟其所起有偏全，故其顯於是者時有不神爾。譬之萬物，皆得造化之氣以生，而有正者、偏者、通者、塞者，謂偏且塞者，造化之氣不在，是不可也。《易》之與《玄》，以是求之，斯得之矣。惠安張某維喬叙。（《小山類稿》卷十一，《四庫》第1272册，第412—414頁）

謝　榛

【題揚子雲草玄圖】　蠶叢之國三秦西，千峰上與青天齊。棧道懸空歷萬險，巨竹修藤當晝迷。瀑布砰訇響不絶，陰壑直下垂虹霓。斑虎咆哮黑熊啼，颯遝風舞雙鵾雞。路出劍門沃野闊，錦江秋水明玻瓈。蜀中文物古來盛，兩漢名士特摽題。前有馬卿後揚子，高才往往懷金閨。火德中衰世板蕩，誰能皓首甘幽棲。楓樹森森隱茅宇，荒涼門徑無輪蹄。草《玄》擬《易》坐朝夕，冥心自得窮端倪。水有汀洲山有蹊，居然此道在鹽齏。龍蛇知時蟄深窟，男兒志氣何乖睽。校書閣下獨遺恨，首陽二子光蒿藜。

（《謝榛全集》卷二，齊魯書社 2000 年版，第 11 頁）

【詩家直説（節録）】　揚雄作《反騷》《廣騷》，班彪作《悼騷》，梁悚亦作《悼騷》，摯虞作《滑騷》，應奉作《感騷》。漢、魏以來，作者繽紛，無出屈、宋之外。（《謝榛全集》卷二十一，第 705 頁）

《法言》曰："堯、舜之道皇兮，夏、商、周之道將兮，而以延其光兮。"子雲《法言》以準《論語》。學屈原且不及，况孔子哉？（《謝榛全集》卷二十二，第 741 頁）

揚子雲《逐貧賦》曰："人皆文繡，予褐不完。人皆稻粱，我獨藜飡。貧無寶翫，予何爲歡。"此作辭雖古老，意則鄙俗，其心急於富貴，所以終仕新莽，見笑於窮鬼多矣。韓昌黎作《送窮文》，其文勢變化，辭氣平婉，雖言送而復留。段成式所作，效韓之題，反揚之意，雖流於奇澀，而不失典雅，較之揚子，筆力不同。揚乃尺有所短，段乃寸有所長，惟韓子無得而議焉。（《謝榛全集》卷二十四，第 803 頁）

陳　建

【駁荷亭辯論】　盧正夫《荷亭辯論》深非朱子解《易》主卜筮，深非朱子修《通鑑綱目》書"莽大夫揚雄死"。

愚按，《周易》卦爻列吉凶悔吝，利往無咎之象，無非爲卜筮設。《繫辭》説卜筮者尚其占，説極數知來之謂占，説蓍之德圓而神，卦之德方以智，以定天下之業，以斷天下之疑。説神以知來，知以藏往，是興神物以前民用。由此觀之，《易》非是爲卜筮作而何？朱子解《易》，主卜筮何過？

揚雄仕漢，歷事三朝。遭遇莽簒，既不能效龔勝之仗節，又不能效梅福之深遁，則亦已矣。何至作《劇秦美新》之文，以諛莽希寵，欲爲新室佐命之臣。程子謂光武之興，使雄不死，能免於誅乎。則夫《綱目》書莽大夫書死以誅之，聖人復起不易矣。《荷亭辯論》乃左右揚雄，非詆朱子。

吾不知其説。(《學蔀通辨》終編卷下,《續修》第939册,第728頁)

簡紹芳

【揚子雲辯】　志載《劇秦美新論》,稱門下中郎大夫臣揚雄上。桓譚《新論》曰:“揚雄作《甘泉賦》一首始成,夢腸出,收而内之,明日遂卒。”李善《甘泉賦》注引《漢書》永始四年正月成帝幸甘泉宫,雄從幸,還奏賦風之,遂卒。自永始四年至莽簒漢初始元年,則雄死二十年矣。《後漢書·桓譚傳》曰譚數從揚辯析疑異,是譚親炙於雄,其所紀可必信無疑。譚不阿光武讖緯之學,人品樸直,言議不黨,益可信矣。《漢書》作於和帝時,固死,繼成於曹大家。世將百年,耳目懸隔,濡染影響,虚聞實蔑加之,疾忌何所不成。加前所稱,雖以老萊之高,黔婁之介,不足倫擬,豈遂甘屈辱輒事奸莽。黄門給事之職,已擢於前,故無禄位之嘲。又見於後,言出一口,背馳兩端,且稱事莽難,曰寂寞倉皇,投閣不能更生,孱弱儒官,優遊經術,無克敵之功,乏勳戚之典,絶無所恃,焉怨得侯。《大玄》《法言》,精奥古遠,《劇秦美新》,膚藻揚厲。雖曰各種立論不同,宜亦辭氣相類。今細玩窮校,略無彷彿,非出好事之手,必入數緣之筆。而新室谷雲亦字子雲,莽大夫之書,未必不誤認也。《大玄》阿衡獨勞之語,殆猶貂續狗尾,自不相入,徒躁附以佐其傳也。嵇康《高士傳》則以雄與董仲舒同科,劉知幾曰《太玄》深奥,難以探賾。既絶窺踰,故致譏謗。楊誠齋曰:班固經術不如揚雄,則誣以阿莽。噫,援此數端,猶涉勞費。惟一死既先,百不容枉。余嘉靖癸丑春客成都,過犍爲子雲亭,賦詩吊之,恐二十八字不足以濯千載之污,並贅辯云。(杜應芳輯:《補續全蜀藝文志》卷三十三,《續修》第1677册,第351—352頁)

歸有光

【送何氏二子序(節録)】　昔揚子雲作《太玄》,以示劉歆。歆號博極群書，予獨怪其無一言論《玄》之是非，而直以後人覆瓿爲憂。顧於歆之意何如耳，後之人奚暇論耶？至雄之弟子侯芭，獨知好雄書。予非爲雄之學者，而士之知與不知，則千載同此慨也。（《震川先生文集》卷九，上海古籍出版社 2007 年版，第 195 頁）

【策問】　問：揚子雲《太玄》，惟弟子侯芭能知之，雖劉子駿、班孟堅蓋莫能測也。然桓譚以爲勝《老子》，張衡以擬《五經》，至范望之徒，皆以揚子雲爲聖人，抑豈無見而云然耶？則吴楚僭王之譏，吾未知其果然否也！至司馬温公又謂："《玄》之書，要以贊《易》，非别爲書以與《易》抗衡也。"然則今之學者，皆知讀《易》而不能信《玄》，則其所謂學《易》者，亦毋乃無所得耶。夫侯芭者，諸士子之鄉人也。故以《太玄》與諸士子論之。（《震川先生文集》别集卷三，第 795—796 頁）

趙時春

【觀玄】　《易》以奇偶分陰陽而重爻，爻交而理數咸備。《玄》以方、州、部、家分首，而數自一至九，首皆雷同，方、州、部、家無與焉；首内辭義與一三爲九之數無與焉，獨合曆數氣候耳。如子雲欲以曆數爲言，而因及三才之正變，可以範生民矣，奚拘拘模《易》哉！孔子贊《易》，《易》固盡道，不重模也。揚子雲頗識奇字，擬賦自知其陋，重以模《易》，愈陋矣！世人常用之字，自《蒼》《史》以來因時制用，隨便立書，非有要道奇事也；偶見所未見，遂以爲奇，又陋矣！王介甫字字講衍，各各見道，襲子雲之陋者也。司馬温公天質忠厚，知非介甫，而乃貴雄，亦賤目貴耳矣！世人高於雄者，無取於《玄》，不如雄者，又不識《玄》，《玄》何足貴哉？孔子不仕，定公之初既仕，即隳三都。梅福以尉遁，卓茂以令免，龔勝之徒，或死或去，其用意玄矣！子雲以莽大夫終身，文重誄之，又何玄哉！朱文公曰"莽大夫揚雄死"，奚其玄？然子雲之學誠勤邃，汲汲名利弗能釋，反以敗名，雖以温公之褎，無救文公之

譏，學者當遠名而務實。（趙時春著，杜志强校箋：《趙時春文集校箋》卷九，天津古籍出版社2012年版，第456頁）

黄姬水

【杜山人詩序（節録）】　揚雄曰：“詩賦小道，壯夫不爲。”噫，斯言過矣！即如雄言，則今之稱雄者，文章乎？抑清静寥寞也乎？雄言過矣。嗟乎，君子得時則見諸行事，不得時則託之空言。故言者，功之寓也。苟駕而無功，不若蓬纍而有言也。（《黄淳父先生全集》卷十八，《存目》集部第186册，第442頁）

【含玄齋説（節録）】　常聞古人之所謂玄矣，揚雄之玄，詭於體；老聃之玄，窒於用。（《含玄先生集》附録，明活字本）

馮惟敏

【思玄堂】　寂寞子雲亭，蒼蒼老客星。金門辭待詔，白首草《玄經》。（《馮惟敏全集》詩之部，齊魯書社2007年版，第113頁）

高　拱

【論揚王】　揚雄不生新莽之時，王安石不居宰相之位，偉乎其儒也已。故金必火而後知其精與不精，刀必割而後知其利與不利。（《本語》，中華書局1993年版，第20頁）

【論仕莽美新】　問：“新莽之時，何獨揚雄爲《劇秦美新》文，貽譏萬世？”曰：“史稱頌莽功德者，四百八十餘萬人，豈四百八十餘萬人者，皆親至殿庭，以口説頌之而去哉？固皆形之文字也，但不傳耳。雄有盛名，故其文獨傳，而後世遂以爲獨雄爲之，其實不止雄也。”曰：“然則不可罪歟？”曰：“正不須責。古云：‘放飯流歠，而問無齒決。’使雄能見幾以去，不仕莽朝，而却爲此文，則可以文罪之。雄仕莽，既失身矣，又何須責其文字？即無此文，猶夫失身也。譬之婦已失節，而乃責其言語、動止之不善，即言動皆善，猶夫失節也。噫！雄學聖人之道者也，我不意其學聖人之道，而乃與亂世之四百八十餘萬人伍也；我不意其學聖人之道，而乃與喪節之婦伍也。噫！”（《本語》，第 39 頁）

黎民表

【和陶徵君飲酒（其一）】　子雲不曉事，白首窺《玄經》。我昔弄柔翰，竊禄翼其成。豈謂兹道非，年齒已屢更。顧影守空堂，枳棘塞中庭。靈芝尚三秀，鸑鷟待一鳴。賴此慰遲暮，可齊達者情。（《瑶石山人稿》卷二，《四庫》第 1277 册，第 17 頁）

陳士元

【名疑（摘録）】　《聽雨紀談》云：“古人有小名必有小字。”嘗見《宋進士同年録》皆書小名小字，猶存古意。然亦有不盡然者，如司馬相如小名犬子，揚雄小字童烏，未聞相如小字，揚雄小名也。

班固本姓斑，揚雄本姓楊，字訛而姓亦因之。（以上《名疑》卷三，《四庫》第 952 册，第 647、655 頁）

【揚】　《漢書·揚雄傳》云：“其先出自有周伯僑，以支庶食采於晉之揚，因氏。”《合璧類姓》云：“揚雄自序從手從易，則爲揚。與從木從昜之楊又爲一族。”《千家姓》云：“天水族。”《氏族大全》有黄岩尉揚玉休，瓊州人揚避舉。（《姓觿》卷三，《存目》第 179 册，第 623 頁）

方弘静

【子評（節録）】　説家有云，子雲投閣而斃。夫子雲投閣耳，未死也，安得枉其年，信己之筆耶。余以是知夷齊斃，淑媛之言，好事者爲之也。夷齊以餓，故采薇而食之耳，未必以餓死。若曰薇亦周之草木，因不食薇，此不情之言也。其爲誣無疑也。

或言《劇秦美新》非子雲作，作者劉棻耳。此言好子雲者也，然不可文也。惟清净，作符命，自當時語，子雲非干進者，特畏禍耳。龔生夭其天年，猶爲老人所尤。子雲不爲符命，不過爲龔耳。其爲莽大夫，愧龔生遠矣。士不遠死生之分，何以爲士哉。（《千一録》卷八，《續修》第 1126 册，第 222 頁）

【客談（節録）】　司馬相如之賦，漢武恨不與之同時。及狗監薦之，則不用也。漢武，英主也。其文雖工，其行無取，其材不足以經世也。而世悲其不遇，過矣。揚子雲："壯夫不爲。"其見道之言與。（《千一録》卷十五，第 319 頁）

揚子雲："孔氏之門如以賦，則賈誼升堂，相如入室矣。如其不用何。"夫相如無論也，如賈生者，使在洙泗，非升堂之徒與，揚子特以"壯夫不爲"論其賦云爾也。夫揚子，能之而弗爲，進於道者也，而椎魯者藉口於《法言》則俚矣。（《千一録》卷二十，第 393 頁）

揚子雲言貌不能動時人，而讀其書者，千載如見君子，第恥過情之譽耳！何能勢諸名卿哉。觀子雲書中，殆有不能平者。其曰："伏幾襲裳而字仲尼，仲尼乎？羊質而見豺戰矣。"蓋惡僞之亂真也。雖然，子雲既自信矣，而當時亦有知之如桓君山者，何爲爲莽大夫也。蜀嚴沈冥，非其鄉人乎？或曰莽之無道也，彼以爲道未詘詘其身焉。噫，是爲之辭也。夫謂子雲而不能去，不可也。去也，豈俟莽乎？莽之謀漢，豈一朝夕乎？《太玄》擬《易》而作者也，不知《易》，惡用擬。吾未能知《太玄》也，而知子雲之不能知《易》也。

子雲既不能爲嚴君平矣，即不幸爲龔君賓，朝聞道而夕可死，猶未失也。邴曼容知時事日非，爲官不肯過六百石，雖未及嚴氏，庶幾哲於保身矣。子雲之《解嘲》，自鳴其位卑耳，不能爲曼容，惡能爲君平？不能爲君平，惡能爲君賓夫？此三子，皆子雲所不能也，而徒以《法言》能《論

語》，《太玄》能《易》耶？是亦伏幾襲裳而字仲尼者也。（《千一録》卷二十，第394頁）

揚子雲教人作賦，令讀賦千首。意當時所傳作者，幾千人矣。今其傳者，不能百，不知其何誰也，況其不傳者乎。文章亦小技，杜子美知之矣，而語不驚人死不休，何其僻也。今乃倩人爲文，或竊人所作，云百年後誰辯者，其汲汲於求名若是，不虞其覆瓿耳。（《千一録》卷二十二，第421頁）

【家訓（節録）】　文猶百卉之華也，夫百卉之華也，孰爲之哉。而培之者，人事之弗齊，有上農中次之差焉。六經諸子，五車萬卷，所以培之也。揚子雲教人爲賦，使讀千首，此大匠之規矩也。如欲文之工，則無他術。（《千一録》卷二十三，第444—445頁）

徐師曾

【解】　按字書，解者，釋也，因人有疑也解釋之也。揚雄始作《解嘲》，世遂仿之。其文以辯釋疑惑，解剥紛難爲主，與論説議辯蓋相通焉。其題曰解某，曰某解，則惟其人命之而已。雄文雖諧謔回環，見譏正士，而其詞頗工，且以其爲此體之祖也，故亦取焉。此外又有字解，則别附名字説類，此不混列。（《文體明辯》卷四十三，《存目》集部第311册，第761頁）

胡　直

【書郫縣志後】　往予閲及揚雄仕莽投閣、劇秦美新，而《綱目》書“莽大夫”，嘗怪雄以彼其才而媚莽，心竊鄙之。後見程叔子取其“美厥靈根”之語，愕曰：“雄乃有是語乎？”又韓退之、邵堯夫、司馬君實諸君子咸稱引其説，往來怵予心。已乃取《法言》讀之，其紬六經、翼孔顔，義甚深，又嘗高餓顯，下禄隱，雖不韙屈原，而屢斥公孫弘之容，且曰：“如詘道信身，雖天下不可爲也。”予則嘆曰：“世之論雄其然，豈其然乎?”終無以決於心。最後讀《揚雄傳》，稱雄有大度，自守泊如，仕成帝、哀、平間，未言仕莽。獨其贊謂雄仕莽作符命投閣，年七十一，天鳳五年卒。余考雄至西京見成帝，年四十餘矣，自成帝建始改元至天鳳五年，計五十有二歲，以五十二合四十餘，已近百年，則與所謂年七十一者又相抵矣。又考雄至京，大司馬王音奇其文，而音薨永始初年，則雄來必在永始之前無疑，然則謂雄爲延於莽年者妄也，其云媚莽，妄可知矣，蓋予懷此久矣。

今年春，按部郫縣，而雄郫人也，讀其邑志，得予鄉人簡公紹芳辨證尤悉。簡引桓譚《新語》曰：“雄作《甘泉賦》一首，夢腸出，收而内之，明日遂卒。”而祠甘泉在永始四年，雄卒永始四年，去莽篡位尚遠，而《劇秦美新》或出於谷子雲。以予校之，莽自平帝元始間始號安漢公，今《法言》稱“漢公”，且云“漢興二百一十載”，爰自高帝至平帝末，蓋其數矣。而謂雄卒永始，亦未必然。計雄之終，或在平帝末，則其年正七十餘矣。因雄歷成、哀、平，故稱三世不徙官。若復仕莽，又詎止三世哉？繇是知雄決無仕莽投閣美新之事。而簡公謂班孟堅早世，曹大家輩傳失其實，豈不然哉？當平帝末，莽已有都四海代漢室之形矣，而雄猶稱漢道如日中天，力不能回莽，而假《法言》以諷切之，雄之意至矣，雄其媚莽者乎？諒乎叔子之言曰：“閣百尺，未必能投。”曰：“然則史不足信乎?”曰：“太史公記子貢、宰我，一以爲遊説，一以爲叛亂，是亦足信乎？而孔子主癰疽，百里奚自鬻身，在當時之言比比也，何獨雄哉?”予悲守道君子蒙誣逮千載，故因簡公之言而畢其説。（《衡廬精舍藏稿》卷十八，《四庫》第1287册，第436—437頁）

姜　南

【揚雄稱王莽爲聖人】　唐自玄宗末年，禄山肇亂於河北，而思明繼之滔天僭帝。唐之號令，由此不行於河北，以至於亡。然河北之人，習於叛逆，往往稱安史爲聖人，此衆人之庸暗陋劣，不足訝也。揚雄爲漢名儒，而嘗謂王莽爲聖人，故作《太玄》，作《劇秦美新》，皆盛稱莽功德。至於作《元后誄》，有曰“勉進大聖，上下兼該”，又曰“歷世運移，屬在聖新”，是以莽爲聖人，與河北之庸人何異？子雲之罪，可勝誅哉。荷亭盧正夫尚爲之辯事莽之是非，誠可哂也。（《蓉塘詩話》卷十九，《續修》第1696册，第48頁）

徐　渭

【芸閣校書篇】　薄霧靄香筒，青緗走蠹蟲，一梯陟劉向，萬帙映揚雄。鳥下窺書古，花飛綴字紅，他年在天禄，羞與俗人同。（《徐渭集》卷六，中華書局1983年版，第177頁）

【贈婦翁潘公序（節録）】　（渭）九歲能爲舉子文，十二、三賦雪詞，十六擬揚雄《解嘲》作《釋毁》。（《徐渭集》卷十九，第546頁）

田藝蘅

【賣文】　揚雄家産不過十金，無擔石之儲。其作《法言》，蜀賈齎錢十萬，願載於書，子雲却之，目爲羊鹿。若段湛家貧，賣文爲活，韓退之諛墓中人得金，視圈鹿闌羊何如也？故杜甫云“本賣文爲活，翻令室倒懸”，有深意矣。（《留青日札》卷二，《續修》第1129册，第32頁）

王世貞

【讀揚子】　余讀揚氏《法言》，其稱則先哲，畔道者寡矣。顧其文，割裂聱曲，暗曶澳涊，剽襲之跡紛如也。甚哉，其有意乎言之也。聖人之於文也，無意焉，以達其所本有而不容秘耳。故其辭淺言之而愈深也，深言之而不秘也。驟之而日星乎，徐之而大羹玄酒哉，乃其矩矱天就矣。世之病揚氏以道也，余之病揚氏以文也。雖然，文則又奚病焉。（《弇

州四部稿》卷一百十二,《四庫》第1280册,第759—760頁)

【刻揚雄太僕箴跋】　子雲意在修辭,故其語漫浪,不若聖規之切然。所謂雖馳雖驅,匪逸匪愆者,視騁容與�萬里,不大徑庭哉。(《弇州四部稿》卷一百二十九,《四庫》第1281册,第166—167頁)

【書揚雄傳後】　自孟子殁而有荀卿氏,荀卿殁三百餘年而有揚雄氏。中間若董仲舒之正,毛、伏以下之專,於其經術若有補焉,而未有立言以維持道統者。揚雄氏始準《周易》而爲《太玄》,準《魯論》而爲《法言》。《法言》之所結撰,要在於尊周孔,辨術經治,一時已稱述之,至昌黎氏而尊,涑水氏而信。涑水氏之於孟子不能信,而獨信揚雄氏。揚雄氏之出處,其先亦未有訾之者,獨不能不有微恨於《劇秦美新》。而紫陽氏之著《通鑑綱目》,直書之曰"莽大夫揚雄死",蓋舉市國之褚淵、歷姓之馮道所不加者而加之,於是雄之名遂溷人之齒頰,而其身毋所容於聖門之藩籬矣。

及考其傳而推之,則事不必盡然,而情亦有大可原者。當雄之遊京師而給事黄門也,成帝之世,與王莽、劉歆並,哀帝之初,復與董賢並。莽、賢皆至三公,負貴勢所薦引立擢,而雄三世不徙官。及莽篡漢,劉歆輩皆用符命頌功德,而雄復不侯,以耆老久次轉大夫,則其不附王莽可知。然所以濡滯而不去者,以去則莽必恨之,恨之則必追而戮之。即不恨,必且召,而有龔勝之事。雄見夫莽雖奸,然自唐虞以後所創有,而未嘗稱干戈以翦劉氏之社稷,而身又不當扞圉之任,如是而死,孔門之所不載。而微箕之懿戚,尚且受封於周而謂之仁。是以浮沈待盡,以存五世一線之息耳。至於《劇秦美新》,故不見本傳。即有之,亦投閣之後不得已,冀以瓦全。且所劇者,秦耳,而不及漢;所美之新,美於秦耳,不美於漢也。不然,涑水氏能斥馮道,詆介甫,而獨雄是恕乎哉?紫陽氏之深意,吾固已知之。即文中子之賢,尚議其僭,攻其瑕,而宋之統遂接孟子矣,何況區區一雄哉。(《讀書後》卷二,《四庫》第1285册,第23—24頁)

李　贄

【反騷】　朱子曰：“雄少好辭賦，慕司馬相如之作，怪屈原文過相如，至不容，作《離騷》，自投江而死，悲其文，讀之未常不流涕焉。以爲君子得時則大行，不得則龍蛇，遇不遇命也，何必湛身哉！乃作書往往摭《騷》文而反之，自岷山投諸江以吊屈原云。”李生曰：《離騷》，離憂也；《反騷》，反其辭，以甚憂也，正爲屈子翻愁結耳。彼以世不足憤，其憤世也益甚；以俗爲不足嫉，其嫉俗愈深。以神龍之淵潛爲懿，則其卑鄙世人，驢騾下上，視屈子爲何物，而視世爲何等乎？蓋深以爲可惜，又深以爲可憐，痛原轉加，而哭世轉劇也。夫有伯夷之行，則以餓死爲快；有士師之沖，則以不見羞污爲德：各從所好而已。若執夷之清而欲兼柳之和，有惠之和又欲並夷之清，則惠不成惠，夷不成夷，皆假焉耳。屈子者夷之倫，揚雄者惠之類，雖相反而實相知也，實未常不相痛念也。彼假人者豈但不知雄，而亦豈知屈乎？唐柳柳州有云：“委故都以從利兮，吾知先生之不忍。立而視其巔覆兮，又豈先生之所志？窮與達其不渝兮，夫唯服道而守義。吁嗟先生之貌不可得兮，猶彷佛其文章。託遺編而嘆喟兮，涣余涕其盈眶。哀今之人兮，庸有慮時之否臧？退默默以自服兮，曰吾言之而不行！”其傷今念古，亦可感也！獨太史公《屈原傳》最得之。（《焚書》卷五，中華書局2009年版，第197—198頁）

【揚子雲】　揚子撰《法言》，蜀有富人齎錢十萬，願載一名。子雲曰：富人無義，正如圈中之鹿，欄中之牛，安得妄載乎。李卓曰：奇哉富人，恨子雲老不曉事，致使姓名不傳。（《李温陵集》卷十七，《續修》第1352册，第247頁）

駱問禮

【長歌行】　著文感揚子雲壯夫不爲之語，因作。丈夫有手不能擎天控日，整頓宇宙，斧劈千古圖，常執毛錐，抽數黄白慚壯夫。丈夫有口不能代天敷命，吞吐造化，宣陳四海謨，常申喉舌辯問瑣細，徒使鄉閭孺子稱狂奴。丈夫有足不能高舉闊步，蹌濟殿陛，從容矩矱承明廬，常拖短履，殘山剩水，追隨風月，蹣跚如凫雛。縱爾目能識賢愚，耳能別淑蠹。胸中兀突羅今古，耿耿勃勃何所吐。公孫曲學三策迂，詹尹不卜三間居。霜清月落天萬里，投筆把劍成長吁。（《萬一樓集》卷十八，《禁毀》集部第174册，第273頁）

【劇秦美新辨】　焦狀元竑曰：子雲古以比孟、荀，自宋人始訾議之。介甫、子固皆有辨，然其《劇秦美新》之作，未之有解也。惟泰和胡正甫辨正甚悉，吠聲者當無所置喙矣。正甫之言曰：

往予閱揚雄仕莽投閣、劇秦美新，而《綱目》書莽大夫，怪雄以彼其才而媚莽，心竊鄙之。後見程叔子取其“美厥靈根”之語，愕曰雄乃有是語乎。又韓退之、邵堯夫、司馬君實諸君子，咸稱引其説，往往惕予心。已乃取《法言》讀之，其紬六經，翊孔顔，義甚深。又嘗高餓顯，下禄隱，雖不韙屈原而屢斥公孫宏之容，且曰如詘道信身，雖天下不可爲也。予則嘆曰：世之論雄其然，豈其然乎？終無以決於心。最後《讀雄傳》，稱有大度，自守泊如。仕成帝哀平間，未言仕莽。獨其贊謂雄仕莽作符命投閣，年七十一，天鳳五年卒。余考雄至京見成帝，年四十餘矣。自成帝建始改元至天鳳五年，計五十有二歲。以五十二合四十餘，已近百年。則與所謂年七十一者又相抵牾矣。又考雄至京，大司馬王音奇其文，而音薨永始初年。則雄來必在永始之前無疑。然則謂雄爲延於莽年者，妄也。其云頌莽，妄可知矣。蓋予懷此久矣，今年春按部郫縣，而雄，郫人也。讀其邑志，得於人簡公紹芳，辨證尤悉。簡引桓譚《新語》曰：“雄作《甘泉賦》一首，夢腸出，收而内之，明日遂卒。”而祠甘泉在永始四年，雄卒去莽簒尚遠，而《劇秦美新》或出於谷子雲。以予校之，莽自平帝元始間號安漢公，今《法言》稱漢公，且云漢興二百一十載，爰自高帝，至平帝末，蓋其數矣。而謂雄卒永始，未必然。計雄之終，或在平帝末，則其年正七十餘矣。因雄歷成、哀、平，故稱三世不徙官。若復仕莽，詎止三世哉。繇是知雄決無仕莽投閣美新之事。而簡公謂班孟堅早世，曹大家輩傳失其實，豈不然哉。當平帝末，莽已有都四海代漢室之形矣，而雄猶稱漢道如日中天，力不能回莽，而假《法言》以諷切之。雄之意至矣。雄其媚莽者乎？諒乎叔子之言曰："閣百尺，未必能投。"然則史不足信乎？曰：太史公記子貢宰我，以爲遊説，以爲叛亂，是亦足信乎？而孔子主癰疽，百里奚自鬻身，在當時之言比比也。何獨雄哉？予悲守道君子，蒙誣逮千載，故因簡公之言而畢其説。

禮按，此文讀之甚可喜，但其獄已久，反之亦似不易。録之，示有道君子留心焉。（《萬一樓集》卷五十五，第 658—659 頁）

章　潢

【揚雄太玄方州部家八十一首圖】　（圖略）《太玄》以八十一首繫之於方、部、州、家四畫之下，於象與義初無所取，特不過以四畫分之有八十一樣，藉以釋八十一首之名。又有七百二十九贊，散之於八十一首之下。每首九贊，皆是初一、次二、次三、次四、次五、次六、次七、次八、上九，首首一樣，更無分别。而七百二十九贊，亦與八十一首象與義皆無相關。以八十一首名强附於四畫之下，以七百二十九贊又强附於八十一首之下。然以《中》之初一作冬至，第二日積起至《養》之上九，而一歲節氣三百六十四日半一周。又加《踦》《嬴》二贊，以足日之餘分而起閏。又自冬至一日繫之以牽牛之星第一，度日一日，躔星一度，至三百六十四日半而斗星二十五度半亦周。又以《踦》《嬴》二贊繫斗星餘度，而一歲周天之日與星湊合恰好。《太玄》之要法，全在於此。其實自爲曆法一書，亦自可傳，何必規規於《易》也。

（此段舉《中》《應》《養》三首爲例，説明《太玄》之義例。茲從略）

（此處有《太玄準易卦名圖》，兹從略）

八十一首《太玄》之卦名也，不曰卦而曰首，以别於《易》卦也。《玄》以首名準《易》，若訓字然。如《蒙》之爲《童》，《隨》之爲《從》，《晉》之爲《進》，《解》之爲《釋》，《訟》之爲《争》，《革》之爲《更》，《師》之爲《衆》，《比》之爲《親》，《乾》之爲《彊》，《姤》之爲《遇》，《豐》之爲《大》，《損》之爲《減》，《萃》之爲《聚》，《觀》之爲《視》，《遁》之爲《逃》，《益》之爲《增》，《恒》之爲《常》，《賁》之爲《飾》，《困》之爲《窮》，《艮》之爲《止》，《蹇》之爲《難》，《頤》之爲《養》，《剥》之爲《割》，《睽》之爲《戾》，《升》之爲《上》，《豫》之爲《樂》，《夬》之爲《斷》，《大有》爲《盛》，《鼎》之爲《竈》，《涣》之爲《文》，《履》之爲《禮》，《明夷》爲《晦》，《大畜》爲《積》，《大過》爲《失》，《小過》爲《差》之類，只如解説《易》卦之名而已。至於重二十一卦以配八十一首之數，尤無意義。首有九贊，故一首之下列一、二、三、四、五、六、七、八、九位，每贊直半日，則九贊直四日半而爲一首，九贊當四日半而曰五日者，以夜統於晝也。晝夜相配，則爲一日矣。故於初贊即言至八十一首之九贊，當得三百六十四日半，而曰三百六十五日，以《踦》一之半日爲夜，並言於晝也。又有《贏》二半日之半，爲四分度之一。則《踦》《贏》二贊，在八十一首之外矣。夫揚雄所用固京房法也，房去《震》《離》《兑》《坎》四正卦，而用止六十卦，故卦直六日七分。雄雖去四正卦，而重二十一卦爲八十一卦，則卦直四日半。是雄雖用京法，而亦以己意更改矣。以雄之法推算，亦合三百六十五日四分日之一。但此六日七分之法，牽强不整齊耳。虚谷方氏謂《太玄》精於卦氣，特以其所紀日星氣候比京稍詳，而豈知增益《易》卦，以私見强排，乃朱子所謂工夫之拙者哉。

又一陰一陽者，《玄》相錯之法也。故陽首數奇而主陽，謂之陽家；陰首數偶而主陰，謂之陰家。至於八十一首，交於初首則皆陽也。所餘

《踦》《嬴》二贊，又附於末首之十末，則皆以陽數爲主，而陰陽無相錯之義矣。水、火、木、金、土者，《玄》相禪之法也。《玄》以九成數，故以五居生、成二數之中，五，土也。一二三四，生數，居五之前；六七八九，成數，居五之後。然五行各自爲序，自九交初，亦未見其有相禪之義也。雄雖自謂準《易》，而不知《易》也。夫《易》本以一陰一陽之交而成八卦，自《復》而《升》，以至於《乾》，自《姤》而《降》，以至於《坤》。其流行之不已，固其對待之不偏者也。而雄則以一歲分而爲三，自子中至辰中爲天玄，自辰中至申中爲地玄，自申中至子中爲人玄，而於《易》中陰陽消息之序則既亂矣。蓋本好奇之見，而非剛柔立本變通趨時之道也。可以謂之知《易》乎？雄爲人深沉，頗能思索，故能略見天地之理，而於卦氣之起《中孚》，則曰“陽氣潛萌於黄宫，信無不在其中”，而其八十一首亦於一歲陰陽之氣因以立義焉。故邵子稱之曰：“揚雄知曆法，又知曆理。”其子伯温遂曰：“揚子雲知《易》之本。”是亦即其所見之一斑而許之耳。徒守静虚，不得其正，故動必有咎歟。雄之書，宋時亦少有傳者，故或者謂其用六十四卦，不去《震》《離》《兑》《坎》四正卦，與京法異，而四正卦在六十四卦之中，則又易置其位，以爲房以《坎》應大雪，而雄以《兑》；房以《兑》應秋分，而雄以《坎》，則許翰既已辨之矣。（《圖書編》卷八，《四庫》第968册，第233—237頁）

【太玄準易】　《太玄》曰：“夫作者貴其有循而體自然也。夫質幹在乎自然，華藻在乎人事，故《玄》聘取天下之合而聯之者也。”斯《太玄》之所由作歟？

今以其意求之，聖人作《易》，仰觀象於天，俯觀法於地。近取諸身，遠取諸物，以通神明之德，以類萬物之情。子雲作《玄》，仰以觀乎象，俯以視乎情，察性知命，原始見終，律則成物，曆則編時，晝以好之，夜以醜之，斯準其意，一也。以其用求之，《易》將以指吉凶悔吝之途，《玄》將以辨君臣父子夫婦之道，斯準其用，二也。《易》之數，一生二，二生四，四生八，八生十六，十六生三十二，三十二生六十四；《太玄》之數，一生三，三生九，九生二十七，二十七生八十一。斯準其數，三也。《易》有貞悔六畫，《玄》有方、州、部、家四重；《易》有《彖》，《玄》有《首》；《易》有爻，《玄》有贊；《易》有《象》，《玄》有《測》；《易》有《文言》，《玄》有《文辭》；《易》有《繫辭》，《玄》有《攡》《瑩》《圖》《告》；《易》有《説卦》，《玄》有《數》；《易》有《序卦》，《玄》有《衝》；《易》有《雜卦》，《玄》有《錯》；《易》有乾、元、亨、利、貞，《玄》有罔、直、蒙、酋、冥。及其定首之名，從《中》至《養》，皆擬從《中孚》至《頤》之卦，而曾無踰越尺寸。斯準其體，四也。《易》之揲法，大衍之數五十，其用四十有九，分二二掛一揲四歸奇，是爲一營，已則又然，凡十二營而成爻，七十二營而成卦。《玄》之揲法，天之策十有八，地之策十有八。地虚其三，次配三，猶大衍之五十虚一也。扐一以卦，中分其餘，以三揲之，並餘於扐，一扐之後而數其餘，七爲一畫，八爲二畫，九爲三畫，凡四度畫而成一首之位。斯準其揲，五也。《易》之占法，一卦之内，有初、二、三、四、五、上之爻，卦之既成，然後觀其爻之變以定所占。《玄》之占法，一首之内有一、二、三、四、五、六、七、八、九之贊，首有陰、陽，贊有晝、夜，旦占用經，夕筮用緯，所用之贊，下爲始，次爲中，上爲終，故曰觀始中決從中終。又雜星時數亂而觀之，從多爲休，違多爲咎。此準《易》之占，六也。

然《玄》之於《易》也，準其數而法則殊，準其體而名則别，準其揲而變亦異，準其占而考亦違，惟其所以明於天人之道，察於民物之故，以擷造化之幽玄，以指趨避之向方者，其致一焉。非不可異，不能異而已矣，此《太玄》之大方也。然嘗以是而定其論，《玄》之形準夫《易》，而數準夫曆，非《易》也。蓋自分卦直日，而六日七分之説起於焦、京矣。《太玄》祖之，而首起於中，盡於行，起於水，水盡於金，數起於下，盡乎上。上曰起牛宿一度，盡斗宿三十二度。月起於子盡於亥，節起於冬至盡於大雪，律中起於黄鐘盡於夾鐘。然《太玄》以七百二十九贊積二萬一千二百四十四策爲大積，每二贊爲一晝一夜，七十二策爲一日，凡三百六十四日有半，於是而不及周歲之數，益之以《踦》《嬴》二贊，以合歲之日而行律曆焉。推自甲子至甲辰，自甲辰至甲申，還至甲子，而冬至皆無餘分。十九歲爲章，二十七章爲會，三會爲統，三統爲元，以盡《玄》之道。班氏謂《玄》《太初曆》相應，亦有《顓頊曆》焉，此之謂也。故曰《玄》準曆、準《易》也。非惟準曆也，又準律。《律志》曰："太極元氣，函三爲一。(極)，中也。元，始也。行於十二辰，始動於子。參之於丑，得三，參之於寅，得九，又參之於卯，得二十七，又參之於辰，得八十一。"是爲九三之法，《玄》之所聘取也，故曰又準律也。然非獨《玄》也，自漢以來，論律曆者，皆推而附之於《易》。班氏《律曆志》稱自伏羲畫八卦由數起，至黄帝作五聲十二律，九六相生是也。今推而致之，大衍之數增也。堯命羲和，曆象日月星辰，歲三百有六旬有六日，以閏月定四時成歲是也。今以大衍參天九數二十有五，兩地十數三十而乘之增之也。杜預曰："曆者，順天以求合，非求合以驗天。"今以大衍算周天，是求合以驗天也。夫《圖》授於羲，《書》發於禹，律制於黄，曆定於堯。古之聖人，各以事起而槩爲求合，雖有一二符契，然所乖誤已十二矣。

或問：孔子謂《易》當期之日何如？曰：聖人所謂揲四象，時歸奇象，閏乾坤，奇當期，曰象、曰當，適相應之辭耳。此乃觀《易》於既畫之妙，而非謂《易》之所由作者也。此其周天之數，尚有餘羸。而經言三百六十，止舉其概耳，豈適一一密合哉！若《太玄》者，爲法以象天，象之不合，不得已而加《踦》《嬴》二贊以完之，然亦勤矣。天體至圓動而不滯，元封七年日在建星，建星者，斗宿也，而《太玄》日在牽牛。考《太玄》以牽牛起《中》首，象《中孚》卦。然《中孚》實先於《復》，在曆家所謂先天之候者，故起牽牛初度，意蓋出此也。雖然，必以牽牛起冬至，上施往古則失之於玄枵，下施今兹則失之於龍尾，安在爲？考之混元而玄已生，察之當今而玄非不行，窮之天地之委而玄不可亡耶！論者謂《易》極於六十四而變化無窮，《玄》極於八十一而其法不行，此非所以病《玄》。極《玄》之數，若律吕太極參之於亥，得十七萬七千一百四十七，可也。論者又謂，天地之數，但有奇偶，自三而四，自四而八，揚子益爲三事，且有氣無朔，有日星無歲月，以是貶議，亦非也。老子謂一生二，二生三，三生萬物。參天兩地，皆足倚數九三之法，以積鐘律是也。

余學術淺小，不足以評隲往匠，聊著所見，以開暇日，駁正之原，因疏所議於後。云非深於九九者，不足以窮大《易》之變。夫以劉歆曆律之精奥，而笑爲覆瓿，則《玄》且無當於律曆矣，而况於《易》乎。然張平子妙識天文，稱其特極理數，更僕難論陰陽之事，何哉？斯又不可測矣。近世邵堯夫作《正玄》，改四重爲上下，減九贊爲五贊，而蓍之三十三首之八十一不易焉，然則又可得增損耶？大抵《玄》之爲書，可爲卓然一家之言，未爲天壤無弊之物也。學者以《易》象、曆律讀《玄》可也，以求《易》象、曆律不可也。卦氣起《中孚》，《坎》《離》《震》《兑》各主一方，其餘六十卦主周歲之日，而《坎》《離》《震》《兑》各一方爲方伯之職，一爻主一候之日。《太玄》則《坎》《離》《震》《兑》與六十卦皆主日而不爲方伯也。《太玄》八十一首以配六十四卦，所重者十七卦，或曰以象閏也。然考其書，有《踦》《嬴》二贊以象閏矣，而安用以重卦象閏乎？又其所重者，雜出而無序，何也？一陰一陽，《玄》相錯之法也，然《養》爲陽而《中》不爲陰，水火木金土，《玄》相傳之法也，然《狩》爲金而《羨》不爲土，皆未有明之者。涯《説玄》揲法所稱“掛一之後，中分其餘，以三揲之，並餘於扐，又三數之，不中分”，蓋誤也。若爾，則終不成七分之數。李氏巽嚴以爲“又當中分其餘而三數之，但不復掛一”，若爾，亦不成七八之數矣，非也。姑闕以待辨。（《圖書編》卷八，第238—241頁）

【焦贛京房揚雄卦圖總論】 《易》道廣大悉備，變動無方，闔闢乎乾坤，化生乎萬物。故聖人用之，中庸不可能也；術數得之，小道有可觀焉。嘗觀漢儒焦贛、京房、揚雄，皆精於《易》占，其於六十四卦，或以己意增損之，而其占皆驗，益信卦占在乎人心之誠否。故云有其誠則有其神，無其誠則無其神，而占不足以盡《易》也。試以數子卦圖言之。

焦贛《易林》占法用六十卦直日用事，一爻主一日，六十卦主三百六十日。餘《震》《兑》《坎》《離》四卦，爲方伯監司之官，分列二至二分，專主四時節候。又以《復》《臨》《泰》《大壯》《夬》《乾》《姤》《遁》《否》《觀》《剥》《坤》爲辟君之象，以各統一月，而公卿大夫佐之。然每歲凡三百六十五日四分之一。繼三子者，如關朗之《洞極》，司馬之《潛虚》，蔡氏之《洪範皇極》，各本之《河》《洛》，以己意列圖，實於《易》卦無與。惟於《先天圓圖》六十四卦，出於邵康節所傳，而玉齋胡氏因邵詩“冬至子之半”推之，以卦分配節候，由《復》卦冬至子之半，至《乾》交夏至午之半，三十二卦爲陽。由《姤》卦夏至午之半，至《坤》交冬至子之半，三十二卦爲陰。卦爻自然與天地之節候相吻合，未嘗以己意添乎其間，殆出漢三子之右矣。但焦、京、揚、邵之圖，以之推卦氣、算曆數、占候，得失雖有不同，皆活法也。後世陰陽家，用以按節候、擇日時，是或一説。而堪輿家乃假數圖以定方向、配卦位，分金布氣，其亦未知分數多寡悉由焦氏所分派者，乃可據以爲定向乎！噫，周天三百六十五度四分度之一，此一定不可易者。諸家分列十二宫、二十八宿，且多寡靡定，又何有於分金之定向也。因論諸子卦圖，故並及之。（《圖書編》卷八，第242頁）

【太玄擬卦】　子雲覃思渾天，三摹而四分之，極於八十一首。旁則摹三九據，極之七百二十九贊。當期之日，又爲《踦》《嬴》二贊以盡餘分之數。其用自天玄推二晝一夜，陰陽、數度、星日之紀，與《泰初曆》相應。其取數似與《易》異矣，其爲書則欲自成一家，初無意於贊《易》也，考諸《解難》之文可見矣。夫《易》之六十四卦，八卦相錯而成也。

《玄》之有方、部、家，則各有分域矣，不可相錯也。故一而三之，自三而九，又三之爲二十七，終於八十一，而《玄》之首畢矣。八十一家又離爲三，以極三玄之數。方、州、部各三之爲九，又三之爲二十七家，此一玄之數也。以次比之，不可相易。贊辭自一至九，配麗五行，而日星節換分佈其間，皆有成數。恐其書特《易》中之一事，與《易經》不盡相涉也。世之治曆者，守成法而已，非知曆也。自漢迄今，曆法之更，不知其幾人，未有不知曆理而能創法也。求《玄》於曆法理之内，亦恐未足以盡《玄》之妙。（《圖書編》卷二十七，《四庫》第969册，第498—499頁）

【曆象申餘太玄擬卦日星節候卦氣總論】　《連山》六十四卦，《坎》《離》《震》《兑》分御四仲，以主二十四氣，其周流三百六十五度四分度之一，以成一歲之功，紀以章會統元，而有四千六百一十七歲，以成一元之易者，六十卦之用也。蓋閏有大小之餘，月有小大之盡，日一日躔一度，月一日一十三度十九分度之七，以月之疾及日之舒，是以二十九日五十刻有奇而會朔，故一歲之日三百五十有四而餘一十一日四分度之一，積其餘而置閏，故五歲再閏，一十九年爲一章而閏分盡。又積五百一十三年爲一會，而日月交會之數盡。自天統甲子朔旦冬至無餘分，積一千五百三十九年爲地統，而十一月甲辰朔旦冬至無餘分盡。又積一千五百三十年爲人統，而十一月甲申朔旦冬至無餘分。又積一千五百三十九年合，合前四千六百一十七年，復得十一月甲子朔旦冬至無餘分爲天統，而六甲盡。是謂一元之數，《易》之用也，實統於斯。故自天統起算，一爻主十二年九月二十七日，一卦主七十六年十一月一十二日，二十卦主一千五百三十九年爲一統，六十卦主四千六百一十七年爲一元，而《易》之藴盡矣。故一元之易爲甲子，七十有七而歲少三焉。又積二十元得九萬二千三百四十歲爲一紀元，而六甲之歲亦盡矣。《玄》之所以爲《玄》，《虚》之所以爲《虚》，不能外乎是也。特《易》以一爻尸一度，而周天三百六十五度四分度之一，以六十卦三百六十爻配之，猶餘五日四分度之一。以一日爲八十分，五日四分度之一爲四百二十分，均之六十卦，率一卦得七分，而六日得七分之説，不可以不知也。《玄》以一贊準晝，一贊準夜，故以三百六十五度四分度之一而兩之，得七百三十有一，爲一玄之贊數。以三贊爲一表，三表爲一家，三家爲一部，三部爲一州，而州管九家，二十七章爲一會，得日月交會之數。三州爲一方，而方管二十七家。八十一章爲一統，而得朔分盡之數。三方爲一玄，管八十一家二百四十三章，而得六甲盡之數，與《易》之數如合契矣。然《玄》一家九贊，積八十一家七百二十九贊爾，故有《踦》《嬴》之二贊。以其家外有二贊，而均其數於一玄之間，故每贊主六年三月二十有六日，一家主五十六年十月二十四日，一部主一百七十年八月一十二日，一州主五百一十二年一月六日，一方主一千五百三十六年三月一十八日，八十一家主四千六百八年十月二十四日，加《踦》贊六年三月二十六日，又加《嬴》贊一年九月一十日，而四千六百一十七年之數無遺策矣。《虚》有五十二圖，圖有七變，《元》《餘》無變而《齊》無位，五十二圖計三百六十四變，加《元》《餘》之二數，亦當周天之度矣。故一變主一十二年七月二十日，一圖主八十八年五月二十日，五十二圖主四千六百年六月二十日，加《元》之數一十二年七月二十日，又加《餘》之數三年九月二十日，通四千六百一十七年爲一虚，與《玄》之年亦契合矣。是知聖賢之作以明天道，豈苟然哉。（《圖書編》卷二十七，第499—500頁）

張鳳翼

【揚子雲二首】　棲棲哂揚子，咄咄復何爲。劇美終投閣，逢迎炫識奇。守《玄》應爰静，執戟却忘疲。豈若桐江叟，煙波理釣絲。（《處實堂集》卷二，《續修》第1353册，第239頁）

《玄》草徒爲爾，青蠅已失身。西山雖未餓，北海可垂綸。率土咸思漢，諛詞獨美新。寧知投閣者，即是解嘲人。（《處實堂集》後集卷一，第576頁）

張九功

【禆補名教疏（節録）】　臣惟孔子之道，與天地相爲悠久，删述六經，以教萬世，其功無窮。是以有國者莫不尊崇而奉祀之，以報其功於萬一。當時及門弟子得正泒而分餘波者，皆得與焉。後世儒者有能踐履真實，學術純正，希蹤前哲，有功來學者，亦得從祀於廟廡，用表當時崇儒重道之意。此典於名教所關甚大，豈可苟哉！

臣嘗觀國學及郡縣從祀儒先有當黜者，而今之真儒有當入者，若蘭陵伯荀况，言或近於黄、老，術實雜於申、韓。身託黄歇，不羞悖亂之人；學傳李斯，遂基坑焚之禍。以性爲惡，以禮爲僞，以堯、舜爲矯飾，以子思、孟子爲亂天下者。是以程子譏其甚偏駁，而朱子書爲蘭陵令，乃繫之以楚，以深鄙之也。扶風伯馬融髡徒禨士，糟粕陋儒。黨附梁冀，害忠良而不顧；自比毛遂，其輕賤而不羞。既失於西第之作頌，何補東觀之校書。高堂絳帳，沉酣女樂，逞豪門驕奢之風，破純儒莊雅之矩，是以當時正直羞稱，而深見斥於趙岐也。偃師伯王弼，唱和何、鄧，祖述老莊。遺落世事，以萬物爲天下之粗跡；崇尚虚無，謂六經爲聖人之糟粕。清談之弊，流蕩人心，傷敗風俗，卒使國家隨以淪喪而不可救者，此輩也。成都伯揚雄，以“善惡混”論性，學識舛錯，以安漢公比伊、周，志向昏諛。雕蟲之技，於道何關？覆醬之物，於世何補？貪生畏死，寧免投閣之嘲；臣事新室，難逃逆節之黨。是亦朱子莽大夫之筆，大書爲綱，昭垂後世也。之數子學失大本，身虧大節，有玷名教，得罪聖門。昔龜山楊時建議斥王安石，不使配享孔廟，而今儒臣亦有欲黜揚雄輩者。夫如是，則此數子豈宜列諸從祀哉！（倪岳：《青溪漫稿》卷十一，清《武林往哲遺著》本）

熊　過

【揚雄】　《藝文志》載《劇秦美新》，論稱門下中郎大夫臣揚雄上云爾。按，《桓君山傳》稱譚數從揚雄辨疑異，今所著《新論》具在也，然云雄作《甘泉賦》一首始成，夢腸出，收而内之，明日遂卒。與史文不同。《漢書》永始四年正月，成帝幸甘泉宫，雄從幸。還，奏賦風之。李善《甘泉賦注》連引而增其文曰：乃卒。然則《漢書》所載《甘泉》已後訛舛實多，善豈非有證於《新論》耶？子雲識古文奇字，而思深湛。《法言》《太玄》，淵奥奇澀，教其體裁辭氣區别，烏有所謂同功異曲者乎。谷子雲最稱筆札，兩子雲同時，谷稍後。谷子雲者，永也。豈大家續書採擷未精，誤谷爲揚乎？

初，雄被薦待詔承明之庭，庭在未央宫。《霍光傳》太后駕幸未央宫承明殿，罪狀昌邑王，則其必嚴重矣。按，《翼奉傳》連言前殿、曲臺、漸臺、温室、承明，則承明當近前殿稍南。《解嘲》云“登金馬，上玉堂”，按《後漢·輿服志》，蓋黄門東有所鑄宛馬勢，故曰金馬。雄時待詔承明，故得由金馬入。宦者，黄門之直，上達玉堂。《翼奉傳》曰待詔宦者之署。雄之給事黄門，亦謂此也。晉灼以黄屋非人臣所宜居，因曰廬於門，失猶未遠。張晏以爲直於石渠閣，不亦遠乎。石渠者，本南引滄水，下流轉北爲渠，閣在石渠之外，祗役趨命，勢相遼遠。若其校書，則石渠有蕭何圖籍在焉。假使石渠有直廬之便，乃舍之而校書天禄閣，則於情理似又可疑。天禄、石渠二閣，雖並在滄地水北，於滄地水益北又别爲明光桂宫，中間不言天禄，又在明光桂宫之北矣。人情地勢，不亦迂遠乎。然則雄不寓黄門，且不應直於石渠閣，又烏得遠直天禄而有投閣之事也。漢自惠帝始居未央，非若高帝以前居長樂。故今就未央言之也。

其從閣自隕，豈有生理。既云位侍郎給事黄門，又何爲官之拓落？不觀非聖之書，何爲復作符命？前後自相詆誤。永始四年王商秉政，初不與丁、傅同時。課其生年，雄卒丙辰，未嘗得事哀帝。下至丁丑二十二年莽乃篡漢，爲莽大夫校書投閣者，果何人耶？雖然，誤與誣未可必也。稽康傳高士，雄本與董仲舒同科，康恥事二姓者，而肯以莽大夫爲高士乎？劉知幾曰：《太玄》深奥，難以探賾，既絶窺踰，故致時人譏謗。子雲獨悲《太玄》之不遇耳，假説託依謗以厚誣雄。《法言》比莽於阿衡者皆是也。悲夫，楊廷秀有言，班固經術不如揚雄，則誣之以阿莽。嗟夫，固豈特誣雄？固書所叙，與典籍不合者，衡條上之。惜哉，衡所條者不可見也，雄書，衡尊以爲經，其必不使雄受誣明矣。惜哉，衡所條者不悉也。

或曰：劉向何以校書天禄也？曰：不同也。漢元帝北闕，上書奏事謁見之所，公車司馬在焉。漢以光禄大夫爲中朝，而天禄在北，趨北闕爲近。向爲護左都水使者、光禄大夫，正中朝官，故可就天禄校書。雄本待詔承明，止應於蒼龍東閣，出入無緣，却轉而北。予嘗疑《漢書》之地有二，待詔金馬者，校石渠；列中朝者，乃校天禄。如此，則子雲無殞身天禄之理，不有明驗乎。（《南沙先生文集》卷八，《存目》集部第91册，第703—704頁）

沈一貫

【揚雄論】　莽大夫揚雄死，特筆也。誅何甚？凡罪止於其當，過則深。張廷尉曰："假令盗長陵一杯土，加何法乎？"楊、墨之罪，未至如禽獸，而孟子比之於禽獸，惡其爲嚆矢也。倘誅雄之意，亦恐後之人藉口乎？君子曰終，小人曰死，雄未必小人，亦可憐矣。雄嘗曰："在門牆則麾之，在夷狄則進之。"今亦以其門牆而麾之乎。如以律，則雄當流，歆當死。坐雄以死，無律以處歆矣。凡特之爲言，皆意輕重之辭。史者，萬世平衡之書。意輕重不若付之、衡之平也。吾於統蜀死雄，皆未首肯。張釋之曰"陛下當時殺之則已"，豈以帝可特乎？而尚或非之，特之不可訓也。如是，趙盾弑其君，太史特筆，有爲也。激盾討賊，而終不之討，則此坐不虚。藉能討賊，復何誅焉？仲尼曰"越境乃免"，越境則身無討賊之權，故免暫爾。越境而終復其位，是猶不免。吾謂雄可憐者，亦謂雄無討賊之權耳，奚不去也。莽於天下賢士，猶將羅而囚之，肯令其去？不去

則惟有死，猶愛其死，宜其及矣。（《喙鳴詩文集》卷七，《續修》第1357册，第239—240頁）

詹景鳳

【攤藻中（節録）】　唐以書取士，於是有干禄書，而晉之書法亡；以賦設科，於是有干禄賦，而古之賦體失。是賦亡，自唐始也。賦家之聖，則有宋玉、司馬相如。揚雄《與桓譚書》云："長卿賦不似從人間來，其神化所至邪！大諦能讀千賦，則能爲之。"走誠不足以知，竊謂賦如宋、馬，殆天授也，豈人力哉？而謂"讀千賦，則能爲之"，子雲何不便讀千篇，作長卿邪？雖云"伏習衆神，巧者不過習者之門"，固必習而能也，然亦有終身習之而不能至者，何也？

揚雄習而不及，固是天限。即彼所習，原自不如一解相如之言，曰："合綦組以成文，列錦繡而爲質。一經一緯，一宫一商，此賦之跡也。賦家之心，包括宇宙，總覽人物，致乃得之於内，不可得而傳。"子雲唯不知求之於内，是以其賦饒佳，終似外面構合而成，與長卿所撰，便有天人之辨。友人金陵盛時泰仲交，以十日作《兩京賦》成，屬予叙之。予謂仲交弟固非玄晏先生，然兄此賦願且勿示人，請兄歸而閉户，以三年細咀古今群籍，以三年一志凝心養氣，然後議之。仲交默然，不悦而去。

王司寇元美云："子雲伏膺長卿，研摩白首，不能逮，乃謾言欺人云，'雕蟲之技，壯夫不爲'，遂開千古藏拙之端，爲宋人門户。"然予讀子雲《法言》《太玄》，豈藏拙也，而以爲藏拙何也？（《詹氏性理小辨》卷三十七，《存目》子部第112册，第497—498頁）

【攤藻下（節録）】　文如坡公，《赤壁》二賦，文之盛也。盛，故見者嫉妒，是以其時有厲禁，而今則日月矣。彼妒者烏在？諺曰"大丈夫寧爲人妒"，固也。知道君子，豈其罔諳趨避而昧冒蒙妒於世？士如抱志，誠宜反己静修，有作，何必今日示甲而明日示乙也。惟顧吾有可必傳者在，但用自娱可爾。曰何也？知音世稀，從古所嘆。世態眉睫，相物嫉妒。又本時人之心，以嫉妒之心論人，其何能公？以眉睫觀人，則忽之矣。

昔揚子雲著書，劉歆一時名儒，豈不能知，而猶然嗤薄之曰："空自苦，吾恐後人用覆醬瓿也。"即嚴尤，亦疑焉。當時天下惟桓譚一人知之，嚴尤謂譚："子常稱揚雄書，豈能傳於後世乎？"譚曰："必傳。顧君與譚不及見也。凡人賤近而貴遠，親見揚子雲禄位容貌不能動人，故輕其書。昔老聃著虚無之言兩篇，薄仁義，非禮學。然後世好之者，尚以爲過於《五經》。自漢文、景之君，及司馬遷皆有是言。今揚子之書，文義至深，而論不詭於聖人。若使遭遇時君，更閲賢智，爲所稱善，則必度越諸子矣。"雄後四十餘年，書果大行。至東漢崔、張輩，遂指以爲聖人，曰："吾觀《太玄》，方知子雲妙極道數，乃與《五經》相擬，非徒傳記之屬，使人難論陰陽之事。漢家得天下二百年之書也。復二百歲，殆將終乎。所以作者之數，必顯一世，常然之符也。漢四百歲，《玄》其興矣。"由兹而談，子雲固不世出，桓譚又豈世出？走以爲譚尤難遇爾，不然，古人奚以嘆焉。然則抱志者，亦奚必皇皇汲汲，以其學求知當時之人，而枉罹其妒以速戾於躬。即使求知而得其知，傳又不繫此也。我苟未有可以必傳者，人知奚益？彼聲名躁彼一時，死而寂然斬然人不復道者，何可勝數？則傳與不傳之故，可坐定也。而文人往往未之了，故三覆申言於末簡云。（《詹氏性理小辨》卷三十八，第519—520頁）

袁　黄

【揚雄不仕王莽辯】　揚子雲蓋荀之流亞也，漢唐以來甚尊之，至宋儒始訾議排擯，書之《綱目》而曰莽大夫，由是遂負大垢而不容於世矣。其《劇秦美新》之作，尤爲衆喙所斥。近泰和胡正甫辯謬甚悉，其言曰：

往予閲揚雄仕莽投閣、劇秦美新，竊怪魁奇如雄而媚莽。後見程叔子取其“美厥靈根”之語，愕然曰：“雄乃有是語乎?”又韓退之、邵堯夫、司馬君實諸君子咸稱其説，往往怵予心。己乃取《法言》讀之，其紬六經，翊孔顔，義甚深。又常禄隱，不求顯位，而深斥公孫弘之容，且曰如詘道信身，雖天下可爲也。予則嘆曰：“世之論雄其然，豈其然乎?”終無以決於心。最後讀《雄傳》，稱雄有大度，自守泊如。仕成帝哀平間，未言仕莽。獨其贊爲雄仕莽作符命投閣，年七十一，天鳳五年卒。余考雄至京見成帝，年四十餘矣。自成帝建始改元，至天鳳五年，計五十有二歲。以五十二合四十餘，已近百年。則於所謂年七十一者，又相抵牾矣。又考雄至京，大司馬音奇其文，而音薨於永始初年。則雄來必在永始之前無疑。然則謂雄存於莽年者，妄也。其云媚莽妄，可知矣。予懷此已久。今年春，按部郫縣，而雄郫人也。讀其邑志，得其鄉人簡公紹芳辨證尤悉。簡引桓譚《新語》曰：雄作《甘泉賦》，夢腸出，收而内，明日遂卒。而祠甘泉在永始四年，雄卒永始四年，去莽尚遠。而《劇秦美新》乃出於谷子雲，以其字之同而誤污之。班史亦不能詳考，以予校之，莽自平帝元始元處號安漢公，今《法言》稱漢公，且云漢興二百一十載，爰自高帝至平帝，適合其數也。而謂雄卒永始，亦未必然。計雄之終，當在平帝初，則其年正七十餘矣。因雄歷成平哀，故稱三世不徙官。若復仕莽，詎止三世哉。由是知雄決無仕莽投閣美新之事。而簡公謂班孟堅早世，而曹大家輩傳訛，豈不信哉。當哀帝末，莽已有都四海代漢室之形矣，而雄猶稱漢道如日中天，力不能回莽，而假《法言》以諷切之。雄之意深矣。諒乎，程叔子之言曰：閣百未必能投。曰：然則史不足信乎?曰：太史公記子貢宰我一以爲遊説，一以爲叛亂，是亦可信乎?而孔子主癰疽百里自鬻，當時之言誼甚也，奚獨雄哉?予悲守道君子蒙誣千載，故因簡公之言而畢其説。(黄宗羲編《明文海》卷一百十五辯，《四庫》第1455册，第744頁)

沈懋孝

【揚子雲軼事】　《藝文志》載《劇秦美新》，論稱門下中郎大夫臣揚雄上雲爾。按《桓君山傳》稱譚數從揚雄辨疑，今所著《新論》具在，然云雄作《甘泉賦》一首始成，夢腸出，收而内之，明日遂卒。此與史文不同。《漢書》永始四年正月，成帝幸甘泉，雄從。還，奏賦上之。李善《甘泉賦注》增其文曰：明日乃卒。豈非未證於《新論》乎？子雲識古文奇字，好深湛之思。《法言》《太玄》，淵奥遒古，詳之賦體，辭氣區别，烏有所謂同功異曲者耶。谷子雲最稱筆札，兩子雲同時，谷稍後。谷子雲者，永字也。豈大家續書採擷未精，誤谷爲揚耶？

初，雄被薦待詔承明之庭，庭在未央宫。《霍光傳》太后駕幸未央宫承明殿，則地必嚴重矣。《翼奉傳》連言前殿、曲臺、漸臺、温室、承明，則承明當近前殿稍南。《解嘲》云登金馬，上玉堂。按《後漢·輿服志》，蓋黄門東有所鑄宛馬狀，故曰金馬。雄時待詔承明，故得由金馬入。宦者，黄門之直，上達玉堂。《翼奉傳》曰待詔宦者之署。雄之給事黄門，亦謂此耳。晉灼以黄屋非人臣所宜居，改爲直石渠閣，已遠矣。石渠者，本南引滄水，下流轉北爲渠，閣在石渠外，祇役趨命，地甚遼遠。若其校書，則石渠有蕭何圖籍在焉。假使石渠有直廬之便，乃舍之而校書天禄閣，於情理似又可疑矣。天禄、石渠二閣，雖並在滄池北。然滄池又北别爲明光桂宫，中間不言天禄，必在明光桂宫之北矣。然則雄不寓黄門，且不應直於石渠，又烏得遠直天禄，有投閣之事也。漢自惠帝始居未央，非若高帝以前居長樂。今就未央言之耳。

永始四年王商秉政，初不與丁傅同時。課其生年，雄卒丙辰，未嘗得事哀帝。下至丁丑，二十二年莽乃篡漢。今云爲莽大夫校書投閣，此何人哉，亦失論矣。嵇康傳高士，雄本與董仲舒同科，康恥事二姓，肯以莽大夫爲高士乎？劉知幾曰："《太玄》深奥，難以探賾，既絶窺踰，故致時人譏謗。"寥寂揚子，宅門無卿相輿，後人傳謗誣污乃至此。余甚惜焉。楊廷秀有言，班固經術不如揚雄，則誣之以阿莽。嗟夫，固豈特誣雄。固書所叙，與典籍不合者，張衡條上之。衡所條者不可見，然雄之書，衡尊以爲經，其必不使雄受誣明矣。嗟乎，古之賢傑既不遇於當年，復受蔑於書史，此達人所爲恨恨者也。聊與博雅一評焉。（《長水先生文鈔·長水先生四餘編》，《禁毁》第159册，第558—559頁）

唐伯元

【諸子解（節録）】　揚子雲《美新論》，劉静修《渡江賦》，爲千古不白之疑。或曰遜言，或曰僞作，或曰以秦美新而甚之也，渡江時不能違也，要之違心焉耳矣。詳其語氣大段，二子故難語僞。雖然，凡售僞未有不假真者。僞乎？僞乎？吾以二子之生平信之也。（《明儒學案》卷四十二，中華書局2008年版，第1013頁）

【經解凡四】　經者，學之具也。學以明道，而《易》具矣；學以理性情，化天下，而《詩》具矣；學以爲帝者師，爲王者佐，而《書》具矣；學以修身齊家，措之天下，而《禮》具矣；學以驗天應人，明微維分，而《春秋》具矣。其理相通，其義各别。樂無經，非失也，有《詩》在也。樂章存，而器數猶可考也。

經，聖經也。惟聖解聖，惟經解經，羲之畫，文之《彖》，周公《爻辭》，孔子《十翼》是也。惟賢知聖，惟賢知經，子思之《大學》《中庸》，孟子之七篇，程伯淳之《語録》，凡所引是也。解字者，得少而失亦少，注疏是也；解意者，得不償失，今之章句、大全是也。擬經者，勞且僭，而無益於發明，《太玄》《元經》是也。誣經者，淫妖怪誕，侮聖逆天，《己易》《傳習録》是也。

解經以傳，不如解經以經。合而解則明，折而解則晦。故經有一事而前後互發者，有一義而彼此互見者，盡去其傳注，而身體之，口擬之，不得則姑置之，而從他處求之，諷詠千周，恍然觸類矣。

無聖人之志，不可解經；讀世俗之書，不可解經。韓子曰："非三代、兩漢之書不敢觀，非聖人之志不敢存。"可爲讀經之法。兩漢近三代，若董仲舒、揚雄、劉向、鄭玄、徐幹，皆其傑然者，其緒論往往可采也。（《醉經樓集》卷二，中華書局 2014 年版，第 41—42 頁）

焦竑

【揚子雲始末辯】　子雲，古以比孟、荀，自宋人始訾議之，介甫、子固皆有辯。然其《劇秦美新》之作，未有以解也。近泰和胡正甫辨證甚悉，吠聲者當無所置喙矣。正甫之言曰：

往予閲揚雄仕莽投閣，《劇秦美新》，而《綱目》書"莽大夫"，怪雄以彼其才而媚莽，心竊鄙之。後見程叔子取其"美厥靈根"之語，愕曰："雄乃有是語乎？"又韓退之、邵堯夫、司馬君實諸君子咸稱引其説，往往怵予心。已乃取《法言》讀之，其紬《六經》，翊孔、顔，義甚深。又嘗高餓顯，下禄隱，雖不韙屈原，而屢斥公孫宏之吝，且曰："如詘道信身，雖天下不可爲也。"予則嘆曰："世之論雄，其然豈其然乎！"終無以決於心。最後讀《雄傳》，稱雄有大度，自守泊如，仕成帝、哀、平間，未言仕莽。獨其贊謂雄仕莽，作符命，投閣，年七十一，天鳳五年卒。余考雄至京見成帝，年四十餘矣。自成帝建始改元至天鳳五年，計五十有二歲。以五十二合四十餘，已近百年，則與所謂年七十一者，又相抵牾矣。又考雄至京，大司馬王音奇其文。而音薨永始初年，則雄來必在永始之前無疑。然則謂雄爲延於莽年者，妄也。其云媚莽，妄可知矣。蓋予懷此久矣，今年春，按部郫縣，而雄郫人也，讀其邑志，得於鄉人簡公紹芳，辨證尤悉。簡引桓譚《新語》曰："雄作《甘泉賦》一首，夢腸出，收而内之，明日遂卒。而祠甘泉在永始四年，雄卒永始四年，去莽篡尚遠。而《劇秦美新》或出於谷子雲。"

以予校之，莽自平帝元始間始號安漢公，今《法言》稱漢公，且云漢興二百一十四載，爰自高帝至平帝末，蓋其數矣，而謂雄卒永始，亦未必然。計雄之終，或在乎帝末，則其年正七十餘矣。因雄歷成、哀、平，故稱三世不徒官。若復仕莽，詎止三世哉？繇是知雄決無仕莽投閣美新之事。而簡公謂班孟堅早世，曹大家輩傳失其實，豈不然哉！當平帝末，莽已有都四海、代漢室之形矣，而雄猶稱漢道如日中天，力不能回莽，而假《法言》以諷切之，雄之意至矣。雄其媚莽者乎？

諒乎叔子之言曰：閣百尺未必能投。曰：然則史不足信乎？曰：太史公記子貢、宰我，一以爲遊説，一以爲叛亂，是亦足信乎？而孔子主癰疽，百里奚自鬻身，在當時之言比比也，何獨雄哉？予悲守道君子蒙誣逮千載，故因簡公之言而畢其説。（焦竑撰，李劍雄點校：《焦氏筆乘》卷二，中華書局2008年版，第91—92頁）

【玉樹青葱】　左思《三都賦序》譏揚雄賦《甘泉》不當言“玉樹青葱”。或言玉樹者，武帝所作，集衆寶爲之，以娱神，非謂自然生之，猶下句言“馬犀”“金人”也。此説亦非。按王褒《雲陽宫記》《三輔黄圖》並言：“甘泉宫北有槐樹，今爲玉槐樹。根幹盤峙，三二百年木也。耆舊相傳，即子雲所謂‘玉樹青葱’者。”據此，則何必巧爲解邪？（《焦氏筆乘》卷三，第132頁）

【與友人論文（節録）】　漢世蒯通、隨何、酈生、陸賈，遊説之文也，而宗戰國；晁錯、賈誼，經濟之文也，而宗申、韓、管、晏；司馬相如、東方朔、吾丘壽王，譎諫之文也，而宗《楚詞》；董仲舒、匡衡、揚雄、劉向，説理之文也，而宗《六經》；司馬遷、班固、荀悦，紀載之文也，而宗《春秋左氏》：其詞與法可謂盛矣，而華實相副，猶爲近古，至於今稱焉。唐之文，實不勝法；宋之文，法不勝詞，蓋去古遠矣，而總之實未澌盡也。（焦竑撰，李劍雄點校：《澹園集》卷十二，中華書局1999年版，第93頁）

鄒思明

【評甘泉賦】　此賦瑰瑋踔厲，奔逸絶塵。煉字煉句煉詞，離奇變化，燁燁煌煌。煉首煉炁煉神，峻奥沉鬱，渾渾穆穆。（《文選尤》卷一，《存

目》集部第286册，第414頁）

【評長楊賦】　焦弱侯曰：千古諷諫之妙，惟司馬長卿得之；司馬長卿之法，惟揚子雲追之。此賦特創辭旨，不襲長卿，故範奇詭變，幻洞心駭，目馳霄練於霜鐔，絢朝虹於璧渚，可想此文境界。（《文選尤》卷二，第431頁）

【評解嘲】　楊升庵曰："春山豔冶，夏山蒼翠，秋山明净，冬山慘澹。"是文兼有四時山色，而深奥沉鬱之致，可想而不可言。（《文選尤》卷九，第607頁）

郭子章

【漢揚雄墓記】　予入郫，進諸生，問揚子雲亭。對曰：揚子故有亭，已改爲書院，祀揚子其中。已，復改爲學宫，移揚子，祀鄉賢，無復亭矣。問揚子裔。對曰：郫無復揚子者。予曰：揚子五世俱獨傳一子，宜不蕃。今海内亦鮮揚姓者，微獨郫也。問揚子墓。對曰：墓在邑西二十里，蕪穢不治，里中兒樵牧其上，行道嗟憐。予曰：是即非侯芭所名玄塚者，疑衣冠葬也，不宜盡銷滅。乃檄有司封之土，周遭樹以栢，下令禁樵牧。成都守耿子健暨郫令李某題其墓石，予題之曰：漢揚法玄先生之墓。子健手書之，付郫令勒之石。郫人而後乃今知死士壟貴矣。

夫法，何也，《法言》也。夫玄，何也，《太玄》也。揚子著書繁富，如《反騷》《廣騷》《畔牢愁》《甘泉》《羽獵》等篇，至老而悔之，獨《法》與《玄》，其大者。蔡中郎題太丘曰文範，顔延之題元亮曰靖節，皆其大也。嗟乎，世之訾揚子者，訾其不死漢而臣莽。予師胡廬山先生爲揚子辯未仕莽累千言，顧亦未有確據。《美新》《安漢》二篇，即揚子百喙無以自解。予謂《美新》不劇漢而劇秦，《法言》不曰繼漢而曰安漢，揚子之心蓋亦有大不得已焉者。且古今國亡而死者，度不死無爲也。其不死者，忍其死將有爲也。殷亡矣，箕《範》未衍，箕子何以死。子糾亡矣，春秋未一匡，《四稱》《八觀》諸書未就，管仲何以死。司馬遷辱矣，《史記》未竟，遷何以死。故曰死有重於泰山，又惡知《法言》《太玄》二書，不就於漢亡之後邪。又惡知揚子之不死，不爲是邪。予因題揚子墓而繫之《法》《玄》，明不死意也。嗟乎，李令伯嗤漢爲僞朝，予過彭山塚，嶽嶽若封。譙周勸後主降魏，而千年一丘，坐據充國之堂，又何於揚子過之深邪，而不一剪其松區也。（黄廷桂等修：《四川通志》卷四十四藝文，《四庫》第561册，第525—526頁）

姚舜牧

【莽大夫揚雄死】　揚雄作《太玄》《法言》，從人學作奇字矣，乃盛稱莽功德可比伊周。又作《劇秦美新》之文頌莽，竟投天禄閣下幾死。其視龔勝、陳咸輩大相徑庭矣。史稱莽大夫揚雄死，何取於《法言》哉。（《來恩堂草》卷十一，《禁毁》集部第107册，第171頁）

楊起元

【讀揚子法言説】　孔子曰："不得中行，必也狂狷。若鄉願，則德之賊也。"後世學術不明，昧中行之致，類以循循然有規矩者當之。夫以循循然有規矩爲中行，此鄉願得竊其似以爲亂也。《復》之六四不云乎："中行獨復。"《象》曰："中行獨復，以從道也。"四居群陰之中，而獨與初陽爲應，有中立不倚之操，其復也獨，其從也道，此其剛毅奮迅宜何如者，豈循循然有規矩之謂哉？彼鄉願者，以忠信廉潔媚於鄉人，非之無舉，刺之無刺，流俗共以爲賢，而鄙儒亦遂中行之，率群盲而歸嚮焉。蓋至是然後鄉願得成其賊以亂天下，則揚雄之於王莽是也。

雄病莊、列之徒詆訾聖人而作《法言》，以推尊孔子。不知其所見者，正孔子所謂德之賊，拒之惟恐其入室者也。夫竊鉤者誅，竊國者爲諸侯。竊聖智之法以守其盜賊之身，莊子所以爲此賊發憤也。由此觀之，莊、列之徒能爲孔子祛賊，而雄反引賊以入我室也。莊、列於孔子，猶藥石也。而雄之推尊，反爲恙疢，其毒滋多。莊、列即不得爲中行，猶不失爲狂。而雄則愚而入於鄉願之黨，遂至以莽之德勝於伊、周。雄，漢儒之望也，而歸譽如此。莽之能移漢祚，雄有力焉。

人謂《劇秦美新》之文非雄所爲，吾徵之於《法言》矣，其《孝至篇》曰："子有含菽藴絮而致滋美其親，將以求孝也。人曰僞，如之何？曰：假儒衣書，服而讀之，三月不歸，孰曰非儒也。或曰：何以處僞？曰：有人則作之，無人則輟之之謂僞。觀人者，審其作、輟而已矣。"據雄之意，以前所答者合於孟子"服堯之服，誦堯之言，是堯而已"之説，以後所答者合於孔子"視其所以，觀其所由，察其所安"之説，而不知其乃所以似是而非也。故莽假周公而不輟，雄則周公之假阿衡而不輟，雄亦阿衡之。彼不輟者，乃有大輟存焉，而雄不知也。《美新》之文，非雄之作而誰之作？

蓋人終身趣操定於學術之際，猶適燕越者自發足始。故《大學》之教必先於致知。知之不審而遂欲求其善，有不爲亂賊之徒者鮮矣！予讀雄書，凜凜乎爲學術畏。故著之，使後世學者毋以循循然有規矩求中行，而以可非可刺者棄狂狷，是吾道之幸也！（《證學編》卷四，上海古籍出版社2016年版，第229—231頁）

黄克纘

【駁胡正甫爲揚子雲辯誣文】　黄克纘曰：《春秋》之法，厚道以待君子，直道以待小人。厚於待君子，故善未著而必褒；直於待小人，故惡已彰而必貶。凡《春秋》所書，有爲尊者諱，爲親者諱，爲賢者諱，未聞有爲小人諱者。況不惟諱之，且爲之委曲以逃其罪乎？

揚雄爲莽大夫，《劇秦美新》載在史册，使雄有孝子慈孫，必且羞以爲祖，而近世胡直必欲爲之解，且曰：《漢書·雄傳》稱雄仕成帝哀平間，未嘗仕莽。贊謂雄仕莽作符命投閣，年七十一，天鳳五年卒。蓋班孟堅早世，曹大家輩傳失其實。雄至京見成帝，年已四十餘矣。自成帝建始改元，至天鳳五年，五十有二歲。以五十二歲合四十餘，已近百年，則與年七十一者相抵。又考雄至京，大司馬王音奇其文，而音薨永始初年，則雄來必在永始之前。然則謂雄近於莽年者也。《劇秦美新》或出於谷子雲，至悲雄爲守道君子千載蒙誣。

嗚呼，必若胡氏之言，當令自古史傳記載盡付烈火，歲月漫無考據，乃可爲雄辭罪；又當盡愚人心，使昧黑白，乃可爲雄左袒。不然，吾恐天下後世不可盡誣也。余不暇遠引，就胡氏之言折之，按《漢書》及《綱目》編年，成帝即位，己丑改元建始，五年癸巳改元河平，九年丁酉改元陽朔，十一年己亥八月，大司馬、大將軍王鳳卒，以王音爲大司馬、車騎將軍，十三年辛丑改元鴻嘉，十七年乙巳改元永始，明年丙午，大司馬、車騎將軍音卒。史稱雄爲大司馬王音所奇，音爲大司馬在永始間，則雄入京在永始之前，信矣。二十一年己酉改元元延，二十五年癸丑改元綏和，明年甲寅春三月，帝崩，哀帝立，元年乙卯改稱建平，五年己未改元元壽，六年庚申，帝崩，平帝立，元年辛酉改元元始，五年乙丑，莽弑帝，立孺子嬰，元年丙寅改稱居攝，三年戊辰改元初始，冬十二月，莽篡位，更國號曰“新”，稱始建國元年，以十二月爲歲首，二年庚午，莽殺劉棻、甄尋等數百人，以棻從雄作奇字，使者來收雄，雄恐不免，從閣上自投下，幾死。莽以雄素不與外事，詔勿問。五年癸酉春二月，太皇太后王氏崩，六年甲戌改稱天鳳，又五年戊寅，莽大夫揚雄死，年七十一，由王莽戊寅上遡成帝永始元年乙巳，共三十有四年，則雄入京時，年蓋三十有七矣，以三十四合三十七，實年七十一，彼胡氏乃謂自成帝建始改元至天鳳五年計五十有二歲，以五十二合四十餘，已近百年者，果何所據耶?胡不以編年計之也。

胡氏又引其鄉人簡紹芳所引桓譚《新語》，謂雄作《甘泉賦》，夢腸出，收而内之，明日遂卒，蓋在永始四年。考《漢書》，是年戊申春正月，帝如甘泉郊泰畤，三月如河東祠后土，雄獻《甘泉賦》，又三年辛亥，帝較獵長楊射熊館，雄獻《長楊賦》，雄既死矣，而《長楊賦》又誰作耶？雄在哀帝時，丁、傅、董賢用事，諸附離之者，或起家至二千石，時雄方草《太玄》，有以自守，故作《解嘲》以自遣。必謂雄卒於成帝永始間，則哀帝時作《解嘲》者又誰耶？新室文母崩，莽詔雄作誄曰："太陰之精，沙麓之靈，作合於漢，配元生成。"雄既先莽死矣，斯誄也，又誰作耶？大都雄之仕莽，史傳所載，斑斑可考，胡氏直愛《太玄》《法言》文字奇譎，不忍其人有"莽大夫"之譏，故爲之委曲覆匿，所謂愛而不知其惡者也。至以《劇秦美新》爲谷子雲所作，則尤大謬。夫谷子雲阿附王鳳，直攻成帝，視雄不相甲乙。然永當成帝元延元年爲北地太守，時災異數見，上使淳于長受所欲言對奏，天子感其言，尋徵入爲大司農，卒，是谷子雲死在成帝末，又安得至莽時復有谷子雲乎？班氏父子距西京不遠，其記事之詳，雖一姓一字亦不苟也，與雄同時者有陳遵，字孟公，而列侯中有陳孟公者，班氏别爲"陳驚座"，千載之下，以爲談柄，奚至以谷子雲所作誣揚子雲，何獨詳於孟公而略於子雲耶？《漢書》又載桓譚對王邑、嚴尤稱雄書必傳，凡人貴近而賤遠，彼親見子雲，禄位容貌不能動人，故輕其書。邑、尤皆莽時人，而桓譚與之論雄若此，乃引《新語》所載妖夢，謂雄卒於成帝永始中，彼時雄《太玄》尚未作也，桓譚謂其必傳者，果何書耶？不徵於信史，而徵於《新語》，抑又惑矣。

嗚呼，三代以後，道學不明，功利溺人。以莽操爲揖遜，以反君事仇爲當然。不惟忍恥北面，且爲之出死力以驅除焉。如翟義、徐敬。（以下缺頁）（《數馬集》卷二十七，《禁毁》集部第 180 册，第 338—340 頁）

董傳策

【詠揚子雲】　揚雄好博古，薦者匹相如。一朝獻《長楊》，待詔承明廬。白頭官執戟，歲華宴居諸。貴遊方附麗，冠蓋摇瓊琚。氣勢已三窟，澹泊空五車。規諷苦不投，閉門草《玄》書。寥寥稱絶倫，美新何狡狙。明哲良不辰，旁燭昧衣袽。嗟哉莽大夫，紫陽有遺書。介石不終日，千載標二疏。（《幽貞集》中册，《存目》第122册，第382頁）

胡應麟

【讀通鑑綱目（節録）】　莽大夫揚雄死，紫陽特筆也。其意則偏惡子雲，其義則責備賢者也。後人求之而過，有謂因貶見褒者。而紫陽之序《反騷》《邊笳》，皆深斥子雲，貶而褒，非其旨也。有謂罪之，使弗與於道者。而雄之於道，醇疵之間，有亡之際，非若曾、孟之繼體宣尼也。且罪雄而荀、董、王、韓輩又胡可以一一罪也。夫紫陽之有功聖門，過周、程、邵、張遠。而皆極口推轂之，非護前者也。雄身爲漢臣，莽篡而不死，可也。而猶仕，何也？紫陽特而筆之，假雄以明《春秋》之義也。而非雄，則紫陽固未暇筆也。總之責備賢者也，求之而過者，皆非也。（《少室山房集》卷一百一，《四庫》第1290册，第740頁）

【讀淮南子】　漢世記事之博，莫過《太史公》；立言之博，無出《淮南子》。故揚雄以《淮南》《太史》並論，又以爲《淮南》之用弗如《太史公》，知言哉。《淮南》蓋效《吕覽》而作者，其文詞奇麗宏放，瑰目璨心，謂挾風霜之氣，良自不誣。而詭辭邪説，坌溢篇中。自戰國莊、列、二鄒，縱譚宇宙，茅靡瀾倒，舉世若狂。漢興，董、賈諸人，漸趨淳樸，一代文章，垂復古始。《淮南》又群集浮華，網羅淫僻，淵渟澤匯，萃爲此編。自以極天下之觀，而不知好大喜誇之弊，不亡國殺身有不已者。余讀《淮南》，既奇其才，悲其遇，又重惜其未聞君子之大道也。因題簡末云。（《少室山房集》卷一百三，第749—750頁）

【擬經】　六經之後擬作者，世但知揚、王一二，然不止是也。《（樂）書》亡逸，故後無述焉。今稍類列於篇。

擬《易》者，揚雄《太玄經》，關朗《洞極真經》，衛元嵩《元包》，張志和《太易》，張弧《素履子》，司馬光《潛虚》，又楊泉《太玄經》。

擬《書》者，孔衍《漢尚書》《後漢尚書》《魏尚書》，王通《續書》，陳正卿《續尚書》，崔良佐《尚書演範》，宋韓氏《續尚書》。

擬《詩》者，束晢《補亡》，王通《續詩》。

擬《春秋》者，王通《元經》之類。

擬《論語》者，揚雄《法言》，張融《家語》，梁武帝《孔子正言》，王通《中説》，王勃《次論語》，宋薛據《孔子集語》，蓋亦正言之類。

擬《孝經》者，馬融《忠經》，徐浩《廣孝經》，張上儒《演孝經》。

兵書往往有擬六經者，郭良輔有《武孝經》，員半千有《臨戎孝經》，無名氏有《兵春秋》《兵家論語》。農家又有賈充道《大農孝經》。又劉炫《酒孝經》，皆溷褻聖典，可罪也。（《少室山房筆叢》卷三，《四庫》第886册，第196—197頁）

【歷代注玄諸家】　揚子雲撰《太玄》，惟桓譚以絶倫必傳爾。後學中微，儒者動資笑噱，然晉唐間注此書者殆至數十家，故不甚落莫也。今據諸家書目，備録此。

宋衷《太玄經》注九卷，陸績《太玄經注》十二卷，虞翻《太玄經注》十四卷，范望《太玄經注》十二卷，章詧《太玄經講疏》四十六卷，又《太玄經發隱》三卷，王涯《説玄》一卷，又《太玄經注》，六卷宋維幹《太玄經注》十卷，林瑀《太玄經注》十卷，又《太玄經釋文》一卷，徐庸《玄頤》一卷，又《太玄經解》十卷，杜元凱《太玄經傳》三卷，郭元亨《太玄經疏》十八卷，陳漸《演玄》十卷，范諤昌《補正太玄經》十卷，程賁《太玄經手音》一卷，馮玄《太玄音訓》一卷，林共《太玄圖》一卷，孫胄《太玄正義》一卷，又《太玄叩鍵》一卷，王長文《通玄》十卷，張揆《太玄淵旨》一卷，吴秘《太玄釋文》一卷，許翰《玄解》四卷，《玄曆》一卷，司馬光《太玄經集注》十卷，晁氏《星紀圖》一卷。又陸凱《太玄經注》，王肅《太玄經注》，並見《隋志》中。又邵雍《太玄準易圖》，見《通考》晁氏論中。今傳者尚十餘家，凡《玄》之得失，自前人論之已詳第。此書本名《太玄》，其稱經者，班氏文致之詞，後世因遂尊之，非實也。（《少室山房筆叢》卷十二，第296頁）

【論揚三札】　揚子雲《反離騷》，蓋深悼三閭之淪没，非愛原極切，不至有斯文。長沙、龍門先已並有此意，班孟堅獨載此於《雄傳》，其義可知。第子雲命名太過，又莽世不能遠引，故爲後人所持藉。如賈生賦《吊屈原》，子雲但以此命名，亦何不可？本其情出於慕説傷痛，豈熏蕕岐趣者。紫陽之抨擊，似亦未悉其由。今隨班逐例，學明經語言，三尺童子盡解辨，此豪傑士，要自當有獨覺。若前人已悉，則不必過求也。紫陽雖誚雄《反騷》，至論屈，卒不能異其説也。

按《雄傳》有《廣騷》《畔牢愁》等篇，意率與《反離騷》亡異。以班氏刊落，今皆不傳。當時子雲第目《反離騷》爲《廣騷》，則後人決不攻之如彼。惟其好立異名，故紛紛人口不已。昔人謂子雲老不解事，信然。《反騷》，亦贅也。

揚子雲《反離騷》，似反原而實愛原，與女嬃之駡同。莊子休叙道術，似尊孔而實外孔，與楚僕之棰異，何也？子雲賦家，子休道家也。知義玄、文偃之呵佛，與小白、重耳之尊王，乃得之。

《劇秦美新》，或以爲谷子雲者，近之《焦氏筆乘》載其辯甚詳，不備録。當時杜子夏有《歸藏易》，後世遂訛爲卜子夏，安知《劇秦美新》非此類耶。（《詩藪》雜編一，《存目》集部第418册，第3—4頁）

彭大翼

【三代不徙】　漢揚雄，成帝時，王音薦爲待詔。歲餘，拜給事黄門侍郎。歷成、哀、平三世不徙官。及莽篡位，雄始以耆老久次轉大夫。一説三世，謂歷哀、平、孺子嬰也。(《山堂肆考》卷六十，《四庫》第975册，第188頁)

【揚雄頌莽】　漢揚雄作《法言》，卒章稱王莽功德可比伊周。又作《劇秦美新》之論以頌莽，君子病焉。注云：劇，甚也。言秦王無道之甚，而美新莽之德也。(《山堂肆考》卷一百三十一，《四庫》第976册，第542頁)

張　萱

【太玄潛虚】　《易》之爲書，廣大精微，天地古今萬物萬事無一不備，無一不徹。揚雄之《太玄》，司馬光之《潛虚》，皆《易》之所已詳者也。夫《玄》與《虚》得無贅乎？噫，乳出酪，酪出酥，酥出醍醐。若雄、光輩之所作，是又從醍醐中覓酥，從酥中覓乳也。(《疑耀》卷三，《四庫》第856册，第224頁)

【上林羽獵二賦】　司馬相如《上林》，揚雄《羽獵》二賦，膾炙千古。北齊楊斐謂離繫以隤，墙填壑亂，以枚置落網而言，無補於風規，祇足昭其愆戾。亦是名言。(《疑耀》卷四，第240頁)

張懋修

【揚雄】　《華陽國志》傳揚子雲，姓從才不從木，常璩以蜀人談蜀故，必有所據。必揚家子孫世傳之字。班固之書原從才，觀者忽之耳。《後漢書》於《楊震傳》注内有揚雄從才之説。(《墨卿談乘》卷九，《未收》第3輯第28册，第139頁)

董其昌

【羅文莊公合集序(節録)】　昔揚子雲著書，若《法言》《訓纂》《州箴》、騷、賦皆麗以則，閎以肆，而其所自喜者惟《太玄》。然玄學不大顯，而世所傳者，乃其所悔爲雕蟲小道者也。先生居承明著作之廷，薄文人不爲。而大雅之音，舂容平淡；記序之文，贍而有體；銘贊之文，質而不誇；奏對之文，讜而不激。而書牘數卷，所與諸君子論難往復，尤當輔語録而行，所謂造道之言，有德之言，並立而雙美者也。先生且追典、誥而翼之，何敝敝焉規摹秦漢哉！（羅欽順撰，閻韜點校：《困知記》附録，中華書局2013年版，第260頁）

【書品（節録）】　昔人以《劇秦美新》爲後人贋作，此《太玄賦》又是辨誣公案，故書之。（《容臺集》别集卷二，《禁毁》集部第32册，第451頁）

馮從吾

【董揚王韓優劣（館課）】　儒者立言，所以明道也。有得於道，雖淺言之而常合，無得於道，雖深言之而常離。如此，而董、揚、王、韓優劣辨矣。

昔仲舒時，道術混淆。仲舒下帷發憤，潛心大業，其識已高。且進退容止，非禮不行。學士皆師尊之，自博士時已然。其行又何卓也。漢承秦後，仲尼之道蔑如。武帝襲文景業，一切制度尚多闕略。仲舒對策，推明孔氏，抑黜百家，立學校之官，郡舉茂才孝廉，皆自仲舒發之，此其議論鑿鑿，可見諸行，真足羽翼道術，裨益世教者。文辭云乎哉，著書立言，雖平易亡奇，要之與道合也。真西山謂西漢儒者，惟仲舒一人。余以爲知言。

揚雄製作允稱深奥，而行事似不副之。如《太玄》果玄也，衆人不好，與《玄》何損。而汲汲於《解難》之作，比之天地未已也，而又比之典謨。比之《雅》《頌》未已也，而又比之《簫》《韶》。夫雕蟲之技，既曰壯夫不爲，而又不勝其誇張得意之態，深於養者如是乎？屈原雖過於忠，而耿耿一念，誠可以愧世之爲人臣而懷二心者。何物子雲，敢作《反騷》以駁之，原亦附離丁、董者等邪？雄之出處大節，君臣大義，豈待

《劇秦美新》而後决白黑哉？《反騷》一篇，可反觀矣。縱其言高出蒼天，大含元氣，與道術世教何補？雄也不過詞人之雄耳，其於道尚，可在離合間論哉。

兩漢以降，歷魏晉六朝，而吾道益陵夷不可振。王仲淹起隋之末造，當衆口嘵嘵中，慨然以著述爲己任。其立言指事，一稟於仲尼，故曰通於夫子受罔極之恩。即此一言，而通之人品學術可知矣。桓文借名尊周，夫子然且予之，况通之於仲尼？何後世耳食之夫，猥以吴楚獄通。不知於老莊輩，又執何辭以聲罪致討乎？或又以太平十二策姗通出處，不知開皇孰與新莽？若以雄而律通，則與懲羹吹虀何異。况獻策不報，即翻然賦《東征》之歌，退而講道河汾，且屢征不起，此其於出處間豈不大有可觀哉。明道稱其極有格言，考亭稱其循規蹈矩，誠謂其與道合耳。

通之後越百餘年而得韓愈氏。愈之文，天下宗之。而不知因文見道，蓋亦有足多者。唐以詩賦取士，故學者不得不取材於諸子百家，而孔孟之傳不絶如綫。愈獨舉堯舜以來之統，歸之孔孟，此非有獨得之見者能之乎？佛氏之教浸淫人心，牢不可破，而愈上表陳言。雖蒙竄斥，而其志不隳，其有功於吾道何如。許由、龍逢、伯夷，皆特立獨行之士，皆可以維綱常而扶宇宙。愈作《通解》，惓惓於三師之教，其有功於世教又何如？愈之爲文，豈顓顓刻畫於詞句間哉。第上書及門，其出處之際，尚有遺議。愈於吾道，蓋合者多而離者少也。程子謂愈亦近世之豪傑，諒矣。

噫，三子之爲文也淺，而於道也合。雄之爲文也深，而於道也離。此董、揚、王、韓優劣之辨也。然則三子又孰優乎？曰：余又有取於董子正誼不謀利，明道不計功之説。（《少墟集》卷十六，《四庫》第1293册，第281—282頁）

郝　敬

【藝圃傖談（摘録）】　古今文章，敝於摹擬。不摹而肖者，人物之於天地是也。夫善肖者不齊而同。新豐之作，門巷鷄犬相似而實非也。《騷》何曾摹《三百篇》？以擬《三百篇》亦似。《子虚》《上林》何曾摹《楚辭》？以擬《楚辭》亦似。若夫揚雄之摹屈原爲《反騷》，摹相如爲《大人》等賦，顰笑步趣皆效之，如優孟學叔孫敖，死者不復生，祇覺生者爲徒勞。《反騷》不見所反，而意緩散不屬，無其神情，襲其聲響，辭雖極麗，無意何取？

朱元晦取荀卿、揚雄以下諸人之作，附益《楚辭》。辭雖楚而其人如息夫躬、柳宗元、王安石輩，行誼學術，概無足觀。下至蔡琰，以三醮之婦，失身於犬羊，亦取其辭，列於三閭後，何其濫也！蓋由未達《詩三百》之旨，不信古序，不識聖人删定之義，謂鄭、衛之詩，皆淫辭云爾。不知鄭、衛之詩，刺淫也，非淫人自作也。今取淫人口澤，著於篇什，不辱簡策乎？推此，則《太玄》亦可附《易》，《法言》亦可附《論語》，諸史亦可附《春秋》，而五經皆可雜越矣。君子讀其書，論其人，故夫六籍之尊也，以尼父；楚辭之重也，以屈平。苟非其人，雖辭工，弗貴也。（周維德集校：《全明詩話》第四册《藝圃傖談》卷二，齊魯書社 2005 年版，第 2892 頁）

揚雄《羽獵》不及《甘泉》，《長楊》又不及《羽獵》，大抵模擬相如，而傷於膠刻。杜撰而不顧其安，堆積豐腆而不勝肥笨，凡雄諸作類此。如《長楊》云："客徒愛胡人之獲我禽獸，曾不知我已獲其王侯。"此等語庸俗。又如："内之則不以爲乾豆之事。"又云："昔强秦封豕其士，窫窳其民，鑿齒之徒，相與摩牙而争之。"此等用事贅拙。又云："當此之勤，頭蓬不暇梳。"此等用語樸野。凡雄文多鹵拙，少森秀，尚雕琢而乏天真，難與耳食士道也。（《藝圃傖談》卷二，第 2896 頁）

范　淶

【新修揚子雲草玄堂記】　蜀自蠶叢立國，神明之胄，輒有鴻裁。今所傳詩四章，質雅道真，實賨惟德，厥訓遠矣。故代有發藻闡奇如王子淵、司馬長卿以下，疇非藝林赤幟哉。要之，黌文龍虎，各以詞勝，於道真無與焉。維時揚子雲氏，深沈聖學，體撰契神。其《大人》《長楊》諸賦，尚土苴一斑勿論，論其大者，爲《法言》，又爲《太玄經》，三摹九據，悉根於性命天道，泄羲文周孔所未泄，即中原稷下群儒，瞠乎其後，猥云雕蟲能之乎？説者猶疵其擬《易》，殆淺之乎口耳窺也。甚至以仕莽相蒙，投閣美新，訛傳口實，舉天下之大不韙，身自爲之，雖紫陽文公，尚未暇呼其枉，矧瑣瑣者耶？不敏稽古證今，知子雲必不仕莽者，爲説有五。

古者擬人必於其倫，揚子比孟、荀所從來久矣。孟子何如人，並駕推尊，則揚可知也。史稱郫縣大司空何君公，新繁大中大夫張公濡，中郎侯直孟，皆以不附莽見殺。此三君者，子雲之臭味也。先後同時，州縣同地，而時論以名流領袖。但推子雲仕莽之事，三君且不屑，謂子雲屑之乎。此以理而知之。

《法言》品藻漢興以來將相名臣，獨不及莽，時莽已專漢政，伊周自哆，乃簡衺一卒，愛於千金，是何落落也。恚丁、傅、董賢用事，託志於《解嘲》，知玄知默，惟寂惟寞。又屢斥公孫弘之容，而曰如詘道信身，雖天下不可爲。夫既以咳唾爲華衮，詎肯以出處爲溝壑。且素羞比於嬖寵，又豈失身於篡朝。此以其言而知之。

子雲始爲郎給事黄門，與莽、賢等相頡頏。夫夫者後皆爲三公，權傾人主，所薦莫不拔擢，而子雲歷成、哀、平三世不徙官，薑桂之性愈老愈烈，即反面事其所不屑，莽安肯信之。况莽篡逆時，諸文學以符命獲封爵者甚衆，即位之後，欲絶其原，以神前事，而豐子尋、歆子棻復有所獻。莽遂誅尋棻，投諸四裔。子雲固同官於莽，而素不附莽者也。若先時乘其大逆而傾身以殉，則可驟貴加封爵之榮。若後時復美新觸其厭諱，則莽必借之泄怒以示天下，而有棻尋之戮。兩者子雲無一焉，此以其行而知之。

嘗讀子雲本傳，稱雄有大度，自守泊如。亹亹數千言，未言仕莽。讀贊謂其受莽官，作符命，投閣，年七十一，天鳳五年卒。考子雲赴京見成帝，年已四十餘矣。自成帝建始改元歲己丑，至莽篡位建國元年己巳，相去四十一年。建國至天鳳五年戊寅，又十年。則子雲近百歲，與七十一之數何其抵牾也？即始建國元年遂仕莽，歲亦八十餘。子雲無耄耋壽，安能起白骨而肉之仕之乎。再考桓譚《新語》，雄作《甘泉賦》一首，夢腸出，收而内之，明日遂卒。祠甘泉在成帝永始四年戊申，去莽篡位遠，即未必卒於永始，斷亦不出於平帝末年。蓋其歲正與七十餘者合也。乃云媚莽受爵，不大謬乎。此以歷年圖而知之。

前代名家爲揚子忠臣者甚夥。其在蜀疑以桑梓，故姑不引。若陸公績之《述玄》也，遡王邑、嚴尤、桓譚、張平子諸人所崇尚而繼之，曰：雄受氣純和，韜真含道，建立《玄經》，雖周公繫《大易》，孔子修《春秋》不能是過。考之古今，宜曰聖人。司馬君實之《法言注》也，力辯揚子安恬，非求媚而思富貴。讚美伊周，諷莽北面。曾子固《答王深甫之論雄書》也，比於箕子之明夷，又擬於孔子之堅白。惜其於雄之事有所不通，且求其意而未明辯事莽之非，殆抱遺憾。然尤有所互證者。大醇小疵，則稱於韓退之。《玄經》首則“美厥靈根”，雖程叔子深有取焉。邵堯夫、王介甫亦每尊信其説，而叔子又謂閣百尺，未必能投。介甫直以投閣爲妄。皆可爲斷案。近世胡正甫、焦弱侯、劉元丙具有《始末辯》《美新辯》，且曰揚雄、谷雲並字子雲，《劇秦美新》乃永文非雄文，猶史載子我仕陳恒，孔子恥之，指爲宰予，而不知闞止亦字子我也。叙贊之詞，傳失其實。蓋孟堅早世，曹大家輩別有所聞而附益之。不然，孟堅述雄書，極嘆子雲文誼至深，論不詭於聖人。若使遭遇時君，更閲賢智，爲所稱善，則必度越諸子矣。述事若此，叙贊若彼，不幾自矛盾乎？此又以漢唐宋諸儒之論，核而知之。

然則子雲之謗何以致？此世之憸壬立心稔毒者何限，盛名之下，借附滋多。夫人欲速其功者借伊尹，主嬖幸爲捷徑者借孔子。五威將軍班符命四十有八類，當時名高者所爲，安知不忌子雲之軋己也。而借之以自文，且依稀懿爍，炳炳麟麟，襲其毫吻，噫，險矣哉。

不敏官豫章，嘗欲與友人著《古今平反録》一書，首白子雲，而力未逮。歲丙申，承乏參蜀藩，詢子雲故里，在署武擔山南。復閲舊志，宋慶曆間，何涉《記墨池》有準《易》堂繪子雲像，池心築臺其上，有解嘲亭，宴會之所，有吐鳳軒，今皆失其處。獨街旁碑石一片，鐫“墨池”二大字，乃耿中丞子健曩守郡時立者。字出米元章筆，點畫風致，而墨池遺跡，混於賈區，蕪穢潢污，寄足無地。因檄成都，施令所學，按籍求之。會左伯程公叔明已先下其議，施令遂商之華陽張令，旋共聞之郡守，協心力以應左伯。又請之蜀國主，樂捐池北店十一架，地縱十一丈有奇，横二丈有奇。池左地縱丈同，横得二之一。居民業近池畔願售者，給其值，亦得地十丈有奇。時觀察使沈公，大參董公，學憲王公，巡憲劉公，少參黄公，閫司徐公、淡公，遊擊劉公，各以薪鍰助。復有右伯劉公、觀察兼軍驛吴公，以公事旋助亦如之。而一切經畫，悉受成於左伯督理。於施令構材，必擇巨麗者。石理瓦甓，必擇堅致者。卜吉興事，抱坎面離，北爲草《玄》堂六楹，軨軒敞豁，黝堊絢采。稱是堂前爲平臺，臺前即墨池。浚闢逾於舊址，甃石以方之。池前爲西蜀子雲亭，堂後開隙地，植陰木納涼。堂左右爲庖，湢兩翼，兩翼之南爲碑亭二。又南各繞池爲欄，砌綿亙相望，可蒔雜卉奇葩，列文石，映清波，以憩以遊，談學娱賓，無適而非適。錦城勝跡，蔑有右之者。堂東爲儀門，外爲大門，繚垣蓋覆，完密一周。總計亭堂池地廣一百二十六尺，袤倍之；二門地袤六十餘尺，廣半之；垣圍共八十六丈四尺。工舠於丁酉仲夏，竣於戊戌孟冬。所費緡以五百計。諸司道前後二郡守、二邑令所助得二百餘緡外，皆左伯約己積羸以濟之。上不煩官帑，下爲貧民食其力。落成，諸公以遷擢行者六七人，獨左伯學憲偕不敏，暨兹歲繼至右伯周公、觀察使王公、前郡守轉今巡憲陳公，共登堂。融泄移日，徘徊吊古，聚散興思，各溢於題詠之外。酒酣耳熱，左伯復舉爵揖不敏："予每聞子憤揚氏覆盆，今有其地矣。表章先哲，範茲來許，監司者事也，請屬詞。"不敏愧無文，而夙昔私蓄，欲借手以雪。又憶慶曆《墨池記》，亭堂諸制，皆當時樞密程公敦尚名義，取材辨方，乃致底績。歷今六百年，復鼎新於程左伯。聲應氣求，遠相符合，數豈偶然哉。爰述子雲本實，並刱構歲月，著於篇，且使天下後世有抱道好修者，知浮議不能掩其光，雖千載而下，猶有知己，何損之有？而污蔑高良，自謂得計者，知愈久愈干公論，何益之有？茲役也，其於世教人心，庶萬一有補焉。（陳本禮：《太玄闡秘》外編，《續修》第 1048 册，第 350—352 頁）

李長春

【揚子雲投閣辯】　古今所詆訾揚子雲者有二，仕莽也，投閣也。蓋振暴自班孟堅始矣。爾蜀左伯程公有墨池、玄亭之建，而參知范公憪然爲子雲辯仕莽之冤，語在七尺碑中。其辭詳核精嚴，如漢廷老吏讞獄，所爲平反當矣。獨投閣之誣，猶未頌言之也。余請續其説。

史稱莽既以符命自立，即位之後，欲絶其原，以神前事。而甄豐子尋、劉歆子棻，復獻之。莽誅豐父子，投棻四裔。辭所連及，便收不請。時子雲校書天禄閣上，治獄使者來，欲收之。子雲恐不能免，乃從閣上自投下，幾死。莽詔勿問。京師爲之語曰："惟寂寞，自投閣；爰清静，作符命。"按，漢石渠、天禄二閣，皆藏秘書之所，並在未央宫北第，由石渠而進，尚有明光桂宫間之，則天禄更在其北矣。子雲初被薦待詔承明，據《三輔黄圖》云未央宫有承明殿，著述之所。翼奉又言漢初獨有前殿、曲臺、漸臺、宣室、温室、承明。則承明當近前殿稍南矣，於石渠已甚逴遠，況天禄乎。據子雲《解嘲》自言登金馬，上玉堂，而史又稱其給事黄門。夫金馬門，乃宦者署。武帝得大宛馬，以銅鑄像，立於署門，因以爲名。子雲時待詔承明，故由金馬入黄門以達玉堂，曷嘗僕直天禄乎。

籍令以校讎爲業，彼石渠所貯鄴候圖籍，與直廬皆在，子雲不此之寓，而乃徑赴天禄，於事理亦未順矣。繇斯以談，子雲所直者，承明之廬，於石渠且不相關涉，惡得闌入天禄，而有投閣之事乎。然則異時劉向校書天禄者，又何也？余考漢玄武北闕，上晝奏事謁見之所，公車司馬在焉。時以光禄大夫爲中朝官，而天禄在此，趨北闕甚近，向方爲護左都水使者光禄大夫，正中朝官，故可就校天禄耳。

子雲既待詔承明，宜從蒼龍東闕出入，胡由曲折而北乎。獨怪孟堅何其忌子雲之深也。子雲本遐方孤生，無所根抵，徒以文似被薦，一旦與長卿齊名，然位不過侍郎，擢才給事黄門，恒有拓落之嘆。於時椒房肺腑之親，熱熖熏灼，誰不捧手以炙，而子雲獨玄白自守，唾丹朱之轂，而不屑所爲。勁挺抗厲之操，自登朝時已然矣。貞女束髮姱修，白首而改，世寧有是理哉？孟堅自以世綰蘭臺史柄，爲當代宗，而子雲經術詞賦名譽悉居其前，有不勝其懟忮者，故以此重誣之耳。余觀《太玄》《法言》成，劉歆則笑以覆醬瓿，諸儒則譏以吴楚僭稱王。子雲爲世側目甚矣，詎知没後操衮鉞者，尤忍污蔑之，使抱沉冤於千古哉。

嗟夫，子雲有言，師曠之調鐘，竢知音者之在後也。若謂舉世落穆，無一知我者，而意付之所不知者何人耳。余不佞，曷敢自附於知音。庶幾藉程、范兩公表章成緒，以致向崇鄉先哲之意云爾。辯成而右伯沅陵張公見之，謬許爲篤論也。遂鑱石而置之亭中。（杜應芳輯：《補續全蜀藝文志》卷三十三，《續修》第1677册，第354—356頁）

趙之節

【讀揚子法言集注跋】　初，家君命小子讀揚子《法言》，小子退而讀之，執卷懵然茫乎不知其畔岸也，浩乎不知其津涯也。乃嘆曰：揚子之言，何其遠且難哉。既而家君以所爲集注授之，小子退而讀焉，開卷了然，若晝而覩日之光也，若夜而覩月之明也。乃復嘆曰：揚子之言，何其簡且易哉。昔揚子以其書當世無能知之者，自謂後世必有子雲。噫，其家君之謂乎！嘉靖四十一年，歲在壬戌四月之朔辛酉亞魁，不孝男趙之節頓首謹跋。

顧起元

【史别（節録）】　傳稱揚雄有大度，自守泊如，仕成帝哀平間，末言仕莽作符命投閣。年七十一，天鳳五年卒。考雄至京見成帝年四十餘矣，自成帝建始改元至天鳳五年計五十有二歲，以五十二合四十餘，已近百年。則與所謂年七十一者又相抵牾矣。又考雄至京，大司馬王音奇其文，而音薨永始初年。則雄來必在永始之前無疑。然則謂雄爲延於莽年者，妄也。其云媚莽，妄可知矣。此泰和胡正甫所辯也。以子雲有"美厥靈根"語，爲伊川所取，信其決非媚莽者。此自賢者微顯闡幽之意，抑子雲又言"大明煌煌，旁燭亡疆，遜於不虞，以保天常"，豈浮湛亂，世危行孫，言别有指邪？

然以余考之，正甫言自成帝建始改元至天鳳五年計五十有二歲，以五十二合雄初至京年四十餘，已近百年，謂傳所云七十一歲者相抵牾，是謂雄至京師在成帝即位之始也。今以《漢書》《漢紀》《子雲文集》反復参校，成帝元延二年行幸甘泉河東，至王莽建國二年符命事發，雄投閣之歲，計二十年。王音薨於永始二年正月，至建國二年，計二十四年，至天鳳五年，計三十五年。傳言雄年七十一，以是年卒。逆推而上，至奏《甘泉賦》時，雄年四十一矣。王音前是陽朔三年，九月以王鳳薦爲大司馬。傳云雄至京師，音奇其文。則雄之至京師在陽朔，歷鴻嘉至永始二年之八年中，是時雄年尚未四十也。成帝以即位初年作長安南北郊，罷甘泉汾陰祀，至永始三年，皇太后詔有司復甘泉泰畤、汾陰后土、雍五畤、陳倉陳寶祠，是時趙飛燕姊妹方大幸。四年正月行幸甘泉，元延二年正月幸甘泉郊泰畤，三月行幸河東，祠后土。冬行幸長楊宫，從胡客大校獵。明年上將大誇胡人以多禽獸，命右扶風等載輸長楊射熊館。雄時從行，此雄上《河東》《甘泉》《羽獵》《長楊》四賦之繇也。成帝即位初，改元建始，時雄年二十歲，未必是年即至京師也。哀帝元壽二年春，單于將來朝，公卿議勿許。雄爲黄門郎，上書諫帝召匈奴使而許之，賜雄帛五十匹，黄金十斤。《解嘲》作於哀帝時，傳所稱三世不遷官，蓋合成、哀、平三世而言之耳。今若以獻賦時雄年四十一，以是年至京師，至天鳳五年卒，正與傳七十一而卒之數合。而又與傳所言雄年四十餘自蜀來遊，至京師，大司馬車騎將軍王音奇其文雅，召以爲門下史，薦雄待詔。歲餘，奏《羽獵賦》者不合矣。蓋以天鳳五年上至音卒之年，雄年當三十有七，非四十餘。其不合一也。若音在日，雄至京，薦爲待詔。至奏賦時，已五六年。音死亦五年矣。不應言音薦雄待詔，歲餘奏賦也。其不合二也。既云雄至京四十餘，王音薦之，則自永始二年音在日，至天鳳五年，凡三十五年。以雄年四十餘，合三十五年，當得年七十五六歲矣。不應言七十一而卒。果七十一而卒，則卒宜在天鳳元年之一年前，以建國八年而卒矣。不應言天鳳五年。其不合三也。蓋正甫所以攻《漢書》者，言辯而未盡事理。而本傳實自相抵牾，難以爲據。

正甫又引《郫縣志》簡公紹芳援桓譚《新論》曰：雄作《甘泉賦》一首，夢腸出而内之，明日遂卒。且曰祠甘泉在永始四年。按祠甘泉在元延二年，紀傳載之甚明。雄先奏《甘泉賦》，後奏《河東賦》，後又奏《羽獵賦》，後又奏《長楊賦》。哀帝中，又上《諫不受單于朝書》。此云賦甘泉明日而卒者，果可爲的據邪？簡公以班孟堅早世，曹大家傳失其實，而必執以子雲死在成帝永始四年。正甫又以爲子雲來京師在建始初，死當在平帝末年。如此，則以七十一歲而卒之逆推，至成帝即位初，雄年方三十五，亦未得爲四十餘也。傳與二公之言，校之多有不合。簡又以《劇秦美新》或出於谷子雲。按《漢書》，谷雲元帝建昭中舉爲太常丞，成帝建始三年，日蝕，地震，爲陽城侯劉慶忠舉，待詔公車對策。至王莽篡位時，已四十五六年矣。年七十者自可延至此時，乃按《百官表》，永以成帝元延四年由北地太守爲大司農，一年免。本傳言永病三月，有司奏請免。故事，公卿病，輒賜告。至永，獨即時免。數月，卒於家。谷子雲之死，明白如此。且其死，去莽篡位時十有七年。千載而下，乃以美新事懸坐之，恐九泉有知，亦不肯甘受也。余《説略》中截取正甫之言，因爲備考諸書之同異如此。(《説略》卷八，《四庫》第964册，第490—492頁)

謝肇淛

【苗而不秀】　揚子雲之子烏童，九齡而與《玄》文，可謂夙慧。然卒苗而不秀，竟無一語可傳。杜子美子宗武以詩示阮兵曹，兵曹答以斧一具，曰告子斫斷其手，不然天下詩名盡在杜家矣。然宗武之詩，人間未嘗見也，斯亦苗而不秀者乎，抑虚名之爽實也？馮履謙七歲讀書數萬言，九歲能屬文；宋蔡伯希、吕嗣興皆四歲舉神童，而卒無文名。國朝如戴大賓、劉子欽，皆以髫齔取高第，自負才名而皆無成。大材晚成，固非虚語。(《文海披沙》卷二，《續修》第1130册，第254頁)

沈　津

【法言題辭】　《漢書·揚雄傳》："雄好古學，見諸子各以其知舛馳，大氐詆訾聖人，即爲怪迂，析辯詭辭，以撓世事，雖小辯，終破大道，或溺于所聞而不自知其非也。及太史公記六國，歷楚漢，訖麟止，不與聖人同，是非頗謬于經。故人時有問雄者，常用法應之，撰此以象《論語》，號曰《法言》。"今觀其《問明篇》曰："明哲煌煌，旁燭無疆。遜于不虞，以保天命。"蓋《詩》明哲保身之意也。世議其投閣美新，煌煌何在？余以爲此正其"遜于不虞，以保天命"者也，豈真以莽賢爲可相周旋乎？雄又作《太玄》以擬《易》，曰"潛心于淵，美厥靈根"，測曰"潛心于淵，神不昧也"，即《易》所謂"洗心退藏，神明其德"，周濂溪氏所謂

“厥彰厥微，匪靈弗瑩”者也。子雲之學，蓋至根位，其于《易》深矣。桓譚以爲絶倫，張衡以擬五經，司馬君實有言：“揚子雲真大儒也，孔子没后，知聖人之道者，非雄而誰?”其崇尚若此。余因録其《法言》，《太玄》則附著。（《百家類纂》卷九，《存目》子部第127册，第531頁）

江應曉

【揚子雲】　揚子雲覃思群典，潛心庶彙，乃攄其所長，實從其所好也。迨其老也，則謂雕蟲小技，壯夫不爲，尋復悔之，豈其本心哉。三世不徙，有激而言也。《解嘲》《解難》，志意見矣。非要好於後世子雲也，顧後世自有若人耳。嘗笑劉歆同子雲給事黄門，且子棻受學奇字，知非不素也，至誚其覆瓿。嚴光非有一接之歡，推其書在老聃上。甚矣，君子貴知言也。光惟知言，故風節爲東漢最，迄今尚激頑起懦。歆惟不知，卒獻賦以成莽逆，於今羞稱之。光之言曰：“凡人賤近貴遠，子雲禄位容貌不能動人，故輕其書。”乃今古達病也。光其免夫。世謂揚子雲爲書癡，皇甫士安爲書淫。子雲之草《玄》也，或嘲其尚白則《解難》。士安以著述爲務，自號玄晏，或勸其廣交，則論《守玄》。或勸之應辟，則論《釋勸》。不謂之癡、淫不可也。及子雲卒，而《法言》《太玄》大行，士安没而《高士》《列女》等書並傳於世，非癡、淫之績乎?晉之有吴也，杜武庫之功居多。《左傳》癖何負於人國哉。（《對問編》卷六，《存目》子部第104册，第54—55頁）

鍾　惺

【揚雄傳】　子雲《反離騷》，自是深好屈原而悲其遇，恨不能設身處地，告以自全之道，故爲此無可奈何之事，與《廣騷》同意。俗儒紛紛作異同之辨，癡甚矣。自岷江投諸江流以吊屈原，是何等異想。有此胸中方可論騷雅，非異人真有性情者，烏能知之?

作文章以求名於後世，是極危不可必之事。讀桓譚“凡人賤近貴遠，親見揚子雲禄位容貌不能動人，故輕其書”數語，爲千古著作人寒心。雄《解嘲》篇云：“深者入黄泉，高者出蒼天。大者含元氣，細者入無倫。”四句極力寫出《太玄》之妙，知後人決不能看到此，故代言之，此作者苦心也。然文章之傳，傳於精神。精神者，誠也。雄之傳，蓋精神爲之。於何處得其精神，寂寞清净是也。（《史懷》卷十二，《存目》史部第287册，第540頁）

張　燮

【揚子雲】　揚子探微言，甘心棲寂寞。時出《解嘲》篇，任多問奇酌。雕蟲薄不爲，吐鳳雅有作。未藉來祀傳，吾玄亮可託。（《霏雲居集》卷二，《張燮集》第1册，中華書局2015年版，第32頁）

【揚子雲玄亭】　鳳吐五千文，問奇紛載酒。千金求署名，主人但摇手。（《群玉樓集》卷二十七，《張燮集》第3册，中華書局2015年版，第528頁）

【重纂揚侍郎集題辭】　子雲賦祖長卿，當時稱其文似，其曰：“子虚似不從人間來，神化所至。”蓋自況也。夫《玄》之擬《易》也，《法言》之擬《論語》也，《方言》之擬《爾雅》也，古今不無異同。至賦手文鋒，未有不心折之者。老而自厭，乃更目爲雕蟲。譬之懷間盈尺，自以爲非寶，而别求文魮之孕，過矣，過矣。子雲當漢之季，《甘泉》《河東》《長楊》《羽獵》，動存規諷，不慮忤時。比在“紫色蛙聲”之朝，翻傳《美新》，自貽伊哂，豈衆嘲難解，佹託龍蛇，時提醒反騷意耶。班氏《揚雄傳》，是述雄自序之文。故後來行徑尚未終局，班氏於贊補發之。顔師古《漢書》注甚明，後人誤以爲史筆，故集俱不載。今爲拈出，三復諸篇，而後信動人者，終不在禄位容貌也。（《群玉樓集》卷八十，《張燮集》第4册，第1341頁）

朱荃宰

【符命】　《春秋演孔圖》曰：天子皆五帝之精寶，各有題序，以次運相據，起，必有神靈符紀，使開階立遂。

《春秋潛潭巴》曰：里社鳴，此里有聖人出，其呴則百姓歸之。

徐伯魯曰：符命者，稱述帝王受命之符也。夫帝王之興，固有天命，而所謂天命者，實不在乎祥瑞圖讖之間。故大電、大虹、白狼、白魚之屬，不見於經，而見於史，史其可盡信邪？後世不察其僞，一聞怪誕，遂以爲符，而封禪以答之，亦惑之甚也。自其説昉於管仲，其事行於始皇，其文肇於相如，而千載之惑，膠固而不可破。於是揚雄《美新》、班固《典引》、邯鄲淳《受命述》，相繼而作，而《文選》遂立“符命”一類以列之。夫《美新》之文，遺穢萬世，淳亦次之，固不足道；而馬、班所作，君子亦無取焉。唯柳氏《貞符》以仁立説，頗協於理，然蘇長公猶以爲非，則知斯文不作可也。馳騁文藝者，當知所懲戒，庶不蹈劉勰“勞深勣寡”之誚云。(《文通》卷十一，《存目》集部第418册，第497頁)

【連珠】　《雕龍》曰：揚雄覃思文閣，業深綜述，碎文瑣語，肇爲連珠。其辭雖小而明潤矣。擬者間出，杜篤、賈逵之曹，劉珍、潘勗之輩，欲穿明珠，多貫魚目，可謂壽陵匍匐，非復邯鄲之步，里醜捧心，不關西施之嚬矣。唯士衡運思，理新文敏，而裁章置句，廣於舊篇，豈慕珠仲四寸之璫乎。夫文小易周，思閑可贍，足使義明而詞净，事圓而音澤，磊磊自轉，可稱珠耳。

傅玄曰：其文辭麗而言約，不指説事情，必假喻以達其旨，而賢者微悟，合於古詩諷興之義，欲使歷歷如貫珠易覩而可悦，故謂之連珠也。沈約曰：連珠放《易》象《論》，動模經誥。連珠者，謂辭句連續，互相發明，若珠之排結也。班固諭美詞壯，文體宏麗，最得其體。蔡邕言質辭碎，然其旨篤矣。賈逵儒而不豔，傅毅文而不典。

按，西漢揚雄，已有《連珠》，班固《擬連珠》，非始於固也。嗣後潘勖《擬連珠》，魏王粲有《仿連珠》，晉陸機有《演連珠》，宋顔延之有《範連珠》，齊王儉有《暢連珠》，梁劉孝儀《探物作豔體連珠》，傅玄乃云“興於漢章之世”，誤矣。（《文通》卷十一，第500頁）

【解】　《解嘲》，揚雄作。解者，釋也。解釋結滯，徵事以對，因人有疑而解釋之也。其文以辨釋疑惑，解剥紛難爲主，與論説議辨蓋相通焉。其題曰解某、曰某解，則爲其命之而已。雄文雖諧謔回環，見譏正士，而其詞頗工。此外又有字解，則别從名字説類。（《文通》卷十一，第501頁）

【箴】　箴，漢揚雄依《虞箴》作《十二州、二十五官箴》。箴者，規戒以御過也。義尚切劘，文須確至。陸士衡《文賦》曰：“箴頓挫而清壯。”

箴者，所以攻疾防患，喻鍼石也。斯文之興，盛於三代。夏、商二箴，餘句頗存。及周之辛甲《百官箴》一篇，義體備焉。迄至春秋，微而未絶。故魏絳諷君於后羿，楚子訓民於“在勤”。戰代已來，棄德務功，銘辭代興，箴文委絶。至揚雄稽古，始範《虞箴》，卿尹、州牧廿五篇。及崔、胡補綴，總稱《百官》，指事配位，鞶鑒可徵，信所謂追清風於前古，攀辛甲於後代也。至於潘勖《符節》，要而失淺；温嶠《傅臣》，博而患繁；王濟《國子》，引廣事雜；潘尼《乘輿》，義正體蕪：凡斯繼作，鮮有克衷。至於王朗《雜箴》，乃寘巾、履，得其戒慎，而失其所施。觀其約文舉要，憲章戒銘，而水火井灶，繁辭不已，志有偏也。夫箴頌於官，銘題於器，名目雖異，而警戒實同。箴全御過，故文資確切；銘兼褒讚，故體貴弘潤。其取事也必覈以辨，其攡文也必簡而深，此其大要也。然矢言之道蓋闕，庸器之制久淪，所以箴銘異用，罕施於代。惟秉文君子，宜酌其遠大焉。

箴者，誡也。蓋醫者以箴石刺病，故有所諷刺而救其失，後之作者，亦用以自箴。其品有二：曰官箴，曰私箴。文用韻語，而反覆古今興衰理亂之變以垂警戒，使人惕然有不自寧之心耳。（《文通》卷十二，第513頁）

曹學佺

【閱蜀通鑑因作懷古詩六首（其一）】　秦亡如約入關中，天漢高名屬沛公。歌舞不離渝水上，雲山偏向渭陵東。文翁倡學風猶在，武帝開邊事已終。千古美新冤不白，浪傳投閣是揚雄。（《石倉詩稿》卷二十，《禁毁》集部第143册，第413頁）

【揚雄草玄堂】　成都子雲宅，寂寞草《玄》時。《玄》成待後世，後世無人知。雕蟲君所薄，何事動深悲。（《石倉詩稿》卷二十，第415頁）

姚希孟

【讀揚子法言】　子雲之辭多艱窒，非好爲艱窒也，以文其不足也。凡堅其膜挫其響而後出之者，理將枯矣。瀠滈如莊，梟傑如管，劌鏤如韓非，析之砉如也，味之蠚如也。《盤庚》《大誥》諸篇，匪不聱牙棘喉，然其思深而會文綿邈，若夫褒衣所習談，弱觚所習攤，而務爲巔譎激壯，以取新而角奇。文章之道，從此卑矣。《法言》十卷，其瑰詞精義可縷而數也。周羊秦狼，方斧方肉之類，質言如此，烏得不文以艱窒哉。子雲，淺人也，而附於儒。十篇之亂，歸美漢公，千載而下，當以《玄》文掩面，尚哆言淵騫矣。異哉！今日何讀其書者之多也。丁卯六月三日書。（《松癭集》卷一雜著，《禁毁》集部第179册，第222—223頁）

錢謙益

【復吴江潘力田書（節録）】　少年時，觀劉子駿與揚子雲書，從取《方書》入録，貢之縣官，而子雲答書曰："君不欲脅之以威，凌之以武，則縊死以從命。"私心竊怪其過當。由今言之，古人矜重著作，不受

要迫，可謂子雲老不曉事哉！（《牧齋有學集》卷三十九，《續修》第1391册，第395頁）

【跋方言】　余舊藏子雲《方言》，正是此本，而紙墨尤精好。紙皆是南宋樞府諸公交承啓札，翰墨燦然，於今思之，更有東京夢華之感。（《牧齋有學集》卷四十六，第448頁）

【跋揚子法言】　宋御府刻揚子《法言》，卷末署名韓琦、曾公亮在中書，歐陽修、趙槩在政府。以編年考之，韓、曾並以嘉祐二年拜昭文集賢相，治平元年閏五月，韓自門下侍郎兼兵部尚書同平章事、昭文館大學士、魏國公加尚書右僕射；曾加中書侍郎；《歐陽公年譜》治平元年二月自金紫光禄大夫行尚書户部侍郎、參知政事，特授行尚書吏部侍郎；趙升授亦同。觀四公署銜，則知此書之刻正在治平元二間，亦必在元年閏月已後，二年十月已前。先此，則韓公未加僕射；後此，則二年十一月歐公又進加光禄大夫兼上柱國，不如此結銜矣。有宋隆平盛際，群賢當國，人文化成，於此可以想見。靖康板蕩，圖籍北遷，此本尚留傳人間，真希世之寶也。爲泫肰涕流者久之。（《牧齋有學集》卷四十六，第448—449頁）

黄道周

【揚子雲不讀書】　唐伯玉因問：人生世上，總有貧富、貴賤、死生三端不能自主，執而較之，富貴可割，生死難齊。有一等人始念只是怕死，後來流爲貪著富貴，如李斯輩是。又一等人貪著富貴，到底要死亦無富貴，如揚雄輩是。千載下知羞李斯，反爲揚雄回護，何故？

某云：李斯初念亦不是怕死，揚雄初念亦不是貪著富貴，只是不曾讀書。

伯玉云：李斯學於荀卿，揚雄友於仲元，如何不曾讀書？

某云：兩公説性字不明，便無讀書資質，所以流浪漸與仁遠。焦漪園諸公極與揚雄開脱，正如德祖所云“老不曉事耳”。漢家有兩人怕死，流爲貪著富貴，如馬融就聘於鄧騭，中郎應召於董公。兩人皆頗知學，但未嘗在仁字站足。宋家有兩人貪著富貴，流爲怕死。如王子明以天書固相死請爲僧，張天覺力詆温公，舍家奉佛。此兩人亦頗知學，却未嘗在仁字問途。如識仁者，中間豈有欲惡取捨，豈有富貴貧賤，豈有終食造次巓沛。故説必於是。是者與仁同骨，不與仁同髓。如説必於仁者，猶於是處看不通透也。（《榕壇問業》卷七，《四庫》第717册，第346頁）

【答許爾翼問】　許爾翼問：蔡氏《皇極内篇》與《太玄》《潛虚》孰爲優劣？

某云：《太玄》如《左氏》，《潛虚》如《公羊》，《皇極》如《穀梁》。《左氏》博深，豈復《公》《穀》可及？然以揆於《春秋》，亦猶云甥之於外祖矣。

爾翼云：王通續經，與揚雄擬《易》均之僭妄，其罪孰爲軒輊？

某云：河汾夫子，當無王之時，有德無位，作爲《元經》以紹絶統，始於金墉之年，卒於陳亡之歲，上稽天道，下應德符，何過之有？迴圈中論，言簡而精，意博而達。桓生之嘆《法言》，君實之服堯夫，仲尼而降，何可多匹乎？

爾翼又云：或謂河汾牽引王魏，疑是後嗣之書，竊比仲尼，猶有優孟之意。

某云：孟軻自學孔子，後世共宗。仲淹私淑仲尼，何遽爲僭乎？如使王、揚並率，則柳下、西山難與元聖同輩，冉求、季路不在俎豆之班矣。後人讀書，更有何用。（《榕壇問業》卷十二，第432頁）

董斯張

【擬經】　揚雄七十三歲擬經。

揚信字子烏，雄第二子。幼而聰慧，雄著《玄》經不會，子烏令作九數而復之。雄又擬《易》羝羊觸藩，彌日不就。子烏曰：大人何不云荷戟

入榛。（出《劉向別傳》，《廣博物志》卷二十六，《四庫》第981册，第25頁）

【怨家增益法言】　揚子雲恬淡寡營，以賣文自贍，文不虚美，人多惡之。及卒，怨家取《法言》，援筆益之曰"周公以來，未有漢公之懿也。勤勞則過於阿衡"云云，繕寫多行於世，至今無有白其心跡者。（《廣博物志》卷二十九，第73頁）

祁光宗

【揚雄墓】　揚子雲仕王莽，劇秦美新，貽譏千古。及死，乃有負土作墳若侯巴者，塚號曰"玄塚"，今猶存，在咸陽東北安陵阪上。（《關中陵墓志》，《續修》第720册，第23頁）

茅元儀

【揚雄未作符命】　讀書不詳，古人通病，故建論彈駁，互争甲乙，俱在夢寐。如疑獄翻案，雖屢經讞決，生死殊軌，然皆不察初情，徒滋口舌。如揚子雲之符命，亦一事也。子雲符命，後世以此譏之，至宋儒直稱爲莽大夫。爲之頌不平者，言亦累累，然亦嘗察其初乎。國史曰："初，王莽既以符命自立，及即位，欲絶其源，以神前事。而劉歆子棻復獻之。莽怒投棻四裔，詞連及雄。雄方校書天禄閣，治獄使者來，收雄。雄懼不得脱，乃從閣上自投下，幾死。請其故，則棻嘗從雄學作奇字也。有詔勿問。京師爲之語曰：'惟寂寞，自投閣；爰清静，作符命。'"如此則作符命者劉棻也。棻不過從雄學作奇字耳，雄未嘗與符命之事也。故羅織如莽，置之勿問。其謂雄作符命者，一時訛傳輕薄之語，乃不此之論，而至被譏，疑無揚子雲，何其讀書不詳也。（《野航史話》卷一，《續修》第1133册，第567頁）

談　遷

【谷子雲作美新】　談遷曰：揚雄仕莽，作符命投閣，年七十一，天鳳五年卒。按桓譚《新語》云："雄作《甘泉賦》一首，夢腸出，收而内之。明日遂卒。"而祠甘泉在永始四年，雄卒去莽篡尚遠。《劇秦美新》，或出谷子雲，非雄也。（《國榷》卷十，中華書局1958年版，第765頁）

鄭　樸

【揚子雲集原序】　鄭樸曰：嗚呼，自莽大夫之言信，而子雲罪案不可解矣。邇者解以泰和胡正甫，闡以秣陵焦弱侯，投閣之悲，美新之詬，一一經湔祓，便成名儒，此余彙集意也。

客有獻疑者曰：請徵之班固與顔之推。固《典引》云揚雄《美新》典而無實，之推《文章篇》云《劇秦美新》妄投於閣。二子去雄未遠，寧偩宋乎？余曰：固也，夫正甫之證子雲也，以其仕與歿之年季且相左，他可知耳。而更例以宰我、子貢，則論人於史者之衡也。其有浮馬，千里一士，有如比肩，《春秋》傳信法亦傳疑。居子雲於疑，而存秦漢以來一有行之文人，抗節之偉者，客過信邪？過疑耶？子雲嘗恥雕蟲矣，故去而爲《法》《玄》，爲《訓纂》。學士大夫輒所稱雕蟲而上之，凡幾唾其疑與信半之事，而靦然遜其不必置疑之文。夷考其行，或將忍劇漢與？又奚但劇也。故子雲之可傳，不必以美新投閣掩也，而矧其詆馬者乎？此余彙集意也。若其擬《論》擬《易》之非僭也，擬者不僭，僭者不擬，猶列眉然，不具論，論其世如此。萬曆乙未九月朔。（《揚子雲集》卷首，《四庫》第1063册，第3—4頁）

戴　錦

【揚雄】　雄謂"藏心於淵"，噫，心藏矣，而身獨不藏乎？食新禄而投閣，心果不在於身乎？莽之篡，其來也漸矣，曾不以《太玄》卜之，而擇夫閴乎不可見者藏之，誓不使莽涎垂鼎而污我之槧乎？然禄薄而官也，累歲不遷，殆以貧故，至禍已迫而不能去乎？論其世，文高而行樸，視孟氏焉，醇大而疵小也。議者概以投閣藐之，亦過矣。苟處其地，何如而藏焉曰豫。

雲嶺矗玉筆，錦江洄練文。山川發靈氣，蜀郡生子雲。寂寞性所忍，雄談坐不聞。墨池染奇字，可但書八分。《法言》準《論語》，《太玄》索羲文。始也食漢禄，駸駸近妖氛。天械脱已晚，投閣非其君。愧乏太乙杖，吹噓縱殲焚。孰是論出處，幽蘭斷奇芬。臨風重太息，俗轍何紛紛。(周復俊編：《全蜀藝文志》卷十五，《四庫》第1381册，第153—154頁)

費經虞

【論揚雄賦】　《甘泉賦》篇中有單句有長句。《長楊賦》純用散文，與宋玉賦又不同，中多排也。《逐貧賦》純用四言，本於屈宋，柳宗元取爲《乞巧文》。(《雅倫》卷五，《續修》第1697册，第78—81頁)

六、清代卷（上）

朱舜水

【答桐山知幾書（節録）】　漢世學業近古稱大儒者，惟董仲舒一人。其餘若賈太傅、司馬龍門、劉向、揚雄之徒，博雅閎肆，典奥淵深，至矣，極矣，而俱有疵焉。豈非以大儒者，學與德兼焉者！（朱謙之整理：《朱舜水集》卷五，中華書局1981年版，第87頁）

【與小宅生順書（節録）】　歌曲傳奇，可用方言調侃，記志亦有之。作文不宜用方言奇字，屈平、揚雄，終不得埒於經也。佶屈聱牙，以文其淺陋，豈是大手筆？（《朱舜水集》卷九，第299頁）

【筆語（節録）】　問：蜀漢自古有英傑出焉。揚雄、司馬氏鳴漢家，眉山三蘇及陸遊等鳴宋家，不知今亦有如此人哉？答：國朝有宰相之子楊升菴諱慎者，探花陳秋濤諱子壯者，或負奇才如子雲，或顯忠節於勝國，亦自有人。（《朱舜水集》卷二十三，第405頁）

【批《説苑》十八條（其一）】　曾南豐《説苑序》。子政以貴戚之卿，當恭顯擅朝播虐，豈容坐視，至乃以枉已詘之，大不然矣。獨不曰禹稷顔子易地，則皆然乎？況乎屈平三黜，而君子不非其訐。自沉而死，而君子卒憐其忠。子固是非頗謬，大槩可知也矣。無怪乎其登進《劇秦美新》之揚雄而不疑也哉。（《朱舜水集》卷二十四，第522頁）

劉世教

【揚子雲】　子雲耽寂寞，雅好屬簡册。儔侣徧要津，皓首用執戟。

獻賦希清矚，爲《玄》乃成白。時俗乏遠鑒，賢者遭輕斥。其骨一以朽，其言始相惜。（《研寶齋遺稿》卷一，《未收》第6輯第25册，第217頁）

宋存標

【揚雄傳】　西蜀有揚子雲，固曠世一士也。默而湛思，非聖哲之書不好。作《太玄》以象《易》，作《州箴》以象《書》，作《訓纂》以象《禮》，作《反騷》以象《詩》，作《法言》以象《春秋》，稱好古樂道不虛耳。其所著《甘泉》諸賦，蜀波之錦不足爲其汗漫，蜀姬之美不足爲其豔麗，青泥九折之盤屈不足爲其幽絶，金馬碧雞之幻性不足爲其變化。以配長卿、子淵，真西蜀三傑哉。而吾獨於《劇秦美新》一事，不能無辨。

永始四年，王商秉政，初不與丁、傅同時。課其生年，雄卒丙辰，未嘗得事哀帝。《桓君山傳》亦載雄作《甘泉賦》一首始成，夢腹出，收而内之，明日遂卒。此在成帝時事耳。王莽篡漢在丁丑二十二年，安所得校書投閣爲者。嵇康傳高士，推雄與董仲舒同科，其人品趨向可知矣。若使肯用符命稱功頌德，莽必收雄以爲人望，又何爲官之拓落也。且既欲美新，何不直劇漢而劇秦？君子得時則大行，不得時則龍蛇，遇不遇命也。雄肯爲此湛身苟容之事哉？漢有兩子雲，谷子雲最稱筆札，計其時，於雄稍後，應是谷子雲所作，而大家續書，採擷未精，誤谷爲揚耳。天下寧有議論學業不詭於聖人而肯爲篡賊作符命？又寧有恬於勢利而肯署莽大夫？欲以文章成名後世而先作諭從諛？就班掾所載，已自抵牾不合矣。劉知幾曰：《太玄》深奥，難以探頤。既絶窺踰，故致譏謗。子雲之受誣，有自來矣。嗟乎，以雄之才，千古嘆服者，止一桓譚。凡人賤近而貴遠，禄位容貌其可忽乎哉。（《秋士史疑》卷二，《存目》史部第288册，第297頁）

張　溥

【揚侍郎集題辭】　《劇秦美新》，諛文也，後世勸進九錫皆權輿焉。

《元后誄》哀思文母，盛譽宰衡，猶然美新，豈有周人申后之思乎？予嘗疑子雲耆老清净，王莽之世，身向日景，何愛一官，自奪玄守。班史作傳，亦未顯呰其符命之作。傳聞真僞，尚在龍蛇間。或者莽善誑耀，頌功德者遍海内，莫不高三皇巍五帝。子雲《美新》猶頗醖藉鮮醜，孟堅讀而不怪也。《法言》世貴，《太玄》復顯，並輔六經而行。《河東》《甘泉》《長楊》《羽獵》四賦絶倫，自比諷諫，相如不死。《逐貧賦》長於《解嘲》，《釋愁》《送窮》，文士調脱，多原於此。《十二州二十五官箴》，《虞書》《魯頌》之遺也。《酒箴》滑稽，陳遵見而拊掌，寧讓淳于髡説酒哉。（張溥著，殷孟倫注：《漢魏六朝百三家集題辭注》，中華書局2007年版，第30頁）

鄭明選

【揚楊一姓】　《氏族大全》，揚雄揚字從手，楊修楊字從木。《漢書·揚雄傳》云：“其先出自有周伯僑者，以支庶初食采晉之揚，因氏焉。揚在河汾之間，周衰而揚氏或稱侯，號曰揚侯。”注云：“揚，今河東揚縣。”雄《反離騷》云：“靈宗初諜伯僑兮，流於末之揚侯。”此揚姓從手也。《後漢書·楊修傳》，修乃楊震五世孫。《世説》云，修九歲，孔君平詣其父，設楊梅，孔曰“此君家果”，此楊姓從木也。及觀《玉海·急就章補注》云，漢有楊敞，亦作揚。漢有揚雄，而楊修《答臨淄侯箋》亦云“修家子雲，老不曉事”，乃以揚雄爲先世。潘岳作《楊荆州誄》，雲族始伯僑氏，出揚侯，又以伯僑揚侯爲肇先世。是皆揚、楊爲一姓。《氏族大全》過於分析矣。（《鄭侯升集》卷四十，《禁毁》集部第75册，第648頁）

馮　班

【讀古淺説（節録）】　太史公之於道，吾未之審也，此公自是一代賢者。只不消得開卷便苦口指摘，須不比楊墨，吾於此甚不平。於揚子雲只是妒他，如詆詞賦爲童子之爲，亦是妒相如。

揚子雲曰："淮南，聖人無取焉。"斯言過矣。芻蕘之言，聖人擇焉。君子不以人廢言，如云"淡泊明志，寧静致遠"，斯言也，諸葛孔明嘗取之矣。

揚子雲引天下之文字歸之六經，有功於聖人之門，變於蘇氏父子，至近代王弇州、李於鱗而掃地無餘矣。

太史公云："諸家言黄帝多不雅馴，縉紳先生難言之。"其不好奇明矣。揚子雲不知何見，譏以"好奇"。如子雲作《蜀本紀》，其書雖不傳，然所言上古蠶叢已來奇事，頗有存於他書者，皆非六藝所述，恐太史公不必信也。《伯夷傳》云："學者載籍極博，必取信於六藝。"此一言也，鄭漁仲、蘇子由皆不知。觀子由《古史》，直似未嘗全讀《史記》者，可怪也。

《太史公書》，班固論之極當，其所雲抵牾疏漏，注家已詳，後人不當洗垢索瘢，更加鍛煉，以求其過。然孟堅云"先黄老而後六經"，便是合父子之論而一之。揚子雲更不研審，過矣。太史談在文、景時，故尚黄老；太史遷在武帝時，故重儒：亦隨時而已。然子長不爲無心於儒學。（以上《鈍吟雜録》卷四，中華書局 2013 年版，第 57—69 頁）

【遺言（節録）】　漢初文字駁雜，至揚子雲壓之以《五經》，驅天下之文，盡歸之於孔孟。後之文人不敢亂説，揚子之功也。韓退之、曾南豐皆極重之，是也；儒者頗譏之。吾以爲此人有心於聖學，但其人文士，於聖人立身行己之道，講之不盡，止知"惟寂惟寞"，不汲汲於富貴，便謂了事，此其所短也。比之孟子則過矣；直以爲有罪無功，亦未平。

觀戰國文字，聖人之道絶矣，惟詞賦尚有詩人之遺。揚子雲云："童子雕蟲篆刻，壯夫不爲。"班孟堅則云："相如之文，與詩人之諷刺不異。"請與知者論之。子雲云長卿"文麗用寡"，則是矣；並言賈誼，則甚矣。

儒者以六藝爲法，經傳以千萬數，不如老子之約，司馬談之言也。司馬遷之書，繼《春秋》而作，子長蓋儒者也。子雲言之不分别，班固亦然，何也？談生漢景之世，時尚黄老，故其言如此；子長在武帝時，則不然矣。孔子作世家，老子與韓非同傳，列國世家書孔子卒，不“先黄老而後六經”，明甚。（以上《鈍吟雜録》卷八，第21—122頁）

賀貽孫

【揚雄論一】　大凡學聖賢之學者，必有豪傑之識，而後可以章志明教於天下。苟無豪傑之識，而徒以語言文辭學聖賢之學，此其人非欺世盗名之小人，即同流合污之鄉願而已矣。

昔者揚雄作《大玄》以準《易》，作《法言》以準《論語》，豈非以語言文字學聖賢之學者哉。及其作《解嘲》則曰“自守泊如”，而漢史亦言雄清浄無爲，不汲汲於富貴，不戚戚於貧賤。當王莽時，不得封侯，僅以耆舊爲中大夫。又言雄作《法言》，卒章稱頌莽德，且作《劇秦美新》之文以頌莽。夫既自守泊如矣，而《劇秦美新》胡爲也哉？雄蓋無豪傑之識，而欲學聖賢之學者也。學聖賢之學，故自守泊如以養望。無豪傑之識，故《劇秦美新》以取容。然則雄之《劇秦美新》，即其所爲自守泊如也。何也？新莽之初，阿附者拔擢矣，忤恨者摧伏矣。雄於此時，將違世獨立，如龔勝、陳咸、薛方諸人乎？雄不能也。將佐成篡逆，如甄豐、甄邯諸人乎？雄不忍也。雄之爲人，不嗜進，亦不勇退。不争得，亦不樂失。奔競所嫌也，正直亦非所尚也。奸邪所羞也，忠貞亦非所慕也。故雖不汲汲於富貴而不辭富貴，不戚戚於貧賤而不耽貧賤，不稱功頌德於莽未篡之先，而不敢不稱功頌德於莽既篡之後。始而三世不徙官，泊如而已，不求徙也。既而以耆舊爲中大夫，不得封侯，泊如而已。不求封侯也，終而爲《劇秦美新》之文以順時，泊如而已。不求三公與四轉也，彼所謂泊如者，非能貧約以終老也，特異於汲汲戚戚者云爾。汲汲戚戚者，鄙俗之行。不汲汲戚戚者，聖賢之貌也。學聖賢之貌而不至窮約終老者，行已清濁之間，斟酌污隆之際，以爲吾既以語言文字學聖賢之學矣，聖賢之學因時通變，聖賢之身豐厚藹吉。其體好静，不能不藉宫室輿馬以舒展吾筋骸。其神好恬，不能不藉仕宦禄俸以休養吾榮衛。其性情好文采辭賦，不能不藉穠郁美好以潤澤吾胸臆而秀發吾天懷。於是内度其身，外度其勢，欲爲伯夷之清，而難其隘；欲爲柳下惠之和，而難其不恭；欲爲汲黯之方，而難其戇；欲爲東方朔之圓，而難其達。不夷不惠，不黯不朔，無可奈何，俛仰浮沉，是則揚雄而已。

嗟夫，古今此輩所以敢於學聖賢，而不敢於爲豪傑者，特以聖賢易假，而豪傑難假云爾。不知豪傑既真，則聖賢非假，不能爲真豪傑，而欲爲假聖賢，分論昭然，安在其能假哉。然則彼所謂自守泊如者，安在其能自守泊如也。（《水田居文集》卷二，《存目》集部第208册，第56頁）

【揚雄論二】　蘇子瞻鄙揚雄《大玄》爲終身雕蟲，而張平子獨耽好之，謂與《五經》相擬，且以爲陰陽之事，漢家得天下二百歲之書。復二百歲，漢其終乎。作者之數，必顯一世，漢四百歲，《玄》其興矣！平子固精於天文，明於曆算五行者也。其言豈盡無據？

然吾謂雄之《玄》學未盡精也。使雄果知漢祚之未絶，則必知新莽之無成。夫既仕莽而諛以創億兆規萬世矣，又安能知復二百年漢乃終乎。雄嘗懼莽收己，投閣幾危。當雄草創《大玄》時，豈不自謂旁燭無疆哉？今既不知莽之無成，又不知己之不死。彼所謂九九大運者，其數已不驗於厥躬矣，安在《玄》之能興也。郭璞爲王敦作卦，言敦必敗。敦怒曰："卿壽幾何？"璞對曰："命盡日中。"璞之學《易》，不過卜筮，而能抗直守道，殺身以信其言。而雄乃以不信之言，斟酌《大初》《顓頊》之曆，而欲以《玄》擬《易》，使後人奉其書筮而卜之，其不見笑於郭璞者幾希矣。且夫聖人作《易》，本以明其道，其所稱如神者，知幾而已。所稱知幾者，不諂不瀆而已。如是，雖不言《易》，而陰陽消長之理已具。雖不言卜筮，而吉凶悔吝之理已包矣。今《玄》之準《易》，能知幾耶？否耶？能不諂不瀆耶？否耶？漢儒治《易》，如焦貢、京房，其言數法，每多奇驗，而言《春秋》災異及《尚書》《洪範五行》者，亦復不爽。蓋六經之書，道數備焉。大儒言道不言數，而嘗因道以明數。小儒言數不言道，而嘗因數以明道。道與數一也，而本末精粗異焉。故曰形而上者謂之道，形而下者謂之器。然則雄所謂覃思渾天，參摹而四分之者，道之粗跡，形而下者之言也。劇秦美新，道盡喪矣。道喪則並《易》中剛柔得失、進退存亡之幾而昧之，而數亦不可憑矣。吾故曰，雄之《玄》學未盡精也。嗟乎，八十一數，其文既已不顯四百餘年，其《玄》亦不復興，反不如焦貢、京房之術，猶得以卜筮見也。謂之雕蟲，不亦宜乎。（《水田居文集》卷二，第 57 頁）

朱鶴齡

【揚雄論】 西京儒者，自董江都、劉中壘下，必推揚子雲。子雲著述，桓君山稱爲度越諸子，抱朴子方之仲尼，韓退之與孟、荀並列，司馬君實至作《潛虚》以擬《太玄》，獨蘇子瞻譏其好爲艱深以文淺易。自朱子《綱目》特筆書“莽大夫揚雄死”，而子雲之論遂定。余嘗考其生平，凡三變焉。當成帝時，賦《甘泉》，陳《羽獵》，則詞章之士也。及哀平間，甘落拓，草《太玄》，則經術之儒也。迨乎靦顔事莽，浮湛天禄，則又與甄豐、王舜爲徒者也。學者或耽其文辭，而護其逆節，則爲之説曰：子雲年數與莽不相及，投閣恐谷雲事，永亦字子雲也。或又據李善《甘泉賦》注引《漢書》云王音薦雄待詔，歲餘爲郎中給事黄門，卒。桓譚《新論》云：“雄作《甘泉賦》始成，夢腸出，收而内之，明日遂卒。”譚親炙於雄，所紀必實。或又引孫明復云：《太玄》明陰陽，推曆度，蓋疾莽而作也。《美新》不劇漢而劇秦，《法言》不曰繼漢而曰安漢，其微指可見。以愚核之，皆瞽説也。《七略》引《子雲家牒》云：雄以甘露元年生，天鳳五年卒，葬安陵阪上，侯芭負土作墳，號“玄塚”。按天鳳五年爲王莽篡漢之九年，自宣帝甘露元年戊辰至莽天鳳五年戊寅，止七十一載，與《漢書》本傳正合。何得云不相及？谷雲爲大司農歲餘卒，未見莽革命，何得以投閣加之乎？雄在哀帝時，官黄門侍郎，其《劇秦美新》稱諸吏中散大夫臣雄稽首再拜上，《漢書》亦云久次轉爲大夫，何得謂以黄門侍郎終乎？《西京雜記》云雄著《太玄經》，夢吐鳳凰，集《玄》之上，俄頃而滅，此與納腸之説皆好事者爲之，豈足據乎？紫色鼃聲，俶擾天紀，始建天鳳之間，此何等時也？而㒟然立於其朝。今日頌阿衡，明日上符命，謂之疾莽、風莽，其誰信乎？疾之、風之，曷若優遊玄亭，返其初服，遠而去之之爲愈乎？

然則雄何以剌謬若此？余曰：雄，僞儒也。所云清静寂寞，皆求以成名，而非真有得於内者也。雄爲郎中，本大司馬王音所薦，其沾丐五侯之門，蓋有日矣。給事黄門侍郎，漢制掌侍從左右，關通中外玉堂金馬，官非冗散，何清静寂寞之云乎？雄雖三世不徙官，然哀平短祚不過十年，其時同谷雲、劉歆輩接跡金華，占風紫禁，安知其不以清静爲榮梯，以寂寞爲譽餌者，一旦國鼎潛移，符瑞大作，而雄遂翺翔顯秩，與四輔五威相頡頏，以爲清静寂寞，其效固如此矣。不然，雄之好學深思，夫豈不明於理亂之數，君臣之分與出處進退之宜者，何以始則居賢莽之間，噤不一語。既則從舜秀之後，恬不知羞。吾故曰雄僞儒也。巧於沽名，而非真有得於内者也。

吾嘗論西漢之文景以黄老致治，其後乃以周公孔子，亡非黄老治而周孔亂也，則真與僞之别也。王莽以周公僞者也，起明堂，復井田，藏《金縢》，作《大誥》，無事不託周公，當世亦以周公信之，而其實乃漢之大賊。揚雄以孔子僞者也，稱典謨，述雅頌，《太玄》擬《易》，《法言》擬《論語》，無事不效孔子。後世猶以孔子疑之，而其實乃賊莽之佐命元臣而已矣。使其没於居攝以前，人豈得推見其僞，而比其書於吴楚僭稱王，且加之以亂臣賊子之誅哉？是以君子寧寶寸璣蒼璧，而不愛尋尺之碱砆，寧收才人負俗之累，而無取緣飾古義皦皦爲名高者，誠懼之也，誠恥之也。

（《愚庵小集》卷十一，《四庫》第1319册，第127—129頁）

鄧伯羔

【揚楊二姓】 揚雄，其先出自周伯僑，以支庶初食采於晉之揚，因氏焉。《漢書》有楊敞、楊惲、楊僕、楊王孫諸人，俱不爲著所出，於雄獨云然，可見雄揚從才，與他楊從木異矣。東漢太尉震，震子秉，秉子賜，賜子彪，彪子修，繫亦不詳於史。第修《答臨淄侯牋》曰："吾家子雲，老不曉事。"似應從才旁之揚也。今世揚姓不復見，唯楊多望耳。湯義《仍送趙舍人守永昌追憶楊用修太史詩》"家家能説子雲《玄》"，胡孟弢《别楊懋功北上詩》"最愛楊雲偏寂寞"，《偕雩社諸子飲楊祠部宅詩》"探奇聊得《太玄經》"，《飲楊祠部岫雲亭詩》"《玄》草圖書四壁開"，李於鱗《寄贈漢陽楊明府詩》"滿朝誰不薦雄文"，《送楊山人詩》"白頭不厭《太玄經》"，王元美《答汝南周令嘗師事楊用修詩》 "弟子能師蜀國《玄》"，《故少司馬楊師邀遊城南詩》"寂寞誰當問守《玄》"，凡此皆揚、楊雜用，不復識别，足爲學古之累。（《藝轂》卷上，《四庫》第851册，第5—6頁）

陳 絳

【揚雄之姓】 揚雄之揚字，從材。楊修關西之後，乃云修家子雲，是且自不識其姓矣。慈湖云：自古挑才揚，暨漢多書木，才、木所不同，一音貫吴蜀大道無異同，奚自析耳目。苟惡姓氏之析耳目，則聖王别生分姓，誠贅矣。（《金罍子》下篇卷二，《存目》子部第85册，第273頁）

【古人誤混姓氏】 鼂錯之鼂，亦作朝。袁盎之袁，亦作爰。揚雄之揚，非楊也。楊震之楊，非揚也。震孫修乃曰家子雲，是不識雄姓也。苻堅之苻，非符也。符融後漢之符，非苻也。顔真卿云從草爲雞，從竹爲印，是不識融姓也。（《金罍子》下篇卷二，第273頁）

傅　山

【太玄經】　揚子雲《太玄經》，邵康節以爲是，吾不得而知之也。朱文公以爲非，吾不得而知之也。然而康節以數言數，文公以理衡數也。（《霜紅龕集》卷三十六，《續修》第1395册，第692頁）

李　雯

【反逐貧賦序】　昔揚子雲逐貧，貧不得去。至於《劇秦美新》，突梯僞朝，竊其升斗，幾於投閣沉命。悲夫，子雲不能逐貧，貧更逐子雲矣。雯生長素族，少負大志，不事家人産，三辱諸生，薄田四頃，食指三百，雀鼠之耗，復去其三。是以突煙屢斷，或呼於爨，黔婁、原憲，爰旌目之，鬼居其中堂，招賓以來，厥類甚衆。客告余曰：子貧勢已盛，其來無方，若用劍盾相加，彼皆賢者，不可以攻。若微文詆訶，彼又甚口，不可得屈。獨可以好言慰説之，順適其意，彼或憐而赦之耳。李子曰：善，作《反逐貧賦》。（《蓼齋集》卷一，《禁毁》集部111册，第198頁）

黄宗羲

【太玄】　揚子雲《太玄》以兩贊當一日，七百二十九贊以當一歲三百六十四日半，於歲法三百六十有五日四分日之一，尚不及四分日之三也。立《踦》《嬴》二贊以補之，例以兩贊當一日，則過四分日之一矣。故蘇明允謂："四分而加一，是四歲而加一日，千載之後，恐大冬之爲大夏也。欲以一百八分爲日率，四分之，每分得二十七，三之爲八十一。每首加一，盡八十一首，而四分日之三者無過不及之患矣。"然余以爲，《玄》之所以凖日者，贊也。加一分於首，贊之不及如故，是失所以立贊之意。既以《踦》《嬴》名贊，不與他贊爲伍，則亦不援兩贊一日之例，即以四分之三當之，無不可矣。第《踦》以虚而言，《嬴》以盈而言，猶之所謂氣盈朔虚也。合氣盈朔虚，十日有奇，則《踦》《嬴》當得二十餘贊。今以二贊僅寄其名，餘皆渾於七百二十九贊之中，此則不可謂之合於曆也。明允言："聖人以六日七分言《易》，而卦爻未嘗及之。雄以三百六十五日四之一言玄，而首贊擬之，失其所以爲書之意。"余以爲，《易》未嘗有六日七分之説，加之起於後世。子雲準曆以作《玄》，苟不相似，則又何以爲書？是故子雲之短不在局曆以失《玄》，在不能牽《玄》以入曆也。曆以一定之法御其至變，而後可以傳之久遠。苟不得其至變，即不可謂之定法也。《玄》之《中》首，起牛一度。今未二千年，冬至在箕四度，星之屬水者已屬木矣。其從、違亦異。此《玄》失之較然者也。明允加一分以合四分之一，不知四分之一者亦有消長，則又不如《踦》《嬴》之以不齊齊之也。（黄宗羲撰，鄭萬耕點校：《易學象數論》卷四，中華書局2010年版，第144—145頁）

【太玄蓍法】　令曰：假《太玄》，假《太玄》孚貞，爰質所疑於神於靈。休則逢陽，星時數辭從；咎則逢陰，星時數辭違。

以上命筮之辭。

凡筮有道：不精不筮，不疑不筮，不軌不筮，不以其占不若不筮。神靈之，神靈之曜曾越卓。

去此四者而筮，則神聽之矣。此言爲筮之道。雙湖胡氏連上文爲命筮，非也。

三十有六而筴視焉。

蓍之數三十有六。

天以三分，終於六成，故十有八策。

以下明蓍三十六之故。"三分"者，參天之數。"六成"者，一二三之積數。"十有八"者，三六之乘數。

天不施，地不成，因而倍之。

天施地成故地數亦十有八，合之爲三十六。

地則虛三，以扮天十八也。

陽饒陰乏，地則虛三，故揲用三十三。

别一掛於左手之小指。

三十三策之中，取一以掛，掛而後分也。

中分其餘，以三搜之，並餘於艻。

分爲二刻。三搜左刻，置其餘或一、或二、或三。次三搜右刻，置其餘如前。數其餘數，不二即五，掛策在外。

左二則右必三，左三則右必二，左一則右亦一。以上初揲，在《易》爲再扐，在《玄》爲一艻之半。次除前餘數，復合其見存之策，或三十、或二十七。不掛，分、搜如前法。其餘數不三即六。

左一則右必二，左二則右必一，左三則右亦三。以上爲再揲。再揲之餘，並之於艻，是爲一艻。艻即所掛之一也。《王制》：“祭用數之仂。”鄭注：“什一。”掛先别於正數，故名艻。蓋再揲未竟，餘數未並，再揲竟，則餘數併入掛内。此所謂餘，乃不用之數，與上下分數之餘異。

一艻之後而數其餘，七爲一，八爲二，九爲三。

再揲止一掛，故曰一艻。餘數既並，置之不用，而數其所得之正策，七其三爲一畫⚊，八其三爲二畫⚋，九其三爲三畫𝌀，以成一方之位。如是每再揲而成位，自家而方，四位通計八揲，然後首名定也。老泉蘇氏曰：“一掛一扐之多，不過乎六。既六而其餘二十七者，可以爲九而不可以爲八、七。况夫不至於六哉?”於是改爲“再扐而三數其餘，八扐而四位成”。羲按，《易》“再扐而後掛”之義，揲左手竟而扐之，揲右手竟而又扐，謂之再扐。蘇氏以初揲爲一扐，故加一扐於《玄》，不知《玄》之以掛爲艻也。若準《易》之例，四位凡十六扐焉。

六筭而策道窮也。

一艻止於再揲，可以爲七、八、九，而不可以爲六。范注曰：“謂餘得七則下一筭，得八則下二筭，得九則下三筭。一、二、三凡六揲，三十三止得六筭，故言窮也。窮則揲以成四位，不出七八九也。”

七爲一。

掛一，不用餘數十一。

八爲二。

掛一，不用餘數八。

九爲三。

掛一，不用餘數五。

逢有下中上，下思也，中福也，上禍也。思、禍、福各有下中上。

九贊之位，一思内，二思中，三思外；四福小，五福中，六福大；七禍生，八禍中，九禍極。

以晝夜别其休咎焉。

首有陰陽，一陽二陰，終九起一。陽首以一、三、五、七、九爲晝，二、四、六、八爲夜。陰首以二、四、六、八爲晝，一、三、五、七、九爲夜。筮者逢晝爲休，逢夜爲咎。

一從二從三從，是謂大休。

旦筮用一五七爲一表，夕筮用三四八爲一表，日中、夜中筮用二六九爲一表。一五七逢陽首，則皆晝，爲從；逢陰首，則皆夜，爲違。三四八逢陽首，則一晝兩夜；逢陰首，則一夜兩晝。二六九逢陽首，則兩夜一晝；逢陰首，則兩晝一夜。三從者，旦筮逢陽首也。

一從二從三違，始中休，終咎。

中筮逢陰首。

一從二違三違，始休，中終咎。

夕筮逢陽首。

一違二從三從，始咎，中終休。

夕筮逢陰首。一違二違三從，始中咎，終休。

中筮逢陽首。

一違二違二違，是謂大咎。

旦筮逢陰首。

占有四：或星，

首五行，一水二火三木四金五土，六水七火八木九金，終九首復一。星五行，角亢氐房心尾箕東方，屬木；奎婁胃昴畢觜參西方，屬金；井鬼柳星張翼軫南方，屬火；斗牛女虚危室壁北方，屬水。星與首同德是從，與首背德是違。

或時，冬至筮，逢十月以前首爲違，冬至以後首爲從。夏至筮，逢四月以前首爲違，夏至以後首爲從。

或數，即九贊晝夜之數。

或辭。

贊辭。

旦則用經，夕則用緯。

南北爲經，東西爲緯。一六水在北，二七火在南，五土在中，故一二五六七爲經。三八木在東，四九金在西，故三四八九爲緯。旦筮一五七，是用經也。夕筮三四八，是用緯也。中筮二六九，經緯雜用之也。

觀始中，決從終。

范注："凡筮或先違而後從，先從而後違，或三皆從，或三皆違，決之者從終辭也。"

推玄筭：

筮所得首，於八十一中次第何居，推其筭也。

家一置一，二置二，三置三。

隨家所得之位置筭。

部一勿增，二增三，三增六。

部位得一不置筭，得二置三筭，得三置六筭。

州一勿增，二增九，三增十八。方一勿增，二增二十七，三增五十四。

四位積筭，是首之次第也。如筮得樂首，一方三州二部三家，方一不置筭，州三置十八筭，部二置三筭，家三置三筭，積二十四筭，是《樂》去《中》之數也。

求表之贊，

贊七百二十九分爲二百四十三表，筮所得次第之數。

置玄姓去太始策數，

玄姓，筮所得之首。太始，中爲群首之始。去太始策數，即玄筭也。

減而九之，

減所得之首一筭，以九乘之。每首九贊故九之。

增贊。

增所得首之贊於乘數。如《樂》首二十四減一，以九乘得二百有七，增入所得贊，是去太始贊數也。又如《樂》首二十四減一，以三乘得六十有九，增入所得表，即是表數也。

去玄數半之，則得贊去冬至日數矣。

《玄》以七百二十九贊加《踦》《嬴》配三百六十五日四分日之一，二贊而爲一日，故半之即得去冬至日數矣。如《樂》首二百有七增二贊，半之是一百五日。

偶爲所得日之夜，奇爲所得明日之晝也。

二贊一晝一夜，率一首而四日有半。奇首之次九，爲偶首初一之晝。此言奇偶，統七百二十九贊也。如《樂》首增一贊二百有八則偶，乃是《夷》首次九之夜，增二贊則奇，爲明日之晝。

求星：從牽牛始，除筭盡則是其日也。

冬至日在牛一度，《中首》之初一也。日行一度，已得日數依星度除之，則得。如《樂》首一百五日，從牛一度除之盡，是爲胃五度。

星度：牛八　女十二虛十　危十七　室十六　壁九　奎十六　婁十

二　胃十四　昴十一　畢十六　觜二　參九　井三十一　鬼四　柳十五　星七　張十八　翼十八　軫十七　角十二　亢九　氐十五　房五　心五　尾十八　箕十一　斗二十六

《玄圖》曰："泰積之要，始於十有八策，終於五十有四。"

天地人各十八，並之五十四。

並始終策數，半之爲泰中。並五十四於十八爲七十二。

泰中之數三十有六策，以律七百二十九贊，凡二萬六千二百四十四策，爲泰積。

猶《易》二篇之策也。每贊三十有六，乘之得太積策數。

七十二策爲一日，凡三百六十四日有半，踦滿焉，以合歲之日而律曆行。

一歲三百六十五日四分日之一。七十二策，二贊晝夜之數也。太積策數於歲日不及四分日之三，應增五十四策，此《踦》《嬴》所繇作也。

王涯揲蓍法

三十六策虚三，掛一，中分左右，以三數左，置餘；以三數右，置餘。合左右正策數之，爲三者七，而後一一數之，及八以爲二，及九以爲三，不及八不及九，從三三之數，而以三七爲一。老泉蘇氏曰："是茍以牽合乎一扐之言，而不知夫八者，須掛一、扐三而後成，而扐終不可以三也。"羲按，左右一揲之餘，其掛扐之數不三即六。三者，得三十策，三七之餘爲九；六者，得二十七策，三七之餘爲六；更無得二十九策可以爲八也。然王氏雖謬，不以餘策而論，猶爲未失其傳也。

胡雙湖揲蓍法

三揲有餘一、餘二、餘三，而無餘七、餘八、餘九之理。解者甚多，皆不通意者。子雲之法以餘一準七，餘二準八，餘三準九，只餘一二三，則七八九自定矣。故曰："餘七爲一，八爲二，九爲三。"只倒用一字，故難解。若作餘一爲七，二爲八，三爲九，人無不曉矣。羲按，胡氏舍正策而論餘數，失之遠矣。南宋以後，揲蓍者皆尚簡便，而置正策，不獨《太玄》也。然《易》之餘數，與正策相合，故論之不爲失。《太玄》餘數，直置之不用者，無可推之理。假如胡氏所言，一刻有餘一、餘二、餘三，連掛則不得有餘一而有餘四；二刻連掛則有餘三、餘六，而不得有餘一、餘二。然則三固準九，六亦準九，《玄》之四位皆三而已，豈可通哉！

季彭山揲蓍法

《太玄》揲法，注家多不能通其説。老泉以爲傳之失者，得其意矣。蓋《玄》之虚三，地之所以配天也。而掛一於左手之策，則天之所以運行乎地也。其曰"掛一"，非謂所用三十三策之中，而掛其一也。所用三十三策之中而掛其一，則歸餘者與七八九之數不合矣。故"掛一"者，十策之中而掛其一也。是三十三策之中分之爲三，而各掛一策，所用實止三十策也。范叔明曰："十取出一，名以爲艻。"謂之艻者，蓋以識三十蓍之數也。如此則當其中分左右也，止揲左策，以其所餘者或一、或二、或三，以合於所虚之三、所掛之三，則得一者爲七，得二者爲八，得三者爲九，而右策亦不必揲矣。故不再扐也。意其傳之者失此法耳。所幸范注略發此意，尚得以尋其緒焉。羲按，季氏牽合餘數，故轉展愈誤也。揚子之虚三，老泉尚議之，又從而掛其三乎？據所引者范注，而范云："艻猶成也。合之爲十，取一以識之爲艻。中分其餘於左手之二，以三搜之，其所餘者，並之於左手兩指間，以識揲蓍之數也。凡一掛、再艻以成一方之位。"然則范之所謂艻者，餘數也，爲從餘數可以識正策之數。季氏用之證掛，不亦疏乎？《玄數》曰："别一以掛於左手之小指，中分其餘，以三搜之，並餘於艻。"季氏曰掛三，止搜左策，不亦盡背之乎？（《易學象數論》卷四，第145—158頁）

方以智

【爲揚雄與桓譚書】　余嘗悲以雄之好古，遂無知者。徒慨千載下有子雲耳，當時獨桓譚以爲絶倫。想其對王邑、嚴尤曰："必傳，顧君與譚不及見也。凡人賤近而貴遠，親見揚子雲禄位容貌，不能動人，故輕其書。"嗟乎，書遂以禄位容貌重乎。

雄再拜君山足下，雄不佞偃蹇且老，自惟終世無知我者，顧足下不以爲讁劣而好之，遂以爲絶倫。僕何修而得此。時以足下好我，欲與足下一述生平。闕然未有報，請略言之。輒自謂何其遇之窮，又未嘗不自笑其爲人也。雄少故魯，家貧，世世業農桑。雄又不喜事事，顧獨耆書。饔飧不贍斗酒，彈琴自歌而和之。頗以爲此樂，它人不如。長復佚蕩無備，不好齷齪，以故無鄉里之譽。惟志博覽古今，明聖哲之指歸，求所自見，有所得，默而湛思之。亦不爲章句小儒，徼名當世。

年四十，自蜀來遊京師，奏《羽獵》《甘泉》《河東》《長楊》諸賦，除給事黄門，得不乏饔飧足矣。嗟乎，世之所爲尊寵者，詭世取容，粥粥以自通，蒲服幕府，俛首戚里，下車趨門，傳呼寵甚，苟得所當，即爲人庸使以求簪嫋何惜焉。是故鄉里樸遬，扶訾索能，皆綰印穀。論説不根之士慧，有口皆得超遷。大者起徒步，至宰相封侯。而徙倚私門，肺腑阿邑，薦擢以顯者，比比爲卿大夫，享厚禄不可勝數。然且鄙攻苦食淡者，何乃不肯録録爲也。斯吾固顯受其鄙耳。

所拳拳者，體天地之撰，明聖人之中道，此必不容自已者也。經莫大於《易》，故作《太玄》。傳莫大於《論語》，作《法言》。史篇莫善於《倉頡》，作《訓纂》。箴莫大於《虞箴》，作《州箴》。賦莫深於《離騷》，反而廣之。辭莫麗於相如，作四賦。而其所自得者，在《太玄》《法言》。《法言》以時有問者，用法應之。《易藏》參天於兩地而人無會通者，故特闡其參焉，此《太玄》之所以作也。

夫聲之眇者不可聞於衆人之耳，形之美者不可混世俗之目，辭之衍者不可齊於庸人之聽。今琴而高張急徽，追趨逐耆，則坐者不期而附矣。試爲施《咸池》，揄《六莖》，發《簫韶》，詠《九成》，則莫有和者也。嗚乎，當今之世，舍足下誰歸與？此固難爲俗人陳解也。即懷材之士，范君、劉君，亦嘗見禮。然子駿觀《玄》曰："空自苦，恐後人用覆醬瓿也。"貴知我者希，老耽之遺言，豈不亦信然乎。知之矣，誠毋足惟耳。好古樂道，古聖人之所尚。僕固有以自守泊如也，又不自幸幸得足下。僕復何恨？至於位卑履空，不能取高官尊寵，此非僕之所恨也。僕老憊，世日涵濁，又何欝欝。獨念君山不寘，謹再拜。（《浮山文集》前編卷二《稽古堂二集》上，《禁毁》集部第113册，第477頁）

【揚自非楊】　升庵曰："晉有羊舌氏，叔向子伯石食邑於揚，曰揚食我。晉既滅羊舌氏，分其田爲三縣，曰平陽，曰楊氏，則羊也、陽也、楊也，同出一姓。楊子雲自以爲蜀無他揚，字不從木。而楊修曰'吾家子雲'，特子雲好奇耳。"智以姓亦何奇之有？古今渺莽，姓譜皆附會，其説不一，子雲自云姓揚甚明，楊修少年聰穎之筆，考究未深。且古人凡事假借詼諧，故曰吾家子雲。今乃欲改子雲之姓，則何不改揚州爲楊乎？趙凡夫亦以子雲爲木旁楊，皆坐此故。（《通雅》卷二十，《四庫》第857册，第424—425頁）

陸世儀

【思辨録（節録）】　昔人謂《易》經四聖而象著，然羲、文、周俱是作《易》，惟孔子是學《易》。吾人學《易》學孔子而已。揚雄、關朗之流，皆思作《易》，真是不知分量。惟周程朱乃是學《易》。（《思辨録輯要》卷二十三，《四庫》第724册，第197頁）

曹暉吉問："性不可離，氣質之説確不可易，但與荀卿、揚雄、韓愈諸子之説作何分别？"予曰："孟子言性善，於氣質之中道其常也。《書》所謂恒性也。荀卿言性惡，於氣質之中道其變也。揚雄、韓愈言性善惡混，言性有三品，不知氣質之有常變而概言之也。若知恒性，則雖荀卿、揚雄、韓愈亦恍然於性之皆善，而必不至於多贅矣。"（《思辨録輯要》卷二十

六，第 243 頁）

揚雄不特立身敗壞，即文字亦不成文字，乃後世列之爲儒者，何也？得無爲《太玄》《法言》所駭耶？甚至有愛其人而並爲之諱投閣者，謂世有兩揚雄，亦可謂阿私所好矣。

荀况視揚雄較有本領，但駁雜耳。（《思辨録輯要》卷二十九，第 274—275 頁）

問：“昔人荀、揚並稱，莫是揚雄之學與荀子同否？”曰：“揚雄只是文人，更無實際。其《太玄經》只是模擬《易經》，揀難的説，以驚世釣名。然描頭刻角，畫虎不成，不必美新而後知其不濟。”

揚雄亦是學黄老，故其言曰：“老子之言道德，吾有取焉。”然老子却有實際，揚雄只是學其語言而已。一遇王莽，便手腳多亂，成甚老子之學。（《思辨録輯要》卷三十二，第 302—303 頁）

自《易》《書》以後，揚雄之《太玄》，關朗之《洞極》，司馬光之《潛虚》，與康節之《皇極經世》，皆擬《易》者也。然《太玄》之八十一首，《洞極》之七十二象，《潛虚》之五十二行，皆穿鑿無本。若康節，則原用《易》數，其自一一而之八八，皆《易》卦之本數也。故左之右之，無不宜之。（《思辨録輯要》卷三十三，第 312 頁）

周亮工

【論揚雄作經】　蘇長公譏揚雄好爲艱深之辭，以文淺易之見，極中其膏肓。而重入者，至謂其以《太玄》擬《易》，以《法言》擬《論語》，有僭經之罪，亦不足以服其心。夫聖人之言偶成一體，乖之後世，何妨爲誦法者所效仿。《左傳》本之《尚書》，四言本之三百。後人之文，因前人規模者何限？若夫辭有繁簡，制有多岐，則踵事而漸增者耳。即如尊經翼聖，莫如朱紫陽，而《綱目》一書，全擬《春秋》，且以託始威烈爲直接麟經之嫡統者，又何以解乎？故曰不足以服其心也。若以規規摹襲，略無生韻，開後世擬託之濫觴，爲子雲嘲笑則可耳。罪之僭經，知平反藝苑者，當必爲之末減矣。彼《易林》亦屬擬《易》，而文辭奥異，爲後世所推重，亦未聞其以僭經罪也。（《因樹屋書影》卷一，《續修》第1134册，第304—305頁）

【揚子雲法言】　揚子雲恬澹寡營，不競時名，以賣文自贍，文不虚美，人多惡之。及卒，其怨家取《法言》援筆益之曰："周公以來，未有漢公之懿也，勤勞則過於阿衡。"云云。繕寫行世，至今靡有白其心跡者。見《潛居録》〇此説與其疑也，寧信，《美新》可知矣。馮元成以《美新》爲劉棻作。（《因樹屋書影》卷二，第313頁）

【揚雄不作美新】　蜀秦宓《與王商書》："如揚子雲潛心著述，有補於世，泥蟠不滓，行參聖師，於今海内談詠厥辭，邦有斯人，以耀四遠，怪子替兹不立祠堂。"於司馬相如云：雖有王孫之累，猶孔子大齊桓之霸，公羊賢叔術之讓云云。使《美新》果出子雲，則宓亦當云：雖有《美新》之累矣。何以稱行參聖師耶？焦澹園爲子雲辨證甚明，似可引此爲助。（《因樹屋書影》卷三，第342頁）

【揚雄無子】　《西京雜記》載卓文君爲相如作誄，梁劉孝威詩"君平子雲閴不嗣，江漢英靈信已衰"。余按《史記·相如傳》，天子訪相如遺書，其妻對曰：長卿固未嘗有書也。相如似是無子，故妻爲之對耳。以此證之，相如、君平、子雲皆弗嗣矣。子雲姓揚，後世無有揚姓之人，亦是一證。楊用修云宋揚補之，子雲之後，字從才不從木，與劉孝威詩異矣。（《因樹屋書影》卷九，第441頁）

【揚雄未投閣】　揚子雲投閣之事，宋孫明復曰：《太玄》一書，乃明天人始終之理，君臣上下之分，蓋疾莽而作也。王介甫諸家以年數考之，謂子雲與莽不相及。及上符命投閣，恐係谷子雲事。鑿鑿有據，是何世人忍於污蔑賢者如此。李本寧在川西，以此段刻之墨池上，乃與同時意見不合，後竟入彈章。不但賢者被誣，即代辯誣之人亦被禍矣哉。（《因樹屋

書影》卷九，第442頁）

顧炎武

【文人摹仿之病】　近代文章之病，全在摹仿。即使逼肖古人，已非極詣，況遺其神理而得其皮毛者乎？且古人作文，時有利鈍。梁簡文《與湘東王書》云："今人有效謝康樂、裴鴻臚文者，學謝則不屆其精華，但得其冗長；師裴則蔑棄其所長，惟得其所短。"宋蘇子瞻云："今人學杜甫詩，得其粗俗而已。"金元裕之詩云："少陵自有速城璧，争奈微之識碔砆。"夫文章一道，猶儒者之末事，乃欲如陸士衡所謂"謝朝華於已披，啓夕秀於未振"者，今且未見其人，進此而窺著述之林，益難之矣。

效《楚辭》者必不如《楚辭》，效《七發》者必不如《七發》，蓋其意中先有一人在前，既恐失之，而其筆力復不能自遂，此壽陵餘子學步邯鄲之説也。洪氏《容齋隨筆》曰："枚乘作《七發》，創意造端，麗辭腴旨，上薄騷些，故爲可喜。其後繼之者，如傅毅《七激》，張衡《七辯》，崔駰《七依》，馬融《七廣》，曹植《七啓》，王粲《七釋》，張協《七命》之類，規仿太切，了無新意。傅玄又集之以爲《七林》，使人讀未終篇，往往棄之幾格。柳子厚《晉問》，乃用其體而超然别立機杼，激越清壯。漢晉諸文士之弊，於是一洗矣。東方朔《答客難》，自是文中傑出。揚雄擬之爲《解嘲》，尚有馳騁自得之妙。至於崔駰《達旨》，班固《賓戲》，張衡《應間》，皆章摹句寫，其病與《七林》同。及韓退之《進學解》出，於是一洗矣。"其言甚當，然此以辭之工拙論爾。若其意，則總不能出於古人範圍之外也。如揚雄擬《易》而作《太玄》，王莽依《周書》而作《大誥》，皆心勞而日拙者矣。《曲禮》之訓："毋勦説，毋雷同。"此古人立言之本。（顧炎武撰，黄汝成集釋：《日知録集釋》卷十九，《續修》第1144册，第295—296頁）

【玉樹青葱】　揚雄《甘泉賦》曰："翠玉木之青葱兮，璧馬犀之璘瑞。”左思譏之曰：“果木生非其壤，於義虚而無證也。”李善引《漢武故事》則曰：“上起神屋，前庭植玉木，珊瑚爲枝，碧玉爲葉。”若如所言，則是木也，蓋用珊瑚、碧玉裝飾爲之。其謂翠而青葱，皆狀碧玉之色而已，非真有是木根著其地也。至《黄圖》則又有異矣，曰：“甘泉谷北岸有槐，今爲玉木，根幹盤峙，三二百年木也。”《十道志》所記亦同。楊震《關輔古語》云：“耆老相傳，咸以爲此木即揚雄之謂玉木青葱者也。”詳此二説，又直謂木本槐也，而名之以爲玉木焉耳。

予即本賦上下文求之，則雄指殆可類推也。曰“壁馬犀之瑠瑞”，則非有真馬、真犀也。真以璧玉刻爲其形焉耳。世固無璧馬、璧犀也。又曰“金人屹以承虡”者，虡鐘也，則比木虡加珍矣。故誇之以見其盛也。於是合三者言之，則玉也、璧也、金也，實非土毛而皆假物爲之，則《漢武故事》所著大爲可據也。若指其木以爲槐，亦自一時所見。然槐葉望秋先零，不貫四時，其碧不長，恐非雄之所誇也。（《天下郡國利病書》陝西上，《續修》第596册，第572頁）

邱維屏

【評劇秦新文】　予嘗疑揚雄者，韓退之自孟子後數之，以爲大醇。而司馬君實、曾子固皆宗其學。君實至疑孟子，而論性一本揚雄。其蘇子瞻，徒以文字與己不合非之耳。朱子乃獨書爲莽大夫，不已過與。然又每疑《劇秦》一篇，則非他氏所能託。雄文之陋，在一意摹仿司馬相如，然特雕綴字句，增飾辭色，爲六朝俗陋文字之祖。惟其摹仿相如，而相如飄飄凌雲之氣，益見非雄以下至六朝人夢見所能及。與雄之《法言》《太玄》，惟妄擬《論語》《周易》，而多見其俗陋者，正相似也。且雄《劇秦美新》，爲發其中心所自有。蓋雄之罪秦，不著其狙詐暴虐，而只以滅古文改制度爲秦罪。方又以違古襲制度爲漢之闕，而五爵三壤，經田免役，方刑匡馬，遂謂新室宜作帝典。於莽廢孺子改漢祚事，若皆已遺忘不復及者。此雄所以作《法言》爲《論語》，作《太玄》爲《周易》，其所學識，固與王莽爲同類，故不能不發而爲是文也。

是《綱目》莽大夫一句，確注引證。(自評)(《邱邦士文集》卷三，《禁毁》集部第52册，第298頁)

魏裔介

【演連珠(節録)】　蓋聞心逸日休，心勞日拙。故揚雄爲莽大夫，甘作符命以投閣；陶潛爲晉處士，不向督郵而折腰。(《兼濟堂文集》卷十六，康熙三十九年刻本)

【揚雄著法言】　王莽天鳳五年。按，雄之好學深思，漢名儒也。《劇秦美新》見譏於君子，惜哉。(《兼濟堂文集》卷二十二，康熙三十九年刻本)

施閏章

【吃賦】　元晏先生咀茹百家，尚友曩喆，窮論殫思，倦而假寐，若有見焉。董仲舒、賈誼、劉向、馬遷、揚雄、司馬相如、班固、張衡不謀斯集，坐定，田駢、慎到之徒披帷直入，不俟咨度，發難騁辨，談天炙轂，飈馳雲起。元晏先生耳不周聆，口不給應，於是董、賈諸賢，談言解紛；班、張接袂，寓辭託諷；相如、揚雄，矯首卷舌，褎如塞聽。元晏先生聽然曰："諸君子皆不世出之英，文辨之士也。兩先生獨墨墨，豈不足君所耶？竊聞兩先生口吃，沉默好著書，多博麗之辭，盍請爲吃賦？"馬、揚避席，固辭交讓，揚舉手屬馬曰："公，雄之先進也。夫何辭。"相如始受簡含毫，有頃而賦，曰：

"物無鬱而不宣，人無噤而不言。伊辨吶之殊分，亶天授之自然。或發聲若洪鐘，或大笑如蒼蠅，或舉舌如懸河，或出口如不勝。乃有非喑非啞，藥石罔治。産非鴂舌，言近侏𠌯。掀脣頓頞，疊韻重詞。語未吐而顔赬，聲欲急而逾遲。駭中斷而不續，且語竟而終疑。誦詩則宫徵失諧，論事則賓從匿笑。詎三緘之是規，將鬱伊而莫告。已而賓退體閑，散帶開襟，圖書在列，清飈在林。抽我秘册，操我素琴。沉吟朗詠，山高水深。牙期傾耳，夔曠停音。爾乃包羅天地，采擷萬彙，作爲詞賦，筆雕楮繪。氣凌雲而若飛，才掞天而不匱。言歡而雪谷華敷，叙悲而春林霜悴。託諷諫於君王，時比物以連類，不俟淳于之滑稽，何假東方之遊戲。且魯恭苦吃，位列漢藩；李廣吶口，戰稱飛將。韓非説難以悟秦，周昌强諫於騎項，此皆流聲史册者也。夫何嗛嗛以吃怏怏。”

揚子雲曰：“美哉，其猶未既也。子不見夫枋榆斥鷃，肆飲啄以從容。黄鸝百舌，獨坐閉乎樊籠。信如簧之階厲，哀尚口之必窮。懲邦家之傾覆，唯佞幸之是庸。吾固知百鳥之嘖嘖，不如孤鳳之嗈嗈。且夫風假物以成籟，天垂象而無聲。雷出蟄而偶震，水潭静而灘鳴。所積者深厚，所發者難名。試因謇而緩言，善藏其短。苟難辨而守嘿，用寡厥尤艱，寒暄於猝遇。或工入座之應酬，澀言辭於客座，或詳奏對以如流。多言生垢，維口啓羞。行將謝辯士、討遺編，馳情象表，邈思物先。揮斥堅白，草吾《太玄》。千言波委，儀秦結氣。單辭抉奥，羲孔比肩。俾言立而行遠，冀書成以有待。鏘金石以寫心，曾嘯歌之不廢。嗟韓、周之二美，猶逡廵於吾輩。彼竊笑而旁譏，埒蟲聲與鳥喙。滑酈生之何辜，横就烹於遊説，又何羡乎嗇夫之喋喋便給哉。”

廣川子曰：“兩先生之言盛矣，而未免乎誇也。夫吐辭成經，多寡咸宜。吉人罕躁，語默以時。吃固非病，誇亦奚施?”乃歌曰：“讒夫張兮貝錦怨，箴捫舌兮白圭善。天與默兮守吾中，寧自安夫拙謇時。”坐客皆太息而罷，元晏先生瞿然寤，喟然嘆曰：“偉哉！江都言約而富。”起而削牘，書爲吃賦。（《學餘堂文集》卷一，《四庫》第1313册，第11—12頁）

尤　侗

【莽大夫揚雄死】　莽大夫揚雄死。後人或爲之辨，謂莽篡漢時，雄已前死。然史書死在天鳳五年，則已入新矣。且雄媚莽在未篡之前，《法言》卒章，盛稱莽功德可比伊尹、周公。又作《劇秦美新》，京師爲之語曰："惟寂寞，自投閣；爰清静，作符命。"班固立傳，備載其《騷賦》《嘲》《難》諸篇，而不及《劇秦美新》，豈爲之諱與？《文選》乃揭而著之，在昭明選此文固爲無識，而雄之罪因此而彰矣。（尤侗撰，李肇翔、李復波整理：《看鑒偶評》卷二，中華書局1992年版，第231頁）

《綱目》書法之善，無如莽大夫揚雄死、晉處士陶潛卒。（《看鑒偶評》卷三，第265頁）

人與言之不相合者，無如揚雄之《法言》《太玄》，而爲莽大夫也。其次馬融之事竇憲，蔡邕之從董卓。六經、《論語》之注，《勸學》《釋誨》之篇，豈能聽其言信其行乎。（《艮齋雜説》卷三，中華書局1992年版，第45頁）

王弘撰

【漢隋二子述序】　自秦漢以來，儒者之學，能出乎一世之上而無愧於孔孟之道者，五人焉，曰董仲舒、揚雄、諸葛亮、王通、韓愈而已。董與韓之學，規模正大；揚與王之學，兼議精微；諸葛之學，則又以忠節奇勳掩。然董之《天人三策》，家傳户誦；諸葛之《出師》二表，論者謂可與《伊訓》議命相表裏；而韓之詩文峻偉，操觚家師法，至有泰山北斗之仰。獨揚以仕莽爲《綱目》所不與，王之獻策見譏於不知者，後人無特識，隨聲附和，二子之書，遂置之不讀者衆矣。吾竊嘆焉。山居之暇，手録成帙，稍去其不切要者，彙爲一集，題曰《漢隋二子述》。學者讀之，能盡二子之學，則亦可以得孔孟之傳也夫。（《砥齋集》卷一下，《續修》1404册，第391頁）

【法言序】　漢儒能傳孔子之道者，董仲舒後則有揚雄。仲舒之學見於《天人三策》，其《春秋繁露》猶純駁參半。雄以莽大夫爲《綱目》所貶，以此見黜於從祀。吾嘗觀焦竑所述諸爲雄辨始末者，歷歷有據，則

《綱目》之筆，亦未可定爲實録。而《法言》一書，見道之言，即仲舒有弗及者，烏可廢哉！程子最不輕許人，獨云漢儒之中吾必以揚子雲爲賢，蓋有以也。《反騷》《解嘲》，文之末技，而《太玄》之作，無當於《易》，乃後世獨矜重之，則又吾之所未解者矣。（《砥齋集》卷一下，第391頁）

【文廟木主（節録）】　予嘗取簡紹芳之言，辨揚雄之事。後見王荆公疑當時有兩揚雄，尚屬臆説。而王勉夫記姓名相同者，云："南宫適、伏子賤、朱買臣、孔安國、張長公、揚雄、龔遂之徒，皆不止一人。"則有實據。荆公之言，未爲無理。予又疑谷雲亦字子雲。昔人云《劇秦美新》之文，或出於谷雲。得無以其字同而傳之訛乎？姑存其説。（王弘撰撰，何本方點校：《山志》初集卷六，中華書局1999年版，第136頁）

毛奇齡

【律吕合時日卦氣】　揚子雲作《太玄》，原有聲生日、律生辰之説，而《易緯·乾鑿度》亦曰日十者五音也，辰十二者，六律也。然總以時日卦氣分配律吕，不過數學之偶合者。宋儒竟以六十卦配六十律，圖繪盤旋非不可觀，而絀贏伸縮，揉直矯枉，極其勞瘁，而究於《易》象、於律吕俱無當焉，則何益矣。夫律有二變謂之七律，以七律乘十二，當有八十四律。而以七聲始，以五聲終，其爲六十律之説，原自不通，况明明六十四卦而去四以合其數，其謂之何？（《竟山樂録》卷二，《四庫》第220册，第309頁）

【太玄數】　揚子《太玄》分大衍之數，以三八爲木，四九爲金，二七爲火，一六爲水，五五爲土，此即鄭氏大衍之注所由昉。但鄭氏一六合水，二七合火，三八合木，四九合金，五十合土，一生一成，俱全舉其數，而《太玄》五五生成兼併在五，則有名而欠其實，在十則得實而亡其名。蓋以生數之極，即成數之本，故六七八九俱從五數重累之，如五加一則爲六，故六與一合，以六即一也；五加二則爲七，故七與二合，以七即二也。至加三爲八，加四爲九皆然。則五加五爲十，不必言十而十在其中，以五五即十也。亦不必言五而五在其中，以五五爲十，則一五爲五也。故夫子言大衍之數，明知爲五十有五而實指其數，然又闕五數而曰五十，則正以生成全數本末交互處概言之，以合之揲蓍之策已耳。若太乙下九宫法，今之冒稱《洛書》者，謂太乙不再居中宫而有五無十，則又失大衍數矣。揚子五五，正與夫子説有合。而予作《仲氏易》時，仍不用之者，以五位相得，本文自具，必欲暴白其闕五之故，恐聖言亦無是耳。（《易小帖》卷三，《四庫》第41册，第579—580頁）

魏　禧

【賦引】　詩之變而賦也，始於屈、荀乎？司馬長卿、揚子雲磅礴奥衍，滮漫亡津涯矣。勸百而懲一，吾無取焉。（《魏叔子文集》外篇卷二十一，中華書局2003年版，第1024頁）

汪　琬

【跋漢書揚雄傳】　吾吴楊莊簡公，嘗參政於四川，作《郫縣揚子雲祠堂記》，歷引郫人簡氏、吉人胡氏之説，辨子雲未嘗仕莽，而胡氏説尤詳。大略謂傳言雄作符命投閣年七十一，天鳳五年卒，考雄至西京年四十餘，自成帝建始改元至天鳳五年，計五十年，以五十合四十餘，不將百年乎。則傳言七十一者，恐誤。據桓譚《新語》雄作《甘泉賦》，夢腸出，收而納之，明日遂卒。成帝祠甘泉在永始四年，謂雄卒是時，恐亦未然。就《法言》考之，莽之號安漢公也，在平帝元始間。《法言》稱漢公，且云漢興二百一十載，自高帝至平帝正值其數，則雄年七十一卒，當在平帝末。雄仕歷成、哀、平，故稱三世不徙官。若復仕莽，又詎止三世哉。由是知雄決無爲莽大夫及投閣美新之事，其説可謂辨而核矣。但班孟堅去子雲時已遠，其傳訛固宜。桓譚親見子雲，何以差謬乃爾，殆不可解也。莊簡又引《法言》曰："君子在治若鳳，在亂若鳳，何以故？曰：治則見，亂則隱。"子雲之言如此，其無仕莽事可見云云。

莊簡公諱成，嘉靖丙辰進士，累官太子少保，南京兵部尚書。有文集四卷，不行於世，予故表此記，出之以書《揚雄傳》後，俟再考云。（《堯峰文鈔》卷三十九，《四庫》第1315册，第611—612頁）

張元徵

【太玄經序】　或曰："揚子以《法言》擬傳，《玄》擬《易》，鄰於僭乎？"余曰："否。諸子家言，率恣胸臆，譎詭侮聖，其意欲跆籍六經而據其上。第閱《法言·學行》《吾子》諸篇，言言尊孔，無不要本仲尼，輒證爲説，珍書肆是，且不敢争孔壇片席，何論座□？"

或曰："《易》之教，否群不亂，遁尾則災，爰寂寞，自投閣，於《易》有何居乎？"余曰："否。初雄與莽共給事黄門，後莽爲三公，所薦皆尊顯，而雄三世不徙官。莽簒位，頌功德者皆封爵，而雄僅以耆老久次轉爲大夫。及莽罪逮復言符命者，豐甄父子輩竄逐且死，而雄卒免於難。噫嘻，雄蓋得《乾》之初焉。浮沉仕隱，不激不隨，知白守黑，道固委蛇，非龍德，其孰能與於此。雄嘗謂東方生穢德若隱，殆自喻也。今其著作具在，高出深入，曾有一言詭聖道否？"

余惟六經之文，日月也，溟渤也，而雄亦不失爲五緯四瀆。可笑當時盲人瞽豎，醜爲覆瓿。而今天下人人一君山。余友趙濬之、王昭平、朱堯心氏，耽精嗜古，尤沉酣是書，行並《法言》，手自讎校付梓。曩云玄亭寂寞，今玄亭所著正千古不寂寞矣。天啓丙寅元日，錢塘張元徵夢珠父書於遠閣。（《揚子太玄經》卷首，明天啓丙寅武林趙世楷讀書坊刻本）

趙世楷

【太玄經凡例】　本傳稱子雲度越諸子，《太玄》文意深奥，可爲曉者傳，諸儒譏雄擬經與詆作覆瓿者，不知草《玄》心獨苦也。

《太玄》注向稱晉范氏本、宋司馬氏本爲善，但范簡而司馬繁，我明葉氏本亦多重復。兹刻互證諸家，句櫛字比，精晰詳備，以此爲定。

史稱揚子好奇，故其經中用字甚多奇僻。兹於章内疑難，注之句下，其切韻句字，另刻載篇首，以便覽者。

是書舊無批點全本，惟見之諸子選中，皆諸儒評定，廣搜博采，彙集成帙，會心者讀之了然。若夫圈點，寧靳如金玉，以便著眼。

本坊向刻《韓非子》《董子繁露》，流傳海内，已爲名家鑒賞。續刻《揚子太玄》《晏子春秋》二書，隨有數子，彙爲九種，皆足羽翼經術，有裨舉子業者，與他刻詭僻迥别。謹附言於末，以紀其成。武林趙世楷繩美父識。（《揚子太玄經》卷首，明天啓丙寅武林趙世楷讀書坊刻本）

魏　禮

【與甘健齋論曾文定公書】　禮向不喜曾子固文，每讀不能終篇，頃病，中覆取讀之，意思法度稱古作者無疑。子固於論事上書之文，每漶漫闊迂不足動聽，聞其可施於事實者亦少，特所爲序記則卓爾爲不可及。蓋其論旨不獨原本六經，而辭氣深厚爾雅，有有道儒者之容，宜晦翁之獨嗜之也。近代道學之士，既以文章爲玩物喪志，又不肯爲汪洋倜儻奇崛之言如韓蘇諸人者，則亦務爲子固之文而可矣。子固屏絶百家，自扳躋於聖人之徒。其爲文雖祖劉向，而所以自處者，當比董仲舒。然禮以爲非真有得於六經之學者也。所謂原本六經，不過存其綱維，取其郛郭，以不墜聖人之言已耳。

嘗讀子固《與王深甫論揚雄書》，紕繆乖離，叛道害義，莫甚於此，不必智者而後知。蓋子固好雄文，得力於其書，遂至以雄仕莽爲合箕子之明夷，《美新》之文非可已而不已。嗚呼，抑何甚也！原壤之母死，登其木而歌，使曾參、閔子騫見之，以爲有合於大舜之號泣，則曾、閔尚得爲孝子乎哉？曾、閔而取壤，則曾、閔必無當於孝。曾、閔而孝，則必不以壤之登木歌爲可取。嗚呼，子固言本六經，自附於聖人之徒，而顧反覆辨論爲此言，以爲真有得於六經，則固無是也。子固性孝友，奉繼母，撫四弟九妹，不遺餘力，是其行義最高。而吕公著常告神宗，以鞏行義不如政事，政事不如文章，公著蓋非妨賢而毁鞏者明矣。吾由美揚雄推之，則子固爲人，其表裏之間，蓋未必洞然無遺憾於公著者。子貢曰，君子一言以爲知，一言以爲不知。公羊高以祭仲逐君爲行權，吾以爲必無得於《春秋》。子固以揚雄合箕子之明夷，王安石以雄之仕合孔子無可無不可之義，吾以爲必無得於六經。邱濬以秦檜於宋有再造功，岳武穆雖見委用，終不能克金以全宋，吾以爲必無得於《大學》。而董仲舒，漢之大儒，於祭仲亦附會其師説，此又與子固之好雄書而强飾其過者相似。

人著書立論以傳後世，其議論間有一出於此，則生平文章盡可投之水火而不足惜。士君子立言，蓋不可不慎如此。足下生子固之鄉，又嘗序《文定公文集》，故敢布其愚，以與有道相正焉。（《魏季子文集》卷八，清道光二十五年寧都《三魏文集》本）

【示兒輩（節録）】　汝曹坐書屋中，所讀書要當於古人有發明。其最上者，能辨古人之誣，勿使終陷墨兵。或考覈辟謬，或從章句外有洗發其本，在於精心研討，乃開疑境，疑乃生悟，疑悟相環轉不休，益乃無窮。於是博學詳據以實之，又勿偏喜立異以取妄謬也。吾偶閲昔人書，及吾偶有見，便録一二以寄汝。

紫陽《綱目》書”莽大夫揚雄死“，蓋舉褚淵、馮道所未嘗加者而加之。按，雄至京見成帝年四十餘矣，自成帝建始改元至天鳳五年，計五十有二歲，以五十二合四十餘，已近百年，則與所謂年七十一者相抵牾矣。又考雄至京，大司馬王音奇其文，而音薨永始初年，則雄來必在永始之前無疑。然則謂雄爲延於莽年者妄也。雄，郫縣人。郫人簡紹芳辨證尤悉，引桓譚《新語》云："雄作《甘泉賦》一首，夢腸出，收而内之，明日遂卒。"而祠甘泉在永始四年，去莽篡尚遠，《劇秦美新》，或出於谷子雲。然考之《法言》云"漢興二百一十載"，自高帝至平帝末，蓋其數矣。而謂雄卒永始，亦未必然。計雄之終，或在平帝末，則其年正七十餘矣。因雄歷成、哀、平，故稱三世不徙官。若復仕莽，豈止三世哉。又《潛居録》謂雄賣文自贍，文不虚美，人多惡之，及卒，其怨家取《法言》爲竄益云云。馮元成以《美新》爲劉棻作。（《魏季子文集》卷九）

朱彝尊

【揚雄論】　以言取人，僞之所從出也。昔者太公誅任矞、華仕於齊，子産誅鄧析於鄭，孔子誅少正卯於魯。聖賢所以彰刑罰大權者，豈好爲已甚哉？無他，深惡其言之不實，而僞學之足以欺世也。揚雄之書，誦法孔子，自周秦以降，折衷聖人，而純於道德者，莫有過焉者也。抑知其盡出於僞哉？王莽將篡漢，恭儉以下士。雄之澹泊自守，若無榮利動其中。其初蓋欲悦莽之心，及久未見用，躁不能禁，乃爲《劇秦美新》之文，以獻媚前之所爲。唐尊之柴車，瓦器也。後之所爲哀章，劉秀之符命也。其獨不得柄用者，莽嘗與雄同爲郎，莽之僞，雄知之。雄之僞，莽亦習知之也。莽作《金縢》《大誥》以自擬於周公，雄作《太玄》《法言》以自比《周易》《論語》，相率而爲僞焉爾矣。投閣之事，已爲當世所笑，後之君子，顧或有取於雄者，徒以其言之不詭於聖人也。夫安居而誦習周孔，鄉曲之士能之。迨事變猝，至臨難而不失其正者，希矣。世之儒者，幸生太平無事之日，飽食暖衣，無纖毫之憂患，匡坐而談性命之學。及其既没，門人弟子矜其迂闊腐爛之説，巋然配食於孔氏之庭，非是則俎豆不與焉。噫，吾能必其言之不出於僞也邪！（《曝書亭集》卷五十九，《四庫》第1318册，第312頁）

屈大均

【書反離騷後】　《反離騷》者，悲憤之深，故反而言之，非敢於訕前哲以自文也。女嬃之申申以詈，斯亦反言。言之有正而淺、反而深者，正者在言之内，反者在言之外，不可不於其外深思之。朱子言屈平之忠忠而過，屈平之過過於忠，亦反言也。過在於不過之中，不過在於過之中，無可奈何而姑爲是反言，以深寄其悲痛焉耳。（《翁山文外》卷十，《續修》第 1412 册，第 156 頁）

陸　棻

【評羽獵賦】　大意規仿《上林》，而前後起結另出手筆，雖云文似，才力自張。（《歷朝賦格》卷之上三，《存目》集部第 399 册，第 424 頁）

【評甘泉賦】　《三輔黄圖》云：甘泉宫在雲陽縣甘泉山，秦始皇所築，漢武增廣之，非成帝所造，故曰欲諫則非時也。昭儀姊娣並寵，禍水方張，而逆厘祈嗣，神何以格。雄作此爲諷，可謂麗而不失乎則矣。（《歷朝賦格》卷之中二，第 550 頁）

鄭　瑄

【内省（節録）】　草《太玄》者，乃作《逐貧賦》，不耐貧而欲逐，便非守《玄》矣。諫佛骨者，乃作《送窮文》，不堪窮而欲送，便是脆骨矣。（《昨非庵日纂》卷十三，《續修》第 1193 册，第 146 頁）

徐嘉炎

【漢書揚雄傳贊辯】　揚子雲，漢之儒者也。所著《法言》十三篇，推尊仲尼，以爲衆論之折衷。蓋自戰國以來，迄西漢二百年，能知尊孔子之學而不雜乎他岐者，獨此一人。董子以經術雜災異，子長崇道家於儒之上者，不如揚之大醇也。《太玄》之學，深沉簡奥，後儒謂可以贊《易》，則所謂立言之君子，而爲聖人之徒者，非子雲其誰與歸?

子雲友谷口鄭子真，蜀嚴君平、李仲元，皆高尚君子，不知其人視其友，觀於數君子而子雲之人可知矣。後世稱述子雲者實繁，有徒如韓退之、司馬君實、曾子固、王介甫其最著者也，而昌黎、涑水尊尚尤至。惟蘇長公則訾笑之，至紫陽文公《綱目》且以“莽大夫死”斥之矣。《綱目》之書，據班史傳贊也。按，《班史・揚雄本傳》不言仕莽，惟贊有之。然言其投閣，亦不言其作《美新》。余按《文選・甘泉賦》注引桓譚《新論》，云“子雲作《甘泉賦》成，夢腸出，收而内之，明日遂卒”。譚之《新論》，在唐尚有全書，其篇目見於章懷之注，故李善亦引之。譚與子雲同時，有師友之誼，且極稱述其著作，其紀載子雲之事必可信無疑也。而世之苛論者，顧必據班史之説，掊擊子雲，不少假借。嗚呼！不信譚而信固，何其不樂成人之美如是哉。《新論》人不多見，而孟堅之書人人能讀之。人能讀之而不能盡考其抵牾之失，無惑乎其信固而疑譚也。

余之不信固而信譚者，則以固之於子雲，雖陽浮譽之，而陰實恣毁之。且其傳與贊之抵牾，蓋跡有可尋矣。《傳》稱：孝成帝時客有薦雄文似相如者，上方郊祠甘泉泰畤、汾陰后土，以求繼嗣，召雄待詔承明之庭。從上甘泉，作《甘泉賦》。而《贊》乃云：雄自蜀遊京師，大司馬車騎將軍王音召以爲門下吏，薦雄待詔。歲餘，奏賦除爲郎，給事黄門。同一薦雄也，《傳》則曰客，《贊》則曰王音。客姓名蓋楊莊也。按子雲《答劉歆書》述成帝知遇，略云：嘗爲銘頌之文，蜀人楊莊誦之於成帝，成帝好之，以爲似相如，雄遂以此得外見。爲郎之歲，自奏少不得學而心好沉博絶麗之文，願不受三歲奉，休脱直事之繇，得肆心廣意以自克就。有詔可，無奪奉，令尚書賜筆墨錢，得觀書於石渠。後一歲，乃作《繡補》《靈節》《龍骨》之銘，成帝好之。蓋其自述如此，初無所謂王音之薦也。是時五侯最爲權要，雄苟出其門，何以爲自守泊如乎。是知王音云者，乃謗詞，非實録。此《傳》與《贊》之抵牾者，一也。

又《傳》稱：正月從上甘泉，奏《甘泉賦》以風。其三月，上祭后土於汾陰，渺然思唐虞之治。雄還，上《河東賦》以勸。其十二月羽獵，雄從，乃奏《羽獵賦》。明年，上《長揚賦》。是雄賦《羽獵》在《甘泉》之後，成帝復甘泉諸祠在永始三年丁未，其祠甘泉在四年戊申，距王音之卒已二年矣。而贊乃云：音薦，待詔歲餘，奏《羽獵賦》，除爲郎。又在作《甘泉賦》之前。雖與桓譚腸出之言少合，而事實無稽。此《傳》與《贊》之抵牾者又一也。

《贊》又云：年四十餘，至京師。王音奇其文雅，召爲門下吏。薦之，待詔歲餘云云。是王音薦後又歲餘也。王音輔政八年，始於陽朔三年己亥之冬十月，卒於永始二年丙午之正月。據子雲至京師年四十餘，或近五十未可知，今未有明文。姑就其最少者，以四十一爲斷。音之論薦，或在八年之初未可知，今亦未有明文。姑就其近者，以鴻嘉四年甲辰歲爲斷。今云年七十一，以天鳳五年戊寅卒。鴻嘉甲辰距天鳳戊寅三十五年，當七十五歲而乃云七十一，是贊中語自相抵牾者又一也。

《傳》稱待詔承明之庭，承明在未央宫。據《黄圖》所紀，距天禄閣甚遠。既云三世不徙官，則當久直承明矣。而所投者乃天禄，何也？是《贊》中語自相抵牾者又一也。

《贊》又稱：莽欲絶符命之原，以神前事。誅尋而竄棻。雄方校書天禄閣，收者來，懼不免，投閣幾死。莽聞之曰，雄素不與事，何故在此？詔勿問。然京師爲之語曰，惟寂寞，自投閣；爰清静，作符命。是符命之説，莽且知其不與，而孟堅終欲污之。且莽既以爲大夫，乃又有何故在此之問，是贊中語自相抵牾者又一也。

借矛刺楯，閃爍無稽。孟堅復生，何能解免。夫以孟堅之贍而不穢，詳而有體，其序子雲何獨如是？我以誅意之法推其用心，蓋誠小人矣。夫孟堅時之竇憲，猶子雲時之王音、王莽也。子雲與莽同官，未嘗因之以圖富貴。而固出入權門，以憲薦爲中郎將，握兵權，子弟驕横，京師人皆以畏憲，故莫敢與争。其視清静寂寞之品已懸殊矣。而子雲之文章，則又其心慕手追而以自擬者，適會王莽好諛之後，頌功述美，相習如狂。當建武、永平間，未必無僞託子雲之文，並妄撰其事以傳於數十年之後者。孟堅以其貶屈平、譏子長之忮性，一旦得之，輒書於策。其言始爲王音召致，已屬重誣。且又言其仕莽第，皆不敢正以爲傳，而姑著於贊詞若外篇者，蓋將援附子雲以掩其比竇氏之失。固不暇爲子雲惜，且亦何暇慎核其事而整齊其文也哉。此其所以抵牾也。

或曰：然則桓譚之記必可信乎？曰：《春秋》經傳之例，所見異辭，所聞異辭，所傳聞異辭。君山之於子雲，所見者也。建武、永平之人，所聞者也。若孟堅，則所傳聞者也。奈何不信所見者而信所傳聞者乎？君山之書，篇籍澌亡矣。幸李善取以爲注，得存至今。善其爲揚子訟冤之首功乎？

曰：其文之著在哀、平、王莽間者，何以解之？曰：《甘泉》《羽獵》之篇皆著孝成帝，《解嘲》著哀帝時，此皆後人之所附益，非子雲之舊也。豈有當其時而有謚可稱哉？既云附益，則隨其竄入耳，又奚惑焉。《答劉歆書》而曰成帝，亦後人臆改。如《太史公書》之稱《孝武本紀》云爾。史稱雄之《自叙》云者，指《法言》《太玄》篇目而言，非指《傳》。《傳》文多稱述語，非自撰也。《劇秦美新》之篇，前人辯之詳矣。夫其以蚓竅狐嗥之聲而爲攖鱗撩須之險，以秦喻莽，僅乃過之，豈不致菜尋之禍耶。《元后之誄》亦僞託其名也。孟堅既稱其仕莽，而不敢載《美新》之文，蓋其中亦有不忍誣者焉。《元后誄》止載十六字，蓋亦得之於傳聞也。然吾既信子雲前此之死，則此等皆不足辯矣。

余讀子雲之書，論列其行事，庶幾兄事孟、荀，弟畜河汾、昌黎，於刑名黄老日月曀霾之時，表章聖學有茂績焉。而惜其以莽大夫辱，故不憚娓娓而明辨之。亦嘆紫陽之未及詳考，而眉山之詆爲輕率也。雖然，豈余之私言哉！伊川先生云，世多疑子雲投閣之事，以《法言》觀之，殆未必有。閣高百尺，宜不可投。而楊誠齋亦云，孟堅經術不如揚雄，則誣以阿莽。伊川有取於《法言》而致疑於投閣，誠齋深重其經術而重責乎孟堅。嗚呼，人心之公，豈異喙所能掩哉！近世簡君紹芳、范君淶、李君長春、郭君子章，皆有辨誣之篇。雖詞意有同異，而皆可以闡幽。特恭録之，以備稽考。並胡正甫、焦弱侯、劉元丙、楊莊簡公成，皆有《始末辨》《投閣辨》等篇，俟獲其本，當並志之。且廣爲搜輯，以作《子雲辯誣録》。（《抱經齋文集》，《存目》集部第250册，第547—549頁）

方中德

【著述（節録）】　陸賈有《新語》，顧譚亦有《新語》。賈誼有《新書》，虞喜亦有《新書》。桓譚有《新論》，夏侯湛、華譚、劉晝各有《新論》。崔實有《政論》，王肅亦有《政論》。仲長統有《昌言》，王滂亦有《昌言》。賈山有《至言》，崔靈亦有《至言》。六朝好學漢類如此。沈約撰《宋書》，裴子野更删爲《宋略》。江淹有《齊志》，蕭子顯更爲《齊書》。著《吴越春秋》者，漢趙曄、晉楊方也。著《西京雜記》者，晉葛洪、齊蕭賁也。漢劉熙作《釋名》，吴韋昭作《辨釋名》。漢劉向作《説苑》，唐劉貺作《續説苑》。《偶記》董膠西、陶彭澤，皆著《士不遇賦》。崔子玉、白樂天、李至，皆有《座右銘》。作《蒼蠅賦》者，元順、元勰，永叔蓋仿之。揚雄作《反騷》，皮日休作《反招魂》。

綦毋民、成公綏、魯褒著《錢神論》，蕭綜著《錢愚論》。東方朔《答客難》，班固《賓戲》，揚雄《解嘲》，張衡《應間》，崔駰《達旨》，蔡邕《釋誨》，郭璞《客傲》，夏侯湛《抵疑》。文雖不同，體裁則一。　子夏《客譏》，子嵩《客咨》，陳思《客問》，數見不鮮矣。

擬古人者：揚雄以經莫大於《易》，故作《太玄》；傳莫大於《論語》，作《法言》；史篇莫善於《蒼頡》，作《訓纂》；箴莫善於《虞箴》，作《州箴》；賦莫深於《離騷》，反而廣之；辭莫麗於相如，故作四賦。

晉陸喜自序云："劉向省《新語》，而作《新序》；桓譚詠《新序》，而作《新論》。余感子雲之《法言》，而作《言道》；覩賈子之美才，而作《訪論》；觀子政《洪範》，而作《古今曆》；覽蔣子通《萬機》，而作《審機》；讀《幽通》《思玄》《四愁》，而作《娱賓》《九思》。真所謂忍愧者也。"

王通準《論語》而作《中説》，準《春秋》而作《元經》。林幹著《淵通》四十八篇，以仿《道德經》；著《覃思》十三篇，以仿《法言》。張慶之擬《太玄》，作《測靈》。王長文擬《易》，名曰《通玄經》。學不及古人而妄擬，尚不免於呰，何况進比聖經，豈能止柳開之叱乎？

文人蹈襲：黄魯直云："《解嘲》擬《答客難》，《進學解》擬《解嘲》，《晉問》擬《七發》。追逐前人，不能出其範圍。雖班孟堅之《賓戲》，崔伯度之《達旨》，蔡伯喈之《釋誨》，僅可觀焉，况下者乎？"洪景盧曰："自屈原假爲漁父、日者問答之後，作者悉相規仿。司馬相如《子虚》《上林賦》，以子虚、烏有先生亡是公。揚子雲《長楊賦》，以翰林主人子墨客卿；班孟堅《兩都賦》，以西都賓、東都主人；張平子《兩都賦》，以憑虚公子、安處先生；左太沖《三都賦》，以西蜀公子、東吴王孫、魏國先生，皆蹈襲一律。晉人成公綏《嘯賦》，無所賓主，必假逸群公子，乃能遣辭。枚皋《七發》，只以楚太子、吴客爲言；而曹子建《七啓》，遂有玄微子、鏡機子。張景陽《七命》，有沖漠公子、徇華大夫之名，言語非不工也，而此習未之或改。"

子厚《貞符》，擬子雲《劇秦美新》。黄魯直《跛奚奴》文，擬王子淵《僮約》。李華《吊古戰場》文，本於庾信《哀江南賦》。韓愈《送窮文》，本於揚雄《逐貧賦》。李白《大鵬賦》，本於司馬相如《大人賦》。皮日休《桃花賦》，殆出於舒元輿《牡丹賦》。柳宗元《乞巧文》，劉禹錫

《問大鈞》，則同時而暗合也。……

揚子雲作《法言》，蜀富人齎十萬錢，願載於書，不聽也。穆伯長作《廟記》，亳豪士遺五百金，求載名，不許也。裴均子以萬緡求韋貫之銘，不屑也。南昌富人奉鈔五百，求虞伯生銘，不從也。近時文士，賈人進十金，則諛墓矣。……

以文事爲佞：揚雄《劇秦美新》，陳子昂有《周受禪頌》，燕公以《五君詠》佞許公，崔駰上《四巡頌》以稱漢德。（方中德撰，徐學林校點：《古事比》卷二十八，黄山書社 1998 年版，第 631—636 頁）

【贊邪（節録）】　揚雄劇秦美新，《法言》曰："自周公以來，未若漢公之懿也。"蔡中郎有《表太尉董公爲相國》一表，謂："卓生應期運，氣稟山嶽，黙廢頑凶，爰立聖哲，而辭疾讓位，宜益隆委任。"此與子雲無異。使邕不爲此表犯卓之怒，不過死，死卓與死允一耳。懼勢畏死，乃卒不免，身名俱殞。悲夫！……

有王莽之篡弑，則有揚雄之《美新》；有曹操之禪代，則有潘勖之《九錫》。故亂之所由生也，犯上者，爲之魁；巧言者，爲之輔。（《古事比》卷三十五，第 802—803 頁）

胡　渭

【先天古易（節録）】　按：《太玄》方、州、部、家、表、贊，皆自三數推之，全從"三生萬物"得來，不待清静寂寞等語，而始知其爲老氏之學也。《易》之爲書廣大悉備，天象曆數之理皆包括其中。然伏羲作《易》之本，夫子"仰觀俯察"數語盡之，天象曆數非其本也。雄因覃思渾天，而作《太玄》以擬之，與《太初曆》相應。《易》太極生兩，兩生四，四生八；《玄》太極函三爲一，一生二，二生三，三生萬物。其所據者固老氏之《易》，而非聖人之《易》矣。《列子》言《太易》自一而七而九，亦皆奇數，却不言三。夫子所言自一而兩而四而八，皆偶數，故康節用加一倍法。子雲之乘法以參，康節之倍數以兩，故蔡季通云："使康節爲之，定是四公、八辟、十六侯、三十二卿、六十四大夫，都是加倍法也。"子雲草《玄》，自丑至午得七百二十九而止，《玄》其所自造，任意可也。康節著《先天圖》，自兩至八，《易》之所有也；自八而爲十六、三十二、六十四，以至於百千萬億而無窮，又豈《易》之所有乎？是亦邵子之數學，而非古聖人之《易》矣。朱子嘗云："康節之學似揚子雲。"又云："康節數學源流於陳希夷，希夷，老氏之徒也，不啻若子雲之小疵。"朱子斥《太玄》學本老氏，而顧以出自希夷者爲聖人之《易》，獨何與？嗟乎！仲尼没而微言絶，七十子喪而大義乖，漢世崇尚黄、老，至謂《老子》兩篇過於《五經》，子雲擬《易》，所以墮其《玄》中也。魏、晉諸人，皆以《老》《易》混稱，歷唐、宋而未艾。伊川始闢異端，專宗《十翼》，《易》道昌明如日月之中天矣，而希夷之徒以象數自鳴，復從而亂之。蓋自孔子贊《易》之後二千年間，其不以老氏之《易》爲聖人之《易》者無幾。迨宋末元初，《啓蒙》之説盛行，以至於今，則反謂文王、周公、孔子之《易》非伏羲之《易》，而老、列、希夷、康節之《易》乃真伏羲之《易》矣，晦盲否塞五百餘年，非屏絶先天諸圖，而專宗程氏《易》，不可得而明也。（胡渭撰，鄭萬耕點校：《易圖明辨》卷六，中華書局 2008 年版，第 137—138 頁）

顔茂猷

【劉歆揚雄共附王莽投閣身死】　劉向，漢宗室，恐王氏代漢，常反復奏疏，爲帝言之，莽終不能加害。至其子歆，反附莽頌功德。莽薦爲侍中，典領《五經》，封爲嘉新公。莽篡位，歆以謀劫降漢，事泄自殺。

有揚雄者，亦以文章經術名世。莽篡位，以耆舊轉官，作《劇秦美新》文以媚莽。弟子劉棻坐事連及雄，使者收之。雄懼，自投天禄閣下，幾死，莽赦之。《綱目》書"莽大夫揚雄"，深病其以儒術飾媚也。使二子脱屣雞肋，爲漢純臣，不亦身名俱泰哉。義利兩字，俱弄不成，只爲千古笑柄。（《廸吉録》卷二，《存目》子部第150册，第389頁）

江　闓

【書揚子雲集後】　升菴、澹園諸君，多爲子雲辨美新事莽，謂谷雲同時亦字子雲，遂而疑之。余考《永傳》，永初名竝，改名永，成帝元延元年爲北地太守，歲餘，王根爲票騎將軍，薦永爲大司農。歲餘，永病免。又數月，卒於家，是死於莽未篡之先。成帝時，更考王根秉政四年病免，莽始爲大司馬。永死於王根秉政之初，不獨莽猶未篡，且未爲大司馬也。及考《雄傳》，莽以符命自立，即位後，欲絶其原，以神前事，甄尋、劉棻復以是獻，莽怒，投棻四裔，辭連及雄。治獄者收雄，雄恐不免，時在天禄閣，自上投下，幾死。尋有詔勿問，京師語曰："惟寂寞，自投閣；爰清静，作符命。"時以病免，復召爲大夫。年七十一，天鳳五年卒。及檢雄《解嘲》有"爰清爰静，惟寂惟寞"之句，與京師語合。且作《元后誄》曰"新室文母太后"，又《美新文》有云"諸吏中散大夫臣雄稽首"，又曰"臣雄再拜稽首以聞"，永雖非端人，安能代雄受過。（《江辰六文集》卷二十，《禁毀》集部第130册，第570頁）

王士禛

【法言語】　《法言》"春木之芚兮，援我手之鶉兮"二語，全仿《原壤歌》"狸首之斑然，執女手之卷然。"（王士禛撰，靳斯仁點校：《池北偶談》卷十九，中華書局1982年版，第452頁）

【論劇秦美新】　羅大經《鶴林玉露》一條論揚雄云：莽之行如狗彘，三尺童子知惡之，雄豈肯附之。《劇秦美新》，不過言孫以免禍耳。予鄙之，判其側云：危言既不可，不言庸何傷。（《居易録》卷十五，齊魯書社2007年版，第3967頁）

【石介怪説】　石守道作《怪説》三篇，毀楊文公，予嘗駁之矣。又讀其《救説》一首，最悖於理，如云“漢祚微，王莽篡，道大壞，揚雄存之。五代之亂，馮瀛王存之。”數語蠱世道人心不淺。而篇終又云：“天下國家有難患，以死殉之，忠臣之節”云云。何又自相矛盾之甚，守道持論率僻謬如此！（《居易録》卷三十二，第4338頁）

【揚雄墨池】　子雲拒富人，風義凜當世。何物國師兒，乃許問奇字。墨池久荒涼，四賦空巨麗。（《蠶尾續詩集》卷四《雍益集》，齊魯書社2007年版，第1270頁）

陸次雲

【揚雄】　司馬温公、王荆公、曾南豐最推揚雄，以爲不在孟子之下。朱文公作《綱目》，惡其《劇秦美新》，直書之曰莽大夫。一字之誅，威於鈇鉞矣。或爲之原曰：劇美之言，不過言孫以免禍耳。愚謂此非孫言，蓋危言也。夫秦最無道，《劇秦美新》謂其稍愈於秦耳。若欲尊新，何不劇漢？不劇漢而劇秦，是劇新美漢矣。有人焉，謂其美於堯舜，可謂之美；謂其美於桀紂，得謂之美乎？幸莽不覺，得以苟全。然既爲大夫，莽之一字不可辭矣。尚得以之擬孟子耶。（《尚論持平》卷二，《存目》子部第115册，第262頁）

熊賜履

【揚子】　程子曰：“林希嘗謂揚雄爲禄隱。揚雄，後人只爲見他著書，便須要做他是，怎生做得是？”因問：“如《劇秦》文，莫不當作？”曰：“或云非是美之，乃譏之也。然王莽將來族誅之，亦未足道，又何足譏？譏之濟得甚事？或云且以免死，然已自不知明哲煌煌之義，何足以保身？作《太玄》本要明《易》，其實無益，真屋下架屋，床上疊床。他只是於《易》中得一數爲之，於法雖有合，只是無益。”問：“《太玄》之作如何?”程子曰：“是亦贅矣，必欲擇《玄》，不如明《易》。邵堯夫之數似《玄》而不同，數只是一般，但看人如何用之。雖作十《玄》亦可，況一《玄》乎？漢儒之中，吾必以揚子雲爲賢，然於出處之際，不能無過也。其言曰：‘明哲煌煌，傍燭無疆，孫於不虞，以保天命。’孫於不虞則有之，傍燭無疆則未也。光武之興，使雄不死，能免誅乎？觀於朱泚之事，可見矣。古之所謂言遜者，迫不得已，如《劇秦美新》之類，非得已者乎?”又曰：“揚子雲‘明哲煌煌，傍燭無疆’，悔其蹈亂，無先知之明也。其曰‘孫於不虞，以保天命’，欲以苟容爲全身之道也，使彼知聖賢見幾而作，其及是乎?”又曰：“世之議子雲者，多疑其投閣之事，以《法言》觀之，蓋未必有。又天禄閣，世傳以爲高百尺，宜不可投，然子雲之罪，特不在此。黽勉於莽賢之間，畏死而不敢去，是安得爲大丈夫哉!”又曰：“揚子雲仕莽，謂之‘旁燭無疆’，可乎？隱可也，仕不可也。”又曰：“揚子無自得者也，故其言蔓衍而不斷，優柔而不決，其論性，則曰‘人之性也，善惡混。修其善則爲善人，修其惡則爲惡人’。揚子性已不識，更説甚道。”又曰：“揚子謂老子言：‘道德則有取，至於搥提仁義，絶滅禮樂，則無取。’若以‘剖斗折衡，聖人不死，大盗不止’，爲救時反本之言爲可取，却尚可恕。如言‘失道而後德，失德而後仁，失仁而後義，失義而後禮’，則自不識道，已不成言語，却言其言道德有取，此自是揚子不見道處。又謂學行之上也，名譽以崇之，皆揚子之失。”

龜山楊氏曰：“揚雄云‘多聞則守之以約，多見則守之以卓’。其言終有病，不如孟子言‘博學而詳説之，將以反説約也’，爲無病。蓋博學詳説，所以趨約，至於約則其道得矣，謂之守以約卓於多聞多見之中，將何守？見得此理分明，然後知孟子之後，其道不傳，知孟子所謂‘天下可運於掌’爲不妄。”又曰：“揚子雲作《太玄》，只據他立名，便不是。既定却三方、九州、二十七部、八十一家，不知如何相錯得？八卦所以可變而爲六十四者，只爲相錯，故可變爾。惟相錯，則其變出於自然也。”

朱子曰："揚子雲出處非是，當時善去，亦何不可?"問："揚子避礙通諸理之説是否?"朱子曰："大概也似，只是言語有病。"問："莫是避字有病否?"曰："然。少間處事不看道理當如何，便先有個依違閃避之心矣。"又曰："雄之學似出於老子，如《太玄》曰'潛心於淵，美厥靈根'，《測》曰'潛心於淵，神不昧也'，乃老氏説話。"又曰："揚子説到深處，止是走入老、莊窠窟裏去，如清净寂寞之説皆是也。"又曰："某嘗説揚雄最無用，他到急處只是投黄、老，如反《離騷》，並老子《道德》之言可見。這人自身命也，奈何不下，如何理會得别事。如《法言》一卷，議論不明快，不了決，如其爲人。"又曰："天地間只有個奇耦，奇是陽，耦是陰。自二而四，自四而八，只恁推去，都走不得，而揚子却添兩作三，謂之天地人，事事要分作三截，恐不是道理。如孟子既説性善，荀子既説性惡，他無可得説。只得説個善惡混。若有個三底道理，聖人想自説了，不等後人説矣。看他裏面推得辛苦，却就上面説些道理，亦不透徹，看來其學似本於老氏，如'惟清惟静，惟淵惟默'之語，皆是老子意思。"又曰："揚子善惡混之説，所見僅足以比告子。"問："《太玄》分贊於三百六十六日下，不足者乃益以《踦》《嬴》，固不是。如《易》中卦氣如何?"朱子曰："此出於京房，亦難曉。如《太玄》中推之，蓋有氣而無朔矣。"問："伊川亦取雄《太玄》中語，如何?"曰："不是取他，言他地位至此爾。"問："《太玄》如何?"朱子曰："聖人説'天一地二，天三地四，天五地六，天七地八，天九地十'，甚簡易。今《太玄》説得却支離，《太玄》如他立八十一首，却是分陰陽，中間一首，半是陰，半是陽，若看了《易》後去看那《玄》，不成物事。"又問："揚雄也是學焦延壽推卦氣。"曰："焦延壽《易》也不成物事。今人説焦延壽卦氣不好，是取《太玄》，不知《太玄》却是學他。"又曰："天地間只有陰陽二者而已，便會有消長。今《太玄》有三個了，如冬至是天元，到三月便是地元，七月便是人元，夏至却在地元之中，都不成物事，"又曰："《太玄》

甚拙，歲是方底物。，他以三數乘之，皆算不著。”又曰：“《太玄》紀日而不紀月，無弦望晦朔。”又曰：“《太玄》中高處只是黄、老，故其言曰‘老子之言道德，吾有取焉’。”又曰：“《太玄》之説，只是老、莊，康節深取之者，以其書亦挨傍陰陽消長來説道理。”

或問：“《易》與《太玄》數有何不同?”潛室陳氏曰：“《易》是加一倍法，《太玄》加三倍法，《易》卦六十四，《太玄》卦八十一。《太玄》模仿《周易》，只起數不同爾。先儒謂將《易》變作十部，《太玄》亦得，但無用爾。”

臨川吴氏曰：“揚子雲擬《易》以作《太玄》，《易》自一而二，二而四，四而八，八而十六，十六而三十二，三十二而六十四；《太玄》則自一而三，三而九，九而二十七，二十七而八十一。《易》之數，乃天地造化之自然，一毫智力無所與於其間也。異世而同符，惟邵子《皇極經世》一書而已。至若焦延壽《易林》、魏伯陽《參同契》之屬，雖流而入於伎術，尚不能外乎《易》之爲數。子雲《太玄》名爲擬《易》而實則非《易》矣。其起數之法，既非天地之正，又强求合於曆之日，每首九贊，二贊當一晝夜，合八十一首之贊凡七百二十九僅足以當三百六十四日有半，外增一《踦》贊以當半日，又立一《嬴》贊以當四分日之一。吁!亦勞且拙矣。”

敬軒薛氏曰：“揚子《法言》意實淺，而飾以短澀奇古之詞，何耶?”又曰：“《法言》澀而晦。”又曰：“程子曰‘揚子不識性，更説甚道’。蓋道者，率性之謂。不識性，更説甚道。”又曰：“揚雄年四十餘，自蜀來遊京師，大司馬車騎將軍王音奇其文，召以爲門下史，薦雄待詔。歲餘，奏賦爲郎，給事黄門，與王莽並。其後卒爲莽臣，而死於其世，是其進也以王氏，終也以王氏，大節之虧，有自來矣。”

敬齋胡氏曰：“揚子雲之言沉晦，見道不明也。辭不厲，所守不確也。”

艾千子曰："揚子《太玄》乃剿取《太初曆法》，銖兩尺寸，陰用其實，而别爲名以新之。其文如孺子學語，號嗄未成，先儒謂其以艱深之詞，文淺易之説，雖使雄而復生，無以自解矣。"

愚按：揚雄，熱中人也。生平溺志於詞章，濡跡於亂賊，又僭擬聖經，不知妄作。篤學體道者，固如是乎？史稱"雄嘿而好深湛之思，恬於勢利，好古而樂道"，吾未之信也。脱有之，亦必外示淡静，而中懷躁競，若老氏將取固與之術是也。昌黎、温公、伊川、康節諸子皆於雄節取，有恕辭，獨潘氏斷之曰"心勞日拙"，其殆切骨之論與！（熊賜履撰，徐公喜、郭翠麗點校：《學統》卷之四十四《雜統》，鳳凰出版社2011年版，第463—466頁）

史稱揚子雲少嗜欲，不愛富貴，顧頗好詞賦。夫詞賦，文章之富貴者也。天下豈有溺詞章而淡榮利者哉。卒爲莽大夫，著《美新論》，生平本色盡露矣。故學者必以存理遏欲爲本。（《下學堂札記》卷三，《續修》第947册，第181頁）

萬斯同

【戲爲絶句之揚子雲】　山河萬里已歸新，執戟黄門官也貧。但道劇秦非劇漢，揚雄尚是有心人。（《石園文集》卷一，《續修》第1415册，第456—457頁）

李光地

【宋六子（節録）】　韓昌黎從來稱揚雄，而不及董江都，説詩稱建安七子，而不及陶靖節。至東坡，始推獎靖節。而朱子大表章之，至與張留侯並著。數千年人物，須得朱子出而論始定。其心公平，其論精正。如今人都説宋儒刻薄，幾於古無完人，都是未曾細讀朱子書。如馮道，温公以爲仁先管仲，揚雄則更煇赫。此等人，寬之何補？諸葛武侯，排譏者頗多，程朱出而武侯、郭汾陽、陶靖節輩洗雪，與日月争光。即狄梁公爲武氏宰相終身，五王皆身後之事，朱子猶予以復唐之功，何等寬厚！世論悠

悠，不足與語。（李光地撰，陳祖武點校：《榕村語録》卷十九，中華書局 1995 年版，第 339 頁）

【諸儒（節録）】　董子應五百年而生，班孟堅度其時而爲言，於史遷、董子、劉向、揚雄諸人，皆所指擬。看來似尤屬意於劉，而終不能定。以今觀之，則江都是。

韓文公二十來歲數傳道，多一揚雄，三十歲作《送文暢序》，又少一孟子，都是識見未定。到四十歲作《原道》，便斬釘截鐵云“軻之死，不得其傳”，卓有定見矣。至《與孟尚書書》，乃是晚年之作，端提出孟子，以爲功不在禹下，而自己幾幸續在後，荀、揚半字不提起。學識精進如此。孟子亦然。其先方自以爲當名世之數，自疑自問，到晚年，才知得孔子便接堯、舜、禹、湯、文王之傳，而己乃孔子之見知也。韓文公《原道》幾句，開周、程、張、朱之端。周、程、張、朱如日中天，韓公則東有啓明也。千秋萬世，韓公之從祀，再推他不去。

柳子厚謂昌黎勝似子雲，此是確論。陳梓云：“想於《易》義、曆數，昌黎不及子雲?”曰：“子雲曆數，承襲漢曆，都是錯的。昌黎易學，雖不知如何，但如‘奇而法’，及《諍臣論》所引釋，皆深知《易》者。又如‘《春秋》謹嚴’，及‘《春秋》書王法，不誅其人身’等語，便見其精於《春秋》。《春秋》之作，是孔子爲萬世人倫起見，絶不關那幾個人，只要大經大法常存天壤便是了。至所貶斥之人，其死已久，有何誅殛？後人呆將這幾個人窮其本末，搜求毫毛，不直一笑。”（《榕村語録》卷十九，第 341—343 頁）

【諸子（節録）】　自漢以來，荀、揚都與孟子並稱，惟韓文公斷爲“擇焉不精，語焉不詳”。至司馬温公、邵康節，又推尊揚雄，幾在孟子之上。後來一被程子點落，而人翕然信之者，實見得到也。

荀子文字，比揚子還條暢。其論事甚精采，但説性惡太可厭。

董江都後，韓昌黎前，惟《法言》《中論》《中説》三書表表，中多名言。

揚子仕莽固可罪，但《法言》中殊有可采。且當其時，遂知推尊孟子，亦必有見。未可以其人而廢其書。

《太玄》中顯然頌莽功德，所云“漢公”，分明是安漢公，温公注云：“公與功同。”不知下面“阿衡”字如何解得去，豈漢天子之功如阿衡耶？注書若此等最不可，朱子斷無此病。

王氏盛時，天下皆知其將變。梅福幺麼遠吏，尚知逃避，揚子雲自謂心通造化，獨濡滯不去。看來亦非全爲利禄，特以京師聞見廣，好讀書，觀於外夷來朝，必細問其土俗風物可見。又其人呆，見莽謙恭下士，即實以爲周公。到後來，事已決裂，便是怕死，不復敢與之異。

司馬文正謂揚雄過於孟子，曾、王又推服之，以爲箕子。至程朱出，而論始定。其實揚雄罪過，不必到事莽，就是作《太玄》，將羲、文、周、孔一齊都做了，罪已不容於誅。王荆公罪過，亦不必到行新法，只以《春秋》爲“斷爛朝報”而廢之，罪亦已不容於誅。這都是心病，可見其無忌憚。

偶看譚子《化書》，極有名理，第説到盡頭處，只説得神氣。惟孔子，説天地，便説他的德。揚子雲著《太玄》，思入風雲，實亦只説到神氣而止。《皇極經世》盡精妙，程子謂其“洩漏天機”，尚不離此窠臼。聖人言道只説理，言天地只説德。（《榕村語録》卷二十，第 347—348 頁）

孟堅史學第一，雖文字不如司馬子長雄健，然識見醇正，議論皆是。如《西域傳贊》《諸侯王年表贊》，皆至好，千古不易之論。孟堅傳贊無不佳者，韓文公輕之，亦未允。想是以其剿襲揚子雲、劉子政父子議論耳。文公果不剿襲，然孟堅亦不可輕。孟堅雖學出二劉，然其評論二劉及董仲舒、揚子雲諸人，皆精當。

論古人須平心，如揚雄與劉歆皆仕莽，歆尚欲殺之，此其意亦比雄少好。雄縱不死，或受其官而去，猶可恕。而《太玄》中顯然頌莽之功德，司馬温公注其書，至漢公分明是安漢公，而注云：“公與功同”，不知下面“阿衡”字作何解？豈漢天子之功如阿衡耶？如此等最不是，何須如此？學者即是自己祖宗有此事，亦只是置之不論可也，所以程子皆不甚服温公。朱子便無此病。

問：“揚子雲讀書多，當識養氣，何遽自投閣?”曰：“成、哀之世，莽、賢用事，可以去矣，如梅福、嚴君平鴻飛冥冥。當時願守箕山之節者，莽不强也。莽自比周公，子雲自比孔子，臭味相投。《法言》曰：‘自周公以來，未有如漢公之懿者也，其勞則過於阿衡。’莽有羿、奡篡君之罪，子雲亦不免有吴、楚僭王之誅。以爲經莫大於《易》，作《太玄》；傳莫大於《論語》，作《法言》。使子雲不附莽，位止執戟，《太玄》《法言》亦不能增重，其書遠不逮《中説》。《漢書》十志，莽制作爲多，明堂、辟雍，皆劉歆輩定之。”（《榕村續語録》卷六，第633—634頁）

【史（節録）】　孟堅文字雖不如子長雄健，然識見醇正，議論皆是。韓文公絶不見提起，想以其剿襲揚、劉議論耳。文公果不剿襲。然孟堅正未可輕。其評論二劉及董仲舒、揚子雲諸人皆精當，戰國文字之氣習、識議，至孟堅始變盡。子長亦非戰國文字，其高視闊步，中有斷處，而穿田過脈，皆有針線，高出《左》《國》之上。但議論多是戰國耳。

《漢書》乃孟堅湊籠劉、揚諸家而成者，殊可觀。十志惟《天文》《五行》穿鑿，餘俱典實淵茂。

《揚雄贊》以序爲論，瑕瑜不相覆，極妙贊體。（《榕村語録》卷二十一，第371—373頁）

【詩文（節録）】　揚子雲有重名，然少遜，就論文字也拖遝，既不及董子之醇，又不如賈子之快。（《榕村續語録》卷十九，第867頁）

周　召

【論蜀之富人】　蜀之富人輦金饋揚子雲，乞附姓名於《法言》，而子雲不許。至於谷口鄭子真，則津津樂道焉。以視索米爲作佳傳者，人品何啻天壤。昔人疑《劇秦美新》非子雲之筆，未爲無見。乃余更於富人有取焉。子雲一官拓落，寂寞自甘，其所著撰，俗物見之，應取以覆醬瓿耳。而若人乃慕一儋石不充之人，欲乞數字以爲榮。嗟乎，今之守錢積穀翁，作夜郎王擁貲自大，其視負薪行吟、織簾苦誦之輩，方且厭而唾之，以爲不祥，尚有若人在其目中哉。是今之富人比古之富人，其面目肺腸又不堪相對矣。子雲無《劇秦美新》事，史疑辨之甚悉。余《詠史詩》未免輕訾古人，書此以志率筆之悔。（《雙橋隨筆》卷一，《四庫》第 724 册，第 382 頁）

臧　琳

【揚雄傳誤字】　《漢書・解嘲》："當塗者入青雲，失路者委溝渠。旦握權則爲卿相，夕失勢則爲匹夫。譬若江湖之雀，勃解之鳥，乘雁集不爲之多，雙鳧飛不爲之少。"應劭曰："乘雁，四雁也。"師古曰："雀字或作厓，鳥字或作島。島，海中山也。其義兩通。"

案，古島字有通借作鳥者，《書・禹貢》"鳥夷"，孔讀鳥爲島，可證。此蓋言江湖之厓岸，勃解之山島，其地廣闊，故雁鳧飛集，不足形其多少，以見人之得失窮達，亦甚無定也。子雲好奇字，故借鳥爲島，淺者因改上厓作雀以配之。師古不能定，因謂其義兩通也。若作雀鳥，則下文乘雁集、雙鳧飛將何指乎？後見《文選》載此，正作"江湖之崖，渤澥之島"。（《經義雜記》卷十五，《續修》第 172 册，第 157 頁）

查慎行

【四愁賦】　柳子厚言揚雄有《四愁詩賦》，按雄傳，其擬相如作《甘泉》《河東》《羽獵》《長楊》凡四賦，他若《反離騷》《廣騷》《畔牢愁》則皆仿屈原而作者，未嘗有四愁之名。惟張衡則有《四愁詩》，不知《四

愁賦》之説何所本？（查慎行撰，范道濟點校：《得樹樓雜鈔》卷十，中華書局2017年版，第213頁）

戴名世

【讀揚雄傳】　揚子雲亦漢家文人之豪也，其不爲章句訓詁而默然好深湛之思，余常賢之，然亦常嘆之矣。夫所貴乎學者爲能成一家之言，而前後不必相同，彼此不必相勝，以各出其機杼而勿詭於聖人而已。方雄之少年，慕司馬相如之賦，輒擬之以爲式。而屈原之《離騷》《九章》，皆忠臣愛君惓惓之意，雄乃以“遇不遇命也，何必湛身哉”，因摭《離騷》而反之，又傍《離騷》作重一篇名曰《廣騷》，又傍《惜誦》以下至《懷沙》一卷名曰《畔牢愁》。夫《離騷》不必廣也，亦不可反也，《離騷》可反而莽大夫亦可爲矣。後又以經莫大於《易》，作《太玄》以擬之，傳莫大於《論語》，作《法言》以擬之，相與仿依而馳騁，何其不自度量至此也。彼直以區區文字摹擬仿效，而遂謂可以入聖人之列，亦謬甚矣。後之論者，恕其仕莽，以爲不得已而爲之臣，既已爲之臣矣，豈不得已之可以釋其罪哉。而且謂其爲三代以後大儒，幾比於孔子、孟子，即一二大人先生亦不免爲是説，徒爲其《太玄》《法言》所欺耳。

而當是時桓譚之論文者，吾有取焉。譚之言曰：“凡人賤近而貴遠，親見其禄位容貌不能動人，故輕其書。”然則庸耳俗目，其愚無知如此，悲夫！蓋由來久矣。而劉歆以後人之覆醬瓿爲憂，夫至後之人則已不復覆瓿，覆瓿者當其世耳。吾乃以知古作述之家，其孤危大抵皆然也。因識之於傳尾。（王樹民編校：《戴名世集》卷十四，中華書局1986版，第394—395頁）

【遺文（節録）】　“莽大夫揚雄死”，此朱子特筆，大義凜然。然洪容齋以爲，《劇秦美新》，雄不得已而作，夫誦述新莽之德，止能美於暴秦，其深意固可知矣。《序》所言“配五帝，冠三王，開闢以來未之聞”，直以戲莽耳。今之布衣寒士稱誦公卿貴人過其實，由容齋之意推之，是亦戲之耳。彼公卿貴人奈何悦其戲己而不悟耶？（王樹民、韓明祥、韓自强校：《戴名世遺文集》，中華書局2002年版，第532頁）

邊汝元

【詠史（其一）】　《吕覽》書成不可删，揚雄漫説載金還。小儒有喙空三尺，丞相文章重斗山。（《漁山詩草》上卷，《未收》第8輯第23册，第357頁）

胡　煦

【太玄】　（前有圖，今略）煦按：圖宜重二十一卦，乃今所重止二十卦，必有應重而不重，不應出而出者。夫《乾》既重矣，而《坤》不之重，何耶？既除《坎》《離》《震》《兑》之四正，而《兑》卦猶存，必誤也。或故出《兑》以足八十一數，亦未可知，然已與立圖之本意不合。

揚雄字子雲，焦弱侯曰，雄孝平時卒，胡正甫、簡紹芳、張平子、韓退之、司馬君實、曾子固皆重之。

一玄生三方，用三乘一。三方生九州，用三乘三。九州生二十七部，用三乘九。二十七部生八十一家，用三乘二十七。八十一家生二百四十三表，用三乘八十一。二百四十三表生七百二十九贊，用三乘二百四十三。七百二十九贊生二萬六千二百四十四策，用三十六乘七百二十九。凡一元爲一歲，七十二策爲一日，起十一月，始於《中》之《中孚》，次及《周》《復》，而左旋一周，終於《養》《頤》，《復》《頤》，卦名也，《周》《養》，首名也，一如大圓圖，《坤》《復》《頤》左旋而一周也。

煦按：雄固問奇字者也，漢之博學以雄爲最，然觀首之擬卦，如《上》《干》擬《升》，《羡》《差》擬《小過》，《增》擬《益》，《達》《交》擬《泰》，《從》擬《隨》，《進》擬《晉》，《釋》擬《解》，《樂》擬《豫》，《争》擬《訟》，《事》《務》擬《蠱》，《更》擬《革》，如此之類，止可謂易卦中一字注耳。至以八十一數與六十四卦相配，所多者二十一，因不得不重，然止是子雲之曆法耳，不當作卦爻看也。若其逐首準《易》而擬辭，則其失爲不少矣。《潛虛》以春夏秋冬生長收藏之義類，衍爲五十有五，亦與此相似。

《玄》三方、九州、二十七部，八十一家曰首，猶卦也。圓之應天，《中》首冬至，日在牽牛初，乃漢紀也。王薦以卦氣著論曰，求其故，千歲日至，可坐定也。一動一静之間，復見天地之心，數往知來，數起於此，是《易》理也，即歲法也。雄立《踦》《贏》，原非牽湊，世無知者乃多議之。邵子曰，雄知曆理。伯温曰，子雲知《易》之本，外有《太玄》準《易》卦氣圓圖，其《中》首始於子，北之冬至，入牛一度起，分列宿之度而周其天，至《養》而終於斗之二十二度焉。其度數多寡，與今法不同，而冬至之日又在牛初，亦與今時異。蓋歲差亦已久矣，故不録。

李氏曰，《玄》固京法也（京在《玄》前）。止庵曰，雄以六日七分爲法則是，房以之爲七日來復則非。潛老曰，《類是謀》《稽覽圖》言之，緯非聖傳，然陰陽家言原有所自，《三統曆》以八十一爲日法，京房藏一，豈無謂耶？子雲蓋知《易》合參兩，而兩顯參幽，卦蓍皆立恒法，其密率則在盈虚損益追差之事，故《玄》特以三法衍之，明圖之用書也。每首九贊，直四日半，九十贊爲四十五日。入其《洛書》，爲通期（三百六十），益一首爲四日半，益《踦》之半日爲五日（《踦》準半日也）。又益《贏》爲半日之半（《贏》準三時也），則四分度一也。方圍四則齊，圓圍三則《踦》《贏》矣。世非任數失理者，即談虚冒之理而遺數者，誰研極而通變乎？子瞻喜淺爽，以《玄》艱深而遷怒耳。朱子以爲拙可也，若病其三，彼不服也。以除四之六十卦，而重二十一卦配之，中具虚一之旨，即具四用三之旨。方虚谷謂何故子中至辰中爲天，辰中至申中爲地，申中至子中爲人（煦曰此三語不與圖合，又曰《乾鑿度》之部首亦申子辰也）。夫豈知三四爲十二，何異四三爲十二乎？知其故而仍藏參於兩，寓其盈虚者，邵子也。石齊更欲密率推之，可謂攻苦研極，後人因前人之攻苦研極，而引觸會通，何爲不善？

煦按：《周易》參兩之書也，所由謂一陰一陽之謂道，陽參而陰兩，如缺其一，安有化育？即如《周易》三爻爲卦，是參也。乃重而爲六，則兩矣。六固兩也，而其中含有三極，則又參矣。三極參也，而其中又各有陰陽剛柔，則又兩矣。又凡考陰數者必於陽，考陽數者必於陰，如升陽之三候必驗於昏，降陰之三候必驗於晨，如陰之始終必交至於陽，陽之始終必交至於陰是也。又九之用必用於六，六之用必用於九，蓋非陽則陰不可見，非陰則陽不可見也。此皆參兩二者兩不相離之妙，所由謂一陰一陽之謂道。夫陽之爲用，健行不息，若不得陰則無駐足託跡之地，止是善動而不已者耳。今子雲之數全從奇起，有參而無兩，是善動而不止者也。動而不止，則無定形，安得有定卦之可指？故謂子雲之書，以其《踦》《嬴》推衍歲序可也，謂爲知《易》則未也。夫古今之尊《玄》重《玄》，因得至今存而不廢者，大抵皆爲艱深奥晦之辭所愚，未嘗即其書而深考之耳。今觀每首管四日半，八十首共管三百六十，所餘之一首又復管四日半，是五日四分度之一，而今止得四日四分度之二矣。又其所立之圖，既與六十卦相配，自不得不重二十一卦，乃今所重止二十卦，何也？既以六十卦相配，則自應除去四卦，乃除後天之四正，而仍存《兑》之一卦，何也？既已多此一卦，則其所重不得不爲二十卦，既取八十一數立之《踦》《嬴》，以與歲序相配，則不必更與《易》卦相配可也。乃每首所繫之辭，又擬周公之象而爲之，則已成《易》外之《易》矣。讀書窮理，其尚知所辨正乎？况陽生子半，陰生午半，此萬古不易者也。乃子雲以爲卦氣起《中孚》，夫《周易》之理不離陰陽，故曰一陰一陽之謂道。今《中孚》二陰在内，四陽在外，有何道理而以爲卦氣所起？若無道理，便可以爲卦氣所起，則任起一卦而爲首，奚不可者？甚矣。昧來復之義而不之察，背聖人之經而未之考，皆聖經之蠹也。

晁説之謂《羨》不當準《臨》，《夷》不當準《大壯》。

煦按：《狩》準《臨》，《羡》準《小過》者也。

黄宗羲曰，揚子雲《太玄》以兩贊當一日，七百二十九贊以當一歲三百六十四日半，於歲法三百六十有五日四分日之一，尚不及四分日之三也。立《踦》《嬴》二贊以補之，例以兩贊一日，則過四分日之一矣。故蘇明允謂四分而加一，是四歲而加一日，千載之後，恐大冬之爲大夏也。欲以一百八分爲日率，四分之，每分二十七，三之爲八十一，每首加一，盡八十一首而四分日之三者，無過不及之患矣。然余以爲《玄》之所以準日者，贊也。加一分於首，贊之不及如故，是失所以立贊之意，既以《踦》《嬴》名贊，仍與他贊爲伍，則亦不援兩贊一日之例，即以四分之三當之，無不可矣。第《踦》以虚而言，《嬴》以盈而言，猶之所謂氣盈朔虚也。合氣盈朔虚十日有奇，則《踦》《嬴》當得二十餘贊。今以二贊僅寄其名，餘皆渾於七百二十九贊之中，此則不可謂之合於日也。明允言聖人以六日七分言《易》，而卦爻未嘗及之，雄以三百六十五日四之一言《玄》，而首贊擬之，失其所以爲書之意。余以爲《易》未嘗有六日七分之説，加之起於後世。子雲準此以作《玄》，苟不相似，則又何以爲書？是故子雲之短不在局歲法以失《玄》，而在牽《玄》以入歲法也。推步以一定之法，御其至變，然後可以傳之久遠。苟不得其至變，即不可謂之定法也。《玄》之中首起牛一度，今未二千年，冬至在箕四度，星之屬金者，已屬水矣。其從違亦異，此《玄》失之較然者也。明允加一分，以合四分之一，不知四分之一者，亦有消長，則不如《踦》《嬴》之以不齊齊之也。

煦按：子雲《太玄》之作，其卦氣起《中孚》，六日七分之説取諸京房，其分爻配卦之法取諸《周易》，其踦嬴之法取之於氣盈朔虚，蓋合三家之長而自爲一書，用以推步者也。至於逐首擬《易》爻辭，則贅而贅矣。據黄宗羲所説，子雲於推步猶疏，而况於《易》乎？予非有惡於子雲，惡其不知而作，導之於前，後來擬《易》而妄作者，不一而足耳。（胡

煦撰，程林點校：《周易函書·約存》卷十，中華書局2008年版，第291—295頁）

【太玄蓍法】　《玄》蓍三十六策，虚三，掛一在小指，中分餘以三數之，並餘於艻，數其餘，七爲一，八爲二，九爲三，六算也（按此六除而數之也。范叔明曰，十取除一，名以爲艻，蓋虚者三，掛者三，實用三十策也。解《玄》者，宋衷、陸績、范望、王涯、宋惟幹、徐庸、張晉、陳漸、張揆、郭元亨、吴秘，司馬温公合爲《集注》，許瀚作《玄曆》，晁説之作《易玄星紀圖》）

煦按：三十六數，每十取去一而虚之，則所用止三十三策矣。虚之云者，若大衍之反一於櫝也。又按變聖人之蓍法，亦自《玄》始。蓋蓍法之傳，惟《啓蒙》獨得正傳，故節節次次悉與《易》合，莫不有至精之妙。他人取大衍之數而稍變易其掛扐，猶不克占而有驗，况盡易其數與法乎？甚矣，子雲之好奇也。而後此之《洞極》《元包》《潛虚》《洪範》，變亂《周易》，遂由此始矣。《説卦》曰"聖人之作《易》也，幽贊於神明而生蓍"，《易》之有蓍法，經伏羲創之，三聖人守之，而卒不敢易。《太玄》《元包》《潛虚》《洪範》，未聞有幽贊之説，率憑臆見，妄自立法，其亦不自諒矣。

命曰假太玄，假太玄，孚貞，爰質所疑，於神於靈，休則逢陽，星時數辭從，咎則逢陰，星時數辭違（以上命筮之辭）。

凡筮有道，不精不筮，不疑不筮，不軌不筮，革不以其占，不若不筮，神靈之，神靈之，曜會越卓（去此四者而筮，則神聽之矣。此言爲筮之道，雙湖胡氏連上文，非也）。

三十有六而策視焉（蓍之數三十有六）。

天以三分，終於六成，故十有八策（以下明蓍三十六之故。三分者，參天之數。六成者，一二三之積數。十有八者，三六之乘數）。

天不施，地不成，因而倍之（天施地成，故地數亦十有八，合之爲三十六）。

地則虚三，以扮天十八也（陽饒陰乏，地則虚三，故揲用三十三）。

别一以掛於左手之小指（三十三策之中，取一以掛，掛而後分也）。

中分其餘，以三搜之，並餘於艻（蘇氏作扐，分爲二刻，三搜左刻，置其餘。或一或二或三，次三搜右刻，置其餘如前數，其餘數不二即五，掛策在外）。

左二則右必三，左三則右必二，左一則右必一。

以上初揲，在《易》爲再扐，在《玄》爲一艻之半。次除前餘數，復合其見存之策，或三十，或二十七，不掛，分搜如前法，其餘數不三即六。

左一則右必二，左二則右必一，左三則右亦三。

以上爲再揲，再揲之餘並之於艻，是爲一艻，艻即所掛之一也。《王制》祭用數之仂，鄭注十一掛，先别於正數，故名艻。蓋再揲未竟，餘數未並，再揲竟，則餘數併入掛内，此所謂餘，乃不用之數，與上下分數之餘異。

一扐之後而數其餘，七爲一，八爲二，九爲三。再揲止一掛，故曰一艻。七其三爲一，畫一。八其三爲二，畫--。九其三爲三，畫---，以成一方之位。如是每再揲而成位，自家而方曰位，通計八揲，然後首名定也。老泉蘇氏曰，一掛一扐之多，不過乎六，既六而其餘二十七者，可以爲九，而不可以爲七八，况夫不至於六哉？於是改爲再扐，而三數其餘，八扐而四位成。羲按《易》再扐後掛之義，揲左手竟而扐之，揲右手竟而又扐，謂之再扐。蘇氏以初揲爲一扐，故加一扐於玄，不知玄之以掛爲艻也。若準《易》之例，四位凡十六扐焉。煦按七八九皆除兩三而算其數，故七爲一，八爲二，九爲三。

六算而策道窮也。一艻止於再揲，可以爲七八九，而不可以爲六。范注曰謂餘得七則下一算，得八則下二算，得九則下三算。一二三，凡六揲。三十三止得六算，故言窮也。窮則揲以成四位，不出七八九也。

七爲一。掛一，不用餘數十一。

八爲二。掛一，不用餘數八。

九爲三。掛一，不用餘數五。

《玄圖》曰泰積之要，始於十有八策，終於五十有四（天地人各十八，並之五十四）。並始於策數，半之爲泰中（並五十四於十八，爲七十二）。

泰中之數，三十有六策，以律七百二十九贊，凡二萬六千二百二十四策，爲太積（猶《易》二篇之策也。每贊三十有六，乘之得太積策數）。

七十二策爲一日，凡三百六十四日有半，《踦》滿焉以合歲之日，而律曆行（一歲三百六十五日四分日之一，七十二策，二贊晝夜之數也。太積策數於歲日不及四分日之三，應增五十四策，此《踦》《嬴》所由作也）。

王涯揲蓍法

三十六策，虚三掛一，中分左右，以三數左，置餘，以三數右，置餘。合左右正策數之，爲三者九，而後一一數之，及八以爲二，及九以爲三，不及八不及九，從三三之數，而以三七爲一。老泉蘇氏曰是苟以牽合乎一扐之言，而不知夫八者，須掛一扐三而後成，而扐終不可以三也。羲按左右一揲之餘，其掛扐之數不三即六，三者得三十策，三七之餘爲九，六者得二十七策，二七之餘爲六，更無得二十九策，可以爲八也。然王氏雖謬，不以餘策而論，猶爲未失其傳也。

煦按：三十六數，虚三掛一，則所揲者三十二數耳。方州部家凡四層，每二揲而得一，所餘之數非七則八，非八則九也。凡七八九，皆除去兩個三，故七爲一，八爲二，九爲三也。如首得一，次得二，三得三，四得一。初得一，則在天元。次得二，則在天元之二州。三得三，則在二州之三部。四復得一，則在二州三部之一家。所列交陽，七火上下者，泰是也。

胡雙湖揲蓍法

三揲有餘一餘二餘三，而無餘七餘八餘九之理，解者甚多，皆不通。意者子雲之法，以餘一準七，餘二準八，餘三準九，只餘一二三，則七八九自定矣。故曰餘七爲一，八爲二，九爲三，只倒用一字，故難解。若作餘一爲七，二爲八，三爲九，人無不曉矣。羲按胡氏舍正策而論餘數，失之遠矣。南宋以後，揲蓍者皆尚簡便而置正策，不獨《太玄》也。然《易》之餘數與正策相合，故論之不爲失。《太玄》餘數直置之不用者，無可推之理。使如胡氏所言，一刻有餘一餘二餘三，連掛則不得有餘一，而有餘四，二刻連掛則有餘三餘六，而不得有餘一餘二。然則三固準九，六亦準九，《玄》之四位皆三而已，豈可通哉？煦按此未知揲法者也，既分二以揲之，當必有兩數存焉，安得有餘一之事？

季彭山揲蓍法

《太玄》揲法，注家多不能通其説，老泉以爲傳之失者，得其意矣。蓋《玄》之虚三，地之所以配天也。而掛一於左手之策，則天之所以運行乎地也。其曰掛一，非謂所用三十三策之中掛其一也。所用三十三策之中而掛其一，則歸餘者與七九之數不合矣。故掛一者，十策之中而掛其一也。是三十三策之中，分之爲三，而各掛一策，所用實止三十策也。范叔明曰，十取出一，名以爲艻。謂之艻者，蓋以識三十蓍之數也，如此則當其中分左右也。正揲左策，以其所餘者或一或二或三，以合於所虚之三，所掛之三，則得一者爲七，得二者爲八，得三者爲九，而右策亦不必揲矣，故不再扐也。意其傳之者，失此法耳。所幸范注略發此意，尚得以尋其緒焉。羲按季氏牽合餘數，故轉展愈誤也。揚子之虚三，老泉尚議之，又從而掛其三乎？據所引者范注，而范雲艻猶成也，合之爲十，取一以識之爲艻，中分其餘於左手之二，以三搜之，其所餘者並之於左手兩指間，以識揲蓍之數也。凡一掛再艻，以成一方之位，然則范之所謂艻者，餘數也。爲從餘數可以識正策之數，季氏用之證掛，不亦疏乎？玄數曰，別一以掛於左手之小指，中分其餘，以三搜之，並餘於艻。季氏曰，掛三，止搜左策，不亦盡背之乎？此上皆未知揲法。（同上，第295—299頁）

納蘭性德

【賦論（節選）】 相如之賦之所以獨工於千古者，以其能本於經術故也。其言曰："賦家之心，包括宇宙，總覽人物，斯乃得之於内，不可得而傳。"推相如之意，蓋真有所謂不可傳者哉！其可傳者，侈麗閎衍之詞，而不可傳者，其賦之心也。若能原本經術，以上溯其所爲不傳之賦之心，則所可傳者出矣。經術之要，莫過於三百篇。以三百篇爲賦者，屈原、荀卿而下，至於相如之徒是也。以三百篇爲詩者，蘇、李而下，至於晉、魏、六朝、三唐，以及於今之作者皆是也。《藝文志》曰："自孝武立樂府而采歌謡，於是有代趙之謳，秦楚之風，皆感於哀樂，緣事而發，亦可以觀風俗，知厚薄雲。"則樂府者，又賦之變也。詩變而爲騷，騷變而爲賦，賦變而樂府。樂府之流漫浸淫而爲詞、曲，而其變窮矣。窮則必複之於經，故能以六經持萬世文章之變，即詩賦一道，猶可以見賢人君子之用心。若遂薄之爲雕蟲末技，吾未見揚雄之《法言》《太玄》，謂可直駕《離騷》而上之。天下萬世可無《法言》《太玄》，決不可無《離騷》。《法言》《太玄》或有時可泯没，《離騷》決不可泯没也。(《通志堂集》卷十四，《存目》集部第 247 册，第 359—360 頁)

洪若皋

【論甘泉賦】　成帝時豔妻煽處，天子方祈嗣用媚，每上甘泉常法從。而屬車豹尾之間，胡然而天，胡然而帝。又甘泉本秦離宫，武帝增通天、高光、迎風等宫，屈奇瑰偉，奢侈踰度。雄上比於北極紫宫、閶闔天門，而車騎旗旐，挾星漢而走鬼神，曰"此皆非人之所能爲也"，其用意深矣。觀其一篇之中，曰"襲璿室與傾宫"，曰"屏玉女而却宓妃"，纏綿愷惻，三致意焉。誠得風人寄諷之遺，至骨氣之壯健，思致之深遠，筆法之靈動，特借佶倔之詞、艱澀之語，以抒其豪放，真可伯仲相如。(《昭明文選越裁》卷二，《存目》集部第 287 册，第 740 頁)

【論羽獵賦】　措詞設議，原摹擬《上林》。若因循敷衍，不免踵襲之弊。作者故將正意先發於序内，然後縱意鋪張，末將正意徐徐而收之，使讀者不覺其襲故，止覺其新奇，此古人文章之巧妙處。然其精光動盪，多在餖飣艱澀，佶屈聱牙，不可句讀處。相如、子雲一轍，乃知“瀏亮”二字，非古賦所重。自瀏亮體興，江、徐接踵，而古賦亡矣。（《昭明文選越裁》卷二，第747頁）

【論長楊賦】　《羽獵》《長楊》，皆諛多而諷少。大抵子雲善諛，《劇秦》諛新，而《羽獵》《長楊》實諛漢。《羽獵》猶寄諷於諛，而《長楊》則徒諛耳，亦勸百諷一作之俑乎！宜乎寵信文成、五利之主，讀《大人賦》而飄飄欲仙也。至其筆法高峭鉤深，句句從寂寞中酷摹曲擬而得，大抵子雲之爲賦、爲《玄》、爲《法言》，幽思沈想，悉相類耳。乃知古人好奇，何曾肯一字猶衆！今操觚之家，一味草草，欲以勝人，難矣。（《昭明文選越裁》卷二，第749—750頁）

【論解嘲】　史稱子雲不汲汲於富貴，不戚戚於貧賤。好古樂道，其意欲求文章成名於後世，則《太玄》之作，文章孰大焉？何得計黑白，較榮悴，道德紛華交戰於中。誠恐劉子駿所謂用覆醬瓿者，不在《玄》之傳不傳，而在《玄》之白不白耳。雖議論本之曼倩，然曼倩功利之心在渾形濁跡之間，子雲功利之心在隱微難知之地。爰寂寞，自投閣；爰清静，作符命。在當時已如見其心。劉棻獨向子雲學作奇字，當非偶然耳。然則子雲之不死，子雲之幸也。（《昭明文選越裁》卷八，《存目》集部第288册，第136頁）

【論劇秦美新】　西漢之亡，非以篡亡，以佞亡。夫德如姬公、召伯，不能無憾；功如博陸、高平，尚且有嫌。大臣爲國，非爲私也。王莽輔漢，公卿列侯，宗室吏民，前後稱功頌德者四十八萬七千五百七十二人。當時孔光、王舜、甄豐輩，不聞有公奭、魏相之見，蓋莽以謙謹佞太后，以封爵佞群臣，以恩澤佞百姓，而臣民遂佞莽以佞太后。九錫不已，繼以居攝；居攝不已，繼以假帝；假帝不已，遂以漢天下佞焉。其佞之旨，大要在於符命。白雉、丹石，瑞十有二。至於白布單衣，赤繢方領，而金匱圖策至矣。《劇秦美新》者，佞之續，故言祥瑞居其强半焉。

彼自謂効尤相如《封禪文》，殆其父殺人報仇，其子不啻行劫耳。若文章之奇奥宏惔，不惟非子雲不能辨，即子雲嘗自稱少與王莽、劉歆並，又與董賢同官，莽賢輩皆爲三公，而雄三世不徙官；又莽簒位，遊談之士用符命獲封爵甚衆，而雄又不侯，是雄實假此佞詞以爲封侯之階。或有力辨爲後人僞作者，亦屬扯淡。(《昭明文選越裁》卷九，第160頁)

李　蕃

【經史四十四則(其一)】　吾於班固《漢書》，知揚雄無美新之文。吾於桓譚《新論》，知雄無仕新之日。其爲此説者，得無劉棻之徒將掖爲狂泉之飲乎？抑惡獨醒之故乎？先君詔蕃曰：同時有同姓名者仕莽，朱子不察而書之如此。惜未得請其詳也。《漢書·揚雄贊》一曰“三世不徙官”，再曰“復不侯”，雄之人品已不可及。當時京師爲之語“惟寂寞，自投閣”，此語謂揚子；“爰清净，作符命”，此語謂作符命者，言惟作符命者能清净也。莽之言曰“雄素不與事”，則其不與可知。“以病免”，免矣。“復召爲大夫”之下不下注脚，此莽大夫之所由書歟？今按傳文，似召而未應命也，或脱“不起”二字。(《雪鴻堂文集》卷十三，清康熙五十七年刻本)

【論古五十則(其一)】　《漢史》譏揚雄爲莽大夫，桓譚《新論》以爲雄未仕莽也。如劉勰《程器》一篇，班固諂竇，馬融黨梁，不爲稍諱。至揚子，止曰嗜酒而少算。劉子豈不讀《漢史》者哉？此可爲不仕莽之一證。(《雪鴻堂文集》卷十三)

何　焯

【揚子雲甘泉賦(節録)】　須看《漢書》中自叙，方知鋪陳處皆諷諫也。

注：“桓譚《新論》曰：雄作《甘泉賦》一首。始成，夢腸出，收而納之，明日遂卒。”《甘泉》作於成帝時，安得有腸出遂卒之事。揚子雲、

桓君山同時人，不應作此語。然則爲妄人附益者多矣，非《新論》本書然也。

正月從上甘泉，還奏甘泉賦以風。注：“《漢書》曰：永始四年正月，行幸甘泉。《七略》曰：《甘泉賦》，永始三年正月，待詔臣雄上。”《漢書》三年無幸甘泉之文，疑《七略》誤也。按，子雲之生，在宣帝甘露元年戊辰，至成帝永始三年丁未，爲四十歲。班書贊中言年四十餘，自蜀來遊京師，王音薦之待詔。此賦爲四年所上無疑也。然長楊事在延元二年庚戌。（何焯撰，崔高維點校：《義門讀書記》卷四十五，中華書局 1987 年版，第 867 頁）

【揚子雲羽獵賦（節録）】　雖頗割其三垂，以贍齊民。此三垂即指上林之三垂而言。注謂西、南、東，武帝侵三垂以置郡，非也。元帝初元二年，詔以木衡禁囿、宜春下苑、少府佽飛外池、嚴御池田假與貧民。五年，罷上林宫館希御幸者。成帝建始元年，亦罷上林宫館希御幸者二十五所。即其事也。（《義門讀書記》卷四十五，第 869 頁）

【長楊賦（節録）】　《羽獵》擬《上林》，《長楊》擬《難蜀父老》。子雲本祖述相如，其奇則相如所不能籠罩，麗處似天才不逮也。

明年。上將大誇胡人以多禽獸。注：“《七略》曰，《羽獵賦》，永始三年十二月上。然永始三年去校獵之前首尾四載，謂之明年，疑班固誤也。”按，此明年者，班史因數雲自叙之詞，《七略》誤也。（《義門讀書記》卷四十五，第 870 頁）

【揚子雲解嘲】　詞古義深。子雲文如此篇，固退之所當遜避，《進學解》不能及也。本之東方之體，然恢奇深妙過之。（《義門讀書記》卷四十九，第 960 頁）

【揚子雲趙充國頌】　百餘字耳，叙致詳贍，可爲後人法戒，所以爲作者。（《義門讀書記》卷四十九，第 964 頁）

【揚子雲劇秦美新】　“上覽古在昔”至“而能享佑者哉”。此數語即劇秦中帶起美新意，貞明若古者是也，此解若古作順字義。

《帝典》闕者已補二句。並帶漢家。

崇嶽渟海通瀆之神，咸設壇場，望受命之臻焉。此即本相如泰山、梁父設壇望幸之語。

宜命賢哲，作《帝典》一篇，舊三爲一襲。舊，一作奮，前言仲尼不遭用《春秋》，因斯發此言。宜命賢哲作《帝典》一篇，奮三爲一襲。雄蓋以自負也。（《義門讀書記》卷四十九，第966—967頁）

顧成天

【揚雄論】　君子小人之幾，辨之可不明辨哉。尋聲色，逐貨利，小人也已。忍情絶嗜，泊焉淡焉，斯君子矣乎？未也。持禄取容，患得患失，小人也已。寵辱無所驚，黜陟無所競，斯君子矣乎？未也。空腹而自賢，忘己而徇物，小人也已。文采足以彰身，藴藉足以養寂，斯君子矣乎？未也。

古之君子，窮萬物之情而目營四海之大，非騖也。極其知以成吾仁也。一指當前，則太山有所不見，斯喪其守而猶不自悟也。王莽之惡，天下後世，淺夫豎子皆指而目之，而當時識其奸者，惟劉向、梅福二三人而已。居攝以後，向死福亡，上書獻頌者至四十八萬七千餘人。彼揚雄者，亦四十八萬七千餘人中之一人也，何足深論。吾獨怪王安石言漢元晚節，劉向數言天下事，疑太犯分；而於揚雄，則獨曰世人忍於污蔑賢者，上符命、投閣，恐係谷子雲事。曾鞏之序《説苑》，譏向不能究知聖人精微之際，又責其著書建言欲有爲於世，忘其枉己而爲之。及論《新序》，則以爲秦漢絶學之後，學者知折衷於聖人而純於道德者，揚雄氏而止。嗟乎，褒貶任聲，予奪失實，有如是哉。向也，篤於人倫，藹然以温，井然以辨，毅然以正，其品固非雄匹。即《説苑》《新序》，隨機化導之言，亦過於雄書遠甚也。安石詆《春秋》，且以爲斷爛朝報，立説之偏陂，又曷足怪。犖居然飾儒者之貌，而爲儒者之言，且以之上於當寧，如之何而懵然軒輊，肆無忌憚也。夫日用間，一言一動，無離人倫者，聖人之精微，孰有越於人倫耶。以人倫教，亦以人倫養。聖人之道德，又孰有外於人倫耶。學者惟昧乎此，故枯槁而自以爲玄，孤僻而自以爲静，亢傲而自以爲高，汗漫而自以爲大。暗於目前，而自以爲洞於今古；惛於世變，而自以爲造於聖神。君臣、父子、夫婦、昆弟、朋友之間，無肫然懇惻之意，而自以爲達乎性命之理。

雄之行事，正史書之鑿鑿，復見之於其自序，無可傳疑者。而後人多曲爲之諱，蓋以其文耳。然吾不斷之於史，而正斷之於其文。雄薄詞賦爲雕蟲，而著所爲《法言》者。今尋其旨，無以甚異於雕蟲也。班史以爲雄非聖人而作經，責其僭妄，然亦孰從而尊信之，此無可責也。《法言》之末，曰“周公以來，未有若漢公之懿也。勤勞則過於阿衡，漢興二百十年而中興，其庶矣乎”。此與《劇秦美新》之意吻合，而説者又謂雄賣文自贍，文不虚美，其怨家取《法言》益之云云，又以《美新》爲劉棻作。毋論手筆不可掩也，雄之子孫與及門豈無一二世守其書起而辨之者，而任其流傳如彼。即以爲然，新室文母之誄，又誰駕名耶。雄之所以佞莽者，不一而足。後之訟之者，不幾欲蓋而彌彰耶。然而我之斷其不枉者，又不必是也。百無一枉，而猶恐其或枉也。《反騷》之文，復何辭乎。其嘲屈曰“資娵娃之珍髢，鬻九戎而索賴”，又曰“棄由聃之所珍，摭彭咸之所遺”。噫嘻，不知其人，不論其世，外人倫以言，道雄之罪狀，暴於斯矣。彼其視君親之大，特泛然而相值，可合可離，而吾自有抱區區而俯仰自得者，亂臣賊子未始無忸怩不安之心。名教中挾此伎倆居之不疑，以託於無可無不可之説，而聖人之經綸，幾晦於天下。所謂壞法法在，侮法法亡。雄之效孔子，不異於莽之效周公。莽敗而天下笑其愚，雄書存而後世猶代文其過。學術之流，禍深於篡逆也。翹然欲作聖人而至不得列於君子，悲夫。（《東浦草堂課餘文集》卷一，《彙編》第227册，第12—14頁）

徐文靖

【劇秦美新非揚雄作】　潘陽節曰：揚雄爲莽大夫，心勞而日拙。注曰：雄自漢成帝之世，以奏賦爲郎，給事黄門，歷成、哀、平三世不遷官。王莽篡位，轉爲大夫，稱莽功德比伊、周，作《劇秦美新》之文。

按，班固謂："莽篡位，談説之士用符命稱功德獲封爵者甚衆。雄復不侯，以耆老久次，轉爲大夫。"則知轉爲大夫者，以久次得，非以《劇秦美新》而得也。王荆公曰："子雲之《劇秦美新》，蓋後人誣筆。"洪容齋曰："雄親蹈王莽之變，退託其身於列大夫中，不與高位者同其死。世儒或以《劇秦美新》貶之，是不然。此雄不得已而作也。夫述誦新莽之德，止能善於暴秦，其深意固可知矣。"又按《後漢書·桓譚傳》曰："譚熹非毁俗儒，由是多見排抵。當莽居攝篡弑之際，天下之士莫不競褒稱德美，作符命以求容媚。譚獨自守，默然無言。"又譚於世祖時上疏曰："今諸巧慧小才伎數之人，增益圖書，矯稱讖記，以欺惑貪邪，詿誤人主。"章懷注："圖書，即讖緯符命之類。"又雄本傳曰：劉歆子棻，嘗從雄作奇字。棻復獻符命，莽投之四裔。"雄恐不能自免，乃從閣上自投下。莽聞之曰：雄素不與事，何故在此？"假令雄《劇秦美新》，則譚亦必非毁之，而乃見其《太玄》曰："是書也可與大《易》準。"假令雄僞作符命，則莽亦必並投之，而乃曰"雄素不與事"，則夫僞作符命，劇秦美新者，豈非皆後人之誣筆哉？（徐文靖撰，范祥雍點校：《管城碩記》卷十八，中華書局1998年版，第329—380頁）

【擬經】　班固《揚雄傳贊》曰：以爲經莫大於《易》，故作《太玄》；傳莫大於《論語》，作《法言》。

按，雄本傳曰："觀《易》者，見其卦而名之；觀《玄》者，數其畫而定之。《玄》首四重者，非卦也，數也。"則《太玄》非擬《易》，可知也。孫明復曰："揚子雲《太玄》，非準《易》，乃明天人始終之理，君臣上下之分，蓋疾莽而作也。”此言得之矣。又雄本傳曰：“雄見諸子各以其知舛馳，大抵詆訾聖人。及太史公記六國，歷楚漢，記麟止，不與聖人同，是非頗謬於經。故人時有問雄者，常用法應之，撰以爲十三卷，象《論語》，號曰《法言》。”此蓋因《論語》“法語之言，能無從乎”？因想像《論語》之訓，而取其“法言”二字以名其所撰之書。何晏《集解》曰“孔曰：人有過，以正道告之”，是也。豈自以《法言》比《論語》哉？後世以揚雄擬經求合，罪其僭越，實由於班固之誤説也。（《管城碩記》卷十八，第330—331頁）

方　苞

【書朱注楚辭後】　朱子定《楚辭》，删《七諫》《九懷》《九嘆》《九思》，以爲類無疾而呻吟者，卓矣；而極詆《反騷》，則於其詞旨若未詳也。吊屈子之文，無如《反騷》之工者；其隱痛幽憤，微獨東方、劉、王不及也，視嚴、賈猶若過焉。今人遘疾罹禍殃，其泛交相慰勞，必曰：“此無妄之災也。”戚屬至，則將咎其平時起居之無節，作事之失中，所謂垂涕而道之也。雄之斯文，亦若是而已矣。知《七諫》《九懷》《九嘆》《九思》之雖正而不悲，則知雄之言雖反而實痛也。然雄之末路譸張苟免，未必非痛屈子之心所伏積而成，文雖工，其所以爲文之意則悖矣。豈朱子惡其爲文之意，於詞旨遂忽焉而未暇以詳與？（《望溪先生文集》卷五，《續修》第1420册，第344頁）

沈德潛

【揚雄論】　從來論揚雄者不一，韓昌黎與孟、荀並稱，許其大純而小疵。司馬君實作《潛虚》以擬之，王介甫謂其合於孔子無可無不可。惟蘇子瞻譏其好爲艱深、以文淺陋，然亦祇就其文論之。綜其生平，固辭人，冒爲聖學，甘失身於篡亂而不顧者也。

雄當成帝時，仿司馬相如之才，作《長楊》《羽獵》諸賦，以達於上。又作《反離騷》，謂屈子不必湛身，蓋熱中之意已露矣。繼又思漢人中多詞章士而樂道者罕聞，於是作《法言》以擬《論語》，作《太玄》以擬大《易》，詞皆幽昧荒僻，於天命人心、彝常日用皆隔膜也。然此猶無實盜名，而生平失行，尤在攔然立於王莽篡位之朝。蓋雄之始進，由大司馬王音所薦，官給事黄門，與劉歆、王莽並。至是作《劇秦美新》以獻，中云"配三皇、冠五帝"，又云"流唐漂虞，滌殷蕩周"，尚得謂之"恬於勢利，求於内不求於外"者乎？至甄豐、劉棻誅竄，詞連及雄，雄投閣幾死。莽召之，復爲大夫。雄於莽，素受恩而同心者。朱子作《綱目》，特筆書"莽大夫揚雄死"，如鈇鉞。

然後之好事者，猶謂本傳不載《劇秦美新》，又谷雲字子雲，與雄字同，疑《劇秦美新》之文出於谷雲。不知班史入雄《儒林傳》，故恕而闕其詞。谷雲死於元延中，未見莽之革命事，何得以此横加。好事者之論，一辨自熄。總之，莽與雄俱出於僞以欺世者。莽事事託於《周禮》，欲爲僞周公。究之鼃聲紫色，固爲篡竊之人也。雄擬《論語》、大《易》，欲爲僞孔子。究之符命投閣，亦爲篡竊之臣也。以《綱目》之筆爲定評，而昌黎以下諸公之言存而勿論可已。（《歸愚文鈔餘集》卷七，《彙編》第235册，第205—206頁）

納蘭常安

【揚雄論】　兩漢之士，著書垂訓，揚雄爲最。作《太玄》以擬《周易》，作《法言》以擬《魯論》，作《訓纂》以擬《倉頡》，作《州箴》以擬《虞箴》，廣《離騷》，諸書專行於世，稱爲一子。唐宋以來，韓退之、邵堯夫、司馬君實皆嘗稱引其説，雄所稱立言以垂不朽者歟。

然而"莽大夫"之目，則斷乎不可掩。昔王介甫、曾子固嘗辨《劇秦美新》之作，究未有以解之。明張元汴引楊廷秀言班固經術不如雄，遂誣以阿莽。至焦竑作《子雲始末辨》，謂曾按部郫縣，雄，郫人也。《郫邑志》載簡紹芳言，雄卒於永始四年，去莽篡尚遠，緣班孟堅早世，曹大家傳失其實。之數人者，大都愛雄之文，諱雄之失，故曲爲之説也。夷考當日劉歆、范逵、桓譚之徒，咸欽仰雄。一時好事者，載酒問字，比比皆是。其卒，有侯芭爲之起墳，服喪。豈雄没之年月，並無一人志之，而以永始四年已故之人，誣爲天鳳從莽之賊哉。元汴、焦竑輩特立異議，一似《劇秦美新》之作非出雄手，而畏罪投閣亦並無其事也。論世知人之道，顧如是哉。孔子作《春秋》，疑以傳疑，信以傳信，二百四十二年之間得之所見所聞與所傳聞者，已不必盡同。況生數千載以下，而欲論數千載以上之人，創爲異説，掩蓋其失，誰其信之哉。且元汴、焦竑之所以爲此説者，徒以愛雄之文耳。先民有言曰：雄非聖人而作經，爲聖門之罪人。蘇軾亦云：以艱深之詞，文其淺陋。世之病雄者，以其行，予則並病其文。其文不足述，而況於其行乎哉。

洪武二十九年，黜雄從祀。雍正二年，皇上諭禮部配饗諸賢，有先罷而今宜復，舊缺而今宜增者，詳考定。議揚雄以莽大夫罷不復，後之論史者，雖欲顛倒其説也，烏乎可。（《受宜堂集》卷二，《未收》第9輯第22册，第169頁）

盧錫晉

【揚雄論】　君子之學聖人，行其道而已，不徒以其文也。無其道而擬其文，蓋未有能之者。不量其能，而輕以其幽深曠渺之説作爲書，以示天下，其爲之徒者，又從而標榜其名，至使後世自修之士，往往惑其心思，駭其耳目，而不敢議。夫孰知其爲竊聖人之文字，以自蓋其悖道之名也哉。林泉洞壑，入焉而後能言其奇；陰陽五行之微妙，實體於倫物而後能測其理。孔子者，明物察倫之至者也。君臣父子兄弟夫婦朋友之當然者，無毫髮之可議，仁足以敦其本，義足以制其宜，禮足以正其名，智足以知是非邪正，而信足以誠有其德，是所謂大聖也。前此數十聖人之相傳者，至是而集其成。然其所自居，猶曰“我述而不作，信而好古”。是故删《詩》《書》，定禮樂，修《春秋》，贊《周易》，其曰删、曰定、曰修云者，既皆因前人之舊而參互考訂於其間。其曰贊云者，以爲《易》成於伏羲文王周公，其義藴精微廣大，不可以有加矣。而特恐學者不能通其辭，故爲之《彖》《象》《文言》《繫辭》，平易近人而不敢爲非常可疑之論，要在於明道而已，非有所創爲，以求此名也。且孔子用全體皆易也，於魯遲遲其行焉，於齊、楚、陳、蔡、鄭、宋、杞、衛接淅而行焉，於趙簡子臨河而返焉，故天下有道則見，無道則隱，危邦不入，亂邦不居。凡吉凶悔吝，進退存亡之幾，知之也精，而行之也熟。乃其雅言，惟《詩》《書》執禮，而不及《易》，明乎《易》之不可輕言也。言且不可輕，而況敢别作一書，以與之競其高下哉。

彼揚雄者，博學而好奇，然不能見幾於亂世，改節辱身，曾逢萌、王譚之不若。其弟子侯芭顧以爲方、州、部、家之書，勝於《周易》，可謂不知天之高而培塿之卑矣。嗚呼，聖人所不敢作而亂臣賊子作之，至使人炫惑於其説，而莫能推求源本，以非惡之而爲世戒。劉歆止慮其不傳，班固亦微議之，然未責其大節。司馬温公《讀玄》則謂孔子既没，學聖人之道者惟揚子，雖孟、荀猶不能及。夫聖人之所以教人者，莫非其道之當然。道悖矣，文不可以意見强探而合也。度雄之所見，必不能過於伏羲、文王、周公、孔子，何則，吾以其行卜之耳。雄之《法言》，蓋嘗譏羊質而虎皮。吾於《太玄》，亦云彼固所謂躬盜蹠之行而襲聖人之衣冠，以自蓋其悖者也。（《尚志館文述》卷一，《未收》第8輯第19册，第58—59頁）

胡鳴玉

【玉樹】　《世説》謝太傅問諸子侄子弟，亦何預人事，而正欲使其佳車騎。答曰：“譬如芝蘭玉樹，欲使其生於階庭耳。”初不解玉樹爲何物，後覽《野客叢書》，乃知是槐，不覺一快。其言曰：揚子雲《甘泉賦》玉樹青蔥，顔師古注：玉樹，武帝所作，集衆寶爲之。向注《文選》，亦謂武帝植玉樹於此宫，以碧玉爲葉。僕案《三輔黄圖》，云甘泉宫北有槐樹，今謂玉樹。根幹盤峙三二百年木也。楊震《關輔古語》記曰：耆老相傳，咸以謂此樹即揚雄《甘泉賦》玉樹青蔥者也。又觀《隋唐嘉話》《國史纂異》《長安記》《聞見録》雜書，皆言漢宫以槐爲玉樹。因知晉人所謂芝蘭玉樹者，蓋指此物也。又考《漢武故事》，上起甲帳乙帳，前庭種玉樹，珊瑚爲枝，碧玉爲葉。自在神宫中，只非甘泉宫事。知師古與向之注爲甚謬，而左思之見未審也。（《訂訛雜録》卷二，《四庫》第 861 册，第 442 頁）

沈廷芳

【又與光禄叔書】　前侍左右，承長者語，以邵先輩所云揚雄無爲莽大夫事，彼事莽者，它人之同姓名者耳，非草《玄》之雄也。命某留心考核。邵先輩所云必有據，依惜未克謀面，以一聞其論議。

歸萊後，偶閲《堯峰文鈔》，其《跋揚雄傳》云明楊莊簡公成作《郫縣揚子雲祠堂記》，歷引郫人簡氏、吉人胡氏之説，辨子雲未嘗仕莽，而胡氏説尤詳。大略言：雄作符命投閣年七十一，天鳳五年卒。考雄至西京年四十餘，自成帝建始改元至天鳳五年計五十年，以五十合四十餘，不將百年乎。則傳言七十一者，恐誤。即就《法言》考之，莽之號安漢公也，在平帝元始間。《法言》稱漢公，且云漢興二百一十載，至平帝正值其數，則雄年七十一，當在平帝末。雄仕歷成、哀、平，故稱三世不徙官。若復仕莽，又詎止三世哉。由是知雄之決不仕莽，及無投閣美新之事明矣。因莊簡所記，用書《雄傳》後，俟再考云。

某嘗讀《漢書》，於《雄傳》歷載雄清静亡爲，少嗜欲，嘗作書投江流吊屈原，當成帝時，數以詞賦諷諫，可謂文雅而具風節者矣。及《贊》又引雄自序云奏《羽獵賦》除爲郎，與王莽、劉歆並，哀帝之初，又與董賢同官，當成、哀、平間三世不徙官。及莽篡位，談説之士用符命、稱功德獲封爵者甚衆，雄復不侯。以耆老久次轉爲大夫。又云莽既以符命自立，欲絶其原，以神前事。而甄豐子尋、歆子棻復獻之，莽誅豐父子，投棻四裔，辭所連及，便收不請。時雄校書天禄閣，治獄使者來收雄，雄從閣上自投下幾死。莽聞之，有詔勿問。雄以病免，復召爲大夫。贊又云，自雄之没，至今四十餘年云云。是吊屈原作賦諷諫者，雄也；仕莽爲大夫校書閣上被收而投閣幾死者，即此雄也。《漢書》所載明甚，况班固作《漢書》，去雄没僅四十餘年，則其所傳聞雖有異詞，定不舛訛至此，焉得有兩揚雄，一仕莽，一不仕莽之説哉。

某昔聞諸先師方侍郎述李文貞公之言曰：孟堅家學淵源子雲，故《漢書》議論往往醇粹，其得於《法言》者多矣。然於雄傳一筆不苟，此爲古之遺直。夫其學淵源在是，時代未遥，顧敢以蔑師承，罔當時而欺後世，又烏得成其爲信史哉？則無兩揚雄必矣。若莊簡記中引簡氏、胡氏之説，則彼固雄之鄉後進也，重其先進而爲之辨，固宜。莊簡即文其祠碑矣，自當引其鄉後進之説以稱辨之。若曰展其入廟思敬之意云爾。然亦止考辨其生時之歲與卒年之當在平帝末而已，初未嘗言有兩雄也。

嗚呼，雄實好古而有深湛之思，惟欲求文章成名於後世。即《解嘲》所云“蕩然肆意不拘攣兮”，乃其志也。學雖深，其末路則譸張苟免，節概不足稱也。某嘗竊怪司馬君實、王深甫、曾子固諸公言行，卓然於宋代。而於雄之人之書，並篤好之，謂共處莽之際，合於箕子之明夷，有所不必去，又不必死。辱於仕莽，而就之以爲在我者，亦彼之所不能易也。又謂其言測之而愈深，窮之而愈遠。而其事則考之於經而不謬，質之於聖人而無疑。夫誦其書，好之可也。並其人而心折之，不已惑乎。惟朱子有言：子雲出處非是，而責其不能善去。後直斥爲畏死失節之流，斯則中正之論，有以服古人之心，而昭示於來許。士君子懷抱道德，天下有道則見，無道則隱，此正雄所謂若鳳者也。苟因其學，並傾倒其人，而且曲爲之辨，不將以龔逢諸義士爲不仕無義，而於敗名喪節者爲可取耶。噫，無惑乎不義侯、長樂老之接跡於天下後世矣。今考諸本傳，質諸先正之言，其所引皆此一揚雄也。彼兩揚雄之説，不過若諸公之好之，而又别摭稗乘之誕妄而奇共論，以駭時人之聽耳，豈足深信乎？某因長者之命，爲徵雄以爲證論之。若夫邵先輩所云，不知有所著以傳於世否？使其見某此論，又當以爲何如也？識見淺陋，無能考核，謹據前聞，獻諸座右。伏惟鑒察，而終始垂教焉。

來札論揚子雲云云，足徵細心考核，持論平允而正大。因思劭同年所言，當亦惟從《堯峰集》中來。此公始末，《漢書》詳之，《綱目》定之。孝子慈孫，不能爲解。况區區鄉後進之説耶。（《隱拙齋集》卷三十五，《存目》補編第 10 册，第 473—474 頁）

雷　鋐

【揚雄論】　汪堯峰、魏和公皆引郫人簡氏之説，辨揚雄未嘗仕莽。大略謂傳言雄作符命投閣年七十一，天鳳五年卒，考雄至西京年四十餘，自成帝建始改元至天鳳五年計五十年，以五十合四十餘，不將百年乎。則傳言七十一者，恐誤。據桓譚《新論》，雄作《甘泉賦》，夢腸出，收而納之，明日遂卒。成帝祀甘泉在永始四年，謂雄卒是時，恐亦未然。就《法言》考之，莽之號安漢公也，在平帝元始間。《法言》稱漢公，且云漢興二百一十載，自高帝至平帝，正值其數。則雄年七十一卒，當在平帝末。雄仕歷成、哀、平，故稱三世不徙官。若復仕莽，詎止三世哉。以是知雄決無爲莽大夫及投閣美新之事云。

余友蔡次明駁之云：按《漢書》，孝成帝時客有薦雄文似相如者，上方祀甘泉，召雄待詔承明之庭。正月，從上甘泉。還，奏《甘泉賦》。班固贊曰：雄自序年四十餘自蜀來京師，大司馬王音薦雄待詔，歲餘，奏《羽獵賦》。幸甘泉爲永始四年事，長楊校獵爲元延二年事，則雄之待詔承明，當在永始三四年也。雄年四十餘官京師，亦烏知其爲四十九與四十一耶？若以四十一，當永始四年事，則天鳳五年卒，適當七十一歲。安得從建始改元算至天鳳五年，疑近百歲乎？雄仕歷成、哀、平三世不徙官，非謂雄歷官止三世也。且當莽時，雄已爲大夫，豈得云不徙官乎？孟堅作史，去雄歿才四十餘年，不應錯謬如是。紫陽千秋直筆，特書莽大夫，豈其以訛傳訛，漫不詳考，誣千古之是非哉？桓譚《新論》則無稽之言，不足辨也。（《讀書偶記》卷三，《四庫》第725册，第705—706頁）

杭世駿

【楊莊薦雄】　讀書質疑，薦相如者徇監楊得意。揚雄答劉歆書曰：“雄始草文，先作《縣邸銘》《王佴頌》《階闥銘》及《成都城四隅銘》。蜀人有楊莊者，爲郎，誦於成帝。成帝好之，以爲似相如。遂以此得外見。”乃知薦雄者乃楊莊。文似相如，乃成帝之言，非莊薦雄之言也。詩家多誤用。（杭世駿撰，陳抗點校：《訂訛類編續補》卷上，中華書局2006年版，第279頁）

【揚雄非莽大夫】　揚子雲，古以比孟、荀。紫陽著《通鑑綱目》，書曰“莽大夫揚雄死”，誅其仕莽美新也。不知雄至京見成帝，年四十餘矣。自成帝建始改元至天鳳五年，計五十有二年。以五十二合四十餘，計九十餘歲矣。又考雄至京，大司馬王音奇其文。音薨在永始初年，則雄來必在永始之前。然則謂雄尚及仕莽者非也。又桓譚《新語》曰：“雄作《甘泉賦》成，夢腸出，收而納之，明日遂卒。”而祠甘泉在永始四年，雄卒永始四年，去莽尚遠。《劇秦美新》文，或云谷子雲所作。考之《法言》云“漢興二百一十載”，爰自高帝至平帝末，蓋其數矣。則雄卒永始亦未必然。計雄之終，或在平帝末，其年正七十餘矣。因雄歷成、哀、平，故稱三世不徙官。若復事莽，則四世矣。由是知雄無仕莽投閣美新之事，紫陽或未詳考也。（《訂訛類編續補》卷上，第280頁）

袁　棟

【瓏玲】　韓昌黎詩用瓏玲字，出揚子《太玄經》“亡彼瓏玲”，及《法言》“瓏玲其聲”，《甘泉賦》“和氏瓏玲”。《藝苑雌黄》謂古詩押韻，或有語顛倒而理無害者，未明言其有所自也。（《書隱叢説》卷一，《存目》子部第116册，第415頁）

【太玄潛虚】　揚雄作《太玄》擬《易》，貌視似覺奇闢，細按之，不過以生字换熟字而已，其理道不能越《易》之精微，其法式不能出《易》之範圍。雖曰多能，終爲效法，所可取者，惟方、州、部、家一節而已。宋司馬作《潛虚》效《玄》，又其駢拇枝指也。（《書隱叢説》卷九，第519頁）

陳兆侖

【蔡氏莽大夫辯證書後】　有爲揚子雲爲莽大夫及投閣美新辨誣者，如焦澹園之屬，皆憑臆支離，不足置辨。惟蜀中胡氏説，頗似有據，能惑人。吾友漳浦蔡侍郎葛山辭而闢之，作《辯證》，略曰：

長洲汪琬《跋揚雄傳》云：吾吴楊莊簡公參政四川，作《揚子雲祠堂記》，采吉人胡氏之説，辨子雲未嘗仕莽，其説謂傳言雄作符命投閣年七十一，天鳳五年卒。考雄至西京年四十餘，自成帝建始改元，至莽天鳳五年，計五十年。以五十合四十餘，不將百年乎。則傳言七十一者，恐誤。桓譚《新論》，雄作《甘泉賦》，夢腸出，收而納之，明日遂卒。成帝祀甘泉在永始四年，謂雄卒是時，恐未必然。就《法言》考之，莽號安漢公在平帝元始間，《法言》稱漢公且言漢興二百一十載，自高帝至平帝正值其數，則雄年七十一卒，當在平帝末。雄仕歷成、哀、平，故稱三世不徙官，若復仕莽，又詎止三世哉。由是知雄決無爲大夫及投閣美新事。按成帝時，上方祀甘泉，屬雄待詔承明之庭。正月，從上甘泉。還，奏《甘泉賦》。班固贊曰，雄自序年四十餘自蜀來京師，大司馬王音（《考異》云王音誤根也）薦雄待詔，歲餘，奏《羽獵賦》。幸甘泉爲永始四年事，長楊校獵爲元延二年事，則雄之待詔承明，當在永始三四年也。雄年四十餘官京師，亦烏知其爲四十一與四十九耶。若以四十一當永始四年，則天鳳五年卒，適當七十一歲。豈得以建始改元歷天鳳五年爲年近百歲乎？又贊言成帝時雄爲郎，與莽並列。哀帝初，又與董賢同官。莽賢爲三公，而雄三世不徙官，亦非謂雄歷官止三世也。孟堅去雄没才四十餘年，不應舛繆若此。大抵文人學士愛其文，往往曲護其失。紫陽直筆特書，豈其漫無考訂，必不然矣。

蔡氏之《辨證》明白，更無疑義。唯是胡氏所以受誤，及諸公傳誤之病根，不可不爲揭出。胡氏既知雄至京師年四十餘，又知成帝祀甘泉在永始四年。既必知永始以前無祀甘泉事，成帝特爲求繼嗣修復。則此四十餘，乃是永始間雄之年耳，非建始也。今乃以其年四十餘提上作建始初，而因謂以四十餘合五十年將近百。前後昏失可笑，後來覽者，徒爲兩始相類眯目，輒復述而傳之。即葛山亦但以七十折百年，而未及以永始折建始，其亦由滑讀建始之故歟？病根不揭，恐究無以關粗心者之口，故爲補其罅漏，書之紙尾，俾後之觀辨證者，愈益了然在目焉。（《紫竹山房詩文集》文集卷七，《未收》第9輯第25册，第306—307頁）

【續書莽大夫辨論後】　向所云云，特指出其援引紀年兩始牽混，而未暇糾其意之繆也。今且如其意，許以雄與莽篡國不相及，但謂雄年不當至八九十，此何理耶？夫不知其人，論其世。西漢末造，名臣享高年者多有。龔勝，本傳初爲郡吏，三舉孝廉，迭爲尉丞令，皆以病去。哀帝爲定陶王時，已聞其名，後爲光禄大夫。莽始建國二年，拒莽上卿之徵，不食，卒。年七十有九。計其生，當在宣帝改元本始之末，其仕在下位，當在元成之世，故名聞哀帝潛邸，則是閱宣、元、成、哀、平孺子六世，而非直三世爲希也。《何武傳》，宣帝神爵五鳳間，武年十三四，入京詣博士受《易》，射策甲科爲郎。歷元成哀，至三公封侯，平帝元始三年檻車征，自殺。以神爵末五鳳初年十四計之，當亦不減七十餘矣。以雄卒於天鳳五年，年七十一逆推，則雄生當在宣帝甘露二三年後，於何、龔本始中生，垂二十歲。二人年既長，入仕亦早，而皆强死。設其屈志於莽，貪暮年之富貴，何遽不可至八九十。而謂雄必無此壽，亦惑矣。且謂八九十人，即必不爲莽大夫，亦不可通之論也。雄本傳明言雄以耆老久次轉爲大夫，《二龔傳》末云自成帝至王莽時，清名之士紀逡等皆以明經飭行顯名於世，就中紀逡及二唐皆仕莽封侯，而薛方者以緩辭謝莽得免，直至世祖建武初就徵，在道病卒。史書不言其年，以所云成帝至王莽時推之，大約其中頗有八九十。人同一清名有聞，而貞脆不一，故曰蓋棺然後論定。謂雄既髦而必不爲大夫爲美新，吾實未之敢信，而况其未至八九十之有明證也。

又有謂《美新》出自劉棻者，棻以作符命見殺，辭連及雄，此適可爲雄投閣之證。王介甫又疑出自谷雲。永距莽稱新號已前死十六七年，是皆向所謂憑臆支離，不足置辨者。第以才人好持論，或反疑吾言有漏，輒復及之。（《紫竹山房詩文集》文集卷七，第307—308頁）

姚　範

【甘泉賦】　揚子雲注引桓譚《新論》云云，何云甘泉作於成帝，安得有腸出遂卒之事。揚子雲、桓君山同時人，不應作此語。然則爲妄人附益者多矣，非《新論》本書然也。余按《文賦》注引《新論》，與此不同。（《援鶉堂筆記》卷三十七集部，《續修》第1149册，第34頁）

【揚雄不事王莽辨】　明世泰和胡正甫辨揚雄不事莽，焦弱侯作《筆乘》采其説。云雄來京師見成帝，年四十餘。自七十餘歲卒距莽篡之日，年當百餘，不應尚校書天禄閣也。又云桓譚《新論》雄作《甘泉賦》而死，則卒於成帝時也。汪編修琬《續稿》亦載之，疑而不辨，可謂疎矣。

雄傳既本雄自序，孟堅去雄數十年耳。《漢書》成於班氏父子，叔皮生與雄接，豈有妄也。雄云孝成帝時客有薦雄文似相如者，上郊祀甘泉泰畤、汾陰后土以求繼嗣。正月從上甘泉，還奏《甘泉賦》。按漢成帝即位，永始元年十二月作南郊，罷甘泉汾陰祠，至永始三年十月以皇太后詔復祠。是時漢成在位十九年矣。永始四年正月，始行幸甘泉郊泰畤，元延二年正月復行幸，三月遂幸河東祠后土。是年冬幸長楊宫，從胡人校獵。雄既奏《甘泉賦》，又云三月以祭后土，奏《河東賦》，其十二月羽獵，雄從，作《羽獵賦》，事皆在元延二年無疑也。漢成在位二十六年，建始、河平、陽朔、鴻嘉、永始、元延、綏和，凡七改元，四年一改元。惟綏和次年帝崩，僅二年耳。以次推之，哀帝六年，平帝五年，王莽居攝三年，莽建國五年。建國二年尋、棻以獻符命死，雄以天鳳五年卒，年七十一。建國二年至天鳳五年當九年，上推雄來遊京師，當在元延元年之間，年四十一。投閣之時，雄年六十二，安得年百餘也。雄事較然不誣，焦、汪二君號博雅多聞，不一置辨，何也？

又雄自云哀帝時丁傅董賢用事，雄方草《太玄》，作《解嘲》。又云賦近俳優，輟不復爲，而潭思渾天。則《太玄》之作，當爲雄四十以後之書。桓譚親從受，《太玄》《法言》，則當據雄傳以辨《新論》之僞竄，不當據僞者以辨真也。且《新論》肅宗嘗令班固校其書，亡《琴道》一篇。豈有載雄死事與已書牾不及知者，則後所傳《新論》妄也。然則《劇秦美新》及《法言》頌安漢公，俱雄自爲之無可疑者。王介甫云《劇秦美新》谷子雲作，谷雲當元延元年爲北地太守，歲餘以曲陽侯根薦爲大司農，又歲餘死。永不及王莽之篡，其所黨附王音、王根，非莽也。王莽之篡，永之死久矣。雄之書，好者匹於《五經》，不廢其言可也。宋人至以事莽不牾於聖人。嗟乎！莽爲聖人所許，則亂臣賊子接跡於世，何不可設一説以自解。即當莽之末，建武之初，蜀多高節卓行之士，如譙君、黄、李業、任永、馮信之徒皆是也。是數子者雖偏至，然成名立方，足垂後世。何必

《太玄》《法言》而後著哉。（《援鶉堂文集》卷一，《彙編》第298册，第69—70頁）

齊召南

【續方言序】　揚子雲採集先代絶言異國殊辭，爲《方言》十五卷，示張伯松。伯松曰："垂日月不刊之文也。"余友杭堇浦，採集注疏，旁及群書爲《續方言》四卷。余評之如伯松，堇浦駭爲過當。余曰："不然，自書契既作，所謂垂日月不刊者，孰有過於聖人之經哉。《續方言》所載，皆三代時及漢以前語，士讀經者必知其説而後可通其義，是廣卜子《爾雅》，補許慎《説文》也。殆附日月以不刊者耶。子雲《方言》雖亦古輶軒之使所有事，然惟一二附於經者，解經家必用之，非是類也。士固可束而不觀，較諸《太玄》，其爲覆瓿一耳。伯松贊以不刊，不亦諛乎。"

今夫聖人之經，則亦有所謂《方言》者矣。《書》有商盤周誥，《詩》有十五國風，《禮》則名物器數代各不同，《春秋》則名從主人，傳自爲説。然昆命元龜，六日不詹，終葵掉磬之解，伊緩矢臺之稱，後世不得以《方言》目之，何也？聖人之經，日月也。日月千古不變，其躔次隨時改移者，雖變猶不變也。後世分至日躔，不同《堯典》，而《堯典》之文不刊；昏旦中星不同《月令》，而《月令》之文不刊。日無頻食，閏不必在歲末，而《春秋》頻食閏月之文不刊。故凡附於經者，皆不刊也。堇浦以澹雅之材，沈鬱之志，鋭精於經，以其餘閑把三寸弱毫，群分類聚，使學者不待繙閲而坐得漢以前謡俗語言之異，勤矣哉！（《寶綸堂詩文鈔》卷三，《續修》第1428册，第506—507頁）

全祖望

【劉揚優劣論】　《晉史·范喬列傳》其與人論劉向揚雄才學優劣，以爲向定一代之書，正群編之籍，使雄當之，故非所長。予謂向之優於雄，固也。喬之所以定其優，則非。

方雄待詔承明未央之廷，未嘗有校定祕書之命，固未可懸揣其不能。況向之優於雄者，在其忠貞大節，而不在區區著述之間。若喬所言，非特向能之，即歆亦能之也。可謂向優於雄，是亦可謂歆優於雄也。夫譙周之通知《五經》，何如王平之僅識數字。使向僅以讎正群籍畢其生平，則其優於雄者，亦僅矣。凡後世之議向者有三，其實皆不足以累向。謂其嘗以淮南鴻寶之術得罪耶，此特向少年通道未篤之過，後世大儒亦有氾濫於異端而其後翻然知所轉移者，何得於向獨以此概其終身也。其以《洪範》傳五行也，《尚書大傳》五行之説固多駤駁，然漢大儒如董仲舒亦時言之。蓋伏氏之説雖不醇，而其意則欲人君建皇極以撫辰，使愆伏不聞而禨祥可泯，借此以爲廟堂監戒，其與緯候之言天道正懸殊也。夏侯勝以《洪範》諫海昏，則霍光爲之動色，是固格君者所不棄也。向仕於成哀昏亂之世，文母之孽已成，高廟衣冠殆將不守，三朝宗室，心切於維城之寄，而力不能扶。欲以傳經之學，感悟其君，良亦苦矣。生其後者，執成説以律之，何其固也。故予嘗謂《洪範》之説，因事進規，其志存乎彌縫匡救，其視孟子與齊王説詩，斷章取義，將順而掖之於善者，實同。又或謂其所著《新序》《説苑》記事多不足據，則誠有之。此乃秦火之後，舊籍無稽，據傳聞之異詞而筆之書，非學術之疵也。夫是三者既皆不足以累向，則向之所學甚正，所操甚偉。西京儒者，自董仲舒外，莫之逮也。其閎通博雅，特餘事耳。且向以新都之禍作《五行傳》，以王趙丁傅之禍作《列女傳》，是皆所謂以經術經世務者也。雄以艱深文其淺陋，且自比於周公孔子，而實則摹擬相如而未能，可謂妄矣。乃世之論者反推雄爲大醇，其甚者擬之箕子之明夷，而反於向曉曉焉，果何説與？喬能知向之優，而不知其所以優，則甚矣。論定九等人物，而是非不謬於聖人之難也。（《鮚埼亭集》卷二十九，《續修》第1429册，第229—230頁）

【揚子雲生卒考】　《文選》李善注於《甘泉賦》引桓氏君山《新

論》，謂揚子雲以成帝永始時待詔，賦《甘泉》始就，夢腸出，收而納之，次日卒。近日蜀儒者據此以爲子雲未嘗歷事諸朝，《美新》、投閣，乃出自謗傷之口。相傳子雲甫殁，即有讎人私改其《法言》者。以此合之，足以湔雪千載沈屈，使其果核，亦正舊史之一大案矣。予謂《漢書》紀載，誠不能無誤，若以子雲本集考之，有可疑者。子雲《解嘲》之作，其自序言："當丁明、傅晏、董賢用事，諸附離之者，或起家至二千石而已。方草創《太玄》，有以自守，客有嘲其《玄》之尚白者，故爲文解之。"夫《太玄》爲子雲擬經之書，實與《法言》並稱眉目，倘如《新論》所云，則早死於十年之前，哀、平消長，何由得見？況甘泉待詔以還，朝廷有事，子雲輒預扈從，諸如《羽獵》《長楊》《河東》諸作，皇皇大文，皆有歲月可稽。且子雲雖滯下僚，然於國事頗得與聞，累朝奏對，歷歷具在。若欲定子雲之死於永始，則著述亦寥寥矣。或曰是則然已，前輩汪堯峰固嘗辨之矣。但由成帝建始元年至王莽天鳳五年，春秋五十有餘，而其得見成帝，已踰四十，則與本傳所謂七十一者，顯然不符。不知子雲未嘗以建始至京也，其客大司馬王音門下，乃在永始元二之間，故不久即有承明之召，不然安有二十載京華，姓氏通於天子，直至汾陰肆祀，方得一薦之理。是所謂四十者，蓋從永始言之，其去天鳳，正與《漢書》年數大略相合。堯峰既知甘泉妖夢之誣，而欲移子雲之死於平帝末，是强爲之辭者也。或又以谷雲亦字子雲，欲以《美新》之文嫁之，不知谷死於王根之世，不及見禪代。或又以劉棻當之，然總莫之徵也。且李善所引《新論》，實前後不相應，其於《文賦》注中亦引此條，則但曰病，而不曰卒，蓋一書之中，業已矛盾，原未必《新論》之本文也。常熟錢尚書謂《新論》在明季尚有完書，惜無從得一見之。（《鮚埼亭集》外編卷四十，《續修》第1430册，第155頁）

【美新投閣】　問：美新投閣，或以爲谷雲，或以爲劉揚，而以揚子年只七十有一，不逮天鳳五年，是否？

答：是皆愛莽大夫之甚，而曲爲之脱者。蓋揚子年四十餘而入京，成帝方郊祀甘泉，是永始四年也。次年而王根秉政，薦之，是確鑿可據之文也。由永始四年至天鳳五年，計三十年。揚子以四十餘入京，又三十年，正七十一。何年數之不符也。今必欲諱其莽大夫之恥，以爲不逮事莽。乃自成帝建始元年數之，則移揚子入京之歲在二十年前，自可從而爲之辭矣。夫建始初元，王鳳秉政，非王根。成帝並未祀甘泉，揚子枯坐京師二十年以待王根之薦乎？故爲揚子辨者，不甚讀書，而徒費此苦心也。若谷雲則死於王根之世，有明文，而又移而後之。二千餘年之故鬼，爲諸公顛倒壽算，悲夫！（《全謝山經史問答》卷十，《續修》第1147册，第662頁）

朱　直

【揚雄】　余讀《綱目》，至書“莽大夫揚雄死”，未嘗不爲褚淵、沈約、馮道輩幸也。豈以雄爲賢耶，故特誅之耶？然既爲莽大夫矣，賢亦可知矣。而加於此，不加於彼，何耶？但雄既心乎莽矣，又不能如淵、約、道輩取卿相而博封侯，何耶？考雄之遊京師而給事黄門也，與王莽、劉歆比肩於成帝之世。哀帝之初，莽居三公，所引皆立至卿相，而雄復落落一官，三世不徙，何耶？及莽篡漢，劉歆輩皆以符命頌功德而侯，雄既有《劇秦美新》之文，而僅以耆老久次轉爲大夫，何耶？然《劇秦美新》之文，究本傳亦未之見，何也？然則雄亦徒有莽大夫之稱，而其實並未享莽一日之報。淵、約、道輩身享賣國之福，而死後復免賢者筆削之誅，雄其千古第一不幸者哉！（《緑萍灣史論初集》，《存目》史部第291册，第491頁）

汪師韓

【幸甘泉】　揚雄《甘泉賦》云：“正月從上甘泉，還奏《甘泉賦》以風。”注曰：“《漢書》曰永始四年正月行幸甘泉。”《七略》曰《甘泉賦》永始三年正月待詔臣雄上。《漢書》三年無幸甘泉之文，疑《七略》誤也。

（《文選理學權輿》卷三，《續修》第 1581 册，第 55 頁）

【甘泉賦用韻】　揚雄《甘泉賦》云：“八神奔而警蹕兮，振殷轔而軍裝。蚩尤之倫，帶干將而秉玉戚兮，飛蒙茸而走陸梁。齊總總以撙撙其相膠轕兮，猋駭雲迅奮以方攘。駢羅列布鱗以雜遝兮，柴虒參差，魚頡而鳥䀚。翕赫曶霍，霧集而蒙合兮，半散昭爛粲以成章。”此段裝、梁、攘、䀚章五字爲韻，而每句兮字之上又以蹕、戚二字爲一韻，轕、遝、合三字爲一韻，乃隔句用韻法。（《文選理學權輿》卷八，第 116 頁）

蔡　新

【莽大夫辨證】　大樑周亮工《書影》曰：蜀秦宓與王商書，如揚子雲潛心著述，有補於世，泥蟠不滓，行參聖師云云。使《美新》果出子雲，宓何以稱行參聖師耶？焦澹園爲子雲辨證甚明，《潛居録》亦云揚子雲恬澹寡營，不競時名，以賣文自贍，文不虚美，人多惡之。及卒，其怨家取《法言》援筆益之，曰“周公以來未有漢公之懿也，勤勞則過於阿衡”云云。繕寫行世，至今靡有白其心跡者。馮元成以《美新》爲劉棻作。棻，劉歆子。長洲汪琬《跋揚雄傳》云：吾吴揚莊簡公嘗參政於四川，作《郫縣揚子雲祠堂記》，歷引郫人簡氏、吉人胡氏之説，辨子雲未嘗仕莽，而胡氏説尤詳。大略謂傳言雄作符命投閣，年七十一，天鳳五年卒。考雄至西京年四十餘，自成帝建始改元至天鳳五年計五十年，以五十合四十餘，不將百年乎。則傳言七十一者，恐誤。據桓譚《新論》，雄作《甘泉賦》，夢腸出，收而納之，明日遂卒。成帝祠甘泉在永始四年，謂雄卒是時，恐亦未然。就《法言》考之，莽之號安漢公也，在平帝元始間。《法言》稱漢公，且云漢興二百一十載，自高帝至平帝，正值其數，則雄年七十一卒，當在平帝末。雄仕歷成、哀、平，故稱三世不徙官。若復仕莽，又詎止三世哉。由是知雄決無爲莽大夫及投閣美新之事，其説可謂辨而核矣。但班孟堅去子雲時已遠，其傳訛固宜。桓譚親見子雲，何差謬乃爾，殆不可解也。王介甫諸家以年數考之，謂子雲與莽不相及，上符命投閣，恐係谷子雲事。

案《漢書》：孝成帝時，客有薦雄文似相如者。上方祀甘泉，召雄待詔承明之庭。正月從上甘泉，還，奏《甘泉賦》。班固贊曰：雄自序年四十餘，自蜀來京師，大司馬王音薦雄待詔，歲餘奏《羽獵賦》。幸甘泉爲永始四年事，長楊校獵爲元延二年事，則雄之待詔承明，當在永始三四年也，雄年四十餘，官京師，亦烏知其爲四十九與四十一耶？若以四十一當永始四年，則天鳳五年卒，適當七十一歲，豈得以建始改元，歷天鳳爲年近百歲乎？不得以是傳誤。又《贊》言當成、哀、平間，莽、賢皆爲大夫，而雄三世不徙官，亦非謂雄歷官止三世也。且當莽時，雄已稍遷爲大夫，豈得云不徙官乎？孟堅作史去雄没才四十餘年，不應錯謬如是。大抵文人學士愛子雲之文，必曲爲之護其失，雖昌黎猶推尊之，况其下者乎？紫陽千秋直筆，特書曰“莽大夫”，豈其以訛傳訛，漫不詳考，誣千秋之大儒，必不然矣。惟桓譚《新論》則誠無稽之言，不足信也。（《緝齋文集》卷八，《未收》第9輯第29册，第175—176頁）

愛新覺羅·弘曆

【書揚雄法言】　偶觀《法言》用智之句，喜其有卓識，可謂明哲矣。夫奔壘之車，沈流之航，迫不及待，安用其智。然不有未奔沈之先乎？是誠明哲者所宜思也。既而笑雄之能爲此言而不能行，夫劉棻爲車航之小而莽爲車航之大，《劇秦美新》爲在奔沈之先乎？抑在奔沈之後乎？雄何不思於奔沈之先，以致生而有投閣之驚，死而蒙莽大夫之謚，則是雄之爲言，仍虚飾之車有繫之航耳。吾於是知言顧行，行顧言之爲難也。且以知立言之不可不慎也。（《御制文三集》卷十三，《彙編》第330册，第656頁）

【題揚雄甘泉賦事】　甘泉獻賦風楓宸，更著劇秦與美新。設果出腸明日死，投身天禄又何人。

《新論》謂揚雄作《甘泉賦》始成，夢腸出，收而納之，明日遂卒。夫雄獻賦當成帝時，其後歷哀、平、孺子而莽始篡，此《劇秦美新》所爲作也。若賦成而死，安得有投身天禄之事乎？出腸之夢，蓋不過言其作賦鏤肝研練之苦耳。《新論》務奇，遂至紀載失實。且雄之獻賦，不過同美新求媚之意，而一稱諷，遂自託於正人。然則美新亦可雲諷乎？莽大夫揚雄死，惡能逃正史之誅哉。（《御制詩四集》卷五，《彙編》第 324 册，第 621 頁）

林有席

【郭范楊三子作揚子雲墓祠諸記辨】 朱子作《綱目》，於二心之臣無恕詞。新莽天鳳五年書曰“莽大夫揚雄死”，蓋據《漢書》本傳直書而深賊之也。其目又言：雄作《法言》，卒章盛稱莽功德，可比伊尹、周公。後又作《劇秦美新》之文以頌莽，君子病焉。然後世若唐韓子，舉揚與孟、荀並稱。宋王介甫、曾子固、司馬君實俱好其書，或以爲雄仕莽比於箕子之明夷，或以爲合於孔子之無不可，或以《太玄》孟與荀殆不足擬。凡皆於揚子書，好之太過，而曲爲其仕莽解脱者，非朱子《綱目》書法之公論也。

明郭子章作《揚雄墓記》，范淶作《揚子雲草玄堂記》，楊成作《郫縣揚子雲祠堂記》，皆有所左袒於雄，而辨其無仕莽之事。其説實發於吉安胡正甫，正甫號廬山，蓋子章師也，故云吾師胡廬山先生，爲揚子辨未仕莽累千言。范淶、楊成並主其説，大略謂：子雲赴京見成帝，年已四十餘矣。自成帝建始改元歲己丑至莽篡位建國元年，已相去四十一年。建國至天鳳五年戊寅，又十年。則子雲近百歲，與七十一之數何其抵牾也。予初亦惑其説之辨而核，及取漢甲子考其年數，雄年七十一，卒天鳳五年戊寅，推其生當在宣帝甘露元年戊辰。班史《揚雄本傳贊》云：“初，雄年四十餘，自蜀來，至遊京師。”若在成帝初，則建始元年己丑，雄年止二十一。其奏《甘泉賦》在永始四年，是成帝在位已二十年。是歲正月祠甘泉，其三月祠后土，其十二月羽獵，明年上輸長楊射雄館，縱禽獸其中。於是雄連奏《甘泉》《河東》《校獵》《長楊》四賦，則其年正四十餘。本傳又稱哀帝時，雄方草《太玄》，其作《法言》稱漢公莽之號安漢公也，在平帝元始元年。《法言》亦明云漢興二百一十載，溯高帝至平帝初年，數正符。又十一年而雄卒，是班史雄年七十一之數信矣，安得近百歲。夫雄與莽並仕，莽篡漢，雄不持節而仕莽。《法言》又頌莽功德，即無投閣之事，無《劇秦美新》之文，亦無所逃於《綱目》之書法。諸賢辨之而不得其實，故朱子《綱目》之書爲確不可易。（《平園雜著内編》卷四，《彙編》第 337 册，第 79 頁）

朱仕琇

【書法言後】　孟、荀没，漢成、哀間，揚雄氏著《法言》，問答明聖道，佑《五經》，補史遷不逮。當雄世有歆、譚，後雄世班固、張衡，下逮司馬光之流，咸尊雄，傳其書。獨蘇氏父子誹之，洵曰：《法言》辨其不足問，問其不足疑。軾曰：雄以艱深文固陋，終身雕蟲。嗣是，攻雄者益衆。要之，無卑於雄，讀雄書，信雄之可尊也。桓譚尊雄云：世狎揚雄位貌，不傳其書，傳當度越諸子矣。顧譚後千餘年，雄書既大行，如譚論，未幾復攻之埃起，如雄生時。豈雄書之陋，譚言不信？蓋道固有時而晦也。韓愈尊雄爲聖人之徒，又誚世曰：子雲死近千載，竟未有揚子雲以爲永嘆。觀於後人誹攻雄衆，不益符愈之所誚歟。（《梅崖居士外集》卷一，《彙編》第 336 册，第 509 頁）

查　禮

【揚子雲墓】　駕言尋古邱，出郭西南去。行行阡陌間，霧氣遠凝沍。微徑歷紆回，屢進叱屢誤。雖有侯人導，亦復迷所處。逡巡三十里，村落稍蟻聚。溪水既澄鮮，荆扉亦回互。逢人訪石埂，遥指蒼蒼樹。沱流自西來，委折墓旁注。前朝三截碑，小劫任偃僕。蔓草滋泥沙，枯荄積霜露。展拜企文藻，樽酒酹埏路。先生閎覽才，妙探天人務。《太玄》覃精思，《法言》渺衆慮。《甘泉》《長楊》篇，奚愧登高賦。漢京盛著作，諷諫意獨寓。新室方鴟張，劇秦非阿附。恐爲泛鄉侯，冀免斧斤怒。爲郎已白首，豈有青雲慕。我欲重原之，爲洗千載污。礱石彰舊跡，大書表兹墓。隴首起蒼煙，木末斂寒霧。徘徊久淹留，景仰在縑素。（《銅鼓書堂遺稿》卷二十一，《續修》第1431册，第156頁）

【訪揚子墓後更吟一絶報洪子鎮大令有序】　洪子鎮，名成，鼎應山人，前安嶽令。今年四月尋揚子墓，記云：墓前舊有石坊一、碑一，皆偃僕蔓草間。碑三斷，字大於斗，曰法玄先生之墓，爲明副使郭子章所題。明末賊亂，碑乃僕。自碑之立，迄今二百餘年，而僕已百十餘年矣，何郭公之難再也。頃余過墓下，目覩荒湮，屬郫令芟除蕪雜，稍拓墓道礱石爲碑，手書曰：漢揚子雲先生之墓。以報子鎮。見繼郭公者，不無其人云爾。

揚子孤墳灌莽中，豐碑一丈石新礱。忍教知己無洪子，好事何妨繼郭公。（《銅鼓書堂遺稿》卷二十一，第156頁）

盧文弨

【重校方言序】　《方言》至今日而始有善本，則吾友休寧戴太史東原氏之爲也。義難通而有可通者通之，有可證明者臚而列之，正訛字二百八十一，補脱二十七，删衍字十七，自宋以來諸刻，洵無出其右者。

乾隆庚子，余至京師，得交歸安丁孝廉小雅氏，始受其本讀之。小雅於此書采獲裨益之功最多，戴氏猶有不能盡載者。因出其鈔集衆家校本凡三四，細書密札，戢孴行閑，或取名刺餘紙，反覆書之，其已聯綴者如百納衣，其散庋書内者紛紛如落葉，勤亦至矣。以余爲尚能讀此書也，悉舉以畀余。余因以考戴氏之書，覺其當增正者尚有也。劉歆求《方言》入録，子雲不與，故《藝文志》無之。乃班氏於雄本傳舉其所著書，亦闕《方言》，世不能無疑。考常璩《華陽國志》載雄書，凡《太玄》《法言》《訓纂》《州箴》《反離騷》皆與傳同，而不及四賦，乃云“典莫正於《爾雅》，作《方言》”，此最爲明證。應劭而下，稱引日益多，而是書遂大著。其卷數，則歆書中云十五卷，郭景純序亦云三五之篇，隋唐以下志皆云十三卷，並合與遺脱不可知，然定在郭注之後。《宋志》又云十四卷，當因劉歆書與雄答書向附在簡末者，亦别爲卷而並數之也。雄識古文奇字，嘗作《訓纂篇》，今不傳。趙宋時，書學生亦令習《方言》，則《方言》中字其傳授必有自。如冢皶赤脅偻轡之類，凡舊又其中有錯簡兩條，亦尚有字當在上條之末而誤置所傳本皆然，考之漢隸亦有證據，正不必執《說文》之體以盡易之。下條之首及不當連而連者，有過信他書輒改本文者，注及音義又有遺者、誤改者。余以管見，合之丁君校本，復改正百廿有餘條，具著其說，可覆案也。

郭氏注《爾雅》三卷外，又有《音》一卷，則知此書之音亦必不與注相雜厠，後人取便讀者，遂並合之。以郭音古雅難曉，又附益以近人所音，如《通志》載有吴良輔《方言釋音》一卷，此書當有捃摭及之者。余欲使注自爲注，仿劉昭注補《續漢志》之例，進郭注爲大字，而音則仍爲小字，雖未必即還景純之舊觀，然要使有辨焉爾。至集各家說及文弨之說上，又加圓圍以隔之。戴書已行世，故唯録其切要者。舊本又有雲字一作某者，疑出於晁公武子止。案晁《讀書志》云：“予傳《方言》本於蜀中，後用國子監刊行本校之，多所是正，其疑者兩著之。”據斯言，則知爲晁氏所加無疑也。予嘉丁君之績，而惜其不登館閣，書成不得載名於簡末，世無知焉。又其所緝綜者，紛綸參錯，不易整比，久久將就散失，不愈可惜乎！故以餘閑，爲成就之如此。丁君名傑，今已成進士，待學博士闕於杭州，其學實不在戴太史下云。（盧文弨撰，王文錦點校：《抱經堂文集》卷三，中華書局1990年版，第31頁）

【李軌注揚子法言跋】　今俗間所傳五家音注《法言》本，雖以李軌爲首，而以《法言》每篇之序升之章首，則依宋人宋咸所更易，非復子雲之舊矣。夫序在卷終，《史記》《漢書》皆然。李本獨未殽亂，可貴也。文弨於乾隆乙巳借得江寧嚴侍讀道甫本，乃李氏一家之注，不爲俗本删易，因亟度於家書。閲八年，復假江都吴太史澄埜紹濂本覆校，始能自信無誤矣。其書有何氏義門《跋》云："絳雲樓舊藏李注揚子《法言》，序篇在末卷，未淆本書次序。後轉入泰興季氏，又歸傳是樓。康熙己亥，心友弟偶獲見之，讎校訛字，寄至京師，冬日呵凍自校此本。他日余兒苟能讀之，乃不負二父殷勤訪求善本以貽後人之意也。"閲此跋，乃知此書流傳本末。余今年七十有六矣，目眵神昏，而復自力爲此，亦不專望於子孫，第使古人之遺編完善，悉復其舊，俾後之學者亦獲得見完書，於余懷不大愜哉！（《抱經堂文集》卷十，第142頁）

程晉芳

【讀漢書偶成三首（其一）】　相如諫遊獵，旨意類樸忠。奈何《喻巴蜀》，贊主開邊功。遺草頌封禪，大言何隆隆。雖云富才藻，毋乃佞諂同。始知詞賦客，罕能植當躬。泛泛若梗萍，隨波蕩西東。劇秦而美新，厥派開揚雄。（程晉芳著，魏世民校點：《勉行堂詩文集》卷六，黄山書社2012年版，第178頁）

魯曾煜

【劇秦美新辨疑】　或云《劇秦美新》乃谷子雲作，不知何據？夫谷子雲卒於王根之時，不及仕莽。以子雲同字疑之，誤矣。《劇秦美新》斷出揚雄無疑。

雄以成帝永始初年至京，待詔承明之庭，年四十餘。至新莽天鳳五年卒，年七十一，考之歷年具合。而寧都魏禮以爲雄至京乃建始改元，至天鳳五年計五十有二，以五十二合四十餘，已近百年，不符雄歲。不知雄非建始至京。雄至京，成帝方祀甘泉、泰畤、汾陰，雄遂獻《甘泉賦》，乃永始四年之春。如建始改元，帝方罷甘泉、汾陰，雄又何從獻賦乎？且雄至京，實首被大司馬王音之薦，如建始改元，當王鳳、王商秉政，音未爲御史大夫，况大司馬乎？

郫人簡紹芳重國，故據桓譚《新論》，以爲雄賦《甘泉》，夢腸出，遂卒。是未受莽官。夫使雄果賦《甘泉》卒，則《河東》《羽獵》《長楊》三賦又孰踵而成乎？抑未讀《法言》之自高帝以訖平帝乎？或曰：然則《漢書》本傳何以不載《劇秦美新》？不知班氏雖逸於史，而《典引》序中固曰“揚雄《美新》，典而亡實”，班氏且特刺之，實非疑而闕之也。史贊又云雄三世不徙官。三世云者，指成、哀、平，不列於莽。又云“及莽之時，雄復不侯”。連而觀之，雄所歷匪直三世矣。其仕莽也，決矣。

朱子《綱目》書“莽大夫揚雄死”，誠爲直筆，袒之者非。或又云《劇秦美新》乃劉棻作，嗚呼，莽以符命早誅棻矣，棻又爲雄弟子，何駕名耶。（《秋塍文鈔》卷八，《存目》集部第270册，第226頁）

王鳴盛

【蜀無它揚】　《揚雄傳》：周伯僑“以支庶食采於晉之揚，因氏焉”。周衰，揚氏遷蜀岷山之陽曰郫。揚季官太守，“至雄五世傳一子，故雄亡它揚於蜀”。方氏以智曰：楊升庵謂晉有羊舌氏，叔向子伯石食邑於楊，曰楊食我。晉既滅羊舌氏，分其田爲三縣，曰平陽，曰揚氏，則羊也、陽也、揚也，同出一姓。揚子雲自以爲“蜀無它揚”，字不從木，班氏據之。然楊修曰“吾家子雲”，則知揚、楊同出，子雲特好奇耳。竊謂姓亦何奇之有，古今渺莽，姓譜皆附會，其説不一。雄自言姓揚甚明。楊修少年聰穎，考究未深，且古人凡事假借詼諧，故曰“吾家子雲”。今乃欲改雄之姓，可乎？趙凡夫亦以子雲爲“木”旁“楊”，正坐此病。方説甚確。升庵蜀人，欲援子雲爲宗。唐楊珦碑以國忠之父而亦引子雲之祖，皆非也。劉攽《後漢書刊誤》於《楊震傳》亦嘗辨之。（《十七史商榷》卷二十六，中華書局2010年版，第282—283頁）

【太玄法言字數】 揚雄作《解嘲》，自述“作《太玄》五千文。支葉扶疏，獨説十餘萬言”。案：今《太玄》經具存，晉范望叔明所注，共十卷，後附陸績《述玄》、王涯《談玄》，宋右迪功郎充兩浙東路提舉茶鹽司幹辦公事張寔所校勘也。按：其正文大約與五千文之數合，至“説十餘萬言”則當爲《法言》，非指《太玄》。然今《法言》亦具存，凡十三篇，分爲十卷，晉李軌，唐柳宗元，宋宋咸、吴秘、司馬光注。按其正文，大約不及萬言，而此云“十餘萬言”，則不可解。（《十七史商榷》卷二十六，第283頁）

戴 震

【與丁升衢書】 《易玄星紀譜》頗不通：上層列二十八宿，各注總度，終於三百六十五，無小餘。次層列十二次，注分野，終於三百六十，後不接續。三層用孟喜《易》：《坎》《離》《震》《兑》四正卦之爻配二十四氣者。四層用李溉所傳《卦氣圖》十二辟卦之爻配七十二候者，亦終於三百六十，後不接續。五層用諸侯、大夫、卿、公、辟六十卦之爻，爻錯綜之，以一爻配《玄》之二贊，亦終於三百六十，後不接續。六層列《玄》之八十一首，及其準《易》，因空格附記諸家所推《玄》之九贊，配日躔宿度與節氣次舍之屬。七層、八層列《玄》之九贊，與五層相配。

揚子雲本《太初》三統之法作《玄》，而此乃用四分法，已不合子雲意矣。襲漢人卦氣，又不解六日七分之法，使不能循環相接，由疏於算學，强作解事也。

舊本式樣不分曉，今擬一式，使開卷了然，整齊易寫，訛脱處，皆推

明粘簽，可照改也。（戴震撰，趙玉新點校：《戴震文集》卷五，中華書局1980年版，第107頁）

【再與丁升衢書】　《太玄》之七百二十九贊，兩贊配一日，終於三百六十四日有半，末有《踦》《嬴》兩贊，配半日及歲之小餘。

《太初曆》一晝夜千五百三十九小分，是爲日法，即爲度法。其周天五十六萬二千一百二十，滿度法得三百六十五度有小分三百八十五，其歲周即爲三百六十五日小餘三百八十五。因而四之，得千五百四十，滿日法成日，仍有小餘一，是四年而大於四分曆者一小分，六千一百五十六年而較四分曆少一日矣。漢已後歲實各曆不同，未有過四分日之一者，獨《太初曆》過之。晁説之謂温公本《太初曆》而作《玄曆》，考其所計分秒，徒用《四分曆》耳，絶不涉《太初》也。

此譜上一層宿度，次二層十二次，皆取之《漢書》，乃赤道度。後漢永元四年，賈逵奏稱：日月實從黄道，官無其器。十五年詔書：造太史黄道銅儀，與赤道宿度多異。節氣準黄道，不準赤道，則凡就赤道言節氣者，謬也。况列宿有歲差：唐虞冬至日在虛，乃玄枵之中；殷在婺女，乃玄枵之維首；周冬至日在牽牛，至週末在斗，故周人名斗、牽牛爲星紀之次；今冬至日在箕初，乃析木之津正中。《漢書》言星紀中：牽牛初冬至者，未測驗故也。《四分曆》改爲斗十九度冬至，太初之失見矣。次隨星名，義合宿體，分至雖遷，而厥位不改，祖沖之論之甚詳。則凡以十二次之初爲節氣，十二次之中爲中氣者，謬也。此兩層，其謬多端。

次三層乃《易緯》所謂四正之卦，卦有六爻，爻主一氣者。次四層乃《易緯》所謂十二辟卦，爻配一候者。次五層雖取《易緯》卦氣起《中孚》之説，彼以侯、大夫、卿、公、辟六十卦之爻，均分三百六十五日四分日之一，卦主六日又八十分日之七，是爲六日七分法。此以相比之侯、大夫、卿、公、辟五卦六爻相間，乃兼用齊《天保曆》所謂五卦初爻相次用事者。此層當與子雲八十一首準《易》六十四卦者合，而乃與上次四層爻準一候五日，皆終於三百六十，闕《玄》之《馴》準《坤》九贊，及《將》準《未濟》之初一，此十贊合爲五位，斷而不續。上次三層爻準一氣者，亦不數此五位。因傅會其説，謂《坤》無當於卦，則無當於爻，示八十一首虛一不用。夫子雲以《踦》《嬴》繫《養》之末，欲該曆日與天度之餘分，未聞闕《馴》不用，且闕《將》之初不用也。

次六層列《玄》之八十一首。次七層、八層列《玄》之七百二十九贊。其次六層空格，附録范叔明、郭元亨、司馬温公三家異同。范叔明以二十四氣均分七百二十九贊，氣得三首三贊又二十四分贊之七。所云氣起者，以餘分在此贊也。既詳其餘分，而氣終定於前一贊，則餘分未盡，是自亂其例矣。郭元亨以兩贊配一日，而分晝夜，自中之初一起，終於養上九，三百六十五日之晝，餘歸《踦》《嬴》。温公以一首得三百六十四分十六秒，一贊得四十分十六秒，合八十一首之贊，共得二萬九千五百二十四分十六秒，於《四分曆》仍有十六分二十四秒，以四十分十六秒繫之《踦》，二十分八秒繫之《嬴》。二法歸餘於《踦》《嬴》，優於最上兩層起大雪，要其不知列宿有歲差，失則均焉。（《戴震文集》卷五，第108—109頁）

【方言疏證序】　案《輶軒使者絶代語釋别國方言》十三卷，漢揚雄撰，晉郭璞注。漢、魏、晉以來，凡引是書，但稱《方言》者，省文也。雄採集之意，詳見於《答劉歆書》。

考雄爲郎，在成帝元延二年，時雄年四十三，《漢書傳贊》所謂“初雄年四十餘，自蜀來至遊京師”是也。劉歆遺雄書求《方言》，則當王莽天鳳三、四年間，未幾而雄卒，《答書》内所謂“二十七歲於今”，《傳贊》所謂“年七十一，天鳳五年卒”是也。《答書》有云：“語言或交錯相反，方復論思，詳悉集之。如可寬假延期，必不敢有愛。”然則方言終屬雄未成之作，歆求之而不與，故不得入録。班固次《雄傳》及《藝文志》，不知其有此。

至應劭集解《漢書》，始見徵引，稱揚雄《方言》。其《風俗通義序》

又取答書中語，具詳本末，而云："《方言》凡九千字。"今計正文，實萬一千九百餘字，豈劭所見，與郭璞所注傳本微有異同歟？歆遺雄書曰："屬聞子雲獨採集先代絶言、異國殊語，以爲十五卷。"雄答書稱："殊言十五卷。"郭璞序亦云："三五之篇。"而《隋・經籍志》："《方言》十三卷。"《舊唐書》作："《别國方言》十三卷。"其並十五爲十三，在璞注後，隋以前矣。

許慎《説文解字》、張揖《廣雅》多本《方言》，而自成著作，不加所引用書名。《魏書・江式傳》："式上表曰：'臣六世祖瓊，往晉之初，與從父兄應元，俱受學於衛覬，古篆之法，《倉》《雅》《方言》《説文》之誼，當時並收善譽，數世傳習，斯業所以不墜。'"杜預注《左傳》"授師孑焉"曰："揚雄《方言》：'孑者，戟也。'"孔穎達疏云："揚雄以《爾雅》釋古今之語，作書擬之，采異方之語，謂之《方言》。"蓋是書漢末晉初乃盛行，故應劭舉以爲言，而杜預以釋經，江瓊世傳其學，以至於式。他如吴薛綜述《二京》解，晉張載、劉逵注《三都賦》，晉灼注《漢書》，張湛注《列子》，宋裴松之注《三國志》，其子駰注《史記》，及隋曹憲、唐陸德明、孔穎達、長孫訥言、李善、徐堅、楊倞之倫，《方言》及注，幾備見援摭。

其後獨洪邁疑之，謂："雄所爲文，盡見於自序及《漢志》，初無所謂《方言》。"則並傳贊内"自序"二字，結上所録"《法言》自序"者未之審。又未考雄之文，如《諫不受單于朝書》《趙充國頌》《元后誄》等篇，溢於《雄傳》及《藝文志》外者甚多，而輕置訾議。豈應劭、杜預、晉灼及隋、唐諸儒咸莫之考實耶？

常璩《華陽國志》於林閭翁孺、楊莊並云："見揚子《方言》。"李善注《文選》，引張伯松曰："是懸諸日月不刊之書也。"亦直稱"揚雄《方言》曰"。可證歆、雄遺答書，附入《方言》卷末已久。

宋元以來，六書故訓不講，故鮮能知其精核。加以訛舛相承，幾不可通。今從《永樂大典》内得善本，因廣搜群籍之引用《方言》及注者，交互參訂，改正訛字二百八十一，補脱字二十七，删衍字十七，逐條詳證之，庶幾漢人故訓之學猶存於是，俾治經、讀史、博涉古文詞者，得以考焉。（《戴震文集》卷十，第153—155頁）

紀　昀

【方言提要】　十三卷，《永樂大典》本。舊本題漢揚雄撰、晉郭璞注。考《晉書·郭璞傳》有注《方言》之文，而《漢書·揚雄傳》備列所著之書，不及《方言》一字。《藝文志》亦惟小學有雄《訓纂》一篇，儒家有雄所序三十八篇。注云："《太玄》十九，《法言》十三，樂四，箴二，雜賦有雄賦十二篇。"皆無《方言》。東漢一百九十年中，亦無稱雄作《方言》者。至漢末應劭《風俗通義序》，始稱周秦常以歲八月，遣輶軒之使，求異代方言，還奏籍之，藏於秘室。及嬴氏之亡，遺棄脱漏，無見之者。蜀人嚴君平有千餘言，林閭翁孺才有梗概之法。揚雄好之，天下孝廉衛卒交會，周章質問，以次注續，二十七年爾，乃治正凡九千字。又劭注《漢書》，亦引揚雄《方言》一條。是稱雄作《方言》，實自劭始。

魏晉以後，諸儒轉相沿述，皆無異詞。惟宋洪邁《容齋隨筆》，始考證《漢書》，斷非雄作。然邁所摘劉歆與雄往返書中，既稱在成帝時，不應稱孝成皇帝一條，及東漢明帝始諱莊，不應西漢之末即稱莊遵爲嚴君平一條，則未深中其要領。考書首"成帝時"云云，乃後人題下標注之文。傳寫舛訛，致與書連爲一，實非歆之本詞，文義尚厘然可辨。書中載揚莊之名，不作嚴字，實未嘗預爲明帝諱。其嚴君平字，或後人傳寫追改，亦未可知。皆不足斷是書之僞。惟後漢許慎《説文解字》多引雄説，而其文皆不見於《方言》。又慎所注字義，與今《方言》相同者不一而足，而皆不標揚雄《方言》字。知當慎之時，此書尚不名《方言》，亦尚不以《方言》爲雄作，故馬鄭諸儒未嘗稱述。至東漢之末，應劭始有是説。魏孫炎注《爾雅》“莫貈螳蜋蛑”字，晉杜預注《左傳》“授師子焉”句，始遞相徵引。沿及東晉，郭璞遂注其書。後儒稱揚雄《方言》，蓋由於是。然劭序稱《方言》九千字，而今本乃一萬一千九百餘字，則字數較原本幾溢三千。雄與劉歆往返書，皆稱《方言》十五卷，郭璞序亦稱三五之篇，而《隋志》《唐志》乃並載揚雄《方言》十三卷，與今本同。則卷數較原本闕其二，均爲抵牾不合。考雄答歆書稱，語言或交錯相反，方復論思詳悉集之。如可寬假延期，必不敢有愛云云，疑雄本有此未成之書，歆借觀而未得，故《七略》不載，《漢志》亦不著録。後或侯芭之流收其殘稿，私相傳述。閲時既久，不免於輾轉附益，如徐鉉之增《説文》，故字多於前。厥後傳其學者，以《漢志》無《方言》之名，恐滋疑竇。而小學家有《别字》十三篇，不著撰人名氏，可以假借影附，證其實出於雄。遂併爲一十三卷，以就其數。故卷減於昔歟？反復推求，其真僞皆無顯據。姑從舊本，仍題雄名，亦疑以傳疑之義也。

雄及劉歆二書，據李善《文選注》引懸諸日月不刊之書句，已稱《方言》。則自隋唐以來，原附卷末，今亦仍之。其書世有刊本，然文字古奥，訓義深隱，校讎者猝不易詳。故斷爛訛脱，幾不可讀。錢曾《讀書敏求記》嘗據宋槧駁正其誤。然曾家宋槧，今亦不傳。惟《永樂大典》所收，猶爲完善。檢其中“秦有榛娥之臺”一條，與錢曾所舉相符，知即從宋本録入。今取與近本相校，始知明人妄行改竄，巔倒錯落，全失其初，不止錢曾所舉之一處。是書雖存而實亡，不可不亟爲厘正。謹參互考訂，凡改正二百八十一字，删衍文十七字，補脱文二十七字。神明焕然，頓還舊觀。併逐條援引諸書，一一疏通證明，具列案語。庶小學訓詁之傳，尚可以具見崖略。併以糾坊刻之謬，俾無迷誤後來。舊本題曰“輶軒使者絶代語釋别國方言”，其文冗贅，故諸家援引及史志著録皆省文謂之“方言”，《舊唐書·經籍志》則謂之“别國方言”，實即一書。又《容齋隨筆》稱此書爲“輶軒使者絶域語釋别國方言”，以代爲域，其文獨異。

然諸本並作“絶代”，書中所載亦無絶域重譯之語，洪邁所云，蓋偶然誤記，今不取其説焉。（《四庫全書總目》卷四十，中華書局1965年版，第339—340頁）

【法言集注提要】　十卷，通行本。漢揚雄撰，宋司馬光集注。雄有《方言》，光有《易説》，皆已著録。考《漢書·藝文志·儒家》“揚雄所序三十八篇”，注曰《法言》十三。雄本傳具列其目，曰《學行》第一、《吾子》第二、《修身》第三、《問道》第四、《問神》第五、《問明》第六、《寡見》第七、《五百》第八、《先知》第九、《重黎》第十、《淵騫》第十一、《君子》第十二、《孝至》第十三。凡所列漢人著述，未有若是之詳者，蓋當時甚重雄書也。

自程子始謂其曼衍而無斷，優柔而不決。蘇軾始謂其以艱深之詞，文淺易之説。至朱子作《通鑑綱目》，始書“莽大夫揚雄死”，雄之人品著作，遂皆爲儒者所輕。若北宋之前，則大抵以爲孟、荀之亞。故光作《潛虚》以擬《太玄》，而又采諸儒之説以注此書。考自漢以來，有侯芭注六卷，宋衷注十三卷，李軌解一卷，辛德源注二十三卷。又有柳宗元注，宋咸廣注，吴秘注。至光之時，惟李軌、柳宗元、宋咸、吴秘之注尚存。故光裒合四家，增以己意。原序稱各以其姓别之，然今本獨李軌注不署名，餘則以宗元曰、咸曰、秘曰、光曰爲辨，蓋傳刻者所改題也。舊本十三篇之序列於書後，蓋自《書序》《詩序》以來，體例如是。宋咸不知《書序》爲僞孔傳所移，《詩序》爲毛公所移，乃謂子雲親旨反列卷末，甚非聖賢之旨，今升之章首，取合經義，其説殊謬。然光本因而不改，今亦仍之焉。（《四庫全書總目》卷九十一，第772頁）

【太玄經提要】　十卷，編修勵守謙家藏本。漢揚雄撰，晉范望注。《漢書·藝文志》稱揚雄所序三十八篇，《太玄》十九。其本傳則稱《太玄》三方九州二十七部八十一家二百四十三表七百二十九贊，分爲三卷，曰一二三，與《太初曆》相應。又稱有《首》《衝》《錯》《測》《攡》《瑩》《數》《文》《掜》《圖》《告》十一篇，皆以解剥玄體，離散其文，章句尚不存焉。與《藝文志》十九篇之説已相違異。桓譚《新論》則稱《太玄經》三篇、傳十二篇，合之乃十五篇，較本傳又多一篇。案阮孝緒稱《太玄經》九卷，雄自作章句。《隋志》亦載雄《太玄經章句》九卷。疑《漢志》所云十九篇，乃合其章句言之。今章句已佚，故篇數有異。至桓譚《新論》則世無傳本，惟諸書遞相援引，或訛十一爲十二耳。以今本校之，其篇名篇數一一與本傳皆合，固未嘗有脱佚也。

注其書者，自漢以來，惟宋衷陸績最著。至晉范望，乃因二家之注，勒爲一編。雄書本擬《易》而作，以家準卦，以首準彖，以贊準爻，以測準象，以《文》準《文言》，以《攡》《瑩》《掜》《圖》《告》準《係詞》，以在《數》準《説卦》，以《衝》準《序卦》，以《錯》準《雜卦》，全仿《周易》。古本經傳各自爲篇，望作注時，析《玄首》一篇分冠八十一家之前，析《玄測》一篇分繫七百二十九贊之下，始變其舊，至今仍之。其書《唐·藝文志》作十二卷，《文獻通考》則作十卷，均名曰《太玄經注》。此本十卷，與《通考》合，而卷端標題則稱晉范望字叔明解贊。考《玄測》第一條下有附注曰："此是宋陸二家所注，即非范望注也。蓋范望采此注意，自解經贊，儒有近習，罔知本末，妄將此注升於'測曰'之上，以雜范注，混亂義訓。今依范望正本，移於'測曰'之下，免誤學者。已下七百二十九測注並同"云云。考望自序，亦稱因陸君爲本，録宋所長，捐其所短，並《首》一卷本經之上，散《測》一卷注文之中，訓理其義，以《測》爲據。然則望所自注，特其贊詞，其他文則酌取二家之舊，故獨以解贊爲文。今概稱望注，要其終而目之耳。卷端列陸績《述玄》一篇，據陳振孫《書録解題》，爲范本所舊有。又列王涯《説玄》五篇，又列《釋文》一卷，則不知何人附入。其《太玄圖》旁，范望序末，及《玄首》《玄測》之首尾，凡附記九條，卷末又有一跋，均不署名氏。考序後附記，稱近時林瑀。瑀與賈昌朝同時，則此九條當出北宋人手。又王涯《説玄》之末，附題一行云"右迪功郎充兩浙東路提舉茶鹽司幹辦公事張實校勘”，則附記或出於實歟？其《釋文》一卷亦不著名氏。考鄭樵《通志》“《太玄經釋文》一卷”，亦林瑀撰，疑實刊是書時，併以涯之説、瑀之釋文冠於編首也。（《四庫全書總目》卷一百八，第914頁）

【揚子雲集提要】　六卷，副都御史黄登賢家藏本。漢揚雄撰。案：《漢書·藝文志》《隋書·經籍志》《唐書·藝文志》皆載雄集五卷。其本久佚，宋譚愈始取《漢書》及《古文苑》所載四十餘篇，仍輯爲五卷，已非舊本。明萬曆中，遂州鄭樸又取所撰《太玄》《法言》《方言》三書，及類書所引《蜀王本紀》《琴清英》諸條，與諸文賦合編之，厘爲六卷，而以逸篇之目附卷末。即此本也。

雄所撰諸箴，《古文苑》及《中興書目》皆二十四篇。惟晁公武《讀書志》稱二十八篇，多《司空》《尚書》《博士》《太常》四篇。是集復益以《太官令》《太史令》爲三十篇。考《後漢書·班固傳》注引雄《尚書箴》，《太平御覽》引雄《太官令》《太史令》二箴，則樸之所增，未爲無據。然考《漢書·胡廣傳》，稱雄作《十二州箴》《二十五官箴》，其九箴亡。則漢世止二十八篇。劉勰《文心雕龍》稱卿尹州牧二十五篇，則又亡其三，不應其後復出。且《古文苑》載《司空》等四箴，明注崔駰、崔瑗之名。葉大慶《考古質疑》又摘《初學記》所載《潤州箴》中乃有六代都興之語。則諸書或屬誤引，未可遽定爲雄作也。

是書之首又冠以《雄始末辨》一篇，乃焦竑《筆乘》之文。謂《漢書》載雄仕莽作符命投閣，年七十一，天鳳五年卒。考雄至京見成帝，年四十餘。自成帝建始改元至天鳳五年，計五十有二歲。以五十二合四十餘，已近百年。則與年七十一者又相抵牾。又考雄至京，大司馬王音奇其文，而音薨於永始初年。則雄來必在永始之前，謂雄爲仕於莽年者妄也云云。近人多祖其説，爲雄訟枉。案：《文選》任昉所作《王文憲公集序》家牒字下，李善注引劉歆《七略》曰，《子雲家牒》言以甘露元年生。《漢書·成帝紀》載行幸甘泉，行幸長楊宫，並在元延元年己酉，上距宣帝甘露元年戊辰，正四十二年，與四十餘之數合。其後元延凡五年，綏和凡二年，哀帝建平凡四年，元壽凡二年，平帝元始凡五年，孺子嬰凡三年，王莽始建國凡五年，積至天鳳五年，正得七十一年，與七十一卒之數亦合。其仕莽十年，毫無疑義。竑不考祠甘泉獵長楊之歲，而以成帝即位之建始元年起算，悖謬殊甚。惟王音卒歲，實與《雄傳》不合。然音字爲根字之誤，宋祁固已言之。其文載今本《漢書注》中，竑豈未見耶。（《四庫全書總目》卷一百三十八，第1271—1272頁）

王　昶

【太玄論】　昔揚子雲作《太玄》以擬《易》，諸儒稱之衆矣。然《玄》自爲《玄》可以，《玄》準《易》則不可。

考其所爲《太玄》，以《玄》統三方，以一方統三州，以一州統三部，九州統二十七部，以一部統三家，二十七部統八十一家，九家分上中下九等，一家九贊，共七百二十九贊。以二贊直一日，一家直四日半，七百二十九贊直周天三百六十四日半，尚餘半日及四分度之一日，法八十一半日，餘四十分半又四分度之一，餘二十分强，共少六十餘分。乃立《踦》《嬴》二贊補之。猶《易》之卦氣也。以《太初曆》法推冬至起於中，日在牽牛一度，紀元自甲子至甲辰，甲申重起甲子，凡四千六百十七歲。《玄》有三統，每統凡一千五百三十九歲。統有三會，每會五百十三歲。會有二十七章，每章十九年七閏。皆無餘分。以七十二策直一日，用二萬六千二百四十四策，爲周天之數。自《中》至《事》爲天玄，自《更》至《昆》爲地玄，自《减》至《養》爲人玄。猶《易》當期之日也。其用策以天地人爲十八，倍之得三十六，法六六之數，是爲泰中，以準乾策。筮之則分爲二刻，左右各三搜之七，其三爲一八，其三爲二九，其三爲三，置餘數，數正數，八揲而首名以定。首有陰陽，從陰陽生晝夜，從晝夜推休咎。以四方七宿所屬之五行而驗其與首異同，定從違焉。猶

《易》大衍也。八十一家中，不易有九，《中》《增》《毅》《迎》《度》《吟》《瞢》《勤》《□》，反易者七十二。合而觀之，止四十五家，配五九之積，猶《易》反對也。首準《易》畫，贊準《易》爻，《測》準《易·象》，《文》準《文言》，《攡》《瑩》《掜》《圖》《告》準上、下《繫》，《數》準《説卦》，《衝》準《序卦》，《錯》準《雜卦》，是無往不擬《易》也。其推步之法，取諸洛下閎。用卦直日之法，取諸京房。以卦定曆，尤子雲造《玄》之本旨。然卦氣六日七分，除四正卦外，合六十卦計之，餘四百二十分。四百分足五日，又二十分，足周天三百六十五度四分度之一强。法至精密，而《玄》所少五十四，補以二贊。贊例值一日八十一，則又餘二十七，積之一章歲中，應餘二百四十三分。一會中，應餘八十一日。而四序已失位矣。豈若卦氣之當哉。范氏望以來，釋《玄》準卦，其以二家兼一卦者十有七，《礥》《閑》爲《屯》，《上》《干》爲《升》，《羨》《差》爲《小過》，《達》《交》爲《泰》，《耎》《傒》爲《需》，《永》《常》爲《恒》，《格》《夷》爲《大壯》，《務》《事》爲《蠱》，《密》《親》爲《比》，《强》《睟》爲《乾》，《大》《廓》爲《豐》，《逃》《唐》爲《遁》，《唫》《守》爲《否》，《晦》《瞢》爲《明夷》，《止》《堅》爲《艮》，《失》《劇》爲《大過》，《勤》《養》爲《坎》。自《吟》《守》至《晦》《瞢》，閲三家始有兼卦。自《達》《交》至《耎》《傒》，相接而用兼卦。《務》《事》至《斷》《毅》，隔一而用兼卦。相次相配之法，又未能齊整也。且既準卦氣，《坎》《離》《震》《兑》應以主時，不復當直日用事，乃《勤》《養》準《坎》，《應》準《離》，《疑》準《震》，《沈》準《兑》，又何説歟？

夫欲去四正之卦，必取三十六家，兼以配十九卦而後可。然卦以六日七分，家以四日四十分强，術已各異，故如《礥》《閑》配《屯》，《屯》起女四度十四分，終十度二十一分，而《礥》入女二度，終女六度之半，《閑》入女六度之半，終女十度。是女有二度在《屯》前，非《屯》

所值矣。《耎》《傒》配《需》，《需》起奎一度五分，終奎五度之半，《徯》入奎五度之半，終奎九度。是奎有二度在《需》後，非《需》所值矣。又《樂》入胃四度之半，終胃八度，《争》入胃九度止，胃十三度之半，正春分末候，清明初候也。故《大衍曆》以《豫》内卦終末候，外卦起初候，若兼《争》於《樂》以配《豫》，則《争》乃準《訟》，義與《訟》乖。專以《樂》配《豫》，因專舉《豫》以屬春分，則《豫》於末候僅有一日三十九分，餘皆入清明。節氣於義於時，兩何取焉？夫子雲覃思渾天，將以窮天地日月五星之運，律歷經緯之術，而以《易》準之，奇零參錯如此。故吾曰《玄》自爲《玄》可，以《易》準《玄》則不可也。若夫洛下閎，測畢十六度，觜二度，參九度，裝入畢十一度，當終十五度之半。衆起十五度之半，當止參二度。而朱氏震、雷氏思齊，皆沿其誤，至兼《永》《常》爲《恒》，中間以《度》，則舊本傳寫之失也。（《春融堂集》卷三十三，《續修》第1438册，第26—27頁）

【揚子雲亭記】　蜀故有揚子雲亭，在成都縣署西偏。歲久圮，族弟南明爲令之明年，易其朽蠹漫漶而塗塈之，以奉其主。且索余爲記。

考西漢哀成之間，子雲以文學顯於蜀，所撰莫著於《太玄》《法言》。自其徒侯芭，暨王氏通、韓氏愈、司馬氏光，多稱述之。非以其文苞羅旁魄、深博怪偉，有可喜可法者歟？子雲以仕新莽，故爲清議詬厲久矣。然其官不過執戟，職不過校書，非如孔光、張禹之徒，通經號巨儒，身居三公，卒以釀新莽簒奪之禍。剌其罪，則亦可末減歟？西漢之末，士大夫以老誠謹畏爲賢，隱默含忍爲德，流風相煽如此。而子雲以前，若司馬相如、王褒輩，率好學以詞賦見稱。若子雲之紹修經術者，固已異矣。其於殺身成仁，致命遂志之義，宜概乎未有聞也。是以委蛇徇禄，不復有所感激愧勵歟？然自是以後，蜀中如譙周、李岩之徒，接踵而出，豈非子雲之流風相煽，士大夫因視其國之存亡、君之榮辱，敝屣弁髦，然而不顧歟？若然，則子雲之文學足以法，而其婞婜洪涊，不能捨生取義也，足以爲戒矣。

南明建是亭以示蜀之士大夫，又得吾説以揭諸楹，用以勵名節，振文學，表法戒，所補於世道者，綦大非獨修復名跡以侈爲美譚已爾。或曰，仕莽之子雲，非蜀子雲。焦氏竑辯之詳矣，是説也，余未敢信之。（《春融堂集》卷四十七，第150頁）

靳榮藩

【論劇秦美新二則】　《莊子·胠篋篇》、李斯《督責書》，皆所謂辨言亂政者也，而文采奇肆，眩人耳目。揚雄《劇秦美新》，文采亦無足觀，不知梁昭明何以取之。蓋李斯自沙邱以後，倒行逆施，皆極意爲之。雄本好名而作違心之語，自不能如平時諸首。文似相如，楊莊直虚語耳。

《劇秦美新》，或有疑非雄作者。張溥天如曰：班史作傳，未顯訾其符命之作。莽善誑耀，頌功德者遍海内，莫不高三皇、巍五帝。子雲《美新》，猶頗藴藉云云。然《美新序》中本有配五帝、冠三王語，其藴藉者何在？爰清静，作符命，孟堅蓋已訾之。莽篡位後，談説之士用符命稱功德，獲封爵者甚衆，其文未必皆賢於雄也。或莽以雄文非極筆，疑其有所藴藉，故雄不得侯耳。孟堅《典引序》明曰“相如《封禪》，靡而不典；揚雄《美新》，典而不實”，詎得援班史爲子雲解嘲哉。（《緑溪語》卷上，《彙編》第359册，第310頁）

阮葵生

【東坡語】　東坡云：揚雄好爲艱深之詞，以文淺易之説。若正言之，則人人皆知之。此可爲高談古文者，下頂門一針也。（《茶餘客話》卷十，《續修》第1138册，第95頁）

【揚雄不作劇秦美新】　紫陽《綱目》書莽大夫揚雄死，蓋舉褚淵、馮道所未嘗加者而加之。按，雄至京見成帝年四十餘矣，自成帝建始改元，至天鳳五年計五十有二歲，以五十二合四十餘，已近百年，則與所謂年七十一者相抵牾矣。又考雄至京，大司馬王音奇其文。而音薨永始初年，則雄來必在永始之前無疑。然則謂雄而延於莽年者，妄也。雄，郫縣人。郫人簡紹芳《辨證》尤悉，引桓譚《新論》云：雄作《甘泉賦》一首，夢腸出，收而内之，明日遂卒。而祠甘泉在永始四年，去莽篡尚遠。《劇秦美新》或出於谷子雲。然考之《法言》云漢興二百一十載，自高帝至平帝末，蓋其數矣。而謂雄卒永始，亦未必然。計雄之終，或在平帝末，則其年正七十餘矣。因雄歷成、哀、平，故稱三世不徙官。若復仕莽，豈止三世哉。又《潛居録》謂雄賣文自贍，文不虚美，人多惡之。及卒，其怨家取《法言》爲竄益云云。馮元成以《美新》爲劉棻作。(《茶餘客話》卷十六，第125頁)

七、清代卷（下）

趙　翼

【漢書多載有用之文（節録）】　總計《漢書》所載文字，皆有用之文。至如司馬相如傳所載《子虚賦》《喻蜀文》《諫獵疏》《宜春宫賦》《大人賦》，《揚雄傳》載其《反離騷》《河東賦》《校獵賦》《長楊賦》《解嘲》《解難》《法言序目》，此雖無關於經術政治，而班固本以作賦見長，心之所好，愛不能舍，固文人習氣，而亦可爲後世詞賦之祖也。（趙翼著，王樹民校證：《廿二史札記校證》卷二，中華書局1984年版，第31頁）

余廷燦

【書劇秦美新後】　雄，篤於信古者，潛心覃思，夢寐在姚、姒、子、姬、孔、孟，製作俯仰明聖，儀式典法懇惻，憤惋復之無由，豈不以秦燔六經，放恣偷惰，先王仁義禮樂，經緯條貫，激蕩汛掃，横騖别驅，宇宙氣象，廹陿廄鞹劇矣。盛漢收拾整齊，惇崇扶樹，一時君臣上下同心，護持經藝若神明父母，而禮沿叔孫通儀，刑準蕭相國律，帝典王綱，掩抑欝滯，招延耆老碩儒，禮官博士，不過搜輯殘缺，討論同異耳。新莽承亂文奸，辟雍校學，禮樂輿服，井刑人役，暨官制册誥，一鰓鰓規橅《詩》《書》《禮》《樂》《春秋》《論語》《孝經》，標揭膚末，張惶潤飾，高呼大號，鼓動眩晃。六經製作，暗而復曜。蓋秦燔經，漢重經，莽因之用經，抵巇乘便，海宇疇不眉揚目動，受其牢籠彈壓。矧雄經生，膠固迂疎，老不曉事。乃適中其結，習髣髴，與之揖讓進退，低徊咨嗟於虞夏商周之盛。宜雄踴躍，庶幾草《玄》餘暇，比例品藻，美不容口者哉。後人讀《劇秦美新》爲詬厲，爲讚頌，其亦未原雄平生本末而好憎俱舛者哉。（《存吾文稿》，《續修》第 1456 册，第 46 頁）

錢大昕

【揚雄世系】　問：揚子雲自序先世，自張衡、晉灼、顔籀諸人皆譏其疏謬，譜牒之學，雖通人猶或失之，信乎？

曰：以愚考之，揚氏之先，出自有周伯僑，初非出於羊舌。且羊舌食采之楊本從木，此文從手，其稱侯者非五等之侯，如邢侯、張侯之類耳。六卿争權之時，安知不别有揚侯畏逼而奔楚者乎。（《潛研堂文集》卷十二，第 192 頁）

【揚雄傳與成帝紀矛盾】　問：成帝幸長楊大校獵在元延二年，而《揚雄傳》上《長楊賦》在祠甘泉汾陰之明年，則是三年事。或以爲《傳》誤，其信然乎？

曰：此吾友戴東原之説。然本傳全寫子雲自序，不宜有誤，且與《帝紀》叙事正相應。如云正月從上甘泉，即《紀》所書元延二年正月行幸甘泉郊泰畤也。又云其三月將祭后土，上乃帥群臣横大河，湊汾陰，即《紀》所書三月行幸河東祠后土也。又云其十二月羽獵，即《紀》所書行幸長楊宫，從胡客大校獵也。惟明年秋復幸長楊射熊館，則《紀》無之。蓋行幸近郊校獵，但書最初一次，餘不盡書耳。但二年校獵無從胡客事，至次年乃有之，並兩事爲一，則紀之失也。《羽獵》《長楊》二賦非一時所作，《羽獵》在元延二年冬，《長楊》則在三年秋。子雲自序當不誣矣。（《潛研堂文集》卷十二，第 192—193 頁）

【揚雄傳】　贊曰："雄之自序云爾。"予謂自"雄之自序云爾"以下，至篇終，皆傳文，非贊也。《司馬遷傳》亦稱"遷之自序云爾"，然後别述遷事，以終其篇，與此正同。遷有贊而雄無贊者，篇中載桓譚及諸儒之言，褒貶已見，不必别爲贊也。此“贊曰”二字，後人妄增，非班史本文。（《廿二史考異》卷八，鳳凰出版社2016版，第191頁）

朱　筠

【讀揚雄箴書後】　余讀班固之爲雄自序贊曰：“箴莫善於《虞箴》，作《州箴》。”晉灼曰：“九州之箴也。”及讀《後漢書·胡廣傳》，稱雄依《虞箴》作《十二州二十五官箴》，其九箴亡闕。余竊以爲雄所爲州箴，未嘗用古九與十二之名也，遵漢制也。其篇十二，以梁爲益，不營而交，其官謂之牧，是即《百官公卿表》所載監御史，秦官，掌監郡。武帝元封中置部刺史，掌奉詔條察州，成帝綏和中更名牧，哀帝建平中復爲刺史，元壽中復爲牧。凡皆漢之制也。其箴於官者凡十六篇，《司空》《太常》二箴，或曰崔駰作，《尚書》《博士》二箴，或曰崔瑗作。要之，讀其詞，其爲雄作無二也。其《司空箴》曰“臣當其官，官宜其人”，又曰“流貨市寵，苞苴是鬻。王路斯浮，孰不傾覆”。按，漢之司空本秦御史大夫之職，成帝綏和初始更名大司空，其職外督部刺史，内領侍御史，受公卿奏事，舉劾按章，非第若司空掌邦土者，故言之切且著與。其《光禄勳箴》曰“禄臣司光”，《執金吾箴》曰“吾臣司金”。按光之謂明，禄之謂爵，吾之謂御，應劭之説較長於如淳、師古也。《城門校尉箴》曰“國有城溝，家有柝櫝”，按《周禮》故書梐枑之枑爲櫝，鄭司農以爲梐榱梐也，櫝受居溜水，涑橐者也。蓋柝、橐古字通也。《宗正箴》曰“魯喜子同”，《太常箴》曰“不如西鄰麥魚”，按此承用《公羊》“喜有正”及“夏曰礿”文，礿之説，本《王制》夏薦麥、麥以魚也，何休注曰：“薦尚麥、魚，始熟可礿，故曰礿。”又本之雄説也。陸德明曰：“礿本又作禴，同也。”漢《西嶽華山廟碑》亦曰：“精通誠至，礿祭之福也。”《將作大匠箴》曰：“觀豐上六，大屋小家。”按虞翻曰“豐大蔀小”，亦本雄説也。《尚書箴》曰“床上維宰”，按此與《易》“巽在床下，重巽申命”之義相發明也。《博士箴》曰“公劉挹行潦，而濁亂斯清”，按此義出毛鄭外也。又《尚書箴》曰“王之喉舌”，按此知唐虞之龍，周之仲山甫即其人，而荀綽《晉百官表注》所謂尚書唐虞官也。又按《漢百官公卿表》不載尚書，殆固之脱漏，而據此箴可以補所掌也。

至其篇次，當先《司空》，次《尚書》，次《太常》，次《博士》，而後列《光禄勳》以下十二篇者，若其箴漢之官，亦略備矣。獨闕丞相與大司馬耳。二者漢官之至要，而箴不及。意者，雄嘗與王莽、劉歆並，又與董賢同官，當成、哀、平間，莽、賢皆爲三公，既又更名丞相爲大司徒，並三公。其後歆騣騣且爲國師，雄故諱之而不敢指斥歟？或知《玄》知默，守道之極賢者，當如是歟？雄，漢末所謂賢者也，而漢猶近古之世也。嗟乎，賈山之言曰：“古者聖王之制，史在前書過失，工誦箴諫，瞽誦詩諫，公卿比諫，士傳言諫過，庶人謗於道，商旅議於市，然後君得聞其過失也。聞而改，所以永有天下也。”若夫使賢者言遜而箴不敢及焉，近古之世而其風已然，漢之將危，所謂防民之口甚於防川者，可不爲寒心乎。因讀雄之箴，論其世而書之如此。（《笥河文集》卷六，《續修》第1440册，第203—204頁）

朱　珪

【揚雄】　蜀雲嘿湛思，著録巨萬言。儒宗實巨擘，韓馬咸推尊。臨江吊湘累，《反騷》龍蛇存。四賦麗而偉，班張不足論。《解嘲》義宏衍，雷火遊神門。攡《玄》挩《周易》，覆瓿窺大圜。《法言》摹《論語》，品藻參《淵騫》。紫陽責賢備，特筆誅莫原。豈緊彭聃流，不計商周年。（《知足齋詩集》卷十九，《續修》第1452册，第171—172頁）

王　謨

【跋揚子法言】　右揚雄《法言》十卷。按《漢志》，儒家有揚雄所序三十八篇，注云《太玄》十九，《法言》十三，《樂》四，《箴》二。自是隋唐《志》《通考》俱以《太玄》《法言》並人儒家，朱氏《經義考》始列擬經一門，而以《太玄》附《易》，《法言》附《論語》。

蓋自東漢以後，諸儒論揚子人品與其所著書，譽者或過其實，毀者或失其真，訖未有定論，豈謨末學所當妄爲軒輊。惟以揚子自序既云：見諸子各以其知舛馳，不與聖人同，是非頗謬於經，故人時有問雄者，常用法言應。則不應反取非聖之言以名其書。“法言”二字，本出《莊子·人間世篇》，仲尼告葉公諸梁引《法言》曰：“傳其常情，無傳其溢言，則幾乎全。”又引《法言》“無遷令，無勸成”。注云：“《法言》，古書名。”如果孔子之時有是古書，則揚子於書無不讀，何以不審而襲取之也。若祗是莊子寓言，託之仲尼而遂冒之，毋乃與名書本意轉相刺謬矣乎？故敢略陳一得，以質世之知言者。至《法言》卷數，諸本不同。今叢書具載宋咸序注，則宋本也。汝上王謨識。（《法言》卷末，清乾隆五十六年金溪王氏刻增訂《漢魏叢書》本）

姚　鼐

【諫不受單于朝書解題】　子雲此奏擬信陵《諫伐韓書》。（《古文辭類纂》卷十五，《續修》第1609册，第428頁）

【州箴解題】　鼐按，子雲本傳云：“箴莫善於《虞箴》，作《州箴》。”《藝文志》以《州箴》列於儒家。此本録從《藝文類聚》，别無善本，蓋多舛誤。子雲文尚奇詭，而《趙充國頌》及此文獨平易，蓋箴頌之體宜爾也。漢武帝元封五年，初置刺史部十三州。《晉書·地志》以冀、幽、並、兖、徐、青、揚、荆、豫、益、涼及朔方、交趾，是爲十三部，而田仁於天漢、太始之間，嘗刺舉三河，又在十三部之外。其後征和四年，置司隸校尉，又其後罷所領兵而使察三輔三河宏農，於是無三河刺史而有司隸，是武帝時共十四部也。昭帝初，以河内屬冀州，河東屬並州，則司隸但有三輔、宏農、河南。其後成帝罷刺史，置州牧，哀帝始復刺史而卒又改爲州牧焉。司隸之官，成帝時省，哀帝時復。然哀帝雖復其官，但屬大司空，比於司直，故《本紀》謂之正司直。司隸蓋自是佐三公舉朝廷不法者而已，不復如成帝以前之督部諸郡三輔也。故自成帝省司隸後，總爲十三部，其時司隸所部必分屬於豫、涼二州矣，但史言之不詳耳。至平帝元始三年，始更十二州名，分界郡國所屬，其州名，史亦不詳，獨賴子雲是箴而知之爾。蓋設雍州以易涼州，而朔方所部歸於並州，而交趾謂之交州。王莽奏改州名，云漢家十三州州名及界多不應經。此箴首必引《禹貢》，所謂應經也。平帝元始二年，黄支國獻犀牛，其《交州箴》内亦述及焉，然則其文必平帝時作。當時王莽既改州名，頗張其事，蓋使人定爲地理之書，今《漢書·地理志》所本者是也。故《地理志》書户口，獨舉元始二年，知其與州箴同時有也。《志》内每郡國必曰屬某州，而三輔、宏農、河東、武都、隴西、金城、天水十餘郡獨不著所屬，此其舊書必曰屬雍州也。班氏以雍州乃王莽專擅時所置之名，故刊除之爾。其實《志》内某郡屬某州，大抵皆莽所定，而漢平帝以前郡國分屬諸州之制，莽所云不應經者，皆不復可詳也。自是迄莽之亡，皆十二部。建武中興，改雍州爲司隸，而復設涼州，乃復爲十三部。（《古文辭類纂》卷五十九，第 680 頁）

【羽獵賦解題】　羽獵，《漢書》注家不甚詳，惟《晉語》郤虎被羽先升，韋昭注云："羽，鳥羽繫於背，若今軍將負眊矣。"鼐疑負眊蓋漢以後制，恐古人無此，韋説非也。《大司馬職》鄭注："號名者，徽識所以相别，在軍象其制爲之，被之以備死事。"《東京賦》薛綜注："揮爲肩上絳幟，如燕尾者也，以在肩上故曰負。"《韓詩外傳》子路曰："白羽如月，赤羽如朱。"然則羽者，徽幟耳。以其似羽，非真鳥羽也。賦内"羽騎營營，昈分殊事"，則其取相别識之義明矣。（《古文辭類纂》卷六十七，《續修》第 1610 册，第 31 頁）

【長楊賦解題】　此篇效《難蜀父老》。（《古文辭類纂》卷六十七，第 32 頁）

【解嘲解題】　鼐按，此文前半以取爵位富貴爲説，後半以有所建立於世成名爲説，故范睢、蔡澤、蕭曹、留侯前後再言之而義别，非重復也。末數句，言人之取名，有建功於世者，有高隱者，又有以放誕之行使人驚異，若司馬長卿、東方朔，亦所以致名也。今進不能建功，退不能高隱，又不肯失於放誕之行，是不能與數子者並，惟著書以成名耳。響若阺隤者，以狀其聲名之盛，《文選》及《説文》引之，並作響，《漢書》作向，古字通也。《説文》巴蜀名山岸脅之旁箸欲落墮者曰氏，氏崩聲聞數百里，而阜部又有阺，曰秦謂陵阪曰阺，然則此字作氏，音承旨切，或作阺，音丁禮切，皆本《説文》，義皆可通。（《古文辭類纂》卷六十七，第34頁）

【揚雄太玄目録序】　揚雄《太玄》，《漢藝文志》以爲十九篇，今傳晉范望注本爲十卷。蓋雄本書爲八十一家，以擬《易》六十四卦；家有九贊，以擬《易》六爻，又爲八十一首，以擬《象傳》，爲《玄測》以擬《爻傳》，爲《玄沖》《玄錯》以擬《雜卦傳》，《玄攡》《玄瑩》《玄棿》《玄圖》《玄告》皆以擬《易繫辭傳》，《玄數》以擬《説卦傳》，《玄文》以擬《文言傳》，惟無擬《彖》者耳。自范望分《玄首》冠贊之上，分《玄測》附贊之下，於是其本爲十九篇者亂矣。

昔侯芭、張衡之倫，推《太玄》比於聖經。然世或謂其非聖而作經，如吴楚之僭王。宋蘇軾尤詆之，至謂以艱深文其淺陋。竊以爲是二者皆過也，蓋謂聖人之道，原本盛大，以仁義中正，順播於萬事，惟變所適，而物得其理，於是作《易》以教世，錯綜萬端，經緯人事，雖庸愚不肖，苟筮之而見所以處事應物者，皆合乎聖人之道也。故曰吉凶者，言乎其失得也。得義爲吉，失義爲凶。故《易》者，導民於義者也。

自孔子之時，老聃之説興，其道以觀乎陰陽運行，屈伸迴圈，制爲用舍進退之度，因時而爲業，若有同於《易》者。然而古之聖人，當隆盛治平之世，居位則裁成輔相乎天地，而維天下萬世之安，非第不居盛滿功成身退而已。《易》曰“勿憂宜日中”是也。當《否》《遁》之日，有濟天下之心，有進德修業及時之志，又不幸所遭禍亂，必不可避，則致命遂志，非第全身遠害之爲善也。故有“休否干蠱”者，又有“過涉滅頂凶無咎”者，以老子之懦弱謙下，而終不涉乎世患，視世之鶩於功利名譽之徒，其賢則多矣。及以聖人之道揆之，然後知老氏之爲陋也。

孔子没，七十子之徒傳誦六藝，轉相爲説，或得或否，昝亂本真。其時雜家並興，仁義蒙塞，而漢世尤重黄老之書。蓋至元成之間，蜀嚴君平以《老子》爲教，揚雄少而學焉，故雄嘗美君平之湛冥。及自著書，覃思竭精，貫律曆之數，究萬物之情，而旨不出乎老氏而已。蓋彼不備知聖人之道，而以所窺於老氏者爲同乎《易》，於是作《太玄》以擬《易》而無慚也。其《晦》家上九贊辭曰：“晦冥冥，利於不明之貞。”測曰：“晦冥之利，不得獨明也。”此特老氏之和光同塵，於《易》箕子之貞明不可息之訓，不亦遠乎？其他蓋多類是。夫孔子之道，及雄之世，幾乎熄滅矣。求於道熄之後，得其仿佛而不盡通其旨，夫亦時使之然也。

當時著述與雄先後者，莫如劉向。向之爲書，其精深或不逮雄，而平生忠直之節，則逾雄矣。夫雄非特始學不當於聖人，亦以其行不能自副其言，是以君子輕之也。然而雄爲是書，亦可謂好學深思，言之近道者矣。孔子譏臧文仲不仁不知，而文仲卒以立言不朽。夫雄，蓋亦其倫與！范望之注，因漢末宋衷、吴陸績之解而損益之，然而於雄之旨亦未能盡得也。又有《釋文》一卷，蓋范望之前已有爲之者，其後遞相益。今其中有引及《唐韻》者，陳振孫云司封郎吴祕有《太玄音義》，此其祕之爲與？按《太玄》占法，用贊不用家，非如《易》之占兼用《彖》也。故九贊有辭而家無辭。其八十一首，乃擬《彖傳》，非擬《彖》也。自司馬光誤謂《易》有《彖》，《玄》有《首》；政和中有許良肱者，遂别增《首測》一卷，以擬《大象》，既復而無謂矣！後人不悟其失，反以良肱《首測》雜入雄所作八十一首之中，則其謬益甚矣，故悉削去不録。唐王涯有《説玄》五篇，别一卷，今以附其末。（《姚姬傳文》，中華書局1936年版，第16—20頁）

吴　騫

【石鼓亭宋槧揚雄傳跋】　右宋刻《揚子雲傳》，予友張君芑堂所藏本也。予自昨冬收得宋大字本《漢書》一十四册，矜爲創獲，而君亦於歲杪搆得此卷。今春過石鼓亭，出以見視，合諸予本，行款字劃無纖屑異，蓋實出一板，惟楮墨略有後先耳。惜此卷失其首尾，無從勘按。予本每卷首行人名在上，書名在下，次行署漢護軍班固撰，而不曰蘭臺令史。三行顔師古注，注上有“集”字。卷尾書“右將監本、杭本、越本及三劉宋祁諸本參校，其有不同，並附各注之下”。又云正文若干字，注文若干字，皆與近時行本夐然不同。是以錢塘盧弓父、嘉定錢曉徵諸先生均詫爲目所僅見，各爲之題跋。

昔人論宋槧書，以景祐校刊班、范二史爲第一，朝臣位登二府，始得拜賜。今此本中多避光寧廟諱，疑爲慶元嗣歲建安劉之同校定重刊本，故楮墨之精，不在景祐之亞。《子雲傳》雖闕佚不全，然以明監本校之，注文多什三四，即下卷用他本補全者，師古之注亦詳備，但不載諸家校本於卷末，别刊補校一葉，亦較勝近時本子。昔王弇州藏宋槧《漢書》，前有松雪小像，好事家至以千二百金購之。今聞已入中秘，人間不復見宋本之舊。君與予俱負書癖，又同時收得此本，雖吉光片羽，亦不可謂非與揚班有夙契者。爰識數語，以質於君。並示盧、錢諸公，爲書庫中添一佳話云。癸丑夏五月識。（《愚谷文存》卷四，《續修》第1454册，第220頁）

施朝幹

【書曾子固答王深甫論揚雄書後】　古之盜名者，莫甚於揚雄。昌黎韓子，知道者也，而以雄爲聖人之徒。司馬温公，仁義忠信人也，而作《潛虚》以擬《太玄》，可謂異事。然未有並其仕莽而稱之，謂其合於箕子之明夷於曾氏者也。

夫箕子之於紂，其恩則親屬也，其義則君臣也。不忍於殷之將亡，以諫不從而辱於囚奴，其所以處親屬與君臣之際至矣。夫是之謂艱貞，夫是之謂仁。若夫雄，自成帝時爲郎，給事黄門，與莽比肩事主，歷哀及平。知莽之將簒也而去之，宜也。曾氏則謂雄有所不得去，又不必死，辱於仕莽而就之，固所謂明夷也。吾不知雄之於莽，何所不得去；而仕之所謂明夷者，果若是乎。

雄之美新以媚莽爾，而曾氏曰此雄之不得已也。且謂箕子於美新，安知其不爲而爲之，亦豈有累，則箕子之罪人，而與於亂臣賊子之甚者也。曾氏又述王介甫所云雄之仕合於孔子無不可之義，而謂孔子之見南子、敬陽貨，此《法言》所謂詘身以伸道，而即雄之所以自見者，尤爲妄不足辨。雄以《法言》象《論語》，而末章乃曰："周公以來，未有漢公之懿也。漢興二百一十載而中天，其庶矣乎。"雄之擬經如此，其媚莽豈自美新始邪？嗚乎，士大夫有文學而無氣節，則國隨以亡。西漢之亡也，劉歆首禍，而雄即次焉。吾獨悲夫好雄書者之誣聖以尊雄也，微朱子，雄之言，足以欺萬世矣。（《一勺集》補遺，《彙編》第379册，第345頁）

段玉裁

【書漢書楊雄傳後】　《漢書·楊雄傳贊》曰"雄之自序云爾"，自是總上一篇之辭，師古恐人疑爲結《法言》序目之辭，故注之曰："《法言》目之前，皆是雄本自序之文也。"傳首序世系，師古注曰："雄之自序譜諜，蓋爲疎謬。"是師古以傳皆録雄《自序》，甚明顯。鄭仲師注《周禮·遂人職》曰："楊子雲有田一廛。"仲師卒於建初八年，於時《漢書》初成，仲師未必見，實用《自序》語。《漢書》記雄之年壽卒葬，皆於贊中補載，而不繫諸傳，與他傳體例不同，則傳文爲録雄《自序》，不增改一字無疑。唐初，《自序》已無單行之本，師古特就贊首一語顯之。宋洪容齋《隨筆》謂雄所爲文，盡見於《自序》及《漢志》，初無所謂《方言》。

其謂《方言》非子雲書，非也，其直稱班傳爲《自序》，則是也。劉貢父《漢書注》云：“楊氏兩族，赤泉氏從‘木’，子雲自叙其受氏從‘扌’，而楊修書稱‘修家子雲’，又似震族。”貢父所見雄《自序》，必是唐以後僞作，雄果自序其受氏從‘扌’不從‘木’，《漢書音義》及師古注必載其説，何唐以前並無此論，至宋而後有之？且班氏用序爲傳，何以不載，但曰其先食采於楊，因氏焉。楊在河汾之間，考《左氏傳》霍、楊、韓、魏皆姬姓國而滅於晉，羊舌肸食采於楊，故亦稱楊肸，其子食我亦稱楊石。《漢書・地理志》河東郡楊縣，應仲遠謂即楊侯國。説《左傳》《漢書》家，未有謂其字從手者。修與雄姓果不同字，斷不曰“修家子雲”，以啓臨淄侯之蚩笑，修語正可爲辨僞之一證矣。僞《自序》者，殆傅合班傳“無它楊於蜀”一語，師古注固云“蜀諸姓楊者皆非雄族”，不言諸楊姓者皆從‘木’，與雄從‘扌’異也。《廣韻》從“手”揚字之下不言姓，從“木”楊字注云：“姓，出宏農天水二望，本自周宣王子尚父，幽王邑諸楊，號曰楊侯，後並於晉，因爲氏。”近時字書又以此語繫之從“手”揚字之下，目爲楊雄《自序》，是又非貢父所見僞《自序》矣。今貢父所見僞《自序》，不知存否。而據班贊，知班傳之外，别無《自序》，其謂雄姓從才者，僞説也。（《經韻樓集》卷五，上海古籍出版社2008年版，第90—91頁）

沈叔埏

【書朱秬堂明經揚子年考後】　吾鄉徐華隱先生曾作《漢書揚雄傳贊辯》，以《綱目》書莽大夫，只據班史贊，而證以《文選注》所引桓譚《新論》，鄙世儒不信譚而信固，爲不樂成人之美，且歷言傳贊之自相牴牾，而因以斥班固之誣。推明固欲援附子雲，以掩其比竇氏之失，不暇慎核其事而整齊其文。其言最爲深切，至欲粹近代諸人訟冤之文以作《辯誣録》，想未成書。明經斯考，意正相同。其以《劇秦美新》爲劉歆嫁名之書，所見亦卓。而附録諸家，搜輯未廣。余故悉次所聞，如宋趙湘《三

辨》諸篇，增補於後，而少爲是正云。（《頤彩堂文集》卷八，《續修》第 1458 册，第 431 頁）

孫志祖

【揚雄仕莽】　全謝山《經史問答》中《辨揚子雲》一條云：揚子年四十餘而入京，成帝方郊祀甘泉，是永始四年也。次年而王根秉政，薦之。由永始四年至天鳳五年，計三十年。揚子以四十餘入京，又三十年，止七十年。今必欲諱其莽大夫之耻，以爲不逮事莽，乃自成帝建始元年數之，則移揚子入京之歲在二十年前，自可從而爲之詞矣。夫建始初元，王鳳秉政，非王根。成帝並未祀甘泉，揚子枯坐京師二十年以待王根之薦乎？

志祖案《漢書》雄本傳贊，薦雄待詔者，大司馬車騎將軍王音，非王根也。王音死後，王商代之秉政。若根之秉政，又在商後。今以雄爲根所薦，自與本傳四十餘入京之語合。若是王音，則不得有四十餘矣。宋祁云“音”字是“根”字之誤，此昔人所以欲移揚子入京之歲爲在建始初也。但據《成帝紀》，王音薨於永始二年。幸甘泉在元延元年，幸長楊校獵在元延二年。又與本傳上方郊祀甘泉，召雄待詔承明之庭，及贊所謂薦雄待詔，歲餘奏《羽獵賦》云云皆不相合。予以爲不特非王根，亦非王音也。雄《答劉歆書》曰：“雄先作《縣邸銘》《王佴頌》《階闥銘》及《都城四隅銘》，蜀人有楊莊者爲郎，誦之於成帝。成帝好之，以爲似相如。雄遂以此得見。”雄之自述者如此，李善取以注《文選》，蓋庶幾得其實矣。（《讀書脞録》卷五，《續修》第 1152 册，第 266—267 頁）

【楊揚一姓】　楊用修云：“羊、楊、揚、陽本一姓，揚子雲自以爲蜀無它楊，其揚字不從木。而楊修云‘吾家子雲’，亦同關西之楊。特子雲好奇之過，獨自標異爾。”

志祖案《漢書》雄本傳，據其自叙出於晉之楊侯，而《廣韻》楊字

注：“又姓，出宏農天水二望，自周楊侯後並於晉，因爲氏也。”其揚字注不云又姓，是古人但有從木之楊姓，無從才之揚姓矣。或譏“修家子雲”一語，謂德祖自紊其譜牒者，蓋失於不考。杜子美《壯遊》詩云：“斯文崔魏徒，以我似班楊。”謂班固、楊雄也。其下又押心、飛、揚，則子美亦以子雲之姓從木矣。《故夏日楊長寧宅詩》又曰：“醉酒楊雄宅”。（《讀書脞録》卷六，第 273 頁）

張　望

【讀曾鞏答王回論揚雄書】　王回謂揚雄處王莽之際，合於箕子之明夷者，豈不謬哉。夫箕子所遭者，紂也，紂之無道也；武王也，代商伐罪而救民也。爲之奴而紂不悟也，朝鮮封之而武王不臣也。若孝平之衰世也，非無道也。莽則漢之賊而已矣，烏得比也。曾鞏曰：“雄遭王莽，有所不得去，又不必死。”噫，是説也，其如薛方、龔勝何？又曰：“不去非懷禄，仕莽非無恥。”在我者，固彼之所不能易。《法言》所謂詘身以伸道。雄不知道，故視身與道爲二。國易姓，臣易君，我其安在？且夫堅不可磨而磷，白不可涅而緇，特孔子之言如是，卒未知其往之公山氏，所以處之者爲何如。而若孔子於衛靈、齊景，何必遂行，去齊，亦何必接淅也。則鞏焉得以此説曲護之？鞏既以割烹要湯，主癰疽、瘠環，信孟子非伊尹、孔子之事，而反謂美新，雄不得已。夫不得已云者，非其懷禄無恥與？又較其重輕，於仕莽美新之間，雖明若離婁，不能於秋毫之末有所分辨矣。至謂箕子辱於囚奴而就周，則於美新安知其不爲而爲之，亦豈有累？夫陳恒弑君，孔子於魯請討，身爲國臣，親見夫簒奪，從而仕之且美之耶？嗟乎，箕子遠矣，遭紂之無道而武王之爲君，内難而能正其志，乃所謂明夷也。

孝平當衰世，王莽之漢賊，爲揚雄者，豈所冒哉？鞏讀雄書有所得，於雄之事有所不通，故且原雄。雄，學孔子者也，孔子、孟子，非務爲書也。門人記其所言焉，未有題號，《法言》何爲者哉？而曰有問者以法應之，雄自謂今之學者，從而繡其鞶帨者，是已至其書皆設以擬《論語》爾，雄非無意於其間也。二帝三王之道，載於六經二子，所云測之而愈深，窮之而愈遠者。鞏何必舍是而於雄書每有所得乎？愛其書，阿其所好，遂以爲揚雄處王莽之際，可以比於有商之箕子。犯聖人之高獎，懷禄之臣，墮君臣之義，則王回、曾鞏輩之説所以大亂也。若夫自投閣下，或以爲妄傳，或謂以《美新》考之，則不可謂之無。雄之得失，不在此而在彼。（《閔榻先生集》卷二十，《彙編》第 394 册，第 193—194 頁）

【揚雄疑】　周後百子爲書，無若揚雄《法言》者。韓愈以雄接孟氏之傳，尊之者至矣，信雄極也。安有爲人臣而二之，略不鄙賤，而承奉若此者哉？《劇秦美新》之文腐爛，覩之欲唾。今取校《法言》，直出兩手，何也？漢時不避已名，王莽、貢禹，並有二人，則豈此等類耶？然而考亭目之莽大夫，又似即作《法言》者也。（《閔榻先生集》卷三十，第 272 頁）

陳本禮

【太玄闡秘自序】　史稱揚子雲好學博覽，覃深精思，家無儋儲，晏如也。漢成帝時奏賦爲郎，迨事哀平，值大盗移國，漢室丘墟，雄以一執戟郎，既不克剸刃賊腹以抒忠憤，又不獲脱身歸隱，高揖松、喬，於是託草《玄》以諷刺，推皇極之曆運，述陰陽之消長，俾知大寶不可以妄干，天誅之所必殛，爰特艱深其辭，隱晦其義，以避忌諱，使人不知其爲刺莽也。諸儒不識，咸以僭經非之，即同時博洽如劉歆，尚有覆瓿之誚，宜雄笑而不應也。自侯芭受業以來，譽《玄》者固多，而毁之者亦復不少，總緣未悉知人論世之旨，泥於卦爻術數之説，以致義愈晦而旨愈隱矣。惟宋高似孫曰："子雲之意，其疾莽而作者乎？哀平失道，莽輒亂常。子雲推天人終始順逆之理，正君臣上下進退之分，以爲違天咈人賊臣戒。"其説切中作者意。甚矣解人之難遇也。

夫以《玄》之精深博大、古質簡奥，而世人往往苦其難讀，即間有一二高明之士，亦一覽而置之，何《玄》之遠人若是哉！曩讀司馬文正公《集注》，略識大概，未窺其藴，今春獲讀范望《解贊》，及葉子奇《本旨》，嫌其冗贅，不能有所發明，爰不揣固陋，徵諸史册，準乎《洪範》，參之大《易》，考正其難讀之字，折衷於諸家之説，庶二千年來未白之幽衷，一旦豁然天壤，諒亦士君子所樂觀而心許也。至其理與《易》合，詞與《詩》合，其議論書法又皆與《春秋》合，後儒未能闡發其秘，置於諸子之列，良可慨嘆。雖然，子雲之文章卓越兩漢，載在史册，固無論已。然予獨於其出處大略，不能不爲之辯焉。

史稱雄恬於勢利，好古樂道，與董王同列，莽、賢爲三公，權傾人主，所薦莫不拔擢，而雄三世不徙官，則其平素不奔競於權勢之門可知矣。更讀其丹轂赤族之文，與夫“炎炎者滅，隆隆者絶”等語，皆諷刺當時，豈腆顔忍恥作符命之人哉！揆其所以不早引退者，當莽篡殺之始，降封孺子嬰爲定安公，邑萬户，地方百里，時天下雖稱新，焉知異日不能如少康之一成一旅，滅浞誅澆，而祀夏配天耶？是孺子一日未死，漢統一日未絶，莽固不得稱建國元年也。雄以三世舊臣，且精於術數，知莽不久必敗，漢當復興，故聊且依隱玩世，將拭目以觀天下之變，一俟大逆授首於漸臺耳。事之逆料不可知，然觀其校書天禄，於國破君亡之日，猶手抱漢代遺書而校録之，足見其心之不忘漢矣。當被收時，莽並代白其枉，曰：“雄素不與事。”讀此則不但符命事無雄，而雄之不居其位，不謀其政亦明矣。後儒紛紛責其畏死不去。嗟乎！士君子當國家革命危難之秋，其進退存亡固有難於表白者。昔孔子稱殷有三仁，而微、箕不死，未嘗不在仁人之目。晏子不死齊莊之難，夷吾不恥堂阜之囚。古大臣臨危授命，其志各有在，豈若匹夫匹婦之爲諒，自經於溝瀆者耶？况《玄》文語皆刺莽，後儒不能知人論世，輒欲苛責其不死，一腔忠憤付諸覆盆。《綱目》“莽大夫”之書，亦士君子之不幸也夫。嘉慶甲戌仲冬下澣邗江耕心老農素村陳

本禮漫識，時年七十有六。（陳本禮撰，劉保貞點校：《太玄闡秘》卷首，鳳凰出版社2017年版，第5—6頁）

【太玄闡秘例言】　一、子雲作《玄》，義在刺莽，非擬《易》也，其託諸《玄》何？玄，天也。天道彰善癉惡，其機緘之發，八卦甲子，神謀鬼藏，日星耀魄，水火争靈，好還之報，感召甚速。當莽擅權造逆之始，子雲手無寸鐵，心有神鋒，故覃深精思，草爲《太玄》，欲以闢邪佞，警權奸，而寒篡賊之膽也。是時也，莽焰正熾，故特艱深其辭，曲諱其義，以避禍也。

一、《太玄》以陰陽爲關鍵，以五行爲消息，以日星爲運度，以晝夜爲吉凶，其數始於三而終於九，極九九之數，成八十一首，贊辭亦每首九贊，其成七百二十九贊，推而衍之，則有三方九州二十七部八十一家之分，以盡世運人事之變，託象以明理，觀物以知化，大而君臣父子，細而草木蟲魚，明則察乎天地，幽則極乎鬼神，此《太玄》所以能彰往察來，與大《易》同旨。漢儒謂其義合五經，良有以也。

一、《太玄》以九成數者，蓋始於《河》《洛》。案《洪範》五行：一曰水，二曰火，三曰木，四曰金，五曰土。《太玄》起例每首亦各案五行生克值世任事，一六爲水，二七爲火，三八爲木，四九爲金，中五爲土。五行用事者王，所生者相，故王廢，勝王者囚，王所勝死，此皆天地一定之理，出乎先天者也。

一、贊辭以初一、次二、次三爲思，次四、次五、次六爲福，次七、次八、上九爲禍。案《洪範》五事：其一曰思，思曰睿，睿作聖。五福：一曰壽，二曰富，三曰康寧，四曰攸好德，五曰考終命。六極：一曰凶短折，二曰疾，三曰憂，四曰貧，五曰惡，六曰弱。《太玄》八十一首七百二十九贊，皆以思福禍三項平列而該之，蓋天下人事莫不由於思起而禍福隨之。《書》曰："惠迪吉，從逆凶。"《孟子》曰："禍福無不自己求之者。天作孽，猶可違，自作孽，不可活。"此皆《太玄》託諷之微文也。猶恐未盡其變，故又創爲旦筮夕筮、日中夜中等占，蓋欲以當暮鼓晨鐘，震醒權奸之癡夢耳。

一、子雲仕漢歷成、哀、平，三世不徙官，與莽、賢同立，及莽篡立，始以耆老久次轉爲大夫。其仕莽也，固毋庸爲子雲諱，後儒爲雄訟冤，每擬年歲不符，或以未及仕莽，紛紛代辯。案雄《家牒》，公生於成帝甘露元年，年七十一卒，蓋是莽天鳳六年己卯，非五年戊寅也。史册並誤，故特爲創立年考，俾公年歲及公一生出處大略稍有可考。

一、《玄》文本有《玄圖》《玄告》等篇，其圖不傳，至宋邵子始有《準易圖》，王薦有《日星節候圖》，元儒胡一桂有《方州部家圖》，明儒葉子奇有《一玄都覆三方圖》，皆不過紀其三方次序耳，無甚精義。今予既採集諸家，特另制《方圓一氣圖》，俾圓者合天，方者應地，其中五行生克之理，陰陽變化之道，胥於是乎在。且於先後天流行對待之數，知往者順，知來者逆，可與大《易》並行不悖矣。

一、先儒論説《太玄》，自漢以來，代有其書，人各異詞，其譽之者則以爲勝老子，方仲尼，毁之者則曰僭聖經，屋下架屋，覆醬瓿，更有謂以艱深文淺易者，是皆未得其平。夫雄之草《玄》，蓋欲以代斧鉞之誅，俾篡賊凛君臣之大義，畏天命之好還，稍以弭其梟獍之逆謀，亟以斂其滔天之險惡也。一腔孤憤，生無人明其志，死無人白其衷，致使沈淪不明於世，此亦士林汲古者之過也。

一、《太玄》古本相傳有宋氏衷、陸氏績、范氏望、王氏涯、宋氏惟幹、吴氏秘、司馬温公《集注》本，近世惟范氏《解贊》、温公《集注》本行世，然字有不同，句或各異。今據各本訂其衍文别字，另集《考異》一編於左。

一、博引各家注釋，皆采其有關於義理者，並冠以某氏，不敢掠美。其間有冗蔓者，略爲删截。若與本文毫無發明者，概不濫及。

一、《太玄》稱經，猶之《離騷》，皆後人所加。《離騷》，漢武曾命淮南王安作傳，迄今傳辭亡而名猶存。《太玄》亦經也，惜無有爲作傳者。然奇文奧旨，非傳不明。前賢於首辭雖間有一二發明，皆不中肯綮。余既創爲纂述，於每首下另撰小傳，不但子雲心跡眉張目舉，並益見八十一首之聯貫次第相生，語無泛設。昔淮南王爲《離騷傳》曰："《國風》好色而不淫，《小雅》怨誹而不亂，若《離騷》者，可謂兼之矣。"余亦曰："《易》奇而法，《詩》正而葩，《春秋》謹嚴，《左氏》浮誇，若《太玄》者，可謂兼之矣。"海内巨眼，當不以余言爲謬也。

一、子雲於八十一首外，復設有《玄沖》《玄錯》《玄攡》《玄瑩》《玄數》《玄文》《玄棿》《玄圖》《玄告》等九篇之文，有與八十一首之辭相發明者，有創爲玄法起例者，有直擬《易》之《文言》《繫傳》者，然其中實多寓諷之辭，如創立罔、直、蒙、酋、冥等，直是感憤罵世，何嘗解《玄》? 讀者毋爲其所欺可也。

一、《闡秘》之注，非余阿其所好，蓋以表幽忠也。余於漢室孤臣得三人焉：史遊之《急就章》也，焦贛之《易林》也，子雲之《太玄》也。《急就》諷元帝，《易林》悲世亂，《太玄》刺權奸，詞雖不同旨，然其苦心忠於王室則一也。自漢迄今，歲幾二千，曾無一人爲之抉其隱而摘其伏也。九原不作，則三子者將抱恨於終天矣。故余於《急就》則探其奇，於《易林》則正其訛。今又爲《太玄》著其靈，俾三子之亮節幽衷，朗照中天，可以質諸鬼神而無疑，百世以俟聖人而不惑。非敢自信，惟以闡微表幽，幸海内同志諒焉。

一、此書自初春以至冬末，凡十閱月，雖疾病酷暑寒冰，未敢輟手。特恐老拙識鈍，不獲盡探其奇，爰自發憤詮成此注，實多前人未發之旨。非敢好奇表異，竊以《太玄》文字簡奥，寄喻幽深，似古箴銘，若古繇諺，海内素心，定多欣賞。特憶此書注成疇昔之夜，夢得句云"半江春月照梅花"，不知何謂也。(《太玄闡秘》卷首，第7—10頁)

【太玄闡秘跋】　昔陸績《述玄》謂："周公繇大《易》，孔子修《春秋》，不能是過。”其言似爲誇誕，然細核其當時情事，朝無骨鯁，士皆奸黨，故子雲憤筆而草《太玄》，蓋欲以天道正人心，借陰陽爲綱紀，引曆律作爰書也。後儒不悟其旨，輒譏其擬《易》僭經，遂使子雲一生苦曲幽忠莫白於世。間嘗披季漢《秦宓傳》，稱其泥蟠不滓，行參聖師，其峻節高風推重當時，則其不事莽也明矣。且更讀陶靖節詩曰：“子雲性嗜酒，家貧無由得。時賴好事人，載醪祛所惑。觴來爲之盡，是諮無不塞。有時不肯言，豈不在伐國。仁者用其心，何嘗失顯默。”則知子雲於改革後殆絶口不言漢事矣。其校書天禄閣者，亦明哲保身之意也。“莽大夫”“晉處士”皆朱子《綱目》特筆，然則靖節所取以爲儔類者，其人非歟？靖節不爲五斗而賦《歸來》，子雲校書天禄絶口不言漢事，跡不同而其志則一也。自漢以來，論説紛紜，總未有發明其心曲者，不意於詩傳中得此數語，真不啻起九原而骨肉之矣。秦、陶二公皆當世大儒，且去漢近，自必文獻有徵，較之恃私議以逞空談者，必有異矣。嘉慶丁丑中元日邗江逸老素村禮自識，時年七十有九。（《太玄闡秘》卷末，第260—261頁）

王念孫

【與劉端臨書】　王念孫再拜端臨先生席前。新正接奉手書，具領一切。念孫前歲差旋過鎮，滿擬入城一晤，並訪若膺先生，同作竟夕之談。詎因水淺，改由焦山閘口渡江，遂不獲如願，悵何如之。先生談經冰署，借清俸以怡顔，暢叙天倫，其樂何極，人世浮名誠不足爲先生道耳。念孫自改諫曹，幸謝部務之擾，去年夏秋間欲作《方言疏證補》，已而中止。念孫己亥年曾有《方言》校本，庚子攜入都，皆爲丁君小雅録去。内有數十條不甚愜意者，往往見於盧紹弓先生新刻《方言》中，其愜意數條，則紹弓先生所不録，容當録出就正，然計先生及若膺先生所校必有暗合者矣。自去年八月始作《廣雅疏證》一書，是書雖不及《爾雅》《方言》之精，然周、秦、漢人之訓詁皆在焉，若不爲校注，恐將來遂失其傳。念孫將以十年之功爲之，自八月至今始完半卷，而正訛補缺已至一百五十餘條。是書積誤較他書爲甚，倘先生平日有考訂之處，務祈録示，以便登載。令弟現館内城，一月之内，時獲晤談，甚爲相得。良覿正遥，諸惟珍重不宣。（《王石臞先生遺文》卷四，《續修》第1446册，第59—60頁）

【致陳碩甫書（節録）】　《漢書·揚雄傳·甘泉賦》“列宿乃施於上榮兮，日月才經於柍桭”，服虔曰：“柍，中央也；桭，屋梠也。”師古：“柍音鞅。”

念孫案：柍當作央，此因“桭”字而誤加木旁耳。桭與宸同，《説文》“宸，屋宇也”，即今人所謂屋簷，央桭謂半簷也。日月才經於半簷，極言臺之高也。央桭與上榮對文，則央字不當作柍，服虔訓爲中央，則所見本必作央也。蕭該音於兩反，則所見本已訛作柍矣。《西京賦》曰：“消雰埃於中宸，集重陽之清澄。”彼言中宸，猶此言央桭，則央之不當作柍，益明矣。《魏都賦》“旅楹閆列，暉鑒柍桭”，張載曰：“柍，中央也。”則其字亦必作央。今作柍者，亦是傳寫之誤。《説文》“柍，柍梅也”，《玉篇》“於兩切”，則即《爾雅》所謂“時，英梅”者也，與央桭之義無涉。《集韻》“柍，屋中央也”，則爲俗本《漢書》所惑矣。（《王石臞先生遺文》卷四，第62頁）

【楊雄傳】　段氏若膺曰：贊曰“雄之自序云爾”，乃總上一篇之辭，故師古注曰“自《法言》目之前皆是雄本自序之文也”。《漢書》記雄之年壽卒葬，皆於贊中補載而不繫諸傳，與他篇體例不同。則傳文爲録雄自序，不增改一字無疑。唐初自序已無單行之本，師古特就贊首一語明之。劉貢父《漢書》注云，楊氏兩族，赤泉氏從木，子雲自叙其受氏從才。而楊修書稱“修家子雲”，又似震族。貢父所見雄自序，必是唐以後僞作。雄果自序其受氏從才不從木，《漢書音義》及師古注必載其説，何唐以前並無此論，至宋而後有之。且班氏用序爲傳，但曰“其先食采於楊，因氏焉，楊在河汾之間”。考《左氏傳》，霍、楊、韓、魏，皆姬姓國，而滅於晉。羊舌肸食采於楊，故亦稱楊肸，其子食我亦稱楊石。《漢書·地理志》河東郡楊縣，應仲遠謂即楊侯國。説《左傳》《漢書》家，未有謂其字從手者，則雄何得變其受氏之始而從手也。修與雄姓果不同字，斷不曰“修家子雲”，以啓臨淄侯之譏笑。修語正可爲辨僞之一證矣。作僞自序者，殆因班傳“無它楊於蜀”一語，不知師古注但云“蜀諸姓楊者，皆非雄族”，不云諸姓楊者皆從木，與雄從才異也。《廣韻》揚字注不言姓，楊字注則云姓，出宏農天水二望，本自周宣王子尚父，幽王邑諸楊，號曰楊侯，後並於晉，因爲氏。然則姓有楊而無揚，甚明。今貢父所見僞自序，不知存否？而據班贊知班傳之外，别無自序。其謂雄姓從手者，僞説也。

念孫案，若膺之論致確。景祐本、汪本、毛本楊揚二字雜出於一篇之中，而明監本則皆改爲楊，其分見於各志各傳者，景祐本、汪本、毛本從木者尚多，而監本則否。余考漢郎中鄭固碑云“君之孟子有楊烏之才”，烏即雄之子也，而其字從木，則雄姓之不從手益明矣。

【反離騷】　乃作書，往往摭《離騷》文而反之，名曰《反離騷》。又旁《離騷》作重一篇，名曰《廣騷》。

念孫案，《反離騷》離字涉上下文而衍，曰《反騷》，曰《廣騷》，其篇名皆省一離字。《後漢書·梁竦傳》感悼子胥屈原以非辜沈身，乃作《悼騷賦》。《應奉傳》追湣屈原，因以自傷，著《感騷》三十篇。篇名皆省一“離”字，義與此同也。《文選·頭陀寺碑文》注引作《反離騷》，“離”字亦後人依誤本《漢書》加之。其《魏都賦》注《贈秀才入軍詩》，注《陳情表》。注《與稽茂齊書》，注《運命論》，注《辯命論》，注皆引作《反騷》。又《水經》江水注，《後漢書·馮衍傳》注，舊本《北堂書鈔》藝文部八，《藝文類聚》雜文部二，《白帖》六十五、八十六，《太平御覽》文部十二、百卉部三，亦皆引作《反騷》。

【畔牢愁】　又旁《惜誦》以下至《懷沙》一卷，名曰《畔牢愁》。李奇曰：畔，離也；牢，聊也。與君相離愁，而無聊也。

念孫案，如李説，則畔牢愁三字，義不相屬，訓牢爲聊，而又言無聊，義尤不可通。余謂牢讀爲懰，《廣韻》：懰，力求切，怨也。《廣雅》曰：怨，怨憂也。是懰爲憂也。《集韻》：懰，栗憂也。《外戚傳》“劉栗不言”，師古曰：懰栗，哀愴之意也。義並相近。牢字古讀若劉（説見《古韻標準》），故與懰通。牢愁，疊韻字也。畔者，反也，或言《反騷》，或言《畔牢愁》，其義一而已矣。（以上俱見《讀書雜誌·漢書》第十三，《續修》第1153册，第39—40頁）

戴殿泗

【荀揚王韓論】　荀卿子，大儒之不匿其瑕者也；韓子，其亞也；揚雄氏，文士之僞託於儒者也；文中，其美也。韓子不及荀子；文中不及韓子，揚子不及文中子。敦學隆禮，崇王黜霸，企堯、禹、周、孔而步趨之，唯謹其言，博以崇，其蓄無涯，荀卿之學也。闢邪去浮，信心直道，孜孜乎樂善不倦，其言淳以健，其出無支，昌黎之學也。二子之於聖道，有功於扞藩矣。文中子明切於事情，其爲言也明□盡，其勝於揚雄，以其中淡。雄則有精確之論，其爲言也晰而專，其棄於儒門，以其内躁，淡與躁中，於心術之微，見於辭氣之間，而徵於事爲之著不可誣也。孟子而後，明道而前，昭日星者必曰四子。儒先之學，不可輕議，然亦不可盡没，故次其先後若此。（《風希堂文集》卷二，《續修》第1471册，第79頁）

張雲璈

【揚子雲】　海昌朱子培云：孝成時，昭陽姊妹禍水方滋，子雲《甘泉賦》乃以“屏玉女、却宓妃”爲言，微辭諷諫，其不屑脂韋取容，於斯可見，何至有爲莽大夫及投閣美新之事乎？《漢書·揚雄傳贊》：“年四十餘，自蜀來，遊京師，大司馬音奇其文，召爲門下史，薦雄待詔，歲餘奏

《羽獵賦》，除爲郎。”又云：“年七十一，天鳳五年卒。”按，雄奏《甘泉賦》在永始四年正月，至新莽天鳳五年，計三十一年，而王音卒於永始二年正月，既召爲門下史，又薦之待詔，其間應亦稍稽歲月，是雄至京師在永始之前明矣。永始之前年已四十餘，何以年七十一卒於天鳳五年乎？今以《法言》考之，莽於平帝元始元年稱安漢公，《法言》稱漢公，並未及新莽篡位後事，然則雄年七十一卒，當在孺子嬰居攝時。雄仕歷成、哀、平，故云“三世不徙官”，若復仕莽，則合子嬰爲五世矣。且以莽之篡竊，而雄甘心靦顏爲之臣，則前此董賢寵倖時，何以不奔走權要耶？又前此莽居攝時，何以不言符命以博三公耶？可見雄固未嘗仕莽，《元后誄》及《劇秦美新》，或亦劉歆、甄豐輩假託以取媚耳。桓譚《新論》既不足信，班史又多舛誤，昭明復以《劇秦美新》入《選》，遂使一代名儒蒙失身黨惡之罪，可哀也已！

雲璈按：子培此論欲洗才人千古之冤，特爲翻案，自是奇快，然自莽居攝至投閣之時，凡十三年，子雲之失節，實無可解免，以比楚國龔勝，能無汗顔？但竟下同於劉歆、甄豐輩，則真冤矣。讀班史一贊，持論最爲平允，可以得子雲之真，故録子培之説而平情論之。至《美新》之作，或以爲谷雲，或以爲劉歆，考谷雲死於王音之時，亦未可厚誣也。

（《選學膠言》卷五，《未收》第8輯第30册，第221—222頁）

顧宗泰

【讀揚子】 天下之言之不詭於聖道者，即其言可傳。其言傳，不得因其人之行事而廢其言。其行事不足法，又不得因其人之言而概寬其行事。合是以讀揚子書，而有以見揚子之真。

揚子繼孟子、荀子後，以道自任。《法言》則古稱先，實有所發明。如《學行》諸篇，言孔顏之樂。《問道》諸篇，以堯舜文王爲正軌，而斥老氏之搥提仁義，絶滅禮樂，以禮文五教爲治法，而斥申韓之不仁狙詐，慘刻少恩。《先知》諸篇明規矩準繩，自治治人之大器。漢儒言之醇者，董子而後，應數揚子，荀子殆不及耳。雖《太玄》擬《易》未能盡當，要豈離經悖道者哉。

然謂其言可傳則可，並謂其出處亦圓通無礙，則固不可。今夫《春秋》責備賢者，揚子而不言聖道也，揚子而言聖道，則不移不屈，當以孟子自處。當其成帝之世，給事黄門，與王莽、劉歆並。哀帝之初，又與董賢並。雖後莽與賢皆顯赫，獨三世不徙官。及莽篡，以耆老久次轉大夫。然苟容全身，畏死不去，豈得託於明哲，徒謂遜於不虞乎？何與其治見亂隱之言，反相刺謬乎？況稱莽功德比伊周，又作《劇秦美新》，又奚爲者也？而投閣之事猶其後焉者矣。前輩王鳳洲謂去則莽必恨，恨必追而戮之。然儒者處世，即死亦揆之義耳。又謂所美之新，美於秦不美於漢。試思新可美乎？且謂涑水不斥而紫陽斥之，其深意欲以宋統直接孟子，是猶以私意議朱子。如朱子有意斥揚子，何不議董子哉？當時禄隱之誚，何必爲之諱？

吾故曰如揚子者，不以人廢其言可也。如以其文聱牙隱曲，並其言亦斥之，則不許爲知道者。孟子既殁，遥遥三百年，揚子著書明道，其功亦偉耳。不然，韓子何以稱之也哉。（《月滿樓文集》卷五，《續修》第1459册，第592頁）

徐　經

【讀揚雄傳】　昔昌黎《答劉秀才論史書》謂爲史者不有人禍，則有天刑，蓋以傳聞互有不同，事跡何所取信。則甚矣，作史之難也。吾讀《漢書·揚雄傳》，悲之。蓋班氏一不慎而使雄受誣千載，後之愛憎黨附，各相仇敵，遂至愈爲曲護而愈受詬病。則原其先，班氏誤之，其後未必非諸名士辯非其辯以失之。則甚矣，讀書之難也。

按，本傳載雄之品與學甚正，特取其自序爲贊，失所考據，大不類。

雖富貴不事之爲人，雄既不汲汲富貴，而顧用符命稱功德以求爵位者哉？班氏知雄非聖哲之書不好，而其論又不詭於聖人，則蒙羞篡亂之朝，豈雄之忍出此。然則投閣事莽，又何稱耶？聞當時有兩子雲，谷雲黨於王氏，而符命未知誰所作，後人遂誤收爲雄文，則莽大夫之書，故不免也。夫紫陽責備賢者，自不爲諱，而特未暇詳有無其事。後人因愛其文，欲護其人，遂依阿曲解於其間，謂雄之仕莽，合於孔子無不可之義（王介甫語），而其辱而就之，乃是箕子之明夷（曾子固語），更有謂《劇秦美新》以政况莽爲，非諛辭者（朱梅崖語）。嗚呼，雄而果仕莽，則其寡廉鮮恥，雖百其舌不能爲之解也。惟其遊京及卒年歲見於讚語，可據以考。其歷成、哀、平三世而没，並未及見莽篡事，則班史之誤自明，諸儒之解可廢。雄之爲雄，固純白無疵於天地。不然，如諸説者，正所以出之而愈入之，非愛雄之道也。吾益信韓子不爲史之故，而班氏非有所巧造構立，尚一失檢，遂至流誣。天刑人禍可畏可懼，史其輕爲之哉。嗚呼，闞止字子我，而亂齊之事，史遷以誣吾宰予。然則史之闕文，聖人嘆不及見，有以也夫。

細心讀書，考究得失，並非鑿空立説爲新奇者。吾恨不起王介甫、曾子固及朱梅崖先生讀之。（衷雅堂先生）

按，成帝在位二十六年，哀平二帝十一年，子嬰二年，莽稱初始一年，始建國五年。改天鳳自成帝建始元年至莽天鳳五年，共五十年。雄遊京師在成帝時，年已四十餘，至天鳳五年九十餘矣。史稱卒年七十一，當在平帝之世。傳中著其奏賦於成帝祀甘泉之際，草《太玄》於哀帝用董賢之日。而平帝以還，不見於傳，傳何猶及莽之篡漢？史失所考，誤稱雄卒天鳳五年，所以有仕莽之誣。又《元后傳》稱建國五年太后崩，莽命雄作誄辭，恐亦有誤，其時未必雄在也。即《法言》卒章稱漢公，此平帝元年賜號，群臣盛陳莽功德，雄殆見其固讓數四，稱疾不起，行事依託於伊周而不能察其僞耳。是時龔勝、逢萌俱未罷去，龔罷於平帝二年，逢去於三年，安知其時雄不已卒乎？桓譚著《新論》，以雄作《甘泉賦》次日遂卒。譚與雄同時，所記較班氏爲實。據此，則雄没於成帝永始四年矣。今以班史稱雄三世不徙官，亦謂其閲成、哀、平而不及居攝，則言雄卒於天鳳五年，非妄誣哉。雄未遊京時，與嚴君平、鄭子真遊，立身行己，自有法度。且作《太玄》以明上下之分，斷無仕莽。乃《綱目》因《漢書》而並誣之，不可不訂正也。(自記)

《法言》末篇稱漢興二百一十載，而西漢實二百一十四載，則未見篡漢明矣。且疊頌漢德，稱莽漢公，雄豈忘漢者哉。罪之者，以其從賊污身，不知雄七十一已卒矣，安能及天鳳時仕莽耶。事具於焦弱侯《辯證》，當取核之，勿致雄抱冤地下。(林淡茹)

《朱子讀書法》謂今世上有一般議論，成就後生懶惰，如雲不敢輕議前輩之類。然讀書有疑，有所見，自不容不立論。其不立論者，只是讀書不到疑處耳。將精義諸家説相比並求，其是便自有合辯處。今觀芸圃深得此法。(吴秋士)

是作爲子雲洗冤，亦大快事也。然終不能無疑者，谷雲黨於王氏，亦字子雲，在王根時已死，禪事不及見，以《美新》之文嫁之，可乎？桓君山《新論》：子雲於永始時待詔，賦《甘泉》始就，夢腸出，收而納之，明日卒。是子雲在成帝時已死，而《太玄經》乃作於哀帝董賢用事之時。則桓君山之語，更不足據。全謝山《子雲生卒考》，建始元年至天鳳五年統共五十年，子雲見成帝時年已四十餘，則與本傳所謂卒年七十一者顯然不符。不知子雲未嘗以建始至京也，其客大司馬王音門下，乃在永始、元延之間，故不久即有承明之召，不然，安有二十載京華，姓氏通於天子，直至汾陰肆祀方有一薦之理？是所謂四十餘者，蓋從永始言之，與《漢書》本傳卒於天鳳五年其數頗合。紫陽史法謹嚴，未可輕議。起先生而質之，諒不以此見罪也。長樂楊春薔附記。(以上俱見《雅歌堂文集》卷四，《彙編》第433册，第134—136頁)

唐仲冕

【跋太玄集注】　右《太玄》注並解，宋抄凡十册，因籍一大紳家得之，以觸廟諱字特多，不進内府。考明時藏吾家六如家，余當弆之，然仕於州縣，不解藏書，而蕘圃主政精考訂，且曾見此書，時時念之，因舉以相贈。亦以其舊藏吴中，今仍置之皋橋吴趨間，抑亦吾家六如所心許也。買櫝還珠，吾無悔焉，主政其善寶之。嘉慶六年九月既望陶山唐仲冕識。（清抄本《太玄集注》卷末，周斌等主編《揚雄著述版本薈萃》第七册，巴蜀書社 2018 年影印本）

張士元

【揚雄論】　余少讀韓愈書，見其屢稱揚雄，以爲聖人之徒，與荀卿並。於是求雄書讀之，其言誠可比荀氏，而文章雅麗，則司馬遷、劉向之外，殆未有過之者。及觀《劇秦美新》一篇，始怪聖人之徒而有此作，疑韓子爲失言。然猶以文章之傳，真僞常相亂，或世之習雄文者，撫擬爲之，非真子雲筆也。其後讀《法言》終篇，頌王莽之功，曰周公以來未有漢公之懿也，勤勞則過於阿衡，漢興二百一十載而中天，其庶矣乎。於是知雄之寡識，不能權輕重，《美新》之文，固其所作也。

《法言》載莽辟雍禮樂之事，而辭稱漢公，蓋莽是時已受九錫，猶未即真也。莽初僞爲正直，勤於國家，人多嘉美之，雄亦爲流俗所惑，故有是言耳。然史謂莽色厲言，方欲有所爲，徵見風采，其黨承指而顯奏之。當日吏民以莽辭新野之田，上書稱説者前後四十八萬七千五百餘人，而王公列侯宗室亦皆爲莽言。夫一新野之田不受，所損於莽者未爲甚，何至朝野之人皆爲之慊慊而上言？此非莽之授意黨友使導之而然乎？其奸詐已不難辨，而雄乃比之伊尹、周公，大書特書，以告萬世，何哉？逮莽篡位奪璽，肆大惡於天下，雄猶不去而仕莽，又爲之揄揚其美。則雖清静寂寞，不求顯達，終無解於二姓之臣也。退之好其文，並重其人，稱爲聖人之徒，不已過乎。

雖然，退之論道，固謂孟子死不得其傳，而荀與揚擇焉不精，語焉不詳。至曾子固則竟以箕子之明夷况雄，王介甫又謂雄之仕合於孔子無不可之義，豈不益謬哉。吾考莽之就國也，敬禮孔休，贈之玉具劍而休不受。及莽之徵也，欲見休，休稱疾不見。此見幾之最先者也。莽篡位之後，安車迎龔勝，即拜太子師友，秩上卿。勝以死拒，此清節之最著者也。尚書陳咸見莽輔政，即乞骸骨，莽既篡，再徵不起，令三子俱解官，此潔其身而並及其子者也。士大夫出處常變之際，當爲孔休、龔勝、陳咸，毋爲揚雄，斯可矣。區區文辭之高下，不足論也。（《嘉樹山房集》卷一，《彙編》第443册，第421—422頁）

【書汪鈍翁跋漢書揚雄傳後】　汪鈍翁《跋揚雄傳》，述楊莊簡公之説，云《傳》言雄年四十餘至京師，卒於天鳳五年，年七十一。自成帝建始元年至天鳳五年計五十年，是時雄將百年，不得言七十一。

按，《傳》言客有薦雄文似相如者，成帝方祠甘泉，召雄待詔承明庭。雄從上甘泉，還奏《甘泉賦》。時蓋永始、元延間也。永始三年始復甘泉祠，四年始幸甘泉，元延二年以後屢幸之，前此未嘗祠甘泉也。計永始四年，雄年四十餘，至天鳳五年，正合七十一之數。（《傳贊》言雄至京師，大司馬車騎將軍王音召爲門下史，薦雄待詔。考音繼鳳爲大司馬，在陽朔三年，輔政八年薨，則爲永始二年、四年祠甘泉而雄始賦之。參觀孟堅前後所書年數，略相符。縱小有參差，亦不過二三年耳。）莊簡以此駁《傳》，謂雄未嘗仕莽，恐未可據也。

桓譚《新語》謂雄作《甘泉賦》，夢腸出，收而納之，明日遂卒。此則傳聞之訛。譚雖嘗親見子雲，而所載殊舛誤。或其書經後人附益，非盡譚作也。班固作此傳，自言本雄之《自序》，始末頗詳。賦《甘泉》後尚有《羽獵》《長楊》等賦，朝事歷歷，何嘗絶筆於《甘泉》乎？要之，雄之仕莽已有明徵，不得强爲之解。鈍翁述此語，而未嘗辨明。反謂孟堅傳訛，殊失考。然此文列於《類稿》，後重刊《堯峰文鈔》則删之，豈亦悔其少作耶？宋牧仲刻《三家文鈔》，仍列此篇，殆未□□□也。（《嘉樹山房集》卷六，第449頁）

【論文（節録）】　文無至性，雖辭語精善，終無所取。觀揚雄《反離騷》，强責屈子，甚背義理，此其所以安於仕莽也。若賈誼《吊屈原文》所見自不同，他文俱佳。相如《大人賦》宗法屈騷，亦從賈賦化出而，意已主道諛矣。不知昌黎何以取相如、子雲而獨遺賈生也。（《嘉樹山房外集》卷下，第561—562頁）

曹振鏞

【揚雄】　西蜀宏才麗子雲，似相如早薦雄文。未收使者先投閣，不有門人孰起墳。赤族每愁遭跌驟，《玄》經那礙獻嘲紛。美新功德殷勤頌，莽大夫高翰墨勳。（《話雲軒詠史詩》卷上，《彙編》第443册，第626頁）

宋　湘

【揚雄】　儻不美新專著書，雄文傳處馬卿無。守《玄》尚白頭如雪，一痛千秋莽大夫。（以上《漢書摘詠》，《彙編》第450册，第89、91頁）

秦恩復

【重刻治平監本揚子法言並音義序】　揚子《法言》十三卷，自侯芭、宋衷之注既亡，而存者莫先於晉李軌宏範注。宋景祐、嘉祐、治平三降詔更監學館閣兩制校定板行，最爲精詳，有《音義》一卷，不題撰人名氏。其中多引天復本，天復者，唐昭宗紀元，而王建在蜀稱之，然則謂蜀本也，撰人當出五代、宋初間矣。司馬温公言宋庠家所有，逮陳振孫《書録解題》所載，皆即其本，當時固盛行也。外此有唐柳宗元、宋宋咸、吴秘注，建寧人合李注爲“四注本”，《書録解題》云與此不同，厥後書坊復有新纂門目五臣音注本，則又增入温公《集注》，而卷依宋咸爲十。諸家元文，悉經删節，全失其舊，明之世德堂據以重刻，通行迄今，於是世人罕知。諸家或十三卷、或十卷，各有單行之本，而李注乃若存若亡焉。

戊寅首春，購得宋槧，稍有修板，終不失治平之真，適元和顧君千里行篋中有臨何義門所校，出以對勘，大致符合，深以爲善，勸予刊行。爰以明年影摹開雕，凡遇修板，仍而不改，並所訛誤，舉摘若干條，綴諸末，以俟論定者。唯惜陳振孫又云錢佃曾得舊監本刻之，今未見，不獲互相證明也。至於宏範所學，右道左儒，每違子雲本指，其讀文句亦不能無失。温公時下己意，多所訂正，而《集注》十三卷本竟杳難再遘。然則此本宋槧之僅存，而予與顧君得以流傳之，可不謂厚幸也哉？嘉慶廿有四年歲在己卯十有二月己丑朔，江都秦恩復序。（《揚子法言》卷首，清嘉慶二十三年秦氏石研齋影北宋治平國子監刻本）

凌揚藻

【莽大夫】　世之辨子雲未嘗仕莽者，大略謂傳言雄作符命投閣年七十一，天鳳五年卒。考雄至西京年四十餘，自成帝建始改元至天鳳五年計五十年，以五十合四十餘不將百年乎。則傳言七十一者恐誤。據桓譚《新論》雄作《甘泉賦》，明日遂卒。成帝祀甘泉在永始四年，謂雄卒是時，恐亦未然。就《法言》考之，莽之號安漢公，在平帝元始間。《法言》稱漢公，且云漢興二百一十載，自高帝至平帝正值其數。則雄年七十一卒，當在平帝末。雄仕歷成、哀、平，故稱三世不徙官。若復仕莽，又詎止三世哉。於是美新投閣，或以爲谷雲，或以爲劉揚。

全謝山曰：是皆愛莽大夫之甚，而曲爲之脱者。蓋雄年四十餘而入京，成帝方郊祀甘泉，是永始四年也。次年而王根秉政，薦之。是確鑿可據之文也。由永始四年至天鳳五年計三十年，雄以四十餘入京，又三十年，正七十一，何年數之不符也。今必欲諱其莽大夫之恥，以爲不逮仕莽，乃自成帝建始元年數之，則移雄入京之歲在二十年前，自可從而爲之辭矣。夫建始初元，王鳳秉政，非王根也。成帝並未祀甘泉，豈雄枯坐京師二十年以待王根之薦乎。故爲子雲辨者，不甚讀書，而徒費此苦心也。若谷雲，則死於王根之世，有明文，而又移而後之，以二千餘年之故鬼，爲諸公顛倒壽算，悲夫。（《蠡勺編》卷九，《續修》第1155册，第300頁）

【荀子揚子】　楚蘭陵令趙國荀况撰《荀子》二十卷，《漢志》作《孫卿子》，避宣帝諱也。至楊倞始改爲荀卿。漢黄門蜀揚雄撰《法言》十卷，凡十三篇。篇各有序，本在卷末，如班固《叙傳》。然今本分冠篇首，自宋咸始也。韓昌黎謂荀與揚大醇而小疵。程伊川謂荀卿才高，而其言多過；子雲才短，而其言多失。然皆未免夫駁者也。全紹衣曰：荀子醇疵相間，然不可謂非孟子而下一人，故《史記》孟、荀合傳，可謂有見。揚子之學，出於老氏，其源流本殊，而粉飾之以孔氏。故荀子之參差於孟子，自是其病，而亦正是其本色所在，不肯附會。揚子摹擬諸經，乃是其摹擬司馬相如作賦之餘技，其中無得。蓋揚子之學，其於老氏亦淺。須知得老子之道者，漢初莫如張良，是以老氏之學成經濟，次之則汲黯，是以老氏之學成氣節，又次之則東陵侯蓋公之徒，是以老氏之學善其進退存亡於一身。最下斯爲揚子，其流極便是馮道，何可與荀子争軒輊也。（《蠡勺編》卷二十，第406頁）

張惠言

【七十家賦鈔目録序（節録）】　斷以正誼，不由其曼，其氣則引費而不可執。循有樞，執有廬，頡滑而不可居，開決宧窔，而與萬物都。其終也芴莫，而神明爲之橐，則司馬相如之爲也，其原出於宋玉。揚雄恢之，脅入竅出，緣督以及節，其超軼絶塵而莫之控也，其波駭石咢而没乎其無垠也。（《茗柯文編》初編，《續修》第1488册，第503頁）

【評蜀都賦】 此篇錯誤脱闕，然非僞作。(《七十家賦鈔》卷三，《續修》第1611册，第59頁)

嚴可均

【重編揚子雲集叙】 《揚子雲集》，《隋志》《唐志》皆五卷，亡於唐末，宋譚愈輯得四十餘篇，爲三卷，或作五卷。余未見之。明萬曆中，鄭璞補輯爲六卷，即《四庫》所收也。余又重編爲四卷，凡六十一篇。卷視隋唐差少，篇視鄭璞增多。拾遺訂誤，皆注明出處，以便覆查，疑者闕之。《漢志》著録賦十二篇，今得《蜀都》《甘泉》《河東》《羽獵》《長楊》《覈靈》《太玄》《逐貧》《酒》《反騷》十篇，其《廣騷》《畔牢愁》僅見篇名，似即《反騷》之子目。據許氏《説文》引《解嘲》"響若氏隤"，謂之賦，則視《漢志》亡其一篇。《後漢·胡廣傳》稱《十二州箴》《二十五官箴》，其九篇亡闕。今除《初學記》之《潤州箴》，《御覽》之《河南尹箴》誤入不録外，得整篇二十八，如《後漢》原數。又五篇有闕文，四篇亡，知所謂亡闕者，有亡有闕，非九篇俱亡之謂。《蜀都賦》爲集中巨制，校讎再四，從順良難。《連珠》及《琴清英》皆不全，《覈靈賦》《與桓譚書》《爲益州刺史作節度》，章段畸零，牕存崖略。將欲復隋唐本之舊，斷斷不能，視鄭璞本則後來者居上矣。繕寫而爲之叙録，曰：自古言儒術者，曰孟、荀，曰荀、揚，而桓譚、陸績推揚爲聖人，未免過當，要是荀子後第一人。宋儒以《劇秦美新》爲垢病，大書莽大夫，《春秋》責備賢者，於世教有功，固非鮮淺。然而革除之際，實難言之。漢承秦，賈生《過秦》，千古名論。新承漢，子雲不劇漢而劇秦，有微詞焉，亦非苟作。後儒學問文章，曾不及子雲千一，其於仕莽，悲其遇焉可也。嘉慶戊辰歲除夕前一日，嚴可均謹叙。(《鐵橋漫稿》卷六，《續修》第1489册，第23頁)

【州箴、官箴按語】 案《後漢書·胡廣傳》："初，揚雄依《虞箴》作《十二州》《二十五官箴》，其九箴亡闕。後涿郡崔駰及子瑗，又臨邑侯劉騊駼增補十六篇。廣復繼作四篇，乃悉撰次首目，名曰《百官箴》，凡四十八篇。”如傳此言，則子雲僅存二十八箴。今遍索群書，除《初學記》之《潤州箴》《御覽》之《河南尹箴》顯誤不録外，得州箴十二，官箴二十一，凡三十三箴，視東漢時多出五箴。縱使《司空》《尚書》《太常》《博士》四箴，可屬崔駰、崔瑗，仍多出一箴，與《胡廣傳》未合。猝求其故而不得，覆審乃明。所謂亡闕者，謂有亡有闕。《侍中》《太史令》《國三老》《太樂令》《太官令》五箴多闕文，其四箴亡，故云九箴亡闕也。《百官箴》收整篇不收殘篇，故子雲僅二十八篇。群書徵引據本集，本集整篇殘篇兼載，故有三十三篇。其《司空》《尚書》《太常》《博士》四箴，《藝文類聚》作揚雄，必可據信也。（《全上古三代秦漢三國六朝文·全漢文》卷五十四，中華書局1958年版，第841頁）

黄廷鑒

【答雲門論揚子雲姓從楊書】　昨荷枉顧，暢領清誨，第在客舍，簡慢爲歉耳。陸璣之璣，定從木旁，不改《御覽》之舊，足欽卓識，深合鄙懷。又詢及符秦、子雲二姓應否改易之處。僕向沿襲舊説，以爲當改。今蒙垂詢，聊復尋檢一二，敬陳之左右。

字典揚字下注：“又姓，揚雄自序别爲一族，周宣王子尚父，封揚侯。”此即向來諸家從揚之根據也。按，此説本《新唐書·宰相世系表》。考此説，《廣韻》乃載在楊字下，於揚字下未注姓。《廣韻》於氏族最詳，使其説果信，則子雲之姓未見其必從手旁矣。又景祐本《漢書》叙目，孟堅自序，本傳及注文下不數十楊字，皆作楊，惟首葉中有一二字誤從手旁，汲古本同。又《隋書·經籍志》録子雲諸書，亦皆作楊。此古書不作揚之確證也。子雲之譜牒，孟堅著於本傳之首，至爲詳明。《傳》云“其先出自周伯僑，以支庶食采於晉之楊”。應劭注：“河東楊縣。”周衰有楊侯，逃於楚，家巫山。漢興，有楊季，官廬江太守，避仇處岷山之郫。

自季至雄，五世而傳一子，故雄無他楊於蜀。師古注："蜀諸姓楊，皆非雄族，故云。"則子雲之族明明出自晉之楊縣，以邑爲姓，其不從手旁者，益確。原其致訛之由，殆以雄無他楊於蜀一語，謬以爲子雲之楊非此楊字。又六朝以來俗書盛行，木扌不分，遂致斯誤。使子雲之姓果從手旁，則自别於蜀之諸楊，何庸更贅。惟其同此一姓，故有此語。此義一明，則《御覽》之作楊甚的。

至符秦之姓，《晉書》載記甚明，不容有悮。而《御覽》悉作苻者，必以一時僭竊之主，其命令蹔行於國中。設使其子孫有所紀載，自必恪守其制。異代之人，豈必一一遵之，仍書其本字，自無足怪。總之，此二字，亦人人所知，改之不足見考訂之精，仍之亦不爲《御覽》之謬。又園、援二字，僕前校閲時，憶曾見過，而不能舉其典。今足下以謝詩證明之，而斷從木旁。俾鄙言益有根據，快甚。近檢謝詩，《文選》葉板"激流植援"亦從手旁，亦有注釋。未審足下所見之本，是何刻？又此條《御覽》明引《晉書》，從木從手，可再檢得一確證否。管見所及，不憚縷縷。吴項儒曰：《潛研答問》據雄《自序》其先出自周伯僑，以駁注張衡、晉灼諸説之非，而未考雄姓本從木傍，實同於食我之封邑。得此辨正，足爲錢氏更進一解。（《第六弦溪文鈔》卷二，《彙編》第475册，第300—301頁）

焦　循

【覆姚秋農先生書（節録）】　《史》《漢》於司馬相如、揚雄、班固等備載其文，所以然者，其人以文學傳，非空言市語所能表著，必取其生平所撰著，標其一二，以見梗概。古史臣用意之深也。若於相如、班固傳中删去諸文，雖極口贊其工文善賦，皆成市語，而其人之精神不出。（《雕菰集》卷十三，《續修》第1489册，第244頁）

【跋《法言》】　《問明篇》辨巢、許之事爲僞，數語了然。後之爲古文者以此等爲論，必非幾百言不止。於此可知西漢人不可及也。江都焦循

記。（《揚子法言》卷首，明讀書坊刻本）

阮　元

【揚雄】　揚雄，字子雲，蜀郡成都人也。大覃思渾天，參摹而四分之，極於八十一。故觀《易》者見其卦而名之，觀《玄》者數其畫而定之，分爲三卷，曰一二三。與《太初曆》相應，亦有顓頊之曆焉。又難蓋天八事，以通渾天。

其一云：“日之東行，循黄道晝中規。牽牛距北極北百一十度，東井距北極南七十度，並百八十度。週三徑一，二十八宿周天，當五百四十度。今三百六十度，何也?”其二曰：“春秋分之日正，出在卯，入在酉。而晝漏五十刻。即天蓋轉，夜當倍晝。今夜亦五十刻，何也?”其三曰：“日入而星見，日出而不見，即斗下見日六月，不見日六月。北斗亦當見六月，不見六月。今夜常見，何也?”其四曰：“以蓋圖視天河，起斗。而東入狼弧間，曲如輪。今視天河直如繩，何也?”其五曰：“周天二十八宿，以蓋圖視天星，見者當少，不見者當多。今見與不見等，何出入無冬夏，而兩宿十四星當見，不以日長短故見有多少，何也?”其六曰：“天至高也，地至卑也。日託天而旋，可謂至高矣。縱人目可奪，水與影不可奪也。今從高上山，以水望日。日出水下，影上行，何也?”其七曰：“視物近則大，遠則小。今日與北斗，近我而小，遠我而大，何也?”其八曰：“視蓋橑與車輻間，近杠轂即密，益遠益疎。今北極爲天杠轂，二十八宿爲天橑輻。以星度度天南方次地星間當數倍，今交密，何也?”

年四十餘，自蜀至京師。大司馬車騎將軍王音薦雄待詔，歲餘除爲郎，給事黄門。王莽篡位，轉爲大夫。年七十一，天鳳五年卒。（《疇人傳》卷二，廣陵書社2009年版，第23頁）

洪頤煊

【解嘲文】　惟寂寞，自投閣。爰清静，作符命。師古曰：“以雄《解嘲》之言譏之。今流俗本云，惟寂惟寞，自投於閣；爰清爰静，作符命。”頤煊案：《解嘲》文“爰清爰静，遊神之庭；惟寂惟寞，守德之宅”，《文選·謝靈運齋中讀書詩》李善注引《漢書》“惟寂惟寞，自投於閣”，皆與流俗本同。（《讀書叢録》卷二十一，《續修》第1157册，第750頁）

【揚子雲上甘泉羽獵長楊三賦年月辨】　《漢書·揚雄傳》：孝成帝時，客有薦雄文似相如者。上方郊祀甘泉泰畤汾陰后土，以求繼嗣，召雄待詔承明之庭。正月，從上甘泉。還，奏《甘泉賦》以風。其三月，將祭后土，上乃率群臣横大河湊汾陰。還，上《河東賦》以勸。其十二月羽獵，雄從，聊因《校獵賦》以風。明年，上將大誇胡人以多禽獸。秋，雄從至射熊館。還，上《長楊賦》。

李善《文選注》引《七略》云：“《甘泉賦》，永始三年正月待詔臣雄上；《羽獵賦》，永始三年十二月上；《長楊賦》，綏和元年上。”李善駁之曰：《漢書》永始四年正月行幸甘泉，三年無幸甘泉之文，疑《七略》誤也。明年謂作《羽獵賦》之明年，即校獵之年也。《漢書·成紀》曰元延二年冬幸長楊宫，縱胡客大校獵。永始三年去校獵之前首尾四載，謂之明年，疑班固誤也。綏和在校獵後四歲，無容元延二年校獵，綏和二年賦。又疑《七略》誤。

頤煊案：《漢書·成帝紀》永始三年十月庚辰，皇太后詔有司復甘泉泰畤汾陰后土。四年春正月，行幸甘泉郊泰畤。三月，行幸河東，祠后土。元延二年春正月，行幸甘泉，郊泰畤。三月，行幸河東，祠后土。冬，行幸長楊宫，從胡客大校獵。雄《甘泉賦》作於永始四年正月。其年十二月校獵，雄又作《羽獵賦》上之。《成紀》不書者，略也。《七略》作永始三年，當由後人傳寫之誤。班固作雄傳，據雄賦自序連綴成文，其云明年者，非即作《羽獵賦》之明年也。以《七略》證之，當在綏和元年秋。《七略》作於劉歆，歆與雄同時，所書當不誤。《成紀》但書元延二年冬行幸長楊宫，從胡客大校獵。綏和元年秋不書者，以非常。大獵但書其最初一次，餘從省也。且雄傳贊云：初，雄年四十餘，自蜀來至遊京師，大司馬車騎將軍王音奇其文雅，召以爲門下史，薦雄待詔。歲餘，奏《羽獵賦》，除爲郎給事黄門。年七十一，天鳳五年卒。王音之薦雄待詔，與客之薦雄文似相如者，是兩時事。客者，即雄《答劉歆書》所云：雄先作《縣邸銘》《王佴頌》《階闥銘》及《成都城四隅銘》，蜀人有楊莊者爲郎，誦之於成帝，成帝好之，以爲似相如。雄遂以此得外見是也。班氏以楊莊人微，故稱曰客。事當在永始二三年間，故贊云歲餘奏《羽獵賦》也。戴東原以王音薨於成帝永始二年丙午正月，設雄至京師即在前一年乙巳，下至王莽天鳳五年戊寅，凡三十四年。時雄年三十八，不得云年四十餘始自蜀來。至傳序《甘泉賦》《河東賦》《羽獵賦》爲一年所作，斷屬元延二年庚戌。其實雄自蜀來至京師，先王音召爲門下吏。音薨，又爲楊莊所薦，待詔承明之庭，皆一二年間事。永始四年正月，上《甘泉賦》時，雄年四十一。贊云年四十餘始自蜀來至者，是連後作賦時約言之。若改從元延二年，則《羽獵》《長楊》並在一時，與傳所云明年者不合矣。至或疑雄天鳳五年卒，時不止七十一。《北堂書鈔》卷九十二引《揚雄家諜》“子雲以甘露元年生，天鳳五年卒，葬安陵阪上”，卷九十四又引《揚雄家録》“子雲以甘露元年正月戊寅雞鳴生，天鳳五年四月癸丑脯卒，葬安陵阪上”，年月分明，謬悠之説不足論也。嘉慶戊辰十月六日。（《篛軒文鈔》卷七，《續修》第1489册，第620—621頁）

李兆洛

【陳素村先生太玄闡秘序】　揚子雲作《太玄》以準《易》，後世覃心於《易》者無不兼治《太玄》。極深研幾，文不虚立，稱之者無間言。宋衷、陸績、范望、司馬公諸家之注，亦十得八九矣。邗上素村陳先生，復推尋子雲所歷時變，原其忠義憤鬱之微旨，窮思殫慮，輯成一書，題曰《闡秘》。

先生之言曰："吾於漢室孤臣得三人焉，史遊之《急就》也，焦贛之《易林》也，子雲之《太玄》也。《急就》諷元帝，《易林》悲世亂，《太玄》刺權奸。詞雖不同旨，然其苦心，忠於王室，一也。故於《急就》則探其奇，於《易林》則正其訛，於《太玄》則著其靈。"先生之於書，真可謂好學深思，心知其義者矣。今夫聖人之爲言也，必規時審務，權天下之變，以籌一身之所處。别治亂之統紀，禍福之朕兆，立一時，可觀萬世，視之樊如，推之廓如，未有悠悠然不當於身世之故而泛立閎議，概舉叢説，以自託於垂教後世者也。玉門演《易》，孔子實之以文王與紂之事；周公繫爻於箕子之貞，岐山之享，明白指示，以發其凡。孔子作《春秋》，誅亂賊，一本大《易》扶陽抑陰之義。著其旨於《文言》，曰非一朝一夕之故，皆是物也。子雲是書，發憤而作，蓋亦託於蒙難艱貞之旨焉，而豈徒揆日星、察時序、明曆紀、列善敗，爲占筮之資而已哉？然則《闡秘》之成，實仰窺前聖著書之心法，不第爲子雲一人言之也。至於辨黨惡之誣，綜始終之行，以不及不踐其難之義，明子雲可以無死，則又執聖人之權，持群論之平，可以爲子雲定讞者也。（《養一齋文集》卷三，《續修》第1495册，第35頁）

錢　繹

【方言箋疏自序】　《方言箋疏》之作也，余弟同人實首創之，未及成而即世。其本藏之篋笥者，十有餘年，及賦梅姪弱冠後，始出以示余。余閱其本，簡眉牘尾，如黑蟻攢集，相襍於白蟫趁趁之中，幾不可復辨。余憫其用力之勤，而懼其久而散佚也，乃取而件繫之，條録之，凡未及者補之，複出者删之，未盡者詳之，未安者辨之，或因此而及彼者，則觸類而引伸之。譬之築室，其基址材木陶埴之資，則同人已具之。若陰陽向背、體立覆蓋、牆垣黝堊、户牖門橛，則予實成之。竭數年心力，始得脱稿。自後時加厘正而塗乙簒改者，又十之六。書成後，間嫌有繁冗處，思欲更爲删節，重複鈔寫。多事卒卒，殊少暇晷，兼之手戰目眩，不能捉管，蓋是時余年亦已耄矣。同邑吴子嘯庾與余爲忘年交，於儕輩中獨好訓詁之學，余出此稿示之，囑爲參訂，頗有條理，且録清本貽余，後爲壽陽祁相國索去。吴子又爲余録有此本，我子孫其弆之，毋任鼠傷蟲蝕也。昔毛西河有弟纂《易傳》，未卒業而歿，西河爲續成之，今所傳《仲氏易》即其本也。余之學視西河，無能爲役，而事適相類，亦愈以增鴒原之戚矣。爰述其緣起，及成書之本末如此。時咸豐建元辛亥仲春嘉定錢繹自序。（錢繹撰集，李發舜、黄建中點校：《方言箋疏》，中華書局1991年版，第1頁）

盛大士

【論莽大夫】　揚雄爲莽大夫，其《劇秦美新》之作，賢如梁昭明，且編次而録存之。篇中譏漢祖襲秦項之餘，帝典闕而不補，王綱弛而未張，而極言大新受命，天剖神符，地合靈契，是豈復知人間有羞恥事乎？其以《太玄》擬《易》，《法言》擬《論語》，當時直比之於仲尼。唐以前學者，猶以揚雄與孟子並稱。張文昌致書韓退之，責其排釋老，不能著書若孟軻、揚雄以垂世。退之答書云："自文王没，武王、周公、成康相與守之，禮樂皆在。及乎夫子，未久也。自夫子至於孟子，未久也。自孟子至於揚雄，亦未久也。然猶其勤若此，其困若此，而後能有所立。吾豈可易而爲之哉？"則是昌黎始亦以揚雄幾接孟子。及作《原道》篇，方知孟子之後，不得其傳矣。宋儒出而道大明。雄文雖沈博絶麗，不過與潘元茂《策魏公九錫》同爲有文無行之人，而其擬《易》擬《論語》，無異於新莽之擬《大誥》也。（《樸學齋筆記》卷七，民國《嘉業堂叢書》本）

劉文淇

【夢陔堂文説序】　《夢陔堂文説》者，觀察黄春谷先生之所作也。先生以揚雄有童子雕蟲篆刻壯夫不爲之語，而後世之輕視文辭者，輒祖述雄語以爲口實。雄又以史遷行不副文，是非謬於聖人，而班固亦即以其語爲傳贊，又申之以先黄老後六經等説，儼然與雄爲一倡一和，因作《文説》正之。凡若干篇，其中論雄者至多，而論固者僅一篇。以是書專爲辨雄而作也。

書作於癸巳，成於庚子。先梓其十一篇，而命文淇序其緣起。夫雄固之失，先儒亦嘗言之。而雄之作奸於前，固之效尤於後，則前人從無論及之者。先慨然發憤，條舉二家之失，皆根據史傳，不爲鑿空之談。雄謂辭賦壯夫不爲，而雄所作諸賦，正在壯年。雄自序其賦，謂多諷諫之辭，人皆信以爲實，而不知賦作在先，序作在後。賦作於成帝之時，比昭儀於西王母。又以昆侖爲西王母所居，賦中所用故實皆系昆侖，其所以獻媚於昭儀者至矣。晚年作序，乃自託於諷諫，是其巧於作僞也。其他雜文及《法言》《太玄》諸篇，皆一一條其謬妄。而司馬相如、東方朔之爲雄所排詆者，亦皆辨明其冤。廓清之功，比於武事矣。

至於班固誣遷之罪，較甚於雄。《漢書》不應爲雄立傳，其所以立雄傳者，固恃雄爲奧援，以爲誣遷之地。他傳皆作史者撰述之辭，獨於司馬遷、揚雄二傳則全緣二人自序之辭。蓋固若實叙二人之事，則遷所以任中書令之故，與雄仕莽之事，皆不得不言，故創爲此體。且史公《報任安書》先言陵敗書聞即叙召問之辭，後乃言李陵既生降，是聞敗在前，聞降在後。班固於《李陵傳》顛倒其書中之事，以爲陵降之後，遷猶推言陵功。遷作中書令在武帝既悔之後，固没而不叙，但言尊寵任職。夫中書令，即尚書令也，爲權要之職。固於《百官公卿表》不獨不著其中書令之官，並尚書令之職而亦減滅之。又於《成帝紀》及張安世、京房、賈捐之、劉向等傳任意增添，以成其含混之計。先生披却導窾，迎刃而解，可謂洞悉其情狀矣。至其所以表章太史公者，尤不遺餘力。謂史公自序中兩太史公曰，前稱其父談，後乃自稱，故别行另起。徧舉《孔子世家》及老、莊、申、韓、仲尼弟子、孟子荀卿諸列傳之辭，及《五帝本紀贊》以明其所以尊聖表經而黜黄老者，甚至《外戚世家》危言讜論，委曲申明，莫非原本聖經以爲垂戒，章比句櫛，洞豁昭晰，洵讀史者之一大快事也。

雄又謂靡麗之賦，勸百而風一，特設“風勸”二字以陷司馬相如，乃先誤解《詩序》。《序》謂“上以風化下，下以風刺上，主文而譎諫言之者無罪，聞之者足以戒，故曰風”，乃所以明正風而非變風。自雄以風爲刺惡，而後人之讀《詩序》者不明風刺諫戒等本然之字義，以爲屬於衰世暗主之規譏，而詩人温柔敦厚之旨以失。先生謂六經莫外於小學，小學者即載道之文字，而文字之訓詁莫非本於聲音。故凡字義以所從之聲綱爲主，而偏旁乃逐物形跡之目。又謂字義必視乎隨文所用，而字之本義則一核其本字之聲，斯義無不明，而其字義遷流之故，亦即於字中可見。明乎此，則知風刺諫戒等字，初不主於刺惡。而《詩序》上以風化下數句，益確然知爲正風而非變風。此皆發前人所未發者，尤治經者之一大快事也。

先生嘗謂著書立説，原不必好議前人。然學術之是非，關乎人心之邪正。跡雄之所以毁遷者，乃惡遷之尊孔孟闡六經於前，無以爲己之地，故謂子長云《五經》不如《老子》之約，以見遷之不能闡明聖道。其實遷無此語，即遷父談亦無此語。雄組織談之語意以成此辭。固之所以毁遷者，固效遷之體例以爲《漢書》，攘竊其辭，又欲没遷之善以揚己名。乃多爲誣陷之語，使徒震乎揚班之名，而一任其是非混淆，邪正倒置，亦學術人心之患也。世之讀是書者，苟能細爲尋繹，則先生嘉惠來學之意，與其不得已之苦心，其亦可以共見也。已因撮舉是書之崖略，以諗世之實事求是者。道光辛丑孟夏儀徵後學劉文淇撰。（《夢陔堂文説》卷首，《彙編》第503册，第1—2頁）

方東樹

【書法言後】　退之論文，屢稱揚子而不及董子，蓋文以奇爲貴，而董子病於儒。余聞之劉先生説如此。然竊以爲退之所好揚子文，亦謂其賦及他雜文耳。若《法言》《太玄》，理淺而詞艱，節短而氣促，非文之工者也。退之所好不在此。夫立言者，皆欲其不棄矣，而不能爲不可棄者，理不當而詞不文也。文其詞而無當，於理者有之矣。未有當於理，而其詞不文者也。揚子徒知爲不可棄，而不務培其本，畢生用力造字句已耳。或曰：揚子成《太玄》，桓譚以爲後世復有子雲者，必能好之。及宋司馬温公，果篤嗜其書。意者，其奥而世鮮知邪？余曰：不然。夫孟、荀、揚、韓雖並稱，然孟氏之道，班於聖人，今讀其書，充然沛然，高下曲折，涵天地而無極，指事而無不盡焉，曷嘗待於入黄泉出青天，若揚子之所爲邪？夫以揚氏書與孟氏相比，差等殊絶，若河潦之不可同觀如彼。而司馬氏猶非孟子而尊揚子，其修《通鑑》多取《法言》爲斷，是尚得爲知言乎哉？（《考盤集文録》卷五，《續修》第1497册，第322頁）

俞正燮

【法言文中子】　《法言》之書，强好之者多，不明其文理。序言“圖徽”者，徽、微通，言自謀樹幟也，而宋咸注云“圖”。“善師爲桐子命”者，桐、侗、僮、童通，而注云“桐，洞也”。問銘，答以“慎言禮書”者，謂銘法見《禮記》，而注“廣言膚淺”。《酒誥》篇“空今亡”者，謂今不能補，而注云“今文亡，古文有”。舉蜀莊以旃者，謂旌名也，而注以旃爲之。“知幾先甲一日易”者，揆度易也，“後甲一日難”者，謂乙抽軋而出難也。而注反云“先未兆，後已形”。《重黎篇》“欲讎僞”者，讎、售同，而注云“匹也”。《孝至篇》“處僞”者，處，度也，而注云“居僞”。皆不明文理。又《先知篇》明言井田肉刑，而《孝至篇》復井刑，注云“井田象刑”，是違《法言》本意。又《重黎》“蓋天應難未幾”者，揚雄自言其難蓋八事，而注不知。《淵騫篇》“周順赧”者，順謂慎靚王，而注亦不知。知讀《法言》者多愚矣。

文中子王通，必有其人，作書者，蓋王凝父子，誇誕可憐人也。其云子之家廟座必東南向，不亡先人之國，似非情理。又云子之家朝服祭器不假，又云子躬耕庶人之職也，何當有朝服。蓋虚造語言，隨意所之耳。（《癸巳存稿》卷十四，《續修》第1160册，第182頁）

梁章鉅

【楊揚一姓】　楊用修云：羊、陽、楊、揚本一姓。揚子雲自以蜀無他楊，其揚字不從木。而楊用修云“吾家子雲”，亦同關西之楊。特子雲好奇之過，獨自標異爾。孫頤谷云：《漢書·揚雄傳》，據其自叙，出於晉之楊侯，而《廣韻》“楊”字注：“又姓，出弘農、天水二望，自周楊侯，後並於晉，因爲氏也。”其“揚”字注，不云又姓，是古人但有從木之楊姓，並無從扌之揚姓矣。杜詩《壯遊》云：“以我似班楊。”謂班固、揚雄也，其下又押“心飛揚”，則固以子雲之姓從木矣，故《夏日楊長寧宅詩》又云：“醉酒揚雄宅。”（《浪跡三談》卷三，中華書局1997年版，第453—454頁）

【韓愈尊揚】　韓公屢以孟、荀並舉，其推尊揚雄亦過其實。司馬温公及邵子又謂揚雄過於孟子。曾南豐、王荆公至推之爲箕子。後來一被程子黜落，人遂翕然信之。然韓公二十餘歲時數傳道，多一揚雄，三十餘歲《送文暢序》所述又少一孟子，蓋彼時識見尚未定。到四十歲作《原道》，便斬釘截鐵云孟之死不得其傳。至晚年《與孟尚書書》，復專提出孟子，以爲功不在禹下，而於荀揚遂半字不提起，蓋學識與年俱進如此。然則不待程子而荀揚早有定論矣。（《退庵隨筆》卷十七，《續修》第1197册，第383頁）

張　澍

【揚信】　《劉向别録》：“揚信字子烏，雄第二子。幼而聰慧，雄算《玄經》不會，子烏令作九數而得之。雄又擬《易》羝羊觸藩，彌日不就。子烏曰：‘大人何不云荷戟入榛。’”

按，烏爲字，信爲名也。而袁文《甕牖閑評》以揚子育而不苗者吾家之童爲句，烏乎爲句，謂子雲嘆其子童蒙而早亡，故曰烏乎即嗚呼字。且以蘇東坡、張芸叟用童烏爲錯。考《文士傳》漢桓驎答客詩曰："伊彼揚烏，命世稱賢。"客示桓驎詩亦云"揚烏九齡"。《郎中鄭固碑》云"大男孟子有揚烏之才"。此豈作嘆詞解乎？近人有拾其餘唾者，亦疏陋之甚。又常璩言烏童七歲預《玄》文，九歲而夭。《問神篇》則言九歲預《玄》文。徵以元龍之詩，言九歲者是。桓譚《新論》曰："揚子雲爲郎，居長安，素貧。比歲亡其兩男，哀痛之。皆持歸葬於蜀，以此困乏。雄察達聖道，明於死生，宜不下季札。然而慕怨死子，不能以義割恩，自令多費而致困貧也。"（《蜀典》卷二，《續修》第735册，第152—153頁）

【怨家益法言】　《太平御覽》："揚子恬淡寡營，以賣文自贍。文不虚美，人多惡之。及卒，怨家取《法言》援筆益之。曰'自周公以來，未有如安漢公之懿也，勤勞則過於阿衡'云云。繕寫多行於世，至今無有白其心跡者。"按，《抱朴子》曰："王莽之世，賣餅小人皆得等級，斗筲之徒兼金累紫。"揚子雲確然忠貞之節形矣，亦可見莽大夫之誣題目也。（《蜀典》卷十上，第223頁）

【法言】　《論衡》："揚子雲作《法言》，蜀富人齎錢十萬，願載於書，子雲不聽。夫富無仁義之行，猶圈中之鹿，欄中之牛也，安得妄載。"班叔皮續《太史公書》載鄉里人，以爲惡戒。邪淫枉道，繩墨所彈，安所避諱。（《蜀典》卷十上，第224頁）

【揚雄】　美新文筆定誰爲，谷子雲能貢諂詞。清净未嘗符命獻，飛騰詎與董賢期。富人不録言真法，酒友相從字甚奇。若使成都終寂莫，高風應並下簾師。（《養素堂文集》卷二十五，《續修》第1506册，第391—392頁）

【擬侯芭上揚子雲書】　芭謹言，芭巨鹿蕞品，愚蔽無似，自侍清塵，屢奉明誨，蓬心漸啓，知謂以生。竊窺我夫子鑽擘道奥，津逮聖涯，囊括儒術，兼包群材，自大漢以來，未之有倫也。何者，經莫邃於

《易》，三聖之心寄於簡内，我夫子作《太玄》以準之，言聖賢制法作事，皆引天道，以爲本統，而因附續萬類，王政人事，法度妙極，道術是真，得自然之根，侔於太始矣。《論語》者，又聖人之微言也。高第遊、夏、仲弓咸所簒述，綱紀人倫，模範治道於是乎在。我夫子作《法言》以擬之，詆諸子之析辯詭辭，以撓世事，而用法應之，是非同於聖人，不謬於經焉。疇人之學，莫重律曆。自唐都、黄閎，各矜推步，而歲差未合。更生、子駿亦明三統，而蔀會莫周。我夫子覃思渾天，參摹而四分之，與《太初曆》相應，亦符顓帝之曆，深得其意。司馬相如、王褒均嫺辭賦，胥被睿賞。夫子之作，郁郁乎文。天子引重，此非同里楊莊之所能詡揚也。而夫子且曰“雕蟲小技，壯夫不爲”，則知其遊心大道，不尚浮藻矣。

然芑竊有慮焉。俗儒一孔，罔能探賾索隱，以所不知，妄生瘡痏。聖爲天口，聞而眩惑。賢爲聖鐸，又已驚疑。後世必有以規撫孔思指爲僭竊者，然鄒子輿不嘗擬其體爲七篇乎？君山知己，何可多得。況夫天象虚廓，星躔玄眇，算窮樞紐，千歲坐知。夫子言天常左旋，日月星辰隨而東西，乃圖畫形體，度参以四時，曆數昏明晝夜，難蓋天八事，以通渾天，後世必有以九數爲景響者。至於《甘泉》《羽獵》《河東》《成都》之賦，《繡補》《靈節》《龍骨》《城隅》之銘，《綿竹》《邸閣》《王佴》《子真》之頌，蔚霞采以成文，上祖風騷，麗而有則。後世浮誇，虚慕道學，必有以辭賦爲非君子者，然此猶其跡也。若乃浮湛黄門，清净自守，冀得禄養，以遂著述，誠其本懷。倘或希榮，與甄豐、劉棻、崔發輩矯誣符命，立致鼎鉉。何爲淹執戟之卑位哉？在昔老聃爲柱下史，歷夏、商、周，專司典籍。尼父嘆爲猶龍，關吏留而著書，不以臣三代而議之也。夫子《解嘲》之作，詞鋒觸人，後世必有以臣莽爲詬病者，或且改易舊文，坿益譖言，以遂其污蔑之私。史皇邈矣，文字繁多，解者實尠。自夫子之《訓纂》出，而史篇遂通，是固李斯《倉頡》，趙高《爰歷》，胡毋敬《博學》之後勁也。末生驅車叩門，問奇載酒，乃得函訓。故正古文而《方言》之作，集先代之絶言，采異國之殊詞，此林閭所爲傳授，劉歆所爲諮詢，張伯松以爲垂諸日月不栞之書也。後世學不師古，鄙別盈牘，必有以艱深文固陋爲詆諆者，此芭之下愚薄慮所逆料也。夫子若無以測之，是混混乎與道合漠也。倘夫子有以測之，則蠭蠆毒口，安可不預有以杜之乎？芭不敏，罔知所裁，謹再拜上。（《養素堂文集》卷十三，《續修》第1506册，第575—576頁）

【書朱錫鬯揚雄論後】　妄哉！朱氏之以僞誣蠛揚雄也。夫雄特簡易佚蕩，寂莫好學之人耳，烏有僞？使雄而果僞，則當時之人必知之。即使雄足以欺當世，後之作史者，亦必知之。然當時之人何可欺也？公孫弘曲學阿世，申培則面詆之；匡稚圭坿上罔下，王尊則廷劾之。又如孔光不敢與王莽並，馬宫爲王莽所厚，史皆直書不諱。即甄豐、劉歆、崔發、王奇、嚴尤輩之甘心鷹犬者，咸不能泯其跡。雄果有何術，而令時代相接之班掾糊心眯目耶？彼朱氏以雄爲僞者，特以其文辭艱深，作《太玄》《法言》擬《易》《論語》爲僭妄，遂以其文爲僞，並其人而亦僞之。抑知雄之文所以艱深哉？蓋默而好深湛之思，而又精熟《蒼雅》，作《訓纂》《方言》，多識奇字，故揮翰操觚，自然萬怪奔赴捥下，非如後世之撏撦成篇也。孝成帝時，客有以其文似相如而薦之，朱氏曷不並訾司馬氏之艱深乎？且史云雄非聖哲之書不好，既好聖哲之書，豈有不規撫以立言者乎？而朱氏又言久不見用，躁不能禁，乃作《劇秦美新》以求媚。夫雄清静無爲，澹泊自守，少耆欲，乏擔石之儲，晏如也。其恬於勢利，好古樂道如此，何嘗有干進之心？使雄欲干進，隨孔光以拜塵，邀哀章而抱匱，取公侯無難也。而未能翻然舍去者，徒以家貧路險，童烏夭殁，私心摧悼，藉此禄糈，以遂著述。故本傳亦言，其意欲求文章成名後世也。儻使雄能僞，當莽受璽時，必且效郭憲之焚衣，逢萌之蹈海，亦可章風烈之節，博清高之名，而計不出此者，意固有在也。而朱氏且曰："莽之僞，雄知之；

雄之僞，莽亦知之。”夫莽之僞，夫人而知之，不獨雄知之也。而雄之僞，果何據乎？不過以其作符命耳。朱氏亦知雄之何由作符命乎？雄以文章名世久矣，劉棻、張竦輩咸以符命貢諛，己獨闕然，莽必銜恨。孫寶以不頌功德被斥，公孫閎以不獻祥瑞被殺。雄聊因筆墨以免禍尤，此其真情也。觀其投閣後，莽聞之曰：“雄素不與事，何故在此間?”是莽亦知雄之不知情也，安得以京師謡語爲詬病哉？夫欲論古人之事，必當求古人之心。以當時無可疵瑕之人，忽於數千年後，被以大不韙之名，又茫無證佐，何其輕於插齒牙乎？嗟乎，揚子雲之書，文義至深，論不詭於聖人，度越諸子。孟堅乃其真知己也，豈獨桓君山嘆爲絶倫，張伯松驚爲不栞哉！彼朱氏者，經術何如，文章何如，行事何如，乃敢輕毁前賢，所謂蟾蜍擲糞，自其口出者也。即司馬温公以爲鑒，於何鮑之禍，故委蛇爲之。曾南豐以爲合於箕子之明夷，尚爲持平。孫徂徠竟謂未嘗投閣，未作符命，直没其實事而文飾之，則不必也。（《養素堂文集》卷二十一，第663—664頁）

鄭光祖

【揚子法言】　揚雄字子雲，新莽大夫也。著《法言》十二篇，宗孔孟之學，立論義亦可取，惟以復井田爲要政，亦讀書流弊之言也。至末譽王莽爲伊尹、傅説，尤一書之玷。

明洪武十九年詔文廟從祀，罷揚雄，進董仲舒。

韓文：“荀與揚也，擇焉而不精，語焉而不詳。”似未閲兩書而漫作同然之論。況荀已前謂優入聖域矣，何言之𠐍也。（《醒世一斑録》雜述七，《續修》第1140册，第243頁）

宋翔鳳

【論太玄】　漢儒揚雄述《太玄》，首《中》準《中孚》，次《周》準

《復》。《中孚》，坤十月之弟六候也。《歸藏》雖曰首《坤》，不必如《周易》必以《乾》之卦畫居前。《太玄·中》之二八言玄黄，五六言日月，坎離之戰，玄黄之合，《周易·坤》之象，於《中》見之，故卦氣起《中孚》，即首《坤》之義，其義則備於《太玄》。凡孟喜、京房、揚雄之學，皆《歸藏》之學。雄所謂《玄》本於《老子》，非雄自創也。（《過庭録》卷十三，《續修》第1157册，第524頁）

【甘泉賦注引新論】　《甘泉賦》，李善注引桓譚《新論》曰："雄作《甘泉賦》一首，始成，夢腸出，收而内之，明日遂卒。"又《文賦》注引《新論》曰："桓譚嘗欲從子雲學賦，子雲曰：'能讀千賦則善爲之矣。'譚慕子雲之文，嘗精思於小賦，立感發病，彌日瘳。子雲説，成帝祠《甘泉》，詔雄作賦，思精苦，困倦小卧，夢五藏出外，以手收而内之，及覺，病喘悸少氣。"《藝文類聚》五十六引桓子《新論》曰："余少時見揚子雲麗文高論，不量年少，猥欲逮及，常作小賦，用精思大劇，而立感動發病。子雲亦言，成帝上甘泉，詔使作賦，爲之，卒暴倦卧，夢其五臟出地。"及覺，大小氣病一歲"。《御覽》亦引此，大略相同，可以校《甘泉賦》注之脱誤矣。（《過庭録》卷十五，第541頁）

畢　亨

【答友人書】　前侍大教，言及杜工部詩有"來如雷霆收震怒"之句，以爲"收"字誤，當作"抶"，此甚當不可易。蓋"抶"字俗不經用，又與"收"字形相近，世俗傳刻，訛作"收"爾。而不知出於揚雲《羽獵賦》，師古云，言所抶擊如鬼神雷電也。足下讀古人書，於一字一句，悉心體察，能使古人之文數百年後得覩本來，不勝欣幸。

昨又承示《史記·司馬相如贊》，以爲"雄"字誤，當作"惲"。以愚所見，則有不盡然之言。敢據愚誠，用質左右，惟足下采擇焉。贊云："《春秋》推見至隱，《易》本隱以之顯，《大雅》言王公大人而德逮黎庶，《小雅》譏小已之得失，其流及上。所以言雖外，其合德一也。相如雖多虚辭濫説，然其要歸引之節儉，此與《詩》之風諫何異。揚雄以爲靡麗之賦，勸百風一，猶馳騁鄭衛之聲，曲終而奏雅，不已虧乎？余采其語可論者著於篇。”案，前所云褒之也。揚雄以下云云，貶之之辭也，與前文大不類。

《雄傳》云：“雄顧嘗好辭賦，先是時，蜀有司馬相如作賦甚宏麗温雅，雄心壯之，每作賦，常擬之以爲式。”以故孝成帝時，客有薦雄文似相如者。逮其後深悔作賦之不足以風，靡麗者多而風諫者少。於是詆譏相如，公而作《玄》。故《傳》又云：“雄以爲賦者，所以風也。必推類而言，極靡麗之辭，閎侈巨衍，競於使人不能加也。既乃歸之於正，然覽者已過矣。”以此而言，則贊所云“靡麗之賦勸百風一”者，固信知其爲雄言，非他人語也。

《傳》又言：“往時武帝好神仙，相如上《大人賦》以風，帝反飄飄有陵雲之氣。由是言之，賦勸而不止，明矣。又頗似俳優淳于髡、優孟之徒，非法度所存，賢人君子詩賦之正也。於是輟不復爲，而大覃思渾天。”若此，則雄之詆譏相如，又可知矣。故蘇長公曰：揚雄獨悔於賦，以爲雕蟲篆刻也。使賈誼見孔子，升堂有餘矣，而乃以賦鄙之。至與司馬相如同科，是其事也。然其所以竄入於《史記》，蓋亦有故。案：《漢書·司馬相如贊》首言司馬遷稱云云，與《史記》文正同，下無采著於篇句，蓋固之作史，多依於遷，故首稱司馬遷言，而意不主於司馬氏，故又稱揚雄言。蓋一褒之，一貶之也。所謂揚雄以爲者，與前司馬遷言反正適相應，世俗學者但知《史》《漢》文相出入，遂據此以增彼，既令《史記》之言屈强不可通，而班氏褒譏之旨亦復隱而不見，何其謬也。足下第見後人所哀揚雲文無是語，而不知其以《漢書》入《史記》，此則足下之疏也。竊嘗以爲學問之道，古今之通義也。故鄭康成東州大儒，學者宗之，間有舛誤，後儒不妨援據經文指摘而是正之，非以難鄭氏，乃以爲鄭氏功臣也。

且惟於鄭氏之誤能明正其失，然後能於鄭義之精有以深見其所以然而表明之也。今足下以垂暮之年，好學嗜古，不倦於勤；又不以亨之不屑，殷勤而致詢焉。亨敢以誠對，惟足下鑒察之不宣。（《九水山房文存》卷下，《彙編》第 451 册，第 686—687 頁）

姚 瑩

【太玄經】 惜翁《書録》論揚雄《太玄》曰：“聖人之道，原本盛大。以仁義中正順播於萬事，惟變所適，而物得其理。於是作《易》以教世，錯綜萬端，經緯人事，雖庸愚不肖，苟筮之而見所以處事應物者，皆合乎聖人之道也。故曰‘吉凶者，言乎其失得也’，得義爲吉，失義爲凶，故《易》者導民於義者也。自孔子之時，老聃之説興，其道以觀乎陰陽運行、屈伸迴圈，制爲用舍進退之度，因時而爲業，若有同於《易》者。然而古之聖人，當隆盛治平之世，居位則裁成輔相乎天地，而維天下萬世之安，非第不居盛滿，功成身退而已。《易》曰‘勿憂宜日中’是也。當否遁之日，有濟天下之心，有進德修業及時之志，又不幸所遭禍亂必不可避，則致命遂志，非第全身遠害之爲善也，故有‘休否干蠱’者，又有‘過涉滅頂凶無咎’者。以老子之懦弱謙下，而終不涉乎世患，視世之騖於功利名譽之徒，其賢則多矣。及以聖人之道揆之，然後知老氏之爲陋也。孔子殁，七十子之徒傳誦六藝，轉相爲説，或得或否，稽亂本真。其時雜家並興，仁義蒙塞，而漢世尤重黄、老之書。蓋至元、成之間，蜀嚴君平以老子爲教，揚雄少而學焉，故雄嘗美君平之湛冥。及自著書，覃思竭精，貫律曆之數，究萬物之精，而旨不出乎老氏而已。蓋彼不備知聖人之道，而以所窺乎老氏者爲同乎《易》，於是作《太玄》以擬《易》而無慚也。其晦家上九贊曰‘晦冥冥利於不明之貞’，測曰‘晦冥之利不得獨明也’，此特老氏之‘和光同塵’，於《易》箕子之‘貞明不可息’之訓不亦遠乎？”

瑩按：惜翁此論允矣。雄本辭人，相如、枚乘之流也。既而薄之，又見仕禄不進，乃以道自處。雖較勝於孔光、張禹，而利禄之見未化，由不明於孔子之仁義也。蓋以孔子之道觀之，雄不免《春秋》之貶黜；若以老子之道觀之，雄其猶賢乎哉？後世君子，世治仕進，但以不居盛滿爲戒，亟亟功成身退，而不問輔相裁成爲何事，世否身危，則但亟亟全身遠害，而或疑致命遂志爲近名，曾未有衡以聖人之義者，其皆疏廣、揚雄之支派乎？然其言則皆曰：“吾不爲二氏也。”其亦未之思矣。（《康輶紀行》卷八，中華書局2014年版，第219—220頁）

孫　澂

【讀太玄】　革命，大事也；禪代，大名也。湯、武躬聖哲之姿，順天應人，而猶有慚德於南巢獨夫與西山義士，又况新莽躬姬尹，心桀紂，假符命，文經術，誅夷忠良，賊虐沖主，此書契以降之罪人，揚子《太玄》所爲發憤而作也。觀其《法言》自序，竊比孟子，戰國諸侯放恣，處士橫議，臣弑君，子弑父，仁義充塞，禽獸食人，軻也好辯，自謂不得已。今考《太玄》自序，亦自謂不得已也。夫不得已者，孟子救時明道之苦心，即堯、舜、禹、湯、文、武作君作師，孔子、元公、周文、宓犧演《易》制禮，删述之大指也。揚子《太玄》，跡其擬議，誠不免於僭，然其心則私淑諸人之所嘆惜矜憫也。愚故撮其要旨，表而出之。

《玄》數三摹九據，列爲方、州、部、家，疏陳九九八十一首，緋而系之七百二十九贊，舊史著其略，有宋元豐司馬温公暢其緒，明天地陰陽之氣，肇自《太初》《顓頊曆》，漢律源所自出，《太玄曆》因之。襄陵許瀚續注發其義，舍弟澍《序玄》闡其旨，東漢、魏、晉、唐、宋，宋、陸、王、范諸家，俱謂數起冬至一陽來復也，曰《中》，中央土，黄中之宫也。愚按，莽篡漢，自謂黄帝後，色尚黄，以黄帝二十五子分賜厥姓十有二氏，虞帝之先受姓曰姚，又堯姒姓，《高帝本紀》“赤帝子”，應邵注曰："漢赤帝子，堯後。"莽自明代漢，如虞舜故事也。堯之咨舜曰"執中"，首曰"陽氣潛萌於黄宫，信無不在乎中"，志諷也。曰"頤水包貞，示臣則也"，曰"庳虚無因，大受性命，否"，以下賊上，以柔履剛，明莽不能大受也。次六"月闕其摶"，月，臣道，戕莽盈也。次五"日正於天"，日，君德，思復辟也。曰"黄不黄，覆秋裳"，自絶於天也。曰"顛靈，氣形反"，時日害喪也。繼《中》曰《周》，《周》準《復》，則又明思漢官，頌中興也。他篇或譏時政，或援古謨，或推寒暑翕張，或剌鬼神情狀，高躋青穹，下及黄壤，塊磊庬褋，入想非非，凡此之倫，弗能殫述。比而求，幽而索，怒罵痛哭嬉笑，而讀宋玉《招魂》邪？屈平《天問》邪？抑即雄之《反離騷》《畔牢愁》邪？揹隅而參之，《玄》解則思過半矣。故雖崇論閎議，奇字奥句，層見錯出，使人迷悶，而意趣顯然。班固謂"觀之者難知，學之者難成"，愚竊以爲弗深考焉。

至《衝》《捝》《圖》《告》《攡》《數》《錯》《瑩》，陶冶大爐，旁薄群生，疢心痛慮，研幾極深，則自《太玄》本色。劉歆固譏其覆瓿，夫歆爲莽國師，始作《金縢》，繼爲《大誥》，塗民耳目，揚子心緼漢火，譎語帝秦，陸溺新朝，綢繆王室，所爲獨馳騁於有無之際，而庶乎若人覿之不悟也。若夫《玄文》則尤章明喬著，特前幅縱横變幻，波瀾掩遏，人自不覺察耳。其亂曰："天辟於上，地辟於下，人辟於中，窮神掘變，鬼神效靈。陰陽埏化，視天而天，視地而地，視神而神，視時而時，而惡入乎逆。"王莽作辟，鬼神效靈乎？陰陽埏化乎？視天而天乎？視地而地乎？視神而神乎？視時而時乎？抑天地鬼神其謂之逆乎？其不謂之逆乎？昔者孟子曰："堯薦舜於天而天受之，暴之於民而民受之，使之主祭而百神享之。"莽始也二陽履祚，終也凶德作威，一時天殄民畔，神怒祆慝，得將受之享之與？故不受之不享之邪？嗟嗟，禍患方興，顯懟公訕，貽戚椓劉，揚子明哲，曷蹈爾爾。所謂不得已者勢也，

由斯以譚，則鄙人言《太玄》發憤之所爲而作也，信而有徵。顧有感

者，莽之革命禪代，不惟無疵於堯舜，夫何傷於湯武？獨揚子以大賢自命，覩天崩地折，海水群飛，既不得與劉歆舊學攀鱗附翼，夾乂興王，又不得與采薇餓夫典農矢唱，齊稱千古。暨朱子《綱目》書曰“莽大夫揚雄卒”，丕單惡聲，蒙後世世。吾是以爲《玄》悲也。儒者讀書，尚友古人，志存忠孝，窮先失義，達焉能立，亂臣賊子，何代無之？其惑人之術，與緇人之具多矣，士不幸生其時，慎無託諸空言無補哉，况又隱語廋詞，自晦其説，如《太玄》者，亦可云不幸矣。（《太玄集注》卷首，道光十一年鵝溪孫氏刻本）

【洗墨池】　揚子文章擅兩川，才高爲累至今傳。豈知尼父争名日，正是姬公盜國年。苔徑更無人載酒，草廬空有客談玄。遺經獨抱觀終始，照影空貽墨水憐。（《重修成都縣志》卷十一，清同治十二年刻本）

孫　澍

【太玄集注序】　揚子雲盛稱其《太玄》，有宋司馬温公爲之集注，予少聞其書而未之見也。比壯，假余學《易》，讀諸家注疏，條分而縷晰之，可謂備矣。然求所以著是象，系是辭者，則貿昧無解焉。竊計揚子《法言》擬《論語》，《太玄》擬《周易》，必深達於天人之故，故愈欲觀《太玄》。最後始得其書閲之，曼漶渺冥，苦無端緒。繼又讀許瀚傳《太玄曆》，乃得有窺揚子之用心。

昔者聖人之系《易》也，以爲興於中古，當殷之未世。周之盛德，文王與紂之事，故曰“作《易》者其有憂患乎”。揚子遭漢公纂國，擬《周官》，行夏時，賊臣劉歆又傅會經傳，聾瞽知愚賢不肖之耳目，其害浮秦坑焚。揚子知名當時，欲顯論列其事，則無補於劉宗；欲退耕岷陽，則將重得罪於新室。故穢跡委蛇，清浄寂寞，高閣著書，遠託羲文，近禀漢家正朔，以寓故君亡國，風雨飄摇室家之感。推此志也，與彭咸争烈矣。其方、州、部、家，三位疏成，九九八十一首，否泰倚伏，君子小人消長之機，無首無之，其刺師辟，究王詾，亦無首無之。其旨峻，其詞危，峻者使太，危者使玄，豈好爲艱難哉？以避禍耳。後數百年，元豐司馬君實酷好學之，作《説玄》，謂本於太極兩儀三才四時而歸於道德仁義，雖子雲之淵衷尚未盡悉，然亦足以識其大矣。眉山蘇子瞻乃謂雄以艱深文固陋，究其所言，初與小兒之説無異。有宋士大夫好立門户，標榜異同，互相攻伐，微獨洛蜀之黨騰於群從，即熙寧初政，子瞻幾微，亦未能平於君實，此殆如夫子有爲而言，不足引爲典要。或者爲譏介甫經説而發，意或然也。否則子瞻豈不識文義，一言不智，自蹈於非夫哉？

家兄瘦石曩嘗考訂《玄首》文，並次《玄・攡》《瑩》《掜》《圖》《告》《數》《錯》《衝》八章，凡篇爲作小注，散於首測贊詞之間，而後《玄》之文義大備。澍從瘦石講授，不揣固陋，即今所得前明唐子畏影鈔宋本，增補温公《集注》脱誤二百五十餘條，以明訓詁。讀古人書，得於詞有不通其意者矣，未有不得於詞而能通其意者也。又温公亦岷産也，澍因並較《潛虚》，附《太玄》末簡，以明是書所自至。世所傳劉斯組校本，篇首仿程子注《易》，縱横錯列八卦，並演爲朱子河洛圖説，穿鑿附會，蒙無取焉。客有過而誚曰："子誠蜀人，知揚雄氏已耳，《玄》至今千餘年不顯，昔劉歆固譏其覆瓿，子不寧爲是，得毋重其覆乎？自今以往，恐《玄》之覆終不發矣。"然則爲是役也，罪我者其爲《太玄》夫，知我者亦其爲《太玄》夫。道光十一年五月己未孫澍序。（《太玄集注》卷首，道光十一年鵝溪孫氏刻本）

【揚雄論】　揚子雲，文章士也。其受病處在自命過高已耳，蓋君子而不仁者也。周季莊、老興，其言麗褷。逮秦漢，諸子百家愈舛馳。哀、平之際，又數百年無名世。雄奮然興起，力學求道，企冀聖域，度越諸子遠矣。唐元和間，韓愈知道者也，荀、揚幾與子輿氏並稱。宋司馬光亦誦習其書，爲之集注，王臨川且謂雄聖人。聖則雄不能，若昌黎、温公二子者，豈徒以言舉人，暗於君臣之大義哉？春秋列國時，桓公殺公子糾，召忽死之，管仲請囚。崔杼弑齊君，晏子弗與其難。當成、哀、平間，雄名著甚，王莽、董賢俱爲三公，權傾人主，所薦莫不拔擢。人亦孰不欲富貴，而子雲歷職三世，位迺不過黄門侍郎。莽篡，身又非據將相之地，處平、勃之位也。可以死，可以無死，比跡與管、晏略同，故穢身莽朝，隱忍以自成其《太玄》。桓譚稱其文義至深，是非不詭於聖人，識者以爲篤論。後紫陽《綱目》於雄卒深譏之，《春秋》責備賢者。美新劇秦，誠不能爲雄諱，然洪景鑪以爲媚人。而曰"優於桀紂，賢於蹻跖"，頌耶？刺耶？嗚呼！此所以爲子雲與？昔者，武之王也，箕子抱器陳疇，而又受其封焉。縱朝鮮非周土，其如殷先哲王何？倘非經東魯論定，晦翁生其時，秉董狐之筆，律以西山義士，書曰"周大夫"，蒙士尚能開其喙哉？君子亦仁而已矣，何必同。然謂雄爲仁則固不可，子曰："君子無終食之間違仁，造次必於是，顛沛必於是。"雄當年投閣，其果熟於造次、顛沛與？亦固有未至，雜夫人欲之私與？吾故曰：揚子雲，文章士也，蓋君子而不仁者也。邑人孫澍。（《郫縣志》卷三十七，清嘉慶十七年刻本）

朱駿聲

【楊揚一氏辨】　楊氏始見於《春秋傳》楊食我，戰國有楊朱。漢唐以來，惟《漢書·揚雄傳》寫枽從手旁，説者云子雲好奇之過，其氏特自標異。然古有吹律知姓者，有避諱、避仇易姓者，有以功以惡賜姓者，若無故而自更氏族，則未之前聞，此其説非也。

雄《反離騷》曰："有周氏之蟬嫣兮，或鼻祖於汾隅。靈宗初諜伯僑兮，流於末之揚侯。"據雄自叙，系出有周伯僑，以支庶食采於晉之揚，因氏焉。周衰而揚氏或稱侯，會韓魏趙興，偪揚侯，揚侯逃於楚。按《左氏春秋·襄公二十九年傳》，女叔齊曰："虞、虢、焦、滑、霍、楊、韓、魏，皆姬姓也，晉是以大。"是楊國滅於晉，後爲羊舌肸采。昭公二十八年傳僚安爲楊氏大夫，即其地也，在今山西平陽府洪洞縣，與僖公十一年傳揚拒泉皋伊洛之戎，昭公二十二年傳劉子奔揚，在今河南，河南府洛陽縣者迥别，叔向之子楊食我以邑爲氏者也。考宋羅泌《路史》云："宣王子尚父，幽王封之爲楊侯。"疑伯僑乃尚父之裔，即春秋前滅於晉者。雄叙或頗疏踳，而其字則必非從手也。後人徒以子雲好奇，又有"雄無他揚於蜀"之語，故傳寫獨作揚，貤謬至今。嘗讀《三國·魏志·陳思王傳》裴注引魚豢《典略》楊德祖答植書云："修家子雲，老不曉事。"豈德祖之氏亦當從手耶？唐孔穎達《尚書堯典疏》稱"楊子《法言》"，宋大中祥符之《廣韻》，治平之《集韻》，司馬光之《類篇》字凡有姓者，注皆云"又姓"，楊注有而揚注無，知北宋之前，尚未有從手之説矣。夫楊、揚皆形聲字，誼别而音同。論六書假借之法，如鄭鄦之鄦國今作許，心吕之吕侯或作甫，遽數之不能終，大氐習非成是，相承不改，故以楊揚爲通寫，尚屬沿訛。以楊揚爲殊族，竟成杜撰。至宋鄭樵《通志·氏族略》，竟據《漢書》誤字，並《春秋》之楊食我與楊氏大夫，俱改作揚，意欲胥古今氏楊者而盡揚之，謬妄不已甚乎。因黟士胡文銓得銅章一，文曰"揚雄私印"，徵詩於余。既爲作歌，而復辨之如此。（《傳經室文集》卷九，《續修》第1514册，第643頁）

夏　炘

【跋資治通鑑綱目二條（其一）】　莽大夫揚雄死，此雖《綱目》之特筆，實温公之舊例也。《春秋》書薨、卒而不書死，《曲禮》曰庶人曰死。庶人不得見於史，故不書死，此《春秋》之例也。《尚書》紀舜曰陟方乃死，《論語》曰顔淵死，《莊子》曰老聃死。古不以死爲諱，故直書之，與《春秋》之例又不同。司馬温公作《通鑑》，凡莽臣皆書死，如太師王舜之類，所以深惡世之背舊君而事篡賊者，惟揚雄不然。温公之意，以爲雄雖事莽，與王舜之徒不同，故曲筆貸之。朱子以爲雄之與舜，其所以事莽者雖異，而其爲事莽者則同。况雄賢者也，《春秋》之義，責備尤嚴。且美新劇秦，君子恥焉。故竊取趙盾、許止之義，不免却就本例書之，曰“莽大夫揚雄死”。所以警夫畏死失節之流，而亦未改温公直筆之正例，見於所答尤延之書者甚詳。其扶綱常，而植倫紀之功，亦不淺矣。必以《春秋》不書死，《尚書》《論語》不諱死譏之，多見其不知量也。（《述朱質疑》卷七，《續修》第952册，第80頁）

毛岳生

【方言箋疏序】　嘉定錢少詹事辛楣先生，問學閎深，達於天人，爲海内碩儒。先生之弟可廬徵士三子，長既勤東垣，次子樂繹，季同人侗。俱有文行，余皆識之。而與子樂尤習。子樂以開敏之材智，承家學之淵源，究窮經術，先後成《十三經漢學句讀》《孟子義疏》。又與弟同人疏揚子《方言》，都二十餘萬言，義沈而體大，識邃而説創。又工篆、隸、真書，當其雅質，往往不愧漢唐人。性和易謙慎，長者多言其似少詹事、徵士二先生。先大父簡州公與二先生交厚，先子又學於少詹事，子樂固余丈人行，年齒又長，而素重余。自少至今，講説日親，遂成故舊。余屢遠遊，以性寡合，知友不過數人，家居則惟子樂、敦夫、子仁、子劭、子仁之兄損之丈與賢子潛夫而已。子仁家西谿上，與子樂諸賢居近。余居城中，少遠。遠遊歸，輒主子仁家。子仁昆仲父子喜賓客談讌，諸賢亦樂就，余益往復論辨理道文學，務窮極奥賾浩博。或不合，率固争執不下，氣至理得，則又互規美矜異。酒酣則間縱談神仙鬼怪，或徵引故老瑣事里諺相戲謔爲樂。竊謂古之直諒多聞，與魏晉賢者聚處莫過焉。既而損之丈、子劭、潛夫先後亡，敦夫爲教諭，官潁州之太和。里居惟余與子仁、子樂三人，雖間尋舊樂，而豪縱之氣，多不如前。甚至默然相對，移時别去，不特死生存亡之痛，有慨於中，而三人亦衰病，畏劇談狂飲，積然老矣。嘉慶十八年，余與子樂同應鄉試。子樂屬爲其農夫像贊，已諾之，忽忽二十七八年，子樂屢以爲言。道光二十年六月望後，余自蘇州歸，重見於子仁家，復固乞之。夫子樂文學箸述之精贍，余誠不逮。至於困躓伏處，蒙時俗訕笑，爲兒曹輩所侮，二人無異焉。然則贊子樂者，莫余宜也。詞曰：學通古訓，藝高儒雅。謙謝方聞，退甘椎野。形頎而眉厖，目耽而言訥。儒也農歟？迷郵之楬。寶山毛岳生。（《方言箋疏》卷首，中華書局 1991 年版，第 1—2 頁）

錢泰吉

【劉向揚雄優劣論】　劉向、揚雄有甚相同者？史稱向簡易無威儀，廉靖樂道；雄亦簡易佚蕩，好深湛之思。西漢之季，以經術發爲文章者，並稱匡、劉，然稚圭非子政匹也。抗辭幽説，閎意眇指，足成名於後世者，劉向而後，斷推揚雄。雖然，古君子蓄道德而能文章者，其著書立説將有關於世道之盛衰，則一身出處之際，何可不慎？劉向以宗室大臣，與蕭望之、周堪、金敞等同心輔主以撼佞幸，免官下獄，屢蹶益振。讀其遺文，往往流涕。他若《洪範五行傳》《列女傳》《新序》《説苑》諸書，陳法戒，助觀覽，補遺闕，以視《劇秦美新》何如者？且夫劉向極諫於王氏方盛之時，揚雄依回於新莽既篡之後，雖時地不同，而心跡亦異。雄苟以撰著未成，惜此一死，不能竟夭天年，去官不仕，如栗融、禽慶、蘇章、曹竟等，何不可者？即或薦自王氏，素與莽並，盛名之下，遠引爲難，然遜辭以謝，若薛方者，箕山之節，亦可終守。惜哉！子雲皆不出此。假令王氏代漢之日，子政尚存，縱不能舉兵討賊，死國埋名，投閣之羞，吾知必免。嗟乎！父爲宗室之遺老，子爲新室之國師，子政有知，亦當憤恨。不意寂寞清净如子雲者，乃爲連及而見收也。雖耆老久次，符命不侫，而天禄之書既歸異姓，撫卷流連，能無悲悒。揆之子政，諒不然矣。然自班孟堅以劉向、揚雄與孟子、荀卿並稱大儒，若昌黎亦盛推揚雄，司馬温公之於《太玄》，尊之若《易》，後世相知有如此。竊謂即以文辭而論，子政發於至誠，無所蹈襲。子雲辨麗過之，質實不及也。就令不逢禪代，並驅文壇。僭竊作經，不免壯夫所羞，何况詞賦。若極諫外家封事諸篇，雖覆醬瓿，豈可磨滅哉？

歲壬寅，學使羅蘿村先生以此論課詁經之士，因擬作示兒輩。後讀《晉書·范喬傳》，知有《劉揚優劣論》，史雖不録其文，然叙述大旨，則亦優劉而劣揚也。警石記。（《甘泉鄉人稿》卷三，《續修》第1519册，第266頁）

葉廷管

【揚雄待詔】　《考異》又有“漢元延元年揚雄待詔”一條云：“雄傳云車騎將軍王音薦雄待詔，按雄《自序》，上方郊祀甘泉泰時，召雄待詔，奏《甘泉賦》，其十二月奏《羽獵賦》，事在今年。時王音卒已久，蓋王根也。”胡氏遂誤以爲曲陽侯云。按《通鑑》是年不載此事，胡氏注於元延元年王根爲大司馬《考異》下，附記云“今按《考異》，又有揚雄待詔一條”云云，是胡氏作注時，已不見《通鑑》有此事。觀《通鑑》於元延三年鋪叙胡人校獵事，即用雄自序中語，而絶不言及雄之獻賦。至天鳳五年雄卒時，但追叙云：“初，成帝之世，雄爲郎，給事黄門。”然則王根薦雄待詔一節，温公初成長編或載之，故《考異》有此條。後以雄之召用無關治亂，及《通鑑》定稿乃芟去其事，偶留此《考異》未芟。胡氏附記於“王根爲大司馬”之下，亦因此條散入注中無可系屬耳。至雄召用之由，孫氏《讀書脞録》引《雄答劉歆書》曰：“雄先作《縣邸銘》《王佴頌》《王佴頌》及《都城四隅銘》，蜀人有楊莊者爲郎，誦之於成帝。成帝好之，以爲似相如，雄遂以此得見。雄之自述者如此，李善取以注《文選》，蓋庶幾得實矣。”孫氏此説與雄自序“客有薦雄文似相如者”一語正合，始知薦雄者不特非王音，且亦非王根也。然莊乃小臣，但能誦之帝前；根則執政，既已奇而召爲門下史，遂薦之於帝，同時並行，固無不可。惟雄之自述，一則曰客，再則曰楊莊，於王氏之推轂絶口不言，豈自以進由權貴，故諱莫如深耶。（《吹網録》卷二，《續修》第1163册，第17頁）

龔自珍

【己亥雜詩（二首）】　子雲識字似相如，記得前年隔巷居。忙殺奚童傳搨本，一行翠墨一封書。

子雲壯歲雕蟲感，擲向洪流付太虚。從此不揮閑翰墨，男兒當注壁中書。（龔自珍撰，劉逸生注：《龔自珍己亥雜詩注》，中華書局 1980 年版，第 54、347 頁）

桃源藏

【揚子法言增注序】　在昔知孔子之道者，子思之後，獨見孟、荀二賢而已。降至中漢，出一賢揚子雲者，當是之時，儒林不振，諸子塞路，俗夫鼓舌，跳梁乎其間。子雲乃爲著《法言》十三篇以辨析之，文簡旨深，論不詭於聖人，蓋足以服人心矣。後之不知且妒諱斯道者之言，往往與“或問”如出一口。試取《法言》以對之，不敢復容喙矣。則子雲闢路之功，不在孟子之下也。而班孟堅載之史，曰再事王莽爲大夫。又《典引序》曰揚雄美新。嗟！何誣賢如斯之酷。按，谷永字子雲，與揚子同時，亦長文辭，嘗爲光禄大夫。其黨王氏，誓死報恩，明見謝王鳳書。其後佞音媚譚，阿商諛根，無所不至。疑斯人生值王莽簒立之日，爲之作《劇秦美新》。後人以永與揚子同字，錯爲揚子雲，遂至旁生投閣事。昔曾子行，有同姓名者殺人，其母聞之投杼。齊人闞止字子我，爲田常所殺，司馬子長以誣宰我，曰與田常作亂，以夷其族，孔子恥之。是皆賢者不幸也。韓文載《與大顛師書》，有評曰：徐安國見王安石不喜退之，故作退之與大顛師書。後自言年二十三四時戲爲此文，今悔之無及。余嘗讀之，不覺掩卷三大息。因思及《劇秦美新》，復三大息。夫揚子者，以絶倫資寡欲自守。家無儋石之儲，晏如也。除爲郎，給事黄門，時值王氏擅勢，熏灼天下，而三世不徙，其不枉道而求富貴也可以徵矣。其始末辨正，焦氏《筆乘》張千百年眼尤悉，余亦致意於凡例。於戲揚子！若其

《反離騷》《甘泉》《校獵》諸賦，與屈子、相如相類，頃幡然自改，曰雕蟲篆刻，壯夫不爲。乃覃思於《太玄》，明道於《法言》，而後無所憾也已。《太玄》太深難知，《法言》則余竊有得焉。觀其四注，柳州寡過，李、宋、吴多違揚子之旨，其失在錯繆章域，鑿空生理也。司馬温公注最後出而爲精當，斯公才德俱高，爲揚子左袒，嘗曰："揚子雲真大儒也。孔子没後，知聖人之道者，非雄而誰。"以是識而解是書，故當如是耳。温公，長者也，雖諸家蕪説，存而不删，附以己意，名曰"集注"。余則無以力别章域、芟蕪説，采其所優，附以管見，名曰"增注"。極知獲僭踰之罪，然觀者其不迷多歧，因知揚子之有功於道也，或庶幾乎。夫世所寡者，賢者也。明道若揚子，尚且爲論者多擯斥，吾恐小人道長而賢者無遺孑也。温公之疑孟，文公之貶揚，余爲二賢憂之，又爲二公惜之。班史曰："自雄之没，於今四十餘年，《法言》大行。"此非世祖中興之時乎？揚子苟爲王莽大夫，則人人唾其書耳，何以大行？當時大行，今何衰之？士之負天下之重而爲之之巇焉者，前有班孟堅，後有朱文公。士之負天下之重而爲之光焉者，唐出韓退之，宋出司馬温公。司馬温公之後，無復有其人矣。若焦弱侯、張和仲諸人，極力雪揚子之冤，皆望非文公匹，故鮮知其説者矣。揚子既生而無爲之前者，又死而無爲之後者。反受污巇，豈不悲乎！余非負天下之望者，焉能爲之後焉哉！折四海之廣，必有其心如吾心者，誠能知揚子而紬繹《法言》，感取端於余增注，則雖無德興，式歌且舞。寛政甲寅秋八月。"（《增注揚子法言》卷首，周斌等主編《揚雄著述版本薈萃》第5册，巴蜀書社2018年影印本，第2431—2433頁）

陸　璣

【劉向揚雄優劣論】　莽大夫揚雄，不可與劉向比也。然人知雄不可與向比，而不知其所以不可比。蓋向與雄之學，實殊也。向之文邃於經術，雄之文溺於詞章。邃於經術者，其心術必正；溺於詞章者，其本原已漓。《前漢書》分載其文，向則上書三，上疏一，稱述古訓，折衷孔子，於治體至爲明晰。雄則《反騷》一、賦四、解二，雖時有諷刺，而辭涉浮誇。讀其文，兩人之優劣早見矣。夫向傳《魯詩》之學，其徵引於《列女傳》者極詳，故發爲文章，原本經術。雄雖草《太玄》，作《法言》，以擬經自任。然心好辭賦，嘗奉司馬相如以爲式，彼相如亦何足學也？人之惜雄者，謂無《劇秦美新》，猶不失爲完士。又謂以秦比新，語諛而意刺，爲雄解脱。然即不作符命仕莽，而託虚辭以苟全其身，爲聖人之言者，固如是乎？且夫向之封事，無愧於賈誼之策治安。雄之《美新》，不過效相如《封禪》之作。《治安策》志在除患，《封禪書》意在貢諛。雄不效法長沙，惟於竊妻以逃者，規規摹仿，心術歧而本源喪，小才顯而大節虧。班史以兩人並稱，未爲通論也。如使向處新莽之亂，必能殺身以成仁。雄屬宗室而立元、成之朝，必不能排斥宵人而自裁以義。況乎向素稱博洽，通達古今，所言有補於世，比孟子、董子雖不足，比荀子、太史公則有餘。揚雄何人，可比數哉？即以學而論，向覃思著述，感動太乙之星。雄家貧嗜酒，險受奇字之禍。就校書一事觀之，一則然藜，一則投閣，其相去固已懸絶歟！（《詁經精舍文續集》卷三，《西湖文獻集成續輯》第14册，杭州出版社2016年版，第336—337頁）

陳宗起

【揚雄】　《漢書·揚雄傳》據雄自序，謂其先出自周伯僑者，以支庶食采於楊，因氏焉。楊在河汾之間，周衰而楊氏或稱侯，號曰楊侯。又楊修答臨淄侯箋，稱修家子雲，又云述衰宗之過言。或以楊與揚兩字，疑是文人牽合之過。今案班書於雄傳稱楊雄、楊子、楊子雲，及其祖楊季，字皆作木旁易，惟篇首作手旁易，蓋形近通寫之字。《左氏》襄二十九年霍、揚、韓、魏，其字正作手旁易。應劭、杜預皆以爲即平陽楊縣，即所謂楊在河汾之間者是也。應氏注雄傳，引《左傳》即作木旁易，則揚爲楊之通用字明矣。《漢隸字源》載《熊君碑》，稱治歐羊《熊君碑》，陽、羊尚可假借，亦何疑於楊之於揚乎。（《丁戊筆記》卷上，《續修》第1161冊，第7頁）

顧廣譽

【劉向揚雄優劣論】　昔班固以劉向、揚雄並稱命世，而雄著《太玄》《法言》，盛傳於後世，名出向上遠甚。然向先後所上封事，辨恭、顯之邪，斥王氏之勢，直言無隱。元成不能用，漢祚遂衰。而雄當王莽篡漢時，不知潔身遠去，至爲《劇秦美新》以頌之，玷其所學。後世震於雄之學，以與孟子並。曾子固、王介甫、司馬君實，推之尤至。甚者，並其出處亦曲護之，而於向則姑置焉。蘇子瞻始議及《太玄》《法言》，至朱子《通鑑綱目》出，直書爲“莽大夫”，而生平大節之虧，遂不能掩。要其本原之失，則朱子斷以爲“子雲之學，本於黃老”，是已。夫向之學，未極淵源，惟其篤於經訓，而不爲黃老所雜，故能激發於名義，懇惻其性情，一意孤行於危疑震撼之中，而終以自達。雄則不然。雄之深意，在《太玄》《法言》兩書。《太玄》七百二十九贊，所闡多造化之藴。《法言》十三卷，所陳皆理道之要，於經訓，宜其理順冰釋矣。而出處乖謬，大非向比，豈無故哉？二書雖深博無涯涘，至究其指歸，則不出《解嘲》所謂“玄默清净寂寞”而已。夫玄默清净寂寞者，畸人逸士所以輕棄天下者也。雄以此處世，則必有漠視名義之心，而性情因以不摯，由是以好古樂道之躬，成阿諛苟容之習，於王氏不惟憚之，而且身事之。此其得失所以與向反也。嗚呼，以雄之泊然寡欲，使其不溺黃老，覃思研精於大道，以淑其身，則從容進退，更過於子政，或未可定。惟不察而誤以黃老爲道德，委曲避罪，猥爲明哲，遂至周章失據如此。然則非出處之敗其學，乃學之累其出處也。此惟朱子爲識微也歟。（《詁經精舍文續集》卷三，《西湖文獻集成續輯》第14冊，杭州出版社2016年版，第337—338頁）

章廷彦

【劉向揚雄優劣論】　班固稱劉向、揚雄，皆博物洽聞，通達古今，其言有補於世。蓋文人學士，徇一時之稱譽，於論世知人之術無當也。雄以蜀人遊京師，王音奇其文，召爲門下吏，是其進身已不軌於正。向，宗室子，以忠直明經見稱，屢上封事，專抑外戚。雄既不得比向之尊貴，而欲求全於亂世，勢不能不委蛇取容。然則二子之優劣可知已。向所著，惟《列女傳》《洪範五行傳論》，雄則有《法言》《倉頡》《訓纂》《州箴》《反騷》諸作，而《太玄經》尤所自喜。跡其著述，非不奥且博，而其失在鉤深致遠，好爲艱險，無關世教，非如向之序次賢妃貞婦、孽嬖亂亡，與夫五行災異，垂爲世戒者可比。此即論文章之有補於世否，固已向優而雄劣。又况寂寞投閣，致以莽大夫見譏哉。嘗謂文人相輕，文人亦交相護。班固爲文，瑰麗奇偉，不下於司馬相如。故其作《漢書》，於《相如傳贊》則以雄諷一勸百之言爲戲，斥雄所以護相如也。於《劉向傳贊》又與雄並推爲博洽，附雄於向，所以護雄也。《雄傳》中不録《劇秦美新》之文，一則曰“少耆欲，不汲汲於富貴”，再則曰“恬於勢利”。嗚呼，誣矣！所惜童烏早殤，雄之子反得保其慧名，而向子歆者，乃以符命干莽，躋仕國師，亦元王之裔，所不幸而有此者也。（《詁經精舍文續集》卷三，《西湖文獻集成續輯》第14册，杭州出版社2016年版，第338頁）

胡　琮

【劉向揚雄優劣論】　漢室當謡與“燕啄”之年，水禍“龍漦”之日。運終揶紫，臘改貂黄。新室造而文母將封，孺子王而阿衡自命。當日眉梨碩輔，魁梧奇才，非無諫伏青蒲，忠申史傳，彈陳白簡，威攝王章。乃張禹則養望徒尊，匡鼎則緣經自飾。斬白馬之劍誰請，斷蛇之業遽衰。卒至厭勝金刀，僞頒圖讖，旋杓威斗，侈述祥符，豈天命之移乎？抑亦人事之失也？劉子政以天潢之胄，王室是憂，屢陳五行志災祥，極諫萬言之封事。鄉使鴻嘉之歲，陽朔之年，奮厥乾綱，采其讜諭，則五侯可消其專恣，三輔未至於驛騷。華轂朱輪，踞蘭闥者不鄰金虎；緑勝葦篋，秘椒塗者不隕流虹。匪惟秦穰侯驕志難萌，兼使晉悼子宗傳不絶。奈何言非不切而塞黈蔽聰，君非不明而煬灶自若。一官中壘，齎遺恨以終。他日國師，復家聲自墜。向之死，可見於列祖；向之目，不瞑於九京矣。若揚子雲草易玄亭，志原沖澹，齎毫油素，才亦通明。其博贍如蜀國馬卿，其醇正遜蘭陵楚相。鄉使蒲輪却聘，高傲龔生，釣石坐忘，隱先嚴瀨，足使儒林生色，文苑增輝。顧好爵是縻，網羅甘蹈。暮年寡識，臺省身羈。究之投閣之羞，何救美新之佞。試問："莽大夫"書於《綱目》，大節終慚，比諸劉更生少好神仙小疵，未免孰優孰劣，較然易明。論者謂《太玄》之作，泄乎苞符；《法言》之書，源乎洙泗。擬作不遺於君實，推尊至況之子輿，固非《七略》藏書所能並駕，一編《説苑》可以齊名。似乎爇藜降太乙之星，未若載酒問侯芭之字。不知黜華崇實，足覘人品之殊，去僞存真，乃見儒修之篤。向惟專門墨守，其説《詩》尊韓氏，《春秋》師穀梁，雖間有支離，而不失之誕，故紫陽《集傳》亦引其言。雄則自作聰明，其非聖等王充，僭經如束晳，雖不無文采，而所失也誇。故昭明選樓，僅裒其什。此二人學派之異，即二人立品之分也。總之，子雲所擅在文章，子政之才嫻經濟。使遲生於建武開國之日，並立於永明垂拱之朝，吾之宗正拜官，勝於四門立學。秘書攡藻，賢於十載研京。卓、鄧媲其嘉猷，班、張奪其講席。惜乎才難見用，生又不辰。後之人，嘆有子如歆，未若童烏早逝，失身事莽，空傳天鹿同登，驗僕柳立石之徵，而重其先見。讀《繡補》《靈節》之作，而豔其才華。固漢祚之中衰，亦兩賢之不幸耳。（《詁經精舍文續集》卷三，《西湖文獻集成續輯》第 14 册，杭州出版社 2016 年版，第 339 頁）

陸以湉

【州箴】 揚子雲《十二州箴》，冀、兖、青、徐、揚、荆、豫、益、雍、幽、並、交是也。《初學記》所載，多凉、潤二州。其《潤州箴》云："蔣廟鐘山，孫陵曲衍。江寧之邑，楚曰金陵。吴晉梁宋，六代都興。"此皆漢以後事，豈得謂子雲所作？徐公碩儒，當不若是之舛，或其書爲後世妄人所增，有是誤耳。（陸以湉撰，崔凡芝點校：《冷廬雜識》卷四，中華書局1997年版，第198頁）

【揚雄】 柳仲塗謂揚雄《劇秦美新》，譏莽而非媚莽，且以雄之著書而作經籍爲聖人；曾南豐謂雄處王莽之際，合於箕子之明夷；王介甫謂雄之仕，合於孔子"無不可"之義。其餘褒之者未遑悉數，自朱子《綱目》書"莽大夫"而論始定。近世文人復有襲柳氏諸家之説爲雄辨白者，然皆偏護之見，終無以易乎朱子之説爲能得其真也。（《冷廬雜識》卷五，第253頁）

黄恩彤

【莽大夫】 《通鑑》："是歲揚雄卒。雄恬於勢利，好古樂道，欲以文章成名於後世，乃作《太玄》《注言》。桓譚以爲絶倫，又以爲文義至深，而論不詭於聖人，度越諸子矣。"

與王莽、董賢同官而不爲所薦，可謂恬於勢利矣。《劇秦美新》之作，是亦不可以已乎？温公於雄特書其卒，亟揚其美，而於清静符命之嘲，非聖擬經之詆，均削而弗録，何也？蓋温公雅好《太玄》，至作《潛虚》以擬之。又心折於《法言》，曾爲之注，故引桓譚之言。既以爲絶倫，又以爲度越諸子。竊謂《太玄》擬《易》，其僭妄毋庸具論。《法言》文深義淺，不惟不能涉《論語》之藩籬，亦安能窺《老子》之門徑？且諸子中尚有子思、孟子，安可與子雲同日語乎？譚之言謬已。温公生於北宋，雖與程子同時，而其學尚未大顯。前乎此者，惟韓文公惟尊孟子，而以揚子爲擇不精、語不詳。温公之意，必不以爲然也，第篤信揚子而已。迨朱子以程子紹孟子之統，必不容孟子後程子前更有一揚子也，故於《綱目》斥爲莽大夫，而特著其死，其褒貶與温公相去天淵矣。平心論之，子雲特文章之士，學術近醇，而節操不立。第浮沈於亂世濁朝，苟全性命。莽之篡竊，均未預謀，與劉歆輩自難並論。温公未免阿好，朱子亦涉深文，均非定評也。（《鑒評别録》卷八《漢紀六》，《未收》第2輯第29册，第202頁）

蔣　詩

【擬揚雄羽獵賦】　孝成帝時，車駕羽獵，雄從。竊唯三五之世，無宫館臺榭沼池之樂，其爲囿也與民同之。故文王之囿方七十里，民以爲小也。武帝廣開上林，濱渭而東，延袤數百里，建宜春、鼎湖、長楊、五柞之宫，穿昆明、太液之池，遊觀侈靡，窮妙極麗。若校獵，則車徒戎馬，器械之盛，奢麗誇詡，炫燿一時。雄竊衡以魯史泉臺之義，敢因校獵爲賦，以獻其詞曰：

神聖纂隆，玄宫端委。儲精垂思，戒欲抑侈。惟與民以同樂，恒自天而錫祉。豈孕虞而育夏，徒誕言而誇擬。獵不妨農，機不虚掎。鳴鏑飛鋒，貝胄象弭。踵三驅以振武，溥四表而横被。於是山虞效職，獸臣擎場，歕山欱野，搜林摘岡。颮颮紛紛，駢傱佖路。自昆吾以迄乎渭陽，罝羅之所羂結，竿罕之所泙浪，叉簇之所攙捔，徒搏之所摧藏，車轂之所轥轢，步騎之所搕戕。羽林賁育以萬計，莫不前期戒令；盱分殊事，咸讃列而弧張。彗雲霓，掃攙槍，陣虓虎，耀鋋鍠。猋拉雷厲，罕車飛揚，天動地吸，武騎聿皇。八神奔而迎蹕，振殷轔以軍裝。天子乃備法駕，出玄宫，發鯨魚，驂神駿。常伯陪乘，太僕扶轂，甘泉道儀，綵旍排空。葩瑵旖旎，雲罕沖融。入西園而振緕，切神光之穹隆。蹂蘭唐而踐蕙圃，睎平樂而眺射熊。虎羆之衆集霧，哮之群驅風。七萃之長，千夫之雄，繽紛輻轤，曲隊㞕巃，驓駢駖磕，咸於於而來同也。爰蘉六駁，爰結隊伍。設以蘭錡，振以鉦鼓。騁絶技以懸刀，列外隊而屯羽。彎威弧之撥剌，散流磻於勁弩。聽鳴鏑以相和，激蝱飛而如雨。摣狒蝟，批狻窳，搫象犀，緭麋麖，格壄羊，鋋猛牯，擭狾猢，揩咆虎，掩兎轔鹿，擳豻搤貐。遂移圍而徙陣，紛獻獲其無數。於斯時也，精卒衣緹，虎夫獻捷。技詡穿楊，材誇貫葉。覩鋒鏑之沆瀣，撫刁斗而震慴。非詭遇以求獲，未睼禽於過睫。駕徽車以輕武，亙鴻絧而緁獵。徵禽獻於原野，格鱗蟲於徒涉。犯淵凌冰，騎鯨奮鬣。蛟螭黿鼉，薄索相接。群入淵以探驪，真水栗而陸讋。於是三事嶽牧之儔，咸含和而頌曰：

崇哉乎聖德，盛哉乎王度。唐虞三代以來，曷有此遇。浦恩澤以咸周，宣慈惠而素裕。正學校以崇儒，勤田功而薄賦。敞靈囿以同民，紛芻蕘而雉兎。道德爲藩，仁義爲圃。民遊熙皡，治非嫗煦。爰回天儀，旋玉步，迺洪茂之澤，永延遐之祚。（《榆西仙館初稿》卷四，《彙編》第 488 册，第 319 頁）

【揚雄】　口吃不能談，默而好湛思。爲賦擬相如，《反騷》廣《楚辭》。更作《畔牢愁》，草《玄》旨入微。《解嘲》復《解難》，泰初溯宓犧。方州部家表，《首》《衡》《錯》《測》《攡》。老聃有遺言，貴知我者希。《法言》象《論語》，譔《淵騫》《重黎》。寂寞自投閣，覆瓿或見疑。昌黎有定論，不獨譚、芭知。（《榆西仙館初稿》卷三十一，第 465 頁）

翁同書

【跋太玄集注】　《太玄集注》六卷，司馬温公撰，前有《讀玄》一篇，後四卷則右丞襄陵許翰所注，仿韓康伯注《繫辭》例，合温公書爲十卷，末有明徐禎卿等識語。是書見《郡齋讀書志》及《齋齋書録解題》，世尟傳本，故《四庫書目》不載，只載晉范望《解》，而范注多訛，黃蕘圃藏惠半農評閱本深譏晉人不識字，及觀温公《集注》，則已先半農而言之矣。余得此精抄本於廣陵士人家，蓋亦從士禮居藏本傳録。温公作《潛虚》以擬《玄》，世有能讀《玄》者，其必折衷於温公矣。咸豐七年倉龍在丁巳二月廿八日人空後常熟翁通書志於邗上軍中。（清抄本《太玄集注》卷首，周斌等主編《揚雄著述版本薈萃》第七册，巴蜀書社 2018 年影印本，第 3737 頁）

曾國藩

【與紀澤書三則（節録）】　咸豐六年十一月初五日：看《漢書》有兩種難處，必先通於小學、訓詁之書，而後能識其假借奇字；必先習於古文辭章之學，而後能讀其奇篇奥句。爾於小學、古文兩者皆未曾入門，則《漢書》中不能識之字、不能解之句多矣。欲通小學，須略看段氏《説文》《經籍纂詁》二書。王懷祖名念孫，高郵州人先生有《讀書雜志》，中於《漢書》之訓詁極爲精博，爲魏晉以來釋《漢書》者所不能及。欲明古文，須略看《文選》及姚姬傳之《古文辭類纂》二書。班孟堅最好文章，故於賈誼、董仲舒、司馬相如、東方朔、司馬遷、揚雄、劉向、匡衡、谷雲諸傳皆全録其著作；即不以文章名家者，如賈山、鄒陽等四人傳，嚴助朱買臣等九人傳，趙充國屯田之奏，韋玄成議禮之疏以及貢禹之章，陳湯之奏獄，皆以好文之故，悉載巨篇。如賈生之文，既著於本傳，復載於《陳涉傳》《食貨志》等篇；子雲之文，既著於本傳，復載於《匈奴傳》《王貢傳》等篇，極之《充國贊》《酒箴》，亦皆録入各傳。蓋孟堅於典雅瑰瑋之文，無一字不甄采。爾將十二帝紀閱畢後，且先讀列傳。凡文之爲昭明暨姚氏所選者，則細心讀之；即不爲二家所選，則另行標識之。若小學、古文二端略得途徑，其於讀《漢書》之道思過半矣。

咸豐九年三月初三日：不特寫字宜摹仿古人間架，即作文亦宜摹仿古人間架。《詩經》造句之法，無一句無所本。《左傳》之文，多現成句調。揚子雲爲漢代文宗，而其《太玄》摹《易》，《法言》摹《論語》，《方言》摹《爾雅》，《十二箴》摹《虞箴》，《長楊賦》摹《難蜀父老》，《解嘲》摹

《客難》，《甘泉賦》摹《大人賦》，《劇秦美新》摹《封禪文》，《諫不許單于朝書》摹《國策・信陵君諫伐韓》，幾於無篇不摹。即韓、歐、曾、蘇諸巨公之文，亦皆有所摹擬以成體段爾。以後作文作詩賦，均宜心有摹仿，而後間架可立，其收效較速，其取徑較便。

咸豐九年八月十二日：接爾七月十三、二十七日兩稟，並賦一篇，尚有氣勢，兹批出發還。凡作文，末數句要吉祥；凡作字，墨色要光潤。此先大夫竹亭公常以教余與諸叔父者，爾謹記之，無忘祖訓。爾問各條，分列示知：

爾問《五箴》末句"敢告馬走"。凡箴以《虞箴》爲最古（《左傳・襄公》），其末曰"獸臣司原，敢告僕夫"。意以獸臣有司郊原之責，吾不敢直告之，但告其僕耳。揚子雲仿之作《州箴》，冀州曰"牧臣司冀，敢告在階"，揚州曰"牧臣司揚，敢告執籌"，荆州曰"牧臣司荆，敢告執御"，青州曰"牧臣司青，敢告執矩"，徐州曰"牧臣司徐，敢告僕夫"。餘之"敢告馬走"，即此類也："走"猶僕也（見司馬遷《任安書》注、班固《賓戲》注）。朱子作《敬箴》，曰"敢告靈臺"，則非僕御之類，於古人微有歧誤矣。凡箴以官箴爲本，如韓公《五箴》、程子叒《四箴》、朱子各箴、范浚《心箴》之屬，皆失本義，餘亦相沿失之。（曾國藩著，唐浩明修訂：《曾國藩全集》家書類，嶽麓書社2012年版，第295—296、418、445—446頁）

劉熙載

【文概（節録）】　“文麗用寡”，揚雄以之稱相如；然不可以之稱屈原。蓋屈之辭，能使讀者興起盡忠疾邪之意，便是用不寡也。

董仲舒對策，言“諸不在‘六藝’之科、孔子之術者，皆絶其道，勿使並進。”其見卓矣。揚雄“非聖哲之書不好”，蓋衷此意，然未若董之自得也。

揚子雲説道理，可謂“能將許大見識尋求”。然從來足於道者，文必自然流出；《太玄》《法言》抑何氣盡力竭耶？

揚子《法言》有些憋意，蓋專己創言。人雖怪且厭之，弗爲少動也。

東坡《答謝民師書》謂揚雄"好爲艱深之辭，以文淺易之說"。子固《答王深甫論揚雄書》云："鞏自度學每有所進，則於雄書每有所得。"曾、蘇所見不同如此。介甫《與王深甫書》亦盛推雄，如所謂"孟子没，能言大人而不放於《老》《莊》者，揚子而已"是也。

司馬温公叙《揚子》，謂"孟子好《詩》《書》，文直而顯；荀子好《禮》，文富而麗；揚子好《易》，文簡而奥。"孟、荀、揚並稱無别，與昌黎之論三子異矣。

揚子雲之言，其病正坐近似聖人。《朱子語類》云："若能得聖人之心，則雖言語各别，不害其爲同。"此可知學貴實有諸己也。

孫可之《與高錫望書》云："文章如面，史才最難，到司馬子長之地，千載獨聞得揚子雲。"余謂子雲之史，今無可見，大抵已被班氏取入《漢書》。《漢書·揚雄傳》或疑出於雄所自述，亦可見其梗概矣。

昌黎屢稱子雲，柳子厚於《法言》嘗爲之注。今觀兩家文，修辭煉字，皆有得於揚子，至意理之多所取資，固矣。

曾子固稱介甫文學不減揚雄，而介甫《詠揚雄》亦云："千古雄文造聖真，眇然幽息入無倫。"慕其文者如此其深，則必效之惟恐不及矣。

介甫文兼似荀、揚。荀，好爲其矯；揚，好爲其難。

揚子《法言》曰："事辭稱則經。"余謂不但事當稱乎辭而已，義尤欲稱也。觀《孟子》"其事則齊桓、晉文"數語可見。（以上劉熙載撰，袁津琥校注：《藝概注稿》卷一，中華書局2009年版第58—168頁）

【賦概（節録）】　班固以屈原爲"露才揚己"，意本揚雄《反離騷》，所謂"知衆嫮之嫉妒兮，何必揚累之蛾眉"是也。然此論殊損志士之氣。王陽明《吊屈平廟賦》"衆狂穉兮，謂累揚己"二語，真足令讀者稱快。

屈子之賦，賈生得其質，相如得其文。雖塗徑各分，而無庸軒輊也。揚子雲乃謂賈誼升堂，相如入室，以己多依效相如故耳。

賈生之賦志勝才，相如之賦才勝志。賈馬以前，景差、宋玉已若以此分途，今觀《大招》《招魂》可辨。

相如一切文皆善於架虛行危，其賦既會造出奇怪，又會撇入窅冥，所謂似不從人間來者，此也。至模山範水，猶其末事。

賦，辭欲麗，跡也；義欲雅，心也。"麗辭雅義"，見《文心雕龍·詮賦》。前此《揚雄傳》云："司馬相如作賦，甚弘麗温雅。"《法言》云："詩人之賦麗以則。""則"與"雅"無異旨也。

屈兼言志、諷諫，馬揚則諷諫爲多，至於班張，則揄揚之意勝，諷諫之義鮮矣。

《史記·司馬相如傳贊》曰："相如雖多虛辭濫説，然其要歸引之節儉。此與《詩》之風諫何異?"《叙傳》曰："《子虛》之事，《大人》賦説，靡麗多誇，然其指風諫，歸於無爲。"揚雄《甘泉賦序》曰："奏《甘泉賦》以風。"《羽獵賦序》曰："聊因《校獵賦》以風之。"《長楊賦序》曰："藉翰林以爲主人，子墨爲客卿以風。"賦之諷諫，可於斯取則矣。

揚子雲謂"雕蟲篆刻，壯夫不爲"。然壯夫自有壯夫之賦，不然，則周公、尹吉甫叙事之作，亦不足稱矣。楊德祖《答臨淄侯箋》，先得我心。（以上《藝概注稿》卷三）

羅惇衍

【揚雄】　傳世文多襲古人，苦搜奇字亦陳陳。摹成《客難》開《賓戲》，反得《離騷》頌《美新》。家有童烏華遽萎，門來子駿草親詢。巨君事事師三代，僭擬如公好效顰。（羅惇衍撰，趙望秦等校證：《集義軒詠史詩鈔校證》卷十二，三秦出版社2014年版，第332頁）

周壽昌

【揚】　揚雄自以蜀無它楊，其揚字不從木。《漢書》本傳云：其先出自有周伯僑，以支庶初食采於晉之楊。又云：周衰而楊氏或稱侯。案《左傳》霍、楊、韓、魏，楊字從木也。《地理志》河東楊縣，應劭注曰：楊，侯國。茂堂段氏《説文解字注》云：古假楊爲揚。《詩·楊之水》"楊，激揚也"；《廣雅》曰"楊，揚也"；《佩觿》曰"楊，柳也。亦州名"；古書州名皆作楊。楊修自稱吾家子雲，是楊、揚在漢時本通訓。又雄本傳，揚在河、汾之間。應劭注曰：今河東陽縣。《説文》：昜，一曰飛揚。昜即今陽字，是楊、揚皆從昜得聲，而楊、揚、昜三字訓故又互通也。（《思益堂日札》卷二，中華書局1987年版，第26頁）

喬松年

【揚雄仕莽美新】　焦弱侯《筆乘》謂揚子雲未及仕於新莽之朝，班史誣之。全謝山折其不然。愚按全氏之説是，焦氏之説非也。子雲作《甘泉賦》在成帝永始四年，至天鳳五年則三十餘年。以班史贊中謂雄四十餘自蜀來遊京師，至天鳳五年，正七十餘年。謂其卒時七十一歲，於事理實近。若焦氏，則亦據班贊内王音奇其文雅，召爲門下史。以爲音秉政當在建始之初，雄是時四十餘，自建始至五鳳又七十餘年，則子雲當在百歲外。班既謂子雲壽七十一，則莽僭位時，子雲已早死矣。而未思王音於陽朔元年方爲侍中，建始初年豈得開府召士。即以陽朔元年計之，至天鳳五年亦不過四十二年耳。班史之文本明，不煩曲爲之説。至桓譚《新論》謂子雲作《甘泉賦》夢腸出明日遂卒。是子雲一賦甘泉即死。將《羽獵》《河東》皆非所作，並不得有七十一年之壽，是詎可引以爲證哉。《法言》篇末謂漢興二百一十年，未有若漢公之懿者。此是元始五年，方在頌莽。其去莽之篡漢，亦不過三年。

愚按，子雲仕莽，不煩曲爲之諱。班史之意，謂如劉歆輩，以文人而附會符命，子雲乃獨不然。恬淡自守，不營求進取爲，已加人數等。蓋古人論人恕，後儒論人苛。如蘇武窮荒十九年，一世詫爲奇節，然居然與胡婦生子，而爲單于牧羊，特不肯爲其臣耳。後儒論此，猶以爲遺憾。在彼時則衹有推重而絶無苛求也。子雲事亦如此。班史與朱子《綱目》各行所見，不必爲子雲回護，亦不須力詆之也。狄梁公反周爲唐，報國之忠，爲後世所共信。然以前明氣節之士處之，則必不肯爲，必上書指斥痛詆，爲武后所殺，乃爲忠。然而所成者小矣。新莽時，王浩、王嘉棄其官，見《李業傳》。此固高出子雲之上。又胡剛解衣冠懸府門而去，薛方逢萌，莽徵不至。（《蘿摩亭札記》卷五，《續修》第1159册，第139—140頁）

方濬頤

【讀揚子】　子雲學富才雄，稱先則古，著《法言》以象《論語》，草《太玄》以擬《易經》。議論見識，超越流輩，奇而不詭於正，博而能得其精，漢儒中固推卓卓者。以云大醇，幾乎醇已。獨《修身篇》論性曰善惡混，背乎孔子相近之旨。於是既作《解嘲》，復作《劇秦美新》，前後如出兩人焉。嗟嗟子雲之甘爲莽大夫，安得不謂善惡混也歟。可見言爲心聲，當日已自己道破，預立供狀，千古有文無行之人，大率類此。而不意學師孔顔，才埒賈、董者，晚節末路，乃至於斯。昌黎恕之曰小疵，嗚呼，斯爲小疵，其大者更何若耶。（《二知軒文存》卷十三，《彙編》第661册，第208頁）

諸葛壽燾

【劉向揚雄優劣論】　昔班掾以劉向、揚雄並稱，謂其博物洽聞，通達古今，其言有補於世。夫論人者，必觀其時事，核其心跡，而後其人之議論文章，可推究焉，亦千古得失之林也。向之諫諍，可謂惓惓不忘君矣。恭、顯用事則諫，趙后專嬖則諫，王氏竊權則又諫。忠言讜論，雖廢錮不少屈，誠不愧宗室中之佼佼者。夫吕氏欲危劉氏，而劉章力誅之。乃王氏欲危劉氏，而劉向不得誅之者，章之志得行，而向之言不用也，向真系漢安危哉！獨其得《淮南鴻寶》之書，言黄金可成，鑄作不驗，而所著《洪範五行傳》流入於陰陽讖緯家，則好博之過耳。方揚雄之好辭賦也，《甘泉》《河東》《校獵》《長楊》，時寓諷諫，既而擬《論語》、擬《易》，而後世大儒，或儕諸荀卿。其擬經，僭也。儕以荀卿，亦非也。惟持論不違乎聖人，非若荀卿之妄而。容齋洪氏以《劇秦美新》爲雄不得已之作，所言配五冠三，特戲莽耳。顧其淡泊而柔弱，富貴非所好，而節義又非所能，寂寞投閣之譏，誠不能免已。要之，劉向之精忠亮節，言人所不敢言，犯顔諫諍，雖三代藎臣，無以遠過。若雄之潛研篇籍，以章厥身，其志有足悲，而文章成名於後世矣。(《詁經精舍文續集》卷三，《西湖文獻集成續輯》第 14 册，杭州出版社 2016 年版，第 338 頁)

汪　鋆

【素村陳先生太玄闡秘序】　陳本禮字嘉會，號素村，江都人，先世由西鄉陳家集遷郡城南之角里莊。幼好學詩文，吐棄一切，雅好書籍，收藏至十餘萬卷，所著有《屈辭精義》《漢樂府三歌注》《協律鉤元》《急就探奇》，曰《瓠室四種》。其未刻者，《焦氏易林考正》及此書也。《續匯刻書目》亦謂未刻，而載其名。案：素村先生是書大抵博引各家注釋，而精擇其有義理者一一發明，又於先賢所繪諸圖中復究精義，制《方圓一氣圖》，並附《筮儀》《集説》及《漢書・雄傳》《年考》，力爲雄白其《太玄》之作刺奸邪也。曲體子雲之心，而抉幽摘伏，爲此《闡秘》一書，素村先生之本意也。書成於嘉慶二十二年，先生七十九矣。另紙存李申耆先生一序。次年先生卒，未及刻，其子逢衡字穆堂，江都老明經，曾著《竹書紀年集證》《逸周書補注》等多種。保愛先人手澤，舟車南北，未嘗暫離。迨穆堂既老且貧，又無子，舉以付匯川黄生，冀黄可以刻之也。蓋匯川曾購《册府元龜》版以印書牟利，而兹書想是因其太冷而終置之。咸豐癸丑之亂，匯川死於難。越廿餘年，此稿流落於市。光緒四年三月，鋆適見之，以番蚨買歸，並將另紙李序録於卷首，姑爲什襲存，俟博雅慷慨君子閔而刻之，未始非闡發幽光之一事也。鋆益有厚望焉。光緒四年四月初七日儀徵汪鋆謹識。（清光緒貴池劉世珩刻《聚學軒叢書》本《太玄闡祕》卷首，周斌等主編《揚雄著述版本薈萃》第八册，巴蜀書社 2018 年影印本，第 3974 頁）

洪昌燕

【劉向揚雄優劣論】　從來謀深慮遠，儒生以經濟匡時；殫見洽聞，學士以文章華國。以故龍門作史，數表直臣。虎觀譚經，首咨儒士。爲百世計，陳長嘆痛哭之章；成一家言，闡極深研幾之藴。策安危於宗社，參微奥於聖賢。若漢元成時，劉向、揚雄其人者，趣向攸殊，聲華各顯，試得取而論之。向也，系出卯金，薪傳乙火，過韋、匡之蛾術，媲蕭、周之鯁忠。始患閹人，言如蓍卜。繼憂外戚，識在機先。歷卅載以校書正學，無慚明道；衍五行而陳範讜言，惟冀格君。儒宗肇啓於東京，亮節炳昭乎西漢。戴侍中奪五十餘席，遜此淵通；董仲舒奏百廿三篇，同其剴切。斯固非專長文藝者，所得較其優劣矣。雄也，擅吐鳳凰之才，慕猶龍之軌，號一時之作者，牖千古之斯文。跡其以《太玄》擬《羲經》，《法言》擬《論語》，意雖僭竊，詞實精深。大醇小疵，著述踵乎荀况；賤近貴遠，流傳決自桓譚。他如四賦、九箴，《反騷》《訓纂》，亦垂藝苑，並播士林。惟是身歷三朝，事無一著。談玄論道，奚補國家？綴麗問奇，詎關時事？視彼盡宗臣之職，上封事之條者，道不侔焉，品斯判已。要之後世，罕得完人。一生惟觀大節，向以憂時上疏，而重道延命。好其術者，求鄒衍之方，是優不掩其劣也。雄以事莽遺譏，而劇秦美新，辨其誣者，曾著容齋之筆，是劣可轉爲優也。君子論人，第循名以核實，毋抉垢而摘瑕。向則取其經濟宏深，雄則嘉其文章瑰異，何必謂侈陳符讖者，非謣謣之忠貞；墨守《玄經》者，終營營於富貴也哉！（《詁經精舍文續集》卷三，《西湖文獻集成續輯》第14册，杭州出版社2016年版，第340頁）

李聯琇

【劇秦美新】　《文選敂音》以《劇秦美新》或云劉歆、甄豐輩假託，揚雄無投閣而爲莽大夫之事，因據《華陽國志》年七十一卒，在孺子嬰居攝時。琇按，投閣爲大夫，詳《漢書》贊，且載京師有作符命之語，而疑《美新》之假託，究何所據？况雄文之未入《選》而今存者，尚有《元后誄》，稱我新室文母，侈諛真皇，更不辨及耶。贊云年七十一，天鳳五年卒，是莽竊位之十年，非居攝時矣。雄雖素守泊如，然觀《太玄賦》《反離騷》等作，意主自全，不崇死節，殆重惜其五世單傳，著述待後之身，難爲《綱目》書法解也。（《好雲樓初集》卷十八，《彙編》第682册，第164頁）

蔣超伯

【揚子】　伊川曰："荀子極偏，只一句性惡，大本已失。揚子雖少過，然亦不識性。"是程子於子雲尚無甚貶詞也。張衡耽好《玄經》，以爲妙極道數，孫明復以子雲爲模範，徐積史稱卓行，譏賈誼而重揚雄，司馬温公於孟子致疑，乃爲《法言》作《集注》。最惡揚子者，只朱子耳（《綱目》書之爲莽大夫）。然樸學之士，至今重之。劉端臨既爲《荀子補注》，並爲《方言補校》云。（《南漘楛語》卷二，《續修》第1161册，第288—289頁）

俞　樾

【揚雄無定論】　揚雄一人，千古無定論。昌黎"大醇小疵"之言，亦非定論也。北宋之初，柳仲塗開以古文宣導後進，而推重揚雄，以爲聖人。故北宋一朝，翕然從之。趙叔靈湘《南陽集》中有《揚子三辨》一篇，力爲雄辨。《孫明復集》亦謂《太玄》之作，非以準《易》，乃以嫉莽。以司馬温公之學之識，而手注揚子之書，且作《潛虛》以擬《太玄》，其重之甚矣。及熙寧中，遂至配享，論者謂是王安石之私心。然荆公亦行其平日之心耳，非藉以行新法，非藉以排善類，何私之有。觀當時許翰《襄陵集》中有札子一通，稱揚雄與孟子異世同功，請以配食孔子廟廷，位次孟子，可知當時士大夫之所見同也。及南宋之初，士大夫乃以惡安石之故，而並及揚雄。吾鄉沈必先與求，嘗奏王安石之罪，大者在於取揚雄、馮道，喪亂之際，無仗節死義之風，實安石倡之。而鄧肅《栟櫚集》亦斥揚雄爲叛臣。肅字志宏，與朱子父韋齋相友善。朱子《綱目》書揚雄爲莽大夫，或本韋齋之意，而又得之栟櫚歟？自“莽大夫”三字出，世謂揚雄之論定矣，實亦非定論也。管仲不死，孔子猶恕之。使孔子以《春秋》之筆而修《綱目》，於揚雄必無罪矣。是故北宋之推重揚雄，非也。如揚雄者，豈足以言聖人之道乎。南宋以來之罪揚雄，亦非也。窮老校書，何關家國大事，豈足當叛臣之名乎。東漢初名臣如伏湛、宋宏等，仕於王莽之朝者衆矣，何獨於雄責之深也。故揚雄一人，千古無定論也。竊謂揚雄不過一文士，與相如同稱則可耳，尊爲聖人，貶爲叛臣，皆未免視雄過重。惟蘇老泉謂雕蟲而變其音節，斯則揚雄之定評矣。（《九九銷夏録》卷九，中華書局 1995 年版，第 95—96 頁）

【致鄭文焯（其一）】　小坡仁兄世大人撰席：承示大著三種，其以從某省之字爲即六書中之轉注，殊爲有見，突過前人。《説廿》一篇，貫通字義，非深於小學者不能道，從此治許書，思過半矣。以裁雪鏤月之才，一變而爲摘洛鉤河之學，賢者洵不可測也。《訓纂篇故》亦體大思精，惟弟竊有所疑，不得不爲足下陳之。揚子雲所作《訓纂篇》與所作《蒼頡訓纂》自是兩書，《漢藝文志》曰：“《蒼頡》一篇，《凡將》一篇，《急就》一篇，《元尚》一篇，《訓纂》一篇”，而《訓纂》下注“揚雄作”，然則揚雄《訓纂篇》，自與《蒼頡》《凡將》《急就》《元尚》一例，《急就篇》因篇首有“急就”字故以“急就”名，《訓纂篇》亦當以篇首有“訓纂”字故以“訓纂”名。雖以“訓纂”名篇，而實是羅列字體之書，非詁訓字義之書。《倉頡篇》四言，如《爾雅注》所引“考妣延年”是也。《凡將》七言，如《文選注》所引“黄潤纖美宜制禪”是也。《急就》至今猶存，前多三言，後多七言，皆取便於學童之諷誦，如今兒童讀《千字文》者。然而《史記正義》引《訓纂》有“户扈鄠”三字，疑其體例亦與《急就篇》同，有三言，有七言也。《隋·藝文志》云“《三蒼》三卷”，注云“秦相李斯作《蒼頡篇》、漢揚雄作《訓纂篇》、後漢郎中賈魴作《滂喜篇》，故曰三蒼”，可知揚雄之《訓纂》，其體例上法《蒼頡》，下開《滂喜》，故後世並之爲三蒼矣。

《漢·藝文志》又云：“《蒼頡傳》一篇，揚雄《蒼頡訓纂》一篇，杜林《蒼頡訓纂》一篇，杜林《蒼頡故》一篇。”此别是一書，乃詁訓字義之書。所謂“蒼頡訓纂”者，乃即《蒼頡篇》中之字而訓釋之，如顔師古、王伯厚之注《急就篇》也，故介乎《蒼頡傳》《蒼頡故》之間，其體例可知矣。《説文》所引揚雄説，乃取之揚雄《蒼頡訓纂》中，而非取之揚雄《訓纂篇》也。揚雄所作《訓纂篇》有字而無説。《漢志》云“元始中，徵天下通小學者以百數，各令記字於庭中，揚雄取其有用者以作《訓纂篇》”是也。許書九千三百五十三字，則《蒼頡篇》以下之字必已盡取，不别其此字出《蒼頡篇》、此字出《訓纂篇》、此字出《滂喜篇》也。故凡所引揚雄説，非《訓纂篇》也。尊説以《説文》引揚雄十二事即爲《訓纂篇》，恐承學之士必以此爲議，宜更酌之。鄙意不如輯《説文》所引二十七人之説，一一爲之訓詁，揚雄説亦在其中，可以明許學之淵源，而不致貽後人以口實。尊意以爲然否？因承下問，貢其瞽言，伏希亮察。（俞樾著，張燕嬰整理：《俞樾函札輯證》十四，鳳凰出版社 2014 年版，第 648—649 頁）

世愚弟俞樾頓首。《揚雄傳》云：“經莫大於《易》，故作《太玄》；傳莫大於《論語》，作《法言》；史篇莫善於《倉頡》，作《訓纂》。”觀《太玄》之擬《易》，《法言》之擬《論語》，則知《訓纂》必擬《蒼頡》，而《説文》所引揚説必非《訓纂篇》之文可以決矣。（《俞樾函札輯證》十四，第649頁）

【致鄭文焯（其二）】　承示大著序文一篇，已受而讀之矣。惟鄙意仍有未了者，班《志》既分《訓纂》與《蒼頡訓纂》爲二書，一列《蒼頡》《凡將》《急就》《元尚》之後，一介《蒼頡傳》《蒼頡故》之間，顯有經、傳之别。《志》云：“揚雄作《訓纂篇》，順續《蒼頡》，又易《蒼頡》中重復之字，凡八十九章，臣復續揚雄作十三章，凡一百二章，無復字。”是知揚雄《訓纂》無重復之字，正與今所傳周興嗣《千字文》相似，而迥非許書所引諸條所能混也。許書《序》曰：“揚雄作《訓纂篇》，凡《蒼頡》以下十四篇，凡五千三百四十字。”桂未谷云：“十四篇，八十九章，每章六十字，正合五千二百四十之數。”愚按，此數語所云《蒼頡》以下十四篇，不知何指，兩句用兩“凡”字，文義亦復，恐有衍奪。而八十九章爲揚雄《訓纂》章數，則班《志》甚明，每章六十字，爲五千二百四十字，數亦密合。然則揚雄《訓纂》亦法《蒼頡》《爰歷》《博學》，斷六十字爲一章，其非許書所引諸條明甚。而愚又疑班《志》所云“順續《蒼頡》”者，順續即訓纂也，順與訓古字通，續與纂義相近，揚雄以莫善於《蒼頡》而作《訓纂》，即“順續《蒼頡》”之謂。揚雄續《蒼頡》，班固史書續揚雄，故曰“臣復續揚雄作十三章”也。班固明以“順續”二字解“訓纂”二字，此必相承之師説，其書必非解説字義可知矣。所不可解者，揚雄又有《倉頡訓纂》之作，體例不同而名則相混，乃愚又思之，揚子雲作《太玄》擬《易》，未嘗作《易》傳；作《法言》擬《論語》，未嘗作《論語》注，蓋子雲著述之心甚盛，自我作古，予聖自居，不屑爲傳注之學。其作《訓纂》以擬《蒼頡》，何獨爲《蒼頡訓纂》乎？竊疑《蒼頡訓纂》非揚雄所自作也，乃後人因有杜林《蒼頡訓纂》之後，嫌其未備，又採取揚雄所説以成此書，曰“訓纂”者，因杜林之書而名之也，與揚雄《訓纂篇》之名名同而義異也，曰“揚雄《蒼頡訓纂》”者，因揚、杜兩《訓纂》並行，各題名以别之也。尊説謂：著書者無自加姓名之理，是矣。然謂是班史所加，則上文《訓纂》一篇之上何不加揚雄二字，而必注其下曰揚雄作乎？班氏總記其下曰：“小學十家四十五篇。”注曰：“入揚雄、杜林二家三篇。”可知此揚、杜兩《訓纂》及杜林《蒼頡故》一篇，皆《七略》所無有而班固增入之，劉氏《七略》所收有揚雄《訓纂》一篇，無揚雄《蒼頡訓纂》一篇也。以此證之，《蒼頡訓纂》非出雄手，而《訓纂》與《蒼頡訓纂》兩書固同名而異實矣。此鄙人臆見，自謂頗塙，敢以質之高明。（《俞樾函札輯證》十五，第650—651頁）

孫璧文

【揚雄】　揚雄著《太玄》以擬孔子，張子侯即稱爲西道孔子，桓君山又以爲東道孔子。《漢書・藝文志》列《法言》於儒家，雄本傳具列其目，漢人著述，未有若是之詳者，其見重於當時如此。自漢以後，亦皆以爲孟、荀之亞。昌黎大儒，猶稱之爲大醇小疵，宋初柳開亦比之爲聖人，孫復謂《太玄》之作非以準《易》，乃以嫉莽，皆曲爲文飾。熙寧中，王安石當國，竟以雄配享廟廷，尤爲大謬。然其時司馬温公一代偉人，亦謂“揚子真大儒，孟與荀殆不足擬”，且作《潛虚》以擬《太玄》，而又采諸儒之説以注《法言》，蓋至北宋時，猶如是重雄也。自程子始謂其“曼衍而無斷，優柔而不決”，老蘇始謂雄之《法言》“辯乎其不足問也，問乎其不足疑也”，又曰“雄於《太玄》好奇而務深，故詞多誇大”，東坡謂其“以艱深之詞，文淺易之説”，鄧肅則直指爲叛臣，無可容於天地之間，沈作喆《寓簡》始斥王安石尊揚雄之荒謬，至朱子作《通鑑綱目》始書“莽大夫揚雄死”。自是，雄之文章著作遂爲儒者所詬病矣。

朱子書揚雄爲莽大夫，焦竑謂雄年四十餘至京見成帝，卒年七十一。

自成帝建始元年計之，雄之死當在平帝末年，雄未嘗臣莽也。全謝山駁之曰："雄入京時，成帝方郊祀甘泉，在永始四年。由永始四年至天鳳五年，計三十年。雄以四十餘入京，又三十年，正七十一，安得以爲不逮仕莽？乃自成帝建始元年數之，則移雄入京之歲在二十年前自可從而爲之辭矣。"駁斥極爲精當。愚案《漢書·成帝紀》，永始四年春正月行幸甘泉郊泰畤，三月行幸河東祠后土，與雄傳"上方郊祠甘泉泰畤汾陰后土"之文悉合，但雄至京師年四十餘，非年四十。自永始四年戊申至天鳳五年戊寅，凡三十一年，合之，卒年七十一，似多二三年，雄之生年仍難確指。

伏讀《四庫書目提要》曰："《文選》任昉所作《王文憲公集序》'家牒'字下，李善注引劉歆《七略》云'《子雲家牒》言以甘露元年生'，《漢書·成帝紀》載行幸甘泉、行幸長楊宫並在元延元年己酉，上距宣帝甘露元年戊辰正四十二年，與四十餘之數合（謹案《成帝紀》元延元年無幸甘泉、長楊事，惟載二年春正月行幸甘泉郊泰畤，三月行幸河東祠后土，冬行幸長楊校獵，與雄傳《甘泉》《長楊》二賦序悉合，當時紀昀諸臣偶爾失檢耳）。其後元延凡五年（考《成帝紀》當作四年），綏和凡二年，哀帝建平凡四年，元壽凡二年，平帝元始凡五年，孺子嬰凡三年，王莽始建國凡五年，積至天鳳五年，正得七十一年（甘露元年戊辰，天鳳五年戊寅），與七十一卒之數亦合，其仕莽十年，毫無疑義。"愚案《北堂書鈔》九十四引《揚雄家録》云："子雲以甘露元年二月戊寅雞鳴生，天鳳五年四月癸丑晡卒，葬安陵阪上，弟子侯芭負土作墳，號曰玄塚。"又《藝文類聚》四十引《揚雄家牒》云："子雲以天鳳五年卒，弟子侯芭負土作墳，號曰玄塚。"此皆唐初書，引《家牒》更詳。《太平御覽》五百五十八引《家牒》與《類聚》同。雄之生卒，衆證如此，何能諱其事莽乎？

又考《御批通鑑輯覽》亦引《外戚傳》："元后崩，莽詔雄作作誄。"《雄傳贊》"雄投閣，京師爲之語曰'惟寂寞，自投閣；爰清静，作符命'"等語。然則莽大夫之稱，雄不能辭矣。又考《劇秦美新》，雄傳未載，當是班氏爲雄諱過。焦竑乃謂劉棻作，洪景盧又謂雄以秦刺莽，皆曲爲附會。(《考古録》卷五，《未收》第10輯第7册，第250—251頁)

【揚雄非莽大夫之説不足信】　《御批通鑑輯覽》曰："焦竑引《漢書·揚雄傳贊》，謂雄仕莽作符命投閣年七十一，天鳳五年卒。考雄至京見成帝，年四十餘矣。自成帝建始元年，至莽天鳳五年，計五十二歲。以五十二合四十餘，將近百年，則與所謂年七十一者相牴牾矣。又考王莽自平帝元始間始號安漢公，而《法言》稱漢公，且云漢興二百一十載，自高帝至平帝末，蓋其數矣。然則雄之終，或在平帝末，正年七十餘矣。世謂班固早卒，曹大家傳失其實，豈不然哉。"竑之論如此，而寧都魏禮亦引證各書，謂：雄賣文自贍，又不虚美，人多惡之。及卒，其怨家取《法言》，多爲竄益。至《劇秦美新》，則劉棻作也。《綱目》特書"莽大夫揚雄死"，是舉褚淵、馮道所未嘗加者而加之矣。

據焦、魏二家之説，班史所載，幾不足信。今考《外戚傳》，元后崩，莽詔雄作誄。《雄傳贊》，雄投閣，京師爲之語曰"惟寂寞，自投閣；爰清静，作符命"等語，所載甚詳。特所云"天鳳五年卒，年七十一"者，史文誠不免牴牾。今書雄投閣事仍據班史文，而於其死則闕之。《四庫全書總目提要》曰："近人多祖焦竑之説，爲雄訟枉。案《文選》任昉所作《王文憲公集序》'家牒'字下，李善注引劉歆《七略》云'《子雲家牒》言以甘露元年生'，《漢書·成帝紀》載行幸甘泉、行幸長楊宫並在元延元年己酉，上距宣帝甘露元年戊辰正四十二年，與四十餘之數合。其後元延凡五年，綏和凡二年，哀帝建平凡四年，元壽凡二年，平帝元始凡五年，孺子嬰凡三年，王莽始建國凡五年，積至天鳳五年，正得七十一年，與七十一卒之數亦合，其仕莽十年，毫無疑義。竑不考祠甘泉、獵長楊之歲，而以成帝即位之建始元年起算，悖謬殊甚。惟王音卒歲，實與《雄傳》不合。然'音'字爲'根'字之誤，宋祁固已言之，其文載今本《漢書》注中，竑豈未見耶？"

全謝山曰：“雄年四十餘而入京，成帝方郊祀甘泉，是永始四年也。次年而王根秉政，薦之，是確鑿可據之文也。由永始四年至天鳳五年，計三十年。雄以四十餘入京，又三十年，正七十一，何年數之不符也？今必欲諱其莽大夫之恥，以爲不逮仕莽，乃自成帝建始元年數之，則移雄入京之歲在二十年前，自可從而爲之辭矣。夫建始初元，王鳳秉政非王根也。成帝並未祀甘泉，豈雄枯坐京師二十年以待王根之薦乎？故爲子雲辨者，不甚讀書而徒費此苦心也。若谷雲，則死於王根之世，有明文，而又移而後之。以二千餘年之故鬼爲諸公顛倒壽算，悲夫！”（耆《庭立記》：漢分十三州刺史，莽並朔方入涼州爲十二，雄作《州箴》十二，獨缺朔方，其事莽無疑）（《新義録》卷八十六，清光緒八年刻本）

【揚雄文非美新】　陳王陽曰：《劇秦美新》文，洪景盧爲子雲澡雪之語，足破千古。夫媚人而曰優於桀紂、賢於蹻蹠，頌耶？誚耶？（按，《法言》篇末云“周公以來未有如安漢公之懿”，又作《元后誄》曰“火德將滅”，曰“屬在聖新”，曰“赤傳於黄”，其爲美新，更何以解？）（《新義録》卷八十六）

易佩紳

【論揚雄】　古今之論揚雄者，紛如聚訟矣。重其文學者，始於桓譚，盛於司馬光也，與荀卿並論，而謂其未精未詳者，韓愈也。謂其以艱深文淺易者，蘇軾也。然皆未論其出處也，程子始謂其去就不足觀矣。朱子《通鑑綱目》書“莽大夫揚雄死”，則斥之更嚴矣。於是有辯其未爲莽大夫者，如《劇秦美新》，或以爲劉歆、甄豐輩假託以取媚；又或以爲劉棻作，甚或以爲谷雲作。夫谷雲卒於成帝時，安知有新而美之。凡此類者，人皆知其不足據也。惟焦竑以《漢書》傳贊雄年七十有一，天鳳五年卒，與至京師見成帝時年四十餘相抵牾，則或以爲有據而存疑焉。吾乃合《成帝紀》《揚雄傳》證之矣。建始元年罷甘泉、汾陰諸祠，越十八年爲永始三年，始議復。四年以後，凡五祠。而祠之年，繼以冬，行幸長楊大校獵者，惟元延二年，成帝即位以來之二十二年也。雄正月從上甘泉，奏《甘泉賦》。三月祭后土，上《河東賦》，十二月奏《羽獵賦》，三賦皆作於是年也。雄生於宣帝甘露元年戊辰，四十餘至京師，待詔歲餘，奏《羽獵賦》。賦奏於元延二年十二月，則其至京師也，或元延元年己酉，或永始四年戊申，皆四十餘矣。至莽天鳳五年戊寅，正七十一矣，傳贊固未抵牾也。惟雄之待詔也，由王音之薦，音卒於永始二年丙午，雄年方三十九，似與四十餘有抵牾焉。然或雄未至京，音先見其文而召之、薦之，傳贊未縷析之耳。竑惟以建始改元至天鳳五年計之，謂合四十餘爲已近百年，是有意出脱而全未細考矣。

然又有前人未論及者，則《太玄》以方、州、部、家爲首也，八十一首取九九之數，與《太初曆》相應，漢與莽同用之曆也。方、州、部、家之名何取乎？漢以前無以方、州、部連稱者，《漢·地理志》亦無之也，惟莽天鳳元年置州牧部監，三年制吏禄東方三州一部二十五郡，南西北之名同之。是方、州、部、郡者，莽制也，雄但易郡爲家耳。《太玄》之作，雖未必在天鳳改元以後，然或先與莽諸臣議定而即作書以迎合之。雖未必迎合，而要不得謂其未仕於莽也。然則諸爲雄辯者，何厚於雄哉？吾亦豈薄於雄而附會程朱哉？要以雄之文學出處，兩不相掩也。雄之自命，亦但欲以文章成名於後世耳，出處蓋非所計也。抑或明於見理而暗於知人，初不知莽之詐，而以爲可與行古之道也。他且勿論，即如井田之制，莽初年行之，終以所行未善而止之。而雄之《法言》已尚論井田矣，《劇秦美新》已美其經井田矣。夫使莽果有盛德大力，先服天下之心，而後定井田之制，豈非千載一時乎。莽之代漢，可比虞夏之受禪，雄何不可比虞夏之臣乎？又何必愛雄者曲爲之諱乎？而無如莽非其人，雄遂如薄命之妾婦，徒失節再醮，而終不得所天也。然漢臣而事莽者固多矣，桓譚亦莽大夫也，其先事漢，其後又事更始，事光武也。朱子於諸人，未特書斥之，而獨斥雄，推《春秋》責備賢者之義，朱子殆以雄爲賢耶？抑因推重太過者，狃於末而忘其本，特指斥以曉世耶？然則文學之士，欲成名於後世者，尤宜敦其操，精其識，庶無遺憾哉。（《通鑑觸緒》卷十，《未收》第5輯第4册，第762—763頁）

李慈銘

【法言】　揚子《法言》專儗《論語》，其中可以參證者三事。《爲政篇》，《書》云“孝乎惟孝”，此詠嘆之詞，古讀皆如是。《法言・學行篇》：“一鬨之市，必立之平；一卷之書，必立之師。習乎習，習非之勝是也，况習是之勝非乎？”《問神篇》：“或曰淮南太史公其多知歟？曷其雜也？曰，雜乎雜。”《問明篇》：“吉人凶其吉，凶人吉其凶，辰乎辰。曷來之遲，去之速也。”《淵騫篇》：“才乎才，非吾徒之才也。”句法皆一例，可以證《集注》讀“孝乎”爲句之誤。《憲問篇》：“問管仲，曰人也。”《詩》正義引鄭君此注，以“人”爲同位人偶之辭，猶《中庸》“仁者人也”，鄭注人讀如相人偶之人。《法言・淵騫篇》：“或問子蜀人也，請人。曰有李仲元者，人也。”“請人”者，正謂請可相人偶之人；“人也”者，正謂此可相人偶之人也。李軌注請人者，問蜀人，答謂仲元則其人也，其義未瞭。《憲問篇》“管仲之力也，如其仁，如其仁”，孔傳朱注，皆謂“如，誰如也”。近儒王伯申謂“如，猶乃也”。慈銘按，《廣雅》“如，均也”，均，猶《孟子》“鈞是人也”之“鈞”。均其仁者，即下章“民到於今受其賜”之意也。《法言・學行篇》：“或謂子之治産，不如丹圭之富。曰吾聞先生相與言，則以仁與義；市井相與言，則以財與利。如其富，如其富。”此謂先生之言仁義，市井之言財利，均其富也。《吾子篇》：“或謂屈原智乎？曰如玉如瑩，爰變丹青，如其智，如其智。”此謂原之行清白，如玉之瑩，故發於文辭，能炳若丹青，均其智也。《淵騫篇》：“或問淵騫之徒惡乎在？曰在寢。或曰淵騫曷不寢，曰，攀龍鱗，坿鳳翼，巽以揚之，勃勃乎其不可及乎。如其寢，如其寢。”此篇揚子意以淵騫自况，言或疑淵騫之不寢者，以其名稱至今，然使乘時得位，攀龍坿鳳，申巽命以明揚之，則勃然興發而不可及。乃僅以德行稱，是亦均之寢伏也。故曰“如其寢如其寢”，謂均其在寢也。皆可以證“如其仁”之義。舊解爲“誰如”，既揚之太過，非聖人語氣。若如王説，則如之爲乃，古無明訓。王氏所引《詩·常武》《大戴記·少間》二證，《常武》之“如震如怒”，本可仍如字爲解；《少間》之“君如財之”，此如猶而也，亦如之常訓。兩條皆非確徵。（《越縵堂讀書記》一《哲學思想》，中華書局1963年版，第39—40頁）

【揚楊】　古人楊、揚通用。揚州之揚本作楊，通作揚，亦作陽。揚雄之揚，本同楊。唐以前用雄事，無作揚者。《毛詩·揚之水》，《隸釋》引《魯詩》作楊。《漢書·地理志》揚郡作揚，丹陽縣作陽。《續漢志》俱作陽。《晉志》郡作揚，或亦作陽，縣作楊，且注云：丹陽山多赤柳在西，蓋丹揚郡屬揚州，其取名之義同；其借揚陽通用之字亦同。《春秋元命苞》云，楊州厥土下濕而生楊柳，楊柳之性輕揚，故通作揚。《釋名》揚州，水波揚也。地有水者下濕而宜楊柳，其義亦相備。《廣雅》楊揚也。自三劉《漢書刊誤》妄别楊揚爲兩姓而異説遂紛紛矣。（《越縵堂讀書記》十二《札記》，第1281頁）

汪之昌

【揚雄書謂三代周秦有軒車使者逌人使者又謂王翁孺猶見輶軒之使所奏言考略】　揚雄《方言》書末坿劉歆致雄書：詔問三代周秦軒車使者，逌人使者云云。雄答書：“臨邛林閭翁孺者，深好訓詁，猶見輶軒之使所奏言。”案，《説文·車部》：“軒曲，輈藩車也。”劉昭《輿服志注》：“車有藩曰軒。”然則軒車爲曲輈，有藩軒，以别於他車。使者乘此車，故即以軒車使者稱，猶之執金吾以所執名官，駙馬都尉以所掌名官也。《春秋》襄十四年《左氏傳》：“《夏書》曰‘遒人以木鐸徇於路’。”《説文·丌部》："迈，古之遒人，以木鐸記詩言。"遒，從酋得聲；逌，從卣得聲。遒、逌音本同，或作遒人，或作逌人，音同之字，古例得通用，是逌人即遒人。傳引《夏書》，則夏時已有此官，與劉書三代周秦之説合。《説文》以木鐸記詩言者，案《漢書·食貨志》："孟春之月，行人振木鐸徇於路，以采詩。"段氏《説文》丌字注："乃部逌，氣行皃。逌訓行，故逌人即行人。逌人之稱使者，亦以此。"《華陽國志·巴志》林翁孺"訓詁玄遠"，《先賢贊》"林生清寂，莫得而名"下云："林閭字公孺，臨邛人也。善古學。古者天子有輶車之使，漢興以來，而劉向之徒，但聞其官，不詳其職。惟閭與嚴君平知之。"又云："揚雄聞而師之，因此作《方言》。閭隱遁，世莫聞也。"雖翁孺、公孺互見，或以翁從公聲而假借，或翁脱下半而誤公。《廣韻》："林閭氏，出自嬴姓。"《文字志》云："後漢有蜀郡林閭翁孺，博學善書。"與《華陽志》善古學正合。其云劉向之徒，聞其官而不詳其職。向仕宣元之朝，其時殆已無此使。考漢武元狩六年，遣博士大夫等六人分循行天下；孝昭始元元年，遣故廷尉王平等五人持節行郡國，是漢亦遣使觀風。案應劭《風俗通序》："周秦常以歲八月遣輶軒之使，求異代方言。還，奏籍之，藏於祕室。"度漢時遣使雖間舉行，不必循古每歲八月之常。至雄時，並此停罷，故雄但就上計教廉及内郡卒問之。然郡國不能不預備以應使者之所求。《華陽志》翁孺隱遁畢世，其見輶軒之使所奏言，決非藏於祕室之籍，大都即郡國之所備儲，抑民間之所流散與？所云輶軒之使，考《詩·秦風》毛傳："輶，輕車也。"《説文·車部》："輶，輕車也。從車酋聲。"與遒之從酋得聲同，以酋爲聲，必同取酋之義。單稱之爲輶車、爲軒車，重言之則爲輶軒，猶輜軿之亦單稱輜或軿也。是輶軒之使，合古時軒車使者、逌人使者而名。至使者所奏，總之不離乎揚雄書所謂代語僮謡歌戲者近是。爰參考其大略如右。（《青學齋集》卷十二，《彙編》第734册，第160—161頁）

【揚子方言真僞辨】　《方言》一書，彙集殊方絶域之語，頗裨小學。

世傳爲揚雄撰録，末坿《答劉歆書》，謂天下上計孝廉及諸衛卒會京師者，雄問其異語，輒以鉛摘次於槧云云。後郭璞序而注之，吴良輔著《釋音》一卷。間嘗取是書反覆披覽，竊以爲作者决非揚雄，厥疑數端，謹陳於左：

考常璩《華陽國志》，具列雄書，云“典莫正於《爾雅》，作《方言》”，然班書雄本傳獨缺《方言》，《藝文志》亦無之，其可疑者一也。且雄本傳言雄嘗作《訓纂》矣，書雖亡佚，然云仿《倉頡篇》，可揣爲解釋文字之書，更作《方言》，似屬重出，其可疑者二也。《説文》一書，古文是正，所引各書必表而出之，如雄實有此書，《説文》中凡某謂之某等語近似《方言》者，宜若手部“摹”“拜”之類，引《訓纂》之例，别之以揚雄矣，且《方言》中字，若“家”、若“𪉈”、若“赤”、若“脊”、若“僆”、若“甈”，體象不倫，其可疑者三也。《答劉歆書》中稱蜀人嚴君平，案君平本姓“莊”，避顯帝諱而改“莊”爲“嚴”，《法言》所稱“蜀莊沈冥”“蜀莊之才之珍”“吾珍莊也”，皆如字，至此書而易之曰“嚴”，其可疑者四也。《雄答歆書》，考其年月當漢成帝時，而書中乃云孝成皇帝，帝在而預知其謚成，其可疑者五也。又稱“汝潁之間”，先漢人無此語，且歆意不過求書，而乃有“脅之以威、陵之以武則縊死以從命”，措詞失當，其可疑者六也。質之於班《史》，例之於《説文》，證之於本書，參之於《答子駿之書》，無一合者，爲真爲僞，不辨而自明。夫《劇秦美新》之作，明知真者而反目之爲僞，《方言》之書不必真者而或信之爲真，雖然，使《方言》而不假名於揚雄，又安必其流傳至斯哉？（《青學齋集》卷十二，第161—162頁）

【法言書後】　班孟堅志藝文，以揚雄氏書入儒家，雄傳又臚列所著書名，《法言》其一，而十三篇之序目獨詳載於傳末，舉其要曰“象《論語》”。嘗就十三篇反覆，如《吾子篇》“如其富，如其富”，《淵騫篇》“如其寢，如其寢”，即《論語》“如其仁，如其仁”句法。《學行篇》“大人之學也爲道，小人之學也爲利”，《淵騫篇》“君子絶德，小人絶力”，即《論語》“君子喻於義，小人喻於利”諸章句法。《吾子篇》“户哉户哉”，《重黎篇》“蓋哉蓋哉”，即《論語》“觚哉觚哉”句法。此其措詞之顯然者。《學行篇》“顔氏子之樂”“請問屢空之内”，所以申明《論語》“回也不改其樂”，及“回也其庶乎”之義。《先知篇》“齊得夷吾而霸，仲尼曰小器，請問大器”云云，則釋《論語》“管仲之器小”之義也。是雄作《法言》，隱以發揮《論語》一經。吾觀以《學行》冠十三篇之首，取法《論語》之開端於《學而》，其間稱説堯舜以及三代賢聖之君，固與《論語》相表裏。即如《重黎》《淵騫》篇中歷論漢代名人，何莫非《論語》論列春秋時孔文子、子産等。俾知其人者，兼以論其世歟？吾謂《法言》以《孝至》終篇，言“寧神莫大於四表之歡心”，正本《孝經》“合萬國之歡心以事先王”之義，則又取法於《孝經》矣。然則《法言》一書意，殆專效法夫孔氏之遺書。曾鞏有言：“學者知折衷於聖人而能純於道德之美者，揚雄氏而止耳。”爲此説者，其有得於揚雄氏之本已。（《青學齋集》卷二十三，第 305 頁）

張之洞

【揚雄】　寂寞倡狂作亂臣，苦搜奇字美亡新。成都不少文章士，淺陋何緣動富人。（《張之洞詩文集（增訂本）》卷四，上海古籍出版社 2015 年版，第 188 頁）

曾紀澤

【揚雄論】　余嘗讀賈誼之文，怪其以墨翟與仲尼同稱。及得墨氏之書而讀之，然後知其好儉兼愛之美，其合於聖人節用求仁之訓者不少也。又嘗讀韓愈之文，怪其以揚雄與孟子同稱，及得揚氏之書而讀之，然後知韓氏所謂雄亦聖人之徒者，誠非偏愛其文而過譽之也。余於雄，蓋偉其功、壯其志，而悲其不遇於時。

云夫經術者，聖門文學之科，而文章則言語之科也。言語之至精者，將以明德行，紀政事，述文學，敷之天下而可信，傳之久遠而無窮。漢之工爲文者衆矣，莫麗於司馬相如。相如之文，淹雅瑰瑋，馳騁往復。雄亦優爲之，顧以爲非法度所存，賢人君子詩賦之正，於是毅然輟其雕蟲篆刻之爲，本六經以爲文章，使聖人之道由我而益尊。韓子推孟子之功不在禹下，而獨舉揚雄氏與孟氏相提而並論，則雄功之偉可知已。伏羲、文王、周公、孔子，此皆古之神聖，窮天下、亙萬世莫不敬而崇之，以爲不可企及。譬之日月在天，無能階而升也。今試召學者而勉之曰：汝其師伏羲、文王、周公、孔子。未有不惶恐震駭，逡巡而遜避者。無它，以爲躐等之甚，而擬不於倫耳。雄則以爲經莫大於《易》，效《易》而草《太玄》。傳莫大於《論語》，效《論語》而著《法言》。夫侯芭、劉歆以《玄》之難明深於《易》，誠爲過論。要雄之本意，未始非遠慕於伏羲、文王、周公、孔子而師之也，其志不亦壯乎。雖然，經術文章，皆所以明聖人之道。聖人之道，不外乎君臣父子之間出處語默之宜而已。雄以閎儒碩德，策名衰世，拓落於侍郎黄門之官，三世而不得徙。及遭罹厄運，屈身僭僞之朝，僅以耆老久次轉爲大夫，而《劇秦美新》之論被譏於後世。寂寞投閣，清静符命之語，致誚於當時。夫古之抱德懷才而不遇於時者多矣，孔子之聖，孟子之賢，時乎不至，則亦老死於車轍馬跡之間，而不得一行其道。然而道之不行，禄位之不加，於其至德無損也。若雄之不遇於時，則或以引退相期，或以死節相望。微斯二者，則謗議隨之。豈惟見嗤於時人，方且受責於君子。示貶於史册，庸非不幸之甚者哉。且雄固澹於勢利，有以自守，不汲汲於富貴，不戚戚於貧賤者也。覩漢室之將傾，不能見幾而作，顧乃系戀於新朝之微禄，甘受其污，彷徨而不忍去。賢不如雄，猶且恥之。以雄之賢而出於此者，抑又有説。雄之生平，以聖人爲師。彼其意，以爲孔子大聖人也，猶將應佛肸公山不狃之召；管仲良相也，孔子許其一匡九合之功，而寬其去子糾事桓公之罪。且以召忽之死爲匹夫匹婦之諒也。然則硜硜之節，非聖人之所許也。是以校書天禄，鍵門飲酒，視平帝之亡，王莽之篡，漠然若於己無與焉者。雄之自序稱，不修廉隅以徼名當世，正謂此也。柳宗元贊伊尹五就桀，曰不夏商其心，而以生民爲心，若雄者，其亦不以漢之興廢爲憂樂，而專以學之不講、道之不明爲恥者歟。又何必引劉崇、翟義、龔勝、薛方之事而繩之？君子之待人也，隱惡而揚善；其論人也，取其長而恕其短。此敦厚之道也。余以爲韓公之尊揚雄，猶之賈生之賢墨翟也。安可以語之過重而咎之哉。

先太傅批云，韓與曾、王皆推崇揚子，司馬公尤篤好之，東坡、朱子則深譏之。觀《法言》之末篇，則蘇、朱之説允已。此作推崇而微含諷刺，頗有斟酌文筆，須峭而後能勁，須簡而後能潔，必從二端下手，乃可漸近於古勁。字尤宜加意。（《曾惠敏公文集》卷一，《續修》第1562册，第390—391頁）

蔣　彤

【辨揚子雲四則】　六臣評《解嘲》文，以爲王莽潛移龜鼎，進不能辟戟丹墀，亢辭鯁議，退不能草《玄》虚室，頤性全真，而反露才以耽寵，詭情以懷禄素餐，所刺何以加焉。抱朴方之仲尼，斯爲過矣。子雲之爲世詬病自此論始甚矣，其不知言也。孟堅去子雲甚近，父叔皮猶及見哀、平之事，子雲爲人，必有深知而切論之者，非後儒望空臆見可比。《子雲傳》曰："當成、哀、平間，莽、賢皆爲三公，權傾人主，所薦莫不擢，而雄三世不徙官。及莽篡位，談説之士用符命稱功德獲封爵者甚衆，雄復不侯，以耆老久次轉爲大夫。恬於勢利迺如是，實好古而樂道，其意欲求文章成名於後世。"嗚呼，子雲爲人盡於此矣。子雲爲大司馬王音所薦除，音，莽諸父也。又嘗與莽、歆同給事黄門，子雲又歆所敬，而歆爲莽三公，當時用符命稱功德，莽與歆想必欲得子雲之辭而後快，子雲遜言避禍，寓刺譏於褒美，曰《劇秦美新》，文明明紹漢統而遠引秦爲喻，是猶覿面罵大盜以爲稱美也。子雲微旨，莽其知之矣。至劉棻、甄尋獄起，並録雄。莽聞之曰：“雄素不與事，何故在此?”有詔弗問。以莽之猜忌猶爲此言，則莽之有慚德於子雲也。孔子謂南容“邦無道免於刑戮”，又曰“邦無道其默足以容”，又曰“危行言遜”，如後世之論季康子受女樂，仲尼必抗諫，甯氏逐衛獻公，伯玉必枕干矣。

莽之篡，由孝元王皇后，莽號爲新室文母，絶之於漢，不令得體元帝，且壞元帝廟爲文母饌食堂。其崩也，莽詔子雲作誄曰：“太陰之精，沙麓之靈。作合於漢，配元生成。”立義嚴簡，絶不涉新室一字。且正其辭曰“作合於漢”，與莽之爲號大戾。嗚呼，讀者可以思矣。

揚子雲《太玄賦》篇終云：“屈子慕清葬魚腹兮，伯姬曜名焚厥身兮。孤竹二子餓首山兮，斷跡屬婁何足稱兮。闢斯數子，智若淵兮。我異於此，執《太玄》兮。薄然肆志，不拘攣兮。”此子雲自道其處身之概也。賦《太玄》，不言經中義例，但言吉凶同域，哀世之以貪婪而取禍，形己之遐舉而自樂，文略與《解嘲》相似。可知以《太玄》名篇者，非賦《太玄》，假《太玄》以隱避世諱也。近世陳素村著《太玄闡秘》，其言曰：“吾於漢室孤臣得三人焉，史遊之《急就》也，焦贛之《易林》也，子雲之《太玄》也。《急就》諷元帝，《易林》悲世亂，《太玄》刺權奸。”且辨子雲黨惡之誣，綜始終之行，以不及不踐其難之義，明子雲可以無死。養一子序其書，以爲子雲定讞。吾嘗論《法言》以深譏王莽之非法，故曰“法言”，取莽傳比之，若合符節，而從來無及此者。書以質養一子，子復書云：所見極是，古人决不爲無病之呻。推此旨而釋之，亦實事求是之道，而不知陳氏固先得我心。若以我讀《法言》之意，益發其注《太玄》之義，當必有撫掌稱快，惜其書無由得見耳。

後儒論子雲者，惟曾南豐最有深識，以子雲仕莽比箕子之囚奴，且云：“鞏自度學，每有所進，則於雄書每有所得，於雄之事有所不通，必且求其意。”以南豐識學宏粹而爲此言，其不逮南豐遠甚者，輕相訾毁，可異也。（《丹棱文鈔》卷一，《彙編》第615册，第617—618頁）

【書揚子雲解嘲後】　《解嘲》摹東方生《客難》爲之，班孟堅《賓戲》又摹《解嘲》爲之。東方義屬草創，孟堅倍加潤色，總不及《解嘲》之辭義並美，以其所遇之時異也。東方生爲孝武執戟，孟堅爲幕府典文章，皆當平世，直達其辭而已。子雲《解嘲》，乃通體發明《太玄經》義蘊。“客徒知朱丹吾轂，不知一跌將赤吾之族”，此言非戲。至新都用事，丁、傅、董賢諸族無能自全，而其事驗矣。“世異事變，人道不殊。彼我易時，未知何如。”彼指丁、傅徒也。彰往察來，洞若觀火。《太玄》擬《易》，不爲矯誣，已然不以《玄》理正襟作論，惟以玄之尚白作相戲語，命之曰《解嘲》，亦漢人善於立題，亦所以隱約避時難也。攻《文選》者且千家，慧眼如何屺瞻氏，直括之曰“詞古義深”，絶不表其作意，使“太玄”二字若綴斿然，知言其難哉。（《丹棱文鈔》卷二，第628頁）

【書法言集注後】　自古聖賢之書，皆有所爲作也，無所爲而作，則有無無所系重輕，將曷以書爲哉。《法言》之作，揚子蓋爲莽也，而從來注家味昧似不得其要領。隨文起義，未必有大乖謬，然如畫工寫物而摹其影，終近是而失真也。推其本旨之失，在以揚子《法言》之作當平帝時，殊不思當平帝時，《法言》尚可無作也。古人之書雖深隱避患，於當時未嘗不期有以明示於後死。《法言》之序曰：“諸子大氏詆訾聖人，即爲迂怪，析辯詭辭，以撓世事。”其篇末則曰：“周公以來，未有若漢公之勤勞者。”夫莽之爲漢公，公之勤勞果有應於法乎？迂怪若斯而列之《法言》，愚者亦知其妄，與本義如白黑，則揚子之意於首末隱躍呈露，而在讀者之深思而自得之也。雖然，司馬公少好此書，計智識所及，無以復進，而後以己意集注，又謂此特愚心所安，未必皆是。彤之末淺，率爾觀覽，其識趣所歸，豈反過前賢而遽以爲是乎？若前賢所棄舍，今復拾而寶之，自多是。又學者之大過也，己姑識一時之見於此。（《丹棱文鈔》卷二，第

632 頁）

【再書法言集注後】　乾隆中纂集《四庫全書》，諸臣譏毁《法言》有云：“雄《長楊》諸賦，文章殊絶，《訓纂》諸書，於小學亦深。惟此書摹仿《論語》，徒爲貌似。不知司馬何所取而注之？殆以尊聖人、談王道，持論猶爲近正。”夫能爲《長楊》諸賦，《訓纂》諸書，而又能尊聖人談王道，此其爲漢儒也。彫蟲篆刻，《法言》所云壯夫不爲者。《蒼頡》《史篇》，《法言》所云愈於妄闕者。若在今人，必以爲極古今之能事矣。力謬於重輕，良由識迷於墨白。草《法》纂《玄》，揚子既自貴惜，而當時桓譚謂爲文義至深而論不詭於聖人，後世如韓子、司馬公諸大儒，亦皆致好此書。今人何人，乃敢發此輕易之言？豈其駢驪考據之錮習，所見固有所偏滯歟？此等論説，導誘後進，恐風會益趨纖靡，重負朝廷重道崇儒之至意耳。（《丹棱文鈔》卷二，第632—633頁）

【書朱秀水揚雄論後】　嗚呼，知人論世之難哉。揚子之詬病於世也久矣，然論者亦嗤其仕莽耳。其所著書無可議也，即議其書者謂以艱深文其淺陋耳。至秀水朱氏而並斥其言之爲僞，嗚呼，亦甚矣哉。揚子誠欲悦莽之心，急於見用，且爲莽之佐命元勳矣，其所處豈顧在劉歆、甄豐下哉？《劇秦美新》之文，司馬公所謂遜詞以避禍，然不曰劇漢而曰劇秦，則其詞固遜而用意未嘗不嚴也。而朱氏乃謂其躁不能禁，爲此獻媚，比之哀、章、劉秀之符命，豈不過乎？揚子在漢獻賦上書，未嘗自默，漢既中亡，在莽朝十有餘年，際適多事，未聞爲新莽建一議立一謀，此其意從可知已。班孟堅曰：“當成、哀、平間，莽、賢皆爲三公，權傾人主，所薦莫不拔擢，而雄三世不徙官。乃莽篡位，用符命稱功德獲封爵者甚衆，雄復不侯。以耆老久次轉爲大夫，恬於埶利乃如是。實好古而樂道，其意欲求文章成名於世。”班氏去揚甚近，實有以得揚之爲人，故所稱如此。而並原其心於本傳，特削《劇秦美新》之文，以善全其名。乃朱氏由數千載下，謂之爲躁，謂之爲僞，然則史固不可信乎哉？朱氏謂雄獨不得柄用者，莽嘗與雄同爲郎，莽之僞雄知之，雄之僞莽亦習知之。夫知莽僞者，當莫如莽之腹心如劉、甄等，而顧皆爲三公，何哉？且莽之僞將以盜國，而揚子家無儋石之儲，其僞果何所爲乎？惟莽嘗與揚同爲郎，深悉其人可親而不可狎，可疏而不可遠，故以不甚可惜之官羈縻相待，而揚子亦虛而與之委蛇，以保身而成其道也。朱氏謂世儒幸生無事，及其既歿，門人弟子矜其迂闊腐爛之説，巋然食配孔氏之庭，言非不然也，然亦太激矣。稱此以求，夫豈無真聞性命之君子，而亦蒙僞名者乎？而乃假揚子爲戎首，豈不過甚矣哉。（《丹棱文鈔》卷二，第641—642頁）

【上養一子論法言書】　彤近讀揚子《法言》，覺其言之本旨隱躍爲巨君而作。出《王莽傳》讀之，彼此互證如合符節，敢陳其略。

《問道篇》云“狙詐而威適敵，不如亡愈”，刺莽之誘殺句町、高句驪諸王也。云“申韓之術，若牛羊之用人”，刺莽之更錢法田制，抵罪者至不可勝數也。《寡見篇》“宏羊如爲父而榷其子”，刺莽之説六筦，令縣官酤酒賣鹽鐵器也。《先知篇》“爲國張其紀綱，如有犯法則司獄在”，刺莽之轍夜自治文書，使尚書得因爲奸也。《孝至篇》云“宗夷猾夏，掘國喪師，謂之無次”，刺莽之十道征匈奴而天下騷動也。此猶其顯者，若所云“羊質而虎皮”，則譏其矯飾也。故又曰“聖讀而庸行”，云“鳳鳴而鷙翰”，則惡其深險也。故又曰“知大聖之與夫佞難”，云“九鼎器寶待人而後寶”，料其禍敗也。故又曰“以國易宗者，焉得爲智”。莽有所爲，動擬聖人，故曰：“聖人之作事，不能昭昭若日月乎，何後世之訔訔也。”莽好鬼神，故曰：“趙世之多神者，託也。神怪茫茫，若存若亡，聖人曼云。”莽盛欲製作，塗民耳目，故曰：“天之肇降生民，使其耳聞目見，視不禮，聽不樂，雖有民焉，得而塗之也。”莽爲《金縢》《大誥》，摹繪《尚書》，故曰：“下周者，其書誰乎？惟聖人得言之解，得書之體也。”發必有指，幾無一陳言，祇以處危亂之時，遇猜暴之莽，未發厥口而先殘其族，故深潛其義，隱約夫辭，扳古以案今，假此以形彼。言學言仕，故離其宗。忽貶忽褒，難循厥本。公羊子所謂主人習其讀而問其傳，則未知己之有罪焉爾。

夫《法言》所言秦，皆以喻新也；所言周，皆以喻漢也。所引高潔不污之士，皆揚子所以自喻也。而在昔注釋之家，未肯鑿鑿者，蓋亦有故。注《法言》者六人，而司馬公爲後。司馬公云："《法言》之成，蓋當平帝之世。莽專漢政，揚子孫辭以避害，故有'周公以來，未有漢公之懿'云。"竊案《法言》末篇有"漢興二百一十載而中天之語"，與莽即天子位，策孺子曰："昔皇天佑乃太祖，歷世十二，享國二百一十載，曆數在於予躬。"所言年數與《法言》適符，則《法言》之作在莽即真之後無疑。漢公之稱，蓋推本言之，亦以見其立言之有體也。篇末又有"復其井刑，勉人役唐矣夫"數語，案《莽傳》，建國元年，莽曰"予前在大麓，始令天下公田口井，遭反虜且止，今更名天下田曰王田"云云，則復井亦即真後事也。役如小賢役大賢之役，莽自以新之代漢，比虞之紹唐，故以高祖爲文祖，役唐者，以唐爲役，猶言新賢於漢，此定、哀之微辭也。《法言》所論，通於今古，概釋大義，與切指王莽無甚懸殊，其親切則迥勝也。近人之論揚子者，不知其意所存，並深斥其言之爲僞，惟夫子折中之。（《丹棱文鈔》卷四，第689—690頁）

陶方琦

【揚雄倉頡訓纂即在方言中説】　《方言》一書，漢揚雄作。今人以《漢書》本傳不及《方言》，《漢藝文志》不載其書，遂有疑其非雄作。東漢一百九十年中無有謂揚雄作《方言》者，漢末應劭《風俗通義序》始言揚雄成《方言》，凡九千文，魏晉以後諸儒轉相援引。隋唐諸《志》皆載《方言》十三卷，與今本同，而揚雄《與劉歆書》並稱《方言》十五卷，郭璞《序》亦言三五之篇，卷數又不合。遂有謂歆欲借觀未得，故《七録》不載，《漢志》亦不著録。以余考之，諸説皆非也。

《漢藝文志》小學家載《訓纂》一篇，揚雄作，言元始中，徵天下通小學者以百數，令記字於庭中，揚雄取其有用者以作《訓纂篇》，順續《倉頡》。順續《倉頡》者，謂仿《倉頡》之體而續之也。《倉頡》每章十五句，每句四字爲斷，則《訓纂》《滂憙》當同其例。《藝文志》又云揚雄《倉頡訓纂》一篇者，則與《訓纂》異。《訓纂》四字爲句，《倉頡訓纂》乃詁釋《倉頡》之文，即今《方言》中每條上某某某也之文，至《方言》中如凡“楚謂之某”，“齊宋謂之某”，“秦晉謂之某”者，蓋揚雄又以方俗之言訓釋《倉頡》。《藝文志》言徵天下通小學者各令記字，則明言采小學於天下百數諸儒中，即以方言證《倉頡》之確據也。故應劭云：“周秦常以歲八月遣輶軒之使，求異代方言，還奏籍之，藏於秘室，及嬴氏之亡，遺脱漏棄無見之者，蜀人嚴君平有千餘言，林閭翁孺才有梗概之法。揚雄好之，天下孝廉衛卒交會，周章質問，以次注續，二十七年爾乃治正，凡九千字。”琦案：今本《方言》實一萬二千九百餘字，此多三千餘文，大氐應劭因其非方俗之語，故别而出之。即今每條上某某某也之文，後人因舊本載此仍並而合之，致多此數，亦不知其爲《倉頡訓纂》也。今考《方言》每條上文約二千八百餘文，與所多三千餘文數亦相合，略有贏衍，不無後人緟益也。惜揚雄《倉頡訓纂》原書已亡，而近人所輯《倉頡篇》寥寥無幾，又雜以班、杜、張、郭之説，殊難核準耳。故知今時所傳《方言》皆附入《倉頡訓纂》中，昔人統名之曰《倉頡訓纂》，今則别名曰《方言》。後漢諸儒好異之心過於先哲，采其《倉頡訓纂》中方俗之訓，殊其稱謂目之《方言》。故應劭説之，郭璞序之，皆已專名之爲《方言》，無有謂其爲《倉頡訓纂》者。而《倉頡訓纂》之文湛没於今《方言》中，遂使隋唐諸《志》皆載《方言》而不載《倉頡訓纂》，後人因《倉頡訓纂》已亡，而《方言》又不載於《七録》《漢志》，爲疑離之，兩失其真，古籍之所以曰失也。

今本十二、十三兩卷，皆無方俗之訓，此必昔時揚雄成《倉頡訓纂》

時未得方語相訓釋，後儒因其與《方言》之例相盭，摘出之以傅於後。故十一卷既以釋蟲終，而此二卷或釋訓詁，或釋器物、歆食，羼亂縣贅，襍出不類，不知此皆《倉頡訓纂》之舊文，無方語相訓釋故也。又今《方言》一“敦豐”條下有云：“舊書雅記故俗語不失其方，後人不知，遂爲之作釋也。”此四語厠之“齊楚謂某某”之後，甚爲不類，不知此即《方言》釋《倉頡訓纂》之明證。何以明之？“舊書雅記”即指《倉頡》舊文也。“故俗語不失其方”者，謂《訓纂》中曾采天下通小學之言及方俗之説也。“後人不知，遂爲之作釋”者，謂恐後人不知而爲之釋，即今“齊宋謂某某”諸條是也。賴此數言，堪爲左驗，即許君《説文解訓》参用《方言》，不著爲雄説，有所謂雄説者，又不合於《方言》，蓋許氏之書半出《倉頡》，不著所引爲《倉頡》，故引《訓纂》中方言釋徵之語亦不著爲雄説，是其例也。如雄於《倉頡訓纂》外别有《方言》，本傳中胡不明書？以是知《方言》之書昔統名曰《倉頡訓纂》，今别名之曰《方言》，無二書也，有《方言》在而《訓纂》之舊詁不亡，即《倉頡》之古文未佚，好古之君子必有擇而是之。

《方言》中先列詁解，後附方俗之語，今《倉頡篇》逸文亦有相同者。如：“齮，側齒也，齊人謂齧咋爲齮。”“�，目病也。吴江淮之間曰�。”“析，柱上方木，山東江南皆曰析，自陝以西曰楮，亦名榕，亦名栟，亦名欂櫨。”。“柹”下云“今江南謂斫削木爲柹，關中謂之札。”“穄，大黍也，似黍而不黏，關西謂之糜。”“糳，精米也，今江南謂胏米爲糳。”“瓢，瓠勺也，江南曰瓢㼖，蜀人言㼖蠡。”“瘔”下引“楚人呼竈曰瘔”。“瘼”下引“今江東呼病曰瘵，齊東曰瘼。”“什，十也，聚也，襍也，吴楚間謂資生襍具爲什物也。”“欬，息聲也，齊郡謂敕曰欬。”“潛，污，灑也，江南曰潛，山東言湔。”“垸以桼和之，今中國人言垸，江南言䯝。”“九江人名鐵曰鍇。”“嗺，咀也，凡物無子遺曰嗺類，齊人語也。”“㾷，病也，東齊謂聲散曰㾷。”“蝮，蛇也，江以北名虺。”由是觀之，所輯《倉頡篇》中凡有方俗之語，揚雄《倉頡訓纂》舊文也，故體例並同。（《漢孳室文鈔》卷一，《續修》第 1567 册，第 498—499 頁）

袁 昶

【讀法言一首】　周士貴而肆，儒術興比閭。從臣第嘉頌，君相亦流譽。秦士賤而拘，賢達困斗糈。握齱者朋進，治痔驕得車。子雲老寂寞，斯言聖矣夫。頗譏切世變，憂時生痏疽。君子道消矣，養性期逃虚。姑餬天禄籍，癖謬老蠹魚。林霞媚夕檻，園翠引朝裾。招來班嗣徒，酌酒歡有餘。（《安般簃詩續鈔》庚，《續修》第 1565 册，第 505 頁）

張佩綸

【論揚雄傳】　班氏作《揚雄傳》，蓋仿《史記》之《司馬相如傳》，不知相如之傳止可一，不可二也。觀史遷《相如傳》，"此與《詩》之風諫何異?"是相如風諫而子長又藉以風諫也。其所載三賦及《諭巴蜀文》《封禪文》，皆係孝武一朝大政，非徒賞司馬長卿之文辭也。班氏於揚子紀其《反離騷》，則子雲未嘗貶謫，不得擬於賈生之《吊屈》，《甘泉》《長楊》略似《子虚》《長林》，然止須與長卿合傳，以文似相如，牽連之足矣。至其《太玄》《法言》，詳爲叙目，推崇太過，止是一人學術，何關一代典章? 夫諸儒以雄非聖人而作經，此定論也。班氏於《儒林傳》所載極略，而於雄一人所載過詳，使西漢經生大義不傳，固有罪焉。吾嘗謂班氏非經生，非史才，特一文人而已。（張佩綸著，謝海林整理：《張佩綸日記·易窗日記》，鳳凰出版社 2015 年版，第 185 頁）

【讀法言】　讀揚子《法言》。宋人所以尊揚子者，以其漢儒而好論名理，與宋人學問相近。至"漢公之懿"稱之，謂自周公以來所未有，勤勞過於阿衡，亦以爲危行言孫，孫則有之。所謂寂莫投閣，清净符命，亦危行耶? 直不可解也。雄本文人，罔知名節，即言理亦極平淺。《法言》何足以擬《論語》，仍是其辭賦之習，華辭而已。其稱史公爲“實録”，又曰“聖人有取”而括之以“愛奇”，又非史公微指。及歷論各傳，率以三五語、一二字該之，自謂簡抄，實則皮毛之見，不足以得史公之深也。語語抱定孔子，宋人便以爲得聖道，正其善於藏拙處。自云制律不如弘、恭，草奏不如陳湯，以大儒而與宦者較量，弘、陳並稱，知其全無分曉也。（《張佩綸日記·蘭駢館日記》，第494—495頁）